"十四五"职业教育国家规划教材

"十三五"全国航海类专业职业教育创新教材
经全国职业教育教材审定委员会审定
全国交通运输职业教育教学指导委员会规划教材

船 舶 辅 机

主　编　陈立军　王　涛　单高永
主　审　施祝斌

大连海事大学出版社

Ⓒ 陈立军　王涛　单高永 2019

图书在版编目（CIP）数据

船舶辅机／陈立军，王涛，单高永主编. — 大连：
大连海事大学出版社，2019. 11（2023.7 重印）
"十三五"全国航海类专业职业教育创新教材　"十
二五"职业教育国家规划教材
ISBN 978-7-5632-3893-4

Ⅰ.①船…　Ⅱ.①陈…②王…③单…　Ⅲ.①船舶辅
机—高等职业教育—教材　Ⅳ.①U664.5

中国版本图书馆 CIP 数据核字（2019）第 266441 号

大连海事大学出版社出版

地址:大连市黄浦路523号　邮编:116026　电话:0411-84729665（营销部）　84729480（总编室）
http://press. dlmu. edu. cn　E-mail:dmupress@ dlmu. edu. cn

大连永盛印业有限公司印装　　　　　　　　　大连海事大学出版社发行

2019 年 11 月第 1 版　　　　　　　　　　2023 年 7 月第 3 次印刷
幅面尺寸:184 mm×260 mm　　　　　　　　　　　印张:27.5
字数:598 千　　　　　　　　　　　　　　印数:5001~8000 册

出版人:刘明凯

责任编辑:陈青丽　　　　　　　　　　　　　责任校对:董洪英
封面设计:张爱妮　　　　　　　　　　　　　版式设计:张爱妮

ISBN 978-7-5632-3893-4　　　定价:69.00 元

总　序

　　随着我国产业结构优化升级不断加快和经济发展质量不断提高,职业教育重要地位和作用越来越凸现。为了适应我国经济社会不断发展的需要,职业教育改革形势迫在眉睫。《国家职业教育改革实施方案》(国发〔2019〕4号)指出:改革开放以来,职业教育为我国经济社会发展提供了有力的人才和智力支撑,现代职业教育体系框架全面建成,服务经济社会发展能力和社会吸引力不断增强,具备了基本实现现代化的诸多有利条件和良好工作基础。

　　航海职业教育在我国航海人才培养板块中占举足轻重的地位,培养了大批水上运输技术技能人才。"十三五"以来,航海职业教育改革不断深化,航海专业课程教学与教材的推陈出新是提高海员专业素质的直接抓手。为此,全国交通运输职业教育教学指导委员会航海类专业指导委员会,组织各校航海类专家在"经全国职业教育教材审定委员会审定的'十二五'职业教育国家规划教材"基础上适当增加了其他课程教材,编写了"'十三五'全国航海类专业职业教育创新教材"。本套教材具有如下三个创新点:

　　其一,紧密结合轮机工程技术和航海技术两个专业的国家级教学资源库、专家教学研究成果等立体化数字资源。本套教材以二维码的形式将传统教材与资源库、教学研究成果有机结合,实现了教学方法上的创新性,便于学生自学和知识扩展。

　　其二,紧密结合国家有关船员职业培训新规定。本套教材内容紧扣《中华人民共和国海船船员适任考试和发证规则》及《海船船员培训大纲(2016版)》等文件,覆盖规则和大纲的全部内容。

　　其三,紧密结合前沿的生产技术和衔接新老编写团队工作。本套教材新增企业一线技术人员参与编写,将前沿的生产技术和管理资料应用到教学工作,并在"经全国职业教育教材审定委员会审定的'十二五'职业教育国家规划教材"基础上适当增加了其他课程教材,充分体现了知识和技能的实用性、先进性。

　　本套教材主要用作航海类院校相关专业学生学习用书,也可作为海船船员适任培训相关课程的学习资料。

　　全国交通运输职业教育教学指导委员会对本套教材的编写提出了许多好的建议。全国航海职教联盟和中国交通教育研究会职教分会专家库的专家们积极参与了有关教材的编写和审定。大连海事大学出版社为本套教材的出版做了大量的卓有成效的工作。在此一并表示衷心的感谢。

全国交通运输职业教育教学指导委员会

航海类专业指导委员会

2019年8月

修订说明

2022 年 10 月 16 日，中国共产党第二十次全国代表大会在北京隆重召开，这是在全党全国各族人民迈上全面建设社会主义现代化国家新征程、向第二个百年奋斗目标进军的关键时刻召开的一次重要大会，是一次承前启后、继往开来的大会，是一次高举旗帜、凝聚力量、团结奋进的大会，具有重大的政治意义、历史意义和时代意义。

为贯彻落实好立德树人根本任务，大力推动党的二十大精神和习近平新时代中国特色社会主义思想进课堂、进教材、进头脑，引导青年学子努力成为堪当民族复兴重任的高端技术技能人才，本教材编写组紧扣"培根铸魂 启智润心"主题，积极推进教材的课程思政建设。针对航海类专业学生涉外性和国防性、技术性和风险性、开放性和封闭性、独立性和群体性、复杂性和管理性等职业特点，结合本课程知识面广、复杂度高、实践性强等特色，确立把培养"面向新时代、面向海洋强国，培育具有家国情怀、航海理想、工匠精神的高素质技术技能人才"为课程育人导向，通过精心选取船舶辅机运行管理和故障检修中的典型、生动、正向案例，使学生在掌握专业知识的同时，让学生思想认识自然而然得到深化，润物细无声的增强对投身航海事业的职业认同感和责任感。

为此，本轮教材印刷主要增加了如下内容：

1. 增设"思政小贴士"栏目。对接船舶的泵浦、管系、液压、制冷、空调、空压机、造水机、锅炉等八大类辅助机械设备及其系统，以真实案例为载体，深入挖掘出 8 个课程思政案例，案例内容选取突出船舶辅机技术的应用性和前沿性，将行业发展状况嵌入价值引领，增强学生的爱国情怀和民族自豪感。

2. 增设"知行大讲堂"栏目。针对日常教学中的难点和重点问题，组织团队重新拍摄了 11 个微课视频，把爱国情怀、工匠精神、劳动意识、航海文化、创新意识以及二十大精神等思政元素有机融入专业知识，以期实现"思政"与"专业"的"基因式"融合，课程教学中知识传授、能力培养与价值引领的有机衔接。

同时，编写组还对接交通运输部海事局最新发布的《海船船员培训大纲（2022版）》要求，对教材部分内容进行了修订。

编 者

2022 年 11 月

数字资源使用说明

编者的话

本书是在原"十二五"职业教育国家规划教材《船舶辅机》的基础上,紧扣船舶轮机工作岗位实际需求,根据国际海事组织《海员培训、发证和值班标准国际公约》和交通运输部海事局《中华人民共和国船员适任考试发证规则》等法规文件要求组织编写的。本次修订主要是按交通运输部办公厅 2017 年发布的《海船船员培训大纲(2016 版)》要求,增加和修改了部分内容,更新了部分资料,增强了其实用性。本书共包括 13 章内容,主要有船用泵概述、往复泵、回转式容积泵、叶轮式泵与喷射泵、船舶辅助管系、液压甲板机械基础知识、船舶液压甲板设备、舵机、船舶制冷装置、船舶空调装置、船用活塞式空气压缩机、船用海水淡化装置和船舶辅助锅炉。本书可作为高职院校轮机工程技术专业学生的教材用书,也可作为航运企业工作人员及广大相关船员的参考用书。

本次修订突破传统纸质载体的限制,把轮机教学难点和关键实践操作项目以 69 个视频资源或动画的形式融入教材,使教材更加情境化、动态化和形象化,更能激发学生的学习兴趣,满足学生个性化的学习需求,学生用手机扫描书中二维码即可方便利用零散时间进行学习。本教材数字化资源主要来自国家级职业教育轮机工程技术专业教学资源库项目,由江苏海事职业技术学院的王涛老师主持的动力设备拆装、南通航运职业技术学院的袁健老师主持的船舶辅机、青岛远洋船员职业学院的崔向东老师主持的自动化机舱操作与管理,以及厦门海洋职业技术学院的李德珊老师主持的船舶动力设备操作等子项目。

本书由陈立军教授、王涛副教授和单高永高级轮机长共同编写(排名不分先后)。江苏海事职业技术学院的周国华、张东方、严玉虎、赵峰、惠节、陆惠明、包恒亮、王红涛老师,南通航运职业技术学院的袁健教授,青岛远洋船员职业学院的崔向东教授,厦门海洋职业技术学院的李德珊老师,以及浙江国际海运职业技术学院的王雪峰副教授(轮机长)都参与了此书的编写工作。

本书在编写过程中得到了交通运输部海事局船员处领导和专家的关心指导,江苏海事局船员处、南通航运职业技术学院、福建船政交通职业技术学院、浙江国际航运职业技术学院、江苏远洋运输有限公司、招商集团南京油运公司等单位的大力帮助和支持,在此一并表示衷心的感谢!

编　者

2019 年 9 月

目　录

第一章

船用泵概述

第一节　船用泵应用与分类

一、泵及其在船上的应用

我们都知道大诗人李白的名句:黄河之水天上来,奔流到海不复回。这句诗反映了一个普遍的自然现象,即在自然状态下液体总是从高处向低处流动。由水力学可知,液体不可能自动从机械能较低处流到机械能较高处。考虑到流体流动还需克服阻力而消耗一定的机械能,因此即使机械能相等也不能流动。若要将液体从低处向高处输送,就得向液体提供机械能。机械能有位置能、速度能和压力能三种形式,它们之间可以相互转换。

在生产实践中,常常需要将液体从机械能低处向机械能高处输送并克服管路阻力。如在船上将淡水舱的水向日用压力水柜输送(从压力低处向压力高处输送),将压载水驳出舷外(从液位低处向液位高处排送),冷却水的供应和各种油类的驳运(液体在管中流动存在阻力)。为满足生产实践的需要,勤劳智慧的人类创造出了向液体提供机械能并输送液体的机械——泵。

二、船用泵的分类

船用泵在现代船舶上有着十分广泛的应用,根据其用途的不同,可分为:

(1)船舶主、辅动力装置用泵。有燃油泵、润滑油泵、海水泵、淡水泵、舵机或其他液压甲板机械的液压泵、锅炉给水泵、制冷装置的冷却水泵、海水淡化装置的海水泵和凝水泵等。

(2)船舶安全及生活设施用泵。有舱底水泵、压载水泵、消防水泵、日用淡水泵、日用海水泵、热水循环泵;还有兼作压载、消防、舱底水泵用的通用泵。

(3)特殊船舶专用泵。某些特殊用途的船舶还设有为其特殊营运要求而设置的专用泵,例如油轮的货油泵、挖泥船的泥浆泵、打捞船的打捞泵、喷水推进船的喷水推进泵、无网渔船的捕鱼泵等。

按工作原理分,常用的船用泵主要有三大类:

(1)容积式泵。其工作原理为依靠工作部件的运动造成泵工作容积的周期性变化来向液体提供压力能并吸入和压出液体。根据运动部件的运动方式不同,容积式泵又分为往复泵和回转泵(齿轮泵、螺杆泵、叶片泵、水环泵等)两类。容积式泵主要使液体的压力能增加。

(2)叶轮式泵。其工作原理为依靠叶轮带动液体高速回转而把机械能传递给所输送的液体。根据叶轮和流道的结构不同分为离心泵、轴流泵、混流泵和旋涡泵等。叶轮式泵主要使液体的速度能增加并部分转换成压力能。

(3)喷射式泵。其工作原理为依靠工作流体产生的高速射流引射需要排送的流体,然后通过动量交换向其传递能量并将其排出。根据所用工作流体不同,分为水喷射泵、空气喷射器、蒸汽喷射泵等。

后两类非容积式泵亦称为动力式泵,是指靠增加液体动能而使液体能量增加的泵。

泵还可以按泵轴方向不同分为立式泵和卧式泵;按吸口数目不同分为单吸泵和双吸泵;按原动机不同分为电动泵、汽轮机泵(某些油船的货油泵)、柴油机泵(应急消防泵)和由工作机械附带驱动的机带泵等。

第二节 船用泵装置及泵的性能参数

泵装置的工作原理简图如图 1-2-1 所示。泵装置由泵、管路、阀件以及滤器等管路辅件所组成。泵是泵装置中的核心,现对泵装置及泵的工作性能分述如下:

一、流量(flow rate)

流量是指泵单位时间内所排送的液体量,分为体积流量和质量流量。体积流量用 Q 表示,单位是 m^3/s 或 L/min、m^3/h,公式计算时单位用 m^3/s。质量流量用 G 表示,单位是 kg/s、kg/min 或 t/h。

对于既定泵,输送不同液体时,由于密度不同,质量流量不一样,所以泵铭牌上标注的是额定容积流量,泵实际工作时的流量则与泵的工作条件有关,不一定等于额定流量。

二、扬程(head)

1. 扬程

扬程是指单位重量液体(单位:N,牛顿)在泵的吸、排口间增加的机械能(单位:N·m,焦耳),用 H 表示,单位为 m(液柱),可由 N·m/N 导出。扬程俗称压头。

单位重量液体所具有的机械能转换为水柱的高度又称能头,所以泵的扬程即为泵吸、排口间的能头之差。

2. 扬程方程式

(1)从液体在泵获得多少能量的角度

吸入口能头:

$$h_1 = p_s/(\rho g) + v_s^2/(2g) + Z_1 \qquad (1\text{-}2\text{-}1)$$

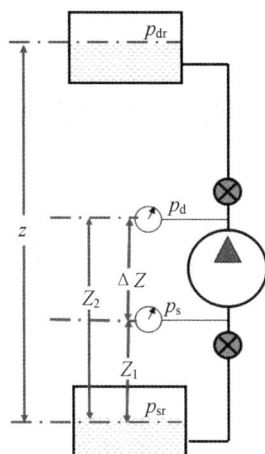

图 1-2-1 船用泵工作原理简图

排出口能头:

$$h_2 = p_d/(\rho g) + v_d^2/(2g) + Z_2 \qquad (1\text{-}2\text{-}2)$$

单位重量液体(即 1 N 液体)在泵的吸、排口间增加的机械能:

$$H = (p_d - p_s)/(\rho g) + \Delta Z + (v_d^2 - v_s^2)/(2g) \qquad (1\text{-}2\text{-}3)$$

$$\approx (p_d - p_s)/(\rho g) \qquad (1\text{-}2\text{-}4)$$

$$\approx p_d/(\rho g) \quad \text{m(液柱)} \qquad (1\text{-}2\text{-}5)$$

(2)从液体所需消耗多少能量的角度

液体通过泵及其管路系统从吸入液面被输送到排出液面的过程中所需消耗的能量有三项:提升液体高度 Z;克服吸排液面的压差 $(p_{dr} - p_{ds})/(\rho g)$;克服吸排管路流动阻力损失 $\sum h$。 由此可得:

$$H = Z + (p_{dr} - p_{ds})/(\rho g) + \sum h \quad \text{m(液柱)} \qquad (1\text{-}2\text{-}6)$$

式(1-2-6)前两项之和称为管路静能头。

叶轮式泵的铭牌上标注的扬程是额定扬程,即泵在设计工况时的扬程。

容积式泵的铭牌上往往不标注额定扬程,而标注额定排出压力。它是按试验标准使泵连续工作时所允许的最高压力。容积式泵工作时的实际排出压力不允许超过额定排出压力。

泵实际工作时的扬程不一定等于额定扬程,它取决于泵装置的具体工作条件(吸入阻力、吸高、吸入液面压力、排出高度、排出液面压力、排出管路阻力等)。

三、转速(rpm)

泵的转速是指泵轴每分钟的回转数,用 n 表示,单位是 r/min。大多数泵系由原动机直接传动,二者转速相同。但电动往复泵往往需经过减速,其泵轴(曲轴)的转速比原动机要低。泵铭牌上标注的转速是指泵轴的额定转速。

四、功率和效率(power and efficiency)

1. 功率

泵的功率主要有输出功率和输入功率之分,如图 1-2-2 所示。

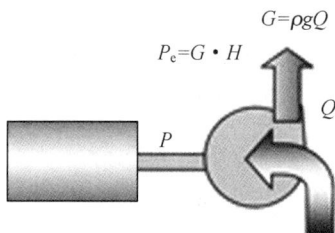

$G=\rho g Q$

$P_e = G \cdot H$

Q

P

图 1-2-2 泵的输入、输出功率

输出功率:又称有效功率,是指泵在单位时间内实际传给排出液体的能量,用 P_e 表示,单位是 W 或 kW。显然它可由单位时间内输送多少牛顿重的液体($\rho g Q$)乘以每牛顿液体经过泵后所增加的能量(H)求出,即:

$$P_e = \rho g Q H \approx (p_d - p_s)Q \approx p_d Q \quad (\text{W}) \tag{1-2-7}$$

式中:Q——泵的体积流量,m^3/s;

$\quad H$——泵的工作压头,m;

$\quad \rho$——泵所输送液体的密度,kg/m^3;

$\quad g$——重力加速度,9.8 m/s^2;

$\quad P_s$、P_d——泵的吸入压力和排出压力,Pa。

输入功率:也称轴功率,即单位时间内原动机传给泵轴的功率,用 P 表示。

其他几类功率:

水力功率:泵传给液体的功率,用 P_h 表示。

配套功率:所配原动机的额定输出功率,用 P_m 表示。

泵铭牌上标注的功率指的是额定工况下的轴功率。

泵的四个功率之间的关系如图 1-2-3 所示。考虑到原动机通过传动装置与泵连接时的传动效率和泵运转时可能超负荷等情况,泵的配套功率应大于额定轴功率。

2. 效率

泵的效率(总效率)是指泵的输出功率和输入功率之比,即:

$$\eta = P_e/P \tag{1-2-8}$$

泵的效率包括以下三个:

(1)泵的容积效率:实际流量 Q 与理论流量 Q_t 之比,由泵容积损失造成。

$$\eta_v = Q/Q_t \tag{1-2-9}$$

(2)泵的水力效率:实际扬程 H 与理论扬程 H_t 之比,由泵的水力损失造成。

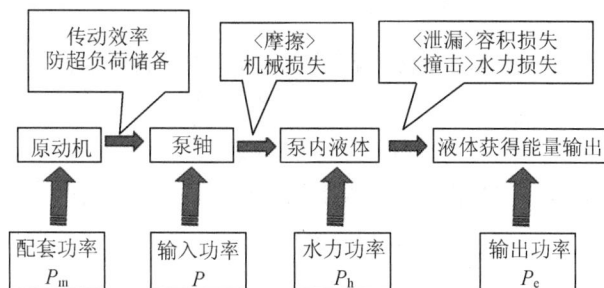

图 1-2-3　泵各功率之间的关系

$$\eta_h = H/H_t \qquad\qquad (1\text{-}2\text{-}10)$$

（3）泵的机械效率：理论流量和理论扬程计算的水力功率 P_h 与输入功率 P 之比，由泵的机械损失造成。

$$\eta_m = P_h/P = \rho g Q_t H_t/P \qquad\qquad (1\text{-}2\text{-}11)$$

四个效率之间的关系：

$$\eta = \frac{P_e}{P} = \frac{\rho g Q H}{\rho g Q_t H_t} \cdot \frac{\rho g Q_t H_t}{P} = \eta_v \eta_h \eta_m \qquad\qquad (1\text{-}2\text{-}12)$$

泵铭牌上标注的是总效率。

五、允许吸上真空度（allowed vacuum）

泵要能吸入液体，吸入口处应有一定真空度，但此真空度高到一定程度时，即泵的吸入压力 p_s 低到一定程度时，液体在泵内的最低压力就可能等于或小于其饱和蒸汽压力 p_v，液体就会汽化，造成汽蚀，使泵不能正常工作。因此就需要规定泵的允许吸上真空度。

允许吸上真空度是指泵在额定工况下保证不发生汽蚀时泵进口处能达到的最大吸入真空度，用 H_s 表示，单位是 MPa。

需要注意以下几点：

（1）允许吸上真空度是衡量泵抗气蚀性能好坏的重要标志。

（2）不同的泵，液体进入泵后压力进一步降低的程度不同，泵的允许吸上真空度主要与泵的型式、结构和工况有关。

（3）对于既定的泵而言，大气压力 p_a 降低，泵流量增大（使泵内压降增大），液体温度升高（使饱和蒸汽压力 p_v 增大），都会使泵的允许吸上真空度减小。

（4）泵铭牌上标注的允许吸上真空度 H_s，是由制造厂在标准大气压（760 mmHg）下，以常温（20 ℃）清水在额定工况下进行试验而得出的。

（5）试验时逐渐增加泵的吸入真空度，容积式泵以流量比正常工作时下降 3% 时所对应的吸入真空度为 H_s 的标定值。叶轮式泵则以扬程或效率下降规定值为临界状态，再留一定余量，以必需汽蚀余量 Δh_r 的形式标注。

（6）允许吸上真空度 H_s 的单位是 MPa，不是 m。

其他几个参数:

允许吸上真空高度:水泵的允许吸上真空度常用水柱高度(m)来表示,用(H_s)表示。

$$(H_s) = H_s / (\rho g) \tag{1-2-13}$$

最大允许吸上高度:泵的最大可以吸上液体的高度,即许用吸高,用(Z_s)表示。

$$(Z_s) = \frac{(p_{sr} - p_s)}{\rho g} - \frac{v_s^2}{2g} - \sum h_s \tag{1-2-14}$$

在常温和吸入液面上作用的压力近似等于标准大气压时,水泵的许用吸高可以用允许吸上真空高度(H_s)减去吸入速度头和吸入管路阻力损失的水头来计算,且(Z_s) < (H_s)。

$$(Z_s) = (H_s) - \frac{v_s^2}{2g} - \sum h_s \tag{1-2-15}$$

第二章

往复泵

第一节　往复泵的工作原理、特点和性能曲线

一、往复泵的工作原理

1. 基本结构

图 2-1-1 是单缸双作用往复泵的结构简图。它主要由活塞、泵缸、吸入阀和排出阀等部件组成。

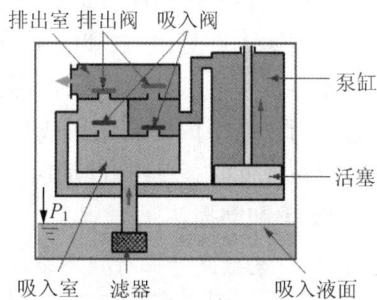

图 2-1-1　单缸双作用往复泵结构简图

2. 工作原理

往复泵是一种容积式泵。它利用活塞的往复运动,使泵缸内的容积大小发生周期性变化,通过阀箱中的吸入阀和排出阀控制液流方向,从而实现从吸入管吸入液体和向排出管排出液体。

3.作用数

往复泵在活塞每一往复行程吸排液体的次数,称为往复泵的作用数。上述往复泵每一往复行程活塞两侧各吸排一次液体,是双作用泵。每一往复行程吸排一次液体,是单作用泵。由两个双作用泵缸组成、三个单作用泵缸组成的往复泵分别称为四作用泵、三作用泵。

4.主要类型

往复泵又可分为活塞泵和柱塞泵两大类。活塞泵因活塞直径较大且较短,呈盘状结构,其上装有活塞环,因密封性能较差,不适用于高压环境。而柱塞泵因柱塞直径较小且长度较长,圆柱面经过精密加工且有若干道环形均压槽,有良好的密封性,故适用于高压环境。

二、往复泵的特点

我们主要从自吸能力、理论流量、流量的均匀性、压力、转速、效率、适用性、简易性、耐用性等几个方面加以考察往复泵的特点。(后文对其他船用泵的特点我们也将从这几个面加以考察。)

1.自吸能力——较强

泵的自吸能力,是指泵自行抽出泵内及吸入管路中的空气而将液体从低于泵处吸上,并开始排送液体的能力。

自吸能力可用自吸高度和吸上时间来衡量。泵在排送气体时能在泵吸口造成的真空度越大,则自吸高度越大;造成足够真空度的速度越快,则吸上时间越短。

自吸能力的好坏与泵的结构形式和密封性能有重要关系。容积式泵按其工作原理都有自吸能力。电动往复泵活塞到达止点时,泵缸和阀室内尚存的容积(余隙容积)较大,活塞从排出止点回行时,余隙容积中的气体会膨胀而降低自吸能力。泵阀、泵缸等密封性变差也会降低自吸能力。当往复泵因初次使用或长期停用而导致泵腔干燥、因泵阀或泵缸密封不佳而使自吸能力降低时,就应在起动前向缸内灌满液体,这样有利于提高泵的自吸能力,同时也减少摩擦和磨损。

2.理论流量——仅与泵的转速、泵缸尺寸和作用数有关,与工作压力无关

流量与哪些因素有关可通过往复泵的流量公式加以说明。

往复泵的理论流量(平均流量)为活塞在单位时间内所扫过的容积:

$$Q_t = 60KA_eSn \quad (m^3/h) \tag{2-1-1}$$

式中:K——泵的作用数;

S——活塞行程,m;

n——泵的转速,r/min;

A_e——泵缸截面积,即 $\frac{1}{4}\pi D^2$(其中 D 为泵缸直径),m^2,活塞两侧空间都工作的泵

应取平均有效工作面积(有杆侧应减去活塞杆截面积)。

由式(2-1-1)可知,往复泵的理论流量与工作压力无关。因此往复泵绝不能用改变排出阀开度的方法来调节流量,而应采用变速或回流(旁通)调节法调节流量。

3.流量的均匀性——很不均匀

因为往复泵活塞的运动速度 v (其速度 $v = r\omega\sin\beta$, γ 为曲柄半径, ω 为曲柄角速度, β 为曲柄转角)不是均匀的,在上、下止点位置时为零,在行程中间位置时速度最大,所以其瞬时流量($q = Av$, A 为活塞工作面积)在不同时刻是不相同的。

如图 2-1-2(a)所示,对于单作用泵,由于活塞在上、下止点时的瞬时流量 q 为零,上、下止点中间时 q 最大,故单作用泵的流量最不均匀。

如图 2-1-2(b)、图 2-1-2(c)所示,对于多作用往复泵,由于其瞬时流量为各缸在同一时刻排出的瞬时流量的叠加。显然多作用往复泵瞬时流量的均匀程度要比单作用泵好。一般而言,增加作用数能够改善往复泵的流量均匀性,但也使结构趋于复杂,故往复泵的作用数最多为四作用。其中三作用泵因曲柄间各差120°的缘故,其瞬时流量的均匀程度比单作用泵、双作用泵、四作用泵都好。

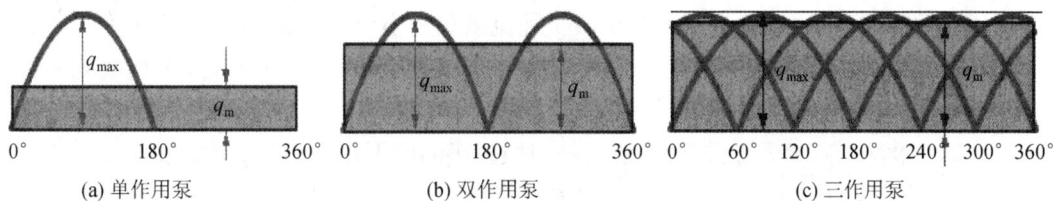

(a) 单作用泵　　　　　　(b) 双作用泵　　　　　　(c) 三作用泵

图 2-1-2　往复泵瞬时理论流量曲线图

往复泵流量脉动大,因而管路阻力变化也大,还会产生惯性能头,导致吸入和排出压力波动,在某些情况下会妨碍往复泵的正常工作。为减少这种弊端,常用吸入空气室和排出空气室来降低往复泵吸、排管中的流量脉动和相应的压力脉动。

泵的流量不均匀度可用脉动率 $\sigma = (q_{max} - q_{min})/q_{m}$ 来表示。式中 q_{max}、q_{min}、q_{m} 分别表示最大、最小和平均理论流量。σ 值越大,泵的流量不均度越大。

表 2-1-1 所列为各种往复泵流量脉动率 σ 的理论值,它与曲柄半径 r 与连杆长度 l 之比 λ 有关。

表 2-1-1　往复泵理论流量脉动率 σ

作用数 K	1	2	3	4
$\sigma(\lambda = 0, 1, \infty)$	3.14	1.57	0.14	0.32
$\sigma(\lambda = 2)$	3.20	1.60	0.25	0.32

4.压力——排出通路受阻时可趋于无穷大

往复泵属于容积式泵的一种。容积式泵的工作原理决定了其实际工作压力取决于管路负荷,不论管路负荷有多大,工作部件(如活塞)总是将吸入工作腔中的液体挤出去,负荷越大,排出压力就越大,当排出管阀门关闭或堵塞时,管路负荷趋于无穷大,排出压力也将趋于无穷大。实际上当排出压力趋于无穷大时,不是造成原动机过载、堵转直至烧毁,就是造成管路破裂。因此必须为容积泵规定额定排出压力,工作时的实际排出压力不得超过额定工作压力;在管理时,任何容积泵都必须"开阀起、停",泵工作时严禁吸排管路堵塞或将吸排阀门关小或关闭。

容积式泵(除水环泵)额定排出压力仅与泵原动机的功率、轴承的承载能力、泵的强度和密封性能有关,与泵的尺寸和转速无关。

5. 转速——不宜太快

泵的转速过高,泵阀迟滞所占泵轴转角就会增大,造成的容积损失也会相对增加;泵阀撞击更为严重,引起的噪声增大,磨损也将加剧;此外,液流和运动部件的惯性力也将随之增加,从而产生液击,恶化吸入条件。所以,电动往复泵转速多在 200 ~ 300 r/min 以下,一般最高不超过 500 r/min,高压小流量泵最高不超过 600~700 r/min。

由于往复泵转速不宜过高,所以与其他高转速泵相比,在相同流量时,往复泵的泵缸尺寸和重量都相对较大,适用流量受到限制。

6. 效率——容积效率受泵的密封性能、转速、泵阀性能和液体黏度影响较大

往复泵的容积效率总是低于100%,实际流量总是小于理论流量,原因主要有三点:

(1)活塞换向时泵阀关闭难免滞后,故开始排出时会有液体经吸入阀漏回吸入管,开始吸入时又会有液体经排出阀漏回。

(2)泵的阀门、活塞与泵缸间、活塞杆与填料函间的不密封引起的泄漏损失。

(3)泵吸入的液体中含有气体。气体可能是压力降低时从液体中逸出的,也可能是液体本身汽化产生,另外还可能从填料箱等处漏入。一般输送常温清水的往复泵,$\eta_v = 0.80 \sim 0.98$;输送热水、液化烃、石油产品的往复泵,$\eta_v = 0.60 \sim 0.80$。实际上,由于泵的型式、大小和新旧程度的不同,η_v 会存在较大差异。高压、小流量、高转速、制造精度低的泵,以及输送高温、高黏度或低黏度、高饱和蒸汽压或含固体颗粒的泵,η_v 较小。

7. 适用性

往复泵主要适用于流量不大、对流量均匀性要求不高和要求自吸能力强的场合,在船上主要用作舱底水泵,但由于其对污水的扰动性较大,现代船舶已不再将往复泵作为污水泵使用,往复泵一般仅用在需要高压的场合,如作为机舱高压细水雾灭火系统的高压水泵。

8. 简易性——结构复杂,管理麻烦

往复泵因转速不宜太快,故常在原动机和泵之间装有减速机构,这使得其结构复杂,管理工作量也相对增加。

9. 耐用性

往复泵的易损件(活塞环、泵阀、填料等)多,输送含固体杂质的液体时,其活塞环、泵阀、填料更加容易损坏,故用作舱底水泵时要装吸入滤器。

三、往复泵的性能曲线

上面我们只是定性地介绍了往复泵的特点,其中前 6 点属于往复泵的性能特点,后 3 点属于其结构和管理特点。如果要定量地了解往复泵的性能特点(又称特性),就得借助于通过试验获得的特性曲线。往复泵的特性曲线是指流量 Q、功率 P、效率 η 等特性参数与压头 H 之间的关系曲线,如图 2-1-3 所示。

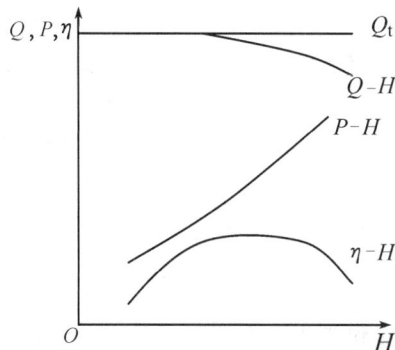

图 2-1-3　往复泵的定速特性曲线图

当泵轴转速一定时,理论流量是一条与压头无关的直线。但实际上压头 H 增加时,由于泄漏的增加,实际流量略有减少。功率曲线是一条随压力增加而上升的近似直线。效率曲线是一条上拱曲线,且在一个相当宽的压头范围内,保持较高值,最高效率点对应的压头即为泵的额定工作压头。

第二节　往复泵的主要部件与空气室

一、泵缸与阀箱

泵缸与阀箱常用铸铁铸成一体,结构如图 2-2-1 所示。

往复泵的泵缸是一个内表面经过加工的圆筒体,其一端做成喇叭形,以便于安装活塞组件。大中型泵为防止海水腐蚀和磨损后便于更换,常在泵缸内腔衬有青铜或不锈钢缸套。

泵缸缸套的圆度和圆柱度应符合要求。活塞环装入后用灯光检查,整个圆周上的漏光不应多于两处,且与开口距离不小于 30°,每处径向间隙弧长不大于 45°。必要时可用内径千分尺测量缸套的圆度和圆柱度,如发现磨损超过标准,即需镗缸,并换新活塞。镗缸后,其厚度减少不应超过 15%,否则应换新。

缸套磨损或镗缸后若厚度减少大于 15%,则应换新。

阀箱 4 分三层。底层 a 是吸入室,与吸入管连接;上层 b 是排出室,与排出管连接;

中间一层 c 用隔板隔成两个互不相通的工作室,分别和泵缸两端的工作空间连通,吸、排阀分组安装在中层空间上、下层隔板的阀孔座上。

GB/T 11034—2008(《船用电动往复泵》)规定,泵缸、阀箱等受压零件应进行水压试验,试验压力为安全阀排放压力(见后述)的 1.5 倍。试验时间不低于 5 min,不应有渗漏现象。

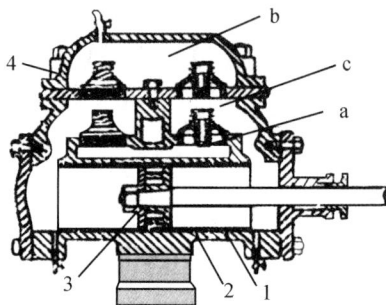

图 2-2-1　往复泵的泵缸与阀箱

a—吸入室;b—排出室;c—中间腔室

1—泵缸;2—泵缸衬套;3—活塞;4—阀箱

二、阀与阀座

1. 阀与阀座的结构

往复泵的泵阀有吸入阀和排出阀,它们的作用是使泵缸工作室交替地与吸排管接通或隔断,以完成泵的吸排过程。常见的泵阀结构形式有盘阀、环阀、锥阀、球阀等,如图 2-2-2 所示。

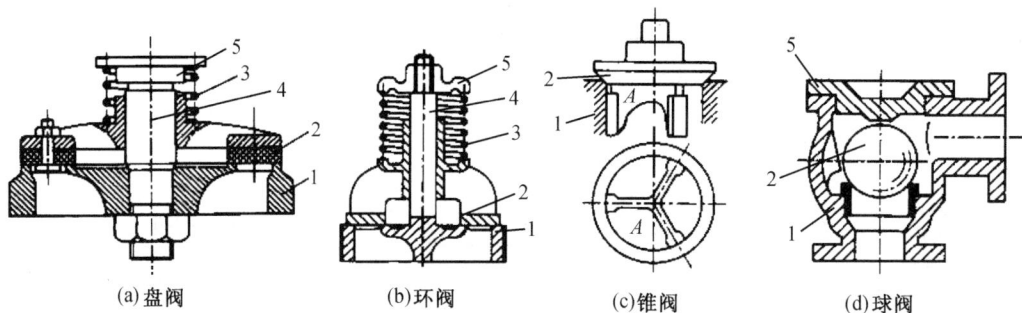

(a)盘阀　　　(b)环阀　　　(c)锥阀　　　(d)球阀

图 2-2-2　往复泵泵阀的结构形式

1—阀座;2—阀芯;3—弹簧;4—导向装置;5—升程限制器

2. 泵阀的特点

盘阀:结构简单,易于加工,经久耐磨,应用广泛,但水力损失较大,适用于清水低压场合。

环阀:结构简单,易于加工,流阻较小,应用较广,但刚性较差,适用于低压、大流量场合。

锥阀:关阀迅速,无须弹簧,密封性好,阻力很小,但加工要求高,适用于高黏、高压场合。

球阀:结构简单,磨损均匀,密封性好,流阻较小,但尺寸不宜过大,适用于高黏、低压、小流量和泵速不高的场合。

3.对泵阀的要求

泵阀工作状况的好坏对泵的工作和工作性能有很大影响,因此对泵阀有以下要求:

(1)关闭严密。它主要靠阀与阀座的加工精度及接触面的研配质量来保证。关闭不严会使容积效率下降、泵的自吸能力变差。因此,当阀与阀座的接触面上出现伤痕或磨损不均时,就需重新研磨或更换新阀件。重新研磨或更换新阀件后,对阀与阀座的接触面必须进行密封试验,即将二者倒置后注入煤油,5 min 内应无渗漏。

(2)启闭迅速。阀的启闭滞后角过大,泵的容积效率下降,自吸能力变差。为此应适当降低转速、增大比载荷,以限制阀的最大升程。

(3)关闭时撞击要轻,工作无声。为减轻阀关闭时的撞击,须限制阀落到阀座上时的速度。阀落到阀座上时的速度与阀的最大升程 h_{max}(mm)和泵转速 n(r/min)的乘积成正比。试验得出泵阀无声工作的条件为:

$$h_{max} \cdot n \leqslant 600 \sim 650 \qquad (2\text{-}2\text{-}1)$$

当 n 较高时,$h_{max} \cdot n$ 可提高到 $700 \sim 750$;对有橡胶密封面的阀,$h_{max} \cdot n$ 允许提高到 $800 \sim 1\ 000$。

(4)泵阀的阻力要小。这不仅可以提高泵的水力效率,还有助于增大泵的允许吸上真空度。

可见,提高泵的转速,虽可增加泵的流量,但也会使阀的升程增加,使阀关闭滞后和敲击加重,严重时会损坏阀的升程限制器,故应限制往复泵转速的提高。

减轻泵阀比载荷可减小阀的阻力,但同样会使 h_{max} 加大,而使阀关闭滞后和敲击加剧。比载荷一般取 $2 \sim 3$ m,最大为 $4 \sim 6$ m。通常低压泵泵阀的比载荷选小值,以免 η_h 过低;高速泵选大值,以减小 h_{max},使阀关闭及时、撞击减小;此外,为利于提高泵的允许吸上真空度,吸入阀的比载荷值常比排出阀小。

三、活塞与活塞环

活塞是泵工作的主要部件,用青铜或铸铁铸成,一般设 $2 \sim 3$ 道活塞环槽。其结构如图 2-2-3 所示。活塞 2 靠螺母 4 固定在活塞杆 1 上,为了防止螺帽松动,螺帽常用开口销锁死。活塞直径一般比缸径小 $1 \sim 2$ mm。泵缸与活塞间的气密靠活塞上装设的活塞环 3 来保证。活塞环(又叫涨圈)在环槽中要能松动自如,活塞环借助本身外张弹力与缸壁贴紧。活塞环磨损后可以换新。

活塞环材料应比缸壁软,常用材料有铸铁、青铜和非金属材料(如

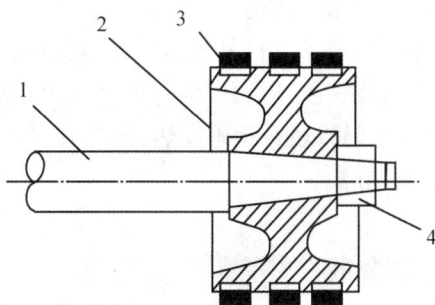

图 2-2-3 活塞和活塞环
1—活塞杆;2—活塞;3—活塞环;4—螺母

夹布胶木)等,根据输送液体性质选定。一般水泵多用夹布胶木作活塞环,活塞环是重要的密封件和易损件。它的缺点是在水中浸泡会胀大,长期离开水又会干缩。工厂制造这种活塞环时,都是先经热水浸泡后才进行加工。活塞环的切口通常切成45°~60°。

活塞环关系到泵缸两端工作空间的气密性,它的弹力好坏和在环槽中的松紧,直接影响泵的吸排工作。因此活塞环在安装时必须注意以下两点:

(1)先测量后安装:安装新夹木胶木活塞环或干缩的旧环时,应先用热水将其浸泡至软后取出,并将其开口撑到8 mm左右,等冷却后放入缸内及环槽内,测量各间隙值,确认间隙正常后再安装使用。安装活塞环时,上、下两环的搭口要错开120°或180°。

(2)安装间隙要合适:一定要注意有关间隙,间隙过大会漏气,间隙过小又会卡死,同样会造成漏气。

四、填料函

为了防止空气漏入泵缸和液体从泵缸中漏出,往复泵的活塞杆一般采用软填料轴封。为此,在活塞杆的伸出处设有填料函,如图2-2-4所示。舱底水泵活塞杆填料一般用浸油棉、麻纤维等材料制成。当填料用久变质发硬而失去密封作用时,必须更换。更换填料时,应注意:

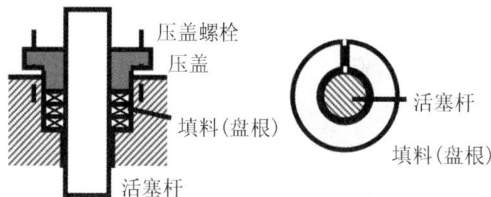

图 2-2-4 往复泵填料函

(1)新填料的宽度应按活塞杆与填料函的径向间隙选取,稍宽可适当锤扁;

(2)长度应根据活塞杆直径周长截取填料,切口最好切成45°;

(3)填料要逐圈安装,相邻填料的切口要错开;

(4)填料圈数不要随意增减;

(5)填料装满后其松紧可借压盖螺帽进行调整;

(6)上螺帽时要注意用力平均,防止单边用力,导致压盖倾斜,碰到活塞杆。

填料的松紧以填料箱不发热,并能有少许液体渗出以满足活塞杆的润滑和冷却为宜(约60滴/分)。

五、安全阀

往复泵必须设安全阀,能在排出压力过高时自动开启,使排出室和吸入室相通,从而限制排压进一步升高。

GB/T 11034—2008规定,安全阀的开启压力应为泵的额定排出压力的1.1~1.15

倍。当泵排出管路阀门全闭时,安全阀的排放压力一般应不大于泵额定压力加
0.25 MPa。安全阀在泵出厂时经调试合格,必要时可重新验证,即在泵运转时渐关排
出截止阀,当排压升高到规定的开启压力时,安全阀即应开启;此外,在全关排出截止阀
时,泵的排出压力(即安全阀的排放压力)也应符合上述规定。

六、空气室

装设空气室是往复泵用来减轻流量和压力波动的常见措施之一。空气室通常设在
尽量靠近泵的吸、排口处,故有吸入空气室和排出空气室之分,往复泵空气室如图 2-2-5
所示。

空气室是一个内部充有空气的容器,当泵的瞬时流量
达到最大值与最小值时,通过空气室中空气被压缩和膨胀
来存入和放出一部分液体,使管路中的流量与压力趋于均
匀,其均匀性取决于空气室的容积与空气的存放量,双缸四
作用往复泵空气室容积应大于液缸行程容积的四倍。

装设空气室后,空气室和泵之间的短管内流量仍不均
匀,但空气室之外的排出(或吸入)管中的流量变得比较
均匀。

对于排出空气室,由于其工作压力较高,在工作过程中
室内气体会不断溶于水中并被带走。因此,在排出空气室
上设有充气阀,在工作过程中应及时充气。

对于吸入空气室,由于其工作压力较低,在工作过程

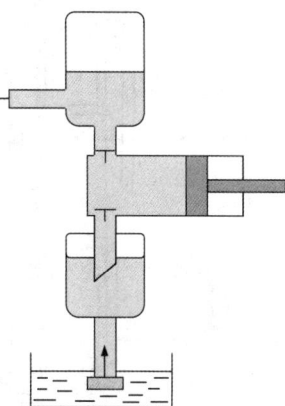

图 2-2-5　往复泵空气室

中,溶解在液体中的气体会不断逸出,使室内的气体逐渐增加,当气体增加到一定量时,
如果大量被泵吸入,就会使泵的吸入出现短时断流。因此,吸入空气室的吸入管下端常
钻有小孔或做成锯齿口状等形状,其目的是让泵在不断流的情况下将逸出的多余气体
吸走。

第三节　电动往复泵及其管理

一、基本结构

图 2-3-1 所示为国产 CDW25-0.35 电动双缸四作用往复泵结构示意图。其型号含
义为:C——船用;D——电动;W——往复泵;25——额定流量(m^3/h);0.35——额定
排出压力(MPa)。

该泵主要由电动机 1、齿轮减速器 2、曲柄连杆机构 3、泵缸体 10 及滑油泵 5 等

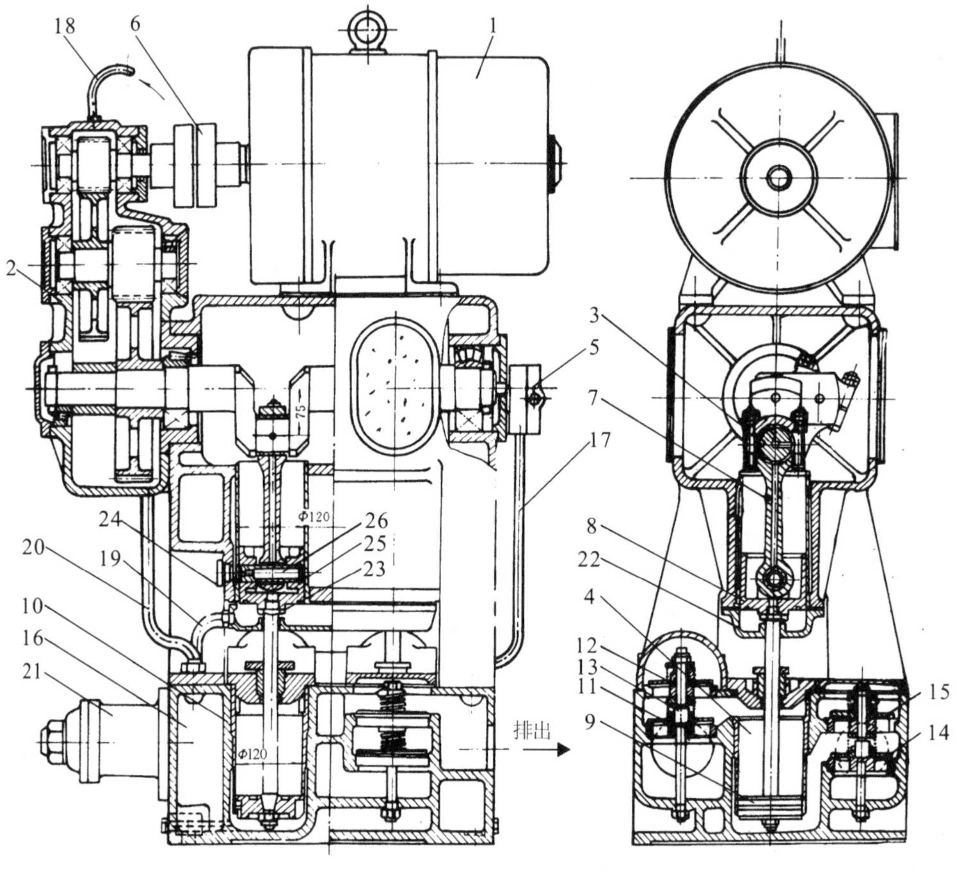

图 2-3-1 CDW25-0.35 电动双缸四作用往复泵结构示意图

1—电动机;2—齿轮减速器;3—曲柄连杆机构;4—泵缸;5—滑油泵;6—联轴器;7—连杆;8—十字头;9—活塞;10—泵缸体;11、14—吸入阀;12、15—排出阀;13—阀杆螺栓;16—滑油箱;17、18、19、20—油管;21—安全阀;22—油盘;23—锁紧螺母;24—螺塞;25—定位弹簧圈;26—十字头销

组成。

齿轮减速器位于电动机输出轴端,由挠性联轴器 6 带动它回转。减速器共分两级,采用圆柱齿轮,齿轮轴由滚子轴承支承。齿轮靠从顶部进入的滑油润滑。减速器的输出轴就是曲轴,因此拆卸曲轴时,必须先拆减速器的壳体,曲轴才能从减速箱侧的圆孔取出。

曲轴为整体锻造,由三个滚子轴承支承,其中位于润滑油泵侧的轴承是自位轴承,在曲轴热胀冷缩时能随轴做轴向移动。轴上有两个曲柄,互成 90°角。这样使得两个活塞相差半个行程,当某缸瞬时流量最大时,另一缸瞬时流量最小,而且不论曲轴在何种位置,泵缸均有液体排出,可减小流量和耗功的波动。曲轴上的曲柄销与连杆 7 的大端相连,连杆的小端则经十字头 8 与活塞杆相连。这样,当电动机带动曲轴回转时,固定在活塞杆上的活塞 9 就不停地做往复运动。曲柄连杆机构由来自中心油孔的滑油润滑。

这种泵是一个并联的双缸四作用泵。它包括两个完全相同的泵缸体 10、活塞 9 以及四个与泵缸各工作空间相对应的阀箱。阀箱中安装有八只盘阀。

泵采用压力润滑,齿轮式滑油泵 5 安装于曲轴右端,由曲轴直接带动回转。油被油泵自滑油箱 16 经油管 17 吸入后,一路经曲轴和连杆中的孔道润滑曲轴轴承和连杆大、小端轴承,另一路经油管 18 润滑减速齿轮,并分别由油管 19、20 流回油箱。滑油一般采用 40 号机油。滑油压力应保持在 0.08~0.12 MPa,油温不应超过 70 ℃。

二、电动往复泵的管理

1. 起动

(1)油。检查油箱中的油位是否在规定范围内。人工加油的部位应加适量的滑油。

(2)水。久置未用或刚检修过的泵,应设法使泵缸中有水,以防涨圈干缩和干摩擦。检查水密情况(含运行管理中)。

(3)汽。略。

(4)气。检查气密情况(含运行中管理)。

(5)电。检查电气系统是否正常。

(6)阀。开足吸入、排出截止阀。

(7)机。外观检查机器是否处在适宜起动状态。移除一切可能妨碍机器运转的物件。

(8)盘。久置未用或刚检修过的泵,应盘车使曲轴转动 1~2 转,以检查运动部件有无卡阻。

(9)冲。冲车(即瞬时接通电源,点动起动),以检查电动机的转向是否与机体上的标志一致,以防自带油泵反转而不能供油。

(10)起。接通电源,起动泵。

2. 运转

(1)压。检查泵的吸排压力、滑油压力等压力参数是否正常;如吸排压力发生剧烈波动,说明可能是低压部分漏气或液位过低吸空。

(2)温。检查滑油温度是否正常;检查电机、轴承和填料函等部位有无过热,轴承温度不应超过 70 ℃。

(3)荷。检查电流表,掌握负荷情况,防止超负荷。

(4)声。仔细倾听泵各运动部件及泵内部有无异常响声,若缸内有严重敲击声应立即停车检查。

(5)位。及时检查吸、排容器内的液位,杜绝吸空和溢流事故的发生。

(6)运行管理中应加强巡查,通过"听、看、摸、嗅、比"掌握往复泵的运行状况。

3. 停车

(1)切断电源停泵。

（2）先关吸入阀,再关排出阀。

（3）当外界温度低于 0 ℃时,应放尽泵缸和阀箱内存水,以防冻裂。

（4）长期停用时,应拆泵将水擦干,各运动件涂敷油脂。

4. 电动往复泵主要故障分析及处理方法（见表 2-3-1）

表 2-3-1　电动往复泵主要故障分析及处理方法表

故障现象	故障原因	分析思路指导	排除方法
1. 起动后不出水或流量不足	1. 吸入容器已排空无水 2. 吸入或排出截止阀未开或未开足 3. 吸入管漏气 4. 吸入滤器或底阀堵塞 5. 胶木活塞环干缩 6. 吸、排阀损坏、泄漏或垫起 7. 活塞环、缸套或填料磨损过多 8. 安全阀弹簧太松或阀泄漏	根据泵装置的构成（参见图 2-3-1）和泵正常吸排条件,从泵装置吸入管口逐步向排出管口分析	1. 补充水 2. 全开 3. 查明漏处,消除漏气 4. 清洗滤器或排出堵物 5. 引水浸泡 6. 检查研磨、清除污物或换新 7. 换新或修复 8. 更换弹簧或检修阀
2. 安全阀顶开或电动机过载	1. 排出截止阀未开 2. 排出管堵塞 3. 安全阀失灵 4. 缸内落入异物卡死 5. 泵久置不用,活塞因锈蚀而咬死 6. 填料或轴承太紧	造成此故障现象的原因无非三个方面: 1. 排出压力过高（第1、2两点） 2. 安全阀本身有问题（第3点） 3. 机械运动阻力过大（第4、5、6点）	1. 全开截止阀 2. 检查管路,排出堵物 3. 检查原因并校验安全阀 4. 检查取出 5. 拆出除锈 6. 调整或更换
3. 泵发生异常声响	1. 泵缸内有敲击声:缸内掉进异物或活塞固定螺母松动 2. 缸内有摩擦声:活塞环断裂或填料过紧 3. 阀箱内有异常响声:吸入、排出截止阀弹簧断裂或弹力不足,阀与升程限制器撞击 4. 传动部件间撞击:各部件配合间隙过大	从各运动件处找原因	1. 停车解体检查 2. 更换活塞环、调松填料压盖 3. 换新弹簧,减小阀升程 4. 予以调整,更换零件
4. 填料箱泄漏	1. 填料硬化失效 2. 压盖未上紧 3. 活塞杆变形或磨损	从形成动密封的双方找原因	1. 换新填料 2. 拧紧压盖 3. 修复活塞杆
5. 摩擦部件发热	1. 配合间隙过小 2. 滑油不足 3. 摩擦面不清洁	从摩擦面上不能形成良好而完整的油膜来分析	1. 调整间隙 2. 补充滑油或调整油压 3. 清洗后更换滑油

第三章

回转式容积泵

根据运动部件的运动方式不同,容积泵可分为往复式和回转式两类。船上常用的回转式容积泵有齿轮泵、螺杆泵、水环泵、叶片泵等,由于叶片泵在船上主要用于液压系统,将在第六章液压甲板机械基础知识中介绍,本章主要介绍齿轮泵、螺杆泵和水环泵的基本原理及管理要点。

第一节　齿轮泵

一、齿轮泵的常见类型

齿轮泵类型通常是根据其主要工作部件——齿轮的形状、相互啮合的方式以及可否逆转来划分的。分类如表 3-1-1 所示:

表 3-1-1　齿轮泵的分类

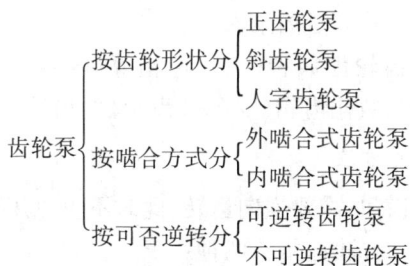

齿轮泵	按齿轮形状分	正齿轮泵
		斜齿轮泵
		人字齿轮泵
	按啮合方式分	外啮合式齿轮泵
		内啮合式齿轮泵
	按可否逆转分	可逆转齿轮泵
		不可逆转齿轮泵

二、齿轮泵的结构与工作原理

1. 结构

典型的齿轮泵结构如图 3-1-1 所示。

齿轮泵的结构

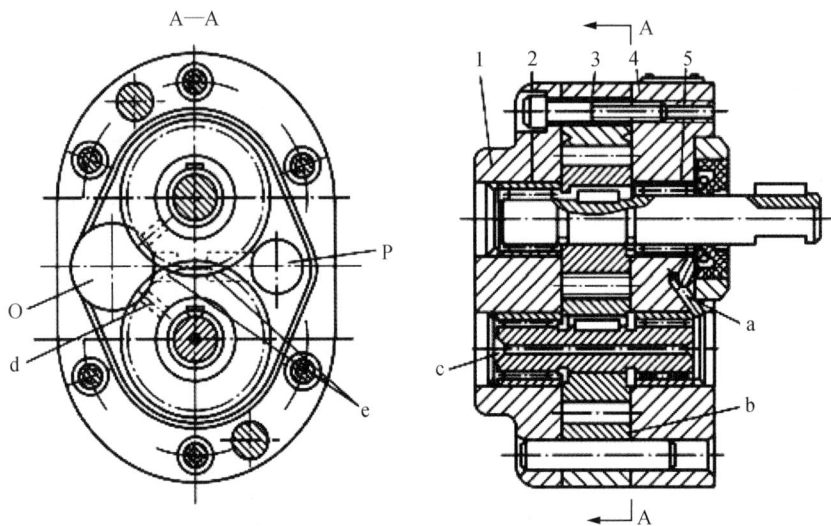

图 3-1-1　CB-B 型外啮合齿轮泵结构图

1—后端盖;2—滚针轴承;3—泵体;4—前端盖;5—传动轴;a、c、d—孔道;b、d—卸荷槽;O—吸入口;P—排出口

2. 基本工作原理

各种齿轮泵的基本工作原理是相同的,都是将一对啮合的齿轮装于同一泵壳中,同时从结构和加工精度上使齿轮与泵壳的轴向间隙、径向间隙和齿间间隙足够小,以保证形成密封良好的工作容积。当主动齿轮和从动齿轮旋转时,齿轮轮齿退出啮合的一侧工作容积将增加,压力将减小,从而将液体吸入齿谷空间并随齿轮旋转被带到另一侧;齿轮轮齿进入啮合的一侧工作容积将减少,被齿谷带来的液体就被挤出泵壳上的出口,这样便形成了连续的吸入与排出。显然,齿轮轮齿退出啮合的一侧为吸入侧,进入啮合的一侧为排出侧。

对于一般齿轮泵,何侧轮齿退出啮合、何侧进入啮合取决于转向,亦即吸排方向取决于转向。由此可知第二章所述 CDW 型往复泵必须按规定方向运转的原因是该型往复泵采用了一般齿轮泵作为其润滑油泵。

外啮合齿轮泵的两个齿轮齿数相同、转速相等;内啮合齿轮泵的齿环(又称内齿轮,套在外齿轮的外周)的齿数比齿轮(又称外齿轮)的齿数多,故齿环转速比齿轮慢。

3. 齿轮泵实现可逆转的方法

在生产实践中,原动机有时需要逆向运转,此时不可以用一般齿轮泵来做其自带滑油泵。齿轮泵实现可逆转的方法通常有两种:

(1)利用一组单向阀门与一般齿轮泵配合工作来控制吸排方向,当转向改变时,虽然轮齿的进入和退出啮合方向发生了改变,但吸排方向不变;

(2)利用特殊结构的带月牙形隔板的可逆转内啮合齿轮泵。

图 3-1-2 所示为一种带月牙形隔板的可逆转内啮合齿轮泵。齿环 3 与右侧的圆盘和泵轴做成一体,泵轴由压缩机曲轴带动。而图中左侧的底盘 6 上有月牙形隔板 2 和与泵轴偏心的短轴,短轴上面套着齿轮 1。当泵轴带齿环转动时,与齿环呈内啮合的齿

轮随之转动,产生吸排作用,其工作原理与外啮合齿轮泵类似。

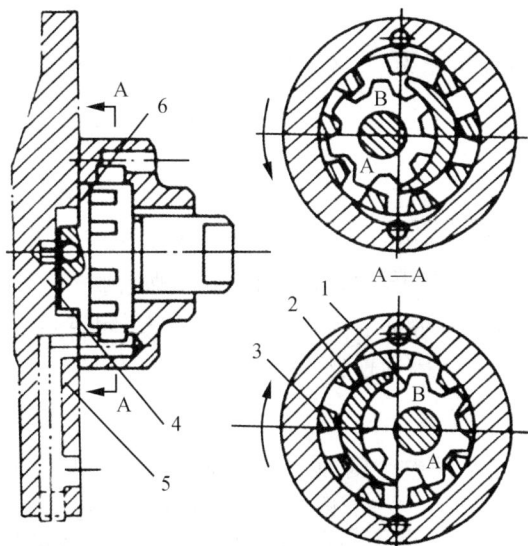

图 3-1-2　内啮合齿轮泵
1—齿轮;2—月牙形隔板;3—齿环;4—销钉;5—盖板;6—底盘

底盘 6 背面圆心处有被弹簧压紧的钢球,帮助底盘与带齿环的圆盘贴紧;底盘背面还有一偏心的销钉 4,卡在盖板 5 下半部的半圆形环槽内。当泵轴逆时针旋转时,啮合齿的作用力传到底盘 6 的偏心短轴上,产生逆时针转向的转矩,使底盘转至其背面的销钉卡到半圆形环槽的右端为止;这时,齿轮与齿环的相对位置如图 3-1-2 中右上图所示,泵下吸上排。当泵轴改为顺时针转动时,啮合齿传至偏心短轴上的力产生顺时针转向的转矩,使底盘 6 转 180°,直至其背面的销钉卡到半圆槽的左端为止;这时齿轮与齿环的相对位置变成图中 3-1-2 右下图所示,泵的吸排方向仍保持不变。

与外啮合齿轮泵相比,月牙形隔板的内啮合齿轮泵的吸油区大,流速低,吸入性能好,流动脉动小,很容易消除困油现象,工作平稳,噪声很低。其缺点是制造工艺复杂,且泄漏途径多,容积效率比外啮合齿轮泵低。

4. 高压齿轮泵实现轴向间隙补偿的方法

齿轮泵存在轴向、径向和齿间间隙,随着工作压力的增大,这些间隙处泄漏量会增多,其中轴向间隙(以称端面间隙)因泵的端面受力外移而变大,该处的泄漏量最大,达总泄漏量的 70%～80%。为此,人们找到了防止轴向间隙变大的方法。

防止轴向间隙随工作压力增大而增大的方法是在齿轮端面与泵壳端面之间设一可自由浮动的压板,工作时将泵出口的压力油引至压板外侧,压板在油压力和橡胶圈的弹力作用下轻轻地贴附在齿轮的端面上,从而保持很小的轴向间隙。橡胶圈的作用一方面是在油泵起动时给压板一个预紧力,使泵能建立起油压;另一方面是在压板外侧对应于排油腔的区域围成平衡油压区,使平衡力大小适当、分布合理。当工作压力越大,造成轴向间隙增大的趋势越大时,该装置使作用于压板外侧的液压平衡力就越大,该作用称为液压补偿作用,故该装置称为齿轮泵轴向间隙液压补偿装置。

三、齿轮泵的困油现象

1. 困油现象产生的原因

为了保证齿轮泵平稳传动与吸、排口间的有效隔离,要求齿轮的重叠系数 $\varepsilon > 1$,亦即要求齿轮泵工作时在前一对啮合齿尚未完全脱离时,后一对齿就已开始进入啮合,这样,在某一小段时间内,就会有相邻两对齿同时处于啮合状态,它们与两侧端盖之间就会形成一个封闭空间,使一部分油液困在其中,而这一封闭空间的容积又会随齿轮的转动而先变小后变大,从而产生困油现象。

2. 困油现象造成的危害

图 3-1-3 所示为齿轮泵的整个困油过程。图 3-1-3(a)表示新的一对齿刚啮合时,前一对齿尚未脱开,于是在它们之间就形成了一个封闭容积 $V = V_a + V_b$,由于存在齿侧间隙,因此 V_a、V_b 是相通的。当齿轮按图示方向回转时,V_a 逐渐减小,V_b 逐渐增大,而它们的容积之和 V 逐渐减小,当齿轮转到图 3-1-3(b)所示位置时,封闭容积 V 达到最小;在困油容积变小的过程中,留在封闭空间中的油液被挤压,压力急剧上升(可达排出压力的 10 倍以上),使齿轮、轴和轴承受到很大的径向力,同时油液将从零件密封面的缝隙中被强行挤出,造成油液发热,促使油液变质,产生噪声和振动,功率损失增加,从而缩短轴承寿命。其后,齿轮继续回转,V_a 继续减小,V_b 继续增大,V 逐渐增大,直至前一对齿即将脱离啮合前,如图 3-1-3(c)所示,V 增加到最大。在困油容积变大的过程中,封闭空间的压力将会下降,使溶于油中的气体析出而产生气泡,这些气泡被带到吸入腔,不但妨碍油液进入齿间,而且随压力升高会消失,结果导致容积效率的降低和振动、噪声的加剧。这就是困油现象对齿轮泵的工作性能和使用寿命的危害。

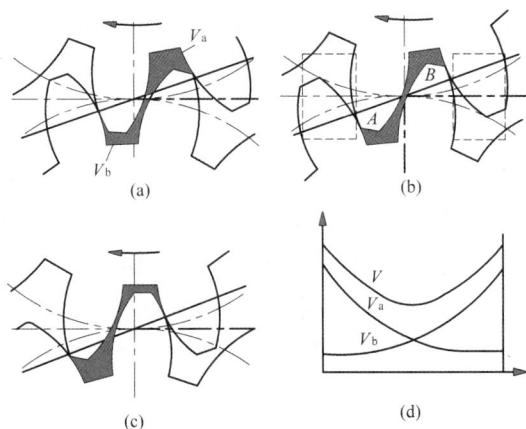

图 3-1-3　齿轮泵的困油过程

3. 消除困油现象的方法

从困油现象产生的原因可以想到,只要能在不使吸、排腔沟通的前提下,设法在封

闭容积 V 减小时使之与排出腔沟通,增大时与吸入腔沟通,使一对啮合的齿轮形成不了困油空间,即可消除困油现象。根据这一思路,人们提出了以下几种办法:

(1)对称卸荷槽法

该法是在与齿轮端面接触的两端盖内侧,各挖两个对称于节点(节圆的交点)的矩形凹槽(即卸荷槽),位置如图 3-1-3(b)的虚线所示。各卸荷槽的内边缘正好与封闭容积 V 最小时两对啮合齿的啮合点 A、B 相接,这时封闭容积与任何一个卸荷槽都不通。在封闭容积减小到最小值前,它通过右边的卸荷槽与排出腔始终相通,以便将多余的油液排出;而当封闭容积逐渐增大时,它又通过左边的卸荷槽与吸入腔相通,使油液得以补充。

(2)不对称卸荷槽法

对称布置的卸荷槽不是十分完善,因为当齿轮转过图 3-1-3(b)所示的位置后,封闭容积 V 开始增大,而容积 V_a 还在继续减小。由于困油空间容积减小时产生的危害比容积增大时严重,这就需要让 V_a 有一小段时间能通过右边的卸荷槽与排出腔相通,以更彻底地消除困油现象。为此,就需将卸荷槽布置成非对称形式,稍偏向吸口。

(3)卸压孔法

该法是在从动齿轮的每一个齿顶和齿根均径向钻孔,通过从动轴上的两条月牙形沟槽与吸、排腔相通,以消除困油现象,如图 3-1-4 所示。

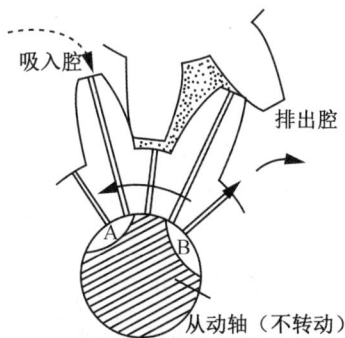

图 3-1-4　从动齿轮上的卸压孔

(4)修正齿形法

该法是在从动齿轮的工作齿廓上加工一个成 50° 角的泄压斜面,使齿轮从相互啮合时的线性接触变成点性接触,从而不能形成齿封空间,达到卸压目的。

既然将齿廓加工成斜面可以消除困油现象,那么采用斜齿轮和人字齿轮能消除困油现象吗? 当然能。因为困油现象仅产生于正齿轮泵中。

四、齿轮泵的径向不平衡力

齿轮泵工作时,吸、排腔油液存在压差,通过齿顶与泵壳间的间隙,作用在齿轮四周的液体压力从排出腔到吸入腔沿齿轮外周是逐级降低的,如图 3-1-5 所示。

作用在每一齿轮外周的液体压力的合力 F,基本通过齿轮中心指向吸入端。而啮

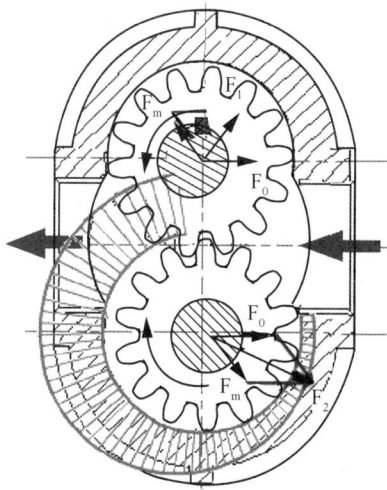

图 3-1-5　齿轮泵的径向力示意图

合的主、从动齿轮上又作用着大小相同、方向相反的啮合力 F_m。这样,主、从动齿轮所受径向力的合力 F_1 及 F_2 大小和方向不同,并做周期性变化。它易使轴弯曲,轴承负荷增大,影响齿轮泵的使用寿命。

显然,泵的径向力大小与工作压力有关,对高压齿轮泵应设法加以限制。减小径向不平衡力的方法有在泵的泵体上开压力平衡槽和缩小排油口两种,前者会使泄漏增加,故仅在一些老型号的泵中有使用。

五、齿轮泵的流量与容积效率

1. 流量

假设各齿谷内的油液能够全部被排出,并设齿间工作容积等于轮齿的有效体积,则泵的每转理论排量 q_t 即为一个轮齿扫过的环形体积,故平均理论流量 Q_t 可按下式计算:

$$Q_t = q_t n \times 10^{-6} = \pi DhBn \times 10^{-6} = 2\pi DmBn \times 10^{-6} = 2\pi m^2 ZBn \times 10^{-6} \quad (\text{L/min})$$

$$(3-1-1)$$

式中:D——齿轮分度圆直径,mm;

$\quad h$——轮齿的有效工作高度($h = 2m$),mm;

$\quad B$——齿宽,mm;

$\quad n$——转速,r/min;

$\quad m$——模数($m = D/Z$,Z 为齿数),mm。

实际上,齿间工作容积大于轮齿有效体积,因此,式(3-1-1)需用修正系数 K 进行修正。修正系数 K 与齿数有关。通常,中、低压齿轮泵为使流量均匀,一般齿数较多,$Z = 13 \sim 20$,$2\pi K$ 取 6.66;高压齿轮泵齿数较少,$Z = 6 \sim 14$,$2\pi K$ 取 7。同时,考虑到容积效率 η_v 的影响,所以,齿轮泵的实际平均流量 Q 为

$$Q = 2\pi KDmBn\eta_v \times 10^{-6} \quad (\text{L/min}) \tag{3-1-2}$$

一般外啮合齿轮泵 $\eta_v = 0.7 \sim 0.9$，当采用间隙液压补偿装置时，η_v 可达 $0.80 \sim 0.96$。

2. 影响齿轮泵流量的因素

由式(3-1-1)可见：

(1)齿轮泵转速越高，流量越大。但若转速太高，使油液来不及充满齿谷，则会使泵的容积效率下降。

(2)在齿轮分度圆直径不变的条件下，因为 $m = D/Z$，所以齿轮泵的齿数越少，模数越大，泵的流量就越大，脉动也越大。

(3)齿轮泵的流量与齿宽成正比，流量与模数的平方成正比。

(4)容积效率对既定的泵的实际流量影响最大。

3. 影响齿轮泵容积效率的因素

(1)密封间隙。齿轮泵的泄漏主要发生在：①齿轮端面与两侧盖板之间的轴向间隙处；②齿顶与泵壳之间的径向间隙处；③啮合齿之间的间隙处。其中，齿轮端面的泄漏途径短而宽，泄漏量占总泄漏量的 $70\% \sim 80\%$。由于泄漏量与间隙值的三次方成正比，因此对齿轮泵容积效率影响最大的因素是齿轮的端面间隙大小。

(2)排出压力。泄漏量与间隙两端压差成正比，排出压力高，则泄漏量大，容积效率降低。

(3)吸入压力。当吸入真空度增加时，吸油中气体析出量增加，容积效率降低。

(4)油液的温度和黏度。所排送油液的油温越高，黏度越低，泄漏量越大。但若油温过低，黏度太大，又会使吸入条件变差，吸入真空度变大，析出气体增多，也会使容积效率下降。

(5)转速。泄漏量与转速关系不大，但转速过高会造成吸入困难，使容积效率下降。转速过低也会使容积效率降低。一般认为转速不得低于 $200 \sim 300$ r/min。

六、齿轮泵的特点

1. 自吸能力

齿轮泵有一定的自吸能力，所以齿轮滑油泵可装得比滑油液面高，但其自吸能力不如往复泵。另外，齿轮泵摩擦面多，为防起动时的干磨损，泵内应留有一定的存油。

2. 流量

理论流量仅取决于工作部件的尺寸和转速，与排出压力无关。

3. 流量均匀性

齿轮泵流量连续，但有脉动。外啮合齿轮泵流量脉动率大，噪声较大；内啮合齿轮泵流量脉动率较小，噪声也较小。

4.压力

额定排出压力与工作部件尺寸、转速无关,主要取决于泵的密封性能和轴承承载能力。为了防止泵在超过额定工作压力的情况下工作,一般应设安全阀。

5.转速

齿轮泵转速较高,一般为 1 500 r/min 左右。高于 3 000 r/min 或低于 300 r/min 都会使容积效率下降。

6.效率

效率受密封间隙、吸排压力、温度、转速影响较大。

7.适用性

因为齿轮泵摩擦面较多,适用于排送不含固体颗粒并具有润滑性的油类。对油液的清洁度要求随工作压力的升高而不断提高。低压齿轮泵一般作油液驳运泵或润滑油泵,对污染敏感度不高,吸口一般设 100 目的滤油网即可。中高压泵一般作液压泵,对滤油精度要求较高,可根据工作压力选定。

8.维护性

齿轮泵结构简单,管理方便;结构紧凑,价格低廉。

9.耐用性

虽然摩擦面较多,但齿轮泵用于中低压滑油泵时其寿命较长。

七、齿轮泵的管理

1.起动

(1)油。起动前必须确保泵内有油,以免在起动过程中发生干摩擦,造成严重磨损。油脂杯压盖视情旋进半圈。一船每周加油脂一次即可。

(2)水。略。

(3)汽。略。

(4)气。防止吸入空气。齿轮泵吸入空气不但会使流量减少,而且是产生噪声的主要原因。除保持吸入油面有足够的高度外,还要防止吸入管泄漏。

(5)电。检查电气系统是否正常。

(6)阀。开足吸入、排出截止阀。

(7)机。检查机器外观是否处在适宜起动状态。消除一切可能妨碍机器运转的物件。

(8)盘。久置未用或刚检修过的泵,应盘车使转动 1~2 转,以检查运动部件有无卡阻,并有利于滑油布于摩擦面。

(9)冲。电动机新接过线的情况下要冲车(即瞬时接通电源,点动起动),以检查电动机的转向是否与机体上的标志方向一致,一般齿轮泵反转会改变吸排方向。

（10）起。接通电源，起动泵。

2. 运转

（1）压。检查泵的吸排压力是否正常，吸入压力不可过低，否则将使溶入油液中的气体因吸入压力低于空气分离压力而大量析出，使泵产生"汽蚀"，损坏泵内零件表面。为此，在管理中应经常清洗滤器。

不含轻馏分的油在工作温度范围内饱和蒸气压很低，在通常吸入压力下不会汽化。但矿物油在常温和大气压下溶有 6%～12% 的空气（水中仅 2%）。压力低于某数值时溶于油中的气体会大量逸出，该压力称为空气分离压，它随液体种类和空气的溶解量而异，温度高，则空气分离压也高。当吸入压力低于空气分离压时，油在低压区会析出许多气泡，使流量降低；当气泡随油来到高压区时，空气重新溶入油中，形成局部真空，四周的高压油液就会以高速流过来填补，产生液压冲击，并伴随剧烈的噪声，产生"气穴"现象。

工作中还要防止吸入空气。吸入空气不但会使流量减少，而且是产生噪声的主要原因。除保持吸入油面有足够高度外，还要防止吸入管泄漏。如果泵工作时噪声很大，可在吸入管各接口处逐个浇油检查，如果在某个接口处浇油后噪声降低，则说明该处漏气。

（2）温。保持吸入液体的温度和黏度正常。若油温太高或黏度太低，则泄漏增加，还容易产生"气穴"现象；黏度过高同样也会使吸入困难，容积效率降低。在工作油温范围内运动黏度以 25～33 mm^2/s 为宜。检查电机、轴承和填料函等部位有无过热现象，轴承温度不应超过 70 ℃。

（3）位。检查吸入容器和排出容器的液位是否正常，严防吸空而造成干摩擦，或排出容器溢流而造成污染和浪费。

（4）荷。起动时和运行管理过程中，要注意观察起动控制箱上的电流表，判断机械的工作负荷是否正常。如工作电流大于正常值，则说明轴承、轴封、齿轮等运动部件摩擦加剧，或轴线对中不良，或电机绝缘不良，要及时停泵处理。对于填料轴封，若压盖压偏或压得太紧也会造成工作电流增加。一般要求齿轮油泵在填料轴封处有微量渗漏，这是减轻摩擦所必需的。在船上各仪表处往往由轮机长或主管轮机员标上该设备正常工作时的参数变化控制范围和额定值，便于巡回检查实际工作值是否正常。

（5）声。仔细倾听泵各运动部件及泵内部有无异常响声，若泵内有严重敲击声，应立即停车检查；若噪声和振动很大而非敲击声，说明可能有空气漏入或吸入液体中的气体析出。

（6）运行管理过程中应加强巡查，通过"听、看、摸、嗅、比"掌握泵的运行状况。

3. 停车

（1）切断电源停泵。

（2）先关吸入阀，再关排出阀。

4. 检修要点

（1）转向与连接。检修时应注意电动机接线不要接错。泵和电动机应保持良好对

中,联轴器不同心度应在 0.1 mm 以内。

(2)重要部件。齿轮、端盖以及轴封是齿轮泵的重要部件。检修时应仔细检查齿轮和端盖的工作面有无擦伤、划痕,如有应进行研磨,加以消除。

机械轴封属于较精密的部件,拆装时要防止损伤密封元件。

(3)重要间隙。检查各配合间隙。端面间隙(轴向间隙)是齿轮泵最重要的间隙,它对齿轮泵的自吸能力和容积效率影响最大。它可用压软铅丝的方法测出,一般外齿轮泵端面间隙为 0.04~0.08 mm,内齿轮泵端面间隙为 0.02~0.03 mm。压力较低的滑油泵和驳油泵的端面间隙可增至 0.10~0.25 mm。压力较高的锅炉燃油泵或液压泵则应遵照说明书要求严格把控。必要时可调整端盖与泵体之间的垫片厚度,磨损过大时可将泵体与端盖结合面磨去少许,以兹补救。

检查泵轴与轴承的间隙。轴与轴承的径向间隙一般为 0.03~0.08 mm,间隙超过磨损极限时,应换新。

泵检修装复后,用手转动泵轴,应转动灵活。手感为既无卡阻也不松动时,大体说明间隙正常。

5. 齿轮泵的常见故障

(1)起动后不能排油或流量不足

①泵内间隙过大;

②泵转速过低、反转或卡阻;

③吸入管漏气或吸口露出液面;

④吸高太大(一般应不超过 500 mm);

⑤油温太低,黏度太大;

⑥吸入管路阻塞,如吸入滤器脏堵、吸入阀未开等;

⑦油温过高;

⑧排出管泄漏或旁通,安全阀的弹簧太松;

⑨排出阀未开致使安全阀被顶开。

(2)工作噪声太大

①吸入管路及吸入滤器堵塞;

②漏入空气;

③油箱内有气泡;

④油位太低;

⑤泵产生机械摩擦。

(3)磨损太快

①油液含磨料性杂质;

②长期空转;

③排出压力过高,泵轴变形严重;

④装配失误,引起中心线不正。

第二节 螺杆泵

一、螺杆泵的种类与结构

1. 单螺杆泵

单螺杆泵属密封型螺杆泵。螺杆由一圆柱体旋转而组成,为单头螺杆。泵缸由橡胶制成,泵缸截面以两倍于螺杆的螺距旋转而成,即双头泵缸。螺杆轴线相对泵缸轴线存在一个偏心距,螺杆在运行过程中有摆动现象,故驱动轴与螺杆间设有一万向联轴器。该泵在船上常作为污水、污油输送泵使用。该泵的排出压力不大,故由排出端与吸入端之间的压力差造成的轴向力不大,常由轴承承担。单螺杆泵结构图如图 3-2-1 所示。

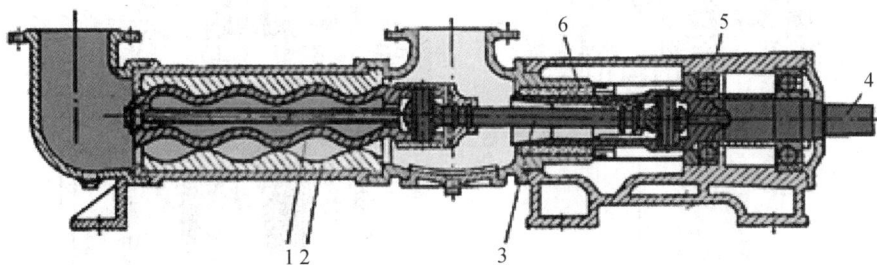

图 3-2-1　单螺杆泵结构图

1—螺杆;2—泵缸;3—万向轴;4—主动轴;5—轴承;6—填料箱

2. 双螺杆泵

双螺杆泵属非密封型螺杆泵。只能作低压泵使用,双螺杆泵不能满足传动条件,故需在主动螺杆、从动螺杆间设置同步齿轮。常用结构对称的方法来消除轴向力。双螺杆泵结构图如图 3-2-2 所示。

3. 三螺杆泵

三螺杆泵属密封型螺杆泵,是船上使用较多的一种螺杆泵。为保证泵的密封性,螺杆的最小工作长度不小于 $1.09t$,而衬套的最小工作长度不小于 $0.932t$(t 为导程),对于高压泵应适当增加泵的密封长度,以利于提高泵的容积效率。立式三螺杆泵结构图如图 3-2-3 所示。

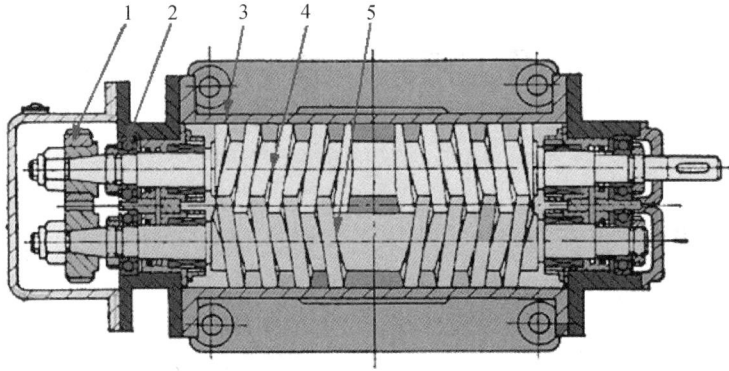

图 3-2-2　双螺杆泵结构图

1—同步齿轮;2—滚动轴承;3—泵体;4—主动螺杆;5—从动螺杆

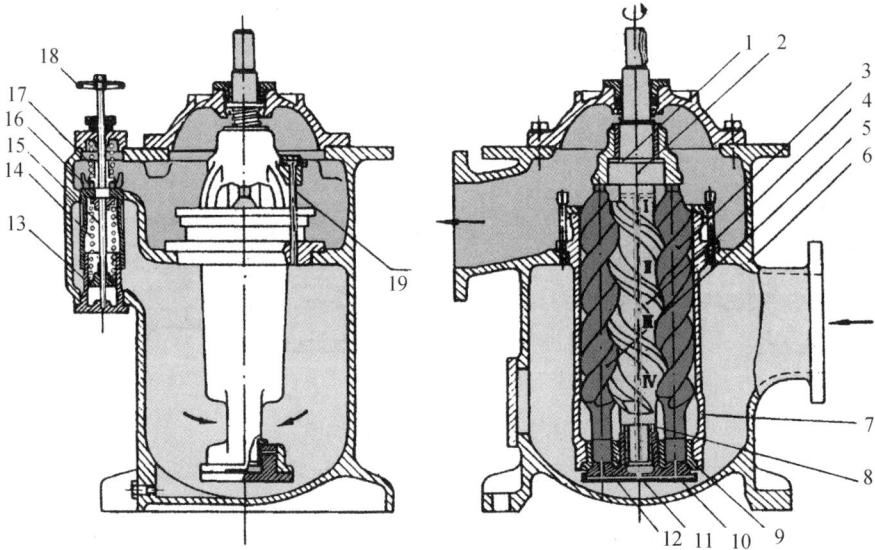

图 3-2-3　立式三螺杆泵结构图

1—推力垫圈;2—平衡活塞;3、5—从动螺杆;4—主动螺杆;6—泵体;7—衬套;8—平衡轴套;9—推力垫块;
10、11—盖板;12—推力垫块;13—端盖套筒;14、17—弹簧;15—调节螺杆;16—安全阀阀芯;18—调节手轮;
19—泄油管

二、三螺杆泵工作原理

在固定物体中旋转螺丝,螺丝将被扭入物体内。反之,在固定螺丝的轴向位置旋转螺丝,则套在螺丝一端的物体将随螺丝转动而沿螺丝做轴向移动,直至被排出。同样,在一充满液体的筒子内,旋动螺丝,即可使筒内液体轴向流动。发明者也许正是根据此原理发明了螺杆泵。

我们也可换种思路来看螺杆泵的工作原理,可以将螺杆泵看作齿轮泵的一个特例,当螺杆旋转时,泵的一端由于主动螺杆、从动螺杆的脱开啮合而容积增大、压力下降,被

输送的液体在内外压差的作用下,经吸入口进入螺杆的凹槽中,并随着螺杆的旋转沿轴向输送至泵的另一端,在该端主动螺杆、从动螺杆进行啮合,容积减小,油液受挤压,克服外阻力,经排出口排出。

三、三螺杆泵的受力及其平衡

1. 三螺杆泵的轴向力

由于螺杆泵的螺杆两端存在吸排压差,故必然存在着指向吸入端的轴向力。

平衡轴向力的方法有:

(1)安装止推轴承

止推轴承通常装在轴向推力较大的凸螺杆上,凹螺杆则靠螺杆端面来承受轴向力,这种方法适用于工作压力小于 1.6 MPa 的泵。

(2)采用平衡活塞

在主动螺杆排出端设一直径较大的平衡活塞,在平衡活塞另一侧的主动螺杆轴上有泄油孔和吸入腔相通,使平衡活塞的背压接近吸入压力。作用在平衡活塞上的轴向力从吸入腔指向排出腔,从而抵消了大部分轴向力。

(3)将高压油引至螺杆底部止推轴套处

通过从动螺杆中心导孔引入压力油。当从动螺杆细长,不宜钻油孔时,则可在泵体上设置专门的孔道。

(4)采用双吸结构

对于压力较高、流量较大的螺杆泵来说,螺杆上将受到相当大的轴向力,采用双吸式结构,可使油液从两端吸入,中间排出。由于螺杆上两端螺线是反向的,轴向力完全平衡,这不仅在结构上省掉了一套平衡装置,还可以在不增加螺杆直径的情况下,使排量得到增加,故在大排量的螺杆泵上采用较多。

2. 三螺杆泵的径向力

由于主动螺杆所受的径向力对称分布,处于平衡状态,故主动螺杆与衬套的磨损很小;从动螺杆只有一边处于啮合,截面上的液压力又不平衡,故它的径向力是不平衡的,由整个衬套的工作表面承受,比压不大,故磨损较小。

3. 螺杆上的转矩

三螺杆泵只要设计合理,从动螺杆在工作时就基本上不依靠主动螺杆驱动,而由液压力产生的转矩驱动,从而大大减轻了啮合线的磨损。

四、螺杆泵的特点

1. 自吸能力

密封式螺杆泵(三螺杆泵和单螺杆泵)有一定的自吸能力,非密封式双螺杆泵无自吸能力。但尽管密封式螺杆泵具有自吸能力,为防止起动时的干摩擦,泵内也必须留有一定的存油。轴向吸入,吸入流体基本不受离心力影响,故吸入性能好,三螺杆泵在一定条件下允许吸上真空高度可达 8 m 水柱,单螺杆泵可达 8.5 m 水柱。

2.流量

理论流量仅取决于工作部件的尺寸和转速,与排出压力无关。螺杆泵流量范围广,一般在 $0.6 \sim 600.0 \text{ m}^3/\text{h}$。

3.流量均匀性

螺杆泵流量连续,无脉动,无困油,噪声小。

4.压力

额定排出压力与工作部件尺寸、转速无关,主要取决于泵的密封性能、结构强度和原动机功率。为了防止泵在超过额定工作压力的情况下工作,一般在泵体上设有安全旁通阀。三螺杆泵因密封性能好,故允许的工作压力高,可达 20 MPa。单螺杆泵、双螺杆泵额定排出压力不宜太高,前者最大不超过 2.4 MPa,后者不超过 1.6 MPa。

5.转速

螺杆泵转速较高,三螺杆泵转速为 1 450 ~ 3 000 r/min;单螺杆泵转速一般不超过 1 500 r/min。

6.效率

螺杆泵的效率受密封间隙、吸排压力、温度、转速影响较大。三螺杆泵密封性好,容积效率高;单螺杆泵次之;双螺杆泵最低。

7.适用性

由于油液在吸、排过程中无搅拌现象,所以三螺杆泵适合输送润滑性好的清洁油类,单螺杆泵、双螺杆泵则可输送非润滑性液体和含固体杂质的液体。

8.维护性

螺杆泵结构简单,零部件少,相对重量和体积小,维修工作少,管理方便。

9.耐用性

螺杆泵磨损轻,使用寿命长。但螺杆的轴向尺寸较长,刚性较差,在安装和存放时要谨防螺杆变形。

五、螺杆泵的管理

1.起动

(1)油。起动前必须确保泵充满油液,以及单螺杆泵的万向联轴器中注有润滑脂(从专设注油嘴中注入),以免起动过程中发生干摩擦,造成严重磨损。

(2)水。对用于输水的单螺杆泵应充水。

（3）汽。确保吸入滤器清洁，不堵塞，以防止起动后吸入压力过低，造成液体汽化并形成汽塞。

（4）气。防止吸入空气。吸入空气不但会使流量减少，而且是产生噪声的主要原因。除保持吸入油面有足够的高度外，还要防止吸入管泄漏。

（5）电。检查电气系统是否正常。

（6）阀。开足吸入、排出截止阀，以防吸空或过载；在低温、液体黏度大和泵的排量大时，除要开足吸入、排出截止阀以外，还须开足旁通阀，以降低起动负荷，待泵达到额定转速时，再逐渐关闭旁通阀。但应注意旁通阀全开的时间不能过长，以免油液回流循环引起发热，使泵因高温变形而损坏。旁通阀也起调压阀作用，泵达到额定转速后可通过调节旁通阀使泵达到所要求的排出压力，但调节幅度要小，不应靠旁通阀调节大流量回流来满足小流量的需要，以防油液过热。

（7）机。外观检查机器是否处在适宜起动状态。消除一切可能妨碍机器运转的物件。

（8）盘。久置未用或刚检修过的泵，应盘车转动 $1 \sim 2$ 转，以检查运动部件有无卡阻，并有利于滑油布于摩擦面。

（9）冲。电动机新接过线的情况下要冲车（即瞬时接通电源，点动起动），以检查电动机的转向是否与机体上的标志方向一致，反转会改变吸排方向，同时使轴向力平衡装置失效。

（10）起。接通电源，起动泵。

2. 运转

（1）压。检查泵的吸排压力是否正常，吸入压力不可过低，否则将使溶入油液中的气体因吸入压力低于空气分离压力而大量析出，使泵产生"汽蚀"，损坏泵内零件表面。为此，在管理中应经常清洗滤器。检查吸排阀是否因振动而不正常关小。

（2）温。保持吸入液体的温度正常；检查电机、轴承和填料函等部位有无过热，轴承温度不应超过 $70 ℃$；轴封处微量的渗漏可防止轴封因干摩擦发热而受损。

（3）位。检查被吸液体和排出液体的液位是否正常，严防吸空。

（4）荷。起动时和运行管理过程中，要注意观察起动控制箱上的电流表，判断机械的工作负荷是否正常。如工作电流大于正常值，则说明工作压力异常增加，或轴承、轴封、螺杆等运动部件摩擦增加，或轴线对中不良，或电机绝缘不良，需及时停泵处理。

（5）声。仔细倾听泵各运动部件及泵内部有无异常响声，若泵内有严重敲击声应立即停车检查；若噪声和振动很大而非敲击声，说明可能有空气漏入或吸入液体中有气体析出。

（6）运行管理过程中应加强巡查，通过"听、看、摸、嗅、比"掌握泵的运行状况。

3. 停车

（1）切断电源停泵。

（2）先关排出阀，待泵完全停止后再关吸入阀，以免泵在停车过程中产生干运转，同时防止吸入管路中和泵腔内的油液倒流到油箱，使下次起动困难。

4. 检修维护要点

（1）转向与连接。检修时应注意电动机接线不要接错。泵和电动机应保持良好对中，联轴器不同心度应在 0.1 mm 以内。

（2）重要部件。螺杆为细长构件，刚度低，易变形，故在拆装起吊时要注意防止受力弯曲；备用螺杆保存时宜悬吊固定，以免因放置不平而变形。机械轴封属于较精密的部件，拆装时要防止损伤密封元件。密封元件常由石墨制造而成，要防止落地摔碎。

（3）重要间隙。检查螺杆与螺杆、螺杆与泵体之间的间隙，间隙应均匀。

检查泵轴与轴承的间隙。轴与轴承的径向间隙一般为 0.03～0.08 mm，间隙超过磨损极限时，应换新。

泵检修装复后，用手转动泵轴，应转动灵活。手感为既无卡阻也不松动时，大体说明间隙正常。

第三节　水环泵

一、水环泵的基本结构和工作原理

1. 基本结构

水环泵有单作用式和双作用式，单作用式在船上较为常见，故我们以单作用式为例来说明其基本结构。

图 3-3-1 所示为一台单作用水环泵。它主要由叶轮、侧盖和泵体组成。叶轮必须偏心安装，其上装有叶片，叶片采用前弯叶片（也可采用径向叶片）。侧盖上开设有吸排口，吸入口较大，排出口较小（其他泵也通常如此）。

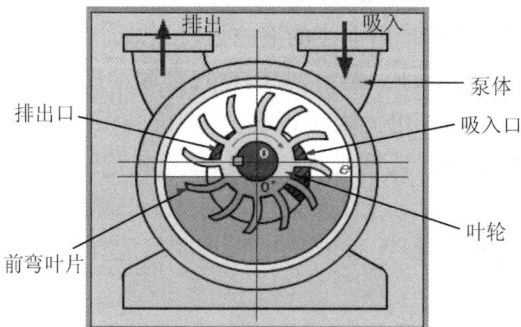

图 3-3-1　单作用水环泵

2. 工作原理

泵内充有一定数量的工作水是水环泵能够工作的必要条件。向泵内充水后，当叶轮旋转时，液体被带动而构成紧贴泵体且与泵体同心的水环。水环内表面与叶轮轮毂表面及两侧盖端面之间形成一个月牙形的工作空间。该空间被叶片分隔成若干个互不相通的腔室。这些腔室的容积随着叶轮的回转将会周期性地变大和变小。显然腔室容积变大时将吸入液体,腔体容积变小时将会挤压和排出液体。吸入、挤压和排出三个工作阶段便组成了水环泵的一个工作循环。

3. 水环泵的三个工作阶段

我们前面所学的容积式泵的一个工作循环只包含吸入和排出两个阶段,而水环泵含有三个工作阶段。现将水环泵的三个工作过程(以输送气体为例)分析如下:

(1)吸入过程。当叶间转过图 3-3-1 中的右半转时,由于叶片外端与偏心的泵壳间的距离增加,叶间的工作液体就会被甩出,使叶间腔室的容积逐渐增大,气体(或被输送液体)便通过侧面的吸入口被吸入。

(2)挤压过程。当叶间转过吸入口开始进入左半转时,由于泵壳与叶片外端的距离逐渐缩小,叶轮外高速流动的工作液流便会被挤入叶间。当叶间尚未与排出口相通时,其中的气体便受到压缩。(输送液体时,其中的被输送液体就会被挤压,因液体不可压缩,故被吸液体便被挤入水环,被旋转的水流从排出口挤出。显然,当输送液体时,工作液体和被吸液体必须是同种液体,工作过程中工作液体与被吸液体不断相互置换,水环是紊乱的,水力效率极低,工作效率小于 20%,故在船上很少用水环泵来输送液体。)

(3)排出过程。当叶间转到与排出口相通时,叶间腔室中的压力会在瞬间与排出压力相平衡,并在叶轮随后的转动过程中,叶外的液体不断挤入叶间,将气体(或液体)排出。

可见,水环泵的工作原理与叶片泵有很多相似之处,都是靠工作腔室的容积变化来产生吸排,但两者也有着重要的差别。水环泵中的定子是由一个旋转水环构成的,而这个水环是由叶轮给予工作水的动能所形成的。水环中的液体在右半转中靠叶轮带动其回转而获得了一定的能量,并被甩到叶外的流道中;而在其进入左半转后,也就只能凭借其已获得的动能挤入叶间,压缩气体。这样,叶轮外液体的流速必然会随着压力的增加而降低。当排出压力升高到一定的数值时,叶轮外液体的速度也就会降到很低,从而不能进入叶间去压缩气体。也就是说,水环泵中的气体在压缩阶段压力能的增加完全是靠工作水吸收叶轮的动能转换而来的。因此,水环泵的排出压力不会像其他容积泵那样会随排出负荷增加而不断增加到危险的程度,即水环泵的最高工作压力(排出阀全关时的压力)有限。

水环泵也可像叶片泵那样做成双作用式,以增加流量,并使作用在叶轮上的径向力得以平衡。

二、水环泵的性能特点

1. 自吸能力

水环泵自吸能力很强,当工作水温为 15 ℃时,单级水环真空泵可达到的最大抽空能力是将绝对压力降到 4 kPa（30 mmHg）。但起动前，泵内必须存有供形成水环的液体，这通常可通过合理的管路布置来实现。

2. 流量

水环泵理论流量主要取决于叶轮的尺寸和转速。水环泵的最大流量约为 300 m^3/min。

3. 流量均匀性

水环泵流量较均匀。

4. 压力

水环泵所能达到的压力比（排出与吸入绝对压力之比）取决于叶轮的结构尺寸和转速。水环泵的压力比 x 通常是逐渐增大的。当 $x \leqslant x_{cr}$（临界压力比）时，理论流量不变，随着 x 的增加，实际流量会因泄漏的增加而相应降低；当 $x > x_{cr}$ 后，流量就会迅速减小，而当 $x = x_{max}$（极限压力比）时，流量即降为零。故水环泵即使在关闭排出阀的条件下工作，其排出压力也不会无限地增大，因而无须装设安全阀。这是与其他容积式泵最大的不同点。

5. 转速

水环泵的转速为 1 500 r/min 左右。

6. 效率

水环泵的工作效率较低。这不仅是因为水环泵容积效率不高（一般为 0.65~0.82，压缩比小、尺寸大的泵的容积效率取较大值），更主要的是由于水力效率较低。在排送气体时，水环泵的总效率一般为 30%~50%，最高不超过 55%。如用以排送液体，则其效率更低，不超过 20%，故水环泵一般都不用来排送液体。

7. 适用性

水环泵的工作过程接近于等温压缩。因此它适用于输送易燃、易爆、有毒或温度升高时容易分解的气体，水环泵输送的气体不受滑油污染。

水环真空泵对工作水温度很敏感。工作水温度升高，流量和所能造成的真空度将随之减小。因为水温越高，则水的饱和蒸汽压力越高，工作水的汽化速度也就越快，从而使抽气流量和可达到的真空度减小；反之，当工作水温度较低时，由于吸气中的部分水蒸气可能液化，因而能使实际流量和可达到的真空度增加。

8. 维护性

水环泵结构简单，没有相互直接摩擦的零件，没有吸、排阀，容易维护；工作平稳，噪声小。

9. 耐用性

水环泵使用寿命长。

三、水环泵的维护与管理

1.起动、运转和停车

除与前述回转泵类似以外,水环泵的维护与管理还应注意:

(1)水环泵的径向间隙很大,主要靠水环密封,所以泵在使用前,必须灌入适量的水。

(2)水环泵作抽气泵用时,运行中需不断补充工作水,以弥补由排气、汽化、泄漏而造成的工作水减少,同时可置换部分工作水,以限制水温升高。

(3)水环泵不允许长时间封闭运转,因为封闭运转时压力虽不会很高,但会引起工作水温度升高。

2.检修维护要点

(1)转向与连接。检修时应注意电动机接线不要接错转向,必须与标定转向一致。泵和电动机应保持良好对中。

(2)重要部件。拆装时叶轮方向不能装反;叶轮两侧端盖的位置绝不能改变,否则会引起吸排口错位而不能正常工作。

(3)重要间隙。水环泵叶轮和侧盖之间的轴向间隙对容积效率影响甚大,一般轴向间隙应保持在 0.10~0.25 mm,必要时可对垫片厚度予以调整。

泵检修装复后,用手转动泵轴,应转动灵活。手感为既无卡阻也不松动时,大体说明间隙正常。

第四章

叶轮式泵与喷射泵

通过第一章学习我们知道常用的船用泵按工作原理可分为容积泵、叶轮泵和喷射泵三类。其中叶轮泵根据其叶轮和流道的结构不同又可分为离心泵、轴流泵、混流泵和旋涡泵等。轴流泵、混流泵船上主要用于风机系统，我们将在第五章的第六节船舶通风系统中进行介绍，本章主要简单介绍离心泵、旋涡泵的主要工作原理和管理要点。由于喷射泵结构和原理都相对简单，为节省篇幅，将和叶轮泵合并于本章介绍。

第一节 离心泵的工作原理和性能特点

一、离心泵的工作原理

离心泵由叶轮 1、叶片 2、泵壳 3、吸入管 4 和扩压排出管 5、泵轴 6 及轴封等组成，如图 4-1-1 所示。

一般离心泵没有自吸能力，在起动前需设法使泵内充满水（称为引水），否则离心泵就无法正常工作。为此，在泵壳的最高处装设一个引水旋塞，在吸入管 4 下端装设一个单向阀（称为底阀）。在泵壳 3 内充满水的条件下，离心泵工作时，高速旋转的叶轮 1 及其叶片 2 带动叶间的液体一起回转，在离心力的作用下，液体从叶轮 1 中心向四周甩出，然后由具有渐扩截流泵壳 3 流道汇集，经扩压管降速，将其中的大部分速度能转化成压力能，从排出管排出。与此同时，在叶轮 1 中心处形成一定的真空，液体在吸入液面和叶轮中心处的压力差的作用下经吸入管 4 被吸入离心泵叶轮。因此，只要叶轮能保持均匀回转，离心泵就可连续不断地吸入和排出液体。

综上所述，离心泵最基本的工作原理是，通过叶轮带动液体高速旋转对液体传递机械能，并通过泵壳扩压段将其中大部分的速度能转换成压力能，以减少因高流速而造成的阻力损失。显然，这与容积式泵的工作原理大不相同。可以推断，离心泵的压头与流量等方面的性能也会大不相同。到底有什么不同，让我们通过研究液体在叶轮中的流

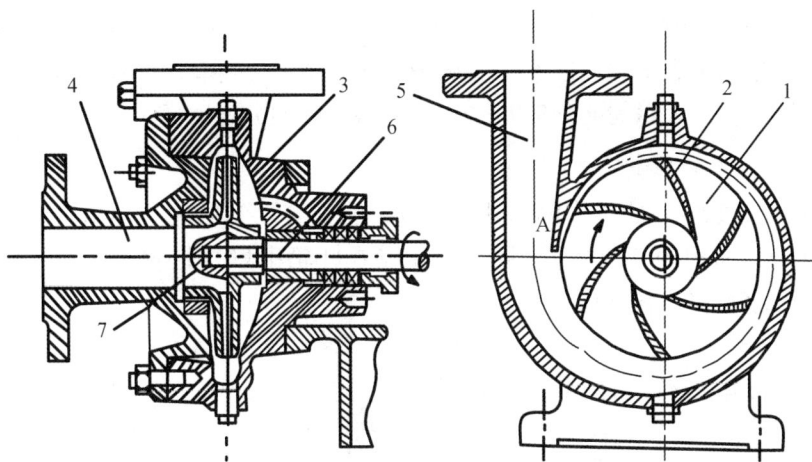

图 4-1-1 离心泵结构示意图

1—叶轮;2—叶片;3—泵壳;4—吸入管;5—扩压排出管;6—泵轴;7—固定螺母

动情况的方法来逐一加以分析。

二、离心泵的理论流量与压头

1. 液体在叶轮中的流动(见图 4-1-2)

液体在叶轮中的实际流动情况非常复杂,为简化研究,做以下假定:

(1)离心泵叶轮的叶片无限多、厚度无限薄且断面形状完全相同;

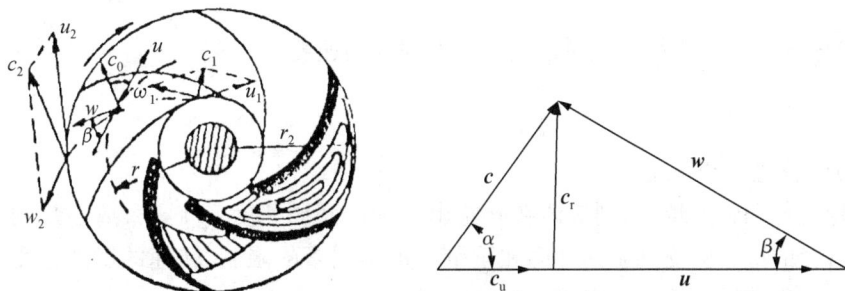

图 4-1-2 液体在叶轮内的流动和速度三角形

(2)液体在叶轮中流动时,没有摩擦、撞击和涡流等水力损失。

当叶轮以一定的角速度 ω 回转时,叶轮流道中的任一液体质点,一方面随叶轮一起回转,做圆周运动,其速度用向量 u 表示;另一方面又沿叶片引导的方向向外流动,做相对运动,其速度用向量 w 表示。圆周运动和相对运动的复合运动就是液体质点的绝对运动,其速度用向量 c 表示。质点的圆周运动、相对运动和绝对运动三者之间的关系可用公式表示如下:

$$c = w + u \qquad (4-1-1)$$

叶轮中任一质点的三个速度向量之间的关系也可用速度三角形来表示。绝对速度

c 和圆周速度 u 之间的夹角用 α 表示;相对速度 w 和圆周速度 u 反方向的夹角用 β 表示;各符号加下标 1 表示质点进入叶轮流道时的参数;加下标 2 表示质点离开叶轮流道时的参数;加下标 u 表示周向分速度;加下标 r 表示径向分速度。

2. 离心泵的理论流量

由于液体是从叶轮的外周出口处排出的,因此,若已知叶轮外周出口的有效面积 F_2 和垂直于该面积的液流速度(即液体质点在叶轮出口处绝对速度的径向分速度 c_{2r}),就可求得离心泵的理论流量,故:

$$Q_t = F_2 c_{2r} \tag{4-1-2}$$

同理,若已知 F_2 和 Q_t,则可求得 c_{2r},即:

$$c_{2r} = Q_t / F_2 \tag{4-1-3}$$

3. 离心泵的理论压头

离心泵的理论压头 $H_{t\infty}$ 就是流体离开叶轮和进入叶轮时所具有的能头之差,经数学推导可得下式(此式又称欧拉方程):

$$H_{t\infty} = \frac{u_2^2 - u_1^2}{2g} + \frac{w_2^2 - w_1^2}{2g} + \frac{c_2^2 - c_1^2}{2g} \tag{4-1-4}$$

式中,各部分的含义如下:

(1)由圆周速度所产生的离心力做功所得的压头,$\dfrac{u_2^2 - u_1^2}{2g}$;

(2)因流道截面渐扩而引起的相对速度下降所产生的压头,$\dfrac{w_2^2 - w_1^2}{2g}$;

(3)液体流经叶轮后因绝对速度增加而提高的速度头,$\dfrac{c_2^2 - c_1^2}{2g}$。

4. 影响离心泵压头的因素

(1)叶轮直径和转速

叶轮直径和转速越大,则液体在叶轮出口处的圆周速度 u_2 越大,离心泵的压头越大。但直径的增大会受到泵的外廓和重量增加等因素的限制,转速的增加会受到泵的汽蚀性能降低和转子强度有限等因素的限制。

(2)叶轮的叶片出口角 β_2 和流量(见图 4-1-3)

为便于看清 β_2 和 Q_t 对离心泵性能的影响,根据 u、w、c 之间存在的速度三角形的关系、余弦定理,以及式(4-1-4)和液体通常是无预旋地进入叶轮(即 $\beta_1 = 90°$)等条件,经数学推导,欧拉方程也可改写为:

$$H_{t\infty} = \frac{u_2^2}{g} - \frac{Q_t u_2 \cot\beta_2}{g F_2} \tag{4-1-5}$$

由式(4-1-5)可知,离心泵的理论压头 $H_{t\infty}$ 受叶片的出口角 β_2 和流量 Q_t 的影响,其影响的规律如下:

①用后弯叶片(即 $\beta_2 < 90°$)时,$\cot\beta_2 > 0$,Q_t 增大会使 $H_{t\infty}$ 减小,当 $Q_t = 0$ 时(即排出

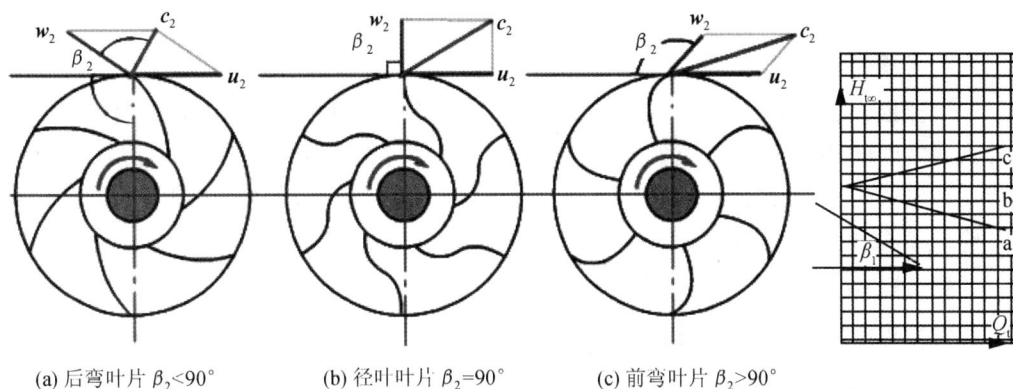

(a) 后弯叶片 $\beta_2 < 90°$　　(b) 径叶片 $\beta_2 = 90°$　　(c) 前弯叶片 $\beta_2 > 90°$

图 4-1-3　叶片出口角对理论扬程的影响

管封闭时), $H_{t\infty} = u_2^2/g$ 为最大值(即封闭压头最大)。因后弯叶片出口处的绝对速度 c_2 较小,水力效率高,噪声低,工作稳定,经济性好;另外, Q_t 的增加会使 $H_{t\infty}$ 减小,电机不会出现过载,目前在实际应用中离心泵都采用后弯叶片。

②用前弯叶片(即 $\beta_2 > 90°$)时, $\cot\beta_2 < 0$, Q_t 的增大会使 $H_{t\infty}$ 增加,当 $Q_t = 0$ 时, $H_{t\infty} = u_2^2/g$ 为最小值。因前弯叶片的出口绝对速度 c_2 变化大,使水力损失和噪声增大,而速度能转换为压力能时也要消耗能量,故效率较低;另外, Q_t 的增加会使 $H_{t\infty}$ 增加,易使驱动电机过载,但在泵叶轮尺寸相同时,前弯叶片要比后弯叶片产生更高的压头,故常用在离心风机中。

③用径向叶片(即 $\beta_2 = 90°$)时, $\cot\beta_2 = 0$, $H_{t\infty}$ 与 Q_t 无关。在实际应用中较少采用。

(3)输送液体的黏度和密度

应该说,输送液体的黏度和密度是不会影响离心泵的理论压头的,因为在压头方程式中没有反映所输送流体性质的参数。但是,流体的黏度会影响泵的实际压头和排量,因为黏度不同,水力损失和容积效率会有所不同;流体的密度 ρ 会影响泵所能产生的压差,由泵的吸、排压差 $p_d - p_s = \rho g H$ 可知,液体的密度 ρ 越小,泵所能产生的压差越小。因此,当离心泵起动时,不进行引水驱气的话,泵的叶轮带动空气旋转所能产生的压差仅为带动水旋转时的 1/800 ($\rho_空/\rho_水$ 约为 1/800),故可认为离心泵是没有自吸能力的。

三、离心泵的能量损失

离心泵在实际工作时会产生各种损失,从而使离心泵的实际压头和流量总是低于理论压头与流量。离心泵的损失主要包括以下几部分:

1. 水力损失

水力损失是指流体通过泵内时由摩擦、旋涡、撞击等造成的损失,通常由沿程摩擦损失和冲击损失两部分组成。水力损失是影响离心泵效率的主要因素。其中,沿程摩擦损失与流量的平方成正比;冲击损失与液体流动的冲角有关,通过合理设计可使泵在额定工况时的液流冲角为零,从而使冲击损失为零。若泵的实际流量偏离额定工况越远,则冲击损失越大。

2. 摩擦损失

摩擦损失,又称机械损失,是指由轴封及轴承与轴之间的机械摩擦和由液体与叶轮外表面之间的圆盘摩擦造成的损失。轴封及轴承与轴之间的摩擦损失占轴功率的 $1\% \sim 5\%$,采用机械轴封时损失较小;圆盘摩擦时损失较大,占轴功率的 $2\% \sim 10\%$,它与叶轮外径 D_2 的五次方和转速 n 的三次方成正比。

3. 容积损失

容积损失是指由泄漏造成的损失。泄漏包括内漏和外漏,内漏是指发生在泵壳内部的吸排区域之间的泄漏;外漏是指泵内部与外部之间经过动、静部件间隙的泄漏。总泄漏量一般为理论流量的 $4\% \sim 10\%$,其中内漏的影响比外漏大。

四、离心泵的定速特性曲线及其分析

1. 定速特性曲线

离心泵存在各种损失,这些损失是无法精确计算的。因此,要想了解离心泵的实际压头、流量以及其他性能参数的大小和相互间的关系,就得进行相应的试验。

在既定转速下,测得并绘制的离心泵的压头、功率、效率等性能参数与流量之间的函数关系曲线称为离心泵的定速特性曲线,如图 4-1-4 所示。

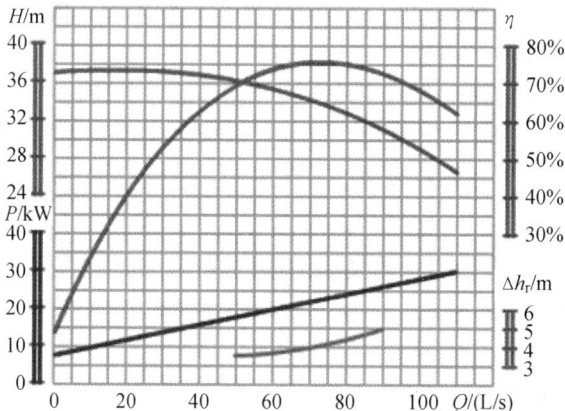

图 4-1-4 离心泵的定速特性曲线

2. 对定速特性曲线的分析

(1)压头流量 $(H\text{-}Q)$ 曲线

离心泵的这些性能曲线中压头流量 $(H\text{-}Q)$ 曲线的应用最广。根据离心泵结构参数的不同,离心泵的 $H\text{-}Q$ 曲线将有所不同,一般有三种基本形式,如图 4-1-5 所示。

①陡降形。如图 4-1-5 中曲线 1 所示,在流量稍做变动时,压头变化较大;在压头改变较大时,流量改变不多。它用于静压头常有波动而需要流量较稳定的场所,如选用此

类泵作舱底水泵等。

②平坦形。如图 4-1-5 中曲线 2 所示,在流量变动较多时,静压头改变不大。一般离心泵多具有此性能,因此其适用于使用调节阀调节流量的系统。例如,用于压力水柜的水泵、冷凝器的凝水泵和锅炉给水泵等。

③驼峰形。如图 4-1-5 中曲线 3 所示,该曲线在其峰点 K 的左右一定区段,在相同压力下会出现两种不同的流量,因而可能引起工况的不稳定,故只宜在 K 点右边区段工作。

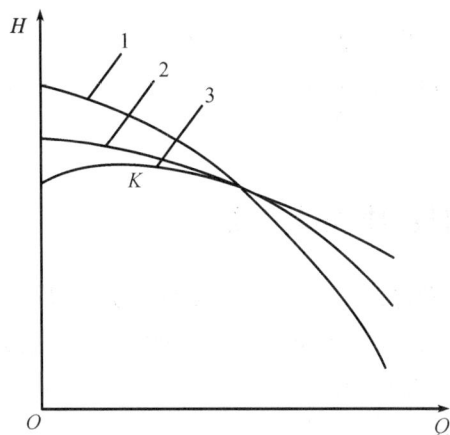

图 4-1-5 离心泵的三种 H-Q 曲线形式

(2)功率流量(P-Q)曲线

离心泵的 P-Q 曲线是向上倾斜的,即泵的轴功率随流量增大而增加。在泵流量为零时(例如排出阀关闭时),其轴功率最小,一般仅为额定功率的 35%~50%,这时泵的压头(亦称封闭压头)也不是很高,仅为额定压头的 1.1~1.3 倍。故离心泵关闭排出阀起动(又称封闭起动)时电流较低,可减小电网电压的波动。但不允许封闭运行,因为封闭运行时泵的全部功率用于搅拌液体,效率为零,泵会很快发热。

(3)效率流量(η-Q)曲线

泵的 η-Q 曲线是上拱形的,最高效率点为额定工况点。泵只有在额定工况附近工作时,才具有较高的效率。这是因为叶轮和压出室都是按额定工况设计的。当泵在非额定工况下工作时,液体进、出叶轮时的冲击损失就会较大。一般规定泵工作时效率不应与最高效率相差超过 5%~8%。

五、离心泵额定扬程(压头)和流量的估算

在实际工作中,对无铭牌离心泵的流量及压头可按下列方法进行估算:

1. 额定扬程 H

离心泵可按下面的经验公式来估算其额定扬程:

$$H = 0.000\ 1n^2D_2^2 \quad (\text{m}) \tag{4-1-6}$$

式中:D_2——叶轮外径,m;

n——转速,r/min。

如为多级泵,则应乘以级数。

2. 额定流量 Q

额定流量可按下面公式估算:

$$Q = 5D_0^2 \quad (\mathrm{m^3/h}) \tag{4-1-7}$$

式中:D_0——泵吸口直径,in(1 in = 25.4 mm ≈ 25 mm)。

此经验公式是以设计进口流速在 3 m/s 左右为基础的。由于设计进口流速与泵吸口直径有关,故流量估算值在 $D_0 < 4$ in 时可能稍偏小,在 $D_0 > 6$ in 时可能稍偏大,仅供粗略估算用。

六、离心泵的相似定律和比转数

从对离心泵的研究中发现,离心泵的性能参数的大小及其特性曲线的形状与叶轮的尺寸和形状有密切的关系。这其中的奥秘可从离心泵的相似条件、相似定律和相似准则数(比转数或型式数)中找到答案。

1. 离心泵的相似条件

根据相似原理,要确定两台离心泵相似,必须满足以下三个条件:

(1)几何相似。泵内流体流道各部分所对应的几何尺寸比值相等,叶片数及对应的叶片安装角相等。

(2)运动相似。泵内流体流道各部分所对应的液流速度方向相同、比值相等,即各对应点的速度三角形相似。

(3)动力相似。泵内对应各点作用在流体质点上的同名力(惯性力、黏性力、重力和压力)方向相同、比值相等。

2. 相似定律

凡满足相似三条件的离心泵,其流量、压头、功率之间存在以下关系。

$$\frac{Q}{Q'} = \left(\frac{D_2}{D_2'}\right)^3 \cdot \frac{n}{n'} \tag{4-1-8}$$

$$\frac{H}{H'} = \left(\frac{D_2}{D_2'}\right)^2 \cdot \left(\frac{n}{n'}\right)^2 \tag{4-1-9}$$

$$\frac{P}{P'} = \left(\frac{D_2}{D_2'}\right)^5 \cdot \left(\frac{n}{n'}\right)^3 \tag{4-1-10}$$

式中:Q、Q'——两相似泵的流量;

D_2、D_2'——两相似泵的出口直径;

n、n'——两相似泵的转速。

式(4-1-8)、式(4-1-9)、式(4-1-10)表示的满足相似三条件的离心泵各主要性能参数间的关系,称为相似三定律。

3.离心泵的比转数

(1)比转数的含义

比转数是由相似定律推导出的一个只包含 Q、H、n 三个参数的、用以判断两离心泵是否相似的相似准则数,用 n_s 表示。

$$n_s = 3.65 \frac{nQ^{1/2}}{H^{3/4}} \qquad (4\text{-}1\text{-}11)$$

式中:n——转速,r/min;

　　Q——流量,m³/s(双吸泵取总流量的 1/2);

　　H——扬程,m(多级泵取每级叶轮的扬程)。

离心泵的比转数通常都是指其额定工况的比转数。由于各国所用 n、Q、H 的单位不尽相同,所以同一台泵按不同国家的算法所得的比转数 n_s 的数值也就不同。在国际标准中以无量纲的型式数 K 来代替比转数,即:

$$K = \frac{2\pi}{60g} \cdot \frac{nQ^{1/2}}{H^{3/4}} \qquad (4\text{-}1\text{-}12)$$

式中:g——重力加速度,m/s²;

其他参数单位与我国所用单位相同。

比转数 n_s 与型式数 K 的关系是:

$$n_s = 193.2K \qquad (4\text{-}1\text{-}13)$$

满足相似三条件的离心泵,比转数相等,几何相似的泵如输送同一种液体,在额定工况下其比转数必定相等;但比转数相等的泵不一定几何相似。例如,同样比转数的泵可设计成叶片数和叶片出口角不同,因此并不成几何相似。

(2)比转数的应用

比转数 n_s 也适用于其他叶轮式泵,如混流泵、轴流泵、旋涡泵等。利用 n_s 可对叶轮式泵大致上进行分类,如表 4-1-1 所示。

从表中可以得出:

①比转数 n_s 的大小与叶轮形状的关系。比转数 n_s 越低,叶轮流道越窄长,即叶轮外径与进口直径之比 D_2/D_0 越大;比转数越高,叶轮流道越宽短,即 D_2/D_0 值越小。低比转数的泵叶片为圆柱形;中等比转数的泵叶片进口扭曲;高比转数的泵叶片进、出口都扭曲。

②比转数 n_s 的大小与泵特性曲线之间的关系。比转数 n_s 相同的泵的特性曲线形状相似,具体情况如下:

a.比转数 n_s 与 H-Q 曲线的关系

n_s 低的泵扬程相对较高,流量相对较小,H-Q 曲线较平坦,即流量变化对扬程影

> 【学习指导】
> 用顺口溜记忆法记忆低比转数叶轮的叶形和性能曲线的关系:
> 窄长叶形比转数低,
> 流量不大扬程高,
> 扬程线平功率陡,
> 高效区宽宜节流。

响较小,较适合节流调节,可应用在那些经常需要调节流量而又不希望扬程变化太大的场合,如锅炉给水泵、凝水泵等。

n_s 高的泵 H-Q 曲线呈陡降形,扬程变化时流量变化较小,这类泵适用于扬程常有变动又不希望流量变化的场合,如舱底水泵、压力水柜供水泵等。

b. 比转数 n_s 与 P-Q 曲线的关系

比转数 n_s 越低,P-Q 曲线上升趋势越陡,随 n_s 的增大,P-Q 曲线上升趋势变缓,混流泵和轴流泵的 P-Q 曲线甚至向下倾斜。即低比转数泵的轴功率随流量增大而增大,流量为零时轴功率最小;而高比转数的泵的轴功率随流量的增大而减小。因此低比转数的泵宜采用封闭起动,而高比转数的泵不宜采用封闭起动。

c. 比转数 n_s 与 η-Q 曲线的关系

低比转数的泵 η-Q 曲线变化比较平缓,高效区较宽,随着 n_s 的增大,高效率工作区将变窄。

表 4-1-1　叶轮式泵按比转数分类一览表

泵的类型	离心泵			混流泵	轴流泵
	低比转数泵	中比转数泵	高比转数泵		
比转数	30~80	80~150	150~300	300~500	500~1 000
叶轮简图					
尺寸比	$D_2/D_0 \approx 3$	$D_2/D_0 \approx 2.3$	$D_2/D_0 = 1.4\sim1.8$	$D_2/D_0 = 1.1\sim1.2$	$D_2/D_0 \approx 1.0$
叶片形状	圆柱形叶片	进口处扭曲形叶片 进口处圆柱形叶片	扭曲形叶片	扭曲形叶片	扭曲形叶片
定速特性曲线					
流量-扬程曲线特点	封闭扬程为设计工况的 1.1~1.3 倍;扬程随流量的增加而减小,n_s 减小,变化较缓;n_s 增大,曲线变陡			封闭扬程为设计工况的 1.5~1.8 倍,扬程随流量增加而减小,n_s 减小,曲线较陡	封闭扬程约为设计工况的 2 倍,扬程曲线呈马鞍形,变化较急
流量-功率曲线特点	封闭功率较小,轴功率随流量增加而增加,n_s 越大,曲线越趋平坦			轴功率增加,轴功率略为减小	封闭功率最大,设计工况附近曲线呈驼峰,流量增大功率又下降
流量-效率曲线特点	比较平坦,n_s 增大,高效区变窄			高效区比离心泵窄,比轴流泵宽	急剧上升后又急剧下降

七、离心泵的性能特点

1. 自吸能力

离心泵本身无自吸能力。为了扩大离心泵的使用范围,在结构上采取特殊措施可以制造出各种自吸式离心泵,或在离心泵上附设抽气引水装置。

2. 流量

离心泵流量随工作扬程而变。一般工作扬程升高,流量减小;当工作扬程达到封闭扬程时,泵即空转而不排液。因此,它不宜作为要求流量不随扬程而变的泵(如液压泵等)使用。但其流量范围很大,常用范围是 $5 \sim 20\,000\ \mathrm{m^3/h}$。

3. 流量均匀性

流量连续均匀,工作平稳。

4. 压力

离心泵所能产生的扬程有限,主要由叶轮外径和转速决定,不适合小流量、高扬程工作状态。离心泵无须设置安全阀。

5. 转速

离心泵转速高,可与电动机或汽轮机直接相连。

6. 效率

离心泵主要受水力损失,机械损失和内、外漏影响,比一般容积式泵低(除了水环泵)。

7. 适用性

离心泵对杂质不敏感,船上主要用作各种冷却水泵、货油泵,配备了自吸装置或结构的离心泵可作为压载泵、舱底水泵、油船扫舱泵等。现代船舶用深井式离心泵作为主机滑油泵。

8. 维护性

离心泵结构简单,管理方便,尺寸和重量比同样流量的往复泵小得多,价格低廉。其可以采用节流法调节流量,非常方便。

9. 耐用性

离心泵易损件少(仅密封环、轴封和轴承),寿命较长。

第二节　离心泵的主要部件及其维护

图 4-2-1 所示为三级离心泵的基本结构,三个单吸式叶轮用键和定位套装于泵轴

上。前级叶轮排出的液体由导轮引导供入下一级,最后由排出蜗壳排出。在泵的排出端装有平衡盘式轴向力自动平衡装置。泵轴的两端均穿出泵壳,由带水封环的填料轴封密封和滑动式轴承支承(不能用滚动轴承,原因后文叙述)。泵轴通过弹性联轴节与电动机相连。多级离心泵压头较高,在船上一般作消防泵使用。下面具体分析各部分结构。

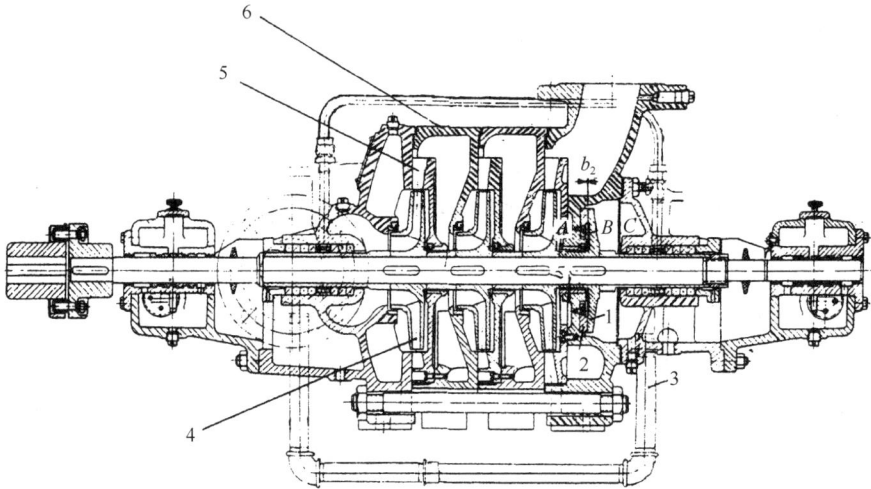

图 4-2-1　三级离心泵结构图

1—平衡盘;2—平衡板;3—泄放管;4—叶轮;5—导轮;6—泵

一、叶轮

叶轮是离心泵的主要运动部件,其功能是将原动机的机械能传递给排送流体。

叶轮按是否具有前后盖板可分为闭式、半开式和开式三种,如图 4-2-2 所示。具有前、后盖板的叶轮称为闭式叶轮,如图 4-2-2(a)所示。它工作时液体泄漏损失少,效率较高,使用最普遍。只有后盖板的叶轮称为半开式叶轮,如图 4-2-2(b)所示,开式叶轮则只有叶瓣和部分后盖板,如图 4-2-2(c)所示。后两种叶轮铸造比较方便,但工作中液体容易漏失,多用于输送含固体颗粒或黏性较高的液体。

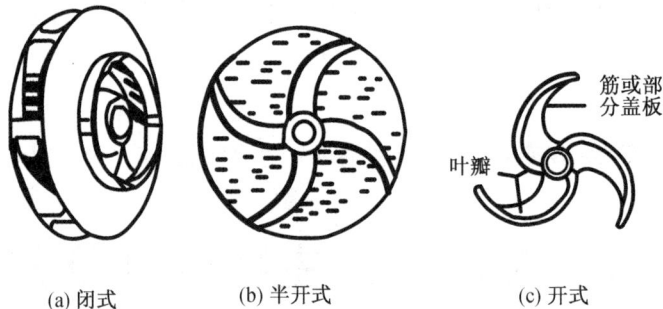

(a) 闭式　　　　(b) 半开式　　　　(c) 开式

图 4-2-2　离心泵的叶轮

叶轮按吸入方式可分为单吸式和双吸式叶轮,如图 4-2-3 所示。当流量小于 300 m^3/h、吸入管径小于 200 mm 时,一般多采用单吸式叶轮。而当泵的流量和吸入管径较大时,多采用双吸式叶轮,以限制叶轮进口流速,提高其抗汽蚀性能。双吸式叶轮安装时要防止装反,如装反,后弯叶轮成为前弯叶轮,将造成运行时过载。

叶轮遇有下列情况之一时应予换新:

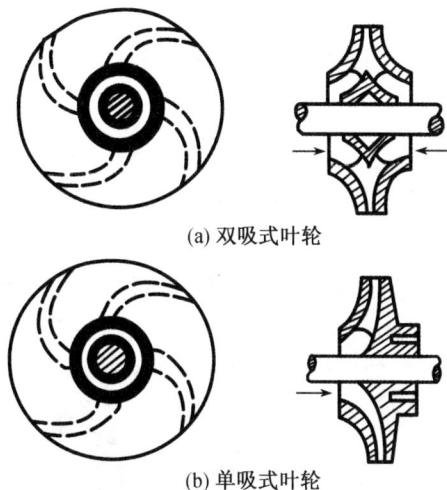

(a) 双吸式叶轮

(b) 单吸式叶轮

图 4-2-3　离心泵的叶轮形式

(1)出现裂纹而无法补焊;

(2)因腐蚀或汽蚀而损坏严重,形成较多的孔眼;

(3)盖板及叶片因冲刷而显著变薄,不能保证其具有足够的机械强度;

(4)进口靠密封环处严重偏磨而无法修复;

(5)因吸入固体杂物将叶片打坏。

如叶轮的裂纹或腐蚀孔眼不太严重,可用黄铜补焊来修复。补焊时应注意先把被焊件加热到 600 ℃ 左右,在补焊处挂锡,再用黄铜气焊。焊完后使其逐渐冷却回火,以免产生裂纹。冷却后再进行机加工。如叶轮近中处偏磨不太严重,可用砂布打磨,在厚度允许时亦可光车。修复后的叶轮应进行静平衡试验,不平衡状况超过允许限度时可铣去部分盖板以兹校正,但铣去的厚度不得超过盖板厚度的 1/3,切削部分应与盖板平滑过渡。

二、泵壳

泵壳的主要作用是将叶轮封闭在一定空间内,以最小的水力损失汇聚从叶轮中流出的高速液体,将其引向泵的出口或下一级,并使液体的流速降低,将大部分动能转换成压力能。离心泵的泵壳主要有蜗壳式和导轮式两种。

1. 蜗壳式

蜗壳式泵壳包括螺线形蜗室和扩压管两部分,这两部分的分隔处的流道最窄处称为泵舌。泵舌与叶轮的径向间隙对泵的效率和性能影响较大。

蜗室的作用是汇集从叶轮中流出的高速液体,并将少部分动能转换成压力能。扩压管的作用是进一步降低液流速度,将其中的大部分动能进一步转换为压力能。扩压管的扩散角一般为6°~8°,过大,则会引起液体脱流;过小,则达不到扩压效果。

蜗壳泵的水力性能完善,高效率工作区较宽,检修方便。但蜗壳制造加工困难,一般只能铸造,其内表面的精度和光洁度较差,而影响实际工作效率。而且蜗壳泵在非设计工况下运行时会产生不平衡的径向力,因此单级泵多为蜗壳式。

2. 导轮式

导轮式泵壳中的导轮安装在叶轮的外周,导轮的形状如图4-2-4所示。导轮上有4~8片导叶,导叶数目与叶轮中的叶片数应互为质数,否则运行时可能会产生共振。导轮外径一般为叶轮外径的1.3~1.5倍。导轮兼有汇集液体和扩压的作用。导轮背面的反导叶用以将处在泵壳内壁区域的排出液体引导到下一级叶轮的中心吸入区。

导轮泵制造加工方便、结构紧凑,而且随着级数增加,其重量可比蜗壳泵减轻较多。缺点是零件较多、拆修不便,一般三级以上多用导轮式。

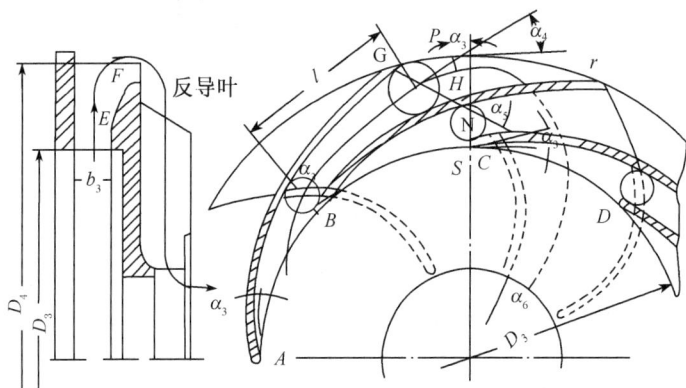

图 4-2-4　离心泵的导轮

泵壳在工作过程中由于振动、碰敲等原因而出现裂纹。一般可用手锤轻敲,听是否有破哑声来判断,通常在进行初步检查后,可在可疑处浇上煤油,然后擦干再涂以白粉,再轻击壳体让煤油渗出,以显示裂纹。如裂纹较短且发生在不承受压力或不起密封作用的地方,可采用打止裂孔的方法,即在裂纹两端各钻一个直径约 3 mm 的不穿透的小孔,以防裂纹继续扩大;如裂纹较长且出现在承压的地方,应进行焊补。

泵壳应经过水压试验,试验压力应为泵的最高工作压力的 1.5 倍,试验时间不少于 10 min,铸件表面不得有渗漏现象。焊补后的受压零件应重新做水压试验,试验压力应为最高工作压力的 1.7 倍。[见(GB/T 10832—2008)《船用离心泵、旋涡泵通用技术条件》。]

三、泵轴

泵轴一端(或一段)用于安装叶轮,另一端通过联轴器与原动机相连,是接收功率和传递转矩的部件,一般用碳钢或合金钢制成。用于输送海水的泵,常在其轴外加装青铜轴套,以防腐蚀。

叶轮与泵轴的周向位置采用键与键槽方式固定;叶轮与泵轴的轴向位置,小型单吸悬臂式离心泵通过泵轴端部锥面和反向细牙螺母固定,多级泵采用定位套固定,且泵轴在每个叶轮两侧均有轴承支承。

经常工作在非额定工况下的泵轴受到由不平衡径向力产生的交变负荷的作用,泵轴易发生弯曲。泵轴弯曲量超过 0.06 mm 时即应校直。校直可用手动螺杆校直机进行。当泵轴较粗而弯曲度较小时,也可用铜质捻棒冷打轴的凹部,使其表面延展而校直。对直径较大而直接校直比较困难的泵轴,可用气焊将弯曲处 20~40 mm 的长度范围缓慢均匀地加热,并在此范围以外的部分缠上石棉绳或包上玻璃棉。加热至 600~650 ℃后校直,再保温,使之缓慢冷却至室温。

当泵轴产生裂纹、严重磨损影响强度、弯曲严重无法校直时应予换新。

四、密封装置

1. 密封环

离心泵叶轮与泵壳吸入口之间不可避免地存在着间隙。离心泵叶轮所排出的液体可能会从叶轮与泵壳之间的间隙漏向吸入口。这种内部泄漏会降低泵的容积效率,使泵的流量减小,扬程降低。

为了减少内部泄漏,必须将泵壳和叶轮进口处的间隙做得很小,而磨损后又容易修复。这样,在叶轮入口处就需装设密封环(也叫阻漏环)。密封环是离心泵的易损件,通常多用铜合金制成,也有用不锈钢或酚醛树脂制作的。安装在叶轮与泵壳上的密封环分别称为动环和静环,它们可成对使用,也可只装设静环。

根据密封环的形式不同分类,有平环和曲径环两大类,如图 4-2-5 所示。曲径越长,阻漏效果越好,但制造和装配的要求也越高。因此,曲径环多用在单级扬程较高的离心泵中。离心泵转子在工作中难免有抖动和偏移,排送热的液体时还会受热膨胀,若密封环的径向间隙过小,则容易产生摩擦,甚至咬死;但若间隙过大,泄漏又会显著增加。试验表明,当密封环间隙由 0.30 mm 增至 0.50 mm 时,效率下降 4%~4.5%。密封环的密封间隙应符合表 4-2-1 的规定。

泵工作约 2 000 h 后,应检查密封环的间隙。当半径方向的间隙超过表 4-2-1 的允许值时即应更换,也可以在内表面堆焊后光车,或涂敷塑料后再进行机械加工。密封环新装后,必须检查安装间隙,其值应符合表中所列的数值。必要时可用涂色法(在静环内侧或动环外侧的环形面上涂以很薄的红铅油,然后盘车)检查密封环是否彼此擦碰。

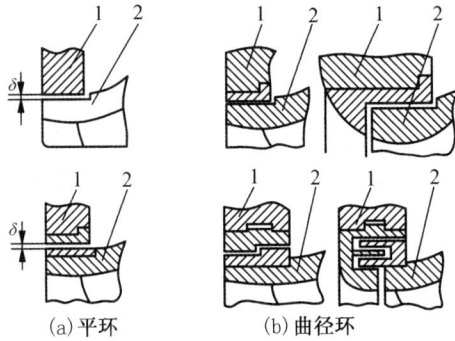

(a) 平环　　　　　　　　　(b) 曲径环

图 4-2-5　密封环的型式

1—泵壳;2—叶轮

表 4-2-1　离心泵密封环间隙(mm)

名义直径	间隙允许值(半径方向)	磨损极限间隙值(半径方向)
50~80	0.06~0.36	<0.48
80~120	0.06~0.38	<0.48
120~150	0.07~0.44	<0.60
150~180	0.08~0.48	<0.60
180~220	0.09~0.54	<0.70
220~260	0.10~0.58	<0.70
260~290	0.10~0.60	<0.80
290~320	0.11~0.64	<0.80

2. 轴封

如本章第一节所述,泵轴伸出泵壳处必定有间隙,叶轮排出的液体可能由此漏出或外界空气由此漏入,称为外漏。外漏不仅会降低容积效率,还可能污染环境;有时泵壳出轴处的内侧压力低于大气压,这时空气可能漏入,而增加噪声和振动,严重时甚至会使泵失吸。因此,在泵轴伸出泵壳处都设有轴封装置。目前离心泵中使用最广泛的轴封形式是填料密封和机械密封。机械密封的结构特点在回转泵中已经述及,这里不再重复。

(1)填料密封

填料密封是船用泵中最常用的密封装置,在第二章我们介绍了往复泵采用的填料密封。但一般在离心泵中所用的填料密封装置与容积式泵中的有所不同,即针对离心泵泵壳内泵轴处的压力往往低于大气压,空气容易漏入的问题,采用了带水封的密封结构,如图4-2-6所示,由填料、填料环(水封环)、填料压盖等组成。

水封环是由断面呈 H 形的两个半圆合成的圆环,水封环与泵轴(或轴套)之间留有0.4~0.5 mm 的径向间隙。水封环的安放位置应对准轴封壳体上的水封管,以便引入压力水,密封水既能防止空气吸入泵内,又能给泵轴和填料以适当的润滑和冷却。

密封水的压力应比密封内腔的压力略高而又不致将填料中的润滑剂冲走,一般以

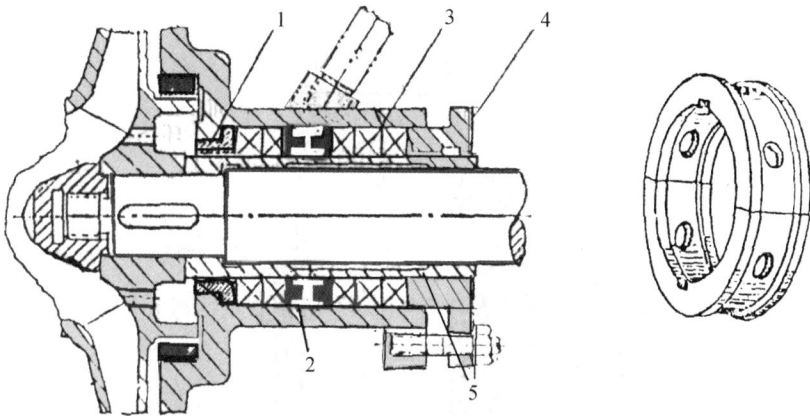

图 4-2-6　离心泵的填料密封装置

1—填料内盖;2—水封环;3—填料;4—填料压盖;5—轴套

高出 0.05~0.1 MPa 为宜。当离心泵输送洁净液体时,可直接从泵的排出侧引出液体来进行密封;但当离心泵输送含有杂质的液体时,则密封水在引至水封管前应予以过滤;当泵出口压力小于 0.05 MPa 时,则需引用常温的中性密封油。

轴封的严密性可用松紧填料压盖的方法来调节。填料密封合理的泄漏量是泄漏液体应保持每分钟不超过 60 滴。若泄漏量太大,可对称地适当压紧填料压盖,但要避免压得过紧,以防填料箱发热。

填料老化变硬应及时更换。与填料相接触的轴或轴套表面应进行硬化处理。轴的径向跳动量一般允许值为 0.03~0.08 mm。

填料密封的优点是结构简单、成本低廉、更换方便。缺点是磨损和泄漏相对较大,使用寿命较短,一般只能用在低速(泵轴的回转线速度≤20 m/s)、低压(≤3~5 MPa)和液体温度不高(≤200 ℃)的场合。

(2)机械轴封

随着技术的进步,现代船用离心泵大多采用机械轴封。机械轴封结构如图 4-2-7所示,机械轴封主要由动环、静环、橡胶密封圈、O 形密封圈、压紧弹簧等组成。机械轴封有三个密封面,即动环与静环间的密封面 A;动环与橡胶环间的密封面 B;橡胶环与轴间的密封面 C。其中密封面 A 属于动密封,密封面 B、C 属于静密封。

与填料密封相比,机械密封性能好,工作寿命长,泄漏量少,转动阻力小。缺点是价格略高,制造和安装工艺复杂,对含颗粒的液体不宜使用,更换困难等。

五、轴向力平衡装置

1.轴向力的产生

离心泵工作时,叶轮两侧的压力按抛物线规律分布,如图 4-2-8所示。在密封环半径以外,叶轮两侧压力是对称的。但在密封环以内,由于作用在左侧的压力为较低的

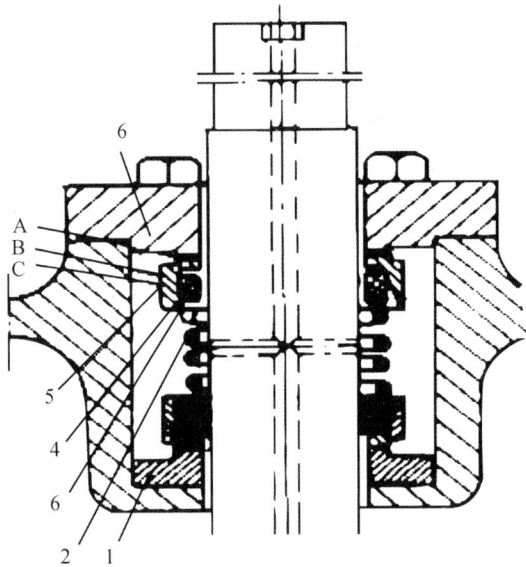

图 4-2-7　机械轴封结构示意图

1、6—静密封环;2—弹簧;3—弹簧座圈;4—橡胶密封圈;5—动密封环

进口压力,叶轮两侧的压力就不对称。因此,单级式叶轮工作时必将受到一个由叶轮后盖板指向叶轮进口端的轴向力。轴向力的大小与工作压头、密封环半径、液体密度有关。

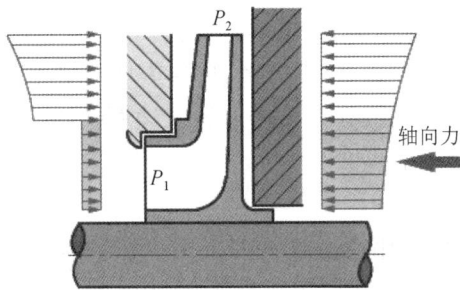

图 4-2-8　叶轮两侧的压力分布

2.轴向力的危害

离心泵的轴向力会引起叶轮轴向窜动,叶轮与泵体产生摩擦,破坏机械轴封产生泄漏,影响泵的正常工作。为保证泵的正常工作,应采取必要措施解决轴向力问题。

3.常用的轴向推力平衡方法(见图 4-2-9)

(1)平衡孔法或平衡管法

平衡孔法是在叶轮后盖板上加装与吸入口密封环尺寸一样的后密封环,并在后密封环以内的后盖板上开出若干个平衡孔,通过平衡孔使后盖板前后的压力保持大致相等,从而使轴向力得以基本平衡。此法比较简单,但一方面平衡孔的存在使叶轮后盖的泄漏量增加,另一方面由平衡孔漏回叶轮的液体会对吸入口的主流产生冲击,因此,采

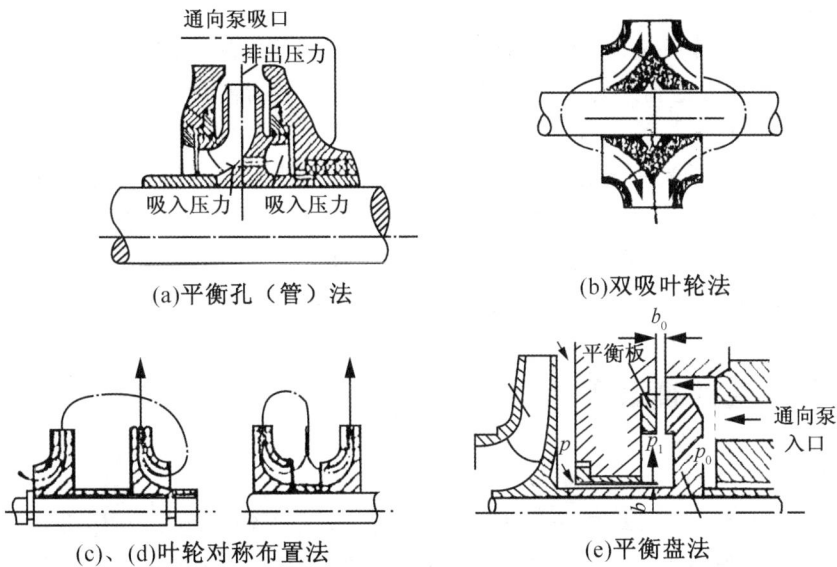

图 4-2-9　常用的轴向推力平衡方法

用平衡孔不仅会使泵的容积效率下降,而且会使泵的水力效率降低。于是人们对平衡孔法加以改进,产生了平衡管法。

平衡管法的原理与平衡孔法相同,但不在叶轮后盖板上开平衡孔,而是通过平衡管将叶轮后密封环之内的液体引回吸入口,这样不仅同样可达到平衡轴向力的目的,同时避免回流产生冲击使水力效率降低。

不论平衡孔法或平衡管法,由于叶轮两侧密封环制造和磨损情况难免有差别,叶轮在加工上也会存在误差,故叶轮两侧的压力分布难以完全对称,不可能完全平衡轴向力,仍需设置止推轴承,以承受剩余的不平衡轴向力。

(2)双吸叶轮或叶轮对称布置法

双吸叶轮因形状对称,故两侧压力基本平衡,多用于大流量的离心泵。多级离心泵各级叶轮尺寸一般相同,各叶轮产生的扬程相等,当叶轮为偶数时,只要将其对称布置,即可平衡轴向推力。此法平衡多级泵的轴向力效果较好,但泵壳结构复杂。

(3)平衡盘法

平衡盘一般设置在多级泵的末级叶轮后,并固定在泵轴上。平衡盘装置上有两个间隙,一个是轴套外圈形成的径向间隙 b,一个是平衡盘内端面与固定板之间的轴向间隙 b_0,轴向间隙可以随着叶轮的轴向位移而变化。

当泵工作时,压力为 p 的液体经 b 和 b_0 时,产生流动损失,压力分别降为 p_1 和 p_0,平衡盘后的空腔与泵的吸入口相连,压力 p_0 稍大于泵进口压力。由于平衡盘两侧存在压力差 Δp,故液体在平衡盘上产生一个压力,其大小与轴向力相等、方向相反。轴向力得到平衡。

当轴向力大于平衡力时,叶轮向前移动,轴向间隙 b_0 减小,液体流经 b_0 时的阻力损失增加,平衡盘两侧的压力差增大,平衡力也相应增大,一直到平衡力与轴向力相等,

达到平衡。

当轴向力小于平衡力时,叶轮向后移动,平衡盘两侧的压力差减小,平衡力也相应减小,直到与轴向力达到平衡。因此,平衡盘具有自动平衡轴向力的优点。

(4)止推轴承法

止推轴承虽能承受一定的轴向推力,但承受能力有限,故只有小型泵才能用它来承受全部轴向力,而在大多数泵中仅用它作平衡措施的补充手段,以承受少数剩余的轴向力,并起轴向定位作用。但由平衡盘法的工作原理可知,采用平衡法的离心泵不可使用具有定位作用的轴承(如止推轴承、滚动轴承等),只能使用滑动轴承。

六、径向力平衡装置

1. 径向力的产生

蜗壳式离心泵仅在非额定流量下工作时才产生不平衡径向力。原因是:一方面蜗室中的液流速度将发生相应的变化,另一方面叶轮出口的绝对速度大小和方向也会发生变化。这样一来,不仅从叶轮流出的液体与蜗室中的液流发生撞击产生能量交换,使蜗室中的压力分布发生变化,而且压力分布不均会使叶轮流出液体的流量沿周向分布不均,从而使产生的动反力不等。作用在叶轮上的径向力就是不均匀的液压力和动反力的合力。显然,实际流量偏离额定流量越远,泵的扬程越高或泵的尺寸越大,则产生的径向力也就越大。

导轮式多级泵由于导叶沿圆周均匀分布,理论上无论在何种工况下运行,各导叶产生的径向力都将平衡。只有当转轴的偏心距达到叶轮直径的1%时,径向力才会增大到与蜗壳式离心泵相近的程度。

2. 径向力的危害

由于船用泵经常在非额定流量下工作,因此应考虑径向力的影响。径向力对于转动的泵轴来说是个交变负荷,会使泵轴因疲劳而发生弯曲变形等问题;同时径向力还会使泵轴产生挠度,使间隙较小的部件发生擦碰,引起振动,缩短密封环和轴封的使用寿命。

3. 常用的径向力平衡方法(见图 4-2-10)

为平衡径向力,可采用双层蜗壳结构,在多级泵中可将相邻蜗壳错位布置。

七、离心泵的自吸装置简介

如前所述,可以认为离心泵是没有自吸能力的。但是,在船上许多泵的位置都可能高于吸入液面,如压载泵、舱底泵、日用海水泵和淡水泵、油船扫舱泵等,这些泵都需要自吸。船用离心泵实现自吸的方法有三类:

1. 一体式自吸装置

一体式自吸装置是指将自吸装置与离心泵融为一体或组合成一体,使其成为泵的

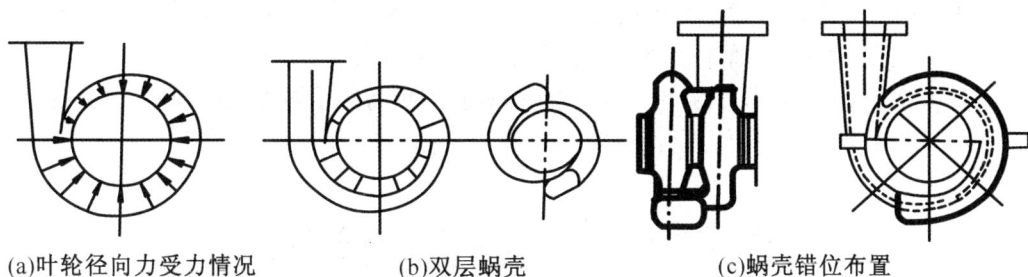

(a)叶轮径向力受力情况　　　　(b)双层蜗壳　　　　(c)蜗壳错位布置

图 4-2-10　径向力受力情况及其平衡方法

有机组成部分,无须另外的动力源。因此具有一体式自吸装置的离心泵也常被称为自吸式离心泵。

一体式自吸装置的结构形式很多,按其工作原理可分为两类。

（1）特殊泵壳类

这类自吸装置是将泵壳做成特殊的结构形式,使其在排出端具有气水分离作用,以便在起动期间能利用预先存留在泵内的液体,使其能反复进出叶轮,将泵和吸入管内的气体裹携出去,如图 4-2-11 所示。这类泵根据液体是重新进入叶轮的外周还是中心吸口的不同,又有外混合式和内混合式之分。

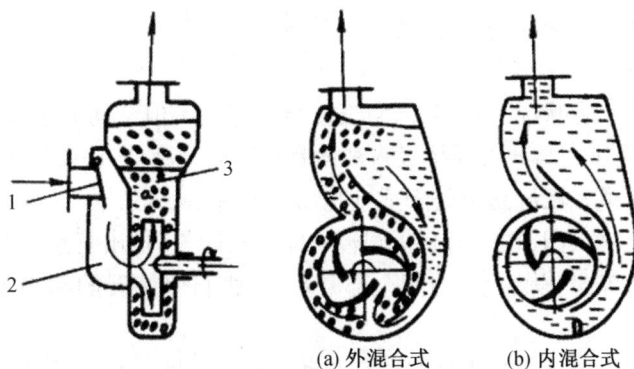

(a) 外混合式　　　　(b) 内混合式

图 4-2-11　带特殊泵壳的离心泵自吸

1—吸入单向阀;2—吸入室;3—气液分离室

（2）自带真空泵类

这类自吸装置是将真空泵与离心泵组合为一体来抽气引水的。常用的真空泵有水环泵、喷射泵等。自吸式离心泵虽能解决离心泵的自吸问题,但会使泵的结构复杂、体积增大、效率降低。

2. 分体式抽气装置

在普通的离心泵上附设用以抽气的自动引水装置,该装置采用独立的动力源。

3. 集中式抽气装置

集中式抽气装置采用真空箱集中引水系统,即由一台真空泵自动控制一个真空箱并保持足够的真空度,用若干抽气管分别通至所有需要引水的离心泵的吸入口。真空箱集中引水适用于一条船上有较多离心泵需自吸的情况。

离心泵除了采用上述三种自吸装置进行自动引水外,还可采用以下方式引水:

(1)人工引水:吸入管上加装吸入底阀,起动前进行人工灌水;

(2)利用吸入液面高于泵的安装位置(即具有负吸高),使被吸液体倒灌入泵内;

(3)利用其他管系液体进行引水。

第三节　离心泵的管理

一、离心泵的起动、运行和停车操作

1.起动

(1)油。起动前必须检查润滑油或油脂情况,用油环润滑的轴承,油环应被浸没约15 mm;用油脂润滑的轴承,油量应占轴承室容积 1/3~1/2,若之前累积工作已达 500 h 左右,应在起动前换油。

(2)水。作为水泵,起动前应采取措施(如注水、引水等)确保泵内有水,以防填料等处因干摩擦而损坏。检查水密状况。

(3)汽。略。

(4)气。检查气密状况,防止吸入空气。吸入空气不但会使流量减少,而且会在工作中产生气蚀和噪声。为此除保持吸入液面有足够的高度外,还要防止吸入管泄漏。

(5)电。检查电气系统是否处于适宜起动泵的备用状态。

(6)阀。开足吸入阀,除排出截止阀暂时保持关闭外,排出管路上其他通向服务对象(即接收液体的容器、设备等)的阀全部开足,对带自吸装置的离心泵还需将排气阀打开。

(7)机。检查机器外观是否处在适宜起动状态。消除一切可能妨碍机器运转的对象和不宜起动的状态。

(8)盘。久置未用或刚检修过的泵,应用手盘动联轴器 1~2 转,以检查运动部件有无卡阻和异常,并有利于使滑油或油脂布于摩擦面。

(9)冲。电动机新接过线的情况下要冲车(即瞬时接通电源,点动起动),以检查电动机的转向是否与机体上的标志一致。离心泵反转虽不会造成吸排方向改变,但会造成电机过载和工作效率极低。

(10)起。接通电源,起动泵,待泵起压后打开排出阀。此过程不应超过 2~3 min。若泵的起压时间过长,泵会因干摩擦而损坏;若封闭运行时间过长,泵会因叶轮搅拌液体而发热。排出阀的开度应根据供液对象的压力调节并保持适当。

2.运转

(1)压。检查泵的吸、排压力和服务对象压力是否正常。吸入压力不可过低,否则将使溶入水(或被吸液体)中的气体因吸入压力低于空气分离压力而大量析出,使泵产

生气蚀,损坏泵内零件表面。为此,在管理中应经常清洗滤器;排出压力异常降低或升高都必须立即找出原因,加以正确处理。不能不分原因地对排出阀开度进行盲目调节。泵的服务对象处的压力对泵的流量影响很大。服务对象的压力过高时,泵的流量可能会过小甚至为零(如海水冷却器出口管路不畅通或堵塞),服务对象处的压力过低,也可能是流经服务对象的流量过小(如泵的排出阀开度过小或泵、管路等处泄漏过大)。工作压力直接影响流量是离心泵(及其他叶轮式泵)在性能方面与容积式泵的重大不同之处,故在运行管理中应特别注意压力参数的异常变化。

(2)温。保持吸入液体的温度正常;检查电机、轴承和填料函等部位有无过热,轴承温升 $\Delta t \leqslant 35$ ℃,轴承外表温度不应超过 75 ℃;因此,对设有填料箱水封管、水冷轴承、水冷机械轴封的离心泵,应检查并保持其水管的通畅。

(3)位。检查吸入容器和排出容器的液位是否正常,严防吸空而造成干摩擦,或排出容器溢流而造成污染和浪费。

(4)荷。检查电流表,防止超负荷。

(5)声。仔细倾听泵各运动部件及泵内部有无异常响声,若泵内有严重敲击声应立即停车检查;若噪声和振动很大而非敲击声,说明可能有空气漏入或吸入液体中的气体析出。倾听有无泄漏声。轴封处微量的渗漏(填料轴封速度≤60滴/分)是正常的,也是必需的,否则轴封会摩擦发热而损坏。

(6)运行管理中应加强巡查,通过"听、看、摸、嗅、比"掌握泵的运行状况。

3. 停车

(1)关闭排出阀;

(2)切断电源停泵;

(3)关闭吸入阀。

二、离心泵的工况点调节

1. 影响离心泵工况点的因素

离心泵的实际工作状况可由离心泵此时的一组工作性能参数表示,所以常将离心泵的实际工作参数组称为离心泵的工况或工况点。离心泵的实际工况(即工作参数)并不一定等于额定工况。离心泵的实际工况取决于两个方面:泵的特性和管路的特性。

(1)泵的特性,见本章第一节。

(2)管路特性

管路特性是指液体流过某既定管路时所需的压头与流量间的函数关系,这种关系若在直角坐标系上用曲线表示,则称为管路特性曲线。

图 4-3-1 所示为离心泵的一般管路特性曲线及泵的工况点。液体从吸入液面通过管路排至排出液面所需的压头包括三部分:

①单位重量液体克服吸、排液面高度差所需的能量(即位置头)Z;

②单位重量液体克服吸、排液面压力差所需的能量(压力头)$(p_{dr}-p_{sr})/(\rho g)$;

③单位重量液体克服管路阻力所需的能量(即管路阻力头) $\sum h$,在既定管路中管路阻力头 $\sum h$ 与流量的平方成正比,即 $\sum h = KQ^2$,K 为管路阻力系数。

其中位置头 Z 和压力头 $(p_{dr}-p_{sr})/(\rho g)$ 与管路流量 Q 无关,在流量变化时它们静止不变,故称为管路的静压头,用 H_{st} 表示。因此单位重量液体从吸入液面到排出液面所需的能量(即管路总压头) H_Z 为:

$$H_Z = H_{st} + \sum h = Z + (p_{dr} - p_{sr})/(\rho g) + KQ^2 \tag{4-3-1}$$

图 4-3-1 中的曲线 A 就是表明上述函数关系的管路特性曲线的一般形状。曲线 A 是一条二次抛物线,其向上倾斜的程度取决于管路阻力系数 K 值的大小,起点位置则取决于管路的静压头 H。当管路阻力发生变化时,如阀门关小时,K 值增加,管路曲线的倾斜程度就会增加,曲线 A 变为曲线 A′;如管路阻力未变,但管路静压头变化,例如排出液面升高或液面上压力增加,则管路曲线各点也就相应升高,这时曲线 A 向上平移为曲线 A″。

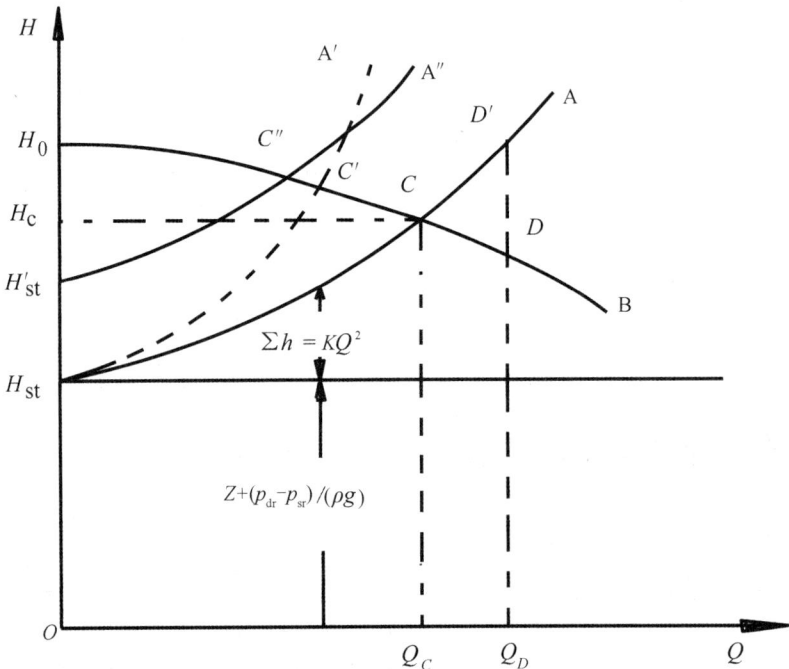

图 4-3-1　管路特性曲线及泵的工况点

2. 泵的工况点的确定

如将管路系统中的离心泵的特性曲线和管路的特性曲线画在同一张坐标图上,则管路特性曲线与泵的 $H-Q$ 曲线的交点 C 就是此时泵的工况点,如图 4-3-1 所示。它所表明的参数即此离心泵在该管路条件下的工作参数。此时,泵所产生的压头正好等于液体流过该管路时所需的压头。

大多数离心泵的 $H-Q$ 曲线是向下倾斜的,只要是非驼峰形 $H-Q$ 曲线,该工况点便是稳定的。如因某种干扰(如阀门关小)管路阻力系数 K 值增大,管路特性曲线将变陡。泵的工况点将向左移至 C',泵的流量减小,扬程增大,在新工况点,泵所产生的扬程等于在该流量下液体流过管路时所需的压头。泵在新工况点继续稳定工作,即离心泵有自动平衡的功能。由于泵在额定工况下工作时效率最高,所以应尽可能使泵在额定工况点附近工作。

3. 离心泵的工况调节

由上面分析可知,泵的工况点取决于泵的特性和管路特性。因此通过改变泵的特性或管路特性均可实现离心泵的工况调节。常用的工况调节方法有以下几种。

(1)节流调节法

通过改变离心泵排出阀的开度,改变泵的运行工况点,来调节流量的方法称为节流调节法。

图 4-3-2 示出节流调节时的工况变化。由图可见,随着排出阀开度的减小,管路曲线变陡,例如从 R 变为 R_1,泵的工况点就从 A 点移至 A_1 点,流量也就相应从 Q_A 减少为 Q_1,泵的扬程由 H_A 提高到 H_1。

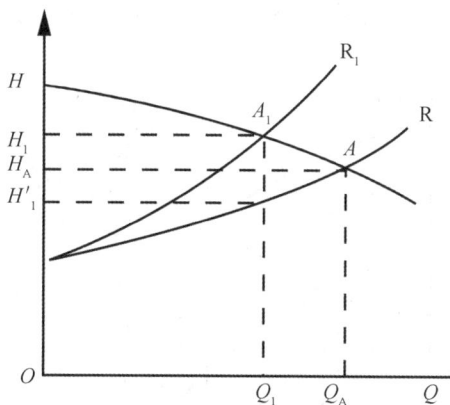

图 4-3-2　节流调节时的工况变化

节流调节的特点:有节流损失,故经济性较差,但简便易行,应用普遍,适用于 n_s 较低的叶轮式泵。

注意:当节流程度过大、流量很小时,泵有可能发热;虽然调节吸入阀开度也能实现流量调节,但会使吸入管的阻力增加,泵的吸入压力降低,有可能产生气穴现象,甚至失吸,故不宜采用。

(2)回流调节法

通过改变旁通回流阀的开度,使部分液体从泵的排出口再回流到吸入管,以调节泵的实际排出流量的方法称为回流调节法。

采用开大回流阀调节,尽管减少了排出管路中的流量,但泵的实际流量非但没有减少,反而由于总的管路阻力减小而使泵的实际流量增加,导致轴功率增加。因此回流调节法对离心泵来说经济性很差,而且随着泵的流量增大,泵吸入口的流速增加,吸入压力会进一步降低,离心泵容易发生汽蚀。因此,回流调节法对离心泵一般不适用,只能作为节流调节法的一种补充调节手段。

（3）变速调节法

通过改变离心泵转速从而改变泵的特性曲线,使泵的工况点发生变化,来实现流量调节的方法称为变速调节法。

如图 4-3-3 所示,当离心泵的转速由 n_1 变为 n_2 时,如转速的变化量不是很大,变速前、后泵的特性参数流量、压头、轴功率可通过下列比例定律进行换算:

$$\frac{Q}{Q'} = \frac{n}{n'} \tag{4-3-2}$$

$$\frac{H}{H'} = \left(\frac{n}{n'}\right)^2 \tag{4-3-3}$$

$$\frac{P}{P'} = \left(\frac{n}{n'}\right)^3 \tag{4-3-4}$$

变速调节能在较大范围内保持较高的效率,经济性比节流调节、回流调节都好,而且降速不会引起汽蚀。但改变转速有一定限制,一般增加转速不超过10%,降低转速不超过50%。近年来随着变频技术的发展,变速调节法可望在离心泵的工况调节中得到更多的应用。

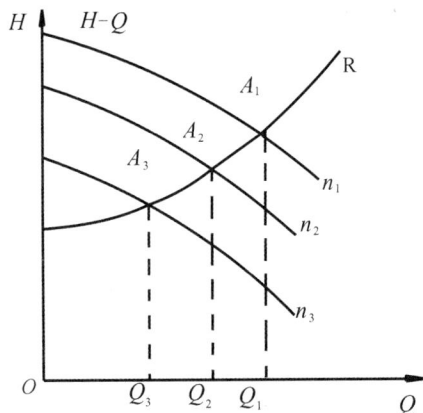

图 4-3-3 变速调节

（4）切割叶轮法

如果离心泵流量和工作压力长期超出实际需要,可用如图 4-3-4 所示的切割叶轮外径的方法来改变离心泵的特性曲线,从而改变工况参数,节省功率。

离心泵叶轮切割后必然会使效率下降。为了不使叶轮切割后效率下降过多,叶轮的最大允许切割量根据泵的比转数不同而有所不同,如表 4-3-1 所示。

中、低 n_s 叶轮,应做等外径的车削。为了减少圆盘摩擦损失,也有将前、后盖板同时切去的。

高 n_s 叶轮则应斜向车削,使叶片靠前盖板处的外径大于靠后盖板处的外径,而平均外径应符合车削量的要求(见表 4-3-1)。

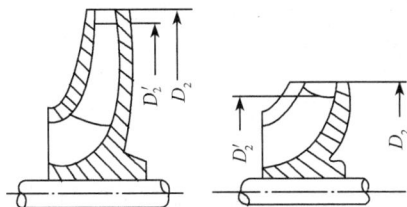

图 4-3-4 离心泵叶轮切割形式

表 4-3-1 叶轮外径允许的最大切割量

n_s	60	120	200	300	350
$\dfrac{D_2 - D'_2}{D_2}$	20%	15%	11%	9%	7%
效率下降值	每切割 10% 下降 1%			每切割 4% 下降 1%	

对导轮式离心泵,一般车削叶片时不车削盖板,以便使叶轮外径与导叶的间隙保持不变,这样能较好地引导水流。

4. 离心泵的串联工作

(1)适用场合

当一台离心泵在管路系统中工作,其工作压头达不到所期望的压头,接近或等于封闭压头时,流量必然很小或无法供液。这个问题既可通过换用额定压头符合要求的泵解决,也可通过将两台或几台泵串联工作的方法来解决。

(2)串联工作时泵的特性

各泵的流量相等,总的压头则等于串联后各泵工作压头之和。因此,泵串联工作时的压头特性曲线 $H-Q$ 曲线由各台泵的压头特性曲线在相同流量下将压头叠加而成,如图 4-3-5 所示。串联时的工况点就是泵串联工作时的压头特性曲线与管路特曲线的交点 A。显然,这时泵组的扬程已大大提高。泵串联工作时的总扬程 H_A 比每台泵单独工作时的扬程 H_1 高,但低于两泵单独工作时的扬程之和,即 $H_1 < H_A < 2H_1$,而每台泵的流量 Q_A 比单独工作时的流量 Q_1 要大,即 $Q_A > Q_1$。

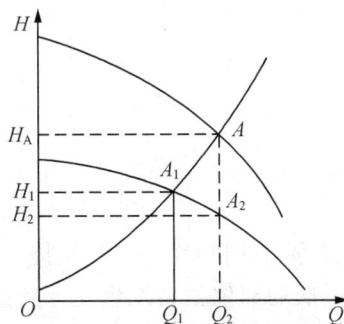

图 4-3-5 离心泵串联工作特性曲线

(3)对串联工作的离心泵的要求

串联时,各泵的型号不一定要相同,但其额定流量应相近,否则就不能使每台泵都处于高效率区工作。此外,串联在后面的泵其吸、排压力都将比单独工作时要高,故应注意其密封情况和强度是否允许。

5. 离心泵并联工作

(1)适用场合

当一台离心泵单独工作,其流量不能满足要求时,可将两台或几台离心泵并联工作,以增加流量。

(2)并联工作时泵的特性

各泵的压头相等,总的流量则等于并联后各泵工作流量之和。因此,泵并联工作时的压头特性曲线 $H-Q$ 曲线由每台泵的特性曲线在相同压头下将流量叠加而成,如图4-3-6所示。泵并联时的工况点就是泵并联工作时的压头特性曲线与管路特性曲线的交点 A。因此,管路特性曲线与它们的交点 A_1 及 A 分别代表每台泵单独工作时以及两台泵并联工作时的工况点。可见,泵并联工作时的总流量 Q_A 比每台泵单独工作时的流量 Q_1 大,但小于两台泵单独工作时的流量之和,即 $Q_1<Q_A<2Q_1$。这是因为并联运行后管路系统中流量增大,流动阻力增加,泵在比单独工作时更高的压头下工作,因而每台泵的流量 Q_2 比单独工作时的流量 Q_1 小。

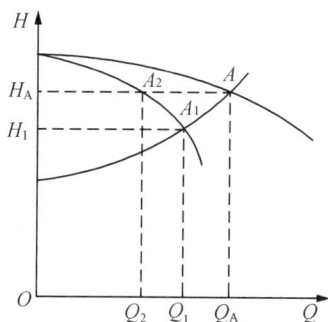

图4-3-6　离心泵并联工作特性曲线

(3)对并联运行的离心泵的要求

额定压头应基本相等或至少相近,否则扬程低的泵不能发挥作用,甚至会出现液体向压头低的泵倒流的现象。

三、离心泵的汽蚀

1. 汽蚀现象及其成因

离心泵吸入的液体在从吸入液面到叶片进口开始提高能量前,压力逐步下降。当泵流量超过设计流量时,压力最低的部位就会发生在叶片进口靠近前盖板的叶片正面上,如图4-3-7中 K_1 处所示。而当泵的流量小于设计流量时,压力最低的部位出现在叶片进口处靠近前盖板的叶片背面上,如图4-3-7中 K_2 处所示,这是最常见的现象。

在吸入过程中,如果泵进口处的吸入压力 p_s 接近但还未达到被输送液体温度下的饱和蒸汽压力,叶轮叶片进口处靠近前盖板的液体压力可能就已经达到了 p_v 或更低,

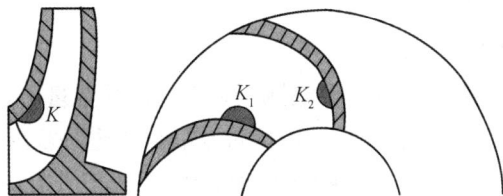

图 4-3-7　离心泵中压力最低部位

液体会汽化,溶于液体中的气体也会因压力降低而逸出,并产生许多气泡,俗称"气穴",使泵的流量下降。当气泡随液体流到高压区时,由于压力升高,蒸汽就会迅速凝结,气体也会重新溶入液体,气泡在周围压力的作用下迅速破裂,周围的液体质点会以极高的速度冲向气泡原来占有的空间,并且互相撞击,产生局部高达几十兆帕的压力,引起频率为 $600 \sim 25\,000$ Hz 的噪声和振动。这时泵的流量、压头和效率都将降低,严重时还会导致吸入中断。气穴破灭区的金属因受高频高压的液击而发生疲劳破坏;此外,由液体中逸出的氧气等借助气泡凝结时的放热,也会对金属起化学腐蚀作用;在叶轮外缘的叶片及盖板、蜗壳或导轮等处会产生麻点和蜂窝状的破坏。这种气泡的形成、发展和破裂致使材料受到破坏的现象,称为汽蚀现象。

离心泵中压力最低处在叶轮进口先靠近前盖板的叶片处,最容易发生汽蚀的部位在叶轮的出口处。因汽蚀而损坏的叶轮如图 4-3-8 所示。

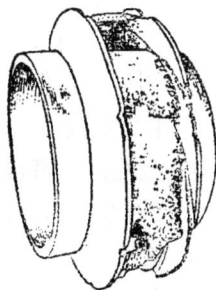

图 4-3-8　因汽蚀而损坏的叶轮

在船上最容易出现汽蚀现象的离心泵有三类:

(1)输送液体温度较高的泵,如锅炉给水泵、热水循环泵;

(2)吸入液面真空度较大的泵,如冷凝器和海水淡化装置中的凝水泵;

(3)工作过程中吸高会显著变化的泵,如液货泵等。

2. 汽蚀余量

汽蚀余量是指泵入口处液体总水头与液体的汽化压力头之差,用 Δh 表示。汽蚀余量又可分为有效汽蚀余量 Δh_a 和必需汽蚀余量 h_r。

有效汽蚀余量 Δh_a(又称装置汽蚀余量),是指泵工作时实际所具有的汽蚀余量,即泵工作时液体在泵进口处的总水头超过汽化压力头的富余能量,它取决于泵的吸入条件(p_s、v_s、z)和液体的饱和压力(p_v),而与泵无关。Δh_a 由下式求得:

$$\Delta h_a = \left(\frac{p_s}{\rho g} + \frac{v_s^2}{2g} + z \right) - \frac{p_v}{\rho g} \approx \left(\frac{p_s}{\rho g} + \frac{v_s^2}{2g} \right) - \frac{p_v}{\rho g} \qquad (4\text{-}3\text{-}5)$$

式中:z——泵吸入口位置头,m,以通过叶轮叶片进口边外端所绘圆的中心的水平面为基准(多级泵取第一级,立式双吸泵取上部叶片),高于该基准面为正,低于该基准面为负;数值较小,可忽略不计。

p_s——泵吸入口绝对压力,Pa;

v_s——泵吸入口流速,m/s;

p_v——液体饱和压力,Pa。

必需汽蚀余量 Δh_r 是防止泵发生汽蚀所必需的汽蚀余量。它取决于泵进口部分的几何形状以及泵的转速和流量,反映了液体进泵后压力进一步降低的程度,与泵的吸入条件及所吸液体的 p_v 值无关。Δh_r 随流量 Q 的增大而增大。Δh_r 越小,表明液体进泵后压力下降得越少,泵的汽蚀性能越好。

Δh_r 的数值用理论计算的方法很难准确求得,目前都用汽蚀试验来确定。先在试验中确定临界汽蚀余量 Δh_c,再以临界汽蚀余量加上不小于 0.3 m 的余量定为必需汽蚀余量 Δh_r。

泵不发生汽蚀的条件为:Δh_a 比 Δh_r 大 10%(不少于 0.5 m)的余量。

必需汽蚀余量 Δh_r 和第一章所学的允许吸上真空高度(H_s)都是由同样的汽蚀试验得出的用以表示泵吸入性能好坏的性能参数,其性质是一样的,只是表示方式不同。两者的区别是必需汽蚀余量 Δh_r 主要取决于泵的结构形式和流量,而允许吸上真空高度(H_s)与吸入液面气压及液温(饱和蒸汽压力 p_v)有关。目前离心泵大多标注 Δh_r。

3. 汽蚀的三种类型

(1)潜伏汽蚀

当有效汽蚀余量接近必需汽蚀余量时,气泡虽已产生,但流量变化、噪声、振动等外在表现不明显,对泵的工作部件有一定损害,称为潜伏汽蚀。

(2)不稳定汽蚀

当有效汽蚀余量接近必需汽蚀余量达一定程度时,气泡大量产生,汽蚀现象的外在表现明显,对泵的损害很大,称为不稳定汽蚀。

(3)稳定汽蚀

当有效汽蚀余量进一步降低时,气泡大量产生,开始出现液流脱流,形成汽、液两相区域,气泡破灭时的液压冲击明显减轻,振动和噪声减轻,流量和压头的脉动消失,对泵的损害不明显,称为稳定汽蚀。在稳定汽蚀时,降低排出管路阻力,只能减小压头,使两相区域的长度增加,而泵的流量几乎不再增加。

低比转数的离心泵叶片流道比较窄长,发生汽蚀后气泡布满流道造成断流,难以出现稳定汽蚀的工况。高比转数的离心泵和混流泵或叶轮进口直径大的高汽蚀性能离心泵,叶片间的流道短而宽,所以气泡发生后不会迅即布满流道,不稳定汽蚀段较长。中比转数的离心泵较易达到稳定汽蚀工况。

4. 防止汽蚀的措施

(1)满足抗汽蚀条件。

(2)采用抗汽蚀性能好的材料制造叶轮和双吸叶轮。

(3)减小吸上高度或增大流注高度。

(4)尽量减小吸入管的阻力,如开足吸入管路上的阀门、及时清洗吸入滤器等。

(5)降低被吸液体温度。

(6)降低泵的流量,如关小排出阀或降速,这是实际工作中最有效和最常用的方法。

四、检修要点

1. 转向与连接

检修时应注意电动机接线不要接错。泵和电动机应保持良好对中,联轴器不同心度应在 0.1 mm 以内。

2. 重要部件

叶轮、阻漏环、泵轴、轴封是离心泵的重要部件。检修时应对其磨损、腐蚀、变形、损伤和裂纹等给予特别注意。详见上一节有关内容。

3. 重要间隙

检查密封环间隙,既不能过小而导致碰擦,也不能过大而造成过量泄漏。密封环间隙过大时应更换。

检查泵轴与轴承的间隙。轴与轴承的径向间隙一般为 0.03 ~ 0.08 mm,间隙超过磨损极限时,应换新。

泵检修装复后,用手转动泵轴,应转动灵活,没有碰擦。

五、离心泵的故障分析(见表 4-3-2)

表 4-3-2 离心泵常见故障分析及排除方法

故障现象	分析思路	故障原因	排除方法
1. 泵起动后不供液,且吸排压力表指针基本不动或吸入真空度不足	吸入表指针不动说明泵无法产生真空,故应在无法产生真空方面找原因	1. 泵轴不转或叶轮不转; 2. 未引水、引水不足、吸入底阀卡在常开位置或引水装置失灵; 3. 轴封或吸入管漏气严重; 4. 吸入口露出液面	1. 检查原动机、联轴器、叶轮销键等; 2. 加强引水,检修引水部件或装置; 3. 消漏; 4. 停泵或降低吸口位置
2. 泵起动后不供液,且吸入真空表指示较大真空度	吸入真空度大说明吸入管路不通或阻力大	1. 底阀卡在关闭位置或吸入阀未开; 2. 吸入滤器淤塞,吸入阻力过大; 3. 吸高太大,出现汽蚀	1. 打开吸入管路各阀; 2. 清洗滤器; 3. 减小吸高

离心泵的拆装与检修

续表

故障现象	分析思路	故障原因	排除方法
3.泵起动后不供液,且排出压力小于正常值	有排出压力,但排不出去说明泵本身工作效能降低	1.叶轮与轴打滑; 2.叶轮淤塞或损毁严重; 3.转速太低或反转	1.拆检修理; 2.疏通、修理; 3.检修原动机与联轴节
4.泵起动后不供液,且排出压力为封闭压力值	排出压力等于封闭压力值,说明泵和吸入是正常的,但排出管路不通或阻力太大	1.排出阀未开或虚开(如闸板阀与阀杆滑丝); 2.排出管路阻力太大或背压太高	1.开阀或检修; 2.减小管路阻力
5.泵流量不足	上述泵不能排液是泵排量不足的极限情况,二者的原因基本相同,仅程度不同而已。分析泵不能排液是以原因为主线的,本故障我们将换一种分析归纳方式,尝试以泵装置结构的空间顺序为主线,从泵装置吸入口至排出口逐一分析。还可从泵的特性和管路的特性两个方面进行分析	1.吸入液面降低或液面压力降低或液体温度太高; 2.吸入滤器脏堵; 3.吸入管漏气; 4.吸入阀未开足; 5.泵的转速不足、叶轮淤塞或有损伤; 6.泵的填料箱漏气或水封管堵塞,密封环(阻漏环)磨损,泄漏过多; 7.使用扬程太高、排出阀开度不足、排出管路流阻太大	1.检查并做相应处理; 2.清洗滤器; 3.消漏; 4.开足吸入阀; 5.检查原动机,清洗或换新叶轮; 6.调整或更换填料,疏通水封管,修理或换新密封环; 7.检查排出管路
6.原动机过载,功率消耗过大	从流量大、运转阻力大和电气绝缘方面考虑	1.转速太高; 2.使用扬程过低,流量过大; 3.填料轴封太紧; 4.泵轴对中不良; 5.泵轴转向不对或双吸叶轮装反; 6.泵轴弯曲或磨损过度; 7.轴承过紧; 8.电气绝缘不良	1.检查电机; 2.关小排出阀; 3.放松填料压盖; 4.对中找正; 5.检查和纠正转向; 6.校直修复或更换油; 7.检查或更换轴承; 8.检查并提高电气绝缘
7.填料密封或机械密封装置泄漏过多	从组成密封面的两个方面加以分析	1.填料松散,或机械密封装置的两个静密封面失效或一个动密封面不均匀磨损; 2.填料或密封部位泵轴(或轴套)产生裂痕; 3.泵轴弯曲或轴线不正	1.视情况调整:修理或换新; 2.检查后决定修理或换新; 3.校直或更换泵轴,校正轴线

续表

故障现象	分析思路	故障原因	排除方法
8. 运转时有异常振动和噪声	可从部件运动和液体流动两个方面,从运动源开始分析	1. 原动机振动; 2. 联轴器对中不良、管路牵连等原因造成泵轴失中; 3. 泵基座不良; 4. 运动部件因腐蚀、偏磨、淤塞等原因造成动、静不平衡; 5. 动、静部件碰擦; 6. 汽蚀现象; 7. 因工况点不稳定造成的喘振现象(只有具有驼峰形 $H-Q$ 曲线的泵,工作点才有可能不稳定。当工作压头升高至驼峰点时,排出液体就会突然倒灌,周而复始,造成喘振)	1. 检修原动机; 2. 对中找正,管路固定,避免牵连; 3. 改善基座,紧固地脚螺丝; 4. 检修运动部件; 5. 保持间隙适当; 6. 采取适当关小排出阀等防止汽蚀的措施; 7. 避免排出管路或容器出现气囊,以防排出压头升高和波动。避免使用有驼峰形特性曲线的泵
9. 轴承发热		1. 泵轴弯曲或磨损过度; 2. 泵轴对中不良; 3. 润滑脂过多、过少或变质; 4. 轴承损坏或水进入轴承使轴承与轴颈生锈	1. 检查、修复泵轴; 2. 对中找正; 3. 检查滑油量或更换; 4. 更换轴承或清洗泵轴

第四节　旋涡泵

一、旋涡泵工作原理

1. 基本结构

如图 4-4-1 所示,旋涡泵主要由叶轮 6、泵体 5、泵盖 4 等基本部件构成。在泵体和泵盖的侧面和外边缘组成一个与叶轮同心的等截面的环形流道,流道一端与吸入口 3 相连,另一端与排出口 1 相连,隔舌 2 将流道两端及吸、排口有效隔开。

2. 基本工作原理

旋涡泵属于叶轮式泵,依靠叶轮旋转使液体产生旋涡运动来吸入和排出液体。

当叶轮高速旋转时,泵内流道中的液体因黏性作用也随之旋转。由于叶轮中液体的圆周速度大于流道中液体的圆周速度,因此叶片间液体的离心力也大于流道中液体的离心力。液体就会从叶间甩出进入流道,同时,在叶片根部产生局部低压,迫使流道中的液体产生向心流动,从叶片根部进入叶间。泵内这种环形旋涡运动,称为纵向旋涡。在纵向旋涡的作用下,液体从吸入至排出的整个过程中,会多次进出叶轮。液体每流入叶轮一次,就获得一次能量。每次从叶轮流至流道时,由于流速不同,叶间流出液

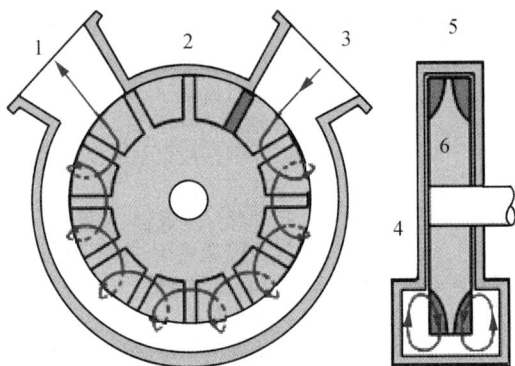

图 4-4-1　旋涡泵基本结构
1—排出口;2—隔舌;3—吸入口;4—泵盖;5—泵体;6—叶轮

体质点就会与流道中的液体发生撞击,产生动量交换,使流道中的液体能量增加。旋涡泵主要依靠纵向旋涡的作用来传递能量。

液体质点在泵中的运动就是圆周运动和纵向旋涡叠加形成的复合运动。液体质点的运动轨迹,相对于固定的泵壳而言,是前进的螺旋线;相对于转动的叶轮而言,则是后退的螺旋线(如图 4-4-1 所示)。

二. 旋涡泵的类型

根据叶轮形式的不同,旋涡泵可分为闭式和开式两大类。若将离心泵叶轮与旋涡泵叶轮相组合,还能制成离心旋涡泵。

1. 闭式旋涡泵(如图 4-4-2 所示)

闭式旋涡泵采用闭式叶轮、开式流道结构。闭式叶轮是指叶片部分设有中间隔板、叶片比较短小的一种叶轮;泵的吸排口在隔舌部分被隔开,通过流道相通,这种与吸排口直接相通的流道被称为开式流道。闭式旋涡泵必须配开式流道。

闭式旋涡泵的叶片和流道式样较多,一般矩形截面流道流量较大,但扬程和效率较低;半圆形截面流道扬程和效率较高,但流量较小。因此中、低比转数旋涡泵多采用半圆形截面流道,而中、高比转数旋涡泵多采用矩形截面流道。叶片形状应用最广泛的是径向直叶片,在低比转数旋涡泵中也有采用后弯叶片。

在闭式旋涡泵中,吸入口处在叶轮外周,液流要从圆周速度较大的叶轮外缘进入泵内,与离心力反向,损失较大,因此抗汽蚀性能较差,必须有较大的汽蚀余量。而且由于闭式旋涡泵的排出口位于流道外缘,聚集在叶片根部的气体不易排出。因此,如无专门措施,闭式旋涡泵无自吸能力,也不能抽送气液混合物。闭式旋涡泵的效率要高于开式旋涡泵,可达到 35% ~ 45%。

2. 开式旋涡泵(如图 4-4-3 所示)

开式旋涡泵采用开式叶轮、闭式流道结构。开式叶轮是指叶片不带中间隔板,叶片

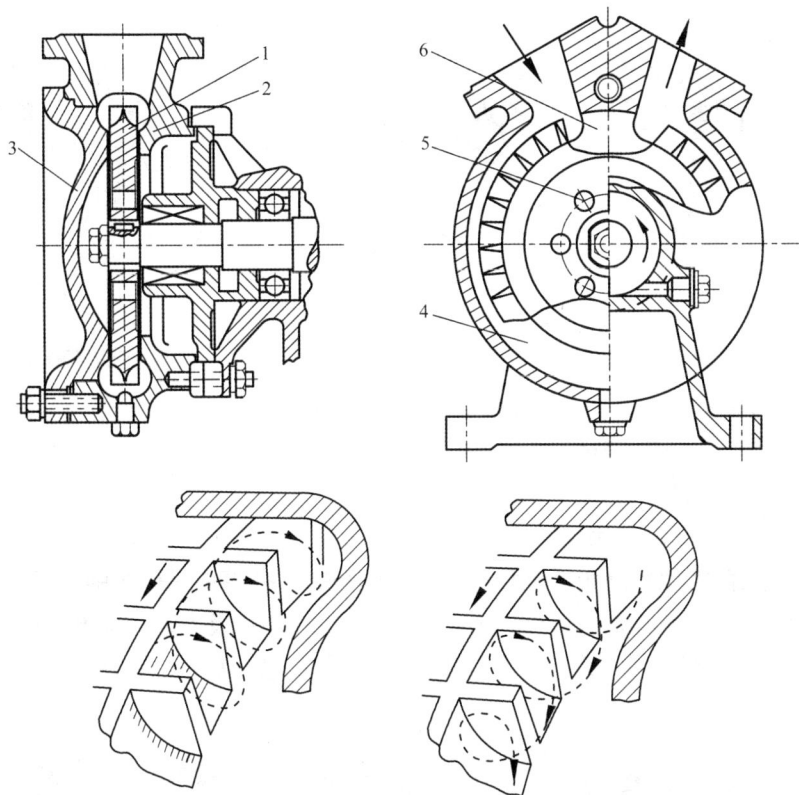

图 4-4-2 闭式旋涡泵

1—叶轮;2—泵体;3—泵盖;4—流道;5—平衡孔;6—隔舌

比较长的一种叶轮。闭式流道是指吸排口不直接相通的流道。开式旋涡泵的吸排口一般开在泵侧盖靠叶片根部处,这样一方面气体容易排出,有利于提高泵的自吸和抽送气液混合物的能力;另一方面泵吸入口处的圆周速度相对较小,因此抗汽蚀性能要比闭式旋涡泵好。但是因液体必须在排出口处急剧地改变运动方向,并克服离心力做功,故能量损失较大,致使开式旋涡泵的效率低,仅为 20%～27%。

开式旋涡泵也可以采用吸入端为闭式、排出端为普通开式的流道,这样可提高效率,但是这样因不能排出叶片根部的气体而失去自吸能力,也就失去了有别于闭式旋涡泵而存在的竞争力。保持自吸能力是对开式旋涡泵进行技术改造与革新中所必须坚持的原则,在这个思路下人们创造出了两种既可减少因液流方向急剧变化而造成的水力损失,又可保持自吸能力的方法:一种是采用向心开式流道的方法,使泵的效率提高27%～35%,如图 4-4-3(b)所示;另一种是以采用开式流道为主、闭式流道为辅的折中的方法,也使效率有所提高,如图 4-4-3(c)所示。

3. 离心旋涡泵

与离心泵相比,旋涡泵扬程较高,较容易实现自吸,但抗汽蚀性能差;而离心泵扬程低,但抗汽蚀性能相对较好。离心旋涡泵就是将这两种泵串联并结合在一起,即第一级为离心叶轮,以减小泵的必需汽蚀余量;第二级为旋涡叶轮,以提高泵的压头。这样不

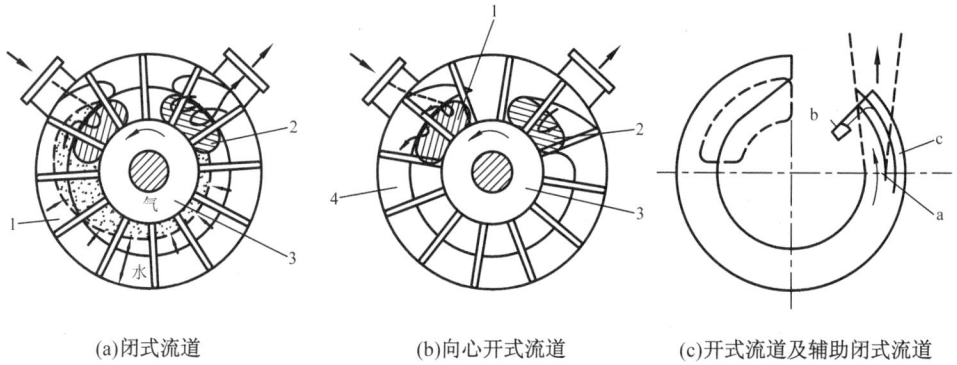

(a)闭式流道   (b)向心开式流道   (c)开式流道及辅助闭式流道

图 4-4-3　开式旋涡泵

1—吸入口;2—排出口;3—叶轮;4—流道;a—排出口;b—气体压出口;c—辅助闭式流道

但抗汽蚀性能好,而且泵的压头也较高。

图 4-4-4 为 CWZ 型船用离心旋涡泵结构图。第一级离心叶轮与第二级旋涡叶轮装在同一根轴上,两者用内隔板 2 互相隔开。内隔板 2 与外隔板 3 构成旋涡泵流道;内隔板 2 与泵盖 11 组成离心泵的蜗壳。为提高泵的自吸能力,吸入管和排出管位置均高于泵体,并互成 90°,在旋涡及出口处泵体做得较大,起气水分离室的作用。

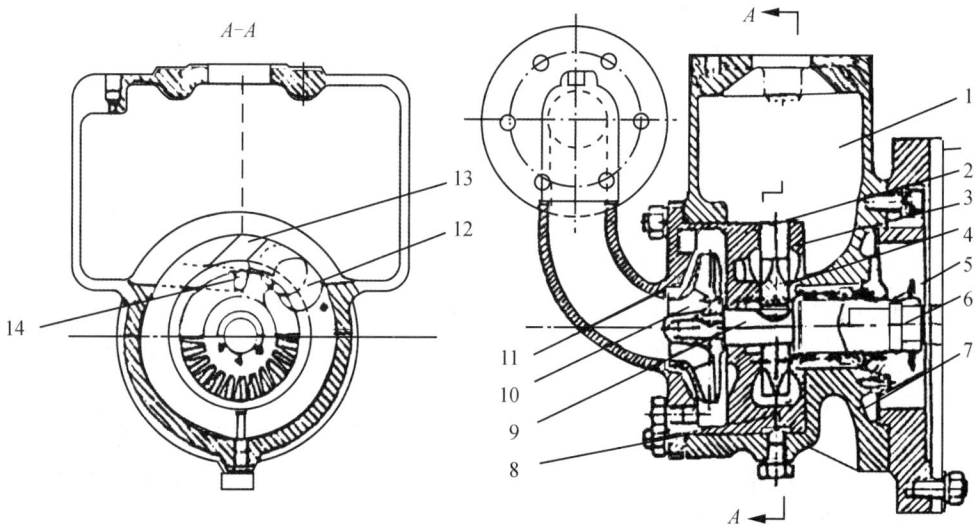

图 4-4-4　CWZ 型离心旋涡泵结构图

1—气水分离室;2—内隔板;3—外隔板;4—旋涡泵叶轮;5—挡圈;6—横销;7—泵;8—垫片;9—泵轴;10—离心泵叶轮;11—泵盖;12—中间斜道;13—旋涡泵出水口;14—回水口

三. 旋涡泵的性能特点

1. 自吸能力

开式旋涡泵有自吸能力,闭式旋涡泵只要在出口处设气液分离设备也可实现自吸,但初次起动前须灌满液体。开式旋涡泵能排送气液混合物,适于抽送含气体的易挥发液体和饱和压力很高的高温液体。

旋涡泵抗汽浊性能差。因液体进入叶片时冲角较大,液流紊乱,速度分布极不均匀,因此抗汽浊性能差,允许吸上真空度一般不超过 4~5 m。闭式旋涡泵的抗汽浊性能更差。

2. 流量

额定流量主要与叶轮直径、转速以及流道截面积有关,但旋涡泵的额定流量与叶片数目等关系不大。

实际流量随工作扬程而变,这与离心泵类似,但旋涡泵的 H-Q 曲线比离心泵的陡,如图 4-4-5 所示,因此扬程变化对旋涡泵的流量影响比离心泵小,亦即对系统中压力波动不敏感,较适合用作锅炉给水泵等压力波动较大的场合。

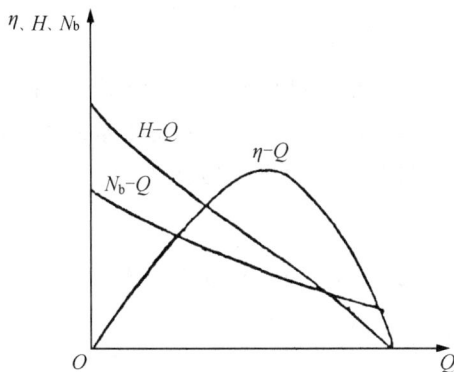

图 4-4-5 旋涡泵的 H-Q 曲线

3. 流量均匀性

旋涡泵流量连续均匀,工作平稳。

4. 压头

旋涡泵所能产生的压头(扬程)有限,但比离心泵高,这是因为液体在沿整个流道前进时能多次进入叶片间获得能量,如同多级离心泵一样。

额定压头主要与叶轮直径、转速以及流道和叶轮形状有关,与流道截面积无关。

实际压头与流量的大小和纵向旋涡的强弱有很大关系。流量越大,液体在流道中的圆周速度也越大,叶间液体与流道中液体的离心力之差就越小,纵向旋涡就越弱,压头也就越小。从理论上讲,当流道中流体的圆周速度 c 等于叶轮在流道截面重心处的圆周速度 u 时(即 $c=u$ 时),泵的压头降为零。通常在 $c=0.5u$ 时,压头和流量都很适当,称为最佳工况(定为额定工况)。

5. 转速

旋涡泵转速较高,可与电动机直接相联,太高时抗汽蚀性能很差,甚至影响正常吸入。

6. 效率

旋涡泵效率较低。由于液体多次进出叶轮,撞击损失很大,水力效率很低。在设计工况时闭式旋涡泵效率为 35%~45%,开式旋涡泵效率仅为 20%~35%。

7. 功率

旋涡泵的功率随流量的增大而减小,即 P-Q 曲线为陡降形,这与离心泵不同。旋涡泵在零排量时功率最大,因此起停不可采用封闭起停法;流量调节不宜采用节流调节法,而应采用旁通调节法。但应注意,旁通调节时,虽可使主管路的流量减小,但泵的排量反而增加,因而会使泵的抗汽蚀性能降低。

8. 适用性

旋涡泵不宜运送带固体颗粒和黏度太大的液体。旋涡泵的轴向间隙一般只有 0.1~0.5 mm,闭式旋涡泵的吸入口和排出口间的径向间隙只有 0.15~0.30 mm。若液体中含有固体颗粒,因磨损将导致间隙增大、容积效率下降,一般旋涡泵输送液体的黏度应在 37 mm²/s 以内,最高不大于 114 mm²/s。在船上常用于小流量、高扬程、需要自吸的输水场合,如锅炉给水泵、压力水柜给水泵、卫生水泵等。旋涡泵用作耐腐蚀泵时,叶轮、泵体可用不锈钢铸造,亦可用塑料或尼龙模压成型。

9. 维护性

旋涡泵结构简单,管理方便,体积轻小,价格低廉。

10. 耐用性

旋涡泵易损件少,寿命较长。

四、操作要点

(1)事先灌水(对确认泵中有水的,可以不灌)。

(2)开阀起停。

(3)不宜节流,应旁通调节。

(4)润滑防锈。

五、检修要点

1. 转向与连接

检修时应注意电动机接线不要接错,以与泵的规定转向保持一致。泵和电动机应保持良好对中,联轴节的不同心度应在 0.1 mm 以内,联轴节的轴向间隙应在 2 mm 左右,并在上、下、左、右方向保持均匀。

2. 重要部件

叶轮、泵轴、轴封是旋涡泵的重要部件。检修时应对其磨损、腐蚀、变形、损伤和裂纹等予以特别注意。

3.重要间隙

叶轮端面与泵体和泵盖之间的轴向间隙和叶轮与隔舌之间的径向间隙是旋涡泵的重要间隙。轴向间隙对容积效率影响最大。

在工作 2 000 h 后,应拆泵测量轴向间隙和径向间隙。轴向间隙应为 0.10～0.15 mm;径向间隙应为 0.15～0.30 mm。

对于离心旋涡泵,旋涡叶轮与内外隔板的轴向间隙,每边应保持在 0.15～0.25 mm,最大不得超过 0.35 mm,离心叶轮与泵盖的轴向间隙应为 0.4～1.0 mm。离心泵叶轮与密封环的径向间隙应为 0.25～0.35 mm,最大不得超过 0.50 mm。

端面间隙的调整可用增减纸垫厚度的方法。径向间隙如超过极限,则应换新叶轮或对泵壳上的隔块进行预热,堆焊后光车。

泵检修装复后,用手转动泵轴,应转动灵活,没有碰擦和松动。

常见故障与排除方法与离心泵类似。

第五节　喷射泵

一、喷射泵的结构和工作原理

1.基本结构

喷射泵主要由喷嘴 1、吸入室 2、混合室 3 和扩压室 4 组成,如图 4-5-1 所示。

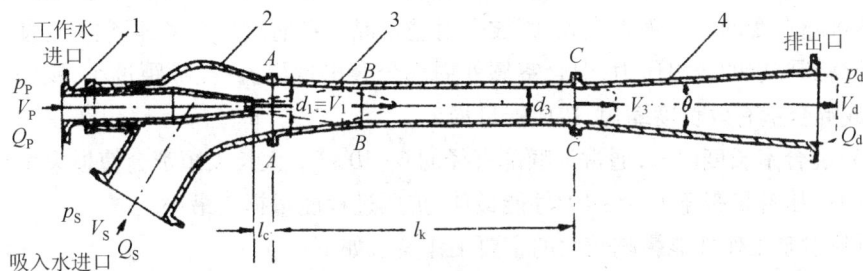

图 4-5-1　喷射泵原理图
1—喷嘴;2—吸入室;3—混合室;4—扩压室

2.工作原理

喷射泵的基本工作原理可由其主要部件的首字概括为"喷、吸、混、扩"四个字。即喷射泵利用高压工作流体经喷嘴产生 25～50 m/s 的高速射流(喷);在吸入室形成低压,引射被输送的流体(吸);工作流体裹带被引射流体共同进入混合室进行充分混合与能量交换(混);再经扩压室将动能转换成压力能排出(扩)。

二、喷射泵的性能参数及其影响因素

1. 性能参数

(1)流量比(引射系数)μ 为被引射流体的质量流量 G_s 与工作流体的质量流量 G_p 之比。一般当 m(喉嘴面积比)$= 3\sim 5$, $\mu = 1$ 时,喷射泵效率最高。流量比增加到一定值时,效率急剧下降,此时的流量比称临界流量比。这说明喷射泵存在极限过流能力。

(2)压差比 h 为喷射泵所形成的压力差 Δp_d(即排出压力 p_d - 吸入压力 p_s)与工作流体的压力降 Δp_p(即工作流体压力 p_p-吸入压力 p_s)之比。

压差比与流量比之间存在一定关系,其规律由下式表示:

$$h = \frac{1}{(1 + u)^2} \tag{4-5-1}$$

式(4-5-1)说明压差比越大,流量比越小。

(3)效率 η 为同一时间内,流过喷射泵的被引射流体得到的能量与工作流体所失去的能量之比。

2. 影响喷射泵性能的因素

对喷射泵工作性能影响较大的主要结构参数如下:

(1)喉嘴面积比(m),混合室圆柱段截面积与喷嘴出口截面积之比。$m = 3\sim 5$ 时效率最高。喉嘴距对喷射泵的性能影响最大。m 较小,则引射流量较小,而可能达到的扬程可能较高;m 较大,则反之。$m < 3$ 属高扬程水喷射泵;$m > 7$ 属低扬程水喷射泵;m 介于 $3\sim 7$ 的属中扬程水喷射泵。

(2)喉嘴距(l_c),喷嘴出口截面距混合室进口截面的距离。最佳值由试验确定,拆装时不可随意变动。喉嘴距太大,则被引射进入混合室的流量太多,以致不能使其全部压力升高到要求的排出压力,混合室靠外周部分会出现倒流;喉嘴距过小,则引射流量不足,或混合室有效长度缩短,造成能量损失。

(3)混合室长度(l_R),通常为喉部直径的 $6\sim 10$ 倍。太长太短都会使损失增加。

(4)扩压室扩张角 θ,$8°\sim 10°$ 性能最佳,扩压过程能量损失最小。

对喷射泵工作性能影响较大的主要工作参数如下:

(1)工作流体压力 p_p,增大时,压差比 h 减小,流量比 μ 增大,引射流量 G_s 增大;反之,则相反。

(2)吸入压力 p_s,p_s 增大时,压差比 h 减小,流量比 μ 增大,引射流量 G_s 增大;反之,则相反(与 p_p 的影响类同)。

(3)排出压力 p_d,p_d 增大时,压差比 h 增大,流量比 μ 减小,引射流量 G_s 减小;反之,则相反(与 p_p 的影响相反)。

3. 喷射泵的特点

(1)自吸能力极强,能产生很高的真空度。

（2）引射流量小,受工作流体压力、吸排压力和结构参数影响。

（3）流量连续均匀,工作平稳。

（4）泵所能产生的扬程有限,取决于工作流体的扬程和流量比。

（5）无运动部件。

（6）效率低,效率通常在 25% 以下。

（7）能输送包含固体杂质的任何流体。在船上主要采用水喷射泵作为冷凝装置和海水淡化装置的排气泵或真空泵、扫舱泵、离心泵的引水泵等。

（8）结构简单,管理方便,体积轻小,价格低廉,维护性强。

（9）易损件少,寿命较长,工作可靠,耐用性好。

三、管理要点

（1）阀。管路上的吸、排阀门通常为截止止回阀,应开足防止卡在关小位置,以减少吸排阻力。

（2）压。保持工作流体的压力在适宜范围内。工作流体压力过高,工作流体流量大,流量比会减少,效率反而降低。排出背压不能过高。

（3）温。工作流体或被引射流体温度不宜过高,否则在低压处可能产生气穴。

（4）部件连接。要保证喷嘴、混合室、扩压管三者的同心度,否则易使水力损失增大,效率下降。

（5）重要间隙。保持合适的喉嘴距。定期检查喷嘴情况,应注意防止喷嘴腐蚀和磨损,如磨损严重应予换新。

第五章

船舶辅助管系

第一节　船舶管系的识别

　　船舶管系是连接主、辅机及有关设备的脉络,是专门输送流体的管路、设备以及检查、测控仪表的总称。船舶管系也是保证船舶航行性能和安全,以及满足船舶正常运行和人员生活需要的设施。维护船舶管系正常运行是轮机管理的一项重要工作。

　　船上的管路纵横交错,遍布全船,概括起来,可将各种船舶管系分为三种类型:第一类为动力管系,主要为船舶动力装置服务,有燃油、润滑油、冷却水、压缩空气、蒸汽和排气等管路系统等;第二类为船舶辅助管系,为保证船舶的正常航行和安全以及船员、旅客生活所必需而设置的管路系统,有压载水、舱底水、消防水、日用海淡水、通风和空调管路系统;第三类为特种船舶专用管系,如液货装卸、洗舱、液货加热等管路系统。

一、管路材料

　　1. 管子材料

　　船用管子材料的选择根据船舶管系用途、介质种类和设计参数而定。

　　(1)碳钢和低合金钢

　　船舶管路绝大多数采用钢质管。根据制造工艺,钢管可分为无缝钢管与有缝钢管,根据材质可分为碳素钢管和不锈钢管。用于Ⅰ级和Ⅱ级管系的管子应为无缝钢管。碳钢和碳锰钢钢管、阀件和附件用于温度不超过 400 ℃ 的管系。

　　(2)铜及铜合金

　　铜及铜合金管抗腐蚀性能好,适合作海水管,其缺点是价格较高,一般商船不会大量使用。

　　(3)灰铸铁

　　灰铸铁管一般不能用于Ⅰ、Ⅱ级管系,但可用于Ⅲ级蒸汽管系(1.3 MPa、220 ℃)。

灰铸铁管、阀件和附件可用于Ⅲ级管系及油船货油舱内的货油管路。但不可用于锅炉排污管、蒸汽管、消防水管、舱底水管、压载水管、舷旁阀和海底门上阀等。

（4）塑料

塑料管耐冲击、耐腐蚀、重量小，但耐温性和耐火性差，一般不用于介质温度高于60 ℃或低于0 ℃的管系。主要用作疏排水管、部分生活污水管等。

2.密封材料

船用密封材料的功能是阻止泄漏。

（1）对密封材料的要求

致密性好，不易泄漏介质，有适当的机械强度和硬度，压缩性和回弹性好，永久变形小，耐高温，抗腐蚀性好，不黏附在金属表面上，具有与密封面贴合的柔软性。

（2）采用密封材料的种类

密封形式有垫密封、胶密封、填料密封、波纹管密封等。垫密封广泛用于液体和气体管路的连接部位。石棉垫已禁止使用，橡胶垫有芳纶耐油橡胶垫（适用于燃油、滑油、海淡水）、丁腈橡胶垫（矿物油、汽油）、氯丁橡胶垫（空气、水）、聚氨酯橡胶垫（水、油）等。另外，还有纸垫、皮垫、塑料垫、金属垫等。

（3）密封垫片的选用原则

根据工作压力、工作温度、密封介质的腐蚀性及结合密封面的形式来选择密封垫片。

二、管路布置的一般原则

（1）船舶管路应能保证其工作的可靠性，在部分管路发生故障时，仍然能继续维持工作。

（2）管路应布置成直线，尽可能减少弯头，如需弯曲，曲率半径应大些。在满足需要的情况下，附件的数量应尽量减少，布置的位置应便于检修。

（3）管路应加以固定，以避免因温度变化或船体变形而损坏。一般要求每隔2~4 m有一个支承架，防止管子移动或下垂。但是这些支架应不妨碍管路受热引起的膨胀。

（4）承受胀缩或其他应力的管子，应采取管子弯曲或使用膨胀接头等补偿措施。

（5）重要管路中的阀都应装上开关标志。

（6）根据管路所输送的工质及工作条件（温度、压力）来选用接头垫片。

（7）在安装或修理管路及附件时，应做好管系内部的清洁工作。

三、《钢质海船入级规范》对管路的要求

（1）淡水管不得通过油舱，油管也不得通过淡水舱，如不可避免时，应在油密隧道或套管内通过。其他管子通过燃油舱时管壁应加厚，且不得有可拆接头。

（2）钢管应有防止锈蚀的保护措施，并在加工后施以保护涂层。

（3）应避免燃油舱柜的空气管、溢流管和测量管通过居住舱室,如有困难,则通过该类舱室的管子不得有可拆接头。

（4）油管及油柜应避免设在锅炉、烟道、蒸汽管及消声器的上方。如有困难,则应采取有效措施,防止油类滴在上述管路或设备的热表面上。

（5）所有蒸汽管和温度较高的管路,应包扎绝热材料,绝热层表面温度一般不应超过60 ℃。可拆接头及阀件处的绝热材料应便于拆换。

四、常用阀门

阀门用于控制管路中介质的流量和流向,或切断介质的流动。根据结构特点可分为:

1. 截止阀

截止阀是最普通的阀,用来切断或接通管路中工质的流动。按习惯,手轮顺时针旋转时阀盘下降关闭;反之,阀盘上升,开启阀门,此时工质由阀盘下端进入,经阀座向上流出。安装时必须严格按箭头流动方向安装。如标志不清,可按"低进高出"来判断进出口。如果反向安装,工质仍可通过,但管路阻力会大很多,而且不便于更换阀杆填料。截止阀按结构可分为直通式和直角式。截止阀的连接方式有:法兰连接、外螺纹连接、内螺纹连接和胶管连接。图 5-1-1 所示为直通式截止阀构造示意图。

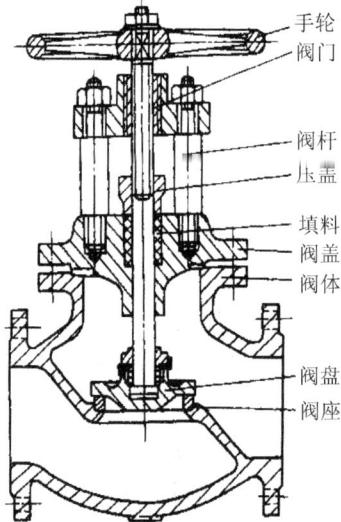

图 5-1-1　直通式截止阀构造示意图

手轮
阀门

阀杆
压盖

填料
阀盖
阀体

阀盘
阀座

2. 止回阀

止回阀,又称单向阀:只允许工质按一个方向通过,阻止其逆向流动。止回阀主要由阀体、阀盖、阀盘等组成,如图 5-1-2 所示。阀体内装有阀盘,阀盘上部的圆柱形尾柄作为阀盘升降的导向杆,阀杆上部有阀盖,阀盖中部凸出部分上的圆孔可供阀盘尾柄上下滑动。工质从阀盘下面向上流动时,顶起阀盘从出口流出,一旦通过阀座后,工质即

不可逆流。

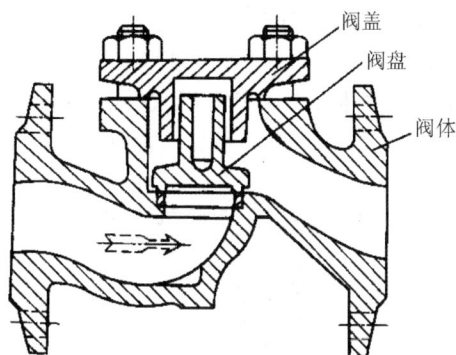

图 5-1-2　止回阀

3.截止止回阀

截止止回阀的结构如图 5-1-3 所示,它是截止阀和止回阀的组合。该阀的阀盘不能强制开启而只能强制关闭。其工作原理是转动手轮使阀杆上升时阀盘不能随之升起,仅在阀盘下面的工质作用力大于其上部的作用力并克服阀盘的重力时才能升起。其升起的高度可依阀杆上升的高度和工质流动情况而定。反之,当阀盘上面的作用力大于下面时,阀盘会自动下降关闭,阻止工质逆向流通。当手轮使阀杆压紧阀盘时,阀处于强制关闭状态。

这种阀常用于出水管路中,以避免工质的逆流而使压力作用到泵中。

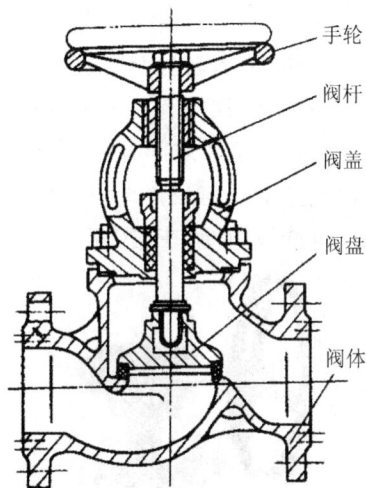

图 5-1-3　截止止回阀结构示意图

4.闸阀

闸阀是一种截断式阀门,其阀盘为一楔形板,在开关过程中产生平移而改变开度。闸阀分为明杆式和暗杆式两种形式:明杆式的阀杆向外移动,其传动螺纹在体腔外部;暗杆式的阀杆不向外移动,其传动螺纹在体腔内部。明杆式闸阀工作可靠,但外形尺寸大,所以船用闸阀多为暗杆式闸阀。

图 5-1-4 所示为暗杆式闸阀结构示意图,当转动手轮无法知道内部闸板位置时,需在阀的上部加设一套行程指示器。

闸阀的作用基本与截止阀相同,由于其外形尺寸和流通截面积大,工质流经阻力小且不受流向限制,开关省力,故常用于低压大口径管路。

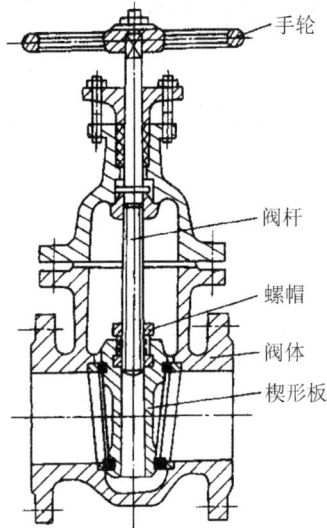

图 5-1-4 暗杆式闸阀结构示意图

5. 碟阀

如图 5-1-5 所示,碟板由阀杆带动,若转过 90°,便能完成一次启闭。改变碟板的偏转角度,即可控制介质的流量。常用的碟阀有对夹式碟阀和法兰式碟阀两种。对夹式碟阀用双头螺栓将阀门连接在两管道法兰之间;法兰式碟阀的阀门上带有法兰,用螺栓将阀门上两端法兰连接在管道法兰上。与截止阀和闸阀相比,在通径相同时,碟阀转矩小、重量小、尺寸小、密封性好,维修较简便,在船上广泛应用。

图 5-1-5 碟阀

除上述常用阀件外,管路中还有吸入阀箱、排出阀箱、旋塞、安全阀、减压阀等阀件以及滤器、泥箱、流量计等部件。

五、船舶管系识别

由于船舶管系种类繁多,为了便于管理人员识别各种管路所输送的工质和流向。按照国标(GB)的规定,管路外表通常按系统涂有不同颜色的油漆:燃油管路用棕色表示;滑油管路用黄色表示;海水管路用绿色表示;淡水管路用灰色表示;压缩空气管路用浅蓝色表示;消防管路用红色表示;舱底水管路用黑色表示;蒸汽管路用银白色表示;透气、测量和溢流管路则依其介质而定。但是不同的国家标准可能略有差异,故应以船上的标志说明为准。管路上还有用标志颜色表示的介质流向的箭头符号,如图 5-1-6 所示。

图 5-1-6　管路标志

六、管路的维修

1. 管路损坏的原因

管路损坏的原因有:管路内残水未放净,引起锈蚀或冻裂;在冬季未能及时包扎而冻裂;管路内工质的流速太高,或因焊接质量差而产生气泡或夹渣等,使内壁过度磨损而破裂;管路断续使用,时干时湿,内部最易产生腐蚀,特别是经过焊接加工的弯曲部分;管路在安装时,使用的垫片材料不佳、凸缘平面不平等,引起泄漏和松脱;法兰连接螺栓紧固力不均或船舶振动、管路胀缩等,引起泄漏或裂缝;蒸汽阀门开启过快而发生振击,造成管路破损。

2. 管子的焊接

船舶上的管路很多,管子的维修焊接工作量往往很大。对于铜管和小直径的钢管一般均用气焊。在实际工作中,对于各种不同直径、不同壁厚的钢管均可采用电弧焊接。但是在动焊前必须按规定办理手续,在焊接中严格遵守焊接守则与注意事项,确保安全。

(1)管子的对接焊法

为了保证焊接质量,在焊接前管子口应和轴线对正,相对位置正确,不能形成弯曲的接头;施焊前对接接口修成"V"形坡口形式,先用点焊将管子固定并使接缝具有一定的对口间隙,视管径大小在圆周向点焊 2~3 点。

管口焊接形式有两种。一种是回转接口焊,即管子是可转动的,可以一边焊一边用手转动,或由另一人帮助转动。另一种是不回转接口焊,管子为固定的。这种焊接必须分两段进行,每一段的施焊顺序为仰焊—立焊—平焊,焊接起点应超越中心线 5~10 mm,终点亦应超过中心线 5~10 mm,如图 5-1-7 所示。

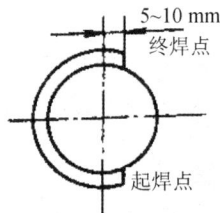

图 5-1-7　施焊程序

(2)法兰与管子的焊接

除管子的对接焊法外,法兰与管子的焊接也是船上最常见的一种焊接,如图 5-1-8 所示。

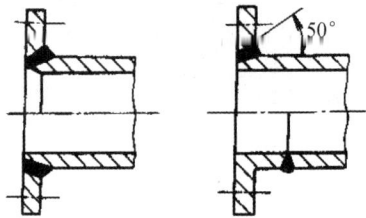

图 5-1-8　法兰与管子焊接

3.管子的修补

(1)焊补法

管路尤其是海水管路被腐蚀,局部变薄而形成空洞,这时可选用稍大于洞孔的一块铁板,将其弯成与管子外径相同的圆弧形贴到管壁上,盖上洞孔,然后将铁板的边缘焊牢,如图 5-1-9 所示。

焊补燃油和滑油管子时,必须将管子拆下来焊补,以防引起爆炸或火灾。

(2)打卡子

打卡子亦称管箍法。在腐蚀烂穿的洞口外面贴上一层厚度适中的橡皮,然后用卡子或管箍卡牢,卡子与管箍的尺寸要与管径相符。若船上无备品,两瓣半圆形的卡子亦

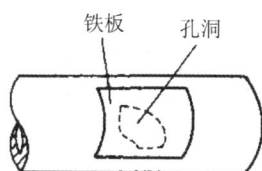

图 5-1-9 管子的焊补

可自制。有时也可用铁丝代替,但在橡皮外表必须再贴一块与管子外圆相贴合的金属板,然后多扎几道铁丝。这种方法多用来堵直径较小的低压海水、淡水管或蒸汽管路上的漏洞。

(3)打水泥

打水泥多用来堵直径较大的海水管子上的漏洞。对于靠近船底板的大直径管子尤为适用。事前应先将漏洞处管壁上的油污清洗干净,用木板或铁皮制作一个简单的框(托)架,再用铁丝将框(托)架与管子相对固定,最后将拌和好的水泥灌注于框(托)架与管壁之间。水泥干固后撤除架子即可。拌和水泥时宜掺入一定比例的沙子。水泥灌好后应隔 2~3 h 洒上点淡水,以防产生裂纹。

(4)铁水泥堵漏

铁水泥因价格较高可作应急时管子堵漏之用。涂前,管内应先泄压,放存水且洞孔周围应清洗干净。涂后再用玻璃丝带包扎,数小时后待铁水泥干固即可投入使用。无铁水泥时,亦可用环氧树脂替代。这种方法只适用于直径较小的管路。

第二节 船舶舱底水系统

一、舱底积水的来源

舱底水来自以下几个方面:

(1)机舱内冷却水管路的海水、淡水的泄漏;蒸汽管路冷凝水的泄漏;水柜中水的泄漏或泄放;燃滑油管路、油柜及设备中油的泄漏等。

(2)艉轴填料函处的漏水。

(3)舱口流入的雨水、甲板冲洗用水、设备检修放水、货舱洗舱水、扑灭火灾用消防水、船体破损后进水。

舱底积水对船体有腐蚀作用;货舱积水会造成货损;机舱积水会使机电设备受潮;舱底水过多会严重影响船舶稳性和危及航行安全。

二、舱底水系统的作用

舱底水系统的作用是及时将机舱和货舱的积水排出舷外,当船舶破损时,还可以用于应急排出积水。货舱积水一般不含油,可直接排出舷外。机舱积水含油,需要经过油水分离器处理,当含油量低于 15ppm 后才能排放。

图 5-2-1 所示为某典型舱底水系统图。

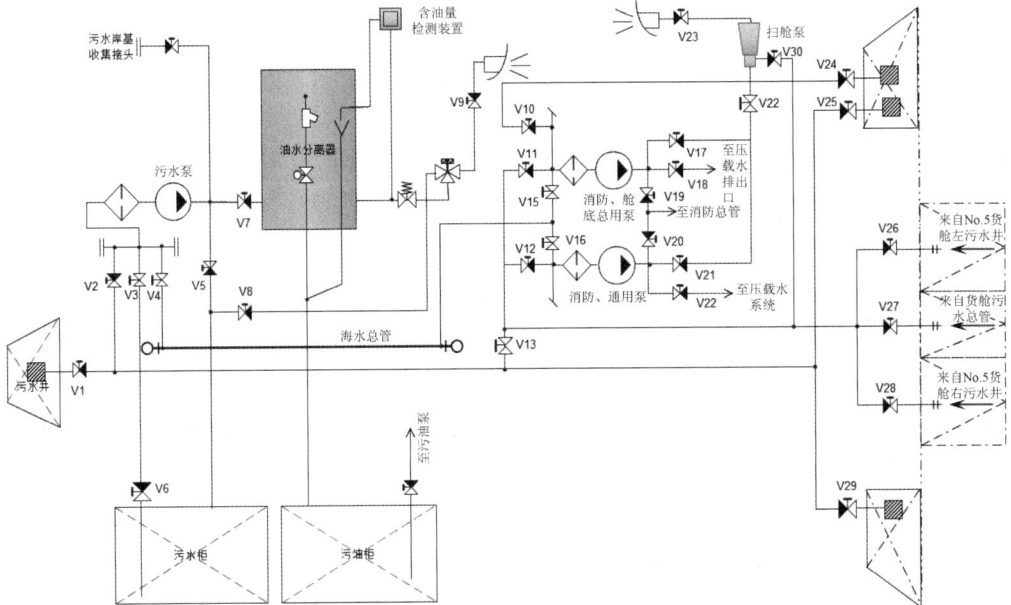

图 5-2-1 典型舱底水系统图

三、对舱底水系统的一般要求

(1)所有船舶均应设有有效的舱底水排放装置。

(2)机舱舱底水排放应符合防止船舶造成水污染的有关规定。

(3)舱底水系统不允许舷外水倒流回机舱,也不允许各舱室的积水在系统中相互串通,因此,系统的连接管路上都装设截止止回阀(只出不进)。

(4)若舱底水泵、压载水泵、消防泵互通,管路应保证各泵同时工作而互不干扰。

(5)机舱内至少设置两个以上污水吸口,并至少有一根吸入支管与舱底水泵吸口相连。

(6)舱底水泵要有自吸能力,除设有一台专用污水泵外,系统还应与排量最大的压载泵或主海水泵等接通,必要时可代替污水泵,作舱内应急排水之用,平时又不妨碍各自的工作。

(7)保证船舶向任何一舷倾斜不超过 5°时,均能排干舱底积水。

(8)机舱舱底水系统必须配有符合《73/78 防污公约》要求的油水分离器。

(9)机舱舱底水系统必须配有向岸上排放的标准排放接头。

四、舱底水系统组成

如图 5-2-1 所示,舱底水系统主要由舱底水泵(含污水泵、通用泵、扫舱泵)、油水分离器、污水柜、污水井及其管系等组成。本例中污水泵采用往复泵,扫舱泵采用喷射泵,其工作水由消防泵提供。图中机舱设置有 3 个污水井,1 个位于机舱后部,2 个位于机舱前部左、右两侧;货舱舱底水系统的污水井和吸入阀一般布置在货舱左、右两侧的后部,以保证最大限度地抽空污水。为了防止舱底水倒流,每一路舱底水管的两端都设有截止止回阀。

五、舱底水系统的操作(结合图 5-2-1)

(1)将机舱右前污水井污水驳至污水柜。

打开吸入管路阀门 V29、V2;打开排出管路阀门 V5。

(2)将污水柜污水通过油水分离器驳至舷外。

该操作应在航行途中离岸 12 n mile 以外且不在特殊区域进行。

打开吸入管路阀门 V6、V3;打开排出管路阀门 V7、V9。

码头试验油水分离器时可将三通阀切换后打开 V8(码头上 V9 应关死,并用铁链锁紧),循环分离。

(3)将污水柜污水驳至岸上接收设备。

打开吸入管路阀门 V6、V3;排出管路接到通岸接头。

大舱舱底水由扫舱泵(喷射泵)直接打出海,工作水由消防泵提供。腰节阀 V13 平时应关死并锁紧。当机舱污水较多,污水泵排量不够时,可打开 V13,由通用泵抽机舱污水,但要慎用,注意操作方法,防止污染。当机舱大量进水时,可使用应急吸入阀(图中未画出,一般通主海水泵)。

以上操作都应该按规定记入油类记录簿。

六、舱底水系统的维护

(1)日用舱底水泵、舱底消防泵应按运行周期进行保养、检修,定期检查水泵运行状态。

(2)平时保持机舱内花钢板下清洁,定期清洗污水井和吸水口滤器,保持系统通畅。

(3)定期试验污水井高位报警功能。

(4)对管路系统上阀门定期活络,以防锈死。

(5)对于阀门遥控系统应定期在各遥控操纵部位进行系统操纵试验,确保系统功能正常。

舱底水系统
操作与管理

舱底水系统涉及船舶的防污染和抗沉性,也是 PSC 检查的关注点。除了油水分离器外,应急吸口和污水井高位报警也是检查重点。值班时,一旦发生污水报警,应引起重视,及时检查和消除报警,以保证在机舱大量进水时,能及时发现,采取应急措施。油水分离器出海阀在靠码头之前应及时关闭并锁死。所有操作应符合防污染公约要求,及时正确地记入油类记录簿。

第三节 船舶压载水系统

一、压载水系统的作用

压载水系统的主要作用是通过调整吃水(注入、排出或调驳)使船舶具有适当的稳性高度;减小水上受风面积,以利于船舶操纵;空载时使螺旋桨有一定的沉深,减轻船体振动;减小船体因空载引起的过大弯曲力矩和剪力等,保证船舶航行安全。图 5-3-1 所示为某典型压载水系统图。

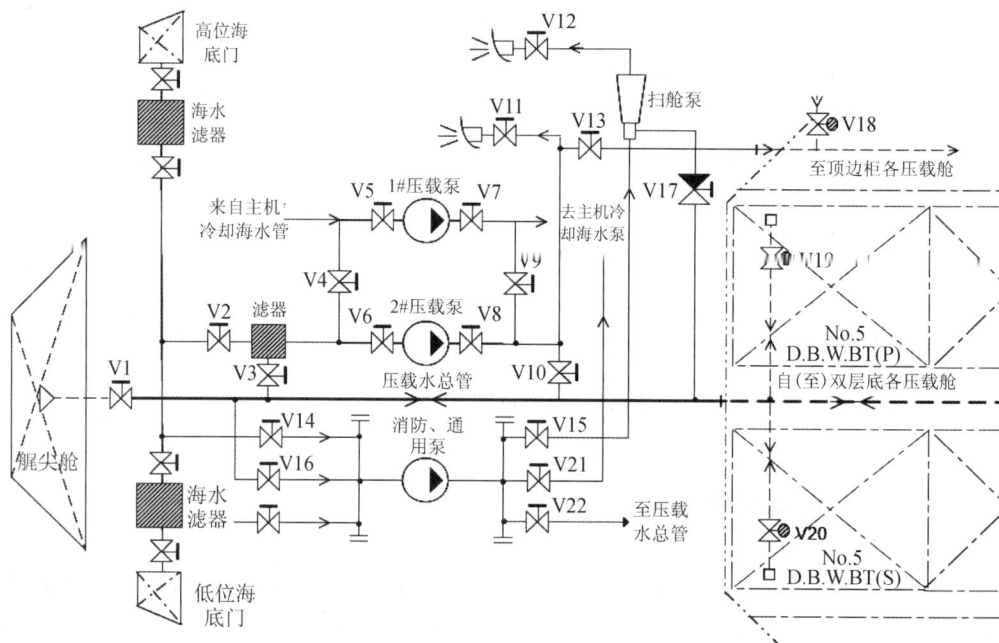

图 5-3-1 典型压载水系统图

通过改变各压载水舱中的水量(压入、排出或相互调驳)来调整船舶吃水、稳性、横倾和纵倾,可起到以下作用:

(1)使船舶在横向保持平衡,纵向有合乎要求的吃水差。

(2)使船舶具有适当的排水量和重心高度,以获得高的螺旋桨效率和合适的稳性。

（3）减小船体因空载引起的过大弯曲力矩和剪力。

（4）减轻船体和轴系的振动。

（5）减小水上受风面积,以利于船舶操纵。

货船上把艏艉尖舱、双层底舱、深舱、散货船的上下边舱等作为压载水舱。少数船设上稳性舱和下稳性舱,油船设专用压载水舱。

二、对压载水系统的一般要求

压载系统的特点是"有进有出",在布置上应满足以下要求:

（1）压载管系布置和吸口数量应使船舶在正常浮态下排出和注入压载水。

（2）压载管系不能设止回阀,压载舱长度超过 35 m 时,在前、后端设置吸口。

（3）避免舷外水或压载舱内水进入货舱、机器处所。

（4）压载水管通过货舱时,铺设在双层底空间,防止水管泄漏时,海水进入货舱。

（5）艏艉尖舱在穿过防撞舱壁时,应设有在上甲板能开关的阀门。

（6）压载水管不得通过饮水舱、炉水舱或滑油舱。

（7）干货舱或油舱作压载舱时,压载水管应装设盲板。

压载泵的排量要满足 2~2.5 h 内能将最大的一个压载舱灌满或排空,在 6~8 h 内将全船所有的压载舱灌满或排空。

三、压载水系统的布置形式

1. 支管式布置

支管式布置压载水系统多用于压载管径较小、舱数不多的压载水系统,如图 5-3-2 所示。支管式布置的优点:控制阀集中在压载水泵附近,便于集中操作和管理;缺点:每舱都有单独管子,浪费管材,增加投资和维护成本。

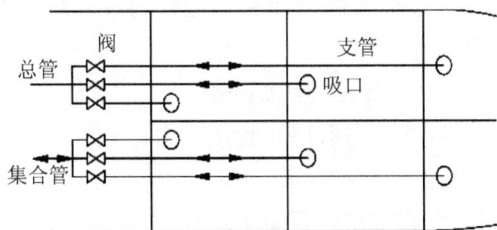

图 5-3-2 支管式布置压载水系统图

2. 总管式布置

总管式布置压载水系统沿船的纵向铺设总管,从总管向压载舱引出支管,在支管上安装阀和吸口,如图 5-3-3 所示。总管式布置的优点:节省管系材料,机舱内布置相对简单。缺点:压载舱控制阀分散布置,不利于现场操作,比较适合阀门遥控系统。在打开多个舱控制阀时,可能会发生压载舱之间压载水串通。

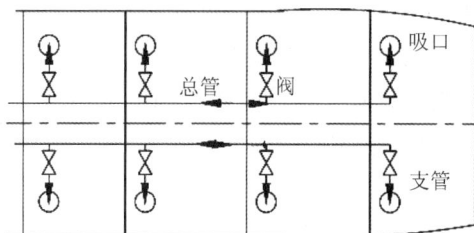

图 5-3-3　总管式布置压载水系统图

四、压载水系统组成

压载水系统主要由海底阀、滤器、压载水泵、阀箱、压载舱、通海阀等组成。一般船上可用艏艉尖舱、双层底舱、深舱、散货船的上下边舱等作为压载水舱。货船的压载水量占船舶载货量的 50%~70%,油船压载占 40%~60%。

图 5-3-1 是某船压载水系统,采用一台压载泵,主海水泵也可兼作压载泵用。上边柜压载水由甲板消防水总管打入。当压载舱内的水位降至低位,压载泵抽吸困难时,可以用扫舱泵(喷射泵)进行扫舱。该系统的大部分阀件采用液压遥控阀,可以在专门的控制室内操纵阀门的开闭。

新造船舶已经安装或留出位置待安装压载水处理装置,以满足公约要求。

随着对船舶自动化要求的进一步提高,压载水系统的阀门大多采用遥控阀门,其控制系统绝大多数为气动或液压系统。甲板室专门设置压载水操作站,对压载水系统的一切操作均可以通过操作控制屏上的按钮来完成。

五、压载水系统的操作

压载水系统的日常操作按甲板部书面通知进行,自动化程度高的船舶由甲板部直接进行压载水系统的日常操作。

根据图 5-3-1 典型压载水系统,进行以下操作:

(1)用自压方式压入 No.5 舱右双层底舱压载水。

打开阀门 V2、V3、V20。

(2)用压载泵压入 No.5 舱右双层底舱压载水。

打开吸入管路阀门 V2、V6,排出管路阀门 V8、V10、V20。

(3)用压载泵打出 No.5 舱右双层底舱压载水。

打开吸入管路阀门 V20、V3、V6,排出管路阀门 V8、V11。

(4)用消防泵压入上边柜压载水。

打开吸入管路阀门 V14,排出管路阀门 V21、V13、V18。

(5)将上边柜压载水排空。

在甲板上打开上边柜排出阀。

(6)用扫舱泵将 No.5 舱右双层底舱压载水扫空。

打开吸入管路阀门 V20、V17(等建立真空度后最后打开);排出管路阀门 V12。工作水由消防泵吸入阀门 V14、排出阀门 V15 供给。

六、压载水系统的管理

(1)压载水操作一定要有甲板部或大副的书面通知。

(2)因压载水泵一般容量较大,在起动前,首先要注意电网负荷,不可盲目起动。

(3)起动时一般采用"封闭"起动法。

(4)起动后的压力根据需要用旁通阀调节。

(5)在排水过程中应注意排量。排量过大会使舱内水来不及集中而造成抽吸困难,此时应稍等一会再起动排水。

(6)如果对舱内注入或调驳,切不可将阀开错。

一般压载水泵是船上最大的泵,起动之前,必须要考虑电网容量,必要时增开一台发电机,不可盲目起动。压载泵一定要封闭启停,以减少对电网的冲击。仅抽艏尖舱或艉尖舱一个舱压载水时,应使用通用泵,否则,会因排量过大使舱内水来不及集中而造成抽吸困难。由甲板部直接进行压载水系统日常操作的船舶,机舱进行压载水管路检修时,一定要与甲板部沟通好,将泵控制箱电源拉掉,挂上警告牌,防止甲板操作压载水导致机舱进水。

第四节 船舶消防系统

船舶消防系统的作用是预防和制止火灾的发生和蔓延,并可迅速灭火,将火灾的损失降至最低程度。

船舶消防的基本原则是防火、探火和灭火。防火是从船体材料、船体结构、布置和设施上来防止火灾的发生和蔓延;探火报警系统是使人们及早发现火情,及早采取灭火措施;灭火是根据火灾情况、灭火介质的不同采取不同的灭火系统。

固定式灭火系统分为:水消防系统、水雾消防系统、CO_2 消防系统、泡沫消防系统和干粉消防系统。

一、水消防系统

水是船舶最常采用的灭火剂,利用强大的水流或水雾冲击火区,使燃烧物急剧降温,并利用水受热产生大量水蒸气来降低氧浓度灭火。固体火用直流水枪,可燃液体用喷雾水枪。

所有船舶均必须设置固定式水消防系统,由消防泵、消防栓、消防水带、水枪及管路附件组成。

1. 对水消防系统的要求

(1)所有消防泵应为独立机械传动,一般采用二级离心泵,100 总吨以下的货船可用主机带动。

(2)各消防泵排量最好相同,如不同,最小一台泵的排量不小于总排量的 80%除以所需消防泵台数,且满足两股射程不小于 12 m 水柱。

(3)1 000 总吨及以上的船舶,应至少配一只国际通岸接头。

(4)消防栓的布置和数量应满足至少可将两股不是由同一消防栓所出的水柱射到船上任何地方的要求。

(5)锚链水取自消防水,应设置隔离阀,灭火时切断锚链水供应。

(6)应急消防泵应具有单独的海底门。

2. 水消防系统的布置

(1)中小型船舶消防水主管成直线延至艏艉部。

(2)大型船舶消防管环形布置。

(3)消防栓的数目和位置,应满足至少将两股不是由同一消防栓所出的水柱射到船舶在航行中旅客或船员经常到达的任何位置,且其中一股仅用一根消防水带的要求。

(4)机舱外设置独立的应急消防泵。

图 5-4-1 所示为某船直线型消防水系统布置图。该船机舱中设有两台消防水泵,消防水泵排出水经机舱消防水总管送至主甲板的消防控制室(消防站),通过 3 个闸阀分别与生活区消防总管、货舱甲板总管和应急消防泵出口管相连,输送至上层建筑和主甲板等处,在需要的地方开出支管,设置消防阀,以便在火灾发生时与消防水管和水枪连接。

在机舱外还设有 1 台应急消防泵,由应急电源提供能源。应急消防泵通过独立的海底门吸入海水后,输送到消防控制室通过闸阀和主消防管路相连。

货舱甲板总管在艏部直接和锚链冲洗水系统相连,可以用于冲洗锚链以及锚机、系缆机液压单元冷却水,必要时也可作为排出水手长物料间污水用的喷射泵工作水。

3. 水消防泵的配置

(1)客船:<500 总吨,至少 1 台且排量不小于 25 m³/h;≥1 000 总吨且<4 000 总吨,2 台;≥4 000 总吨,3 台。

(2)货舱:<1 000 总吨,至少 1 台且排量不小于 25 m³/h;≥1 000 总吨,2 台。

应急消防泵,排量不小于所需消防泵总排量的 40%,且任何情况下不得少于 25 m³/h。

客船消防水管分为内消防水管和外消防水管,内消防水管应始终保持压力,能够随时出水。

4. 水消防系统的操作

水消防系统平时用来供锚链水,起锚时冲洗锚链,也用来供甲板水,用来冲洗甲板

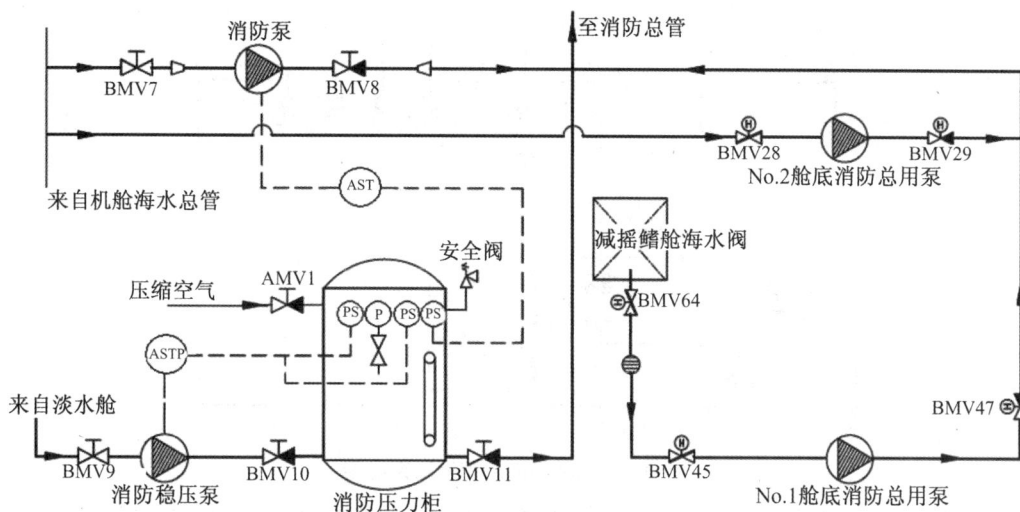

图 5-4-1　某船直线型水消防系统布置图

和扫舱等。消防泵一般是二级离心泵,所以消防水系统的操作主要就是离心泵的操作。

5. 水消防系统的管理

(1)定期起动并做喷水试验,检查泵及系统工作是否正常。

(2)客船内消防管应始终保持压力,压力水柜必要时通过充气或放气调整,并注意所用淡水舱应保持适当水量,以免抽空。

(3)冬季需防止外消防水管冻裂,使用后应注意放残。

二、居住舱室水喷淋及机舱局部水雾消防系统

客船或定员较多的船舶需要设置居住舱室水喷淋系统,远洋船舶机舱强制性要求设置水雾消防系统。

居住舱室水喷淋系统主要由喷淋泵、喷淋压力柜、喷淋淡水泵、空气喷射器、水雾喷嘴及各控制装置等组成。喷淋压力柜压力设定为 1.6 MPa,设置在各舱室顶部的水雾喷嘴由玻璃管密封,当温度达到 68 ℃以上时,玻璃管受热破裂,自动喷水。

机舱局部水雾消防系统如图 5-4-2 所示,机舱每一保护区域上方有感温和感烟探头,发生火灾时,感温和感烟探头同时作用,发出声光报警,同时高压泵组自动起动从淡水舱吸水,将压力提高到 3.5 MPa。水雾喷嘴安装注意点:喷头间距不大于 2.5 m,喷嘴在被保护设备上方不小于 0.5 m,喷嘴直对被保护对象,无障碍物。

三、CO_2 消防系统

CO_2 在常温下是无色无味的气体,密度比空气略大(1.529 g/L)。当空气中 CO_2 的含量达 5%时,人呼吸感到困难;超过 10%时,人有生命危险;15%以上时,能使人窒息死

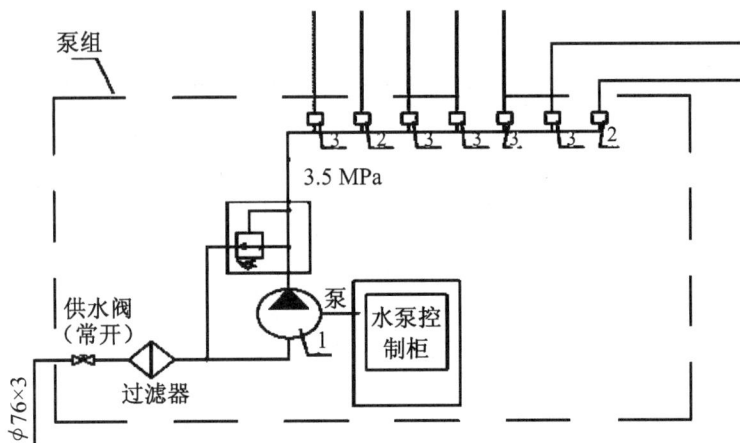

图 5-4-2　机舱局部水雾消防系统图

亡;达 28.5% 时,氧气含量降至 15%,一般可燃物的火焰逐渐熄灭;达 43.6% 时,空气中含氧量降至 11.8%,能抑制汽油或其他易燃气体爆炸。因其不导电和无腐蚀作用,适用于电气火灾和机舱火灾扑救。

固定式 CO_2 消防灭火系统分为高、低压两种:高压系统为 15 MPa,以液态储存于钢瓶中,一般船舶的机舱、货舱采用;低压系统为 2.1 MPa,储存于 -18 ℃ 以下的专用冷库中,大型油船、滚装船和集装箱船采用。

1. 对 CO_2 消防系统的要求

(1)CO_2 灭火剂储存在上层建筑或开敞的甲板上,温度为 0~45 ℃。

(2)全船灭火剂储存量至少为各被保护舱室灭火需要量的最大值,如最大货舱舱容的 30%,机舱舱容的 35%~40%。

(3)CO_2 管路不准通过起居处所,使用灭火剂时,应先发生声光报警。

(4)CO_2 灭火系统操作机构应设置在灭火舱室以外且短时间内能到达的地方。

(5)CO_2 灭火舱室应设水密门,隔绝失火舱室。

(6)应设置 CO_2 储存容器安装安全装置。

2. CO_2 消防系统的布置

CO_2 消防系统普遍用于干货舱、货油泵舱、机器处所和燃油设备处所。如图 5-4-3 所示,CO_2 消防系统由 CO_2 钢瓶、瓶头阀、分配阀、起动装置、压力表、管路和自动烟雾探测装置组成。

烟气探测装置:货舱采用感烟式,居住舱室采用感温式,机舱采用感光式。

对于被保护的干货舱,舱室所需的 CO_2 量在 15 min 内全部注入;对于被保护的燃油锅炉舱、机舱及货油泵舱存容器安装安全装置,85% 所需的 CO_2 量在 2 min 内注入。

3. CO_2 消防系统的操作

以图 5-4-3 所示系统为例,该系统在 CO_2 室和消防控制站内各设置一只主控制箱,用于机舱失火时遥控操作,每只主控制箱均设有驱动气瓶、施放报警装置和两路控制

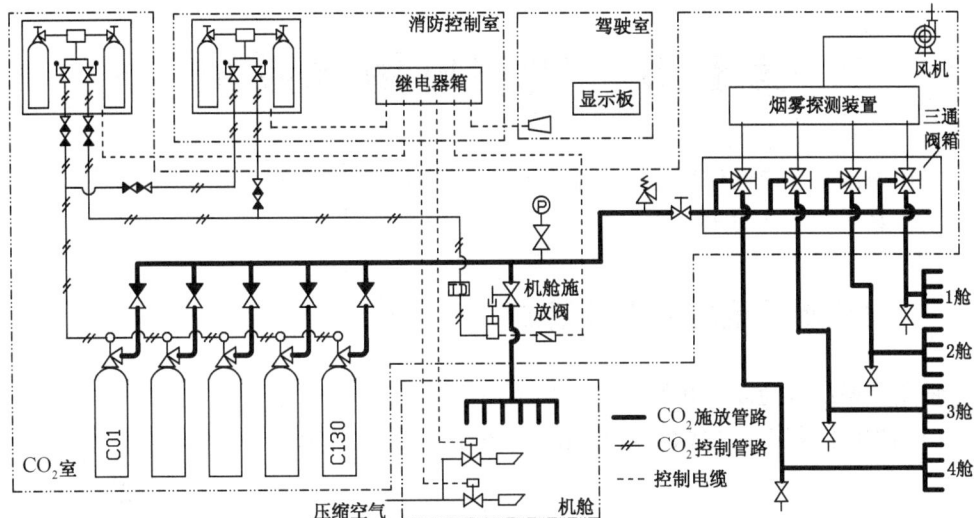

图 5-4-3　CO_2 消防系统

阀,其中一路控制阀用于将 CO_2 从气瓶中施放,另一路控制阀用于打开 CO_2 施放至机舱的管路上的阀门。

　　当机舱失火时,可以在 CO_2 室或消防控制站内打开主控制箱的门,此时施放报警装置立即通过继电器箱使机舱内的声光报警发出警报,通知人员撤离。同时机舱风机关闭,必要时应通过设于消防控制室内的控制阀箱将所有燃油箱柜的出油阀关闭。在确认失火区域内所有人员均撤出后,关闭所有的透气口、机舱门和舱盖。然后依次打开主控箱内控制阀和驱动气瓶瓶头阀,确认驱动气体的压力为 2.0 MPa,驱动气体通过控制管路去打开至机舱施放管路上的气动阀和 CO_2 气瓶上的瓶头阀,CO_2 瓶内的气体就经过高压软管和竖形止回阀进入总管内,使规定容量的 CO_2 气体喷入指定地点,达到灭火的目的。至气动阀的控制管路上还设有一个时间延迟继电器,其作用是使机舱内的人员有一定的时间撤离;当货舱内失火时,首先确认失火的是哪个货舱。本系统设有两台风机和烟雾探测装置,当风机通过设于货舱内烟雾探头和管路抽出空气时,烟雾探测装置就能测出空气中烟雾的含量。烟雾达到一定含量时,烟雾探测装置会发出报警并显示发生火灾的地点。因此,根据烟雾探测装置上的显示就可确定失火舱室。然后在 CO_2 室内先打开相应的施放阀,从手柄上拉出安全插销,手动推动与 CO_2 气瓶相连的气缸上的拉杆,打开 CO_2 气瓶上的瓶头阀,将 CO_2 气体施放到失火舱室。施放的 CO_2 气瓶的数量根据置于 CO_2 室内的指示牌进行。

　　船舶消防系统是 PSC 检查的重点,轮机管理人员要熟悉机舱 CO_2 释放程序,定期测试烟气探测装置。每周测试应急消防泵并记录在轮机日志。定期检查消防水管系及各消防水栓阀门,发现泄漏及时消除,消防水栓阀门泄漏需要研磨或更换,甲板消防水总管上的膨胀接头泄漏需更换密封圈。艏、艉设置两根消防水带,起动应急消防泵,测试消防水系统压力时,注意关闭供锚链水阀门。

第五节　船舶日用水系统

日用海淡水系统的作用是满足船员和旅客的日常生活用水需要,可分为饮水系统、生活淡水系统和生活海水系统。

一、日用水系统的分类及组成

日用水系统分为以下几类:

(1)饮用水系统:供应炊事用水、饮用水和医疗用水,如图 5-5-1 所示。

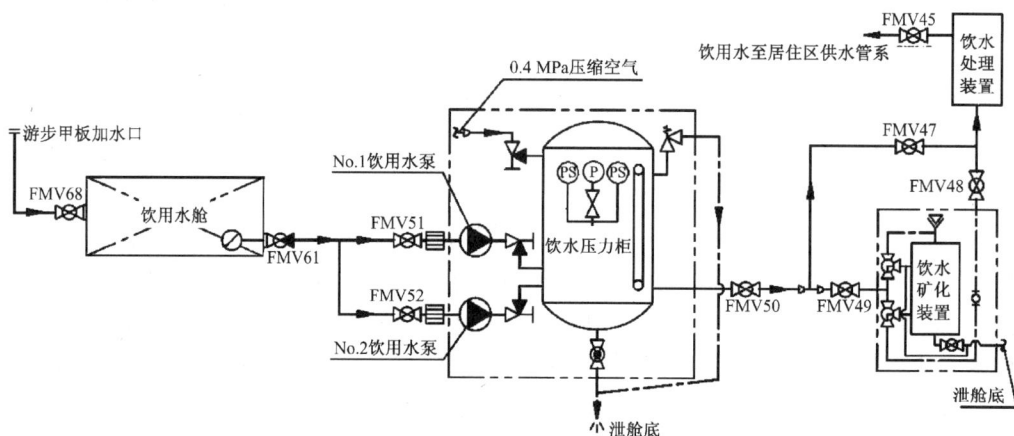

图 5-5-1　某船饮用水系统

(2)生活淡水系统:供应浴室、洗衣室、洗手盆等处的冷、热洗涤水,如图 5-5-2 所示。

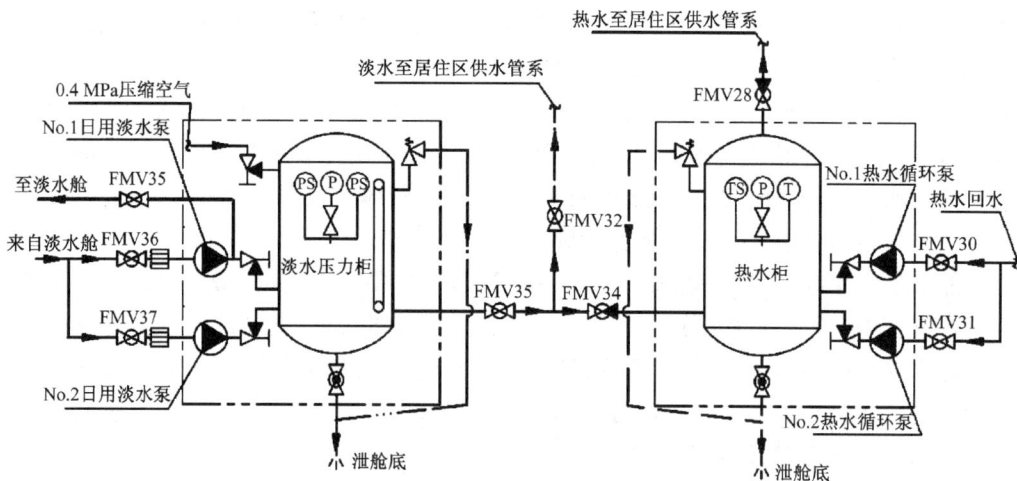

图 5-5-2　某船生活淡水系统

(3)生活海水系统:从舷外吸取海水,供厕所等处冲洗用,如图5-5-3所示。新造船舶卫生水系统大多由生活淡水系统提供,淡水紧张时可切换海水。

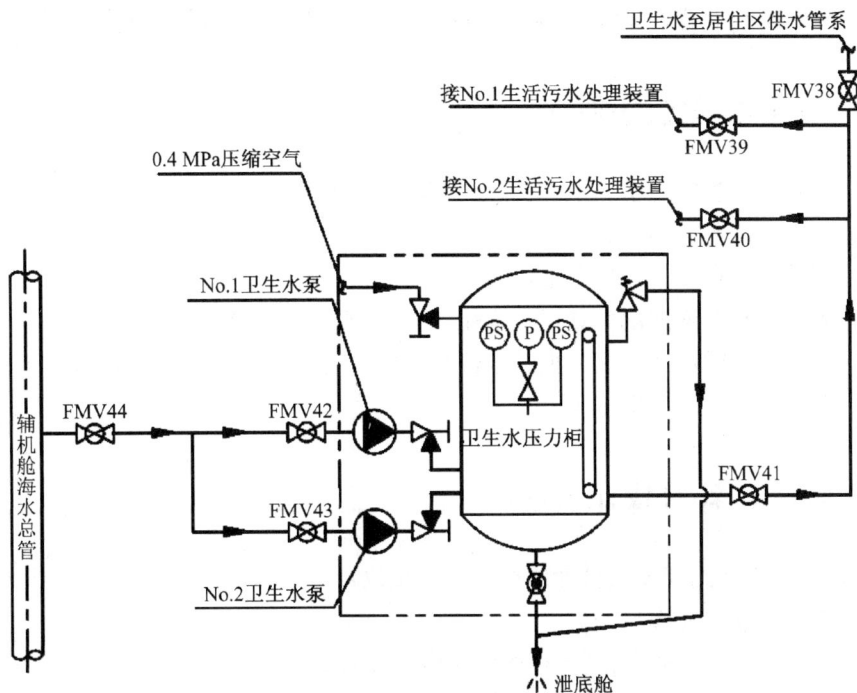

图 5-5-3 某船生活海水系统

机舱供水系统由水泵、水柜、管系及附件等组成。供水方式有重力供水和压力供水两种,大中型海船基本采用压力供水方式,借助水柜中空气的压力将水送至各用水处。

饮用水舱和淡水舱的水来自造水机,也可以根据需要从岸上加入。

饮用水系统有一台饮用水泵从饮水舱吸入,送入饮水压力柜,饮水压力柜开关的设定值分别为0.2 MPa和0.4 MPa,决定了饮水泵的起停。离开饮水压力柜后,饮用水被送至饮水矿化装置,并经饮水处理装置的过滤、紫外线消毒后,送至厨房及各饮水机等处,供船上人员饮用。饮用水舱的水质如满足要求,可以将饮水矿化装置旁通。

生活淡水系统有两台淡水泵,一台备用。淡水泵从淡水舱吸入,将淡水送至淡水压力柜加压(0.2~0.4 MPa)后,分别送至机舱、居住区淡水系统,同时通过止回阀送至卫生水系统和热水柜。热水柜压力由淡水压力柜保持,由蒸汽加热,温度设定在60~65 ℃。设置热水循环泵将系统中的热水送入热水柜循环加热,保证管路中一直有热水,热水循环泵出口设置止回阀。

淡水紧张时,根据需要可以抽掉盲板,打开海水阀,用海水冲洗卫生水系统。

日用水系统中,供水泵大多采用离心泵,由压力柜上的压力继电器自动控制。压力柜中充有一定量的空气,当水泵起动时,压力柜中水位上升,压缩空气,水柜内压力升高,当压力达到压力继电器上限(0.40~0.45 MPa)时,水泵停止工作。由于外部用水,水位下降,柜内压力下降到压力继电器下限(0.20~0.35 MPa)时,水泵自动起动。压力柜内的空气量决定了水泵的运行时间,随着空气量的减少,压力柜中水位上升,水泵会频繁起停,需要补气。一种特殊情况是,水柜内完全没有空气时,由于液体的不可压缩性,压力柜始终处于满水位状态,水泵一起动就停止,水位一下降,水泵就起动。

二、日用水系统的维护

(1)保证造水机的造水质量,确保淡水舱水质。

(2)定期清洗各滤器、淡水舱和淡水压力柜。

(3)紫外线消毒装置保持正常。

(4)确保热水温度控制装置正常工作,防止热水温度过高。

(5)巡回检查时要注意压力柜的水位和泵的运行情况,当柜中水位较高,泵起动频繁时,需要及时向压力柜补气。

三、压力柜补气操作方法

(1)停泵,将控制开关从自动位切换至停止位。

(2)连接压缩空气管路。

(3)打开任一水阀放水,压力柜中水位降至高位时停止。

(4)打开空气阀补气,注意压力表至压力上限(0.45 MPa)时及时关闭补气阀。

(5)将水泵控制开关切换至自动位。

(6)拆下空气连接管路,补气结束。

日用水系统的维护重点是日用水泵的维护,运行中要防止水泵吸空而长时间空转发热。压力柜要及时补气,防止水泵频繁起停。

第六节　船舶通风系统

通风机是一种重要的船舶辅助机械。按其使用场所的不同,大体可分为机舱通风机和居住舱室通风机。机舱通风机主要用于为主机、副机、锅炉等燃烧设备处提供足够的空气并保持机舱内一定的空气清新度,有送风机和抽风机之分。居住舱室通风机主要为使船员和旅客活动场所保持一定的空气指标而设置,如空调送风机和舱室抽风机;空气质量较差而不适合设置空调的场所一般设置排风机。此外,还有一些为燃油燃烧直接提供燃烧空气的风机,如主机应急鼓风机、锅炉风机、焚烧炉风机等。

按气体在通风机内的流动方向,通风机可分为轴流式通风机和离心式通风机。前者气体沿着通风机轴线方向流入后继续沿着与轴线大体平行的方向流动;后者气体沿着通风机轴线方向流入后沿着与轴线相垂直的方向流出通风机。

一、船用离心通风机结构与原理

离心式通风机基本结构如图 5-6-1 所示,由叶轮、蜗壳、集流器及传动组件组成。

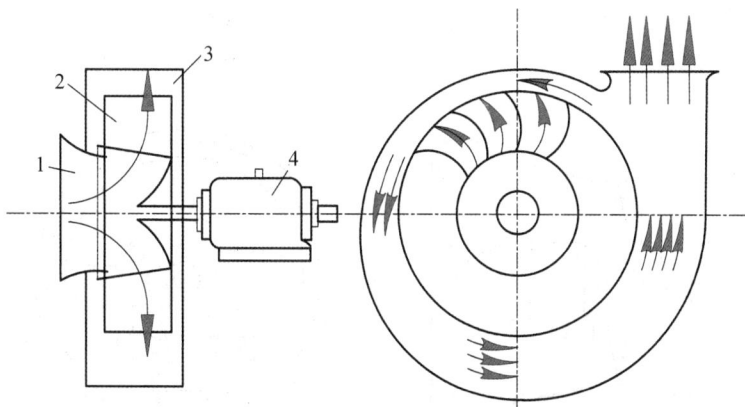

图 5-6-1 离心式通风机的基本结构
1—进口(集流器);2—叶轮;3—机壳;4—电动机

叶轮为通风机的主要工作件,由前盘、后盘、叶片和轮毂构成。叶轮通常采用铝合金材料,铆接或焊接加工,经动静平衡校正。离心式通风机的叶轮根据叶片出口角的不同,分前弯、后弯和径向三种。叶片的出口角、形状及叶片数目对通风机性能影响较大,叶片出口角越大,离心式风机产生的压头越高。风量大、风压高的场合,采用前弯式叶轮。后弯叶轮具有较高的效率,工作中不会超负荷,是船用通风机中采用较多的类型。

船用离心式通风机的机壳为支撑和包围叶轮的外壳,多为螺旋形,称为蜗壳。其断面沿叶轮转动方向逐渐扩大,起汇集气流的作用。船用离心式通风机的机壳均用钢板制成,机壳截面多为方形或圆形,蜗壳后部的出口扩压管起能量转换作用,将气流的部分动能转换为压力能,以克服外界阻力,把气流送出通风机。

通风机的集流器是通风机的空气进口,它的作用是在气流阻力损失较小的情况下,把气体均匀地导入叶轮风机。进气口有圆筒形、圆锥形、圆弧形、双曲线形。圆弧形使用较多,双曲线形流动阻力损失最小。

通风机的叶轮用键或闷头螺钉固定在传动轴上,轴安装在机座上的轴承孔中,然后与电机传动轴连接,离心式通风机多采用滚动轴承。通风机与电动机的连接传动方式有直接传动、皮带传动和联轴节传动三类。船用离心式通风机多为直接传动(如舱室通风、锅炉通风等)和皮带传动(如空调通风等)。

离心式通风机的工况调节方法同离心泵类似,有节流调节(简便易行,有节流损失)和转速调节(效率高,需要变频,应用不普遍)。

较大型船舶中,对重要机舱通风机采用双速电机、三速电机或变频电机。

在需要时,离心式通风机可以进行串、并联使用。

二、轴流式通风机的基本结构与工作原理

轴流式通风机的基本结构如图 5-6-2 所示。它由叶轮(风叶)2、集流器 1、机壳等组成。叶轮安装在圆筒形机壳中,当叶轮由电机带动高速旋转时,空气则由集流器进入叶轮,并在叶片作用下,通过能量的转换,提高空气的动能和压力能,实现空气的输送。

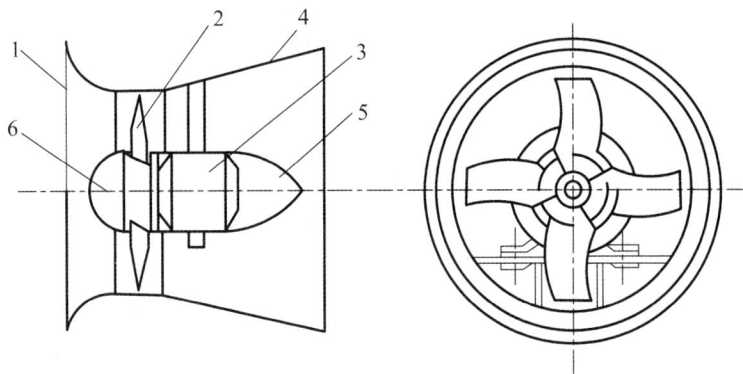

图 5-6-2 轴流式通风机的基本结构
1—集流器;2—叶轮;3—电动机;4—扩压筒;5,6—前、后整流罩

船用轴流式通风机的叶轮均直接装在电动机的转轴上。为减少气流阻力,又常在叶轮前面装一流线型整流罩,其电机也以流线型罩罩起来,并起整流作用。轴流式通风机的集流器与离心式通风机集流器作用相同。船用轴流式通风机的机壳采用普通钢、不锈钢制成,叶轮采用铝合金制成。轴流式通风机可以水平安装,也可以垂直或倾斜安装。在船舶通风系统中大多直接装在通风管道中。

轴流式通风机特性与离心式通风机有较大区别,其在稳定工作区功率随流量增加而增加,因此,轴流通风机不适合节流调节,也不推荐串、并联使用。

三、机舱通风系统的组成

1.通风系统的组成及分类

船用通风系统主要由通风机、风筒、风闸、通风栅、调风门、通风管等组成。分类如下:

(1)按用途分:居住生活舱室通风、机舱工作舱室通风、货舱通风。

(2)按通风形式分:自然通风、机械通风。

(3)按风管内风速或风压分:低速、中速、高速;低压、中压、高压。

2.通风系统要求

(1)所有通风百叶窗及通风筒应设有不锈钢防鼠网。

(2)所有附件与管道均应采用镀锌处理,否则应进行防锈漆和面漆处理。

（3）风管每隔 2~3 m 设一固定支架。

（4）在结构风管最低处开泄水孔，离心式通风机进、出口设耐火帆布接头。

（5）所有风管上应设有适当的用于检查和清洁的孔。

（6）有空气污染的舱室，如病室、化学实验室等，抽风量应大于进风量，在空调系统中，这些舱室不得回风。

（7）根据规范要求，通风管应在适当位置设置手动或电动防火风闸。

四、船用通风机的选用

（1）鼓风用通风机选用小型、抗摇摆、抗振动、抗冲击，采用机翼型叶片。

（2）换气用通风机输送含有盐雾、油雾、蓄电池自然蒸发产生的少量酸蒸气等腐蚀气体，要求防腐性、气密性好，噪声低。为防止腐蚀，进行镀锌处理。船用通风机一般均选择防爆型。

（3）应使通风机压力和流量满足要求，即在各种负荷下，满足机舱设备的耗气量，并使机舱气压略高于大气压力。

（4）在通风机工作数量上，与装置各工况负荷相匹配，必要时使用部分变速电机。

五、通风机的起动操作

（1）起动前的准备：检查轴承润滑条件是否良好；新装或修理后装复的通风机应盘车检查有无卡死、摩擦或影响运行的因素；检查所有紧固件、传动带松紧度、电机接线和绝缘。

（2）起动：通风机起动时应先点动 1~2 次，观察起动状态，叶轮转向。

（3）运行管理：观察通风机振动及噪声情况、风压风量和电流变化、轴承润滑情况、轴承温度不得高于环境温度 40 ℃、振动速度有效值不得超过 6.3 mm/s。一旦发现异常，立即停机。

（4）停机：关闭电源。如果需要检查或维修通风机，应在其控制箱上挂"禁止合闸"警告牌。

六、通风机检修注意事项

通风机检修工作主要包括定期拆检和故障维修。

（1）拆检后检查气流表面清洁度，清除表面积灰。

（2）检查在叶轮叶片、轮缘或轮盘处以及入口或机壳中是否有擦伤。

（3）清洁后更换轴承等易损件重新装复。装复时检查叶轮径向和轴向跳动量应不超出规定标准。

七、通风机常见故障分析

（1）通风机振动或噪声过大：叶轮和进风口不同轴、进风口损坏、叶轮弯曲或损坏、轴与轴承松动、带轮固定不好、带过松或过紧、电动机或通风机底座没固定好。

（2）通风量减少：通风机转向不正确、叶轮与进口圈不同轴、通风机转速过低、通风管阻力过大、风门开度不足、滤网过脏。

（3）通风机功率过大：后倾叶轮装反、风机转速过高、管路阻力过小（离心式）、通风机管路阻力过大（轴流式）、滤网漏装。

八、通风系统的管理

（1）定期检修、保养全船通风机。

（2）定期保养手动和电动防火风闸。

（3）定期活动风门调节挡板。

机舱通风系统的正常工作对整个机舱的正常运行起到十分重要的作用，特别是在高温时，通风机的正常运行尤其重要。由于船用通风机体积较大，有时场地较狭小，修理工作十分不便，所以平时要做好通风系统的保养工作，特别是通风机的保养。定期活络风门和加注牛油，通风栅、通风道等有锈蚀损坏处应及时修补。巡回检查时，注意观察通风机振动及噪声情况、风压风量和电流变化、轴承润滑情况。若发现异常，立即停机，及时修理。否则，长时间超负荷运行，易造成轴承损坏、马达烧毁等事故。

虽然船用诵风机的修理工作十分不便，但必须按照船舶维护保养计划对通风机进行常规的保养工作，清洁叶轮积垢，消除由此产生的不平衡力，减轻轴承负荷，延长通风机使用寿命。在船舶厂修时，把通风机列入修理单，确保在船舶营运期间通风机能正常运行。

第六章

液压甲板机械基础知识

第一节　液压甲板机械概述

　　船舶甲板机械主要包括舵机、起货机、锚机、绞缆机、吊艇机、舷梯升降机、舱盖板启闭装置等,在一些专用船舶上,还设有其他相应的甲板机械。甲板机械按所用动力可分为气动、蒸汽、电动、液压等多种类型。气动甲板机械虽然结构简单、无污染,但因泄漏多而效率低,仅用于吊艇机、舷梯升降机等小功率甲板机械。蒸汽甲板机械因散热损失大和管理不便已基本不用。液压传动的优点很多,如结构紧凑、传动平稳、输出功率大、易于实现无级调速及自动控制等特点。现代吨位稍大的船舶,几乎全部采用电动液压舵机,其他液压甲板机械作为电动甲板机械的主要竞争对手,应用也相当普遍。

一、液压传动的工作原理

1.液压千斤顶

　　液压传动是以液体作为工作介质,并以压力能的方式来进行能量传递和控制的一种传动形式。图 6-1-1(a)为液压千斤顶的实物外形图,图 6-1-1(b)为其结构原理图。由图可知,大缸体和大活塞组成举升油缸。杠杆手柄、小缸体、小活塞、单向阀 1 和单向阀 2 组成手动液压泵。举升油缸、手动液压泵和油箱组合在一个壳体中,就形成了市面上常见的液压千斤顶。

　　如图 6-1-1 所示的液压千斤顶,假设活塞在缸体内可自由滑动(无摩擦力)又不使液体渗漏,液压缸的工作腔与油管都充满油液并与大气隔绝,即液体在密封容积内。当提起手柄使小活塞向上移动时,小活塞下端油腔容积增大,形成局部真空,此时单向阀 1 被打开,通过吸油管从油箱中吸油;当压下手柄时,小活塞下移,小活塞下腔压力升高,单向阀 1 关闭,单向阀 2 被打开,下腔的油液经管道流入大缸体的下腔,使大活塞向上移动,顶起重物。为防止再次提起手柄吸油时,举升缸下腔的压力油逆向流入

(a) 实物外形图　　　　　　　　　　　(b) 结构原理图

(c) 简化模型图

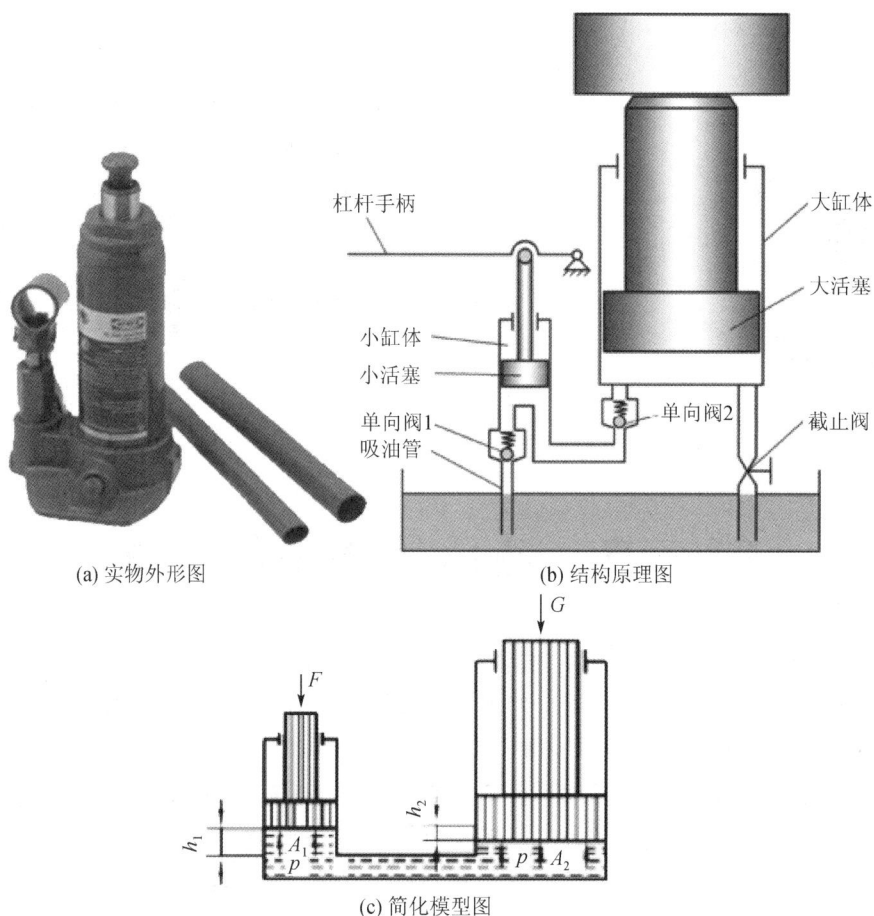

图 6-1-1　液压千斤顶

手动液压泵(小缸),设置一单向阀 2,使其自动关闭,油液不能倒流,以保证重物不会自行下落。往复扳动手柄,就能不断地将油液压入举升缸下腔,使重物节节升起。当打开截止阀时,举升缸下腔的油液通过管道和截止阀流回油箱,大活塞在重物和自重作用下回到原始位置。

2. 液压传动

液压传动是靠流体的压力能来传递动力的,它既可以传递力(或力矩),又可以传递运动。

液压传动系统的种类不同,功用不同,其液压系统的复杂程度也有所不同,但它们的基本组成和原理是相同的,都是利用流体力学中学过的帕斯卡原理:

(1)施加于静止液体上的压力,等值传递到液体内各点。

(2)压力总是垂直作用于液体内的任意表面。

(3)液体中各点的压力在所有的方向上都相等。

3. 两个重要概念

(1)压力取决于负载:在如图 6-1-1(c)所示的简化模型图中,小活塞上施加的作用力 F 的大小取决于大活塞上重物 G(负载)的大小,而有了负载和作用力,才产生液体压力 p。有了负载,液体才会有压力,并且压力的大小取决于负载,而与流入的流体多少无关。

(2)速度取决于流量:调节进入缸体的流量,即可调节活塞的运动速度,这就是液压传动能实现无级调速的基本原理。活塞的运动速度(马达的转速)取决于进入液压缸(马达)的流量,而与流体压力大小无关。

二、液压系统组成

由对图 6-1-1 的分析可知,液压系统由四部分组成:

1. 动力元件

其功用是将原动机的机械能转换成液体的压力能,如各类液压泵。图 6-1-1 中动力原件为手动活塞泵。

2. 执行元件

其功用是将液体的压力能转换为机械能以驱动工作部件运动,如各类液压缸和液压马达。图 6-1-1 中执行元件为液压缸。

3. 控制元件

其功用是调节与控制液压系统中油流的压力、流量和方向,以满足工作机械所需的力(力矩)、速度(转速)和运动方向(运动循环)的要求,如各种压力阀、流量阀和换向阀。图 6-1-1 中控制元件为单向阀 1、单向阀 2 和截止阀。

4. 辅助元件

其功用是协助组成液压系统,保证液压系统工作的可靠性和稳定性。除上述三项组成部分之外的其他元件都称辅助元件,包括油箱、油管、管接头、滤油器、蓄能器、压力表、热交换器等。

5. 工作介质

工作介质通常是矿物油。其功用是传递能量、冷却、润滑、防锈、减振和净化。

三、液压系统的表示方法

图 6-1-1 所示的液压千斤顶液压系统结构原理图直观性强,但绘制起来麻烦,当液压系统中元件较多时,绘制更为不方便,况且没有统一标准,不同的人有不同的画法,易产生误会,故一般不用。工程上一般采用图形符号法,即把液压系统中各元件用国家标准或国际标准规定的图形符号绘制液压系统原理图的方法。

图 6-1-2 所示为图形符号法绘制的液压千斤顶系统原理图。如无特殊说明,本书中图形符号采用 GB/T 786.1—2009(详见本书附录 1)中规定的符号。

识读和分析图形符号法绘制的液压系统原理图是船舶轮机人员的一项基本能力,

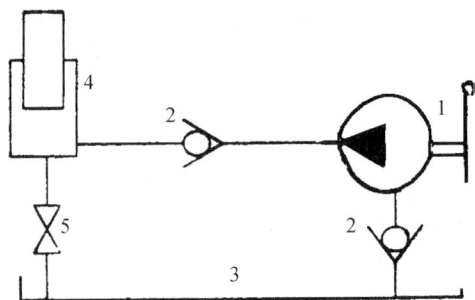

图 6-1-2　液压千斤顶系统原理图

1—手摇泵;2—单向阀;3—油箱;4—液压缸;5—截止阀

在识读系统图时,应注意以下几点注意事项:

(1)图形符号只表示功能特征,不表示结构特征。若要表示其具体结构和参数,可在该元件的符号旁边加以说明。

(2)符号只表示元件的静止状态或零位状态,不表示过渡过程。

(3)图形符号在系统原理图中只表示各元件间的连接关系,不表示它们的具体安装位置。

(4)所用图形符号要符合国标规定或国际标准,只有在无标准符号的情况下才可用结构简图代替。

四、液压系统的分类

船舶上常见的液压系统的组成与功用差别较大,种类较多,但按额定压力、系统油循环方式、负载的类型、换向方式的不同可以分为下列几类:

1.按额定压力(亦称公称压力)分类

低压系统:额定压力为 6.3 MPa 以下;

中压系统:额定压力为 6.3~10 MPa;

中高压系统:额定压力为 10~20 MPa;

高压系统:额定压力为 20 MPa 及以上。

随着制造工艺和管理水平的提高,目前船用甲板机械普遍采用高压系统,额定油压高,则设备和管路的重量、尺寸较小,效率较高,但对制造和管理的要求也更高。

2.按系统油循环方式分类

(1)开式液压系统

如图 6-1-3 所示的液压举升系统,油泵经油箱吸油,经换向阀输入举升油缸。下降工况时,举升油缸液压油经换向阀返回油箱,即液压系统中的油液循环必须经过油箱,该系统称为开式液压系统。

开式液压系统的优缺点如下:

①关于油泵类型,一般采用定向定量泵,结构简单,造价低,但油泵须有良好的自吸

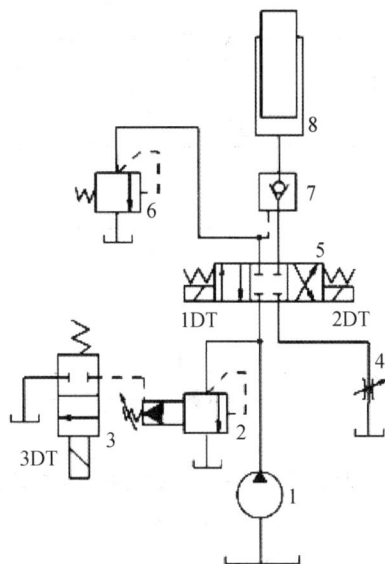

图 6-1-3　典型开式系统——某液压举升系统原理图

1—油泵；2—溢流阀（远程卸荷阀）；3—两位两通
电磁换向阀；4—节流阀；5—三位四通电磁换向
阀；6—溢流阀；7—液控单向阀；8—举升油缸

能力或浸没式布置。

②关于调速与换向，一般采用节流调速，换向阀换向，油液发热大，能量损失大。

③关于限速与制动，采用能耗限速与制动，消耗能量，经济性差。

④关于冷却与散热，因为有油箱，散热条件好。

⑤关于补油，无须专设补油机构，系统简单。

⑥初置费用较低，可以用 1 台油泵驱动几个执行元件。

⑦技术要求较低。

⑧适用场合功率较小的场合。

（2）闭式液压系统

如图 6-1-4 所示的回转机构系统，油液循环不经过油箱，而是直接回油泵的吸口，这种系统称为闭式系统。

闭式液压系统的优缺点如下：

①关于油泵类型，采用变向变量泵，结构复杂，造价高。

②关于调速与换向，采用容积调速，油液发热轻，能量损失小。

③关于限速与制动，采用再生限速与制动，经济性好。例如，在下降时货物能带动液压马达转动呈液压泵工况，将液压泵呈液压马达工况，反过来驱动电动机回转，从而使下降速度受到限制，并得以回收（再生）能量。

④关于冷却与散热，冷却散热条件差，需专门冷却机构。

⑤关于补油与自吸，需专设辅泵补油或重力油柜补油，主泵吸入条件较好，对主泵的自吸要求不高，系统复杂。

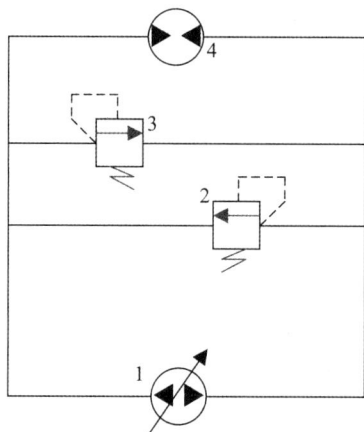

图 6-1-4 典型闭式系统——某回转机构系统原理图

1—双向变量泵;2、3—安全阀;4—双向液压马达

⑥初置费用较高,一台油泵只能驱动 1 个执行元件。

⑦技术要求较高。

⑧适用于功率较大的系统场合。

3. 按负载的类型分类

(1)单向静负载系统

单向静负载系统是指承受高压的油路的受压状态不随换向而改变的液压系统(参见图 6-1-3),例如起货机的起升液压系统、锚机液压系统等。

单向静负载系统的特点是:

①只有一侧油路承受高压,要求限压值较高,而另一侧限压值较低。

②必须能限制重物降落时的速度,防止货物在重力作用下坠落速度过快。

③重物停在空中时应能实现可靠制动,以防其在重力作用下向下滑落。

④若重力负荷变动范围较大,则需要采取功率限制措施。

(2)双向静负载系统

双向静负载系统是指承受高压的油路的受压状态随着换向而改变的液压系统(参见图 6-1-4),例如起货机的回转机构和行走机构液压系统。

双向静负载系统的特点是:

①静负荷始终与执行机构的运动方向相反,运动起始时和制动时惯性负荷较大。

②双向承受负荷,两侧主油路都可能出现高压,所以与高压有关的元件都双向设计,如安全阀、制动溢流阀、平衡阀等。

③制动时的惯性能量靠液压制动时制动溢流阀(泵控时由安全阀兼任)的节流消耗。设有延时抱闸的机械制动器。

4. 按换向方式分类

按换向方式分,液压系统有泵控型和阀控型。

泵控型液压系统指换向由主泵控制的液压系统。泵控型液压系统必须采用闭式系统。

阀控型液压系统指换向由换向阀控制的液压系统。阀控型液压系统可以采用开式系统,也可以采用闭式系统。

船用液压系统的组成方式及其主要特点见表 6-1-1。

表 6-1-1 船用液压系统的组成方式及其主要特点

类型	主油泵	执行机构	系统	换向	调速	限速	制动	补油
阀控型	定向定量泵	定量液压马达（油缸）变量液压马达	开式	阀换向	节流调速	能耗限速	换向阀回中,液压能耗制动	不补
			闭式		节流调速	再生限速		一般用高位油箱
泵控型	变向变量泵	定量液压马达变量液压马达	闭式	泵换向	容积调速	再生限速	泵回中,液压再生制动	一般用辅泵

五、液压传动系统的特点

相直接以电动机通过机械传动带动工作机械的电动甲板机械,液压传动系统主要有以下优点:

(1)在同等的体积下,液压装置可以比电动装置产生更多的动力,由于液压系统中的压力能比电枢磁场中的磁力大出 30～40 倍。在同等的功率下,液压装置的体积小、重量小、结构紧凑。而液压马达的体积和重量只有同等功率电动机的 1/6 左右。

(2)液压装置工作比较平稳,由于重量小、惯性小、反应快,液压装置易于实现快速起动、制动和频繁的换向。液压装置的换向频率在实现往复回转运动时可达 500 次/分钟,在实现往复直线运动时可达 1 000 次/分钟。

(3)液压装置操作性能好,能在大范围内实现无级调速(调速比可达 2 000∶1)和微速运动(1 r/min 以下),还可以在运行的过程中进行调速和频繁起停、换向,对电网冲击很小。

(4)液压装置便于带负荷起动,起动扭矩最高可以达到额定扭矩的 98%。

(5)液压传动容易实现自动化,易于对液体压力、流量或流动方向进行调节或控制。如与电气控制、电子控制或气动控制的功能相结合,整个传动装置能实现很复杂的顺序动作, 接受远程控制。

(6)液压装置易于实现过载保护,液压缸和液压马达都能长期在失速状态下工作而不会过热,这点优于电气传动装置和机械传动装置。

(7)液压系统一般采用矿物油作为工作介质,相对运动面可自行润滑,使用寿命长。

同时,液压传动具有以下缺点:

(1)液压传动不能保证严格的传动比,这是由液压油液具有一定的可压缩性和泄漏等原因造成的。

（2）液压传动在工作过程中常有较多的能量损失（摩擦损失、泄漏损失等，长距离传动时更是如此）。

（3）液压传动对油温变化比较敏感，它的工作稳定性很容易受到温度的影响，因此它不宜在很高或很低的温度条件下工作。

（4）为了减少泄漏，液压元件在制造精度上的要求较高，因此它的造价较高，而且对油液的污染比较敏感。

（5）由于液体流动的泄漏较大，所以液压传动系统效率较低。如果处理不当，一旦泄漏不仅污染场地，还可能引起火灾事故。

第二节　液压泵

液压泵在液压系统中属于能量转换装置，是系统中不可缺少的核心元件。液压泵将原动机（一般为电动机或内燃机）输出的机械能转变为液体的压力能，为系统提供具有一定流量和压力的油液，是液压系统中的动力源。

尽管液压系统中采用的液压泵形式很多，但都属于容积式液压泵，常用的类型主要可分为齿轮式、叶片式和柱塞式三大类。而对每一类还可进一步细分，如齿轮式可分为外啮合式和内啮合式；叶片式可分为单作用式和双作用式；柱塞式可分为轴向和径向柱塞式。根据泵的排量 V 是否可以改变，又可分为定量泵、变量泵。调节排量的方式有手动和自动两种，而自动调节又分为限压式、恒功率式、恒压式和恒流量式等。

常用液压泵的图形符号如图 6-2-1 所示。

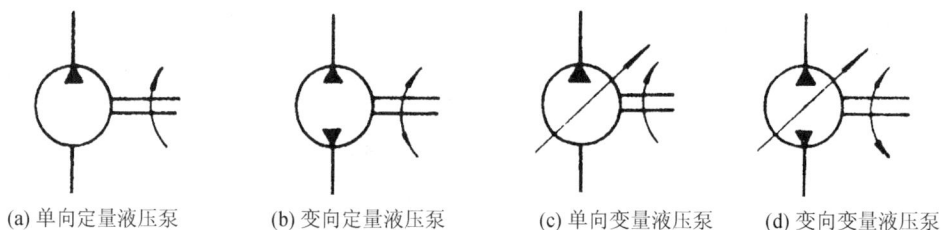

(a) 单向定量液压泵　　(b) 变向定量液压泵　　(c) 单向变量液压泵　　(d) 变向变量液压泵

图 6-2-1　常用液压泵图形符号

叶片泵主要用于中、低压系统，其单位功率的重量是所有液压泵中最轻的。柱塞式液压泵特别适用于高压系统，容积效率可达 95% 以上，总效率可超过 90%，但其结构较复杂，价格较高，对液压油的清洁程度要求也较高。

一、叶片泵

叶片泵根据工作原理可分为单作用式和双作用式两类。单作用式可做成各种变量型，但主要零件在工作时要受径向不平衡力的作用，工作条件较差。双作用式一般不

能变量，但径向力平衡，工作情况较好，应用较广。

1. 双作用叶片泵的工作原理

双作用叶片泵的结构原理如图6-2-2所示。这种泵主要由定子1、转子3、叶片4及装在两侧的配油盘组成。定子内表面由两段长半径圆弧、两段短半径圆弧和四段过渡曲线八个部分组成，定子与转子同心设置。叶片装在沿转子圆周均匀分布的叶片槽内，叶片可以沿槽做径向滑动。在配油盘上，对应于定子四段过渡曲线的位置开有四个配流窗口，其中两个和吸油口连通，另两个和压油口连通。图中转子顺时针方向旋转时，密封工作腔的容积在左上角和右下角处逐渐增大，为吸油区；在左下角和右上角处逐渐减小，为压油区；吸油区和压油区之间有一段封油区把它们隔开。转子每转一圈，完成吸油和压油动作各两次，所以称为双作用叶片泵。泵的两个压油区和两个吸油区是径向对称的，作用在转子上的液压力径向平衡，所以又称为平衡式叶片泵。

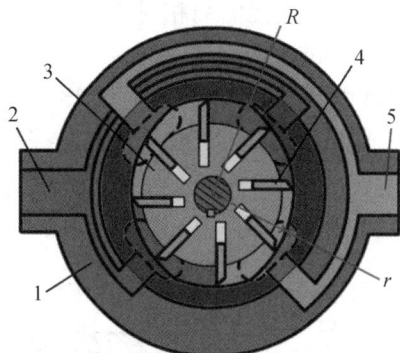

图 6-2-2　双作用叶片泵结构原理图
1—定子；2—压油口；3—转子；4—叶片；5—吸油口

2. 单作用叶片泵的工作原理

单作用叶片泵的结构原理如图6-2-3所示，单作用叶片泵主要由传动轴、转子、定子、叶片、配油盘和泵体组成。定子内壁呈圆形，定子和转子之间有一偏心距 e，转子上有均匀分布的径向狭槽，槽内装有可做径向滑动的叶片，叶片的宽度与转子的宽度相同。转子与叶片两端面各有配油盘与之紧密贴合，配油盘上开有吸、排油口。

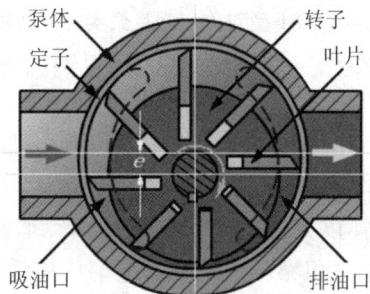

图 6-2-3　单作用叶片泵结构原理图

单作用叶片泵
工作原理

当泵轴带动转子旋转时,叶片在离心力及叶片底部的油压力作用下由槽内伸出,使叶片顶部始终紧贴在定子的内壁上。转子与定子的偏心,使转子、定子和配油盘间形成了月牙形腔室,并被叶片分隔成若干个封闭的容积。当转子逆时针回转时,两叶片间的工作空间在右半转容积不断增大,转到左半转时容积则不断减小,因此能分别从配油盘上相应的配油口吸入和排出。转子每转一转,每两叶片间的密封工作腔实现一次吸油和压油,故称单作用叶片泵。

3. 典型的双作用叶片泵

图 6-2-4 为国产 YB1 型双作用叶片泵的实物与结构图,图 6-2-5 为其结构分解图。在分离式的前泵体 1 和后泵体 7 内,装有定子 4、转子 3、左配油盘 2 和右配油盘 6。为了便于装配和使用,两个配油盘、定子、转子和叶片等可组装成一个部件,用两个长螺钉 12 紧固在一起。螺钉头部作为定位销插入前泵体 1 的定位孔内,以保证配油盘上吸、压油窗口的位置能与定子内表面的过渡曲线相对应。泵的吸油口开在前泵体上,压油口开在后泵体上,前后泵体可在 90°方向内任意转位紧固,便于使用时选择最方便的吸油口和压油口位置。传动轴 9 由两个滚珠轴承 11 和 13 支承,靠两个安装方向相反的密封圈 10 密封,防止油液外泄和空气渗入。传动轴与转子内孔通过花键连接,带动转子旋转,转子上均匀地开有宽度为 2.25 mm 的 12 或 16 条(小排量泵为 10 条)槽,叶片在槽内可自由滑动。

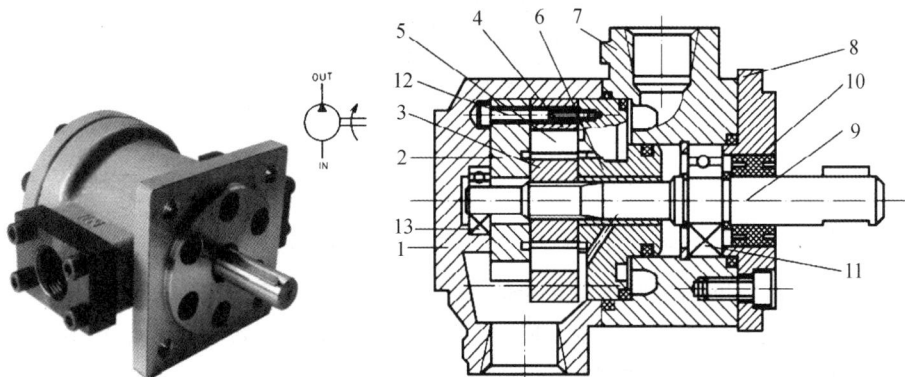

(a)实物图　　　　　　　　(b)结构图

图 6-2-4　YB1 型双作用叶片泵实物和结构图

1—前泵体;2—左配油盘;3—转子;4—定子;5—叶片;6—右配油盘;7—后泵体;8—端盖;9—传动轴;10—密封圈;11、13—轴承;12—螺钉

(1)定子过渡曲线:定子内表面的曲线由四段圆弧和四段过渡曲线组成。四段圆弧和转子同心,所以理论上双作用叶片泵没有困油现象。理想的过渡曲线应使叶片在槽中滑动时的径向速度和加速度变化均匀,且在叶片转到过渡曲线和圆弧的结合点处的加速度变化不大,以减小冲击和噪声。现在一般都使用综合性能较好的等加速、等减速曲线作为过渡曲线。

(2)径向作用力平衡:由于双作用叶片泵有两个吸油腔和两个压油腔且对称分布,所以转子和轴承上所受的径向油液作用力是相互平衡的。

（3）叶片的数量：经理论分析可知，叶片数为 4 的倍数且大于或等于 8。双作用叶片泵的叶片数一般都为偶数，取 12 或 16 片。但当工作压力超过 10 MPa 时，为提高转子强度，叶片数多为 10 片。

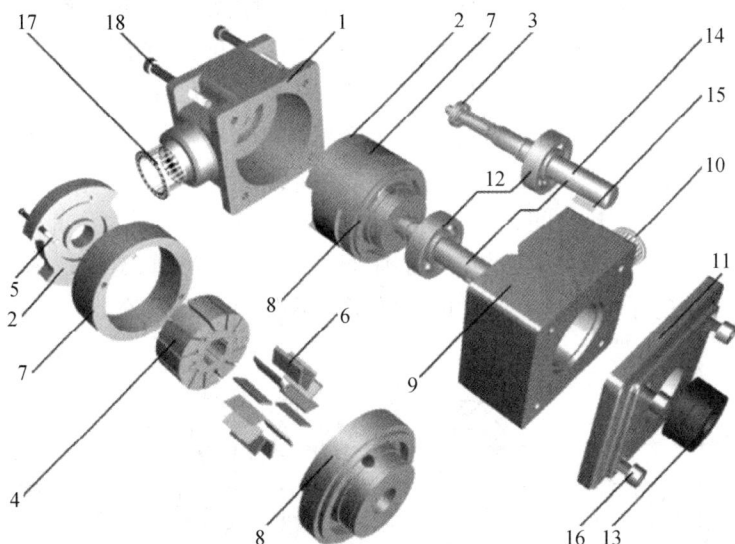

图 6-2-5　YB1 型双作用叶片泵结构分解图

1—左泵体；2—左配油盘；3—左轴承；4—转子；5—组件连接螺钉；6—叶片；7—定子；8—右配油盘；9—右泵体；10—压油口滤网；11—密封盖板；12—右轴承；13—密封圈；14—驱动轴；15—按键；16—盖板螺钉；17—吸油滤网；18—泵体连接螺栓

（4）叶片前倾和后倒角：如图 6-2-6 所示，双作用叶片泵的叶片采用前倾角后倒角。前倾角为 θ 是指叶片顶部顺转向前倾的角度，一般 $\theta = 10° \sim 14°$；后倒角是指在叶片逆转向一侧开的倒角。

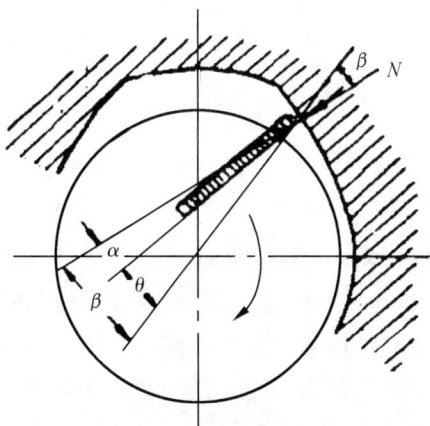

图 6-2-6　双作用叶片泵叶片的倾角和倒角

叶片前倾安装的目的是减小压力角，从而减小侧向力 T，减轻磨损，防止叶片在排油区段需内缩时被卡住、折断。

叶片后倒角的目的是使叶片在吸油区段需外伸时,其顶部有相当部分的面积只受吸入压力的作用,从而有助于叶片顶部贴紧定子内壁。

(5)配油盘:图6-2-7所示为YB1型双作用叶片泵的配油盘。配油盘上的左、右两个缺口 S 为吸油口,排油则仅通过图6-2-7(b)中排出侧配油盘的腰形排油窗口 d 排出。为使叶片两侧所受轴向液压力得以平衡,在图6-2-7(a)中吸入侧配油盘上对应排油窗口的位置开有形状相同但不通的腰形"盲孔"d'。在腰形盲孔端部开有三角槽,当叶片间的密封容积逐步和高压腔相通时可以减少液压冲击,降低压力脉动、流量脉动和噪声,而当叶片间的密封容积和低压腔相通时可以降低噪声。

配油盘上的吸、排油口之间夹角 ε 称为油封角。油封角应稍大于或等于两相邻叶片之间的夹角 $\theta = 2\pi/Z$(Z 为叶片数),否则会使吸排油口沟通,造成泄漏。定子圆弧部分夹角应大于或等于配油盘上油封角,以免产生困油和气穴现象。

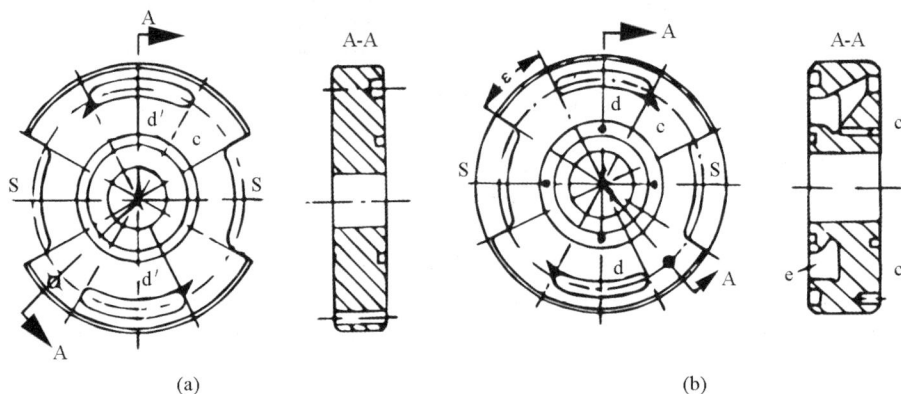

(a) (b)

图 6-2-7 YB1 型双作用叶片泵的配油盘

为了使叶片顶部和定子内表面紧密接触,在配油盘上对应于叶片根部位置,开有一环形槽 c。在环形槽内开有两个小孔与配油盘另一侧的压油孔道相通,使压力油能通过小孔进入环形槽 c,然后进入叶片根部,保证了叶片顶部和定子内表面间的可靠密封。

二、柱塞泵

柱塞泵依靠柱塞在其缸体内往复运动时密封工作腔的容积变化来实现吸油和压油。由于柱塞与缸体内孔均为圆柱表面,容易得到高精度的配合,所以这类泵的优点是泄漏少、容积效率高、压力高、结构紧凑及流量调节方便等。其缺点是结构较为复杂,加工工艺要求较高,对油液的污染较为敏感。所以柱塞泵常用于需要高压大流量和流量需要调节的液压系统,如船舶起货机系统等。

1.斜盘式轴向柱塞泵工作原理

斜盘式轴向柱塞泵的工作原理如图6-2-8所示。

泵轴 1 通过键与缸体 3 相连。缸体上沿圆周均匀分布有若干个轴向油缸,各油缸

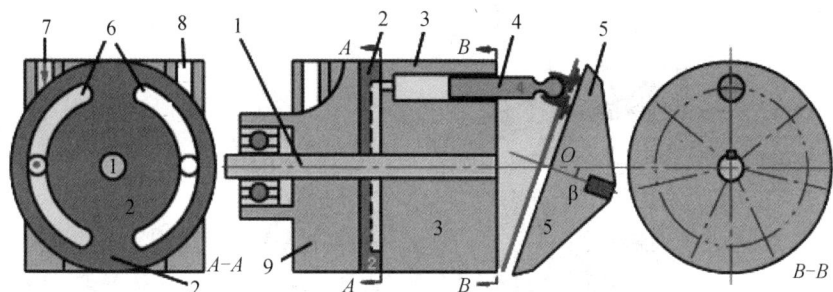

图 6-2-8　斜盘式轴向柱塞泵工作原理图

1—泵轴；2—配油盘；3—缸体；4—柱塞；5—斜盘；6—配油窗口；7、8—吸排油口；9—泵体

底部有腰形配油孔。油缸中设有柱塞 4，柱塞靠端部油压或机械方法贴紧在斜盘 5 上，而斜盘可绕 O 点偏转，即其轴线相对泵轴线的倾角 β 可以改变。缸体另一端面贴紧在配油盘 2 上。配油盘用定位销与泵体 9 固定，盘上开有两个弧形的配油窗口 6。各油缸在相应的位置可分别通过配油窗口与吸排油口 7 或 8 相通。其吸入、排出和变量原理如下：

（1）吸入过程。当传动轴按图示方向旋转时，柱塞 4 在其自下而上回转的半周内逐渐向外伸出，使柱塞孔底部工作腔容积不断增加，压力降低，吸入管路油液经配油盘 2 上的配油窗口进入泵内。

（2）排出过程。柱塞在其自上而下回转的半周内又逐渐向里推入，使工作腔容积不断减小，油压升高，油液经配油盘窗口压到排出管路。缸体每转一周，每个柱塞往复运动一次，完成一次吸油和排油。

（3）变量方法。当泵的转速一定时，改变斜盘的倾角 β 的大小和方向，就可以改变泵的排量大小和方向。倾角 $\beta=0$ 时，排量 $Q=0$，故轴向柱塞泵可以做成变向变量泵。

2. 斜轴式轴向柱塞泵工作原理

斜盘式轴向柱塞泵的工作原理是利用斜盘中心垂线和缸体间中心线之间的角度差，使缸体转动时，柱塞在缸体周期性左右移动，从而实现柱塞后部空间的周期性变化（参见图 6-2-8），实现吸排油。该型泵中，转缸体由驱动轴直接驱动，并和驱动轴同心。若驱动轴不直接转缸体而改为直接驱动柱塞转动，并使轴中心线和转缸体中心线偏转一定角度，则为斜轴式轴向柱塞泵。斜轴式轴向柱塞泵工作原理如图 6-2-9 所示。

传动轴通过端部的驱动盘带动与之铰接的一组连杆 2 转动，通过连杆的锥形表面与柱塞 3 内壁面的接触，驱动柱塞和缸体一起转动，使缸体中各油缸的容积变化，于是，通过不转的配油盘 4 上相应的配油窗口 5 和与之贴合的泵体（图中未示出）内的油路，即可实现吸油和排油。改变缸体摆角 β 的大小，即可改变泵的排量；改变摆角的方向，即可改变吸、排油的方向。

3. 斜盘式轴向柱塞泵结构

如图 6-2-10 所示为手动伺服变量 CCY14−1B 型斜盘式轴向柱塞泵的实物及结构简图。

(a) 原理图　　　　　　　　　　　　　(b) 实物图

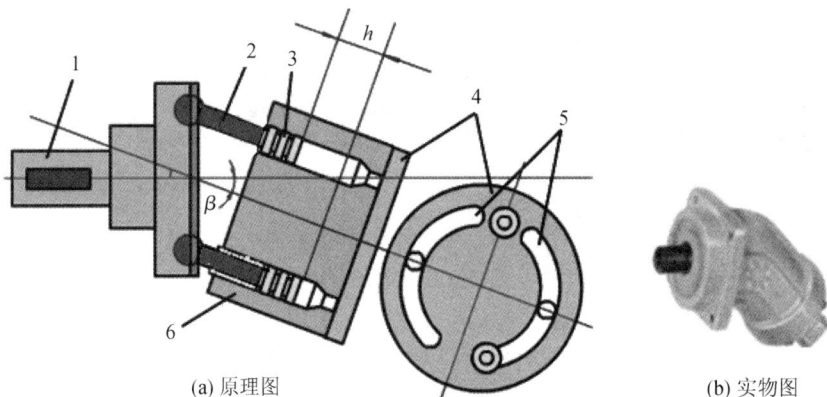

图 6-2-9　斜轴式轴向柱塞泵工作原理图

1—驱动轴;2—连杆;3—柱塞;4—配油盘;5—配油窗口;6—缸体

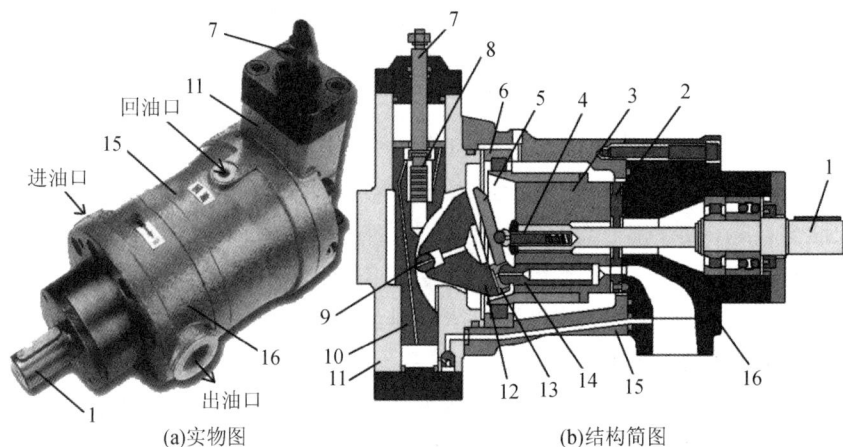

(a)实物图　　　　　　　　　　　　(b)结构简图

图 6-2-10　CCY14-1B 型斜盘式轴向柱塞泵的实物及结构简图

1—传动轴;2—配油盘;3—缸体;4—中心弹簧;5—回程盘;6—大轴承;7—控制杆;8—伺服滑阀;9—销轴;
10—差动活塞;11—变量壳体;12—斜盘;13—滑履;14—柱塞;15—泵体;16—外泵体

从结构图可以看出,该泵的主体部分中,传动轴 1 通过花键带动缸体 3 旋转。中心弹簧 4 一方面通过弹簧外套将缸体 3 压向配油盘 2,以保证二者间密封;另一方面通过弹簧内套、钢球、回程盘 5 将滑履 13 压向斜盘 12(新型号在斜盘上加设了止推板)。缸体和柱塞 14 带动与柱塞外端铰接的滑履 13,在斜盘(或止推板)上按圆周向滑动。当斜盘倾斜时,柱塞即在油缸中往复运动,油液便通过配油盘的两个油窗口和外泵体 16 的油通道实现吸油和排油。

泵的配油盘与缸体之间、柱塞与缸体之间、滑履与斜盘(或止推板)之间、滑履与柱塞球头之间为液压泵的内部配合密封面,运行中会有少量液压油漏入泵体中。漏入泵体中的油除润滑轴承外,连续地从泵体 15 顶部的泄油孔泄回油箱,带走泵功率损失所产生的热量。

手动伺服变量机构主要由变量壳体 11、差动活塞 10、伺服滑阀 8 以及和其连接的控制杆 7 组成。差动活塞中部设有耳孔和斜盘销轴 9 铰接配合,使差动活塞 10 的上下

移动,转换为斜盘的倾斜摆动。

（1）配油盘

图 6-2-11 为 CCY14-1B 系列斜盘式柱塞泵配油盘的结构图。

图中 N-N 为配油盘中线,M-M 为斜盘中线。配油盘上两个弧形配油窗口分别与外壳体上的两个吸排油腔相通。盘上靠近外圆的环槽称为卸压槽,它与若干径向浅槽连通泵壳体泄油腔。卸压槽以外部分是辅助支承面,不起密封作用,但可增大承压面积,减轻磨损。

配油盘的作用是保证准确合理地对泵进行配油,防止困油;承受柱塞缸体对它产生的轴向力,保证与缸体间的动密封和与泵体间的静密封。

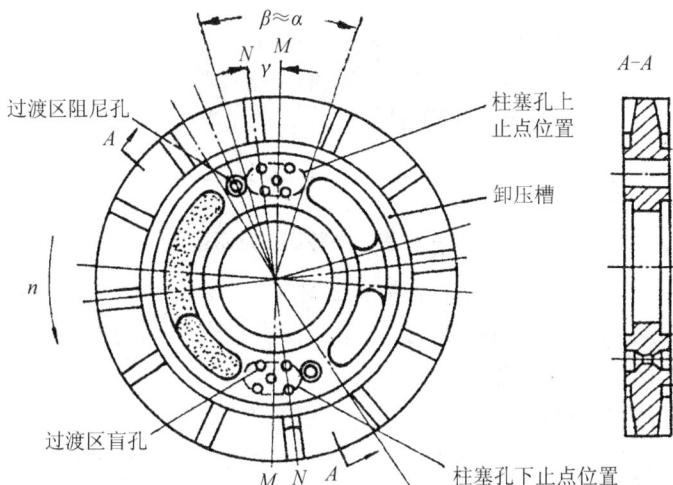

图 6-2-11　CCY14-1B 系列斜盘式柱塞泵配油盘结构图

CCY14-1B 系列泵配油盘的结构特点是采用了有阻尼孔的负重叠非对称。阻尼孔是指离配油窗口的油缸转入端不远处的直径约 1 mm 的通孔,它通过外泵体的油槽与临近的配油口相通。油封角 α 是指阻尼孔与另一配油口之间的过渡区的圆心角;β 为油缸体配油孔的包角,称为配油角。通常情况下,$\alpha > \beta$,能保证密封,但会产生严重的困油现象;$\alpha = \beta$,既能保证密封又不产生困油现象,但加工和安装精度难达到;$\alpha < \beta$,当油缸配油孔即将离开前一油口时,即通过阻尼孔与后一油口相通,从而消除困油;同时由于阻尼孔孔径较小,因此吸排沟通的油流量较小,容积效率降低也较少。所以 CCY14-1B 系列泵的油封角 α 小于配油角 β,即 $\alpha - \beta \approx 0° \sim -1°$,这称为负重叠。由于仅在配油窗口的一侧开阻尼孔,而不是两侧都开,从而造成了配油窗盘中线 N-N 相对于斜盘中线 M-M 朝缸体旋转方向偏转了一个 β 角,称为非对称,这样可以保证工作中不会产生液压冲击。

为保证配油盘安装位置正确,它与外泵体间采用定位销固定;由于配油盘是非对称的,所以 CCY14-1B 系列泵必须按规定方向转动,不可反转,并且该泵不能当液压马达使用。

在配油盘的密封区上还有几个盲孔,这些盲孔在工作中储存着油,当缸体完全遮盖它们时,其盲孔中的油压会比油膜压力高一些,这样就形成了一个液体垫,起着润滑和缓冲作用。

(2)柱塞副的静力平衡

如图 6-2-12 所示,在滑履和柱塞的中心都钻有小孔,使压力油经小孔通到柱塞与滑履及滑履与斜盘之间的摩擦面上,从而起到润滑和静压支承作用。通过适当设计油压作用面积,可使压紧力比撑开力大 10%～15%,从而既保证密封又减少磨损。配油盘与缸体间的密封与静压支承应选择适当的配油盘上的密封环带面积,以使缸体压紧配油盘的弹簧力比油压力稍大 6%～10%,实现静压支承,从而既保证密封又减少磨损。因此,柱塞、滑履和缸体静力基本平衡。

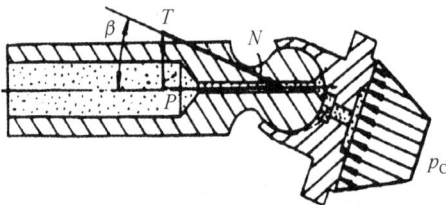

图 6-2-12　柱塞副的静压支承示意图

通过结构分析可以看出,泵的内部泄漏主要发生在配油盘与缸体之间、柱塞与缸体之间、滑履与斜盘之间、滑履与柱塞球头之间。在密封间隙相同的情况下,配油盘与缸体间的泄漏路径最短、泄漏量最大。

(3)液压伺服式变量机构

变量机构的作用是根据控制信号驱动并控制柱塞泵倾斜盘的倾角大小和方向,从而控制泵的排量大小与排液方向。

如图 6-2-13 所示,CY 型轴向柱塞泵采用液压伺服变量机构控制泵的流量流向。其变量机构由控制杆、伺服滑阀、差动活塞、变量机构壳体(即差动液压缸体)及液压缸的上、下端盖等主要部件组成。

差动活塞与伺服滑阀配合面有上、下两道环槽。供入 m 腔的控制油通过差动活塞内的油道 g 通至上部环槽;而变量壳体上腔 n 的控制油通过油道 e 通至下部环槽。当伺服活塞正好遮挡住上下环槽时,差动活塞因上端油腔被封闭而停住不动,倾斜盘的倾角不变,油泵的流量和流向不变。当伺服滑阀下移挪开上部环槽时,控制油进入油腔 n,差动活塞因上端受力面积大于下段,差动活塞下移,通过销轴带动倾斜盘转动,改变泵工况,直至上部环槽重新被封闭,调整结束。反之,伺服滑阀上移挪开下部环槽时,n 腔的控制油经过 e、h 泄至泵壳内,差动活塞在下段油压的推动下上移,倾斜盘反向转动,泵工况反向调节,直至下部环槽重新被封,调整结束。

控制油的提供方式有两种,一种是采用辅泵,供油到变量壳体的下腔 m,称之为外部供油,简称外供;另一种是主泵的排油通过泵体的通道 c 经单向阀供至 m 腔,称之为内部供油,简称内供。为了使泵的变量调节机构处在中位时,也有足够的控制油压,而不需要靠外力强行拉离中位,控制油尽可能采用外供。

由上文可知,只要用很小的力来拉动滑阀上行或下行,差动活塞随之上行或下行同

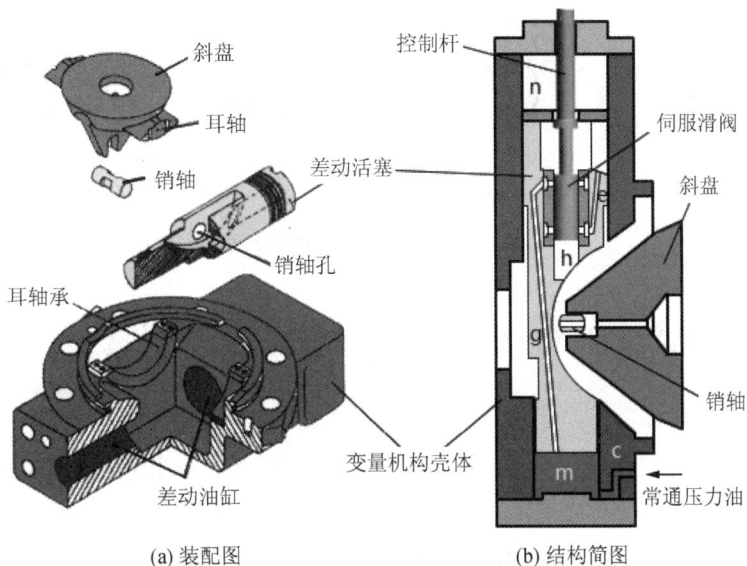

图 6-2-13　手动液压伺服变量机构

样的行程,并输出较大的力来带动斜盘正转或反转,从而控制倾角的大小和方向,从而控制泵的排量和排向。因此液压变量机构相当于一个"力的放大器"。

第三节　液压马达

液压马达是液压系统的执行元件,其作用是将液压油的压力能转换为驱动机械设备的机械能。

液压马达主要分为两类:

(1)高速小扭矩液压马达($n > 500$ r/min):主要有齿轮式、螺杆式和轴向柱塞式液压马达等,主要特点是转速高,转动惯量小,便于起动和制动,调速和换向灵敏度高,但扭矩较小,通常只有几十牛·米到几百牛·米,难以直接驱动大型机械设备,在船舶中应用不多。

(2)低速大扭矩液压马达($n \leqslant 500$ r/min):主要有活塞连杆式、静力平衡式、内曲线式、叶片式等形式。低速大扭矩液压马达的特点是输出扭矩大,转速低,可不经减速机构而直接与工作机构连接。低速大扭矩液压马达的每转排量很大,故外形尺寸也很大。它适用于各种低速、大负载的机械,如起货机、锚机、绞缆机和滚装船的甲板绞车等。

液压马达的图形符号如图 6-3-1 所示。

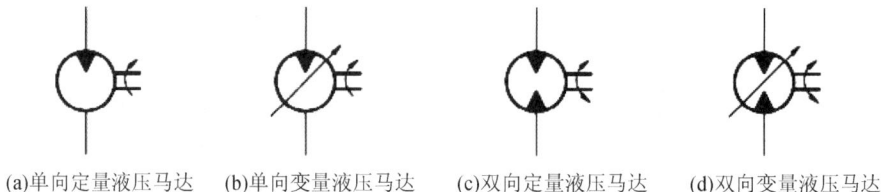

(a)单向定量液压马达　(b)单向变量液压马达　(c)双向定量液压马达　(d)双向变量液压马达

图 6-3-1　液压马达的图形符号

一、液压马达的性能参数

（1）转速

如供入油马达的油流量为 $Q_M(m^3/s)$，油马达每转排量（理论值，即容积变化量）为 $q_M(m^3/s)$，则油马达理论转速 n_t 为

$$n_t = 60Q_M/q_M \quad (r/min) \tag{6-3-1}$$

油马达工作时存在内部泄漏，使油马达每转排量实际值 q 比理论值 q_M 要大，因此实际转速还要考虑容积效率 η_v 的影响，即实际转速 n 为

$$n = 60Q_M\eta_v/q_M \quad (r/min) \tag{6-3-2}$$

由式（6-3-2）可知，油马达转速取决于供油量 Q、油马达每转排量 q_M 和容积效率 η_v。要改变油马达转速，可以采用变量油泵或变量油马达，通过改变油泵流量或油马达每转排量来调节油马达转速，这种调速方法被称为容积调速；对于定量泵和定量油马达组成的系统，可以调节系统油路上的流量控制阀，改变供入油马达的油流量实现调速，这种调速方法被称为节流调速。

（2）输入输出功率

液压马达的进出油压差称为工作压差，用 Δp 表示，液压马达的输入功率则为：

$$P_i = \Delta p Q_M \quad (W) \tag{6-3-3}$$

如果已知油马达输出轴上理论输出转矩为 M_t，理论角速度为 ω_t，那么油马达理论输出功率 P_t 为：

$$P_t = M_t\omega_t \quad (W) \tag{6-3-4}$$

考虑到油马达工作中存在摩擦损失、液力损失等，导致油马达的实际转矩 M 小于理论转矩 M_t，二者比值称为机械效率 η_m，即 $\eta_m = M/M_t$；油马达工作时存在泄漏，导致实际转速 n 小于理论转速 n_t，即实际的角速度 ω 小于理论角速度 ω_t，则 $\eta_v = n/n_t = \omega/\omega_t$；因此油马达实际输出功率 P 为

$$P = M\omega = M_t\omega_t\eta_m\eta_v = P_t\eta_m\eta_v = P_t\eta \tag{6-3-5}$$

其中 $\eta = \eta_m\eta_v$，η 称为油马达总效率。

可见，油马达的实际输出功率 P 取决于实际输出转矩和转速。如果工作负载增加，则油马达实际转矩增大，最好降低油马达实际转速，油马达才不会超负荷，原动机才不会过载，这就是通常说的"重载低速"。反之，如果工作负荷减小，则油马达实际转矩减小，最好提高油马达转速，提高工作效率，保证装置的功率利用率，这就是通常所说的

"轻载高速"。

（3）转矩

如果不考虑油马达工作时能量转换过程中的损失，那么油马达输入输出功率相等，即 $P_t = P_i$，$\Delta p Q_M = M_t \omega_t$，即 $\Delta p Q_M = M_t 2\pi Q_M / q_M$，可得

$$M_t = \frac{\Delta p q_m}{2\pi} \tag{6-3-6}$$

由于存在摩擦损失、液力损失等，因此油马达的实际转矩 M 小于理论转矩 M_t，实际转矩 M 为

$$M = M_t \eta_m = \Delta p q_M \eta_m / (2\pi) \tag{6-3-7}$$

由以上公式可知，油马达实际输出转矩 M 取决于油马达每转排量、工作油压差和容积效率。油马达低压油管路压力较小且变化不大，近似看成零，所以油马达工作油压力（高压）约等于工作油压差。对定量油马达而言，负载增加，油马达输出转矩增大，油马达工作油压增加；当负载增大到一定数值时，高压油管路安全阀开启。因此，对于由定量油马达组成的系统，油马达实际转矩和工作油压取决于负载大小；最大负载取决于安全阀的启发压力。对于变量油马达，可以在负载增加时，增加油马达每转排量，这样油马达工作油压可以少升高或不升高；供油量 Q_M 不变，油马达转速降低，这样油马达功率受到限制或实现平衡功率控制。

（4）转速脉动率

转速脉动率是指在液压马达的输入参数不变的情况下输出转矩或转速的最大值与最小值之差与其平均值之比，即：

$$\delta = \frac{M_{max} - M_{min}}{M_m} \tag{6-3-8}$$

（5）起动性能

液压马达的起动性能可用起动转矩 M_0 和起动机械效率 η_{m0} 来描述。

起动转矩是指液压马达由静止状态起动时，液压马达轴上所能输出的转矩。起动转矩通常小于相同工作压差时油马达正常运行的转矩。

起动机械效率是指液压马达由静止状态起动时，液压马达实际输出的转矩与它在同一工作压差时处于运行状态下的转矩之比，即：

$$\eta_{m0} = \frac{M_0}{M_t} \tag{6-3-9}$$

起动性能的好坏主要受摩擦力矩和转矩脉动性的影响，故当输出轴处于不同位置进行起动时，其起动转矩的数值会有所不同。

（6）最低稳定转速

由于瞬时排量是脉动的，因此当负载扭矩不变时，马达的工作油压便会脉动。而当供油流量不变，马达转速较低、惯性较小时，转速则会脉动。将液压马达在工作转速过低时出现的时快时慢，甚至时动时停的现象称为"爬行现象"。马达在额定负载下不出现爬行现象的最低工作转速即称为最低稳定转速。

造成爬行现象的主要因素是:液压马达瞬时排量的脉动性,不同结构型式的液压马达的瞬时排量的脉动性是不一样的;另外,摩擦力大小、润滑情况、受力情况、泄漏量大小也会影响到最低稳定转速大小。

(7)制动性能

制动性能是指将液压马达进出油口封闭后,液压马达输出轴随即停止转动并保持不动的能力。该能力的大小主要与液压马达的密封性能、油的黏度和工作压力有关。

液压马达的泄漏是无法完全避免的,所以对制动的安全性要求高的机械(如起货机)、要求长时间制动的机械(如锚机)通常都配有机械制动装置。

二、径向柱塞液压马达

目前所使用的径向柱塞液压马达按其结构和工作原理分为连杆式、静力平衡式和内曲线式液压马达三种。

1. 连杆式液压马达

连杆式液压马达的工作原理如图 6-3-2 所示。

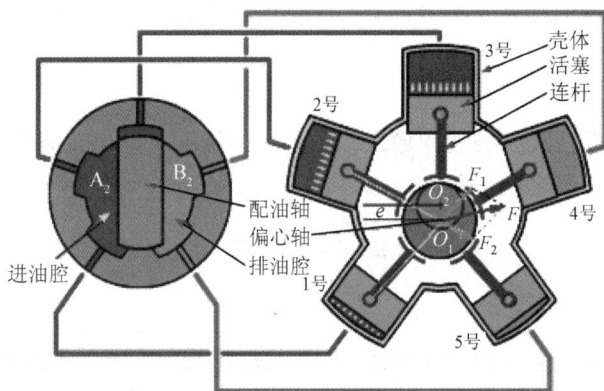

图 6-3-2　连杆式液压马达工作原理图

当马达的偏心轮处在图 6-3-2 所示位置时, 若经 A_2 口输入压力油,并使 B_2 口通油箱或液压泵吸口,压力油就要经 A_2 腔进入 1、2 号缸。油压力作用在两缸活塞上所产生的沿连杆方向的分力 F_1、F_2 传递到偏心轮上,指向偏心轮的圆心 O_1,对输出轴(中心线通过 O_2)形成扭矩,使其逆时针回转;4、5 号缸中的油则经 B_2 腔从 B_2 口回油。当进油缸的活塞被推至下止点(如 3 号缸所在位置)时,由于配油轴在随同转动,该缸将与 A_2 腔错开而与 B_2 腔接通,准备回油。而当活塞到上止点时,该缸又将与回油腔错开,接通进油腔,如图中 5 号缸即将到达的位置那样。所以,一旦曲轴和配油轴在进油油压的作用下转动,各缸就会按顺序轮流进油和回油,从而使马达连续运转。连杆式马达回油背压需大于 0.2 MPa,转速越高,则背压应越高,否则活塞从上止点回行的后半行程减速时,连杆的抱环和球承座可能因活塞惯性力过大而损坏。

如果改变进、回油方向,则图示位置压力油将从泵 B_2 腔进入 4、5 号缸,1、2 号缸中

油则经 A_2 腔回油,于是马达将反转。

从上述分析可知,连杆式液压马达曲轴每转每个工作油缸进排油一次,属于单作用液压马达。

油马达每转排量 q 与偏心距 e、柱塞数 z 和柱塞直径 d 的平方成正比,即

$$q = \frac{1}{4}\pi d^2 2ez = \frac{1}{2}\pi d^2 ez \qquad (6\text{-}3\text{-}10)$$

新型的连杆式马达的虽然进行了结构改良,使配油轴基本实现了静力平衡,但从偏心轴的受力分析可以得知,该型泵连杆大端与偏心轮接触面处和小端球铰处的比压较大,磨损较严重,有时会发生咬合现象,最终导致了偏心轴的径向力不平衡,径向载荷较大,影响轴承寿命。五缸连杆液压马达脉动率约为 7.5%,不仅高速运转时会造成压力脉动,低速时由于转速显著不均匀和连杆底面低速时滑动油膜厚度变薄甚至破坏而产生干摩擦,进而产生爬行现象,低速稳定性较差,船上已较少使用。

2. 静力平衡式马达

静力平衡式液压马达的结构原理示意如图 6-3-3 所示。液压马达的偏心轴 5 采用曲轴结构,曲轴中心 O_2 和偏心轴中心 O_1 间存在一偏心距 e,配油轴与曲轴做成一体。五星轮 3 滑套在偏心轴的凸轮上,在它的五个平面中各嵌装一个压力环 4,压力环 4 的上平面与空心柱塞 2 的底面接触,柱塞中间装有弹簧,以防液压马达起动或空载运转时柱塞底面与压力环脱开。

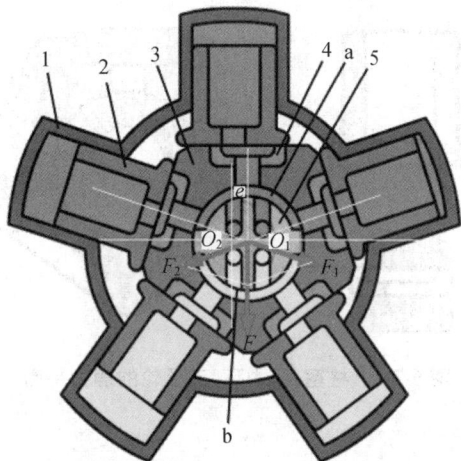

图 6-3-3　静力平衡式液压马达结构原理图
1—壳体;2—柱塞;3—五星轮;4—压力环;5—偏心轴

其工作原理如下:当压力油从供油口供入,进入偏心轴与五星轮之间的油腔 a、b 的油经过回油口与油箱或液压泵吸口相通。作用在偏心轴两侧的油压不等,形成向下的通过偏心轮中心 O_2 合力,从而产生驱动曲轴顺时针回转的转矩。随着曲轴的回转,合力方向不断变化,力臂、力矩始终不变。只要连续不断供油,就能使液压马达连续转动,改变液压马达的进、回油液流方向,液压马达就反向旋转。

液压马达每转一转,每个工作容积变化一次,所以静力平衡式液压马达也为单作用液压马达。油马达每转排量 q 与偏心距 e、柱塞数 z 和柱塞内外径的平凡差 (D^2-d^2) 成正比,即

$$q = \frac{1}{4}\pi(D^2 - d^2)2ez \tag{6-3-11}$$

从以上工作原理分析中可知,滑套在偏心轴上的五星轮受柱塞底面的约束,不能回转,只能上下左右做平面运动,偏心轴相对于五星轮自由转动;受五星轮的推动和柱塞内弹簧力的作用,空心柱塞在缸体内做往复运动。作用在偏心轴上的液压力,不是靠柱塞、压力环和五星轮传递而来,而是由压力油直接作用在偏心轴上产生的。柱塞、压力环和五星轮等在运动过程中仅起油压的密封作用。

为改善这些零件的受力情况,减少摩擦损失,通常将它们设计成静力平衡状态,所以这种马达称为静力平衡式液压马达。如图 6-3-4 所示,当压力环外径与柱塞外径相等时,由于压力环与柱塞底部接触面从内径到外径的压力分布因泄漏而递减,故作用在柱塞顶面的压紧力比底部的撑开力略大,此不平衡力与弹簧力共同作用,保证柱塞压紧压力环,同时又避免严重磨损。但柱塞上下方的液压力,除上下止点外,并不在一条直线上,所以会形成交变侧倾力矩,加剧柱塞与缸体间的磨损。压力环的底部液压力略大于顶部,但不会产生侧倾力矩。至于五星轮,只要宽度选得合适,可使内圆弧面上的油压力等于压力环孔内的油压力,实现力平衡,五星轮便处于浮动状态。

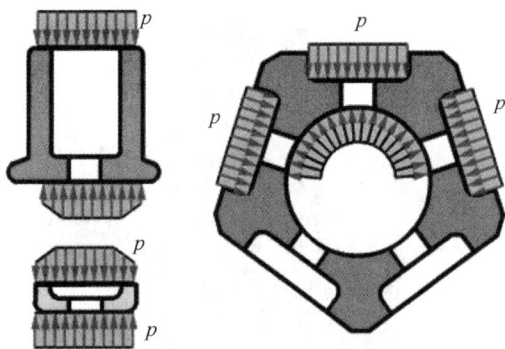

图 6-3-4 柱塞、压力环、五星轮的静力平衡

3. 内曲线式液压马达

内曲线式液压马达实际也是径向柱塞式马达的一种,不同于前两种马达(连杆式和静力平衡式)的单作用式,内曲线式属于多作用式。内曲线式液压马达易于做成壳转式,具有体积小、低速稳定性好等特点,在船舶液压锚机、绞缆机系统中应用较多。

(1)内曲线式液压马达的工作原理

内曲线式液压马达是一种多作用的径向柱塞式液压马达,其工作原理如图 6-3-5 所示。它主要由壳体 1(其内表面上分布有导轨曲面)、柱塞副 3、缸体 2(布置有径向油缸,与输出轴固定为一体)、配油轴 4 等组成。

壳体内壁由 x 个(图中 $x=8$)分布均匀、形状完全相同的曲面组成,每一个相同形

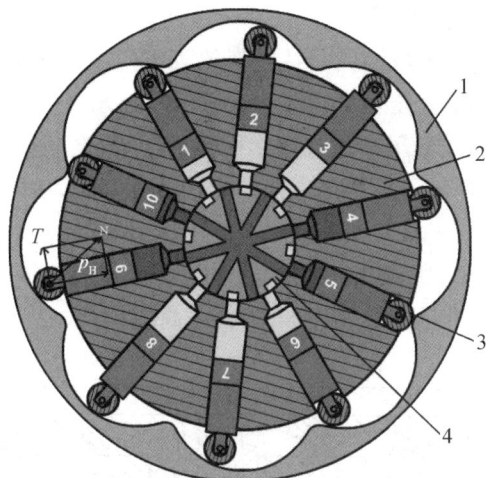

图 6-3-5　内曲线式液压马达工作原理图

1—壳体;2—缸体;3—柱塞副;4—配油轴

状的曲面又可分为对称的两边,其中允许柱塞组向外伸的一边称为工作段(进油段),与它对称的另一边称为回油段。每个柱塞在液压马达转一转中往复的次数就等于壳体的曲面数 x(x 称为该马达的作用次数)。

缸体 2 的圆周方向有 z 个均匀分布的径向油缸(图中有 10 个油缸,又称柱塞孔),每个油缸的底部有一配油窗口,并与配油轴 4 的配油孔道相通。有一个作用就应有一个进油窗孔和一个回油窗孔与之相配,所以配油轴 4 上有 $2x$ 个均匀布置的配油窗孔,其中 x 个窗孔与进油孔道相通,另外 x 个窗孔与回油孔道相通,这 $2x$ 个配油窗孔的位置分别与壳体曲面的工作段和回油段的位置严格对应。

柱塞副 3 以很小的间隙置于缸体 2 的油缸中。作用在柱塞底部上的液压力经滚轮传递到壳体 1 的曲面上。

当高压油进入配油轴,经配油窗口进入处于工作段的各柱塞油缸时,相应的柱塞副顶在壳体的曲面的工作段上,在接触处壳体曲面给柱塞一反力 N,这个反力 N 是作用在壳体曲面与滚轮接触处的公法面上,此法向反力 N 可分解为径向力 P_H 和圆周力 T,P_H 与柱塞底面的液压力相平衡,而圆周力 T 对缸体 2 产生驱动力矩。这就是轴转式油马达的工作原理。改变进出液压马达的油流方向,液压马达的转向随之改变。

如果壳体和配油轴固定不动,输出轴与缸体相连,那么输出轴在缸体的带动下逆时针回转。若将缸体 2 固定,而允许壳体和配油轴旋转,则称为壳转式油马达。

在柱塞副 3 经壳体曲面工作段过渡到回油段瞬间,供油和回油通道被闭死。为了使转子能连续运转,内曲线液压马达在任何瞬间都必须保证有柱塞副处在进油段工作,因此,作用次数 x 和柱塞数 z 之间不能有奇数公约数或 $x=z$ 的结构出现。

为防止吸排沟通,缸体 2 油孔的圆心角应小于配油盘封油区夹角。为防止困油,导轨曲面进回油中心区,需要做成圆弧形,圆弧圆心为配油轴中心,圆弧半径为导轨曲面进回油中心点到配油轴轴心的距离;并且导轨曲面圆弧段夹角应比配油轴封油区夹角略大。

（2）内曲线式液压马达的变量

改变有效作用次数、多列数液压马达的有效工作列数或柱塞数，都将改变液压马达的每转排量，做成有级变量液压马达，实现有级调速。

图 6-3-6 是改变内曲线液压马达有效作用数的原理图。这是一个六作用、八柱塞、双速内曲线液压马达的展开图。它将进油口分成两组，即 a 和 a'，b 组为回油；然后采用双速换向阀进行控制。在图示位置，a 和 a' 两组同时进油，b 组回油，为重载低速挡。换向阀左移，a 组进油，a' 组和 b 组通油箱，这时只有液压缸 2、4、6 进压力油，有效作用次数变为三，油马达每转排量 q 减少一半，为轻载高速挡。

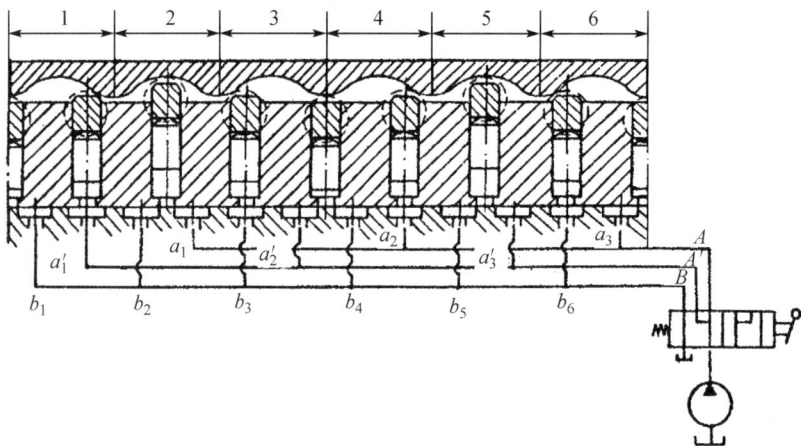

图 6-3-6　改变内曲线液压马达有效作用数原理图

三、叶片式液压马达

叶片式液压马达分为高速小转矩和低速大转矩两类，船舶中常见的为低速大转矩叶片式马达。船用低速大转矩叶片马达多为多作用式，在定量泵系统中，通过调节作用数可实现有级调速。

叶片式液压马达的工作原理和叶片泵相反，靠叶片两侧进回油油压差产生的推力来驱动转子和输出轴回转。如图 6-3-7 所示为高速小转矩叶片式液压马达的结构原理图，和双叶片泵相同，其定子表面曲线由四段圆弧（两段长半径、两段短半径）和四段过渡曲线组成定子和转子同心安装。

压力油从进油口 P 通过内部流道进入叶片之间，位于进油腔的叶片有 1、8、7 和 3、4、5。分析叶片的受力知，叶片 1 和 5 的左侧所受压力都为高压、右侧都为低压，使转子形成顺时针旋转的力矩 M，虽然叶片 7 和 3 同理形成了相反的转矩，但由于叶片伸出悬臂很短，形成力矩也很小，可以忽略不计，因而转子在转矩 M 的作用下顺时针旋转。改变输油方向，液压马达可反转。

上述高速小转矩叶片马达，叶片在转子每转中，在槽内伸缩往复两次，各有两个进、排油工作腔，称为双作用式。

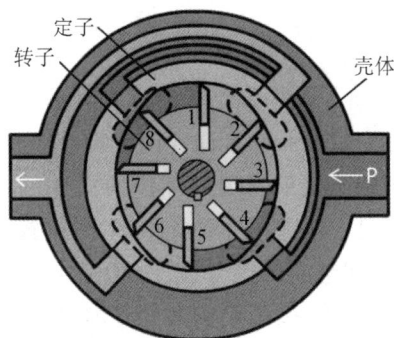

图 6-3-7　高速小转矩叶片式液压马达的结构原理图

低速大转矩液压马达的工作原理和上述基本相同,但由于低速和大转矩需要,在结构上采取了两项措施:

(1)增加工作腔数。同样的流量进入多个工作腔(多作用),显然低速。

(2)增加叶片数。工作腔数和叶片数增加,承受高压油产生扭矩的叶片数便增加,综合起来便能产生大的转矩。

第四节　液压控制阀

在船舶液压系统中,为了保证各执行机构按照要求正常工作,必须对液体的压力、流量和液流方向进行调节和控制。这种对液压油进行控制和调节的液压元件,统称为液压控制阀。

液压阀的种类很多,通常按照它在系统中的功用分为三大类。

(1)方向控制阀,用来控制液压系统中的油液流动方向,以满足执行元件的运动方向要求。

(2)压力控制阀,用来控制液压系统中的油液的压力,以满足执行元件所需力或力矩的要求。

(3)流量控制阀,用来控制液压系统中油液的流量,以满足执行元件运动速度的要求。

上述三类阀又可组合成各种复合阀,以便于插装或叠加,实现模块化设计。

随着液压技术的发展,用电信号对油的流向、流量和压力进行远程控制的比例控制阀也在船舶液压甲板机械中普遍使用。近年来,随着液压元件集成化程度越来越高,常将若干控制阀和截止阀组合在一体,或进一步将它们和液压泵、液压马达集成为一体,使结构紧凑。此外,具有标准化和通用性特点的插装阀在某些大流量、高压的船舶液压系统中也开始逐步推广使用。

液压阀的连接方式除传统的螺纹连接、法兰连接和板式连接外,在集成块的基础上还发展了插装连接和板式叠加阀。

一、方向控制阀

方向控制阀按用途可分为单向阀和换向阀两大类:单向阀使油只能单向流过,按其控制形式又分为普通单向阀和液控单向阀;换向阀的功用是利用阀芯和阀体的相对移动来改变阀内油路的沟通情况。换向阀的种类很多,根据控制方式的不同,换向阀有手动式、机动式、电磁式、液动式和电液式之分;按阀芯工作位置和控制油路的数目来分,有二位、三位和二通、三通、四通等;按其结构又可分为滑阀、锥阀和转阀等。

1. 单向阀

(1)普通单向阀

单向阀的功用是允许油液正向通过,禁止油液反向流动。普通单向阀常见的形式有直通式和直角式,阀芯较多采用导向性和密封性较好的锥阀,小流量的也可采用结构简单的球阀。

图 6-4-1(a)所示为直通式单向阀的结构简图,直通式结构的单向阀一般做成螺纹连接形式,故又称为管式。图 6-4-1(b)所示为直角式结构,其进出油均设在一个平面上,故又称为板式,用于集成块式连接的液压系统中。普通单向阀主要由阀体、阀芯和复位弹簧等组成。当压力油正向通过单向阀时,油压力克服弹簧力,阀芯开启,油流通过;当压力油反向流动时,阀芯在油压与弹簧力的共同作用下,迅速关闭,截断油流通道。

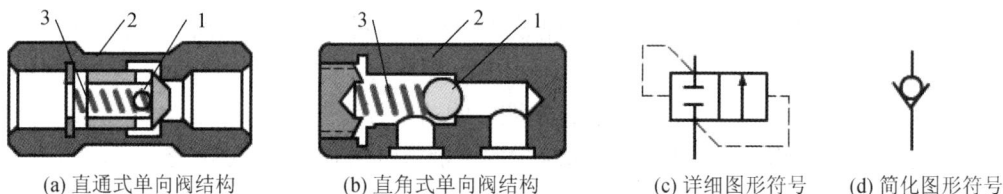

(a) 直通式单向阀结构   (b) 直角式单向阀结构   (c) 详细图形符号   (d) 简化图形符号

图 6-4-1 单向阀结构简图及其图形符号
1—阀芯;2—阀体;3—复位弹簧

单向阀弹簧的刚度一般较小,以尽量减少油流正向通过时的压力损失,正向最小开启压力(单向阀的性能指标)为 0.03~0.05 MPa。

单向阀有时也装在回油管中作背压阀使用,以保持一定的回油压力;还可以与细滤器等附件并联,以便在滤器堵塞时能够自动地起到旁通作用。在这些场合,单向阀被当成压力控制阀使用,要选用较硬的弹簧;背压阀开启压力为 0.2~0.6 MPa,细滤器的安全旁通阀启压力一般不超过 0.35 MPa。

(2)液控单向阀

液控单向阀的功用是无条件地允许油液正向通过,有条件地允许油液反向通过。如图 6-4-2 所示为液控单向阀的典型结构简图及其图形符号。当控制端 K 没有油压时,当油液从 A 到 B 流动,流体压力作用在主阀芯上,克服弹簧将锥阀从阀座上抬起,从 B 到 A 则不允许流动,这与普通单向阀动作一样;当需要油液反向通过时,接通控制油,顶杆上升打开主阀芯,让油液反向流出。

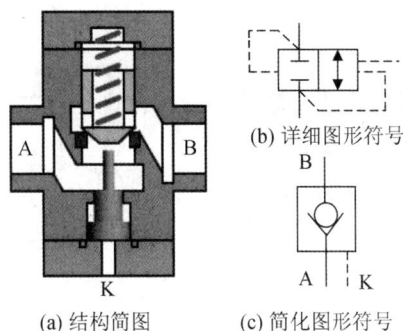

(a) 结构简图　　(b) 详细图形符号　　(c) 简化图形符号

图 6-4-2　液控单向阀的典型结构简图及其图形符号

图 6-4-3 所示为德国 Rexroth 公司生产的液控单向阀。如图 6-4-3(a)所示,B 油口进油时,作用在主阀芯的进油压力与弹簧力方向相同,控制活塞需要产生较大的推力,才能打开主阀,控制油压相对较高,这称为非卸荷式;如图 6-4-3(b)所示,B 油口进油时,只要控制活塞将卸荷阀芯 2 顶开,B 油口的压力油就可以经过主阀芯上的小孔向 A 油口泄压,从而使顶开主阀芯所需的控制油压相对较小,这称为卸荷式。如图 6-4-3(c)所示,控制活塞右侧泄油腔经外接泄油口 Y 直通油箱,称为外泄式。如图 6-4-3(a)和图 6-4-3(b)所示,控制活塞右侧泄油腔与油口 A 相通,称为内泄式,通常泄油背压较高。

(3)液压锁

两只液控单向阀可以组成液压锁,功用是无压力油进入时,锁闭执行元件的进出油路。如图 6-4-4 所示为带卸荷阀的液压锁的典型结构简图,P_1、P_2、P_3、P_4 分别为液压锁的连接油口,根据液压锁的结构简图,分析其动作原理。

从液压锁的结构简图分析可知,该阀左、右两侧各相当于 1 个液控单向阀,中间的控制活塞相当于液控单向阀的控制活塞;工作时,如果 P_1 进油,油压顶开左侧的阀芯,左侧单向阀导通,油从 P_1 向 P_2 流,同时,推动控制活塞 3 右移,依次使右侧的卸载阀芯和主阀芯开启,右侧单向阀打开,油液回流至油箱。如果 P_3 油口进油,情况类似。当 P_1 和 P_3 油口都无压力油进入时,两侧单向阀在弹簧力的作用下关闭,油路锁闭。

由上述分析可知,液压锁实际上为布置在同一阀体中的双联液控单向阀,其卸荷阀芯同样起到减轻液压冲击的作用。液压锁的图形符号如图 6-4-5 所示。

2. 换向阀

换向阀的功用是利用阀芯和阀体的相对移动来改变阀内油路的沟通情况。换向阀的种类很多,根据控制方式的不同,换向阀有手动式、机动式、电磁式、液动式和电液式之分;按阀芯的移动形式分为滑阀式和转阀式两种;按阀芯工作位置和控制油路的数目来分,有二位、三位和二通、三通、四通等。

通常将阀与液压系统中油路相连通的油口数叫"通",为改变液流方向,阀杆相对于阀体不同工作的位置数叫"位",常用"几位几通"来说明滑阀的职能特点。在滑阀的

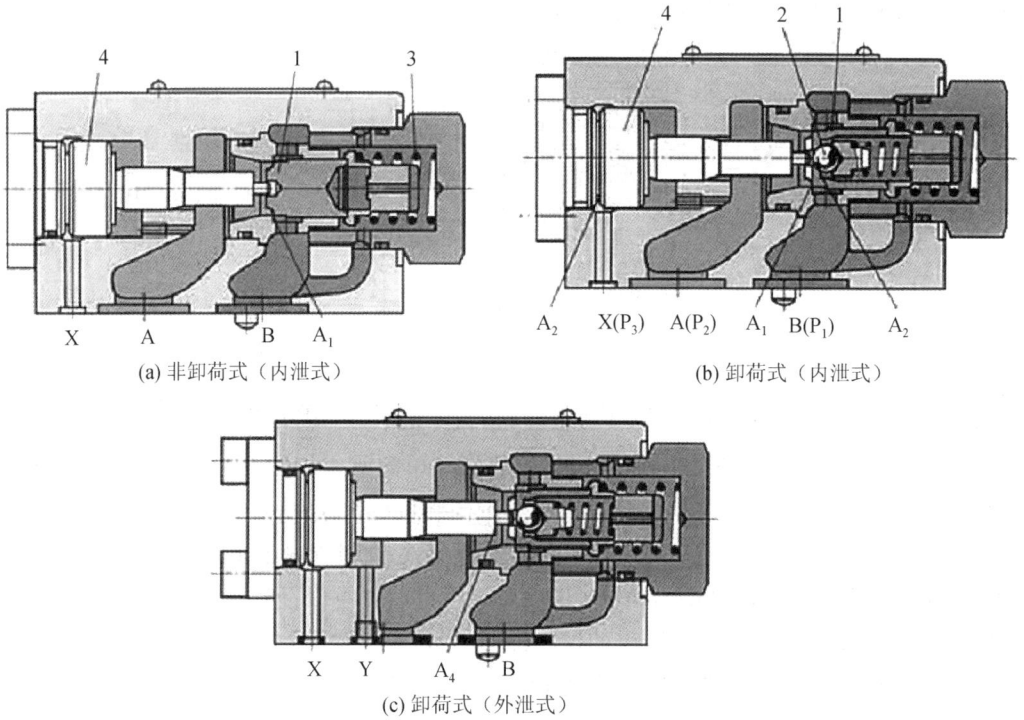

(a) 非卸荷式（内泄式）

(b) 卸荷式（内泄式）

(c) 卸荷式（外泄式）

图 6-4-3　德国 Rexroth 液控单向阀

1—主阀芯;2—卸荷阀芯;3—主弹簧;4—控制活塞

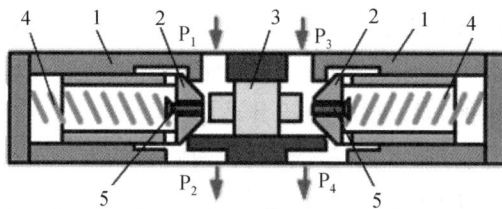

图 6-4-4　带卸荷阀的液压锁典型结构简图

1—阀体;2—阀芯;3—控制活塞;4—弹簧;5—卸荷阀芯

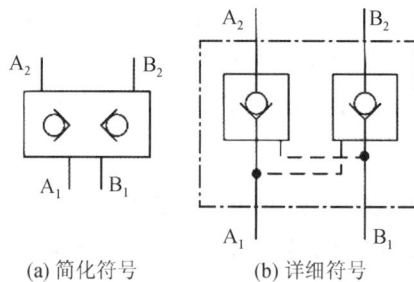

(a) 简化符号　　(b) 详细符号

图 6-4-5　液压锁图形符号

图形符号中,方块的个数表示滑阀的"位"数,方块中箭头表示相应两油口连通,箭头方向为液流方向,方块内的截断符号表示相应油口在阀内被封闭。为了叙述方便,常将阀与系统供油油路连通的进油口用字母"P"表示,将阀与系统回油路连通的回油口用字母"T"或"O"表示,将阀与执行元件连通的工作油口用字母"A"和"B"表示。

(1)滑阀式换向阀工作原理

图 6-4-6 为滑阀式换向阀工作原理图,阀体是具有若干个环槽的圆柱体,阀体孔内开有 5 个沉割槽,每个沉割槽都通过相应的孔道与主油路连通。当阀芯处于图 6-4-6 (a)中的位置及中位时,P、A、B、T 四油口被阀芯封闭,互不相通;当阀芯处于图 6-4-6 (b)中的位置时,P 与 B 相通,向执行机构供油,A 与 T 相通回油;当阀芯处于图 6-4-6 (c)中的位置时,P 与 A 相通供油,B 与 T 相通回油。

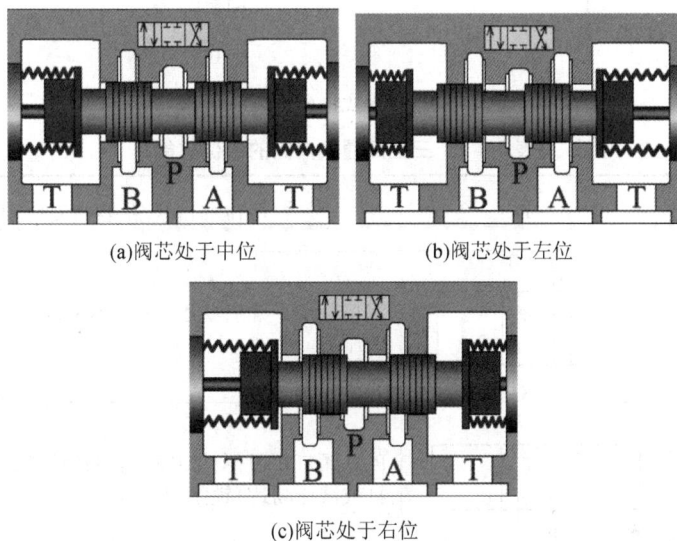

(a)阀芯处于中位   (b)阀芯处于左位

(c)阀芯处于右位

图 6-4-6　滑阀式换向阀工作原理

(2)转阀式换向阀工作原理

图 6-4-7 为转阀式换向阀工作原理图,阀芯上开有 4 个对称的圆缺,两两对应连通,阀体上开有四个油口分别与油泵、油箱、油缸两腔 A、B 连通,当阀芯处于图 6-4-7(a)所示位置时,P 与 A 连通,B 与 T 连通,活塞向右运动;当阀芯处于图 6-4-7(b)所示位置时,P 和 T 连通,油泵卸载,A、B 截止,活塞停止运动;当阀芯处于图 6-4-7(c)所示位置时,P 与 B 连通,A 与 T 连通,活塞向左运动。图 6-4-7(d)为其图形符号。

为了便于分析,我们通常把三位四通换向阀在中位时的油路沟通情况,称为中位机能。一般以与油路沟通情况形状相似的英文字母来表示,其相应的图形符号(又称机能图)与特性见表 6-4-1。中位时,A、B 相通(如 Y、H 型),执行元件在外力作用下可以移动,即处在"浮动状态";反之,A、B 不通(如 J、O 型),执行元件不能移动,处在"锁闭状态"。中位时,P、O 相通(如 H、M 型),则油泵卸荷;反之,P、O 不通(如 O、Y 型),油泵不能卸荷。

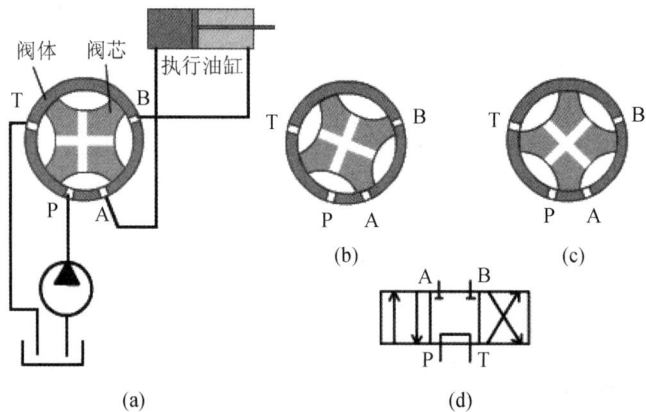

图 6-4-7　转阀式换向阀工作原理

表 6-4-1　三位四通换向阀的中位机能

序号	滑阀机能	符号	中位油口状况、特点及应用
1	X 型		油口处于半开启状态,泵基本上卸荷,但仍保持一定压力
2	M 型		P、O 两口相通,A 与 B 均封闭;液压执行机构(液压缸或液压马达)锁闭,泵卸荷
3	H 型		P、A、B、O 四口全串通;液压执行机构浮动,在外力作用下可移动,泵卸荷
4	O 型		P、A、B、O 四口全封闭;液压泵不卸荷,液压执行机构锁闭
5	Y 型		P 口封闭,A、B、O 三口相通;液压执行机构浮动,在外力作用下可移动,泵不卸荷
6	J 型		P 口封闭,A 口封闭,B、O 两口相通;液压泵不卸荷,液压执行机构锁闭

续表

序号	滑阀机能	符号	中位油口状况、特点及应用
7	P 型	A B P O	P、A、B 三口相通,O 口封闭;泵不卸荷,液压执行机构浮动,外力作用下可以移动
8	K 型	A B P O	P、A、O 三口相通,B 口封闭;液压执行机构锁闭,泵卸荷
9	N 型	A B P O	P 口封闭,B 口封闭,A、O 两口相通;泵不卸荷,液压执行机构锁闭
10	V 型	A B P O	P 口封闭,O 口封闭,A、B 两口相通,执行机构浮动,泵不卸荷
11	C 型	A B P O	P、A 两口相通,B 口封闭,O 口封闭;泵不卸荷,液压执行机构锁闭

（3）梭阀工作原理

梭阀又叫选择阀,因其阀芯工作时的形态结构像只梭子,故又称梭阀。它实际上是一种二位三通式液控单向阀,可以自动地进行油路压力的选择。

梭阀的结构及图形符号如图 6-4-8 所示。这种阀有两个压力油入口和一个出口,当右边进口压力大于左边进口压力时,阀芯被两者的差力值推向左边,关闭左端压力油口,从而右端压力油通向出口。反之,当左边进口压力大于右边进口压力时,则左端压力油通向出口。

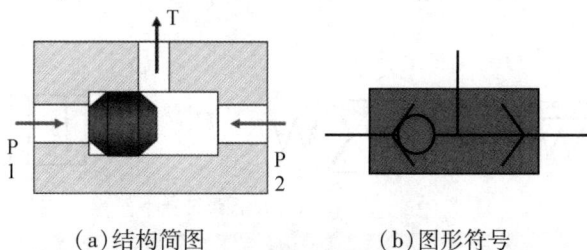

（a）结构简图　　　　　（b）图形符号

图 6-4-8　梭阀的结构简图和图形符号

（4）手动换向阀

图 6-4-9 所示为某型号三位四通手动换向阀,其结构简图和图形符号如图 6-4-10 所示。

手动换向阀

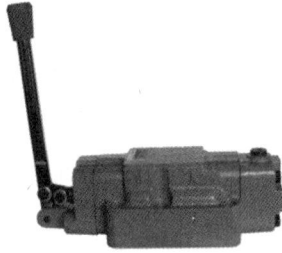

图 6-4-9　三位四通手动换向阀实物图

通常规定用 P 表示通压力油的接口(简称进油口),A、B 分别表示通往执行机构(液压缸或液压马达)工作油腔的接口(简称工作油口),T 表示通往油箱的接口(简称回油口)。

当手柄向右扳时,阀芯左移,P 和 A 接通,B 和 T 接通;当手柄向左推时,阀芯右移,这时 P 和 B 接通,A 和 T 接通,实现了换向。放松手柄时,换向阀的阀芯在对中弹簧的作用下回到中位。

如果要换向阀芯在三个位置上都能定位,可以将右端的弹簧 3 部分改为如图 6-4-10(b)所示的定位式结构。在阀芯右端的一个径向孔中装有一个弹簧和两个钢球,可以在三个位置上实现定位。

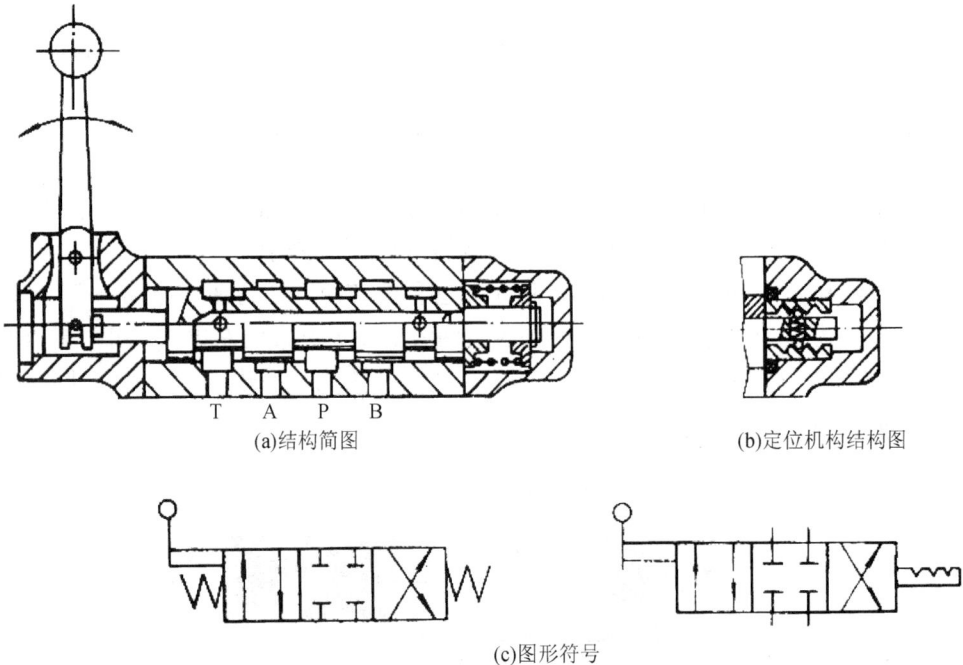

(a)结构简图　　　　　　　　　　　　　　　(b)定位机构结构图

(c)图形符号

图 6-4-10　三位四通手动换向阀结构简图与图形符号

(5)电磁换向阀

图 6-4-11 为 34DY-B10H 型三位四通电磁换向阀,其结构及元件名称如图所示。当电磁铁断电时,两边的对中弹簧使阀芯处在中间位置,阀芯工作在中位,各油口

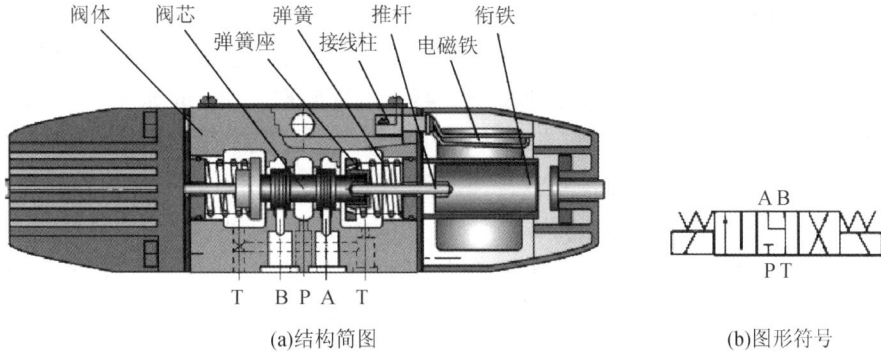

(a)结构简图

(b)图形符号

图 6-4-11　34DY-B10H 型三位四通电磁换向阀结构简图及图形符号

P 截止,A、B 和 T 互通,中位机能为 Y 型;当右边电磁铁通电时,衔铁通过推杆将阀芯推向左端,阀芯右侧处在工作状态,油口 P、B 相通,A、T 相通;当左边电磁铁通电时,阀芯推向右端,使阀芯左侧处于工作状态,油口 P、A 相通,B、T 相通,于是通往执行机构的油流方向也随之改变。

该型电磁换向阀属于弹簧对中型,即当磁铁全部断电时,阀芯靠两端的弹簧自动回到中位。为了防止阀芯卡住而不能回中,在两端磁铁罩盖上各设有一个复位按钮,拆除两端磁铁罩盖的固定螺丝,取下罩盖及复位按钮,即可露出磁铁。依次拆除衔铁和线圈,从阀体中伸出的一圆杆即为推动杆。推杆通过阀体处有 O 形橡胶密封圈阻止油进入电磁铁,称为干式电磁阀[如图 6-4-12(a)所示]。此密封圈所产生的摩擦力,消耗了部分电磁推力,同时也限制了电磁铁的使用寿命。

现代新型电磁阀推杆处不设密封圈,液压油可进到电磁铁内部,称为湿式电磁阀,其结构如图 6-4-12(b)所示。湿式电磁阀突出的优点是可用于开放空气或潮湿环境中(内部零件无腐蚀)。衔铁由于浸于油液,因而磨损小,并具有较好的缓冲行程和热传导特性。

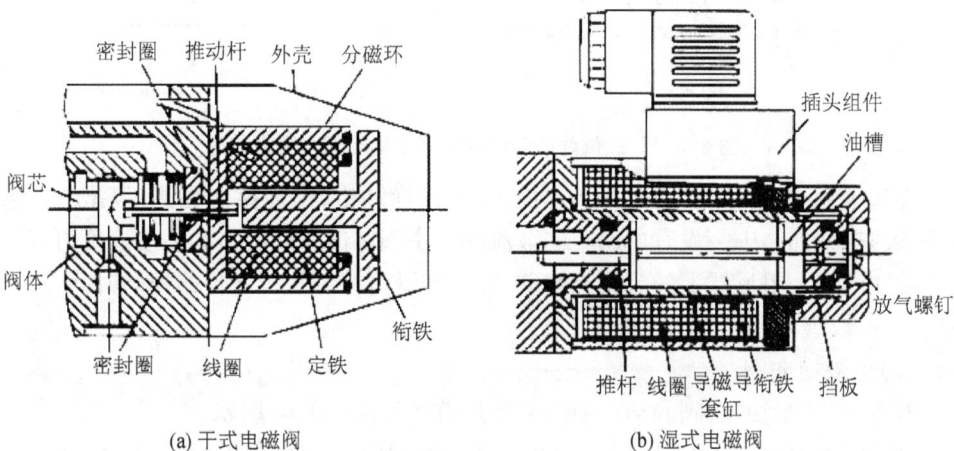

(a) 干式电磁阀

(b) 湿式电磁阀

图 6-4-12　电磁阀结构

根据电磁铁适用电源的不同,电磁阀有交、直流两种。交流电磁阀代号为 O,所用电压一般为 220 V,也有 380 V 或 36 V 的;直流电磁阀代号为 E,使用电压一般为 24 V,也有 110 V 或 48 V 的,电源电压的波动范围一般不得超过额定电压的 85%~105%。电压过高,线圈容易发热和烧坏;过低则又会因吸力不够而难以保证正常工作。交流电磁阀价格较低;其起动电流可大于正常吸持电流的 4~10 倍,因而初吸力大;但吸合和释放的时间很短(约 10 ms),换向冲击较大;当阀芯卡死或衔铁不能正常吸合时,激磁线圈也易因电流过大而烧坏;此外,操作频率不宜超过 30 次/分钟;寿命较短,吸合数十万次到百万次就会损坏。直流电磁阀则不会因铁芯不能吸合而烧坏,工作频率可达 120 次/分钟以上,吸合动作约为前者的 1/10,故工作可靠,换向平稳,寿命长,吸合可达千万次以上,但需要专用的直流电源。

(6)液动换向阀

电磁换向阀控制性能好,但由于电磁力有限,滑阀尺寸不能过大,允许流量不超过 120 L/min;如果流量更大,则要选用液动或电液换向阀。

液动换向阀是靠压力油来改变阀芯位置的换向阀。图 6-4-13 所示为带有可调节流阀的三位四通液动换向阀的结构简图与图形符号。

当控制油路的压力油从阀右边的油口 K_2 进入滑阀右腔时,阀芯被向左推,符号右框为工作位,油口 P 与 B 相通,A 与 T 相通。

当控制油路的压力油从阀左边的油口 K_1 进入滑阀左腔时,阀芯被向右推,符号左框为工作位,油口 P、A 相通,B、T 相通,从而实现了油路的换向。

当两个控制压力油口都不通压力油时,阀芯在两端弹簧作用下恢复到中间位置。

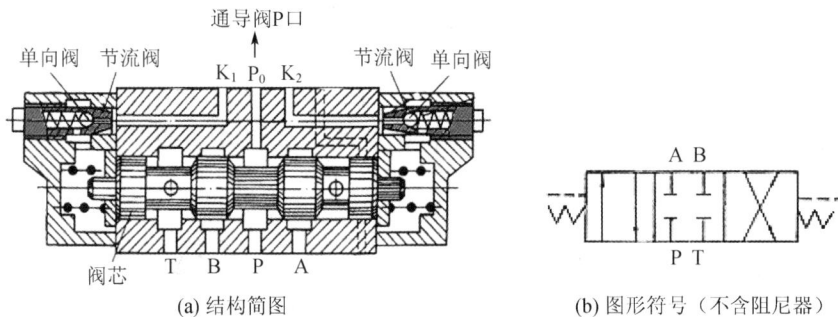

(a)结构简图　　　　　　　(b)图形符号(不含阻尼器)

图 6-4-13　三位四通液动换向阀结构简图与图形符号

为减缓液动换向阀的阀芯移动速度,减小换向冲击,提高换向性能,该型液动换向阀两端的控制油路中装设有可调单向节流阀。主阀芯向左或向右的移动速度可以分别用两端回油路上阻尼器上的节流阀来调节,这样既可控制执行元件的换向时间,又可使换向平稳,改善液动换向阀性能。

(7)电液换向阀

电液三位四通换向阀的结构简图和图形符号如图 6-4-14 所示。

当导阀右端线圈通电时,导阀阀芯左移,控制油经阻尼器(单向节流阀)的单向阀进入主阀芯的右腔,将主阀芯向左推,这时主阀芯左端的油经阻尼器节流阀和电磁阀流回油箱,主阀芯克服弹簧力和摩擦阻力被推倒左端,使油口 P、B 相通,A、T 相通。反

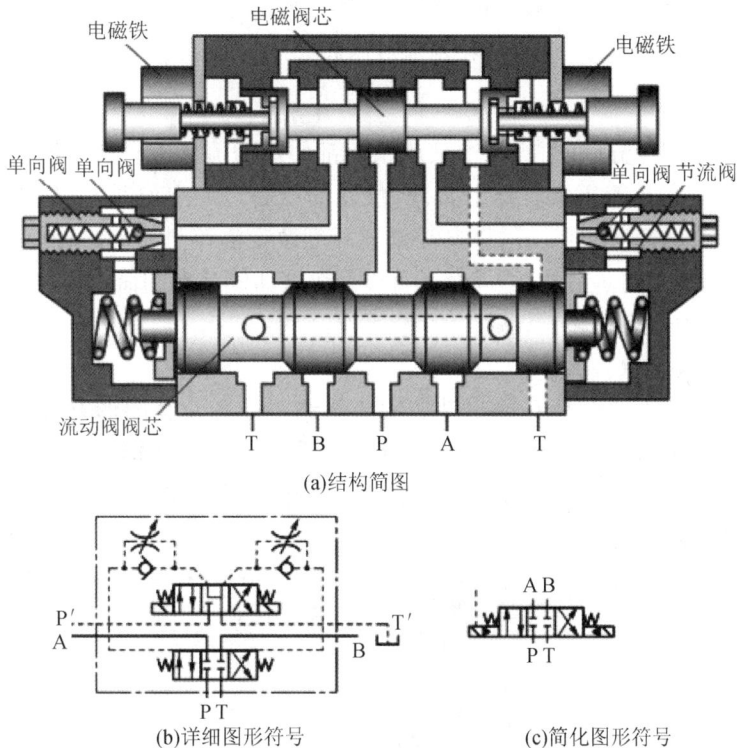

(a)结构简图

(b)详细图形符号　　　　　　(c)简化图形符号

图 6-4-14　电液三位四通换向阀的结构简图及其图形符号

之,电磁阀左端线圈通电时,主阀移到右端,主油路换向,使油口 P、A 相通,B、T 相通。

　　当两个电磁线圈都断电时,对中弹簧可使主阀芯移动到中间位置。弹簧对中型电液换向阀的导阀中位机能常采用 Y 型,以便导阀断电回中时,主阀两端的控制油得以泄回油箱,主阀在弹簧力的作用下回中。弹簧对中型电液换向阀主阀靠弹簧回中,故弹簧较硬,控制油压较高。

　　主阀芯向左或向右的移动速度可以分别用两端回油路上阻尼器上的节流阀来调节,这样既可控制执行元件的换向时间,又可使换向平稳,改善电液换向阀性能。电液换向阀的控制油压有两种供油方式:外部控制和内部控制。外部控制(简称外控)是指外接油管将辅泵或主油路减压后的控制油引入导阀;内部控制(简称内控)是指主阀 P 油口的压力油经阀体内通道引入导阀,为控制压力和流量,通常需在阀体内设置减压阀或阻尼器。对采用内控的电液换向阀,若主阀中位机能为卸载式,为使阀芯在中位时能保持控制油压,可在回油管路或通道中设置背压阀。

　　此外,导阀的泄油如果经阀内油道通向主阀的回油口,称为内泄;如果主阀的回油背压太高,导阀泄油应从独立的泄油管通油箱,称为外泄。

二、压力控制阀

　　压力控制阀的基本原理是利用液压油作用在阀芯上的液压力与弹簧力进行比较来

实现对油压的控制。它包括溢流阀、减压阀、顺序阀等,在船舶液压系统中广泛用于控制阀前后的压力或压力差,也经常和其他液压阀如单向阀等组合使用。

1.溢流阀

溢流阀的应用十分广泛,每一个液压系统都使用溢流阀。它在系统中的功用主要有两种:一种是在系统正常工作时常闭,仅在油压超过调定值时开启,作为安全阀使用;另一种是在系统工作时常开,靠自动调节开度改变溢流量,以保持阀前油压基本稳定,即作为定压阀使用。另外,溢流阀还可以作为背压阀或者卸荷阀使用。根据工作原理的差别,可分为直动式和先导式。

(1)直动式溢流阀

图 6-4-15 所示为带阻尼孔的直动式溢流阀结构简图及其图形符号。直动型溢流阀由阀芯、阀体、弹簧、上盖、调节杆、调节螺母等零件组成。液压油从 P 口进入,通过 T 口直接回油箱。在阀芯的下端设有阻尼活塞,在活塞底部钻有一细孔——阻尼孔 g,其与进油腔相通,提高了阀的稳定性。

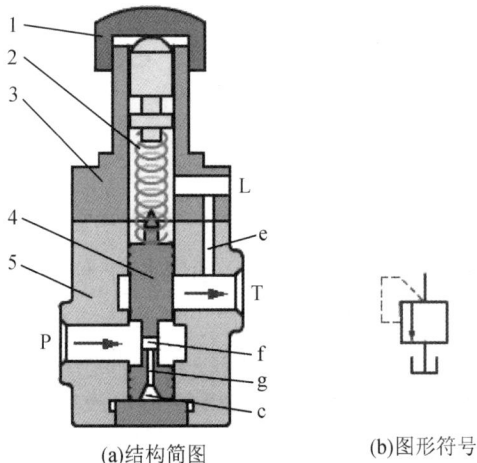

(a)结构简图   (b)图形符号

图 6-4-15 带阻尼孔的直动式溢流阀结构简图及其图形符号

1—调节螺帽;2—弹簧;3—阀盖;4—阀芯;5—阀体;c—阀芯底部端面锥形孔;e—内部泄油孔;f—径向孔;g—阻尼孔

从图 6-4-15 结构分析可以看出,直动式溢流阀是作用在阀芯上的主油路液压力与调压弹簧力直接相平衡的溢流阀,当液压作用力低于调定弹簧力时,阀口关闭,阀芯在弹簧力的作用下压紧在阀座上,溢流口无液体溢出;当液压作用力超过弹簧力时,阀芯开启,液体溢流,弹簧力随着开口量的增大而增大,直至与液压作用力相平衡。旋转调节螺帽 1,可以通过调节弹簧 2 的预紧力来改变调定压力。

直动式溢流阀结构简单,灵敏度高,但多数适用于小流量中低压场合。因为在高压大流量工作时,阀的弹簧较硬、较粗,阀前系统的压力随溢流量的变化较大。

(2)先导式溢流阀

图 6-4-16、图 6-4-17 分别为三节同心式先导式溢流阀的实物图与结构简图。

该阀由先导阀和主阀两部分组成。如图 6-4-17 所示,先导阀实际上是一个小流量

图 6-4-16　三节同心式先导式溢流阀实物图

直动式溢流阀,其锥形导阀芯 1 在调压弹簧 9 的作用下压在导阀座 2 上,拧动调压螺钉 10 可以调节系统的工作压力。

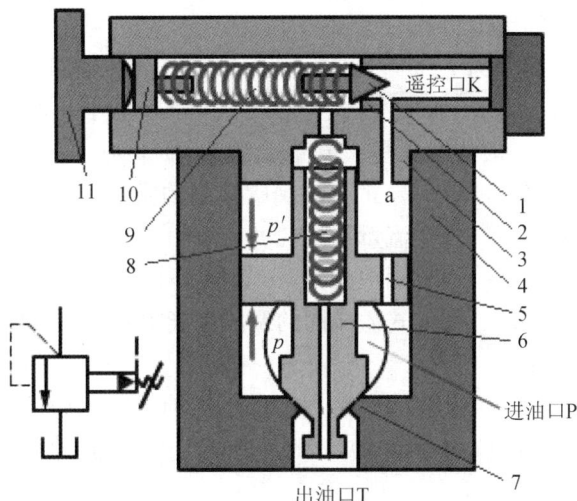

图 6-4-17　三节同心式先导式溢流阀结构简图

1—导阀芯;2—导阀座;3—导阀体(主阀盖);4—主阀体;5—阻尼孔;6—主阀芯;7—主阀座;8—主阀弹簧;9—调压弹簧;10—调压螺钉;11—调压手轮

主阀芯 6 的下部锥形阀面与主阀座 7 相配合,中部圆柱面(又称平衡活塞)与主阀体 4 相配合,上部圆柱面与导阀体(又称主阀盖)3 相配合,此三处均起密封作用。主阀弹簧 8 作用在主阀芯的上方,将主阀芯往下压,形成关阀作用力 F_s(即弹簧张力)。如图 6-4-17 所示的先导式溢流阀,工作时压力油从进油口 P 进入主阀下腔室,并经主阀芯上的阻尼孔 5 进入上腔室,再经通道 a 和缓冲小孔进入先导阀前腔。

当进油压力 p 低于导阀的开启压力 p_0 时,先导阀关闭,阀内无油流动。此时,主阀上下腔和先导阀前腔的压力均等于进油压力 p,又由于主阀上、下腔的承压面积 A 大小相等,所以主阀芯在弹簧力的作用下压在阀座上,主阀也与导阀一样处于关闭状态。

当进油压力 p 超过导阀的开启压力 p_0 时,导阀即被顶开,使少量油液经导阀座 2 和主阀中心孔流到回油口 T。由于阻尼孔 5 的孔径很小(一般为 0.8~1.2 mm),有节流作用,使主阀上腔压力 p' 小于下腔压力(即进油压力)p,主阀在这个压力差($p-p'$)的作用下便产生一个向上的启阀作用力 $F_0 = (p - p')A$。随着阀前油压力的继续升高,导阀开度增加,主阀上下腔的压力差 $(p - p')$ 也增加,主阀启阀作用力 F_0 也增加。当启阀作用力大到足以克服主阀重力、摩擦力和主弹簧张力 F_s 时,主阀口就开启溢流。此后,只要主阀进口压力稍有增加,导阀的开度和流量随之增加,主阀上下腔的压力差就会增加,主阀溢流口的开度增加,主阀溢流量增加;同理,当主阀进口压力稍有减小时,导阀开度就减小,主阀开度也随之减小,主阀溢流量减小,从而保持主阀进口的系统油压基本稳定。

由于主阀的开度是有限的,当主阀已经达到最大开度(即最大溢流量)时,若主阀进口的系统油压力再升高,就超出了主阀的调节范围,因此必须为液压系统配置额定溢流量足够的溢流阀。转动调压手轮 11,改变导阀弹簧的初张力,可在规定范围内改变溢流阀的整定压力。

当溢流阀处于稳定的开启状态时,作用在主阀上的启阀作用力和关阀作用力(忽略重力和摩擦力)是平衡的,即 $(p - p')A = F_s$。

由于与主阀弹簧的张力 F_s 相平衡的是油压差 $(p - p')$,而非主阀进口系统压力 p,所以即使系统压力较高,则需使用较软主阀弹簧;由于阻尼小孔很小,仅 1 mm 左右,通过导阀的流量也很小,一般为溢流阀额定溢流量的 0.5%~1.0%,故导阀的承压面积很小,导阀的弹簧也比较软,所以先导式溢流阀所控制的阀前压力也就变化不大,调压精度高,压力变化小,适用于高压大流量系统。

在先导式溢流阀中,主阀、导阀中的弹簧作用是不同的,主阀弹簧主要起复位作用,导阀弹簧主要起调压作用。先导式溢流阀的调压性能主要取决于导阀的性能。

(3)溢流阀的功用

①作溢流阀用:在图 6-4-18(a)所示用定量泵供油的节流调速回路中,泵的流量大于节流阀允许通过的流量,溢流阀使多余的油液流回油箱,此时泵的出口压力保持恒定。

②作安全阀用:在图 6-4-18(b)所示由变量泵组成的液压系统中,用溢流阀限制系统的最高压力,防止系统过载。系统在正常工作状态下,溢流阀关闭;当系统过载时,溢流阀打开,使压力油经阀流回油箱,此时溢流阀为安全阀。

③作背压阀用:在图 6-4-18(c)所示的液压回路中,溢流阀串联在回油路上,溢流阀产生背压后使运动部件运动平稳,此时溢流阀为背压阀。

④作卸荷阀用:在图 6-4-18(d)所示的液压回路中,在溢流阀的遥控口串接一小流量的电磁阀,当电磁铁通电时,溢流阀的遥控口通油箱,此时液压泵卸荷,溢流阀这时作为卸荷阀使用。

⑤远控调压:先导式溢流阀一般有设有外控口 K(参见图 6-4-16),除了可以用油管外接一只两位两通电磁阀实现远程卸荷外(如图 6-4-18(d)所示),还可以与一小流量直动式溢流阀通过油管连接实现远控调压,如图 6-4-19 所示。此时,先导式溢流阀本身的导阀应不起作用,其调定压力必须高于远程调压的最高调整压力。

2. 减压阀

减压阀的功用是使流经阀的油液节流降压,并保持阀后压力或压差基本恒定,以便

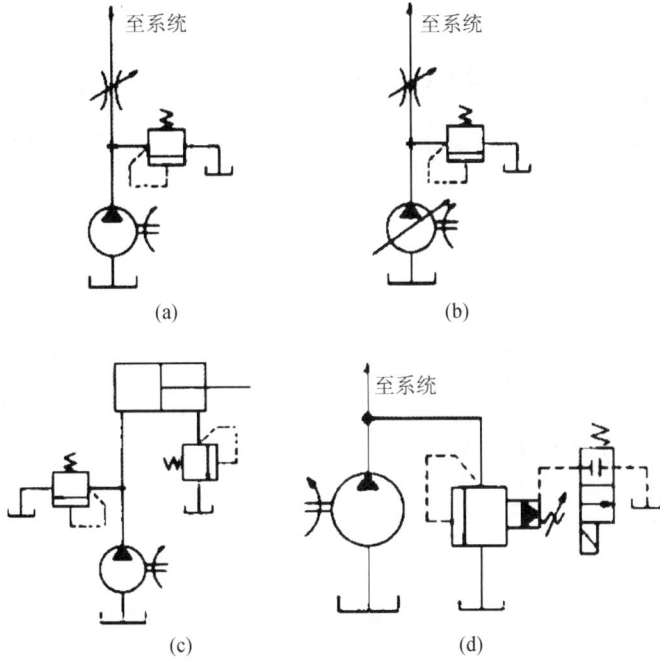

(a) (b)

(c) (d)

图 6-4-18　溢流阀的应用

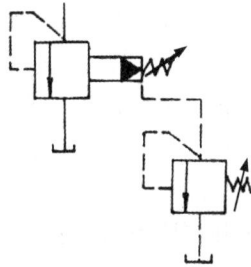

图 6-4-19　溢流阀远控调压

从系统中分出油压较低的支路。

减压阀主要有定值输出和定差输出两种。定值减压阀能根据阀出口压力的变化改变阀的开度,以使阀后油流减压并保持压力稳定。定差减压阀能根据阀的进、出口压力差的变化改变阀的开度,以使阀后油流减压并保持压差稳定。定值减压阀最为常用,故通常就将其简称为减压阀。

(1)减压阀结构及工作原理

图 6-4-20 为某国产先导式减压阀实物、结构简图及直动式减压阀和先导式减压阀图形符号。

先导式减压阀是由直动式减压阀和直动式溢流阀两部分组合而成。直动式溢流阀为导阀,导阀阀芯、导阀弹簧和手轮组合在导阀阀壳中,并形成减压阀的阀盖;主阀由阀芯、阀体以及主阀弹簧组成;液压油从进油口 P_1 进入,经主阀芯和阀座之间的减压口节流降压后,从出油口 P_2 输出;主阀阀芯下部中心设有阻尼孔 f,出油口油通过阀体和底

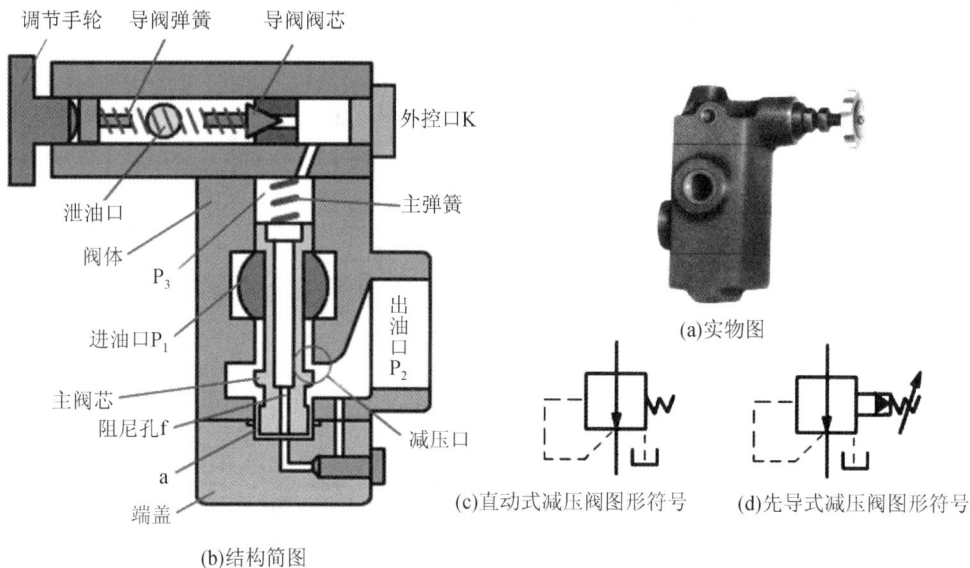

图 6-4-20　先导式减压阀的实物图、结构简图、图形符号及直动式减压阀图形符号

盖中的通孔引入主阀芯底部,经过阻尼孔 f 进入主阀阀芯上腔及导阀右腔。

导阀上除设有外控口 K 外,还设有一泄油口。

工作时,从进口来的压力为 p_1(一次压力)的高压油流经主阀的减压口节流后,压力降为 p_2(二次压力),由出口流出。

为感受出口油压和控制主阀芯的动作,出口油液的一部分经阀内通道被引到主阀下方的油腔,再经主阀中心的阻尼孔 f,到达主阀上方的油腔和导阀的右腔,这两个油腔的油压都为 p_3。

正常工作时,压力 p_3 大于导阀开启压力,导阀被顶开,少量油液经阻尼孔 f 和导阀向泄油口泄油。由于阻尼孔的节流作用,主阀下腔的油压 p_2 高于上腔油压 p_3。由于导阀较小,其导阀弹簧较弱,故 p_3 的压力变化量很小。如果 p_2 升高,主阀上下的油压差 (p_2-p_3) 随之增大,主阀就会克服弹簧的张力而关小,以阻止 p_2 增加;反之,如果 p_2 降低,主阀就会开大,以阻止 p_2 的降低。主阀弹簧仅需帮助主阀克服移动阻力,而无须与液压力平衡,故刚度也不大。这样,依靠主阀自动调整节流口的开度,即可使出口压力基本稳定在调定压力附近。

转动手轮,改变导阀弹簧的张力,即可改变减压阀的整定压力。当然,如果阀后的压力 p_2 过低,致使导阀关闭,则主阀上、下腔油压相等,主阀也就会在本身弹簧的作用下处于最下端,使减压口全开,这时也就超出了阀的调节范围,因而也就无法维持阀出口压力的稳定。

减压阀的泄油口须直通油箱(外泄),这与溢流阀(内泄)不同,减压阀工作时导阀的外泄流量一般小于 1.5~2 L/min。先导式减压阀也可通过外控口 K 实现远程控制。

(2)减压阀的功用

①减压作用:图 6-4-21(a)中,主系统的支路上串接一减压阀后输送到执行机构液

压油缸,所以该减压阀用以降低和调节支路油缸的最大推力,起减压回路作用。

②稳压作用:图6-4-21(b)中,系统中有两个执行元件,减压阀串接在一个支路上,另一支路有节流阀、电磁换向阀等,负载变化比较大,减压阀在此起稳压作用,当系统压力波动较大时,保证液压缸2有较稳定的输出压力,在减压阀处于工作的状态下,可使液压缸2的压力不受溢流阀压力波动的影响。

③单向减压:当需要执行元件正反向压力不同时,可采用图6-4-21(c)中的单向减压回路。图中的用双点画线框起的单向减压阀是具有单向阀和减压阀功能的组合阀。

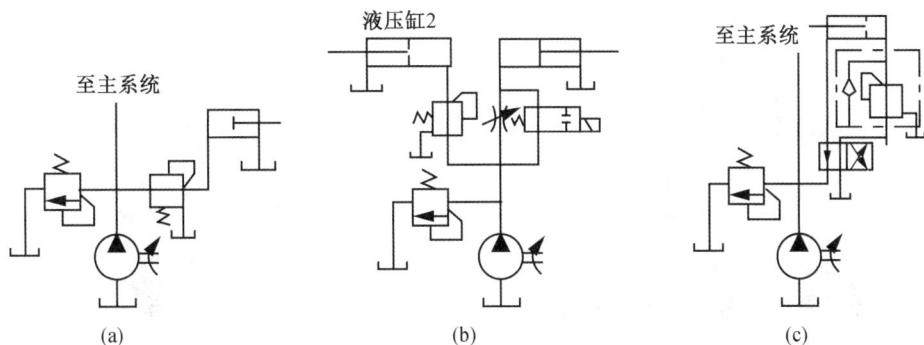

图6-4-21　减压阀的应用

3. 顺序阀

顺序阀是一种用油压信号控制油路接通或隔断的阀,故也可将其看成是一种液动的二位二通阀。顺序阀的主要功能是控制液压系统中的执行元件进行顺序动作。在顺序阀控制压力(如为内控,即为阀进口处压力)未达到调定压力之前,此阀关闭;在达到调定压力后,阀门打开,油液经过此阀进入下一级执行元件,并使其动作,从而达到顺序动作的目的。如将该阀的出油口直接与油箱接通,则可作为卸荷阀使用。此外,顺序阀与单向阀组合可构成单向顺序阀和平衡阀。

(1)直动式顺序阀

图6-4-22(a)所示为XF型直动式高压顺序阀的结构简图及图形符号。其结构形式和溢流阀相似,由阀芯、阀体、阀盖、端盖、弹簧以及调节螺钉组成。由于阀的进口腔油压较高,为避免弹簧设计得过于粗硬,控制油不直接通入阀芯的底部,而是作用于阀芯下端处直径较小的控制活塞上,以减小油压对阀芯的作用力和与它相适应的弹簧作用力。

直动式顺序阀的工作原理如图6-4-22(b)所示。当进口油压低于顺序阀调定的压力时,控制活塞下端的油压作用力小于弹簧对阀芯的作用力,阀芯处于图6-4-22(b)所示最下端位置,阀口封闭,油液不能通过顺序阀。而当进口油压达到或超过顺序阀的调定压力时,阀口打开,阀的进出油口之间形成通路,此时,油液可从顺序阀出口流出。这种阀的控制方式,当下端盖按图6-4-22(a)所示的方向在阀体上安装时,控制油直接取自阀的进口油腔,故称直动式内控顺序阀,图形符号如图6-4-22(c)所示。

若将图6-4-22(a)所示顺序阀的下端盖拆下,相对于阀体旋转180°或90°后安装,

则阀的进口油液被下端盖堵住,通不到控制活塞的下端,这时再将外控口 K 的堵头拧下。在该处接上控制油管并通入控制油,阀的启闭便可由外部的控制油控制,故称为外控顺序阀,其符号如图 6-4-22(d)所示。外控顺序阀的阀口开启与进油腔压力无直接关系,可采用很小的弹簧力,只需克服摩擦力,保证阀芯的及时复位关闭即可。所以可以较低引入外部控制油的压力。

无论内控还是外控顺序阀,因其出口腔有压力,故弹簧腔泄油应单独接回油箱。

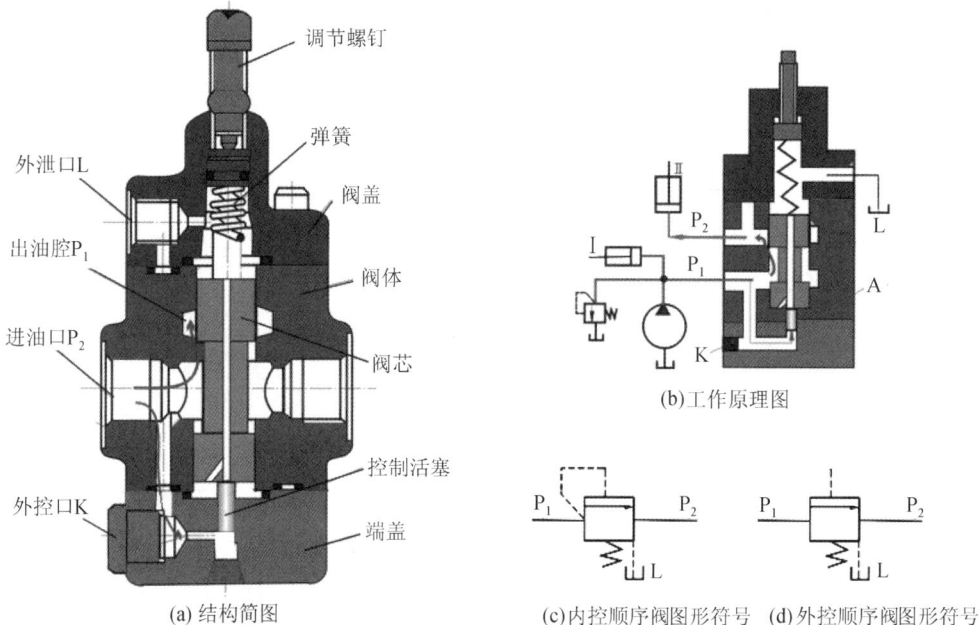

(a)结构简图   (b)工作原理图   (c)内控顺序阀图形符号   (d)外控顺序阀图形符号

图 6-4-22　XF 型直动式高压顺序阀结构简图及图形符号

（2）先导式顺序阀

图 6-4-23 为先导式顺序阀的结构简图与图形符号。它的结构形式和先导式溢流阀基本一致,只是在导阀上多了一个泄油口 L。

先导式顺序阀工作原理与先导式溢流阀基本一致。如图 6-4-23 所示,当进油腔的油液压力 p_1 大于先导阀调定压力时,先导锥型阀与主阀均打开,压力油流自出油腔通向执行元件,实施顺序动作。先导阀溢流油自外泄油口 L 流回油箱。若进油腔压力继续上升,通过阻尼孔的流量相应增大,主阀芯上下压力差值增大,主阀弹簧被压缩量增大,阀的开口度增大,直至最大,此时,出油腔压力 p_2 与进油腔压力 p_1 将接近相等。

当进口腔压力 p_1 下降到低于调定压力时,锥阀关闭,主阀关闭,进油腔与出油腔被隔断,油液不能通过顺序阀流出。

顺序阀采用了先导控制后,启闭特性明显改善。而且,调压由锥阀弹簧控制,使顺序压力由直动型的 14 MPa 提高到 31.5 MPa。

（3）顺序阀的功用

①控制多个执行机构的动作顺序

如图 6-4-24 所示的液压系统中,当手动二位四通阀处于右位时（图示位置）,油泵

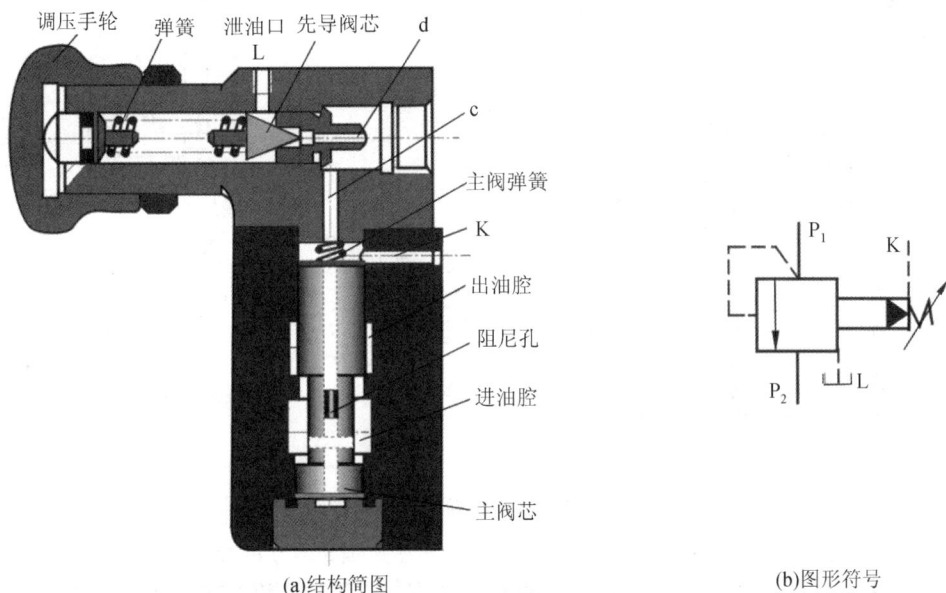

(a)结构简图　　　　　　　　　　　　　(b)图形符号

图 6-4-23　先导式顺序阀的结构简图和图形符号

d—导阀阀座中心孔；c—导阀连通孔；K—遥控油口；L—泄油口

液压油将同时向 A、B 两液压油缸的左侧油缸供油，有使两油缸活塞右移的趋势。A 油缸由于单向阀的限制，液油必须顶开顺序阀活塞后才能进入其活塞左侧油缸，B 油缸的液油则直接进入其活塞左侧油缸，推动其活塞右移。只有当 B 油缸移动到底位或承受较大的负载后，系统油压上升到超过 1 号顺序阀调定压力时，液油才进入 A 缸，使 A 缸活塞右移，实现了 B、A 两油缸的依次顺序移动。反之，当手动二位四通阀处于左位时，则可实现油缸活塞先 A 后 B 的顺次左移。

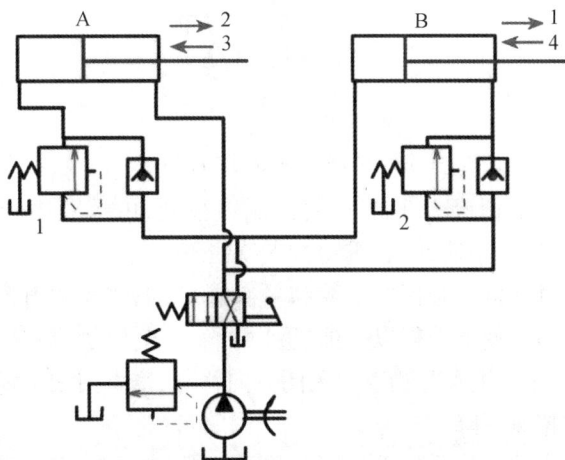

图 6-4-24　液压系统中顺序阀顺序控制的应用

②顺序阀与单向阀组合

顺序阀与单向阀的组合称为平衡阀或单向顺序阀，其结构简图与图形符号如图

6-4-25 所示。

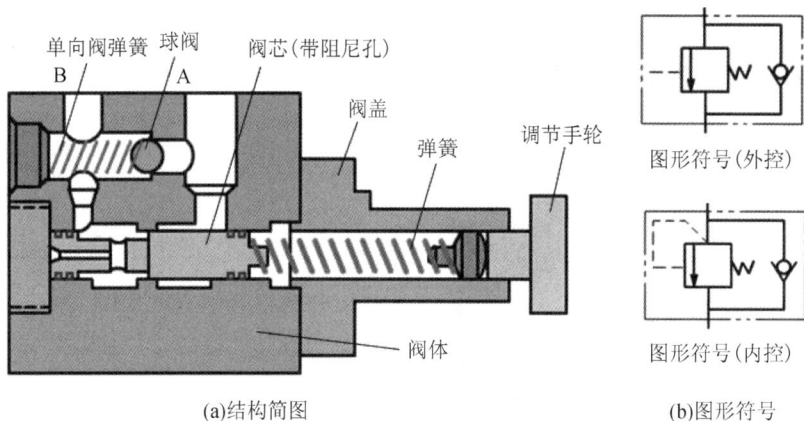

图 6-4-25　平衡阀结构简图及其图形符号

平衡阀又称限速阀,常装于单向负载(如起升、变幅机构)液压系统中的下降工况时的回油管路上,用于控制重物下降时的回油速度,起平衡重物和节流限速作用,如图6-4-26 所示。其工作原理如下:

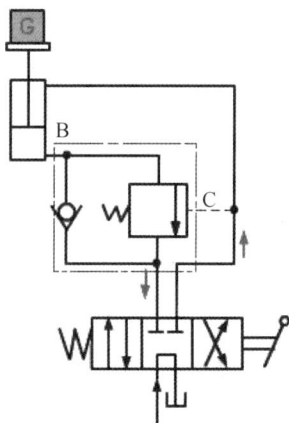

图 6-4-26　平衡阀的应用

停止工况时,通往平衡阀 C 腔的控制油压力很低,内部顺序阀关闭,单向阀也关闭,故平衡阀锁闭,液压缸不能回油,重物被支持住。

下降工况时,泵供油进入液压缸上腔和平衡阀 C 腔,当压力升高到调定值时,C 腔的控制压力使主阀打开,使下腔得以回油,重物下降。若重物下降速度过快以致泵供油跟不上时,C 腔压力下降,主阀芯趋于向关闭方向移动,增大回油节流效果,减慢重物下降速度,以防止重物超速下降。

上升工况时,泵供油正向通过平衡阀中的单向阀,进入液压缸下腔,推动重物上升,液压缸上腔的油经换向阀回油箱。

三、流量控制阀

流量控制阀是在一定压力差下,依靠改变节流口液体阻力的大小来控制节流口的流量,从而调节执行元件运动速度的阀类。其主要包括节流阀、调速阀、溢流节流阀等,常用来控制液压缸或液压马达运动速度,是节流调速系统中的基本调节元件。在定量泵供油的节流调速系统中,必须将流量控制阀与溢流阀配合使用,以便将多余的油液排回油箱。

1. 节流阀

节流阀靠移动或转动阀芯来改变阀口的通流面积,从而改变油流阻力,以控制油流量。

节流阀的实物结构与图形符号如图 6-4-27 所示。该阀节流口的形式采用的是轴向三角沟式。油从进油口流入,经阀芯左端的节流沟槽从出油口流出。调节阀芯的轴向位置可以调节节流程度。普通节流阀通过改变液体的流通面积,从而改变流阻的形式,实现流量的改变,所以节流阀只有装在定压液压源后面的油路中或定量液压源的分支油路上才能起流量调节作用。禁止将节流阀装在定量液压源的总管上,因为那样不仅不能调节流量,而且导致阀前油压超高而损坏设备和管路。

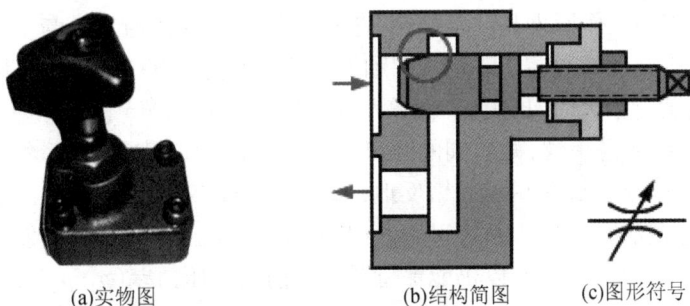

(a)实物图　　(b)结构简图　　(c)图形符号

图 6-4-27　节流阀实物、结构简图及图形符号

在液压起货机中还会用到一种板式结构的不可调节流器。这种节流器实际上就是在板上钻一个适当的小孔,装在管路的接头处,其作用是分配液流量,建立背压,滤除压力波动,增加系统的阻尼来提高其工作的稳定性。不可调节节流阀的图形符号和可调节相比只是去掉了代表"可调"的箭头符号。

用节流阀调节流量简单方便,但负载变化时,节流阀前后压差也会变化,流经节流阀的油流量随之改变,执行元件的运行速度改变,速度稳定性较差。因此,对于速度稳定性要求较高的系统,就必须采用具有压力补偿功能的流量控制阀,在负载变化时,使控制阀进出口压差基本不变。常用方法是把定差减压阀与节流阀串联,或把定差溢流阀与节流阀并联。

2. 普通调速阀

普通调速阀,简称调速阀,是由定差减压阀和节流阀串联而成的。其工作原理图和图形符号如图 6-4-28 所示。

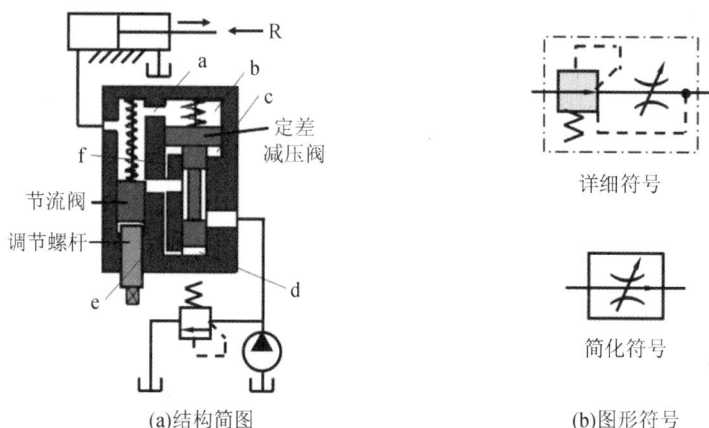

图 6-4-28　普通调速阀工作原理图及图形符号

a、e、f—通道；b、c、d—油腔

图中定量泵和并联的溢流阀组成定压油源,来自定压液压源压力恒为 p_1 的油液,先经减压阀节流降压至 p_2,然后经节流阀降压至 p_3。在此过程中,利用定差减压阀阀芯的自动调节,使节流阀前后的压差(p_2-p_3)保持基本恒定,从而使节流阀的流量也大体保持稳定。

定差减压阀的工作原理是,减压阀阀芯上端的油腔 b 经通道 a 与节流阀后的油液相通,压力为 p_3;减压阀阀芯下端油腔 c 和油腔 d 经通道 f 和 e 与节流阀前的油液相通,压力为 p_2。当载荷增大时,压力 p_3 也增大,这时 p_3 通过通道 a 作用在减压阀阀芯上端的作用力增大,使阀芯下移,减压阀的开口加大,压力减小,因此 p_2 也增大,保持节流阀前后的压力差(p_2-p_3)基本不变。相反地,如果载荷减小,则 p_3 减小,阀芯上部的油压减小,于是阀芯在油腔 c 和 d 中的压力油(压力为 p_2)的作用下上移,使减压阀的开口减小,压力降增大,p_2 减小,所以仍能保持节流阀前后的压力差(p_2-p_3)基本不变。因为阀芯下腔 c 和 d 的面积总和与上腔 b 的面积 A 是相等的,所以当稳定工作时,如忽略不大的阀芯重力和摩擦力,阀芯上的作用力平衡方程式为:

$$p_2 - p_3 = F/A \tag{6-4-1}$$

式中:F——减压阀弹簧的作用力;

　A——减压阀阀芯大端面积。

由于阀芯的移动阻力不大,弹簧可以做得较软,而阀芯的移动量也不大,故弹簧张力 F 变化不大。这样,节流阀前后的压差(p_2-p_3)可基本保持不变,调节节流阀的通流面积即可调节调速阀的流量。调速阀正常工作时,一般应最少保持 0.4~0.5 MPa 的油压差,其中节流阀压差为 0.1~0.3 MPa。

由上述原理分析可知,调速阀的特点是流量不随压差变化,故执行元件速度能基本维持稳定,流量稳定性好,但普通调速阀必须与定压液压源配合使用。

3. 溢流节流阀

溢流节流阀,也称旁通型调速阀,由定差溢流阀与节流阀并联组成。图 6-4-29 是溢流节流阀的工作原理图与图形符号。

如图 6-4-29 所示的溢流节流阀的工作原理是,来自定量液压源、压力为 p_1 的油液,进阀后分成两路:一路经节流阀降压至 p_2 后进入执行机构;另一路经溢流阀的溢流口泄回油箱。在此过程中,定差溢流阀根据节流阀前后的压力差(p_1-p_2)来控制溢流阀阀芯的动作,自动调节溢流量,以保持节流阀前后的压差基本恒定,从而保持节流阀的流量基本恒定。

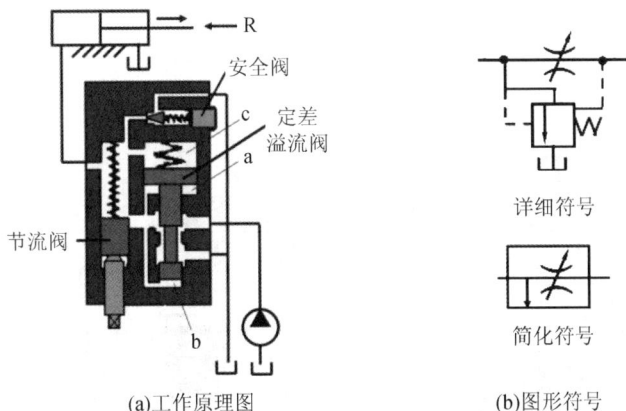

(a)工作原理图　　　　　　　　(b)图形符号

图 6-4-29　溢流节流阀的工作原理图及图形符号

定差溢流阀的工作原理是,溢流阀阀芯上腔 c 与节流阀的出口相通,油压为 p_2;下腔 a 和 b 与节流阀的进口相通,油压为 $8p_1$。当 p_2 因负载增加而升高时,会将溢流阀阀芯往下压,使溢流口减小,从而使节流阀前压力 p_1 增加,从而使节流阀前后压差(p_2-p_1)保持基本恒定。反之,当 p_2 减小时,溢流口增大,p_1 也减小,节流阀前后压差(p_2-p_1)仍保持基本恒定。

由上述可知,与溢流阀弹簧力相平衡的是油压差,故即使工作压力较高,溢流阀弹簧力也不会太高,所以溢流阀阀芯在不同开度时的油压差(p_2-p_1)变化不大。

由于溢流节流阀必须与定量源配合工作,故当负载过大时或排出管堵塞时,p_1 和 p_2 可能会升得很高而危及设备安全,为此在阀内装有安全阀。

溢流节流阀必须与定量液压源配合使用,与普通调速阀相比,溢流节流阀的缺点是阀芯的移动阻力较大,弹簧做得相对较硬,压差变化量相对较大,所以流量稳定性不如串联式;优点是油泵排压随负载变化,且比节流阀出口压力高出不多(0.3~0.5 MPa),故功率损耗较少,油液的发热程度较轻。该阀更适合对流量稳定性要求并不是很高的场合。

4. 单向节流阀

有时为能单方向调节流量,可将节流阀与单向阀并联,组成单向节流阀。

图 6-4-30 所示为 LA 型简式单向节流阀结构简图及图形符号。

压力油自 A 腔进入阀内后,通过下阀芯径向小孔作用在下阀芯 4 下面的承压面积上,A 腔压力油还通过阀体 5 内小孔通入上阀芯 3 上部容腔,这样阀芯两端液压几乎平衡(下端总压力略大于上端总压力),因此,调节手轮时所需力矩很小,操作轻便。工作时 A 腔压力油向 B 腔正向流动,阀芯在复位弹簧 6 和上推液压力的共同作用下,下阀芯 4 通过上阀芯 3 抵在调节螺杆上,压力油通过阀口的节流口流入 B 腔[见图 6-4-30 (a)]。当 B 腔因压力油升高而反向向 A 腔流动时,B 腔压力油压缩复位弹簧 6,下阀芯 4 向下移动,阀口打开,B 腔压力油便畅通地通过单向阀开口流入 A 腔[见图 6-4-30 (b)]。

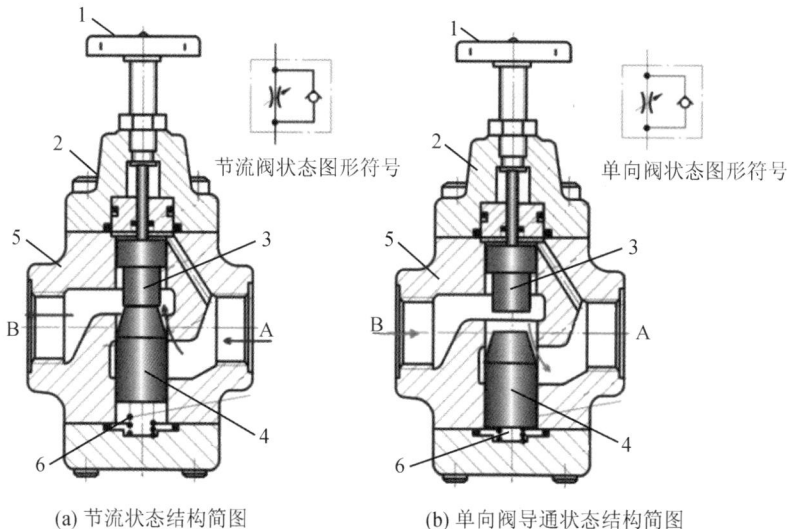

(a) 节流状态结构简图　　　　　　　　(b) 单向阀导通状态结构简图

图 6-4-30　LA 型简式单向节流阀结构简图及图形符号
1—手轮;2—阀盖;3—上阀芯;4—下阀芯;5—阀体;6—复位弹簧

四、比例阀和插装阀

比例阀和插装阀是现代液压技术发展的重要成就。比例阀是利用电信号按比例控制输出油液的压力、流量和方向的液压控制阀,是连接现代电子技术和大功率工程控制设备之间的桥梁。插装阀则是 20 世纪 70 年代开发的新型液压控制阀,它以标准化的二通插装件为主体,配以各种先导控制元件,能实现各种控制阀的功能。所以比例阀和插装阀是两个互相交融的概念,代表了现代液压控制的新技术,在船舶液压系统中应用日趋广泛。

1. 比例阀

比例阀是电液比例控制阀的简称。前面讲的几类液压控制阀只能对液压系统进行定值控制(调定压力、流量或阀的开度)或开关控制(油路的接通与隔断),而比例阀是一种能使所输出油液的参数(压力、流量和方向)随输入电信号参数(电流、电压)的变化而成比例变化的液压控制阀,从而实现连续的比例控制。它是一种集开关式电液控制元件和伺服式电液控制元件的优点于一体的新型液压控制元件。这种比例阀既可以开环控制,也可以加入反馈环节构成闭环控制,有良好的静态性能和一般工业控制要求的动态性能。目前比例阀调节结构多采用结构简单、推力大的比例电磁铁取代传统压力控制阀、流量控制阀中的调节手轮或电磁换向阀中的普通电磁铁,组成比例控制阀。所以,常规比例阀一般由比例调节机构(含比例电磁铁和比例放大器)和液压阀两部分

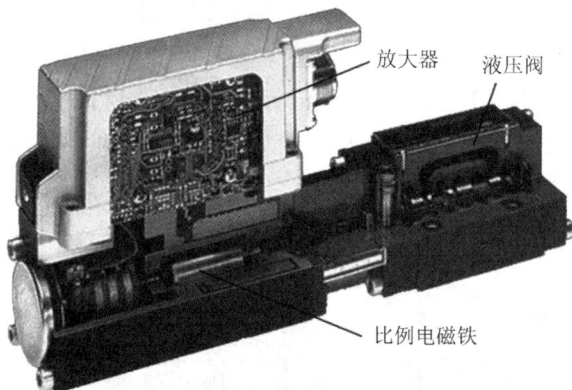

图 6-4-31　比例阀的外形结构图

组成,其外形结构如图 6-4-31 所示。前者结构较为特殊,性能也不同于所学过的电磁阀;后者与普通的液压阀十分相似。

比例电磁铁是比例控制阀常用的简单价廉的电-机械转换元件。它一般输入电压为直流 24 V,最大电流为 800 mA。其工作型输出的电磁力与输入电流成比例,最大为 $65\sim80$ N。如带有位置传感器构成反馈环节,也可以做成能使阀芯位移被准确控制的行程工作型。此外,也可使用力矩马达、伺服电机或步进电机作电-机械转换元件。

同普通液压元件分类一样,按所控制参数种类的不同,比例控制阀分为比例压力阀(如比例溢流阀、比例减压阀等)、比例流量阀(如比例节流阀、比例调速阀等)和比例方向阀。前两类阀只需将用手轮控制的调定值改为比例电磁铁或其他电-机械控制元件来控制即可。比例方向阀除能完成液流换向外,还可使输入的电信号与阀口的开度成正比(比例节流型)或与输出的流量成正比(比例流量型)。所以比例方向阀实际上是一种复合控制阀,现常用于船舶液压起货机的控制系统中。

比例阀种类很多,几乎所有种类、功能的普通液压阀都有相应种类、功能的电液比例阀。按照功能不同,电液比例阀可分为电液比例压力阀、电液比例方向阀、电液比例流量阀以及复合功能阀等。按反馈方式,电液比例阀又可分为不带位移电反馈型和带位移电反馈型,前者配用普通比例电磁铁,控制简单、价格低廉,但其功率参数、重复精度等性能较差,用于要求不高的控制系统;后者控制精度高、动态特性好,适用于各类要求较高的控制系统。按所控制液压阀的类型不同,比例阀也可分为比例压力阀、比例调速阀和比例方向阀等。

(1)电液比例压力阀

由比例电磁铁的吸力特性知,利用比例电磁铁代替直动式溢流阀的调压螺杆,可以用电信号调节系统的压力,即成为电液比例溢流阀。若用它作为先导阀,还可以组成先导式电液比例溢流阀、先导式电液比例顺序阀和先导式电液比例减压阀。

151

图 6-4-32 所示为先导式电液比例溢流阀的结构原理图和图形符号。由图可知,先导式电液比例溢流阀由上部先导阀、比例电磁铁、下部主阀等组成。油口 P 接回路压力油,T 接回油管。工作时,为比例电磁铁给定电流,即调定先导阀开启压力。P 口压力低于调定值时,先导阀口关闭,油液在先导阀锥阀 2 处等待。此时主阀口关闭(见插装阀的单向阀)。当达到调定值时,先导阀锥阀 2 打开,油液经先导阀流入回油管 T。主阀口在压差作用下被打开,实现全流量溢流。该阀还附有一个手动调整的先导阀阀芯 9,用于限制比例溢流阀的最高压力,以避免因电器故障而使控制电流过大,导致压力超过系统允许的最大压力。

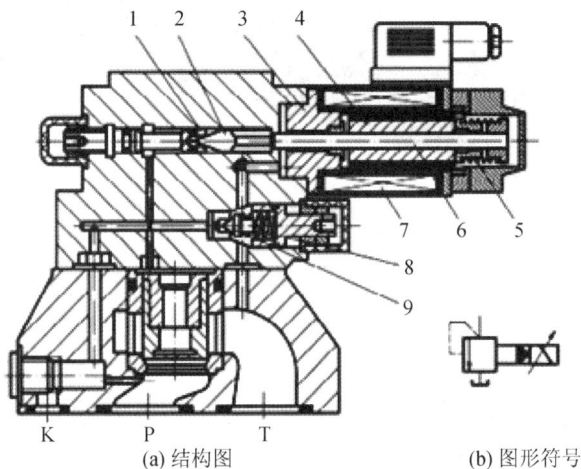

图 6-4-32 先导式电液比例溢流阀的结构原理图和图形符号

1—阀座;2—先导阀锥阀;3—轭铁;4—衔铁;5,8—弹簧;6—推杆;7—比例电磁铁;9—先导阀阀芯

（2）电液比例调速阀

图 6-4-33 为电液比例调速阀的结构原理图。对比图 6-4-28 可以看出,电液比例调速阀用比例电磁铁代替了图 6-4-28 调速阀中的调节螺杆。当给定比例电磁铁一个电流值时,电磁力与节流阀阀芯 4 左端的弹簧力相平衡,衔铁推杆 2 就有一个对应的位移(在图 6-4-28 中相当于拧调节螺杆),节流阀阀口就有一个相应的开口量。通过改变电流的大小即可改变节流阀阀芯 4 的阀口通流面积。定差减压阀阀芯 3 用于稳定节流口两侧压差。图中各字母与图 6-4-28 字母所指孔道作用相同,即两图工作原理完全相同。

（3）比例方向阀

用普通电磁铁控制换向阀,可以使油液换向及切断油路。改用比例电磁铁控制换向阀,再将滑阀芯做相应的改动,就使换向阀增加流量调节的功能。图 6-4-34 所示为 O 形机能(三位四通)比例方向阀的结构图。由图中可以看出,经过加工的阀芯 4 与阀孔可以形成节流口。当比例电磁铁 2、7 都无电信号输入时,复位弹簧 3、6 使阀芯处于中位,P、A、B、T 互不相通。当给定比例电磁铁 2 一个电流后,阀芯将会有一个向右的位移,使 P 与 B、A 与 T 分别接通。输入电流越大,阀芯向右的位移也就越大。即阀芯的位移与电信号的大小成正比,位移增大,则阀口流通面积增大,通过的流量就变大,从而

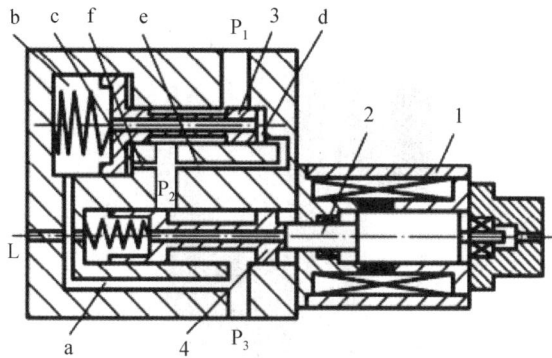

图 6-4-33　电液比例调速阀的结构原理图

1—比例电磁铁;2—衔铁推杆;3—定差减压阀阀芯;4—节流阀阀芯

使换向和流量调节同时进行。

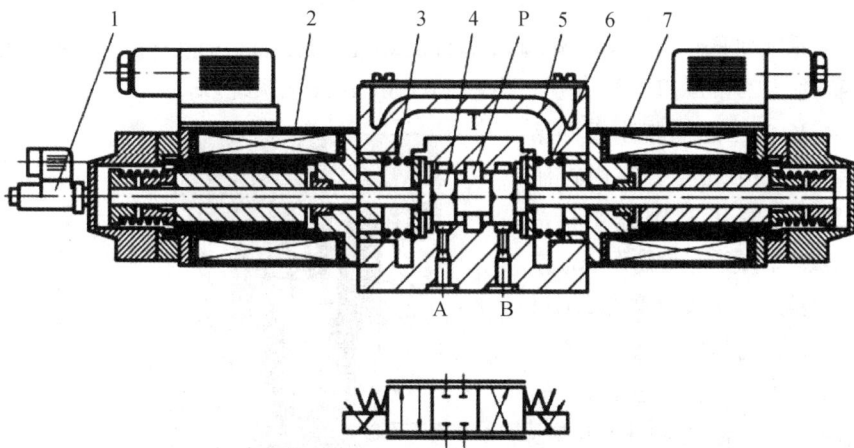

图 6-4-34　O 形机能(三位四通)比例方向阀的结构图

1—位移传感器;2、7—比例电磁铁;3、6—复位弹簧;4—阀芯;5—阀体

比例方向阀的阀芯与普通换向阀不同,阀芯台肩上开有三角形或半圆形的节流槽,当阀芯左右移动时起节流作用。

图 6-4-34 中的左端装设了位移传感器 1,在比例电磁铁的闭环控制电路中起位移传感器的作用。它可以将比例电磁铁衔铁的位移误差量转化为电信号,并反馈到比例电磁铁的控制放大器中,再与输入信号进行比较,向比例电磁铁发出一个纠正信号,以补偿滑阀行程的误差,从而保持节流口开度准确。

2. 插装阀

如图 6-4-35 所示,插装阀是由基本组件(阀芯、阀套、弹簧和密封圈)插到特别设计加工的阀体(图中未画出)内,配以盖板、先导阀组成的一种多功能的复合阀。因每个插装阀基本组件有且只有两个油口,故被称为二通插装阀,早期又称为逻辑阀。

插装阀则以标准化的二通插装件为主体,配以各种先导式控制元件,能实现各种液压控制阀的功能,其具有结构简单、通用性好、便于实现无管连接和组成集成块的优点。

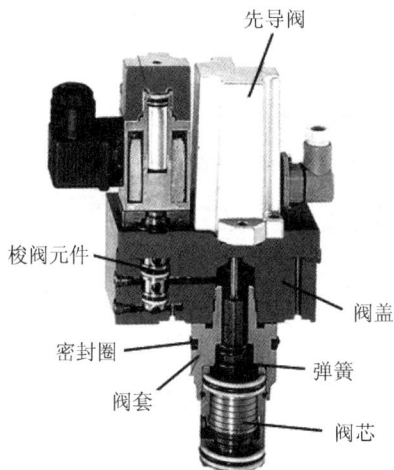

图 6-4-35 插装阀基本结构图

主阀芯大多采用锥阀(也有少数滑阀),密封性好、流阻小、抗污能力强,特别适用于大流量(公称通径 25 mm 以上)、高压(可高达 63 MPa)液压系统。

图 6-4-36 为二通插装阀组件结构原理图及其图形符号。它由控制盖板 1、弹簧 2、阀套 3、阀芯 4 和密封件等组成。阀芯上腔截面 A_D 作用有 K 口的液压力和弹簧力,B 口液压力作用在阀芯的下锥面 A_{D-d} 上,A 口油液作用在阀芯底面 A_d 上,且 $A_D = A_{D-d} + A_d$。控制 K 口油压力的大小即可控制主油路 A 和 B 间的通断。K 口通油箱时,A、B 口接通,油液从压力大的一方向压力小的一方流动。当 A 口通压力油,B 口为出油时,改变 K 口的压力即可改变 B 口的输出压力。在有插装阀

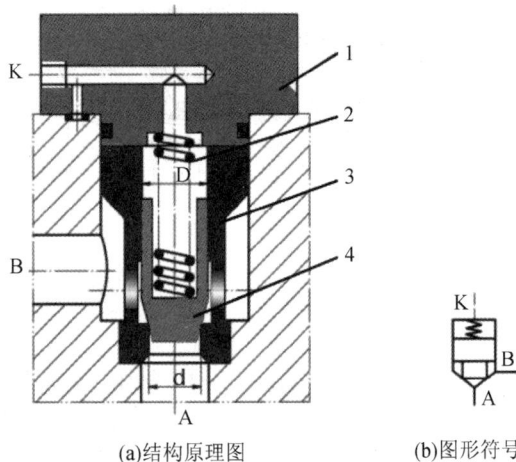

(a)结构原理图　　　(b)图形符号

图 6-4-36 二通插装阀组件结构原理图及其图形符号
1—控制盖板;2—弹簧;3—阀套;4—阀芯

的液压回路中,普通液压控制阀起先导作用。使用时,由先导阀通过 K 口控制主油口。

二通插装阀通过不同的盖板和各种先导阀组合,便可构成方向控制阀、压力控制阀和流量控制阀。

控制盖板主要用来沟通阀体内控制油路和插装元件的连接并实现控制。控制盖板分为方向、压力、流量及复合控制盖板,其内可嵌入先导控制元件,如梭阀元件、单向阀元件和先导压力控制元件等。如图 6-4-35 中阀盖内嵌入了梭阀元件。

第五节 液压辅助元件

液压系统的辅助元件是指密封件、管件、压力表、滤油器、油箱、热交换器和蓄能器等液压件。从液压传动的工作原理来看,它们只起着辅助作用,然而从保证液压系统有效地传递力和运动以及提高液压系统其他工作指标来看,它们是系统不可缺少的重要组成部分。实践证明,它们对液压系统的性能、效率、温升、噪声和寿命等的影响极大。如果选用或使用不当,会影响整个液压系统的工作性能,甚至使之无法正常工作。所以,在设计、制造和使用液压设备时,必须重视辅助元件。其中油箱可供选择的标准件较少,常常是根据液压设备和系统的要求自行设计,其他一些辅助元件则做成标准件,供设计时选用。

一、蓄能器

蓄能器的主要作用是获取一定数量的压力流体并加以储存,在必要时释放出以满足系统需求,是液压系统中存储能量的一种装置,在液压系统中应用非常广泛。了解蓄能器的基本结构原理,掌握蓄能器的使用和管理要点,对提高对液压系统的操作管理技能有重要意义。

1. 工作原理

图 6-5-1 所示为气囊式蓄能器的内部结构示意图及其图形符号,这种蓄能器内有一个耐油橡胶制成的气囊把气体和油液隔开,壳体是一个无缝、耐高压的外壳,皮囊的原料是丁腈橡胶,囊内常充以 N_2 等化学性质不活泼的气体。下部有一个弹簧控制的菌形阀,正常工作时常开,油排空则关闭,防止气囊被挤出。

充气阀只能在蓄能器工作前用来为皮囊充气,蓄能器工作时是始终关闭的。

蓄能器的基本工作原理都是利用弹性元件的压缩来储存压力或流量,在系统需要时利用弹性元件的膨胀向系统中释放压力或流量。按产生液体压力的方式不同,蓄能器有弹簧式、重力式和充气式三种类型。充气式蓄能器最常用,它利用气体的压缩和膨胀储存、释放压力能,在蓄能器中气体和油液被隔开;而根据隔离的方式不同,充气式又分为活塞式、气囊式和隔膜膜式等三种。

2. 类型

(1)重力式蓄能器

如图 6-5-2 所示为重力式蓄能器的原理图,它的工作原理是压力油进入空腔后顶起重物,右边管路压力降低时,重物的势能将油液挤出。重力式蓄能器主要用大型液压系统的恒压供油,只起蓄能作用。其特点是结构简单、压力稳定,但容量小、尺寸大、惯性大、反应不灵敏,现在已很少使用。

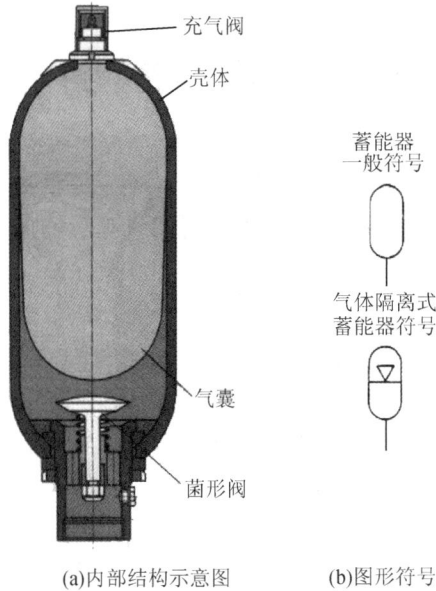

图6-5-1　气囊式蓄能器内部结构示意图及其图形符号

（2）弹簧式蓄能器

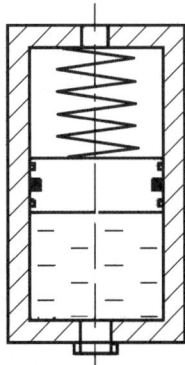

如图6-5-3所示为弹簧式蓄能器的简图,它的工作原理是利用弹簧的变形吸收油液的压力能,中间用活塞隔离。其特点是结构简单、动作灵敏,但容量小,不适用高压或循环频率较高的场合,仅供小流量及低压($p \leqslant 0.1 \sim 1.2$ MPa)回路缓冲之用。

（3）活塞式蓄能器

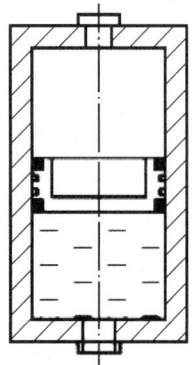

如图6-5-4所示,活塞式蓄能器利用气体的压缩和膨胀来储存、释放压力能,气体和油液在蓄能器中被活塞隔开。活塞的上部为压缩空气,通过上部充气阀打气或放气。活塞随下部压力油的储存和释放而在缸筒内来回滑动。其特点是空气不易混入、结构简单、工作可靠、安装容易、维护方便。这种蓄能器活塞惯性大,密封要求较高,与O形密封圈存在较大的摩擦力,所以反应不够灵敏、容量小。活塞式蓄能器常用来储存能量,或供中、高压系统吸收压力脉动用。

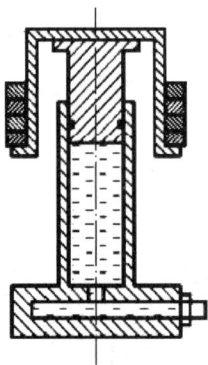

图6-5-2　重力式蓄能器原理图　　图6-5-3　弹簧式蓄能器简图　　图6-5-4　活塞式蓄能器简图

（4）气囊式蓄能器

如图 6-5-1 所示,气囊式蓄能器利用气体的压缩和膨胀来储存、释放压力能。气体和油液用气囊完全隔开。其特点是皮囊惯性小、反应灵敏、结构紧凑、质量小、安装方便、维护容易;但皮囊及壳体制造较困难,且皮囊的强度不高,允许的液压波动有限,只能在一定的温度范围(-20~70 ℃)内工作。蓄能器内所用的皮囊有折合型和波纹型两种,前者的容量较大,可用来储蓄能量,后者则用于吸收冲击。

（5）气瓶式蓄能器

气瓶式蓄能器在壳体内取消了气液分割元件,液压油直接和空气接触,挤压空气储存能量。其特点是容量大、惯性小、反应灵敏,但空气易混入,影响系统工作的平稳性,耗气量大,需经常补气。

3. 功用

蓄能器在液压系统中的主要功用是储存能量、吸收脉动压力、吸收冲击等。下文将根据图 6-5-5,分析蓄能器在系统中的应用。

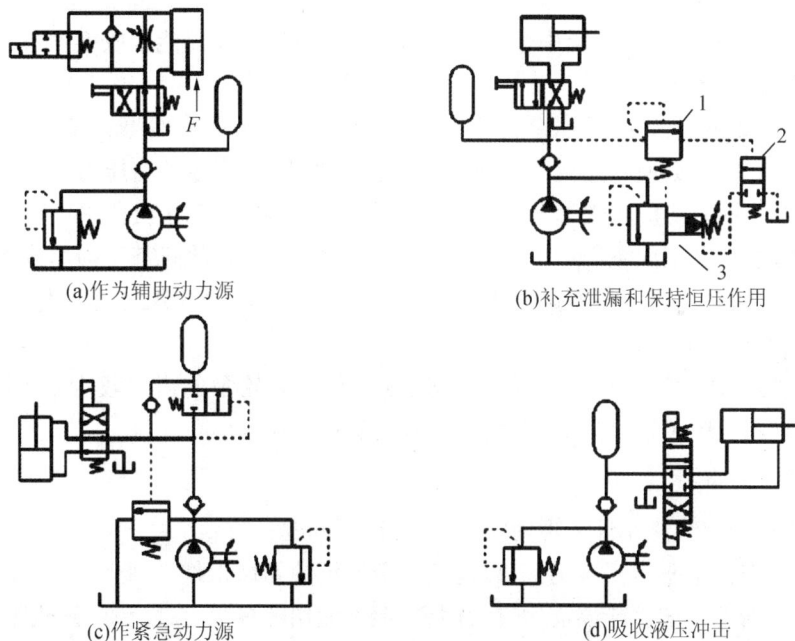

(a)作为辅助动力源　(b)补充泄漏和保持恒压作用
(c)作紧急动力源　(d)吸收液压冲击

图 6-5-5　蓄能器的应用示例

1—顺序阀;2—二通阀;3—溢流阀

（1）作为辅助动力源

图 6-5-5(a)所示的系统中,当液压油缸向下压缩工件,并承受工件反作用力 F 而处于保压状态时,部分液压油进入蓄能器;而在油缸压杆需快速向工件移动及快速退回时,蓄能器与泵同时供油,使液缸快速动作,起到辅助动力源作用。

该功用常用于间歇动作,且工作时间很短,或在一个工作循环中速度差别很大,要求瞬间补充大量液压油的场合,在系统工作时能补充油量,减少液压油泵供油,降低电机功率,减小液压系统尺寸及重量,节约投资。

(2)补充泄漏和保持恒压

图 6-5-5(b)所示为某一液压夹紧系统,系统中二位四通阀左位工作时,工件夹紧,油压升高,通过顺序阀 1、二位二通阀 2、溢流阀 3 使油泵卸载,系统利用蓄能器供油和补充系统泄漏,保持恒压使工件继续夹紧。

该功能常用于执行元件长时间不动作,并要求系统压力恒定的场合,系统泄漏(内漏)时,蓄能器能向系统补充供油,使系统压力保持恒定。

(3)作紧急动力源

在图 6-5-5(c)所示系统中,若系统突然停电,二位四通阀工作于下位(图示位置),蓄能器放出的油量经单向阀进入油缸的上腔(有杆腔),使活塞杆缩回,达到保证安全目的。

该功能一般用于要求在液压泵发生故障或停电而供油突然中断时,执行元件应继续完成必要的动作的场合。

(4)吸收液压冲击

如图 6-5-5(d)所示的系统中,当换向阀突然换向时,蓄能器能吸收换向过程中产生的液压冲击,使压力不会剧增。

由于换向阀突然换向,液压泵突然停车,执行元件的运动突然停止,甚至人为执行元件紧急制动等,都会使管路内液体流动发生急剧变化,而产生冲击压力。虽然系统中设有安全阀,但因它响应较慢,因而避免不了压力的增加,其值可能高达正常压力的几倍以上。由此,往往引起系统中的仪表、元件和密封装置发生故障甚至损坏或者管道破裂,此外,还会使系统产生强烈振动。若在控制阀或液压缸冲击源之前装设蓄能器,则可吸收和缓冲这种液压冲击。

对于液压系统中采用柱塞泵因其柱塞数较少(或齿轮泵的齿数较少)会引起的压力脉动,若在系统中装设蓄能器,则可使压力脉动降低到最小限度。

4. 使用注意事项

蓄能器在安装维修和日常管理中,应注意以下问题:

(1)以油口向下垂直安装为宜,以免其中杂质沉淀妨碍工作。

(2)装在管路上的蓄能器需用支架固定,但不能用焊接固定,以免妨碍热胀冷缩。

(3)蓄能器与管路之间应安装截止阀,以便系统长期停用及充气、检修时将其切断。

(4)蓄能器与液压泵之间应安装单向阀,以防止泵停转时蓄能器内的压力油向泵倒灌。

(5)禁止充氧气或空气,以免气体漏入油中引起氧化,空气还可能带入水分。允许的最高充气压力视蓄能器的结构形式而定。例如,皮囊式蓄能器的充气压力为 3.5~32.0 MPa。

(6)吸收冲击压力和脉动压力的蓄能器应尽可能装在振源附近。

(7)至少每隔 6 个月检查一次压力。方法是:用泵向蓄能器充油,至附近管路上的压力表所示压力足够高后停泵。让蓄能器中压力油缓缓流出,观察油压徐徐下降,降到某值时,则油压迅速下降(因此时菌形阀关闭),该压力即现存气体压力,如低于设计值太多应补气。

(8)应防止气囊式蓄能器的皮囊破裂,这可能是因漏气而将皮囊挤入充气阀孔,或因充气太快而将皮囊挤入菌形阀座孔。

二、滤油器

滤油器的功用是在工作中不断滤除流经的液压油中的固体杂质,降低油液污染度,提高液压装置工作的可靠性和耐用性。有统计资料表明,液压系统的故障有 75% 以上是由油液污染造成的。因此,过滤是控制污染最有效的方法之一,对滤油器的维护保养工作是轮机管理人员最常见的日常工作之一。

常见类型的滤油器图形符号如图 6-5-6 所示:

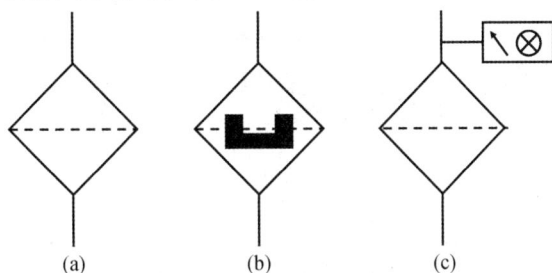

图 6-5-6　滤油器图形符号
(a)一般符号;(b)带磁性滤器符号;(c)带光学阻塞指示过滤器的符号

1. 滤油器结构

滤油器的结构大同小异,主要由滤芯和壳体组成,油液从滤芯外部流入,穿过滤芯从内部流出,滤芯起过滤作用。有些滤油器带有安全阀和压差指示(发信)装置,当滤芯堵塞到一定程度时,发出信号以便及时维修;堵塞严重时,油液经安全阀,保证滤芯的安全。

图 6-5-7 是带有压差发信装置的纸芯滤油器,图 6-5-8 为压差发信装置。p_1 为滤芯上游压力,p_2 是滤芯下游压力,该压力差作用在活塞 2 上与弹簧力平衡,压差变大时,活塞带动永久磁铁 3 右移,干簧管 5 受磁铁作用吸合,接通报警电路,提醒操作人员及时维修。

2. 滤油器的常见类型

按滤芯的过滤机理,滤油器可分为表面型滤油器、深度型滤油器和磁性滤油器。

(1)表面型滤油器

表面型滤油器,过滤是由一个多孔的面实现的,具有均匀标定小孔的滤芯,能将大于小孔的圆形杂质颗粒截留在滤芯的一侧。由于污染粒子积聚在滤芯表面,小孔易于堵塞。该类型滤油器有网式、缝隙式和片式等。

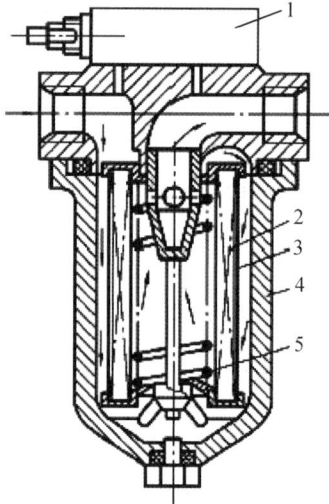

图 6-5-7　带有压差装置的纸芯滤油器
1—压差发信装置;2—滤芯内层;3—滤芯外层;4—壳体;5—支承弹簧

网式滤油器是将铜丝网包在周围开有窗孔的塑料或金属筒形骨架上,多为无壳体结构,安装在液压泵吸油口。网式过滤器结构简单,清洗方便,通油能力大,过滤精度低。

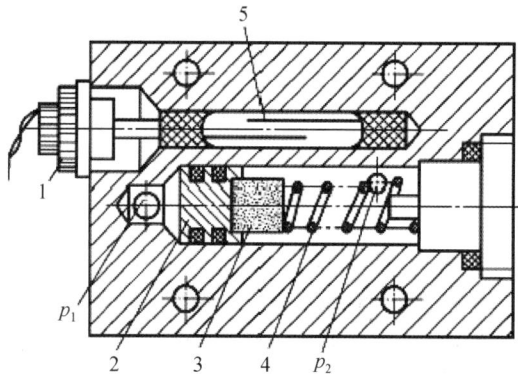

图 6-5-8　压差发信装置
1—接线柱;2—活塞;3—永久磁铁;4—弹簧;5—干簧管

图 6-5-9 为线隙式滤油器,滤芯用每隔一定距离压扁的铜线或铝线 2 密绕在筒形芯架 1 的外圆上,利用线间缝隙进行过滤,过滤精度为 $30\sim100~\mu m$。该滤油器结构简单,通油能力大,但滤芯材料强度低,不易清洗,常用于低压系统或泵吸油口。

(2)深度型滤油器

深度型滤油器的滤芯为多孔可透性材料。内部有曲折迂回的通道,杂质粒子不仅可被拦截在表面,在材料内部也逐步被吸附、拦截。这种滤油器过滤效果好,但清洗困难。深度型滤油器的常见类型,有不锈钢烧结纤维毡、烧结金属和陶瓷、纸类和纤维毡类等。

图 6-5-7 为纸芯滤油器,采用酚醛树脂或木浆微孔滤纸作滤芯,油液经过滤芯时,

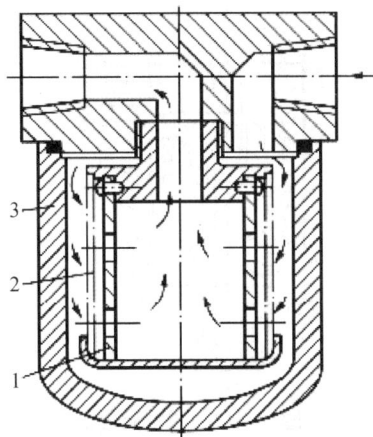

图 6-5-9 线隙式滤油器

1—筒形芯架;2—铝线;3—壳体

通过滤纸的微孔滤去固体颗粒。为增大过滤面积,纸芯常制成折叠形,如图 6-5-10 所示。它的过滤精度为 5~30 μm,多用于精过滤,堵塞后很难清洗,滤芯需经常更换。

图 6-5-11 为烧结式滤油器,由颗粒状锡青铜粉压制后烧结而成,过滤精度为 10~100 μm,制造简单,强度高,耐冲击,抗腐蚀。金属颗粒有时脱落,堵塞后不易清洗。

图 6-5-10 纸质滤芯

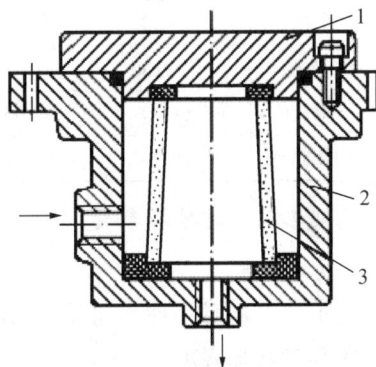

图 6-5-11 烧结式滤油器

1—端盖;2—壳体;3—滤芯

金属纤维烧结毡是由长 15~20 mm、丝径为 4~20 μm 的不锈钢纤维烧结而成。它的过滤精度为 2~30 μm,强度好,耐腐蚀,抗冲击,目前,在世界各国已得到广泛的应用。

(3)磁性滤油器

如图 6-5-12 所示,磁性滤油器采用永磁性材料,将油液中的铁质微粒不断吸附到上面。它常与其他形式的滤芯一起制成复合式滤油器,特别适用于加工钢铁件的机床液压系统。

主要滤油器的类型与特点如表 6-5-1 所示。

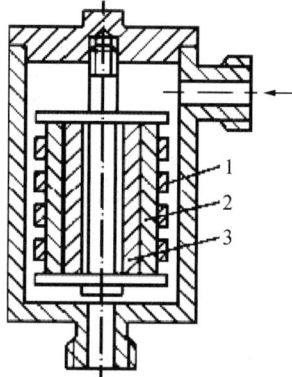

图 6-5-12　磁性滤油器
1—铁环;2—罩子;3—永久磁铁

表 6-5-1　主要滤油器的类型与特点

类	型	过滤精度(μm)	压降(MPa)	纳垢量	清洗性	应用范围
表面型	网式	80(200目)100(150目)180(100目)	<0.025	小	易	吸油滤器
	线隙式	30~10	0.03~0.06	小	不易	低压滤器
深度型	纸质	5~30	0.07~0.2	中	一次性	精滤(应用广)
	烧结式	10~100	0.09~0.2	中	不易	精滤(强度好,耐高温)
	化学纤维	1~20	0.05~0.3	大	不易	精滤(适用大流量)
	不锈钢纤维	1~20	0.006~0.005 5	大	易	精滤(大流量、价高、少用)

3.滤油器的主要性能参数

(1)过滤精度

它表示滤油器对各种不同尺寸的污染颗粒的滤除能力,用绝对过滤精度、过滤比和过滤效率等参数来表示。

绝对过滤精度是指滤芯能够通过的最大坚硬球状颗粒的尺寸 d, 单位为 μm,是选择滤油器的首要参数。颗粒越小,过滤精度越高。它反映了过滤材料中最大的通孔尺寸,可以用试验的方法进行测定。

粗滤: $d \geqslant 100$ μm　　　普通滤: $d \geqslant 10$ μm

精滤: $d \geqslant 5$ μm　　　特精滤: $d \geqslant 1$ μm

但污染物并非都是球形,长度大于绝对过滤精度的细长颗粒仍有可能通过。现在各国已普遍采用国际标准 ISO 4572,以过滤比来评定液压滤油器的过滤精度。

过滤比 β_x 是指滤油器上、下游单位体积油液中大于某一给定尺寸 x 的固体颗粒数之比,即:

$$\beta_x = N_u / N_d \tag{6-5-1}$$

从式(6-5-1)可看出,过滤比 β_x 越大,过滤效率越高,过滤精度越高。

当过滤比 $\beta_x = 75$ 时，过滤效率 $E_c = 74/75 \approx 98.7\%$，即绝大部分（98.7%）尺寸大于 x 的颗粒能被滤除，因而可以将 x 作为滤油器的绝对过滤精度。

（2）压力损失

图 6-5-13 所示为滤油器的压降特性曲线，它是规定黏度（一般为 30 mm²/s）的油液以公称流量通过滤油器的压力损失（Pa）随工作时间（h）变化的关系曲线。

一般船用液压滤油器初始压力损失不大于 0.08~0.15 MPa。随着使用时间的增加和累积的污垢量增加，滤油器的压降从初始压降逐渐增加，在达到饱和压降后，继续使用，则压降将急剧增加，当达到饱和压降时，应清洗或更换滤芯，有指示、发信装置的滤油器此时应发堵塞信号。滤油器带安全旁通阀时，其开启值比饱和压降约大 10%。一般来说，过滤精度越高，则压降越大。

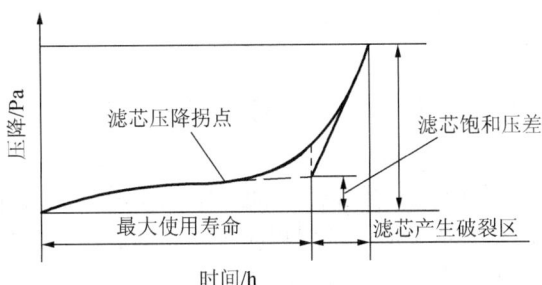

图 6-5-13　滤油器的压降特性曲线

滤油器的性能参数通常标出初始压力损失，有的还标出最大（饱和）压力损失。滤芯的强度应能承受饱和压降和可能的液压冲击，但只要不是完全堵塞，就无须承受系统最大工作压力，故强度较低的滤芯（如纸质滤芯）也可用于高压系统。

（3）公称流量和公称压力

公称流量是指滤油器在初始压降不超过标示值时所允许通过的最大流量。滤芯的有效过滤面积越大，则公称流量越大。同样尺寸的滤芯过滤精度越高，则允许通过的流量越小。

公称压力是滤油器允许的最大工作压力。它取决于滤油器外壳及其密封元件的耐压能力。

（4）纳垢量

纳垢量是指滤油器达到饱和压降时所滤除和容纳的污垢量（g）。显然，纳垢量越大，滤器的工作寿命越长或清洗周期越长。一般说来，滤芯过滤面积越大，纳垢容量也越大。

4. 滤油器的选用

（1）对滤油器的基本性能要求

针对在液压系统中的不同用途，滤油器也有多种形式，但其基本要求都是一致的，这些要求是：

①能满足液压系统对过滤精度的要求；

②能满足液压系统对过滤能力的要求；

③滤油器材料具有一定的机械强度,不致因液体压力作用而被破坏;

④在工作温度下性能稳定;

⑤有良好的抗腐蚀性;

⑥便于清洗维护,便于更换滤芯;

⑦造价低。

(2)滤油器的选用

选用滤油器时主要的参考参数为过滤精度、压力损失、公称流量和公称压力。一般按系统的类型与压力选择,当系统压力小于 14 MPa 时,过滤精度为 25 μm;压力为 14~32 MPa 时,过滤精度小于 25 μm;压力大于 32 MPa 时,过滤精度小于 10 μm;液压伺服系统过滤精度小于 5 μm。

选择滤油器时应考虑以下 3 个问题:

①滤孔尺寸

滤芯的滤孔尺寸可根据系统要求的过滤精度的要求来选取。

②通过能力

滤芯应有足够的通流面积。通过的流量越大,则要求的通流面积越大。一般可根据所通过的流量,从产品样本手册中选取相应规格的滤芯。若以较大流量通过小规格滤油器,则压力损失增大,滤芯堵塞加快。

③耐压

耐压包括滤芯的耐压和壳体的耐压。一般滤芯的耐压为 104~105 Pa。设计时滤芯应有足够的通流面积,使滤芯上的压降足够小,以避免滤芯破坏。

5. 滤油器在液压系统中的应用

按在液压系统中的安装位置分,滤油器有吸油滤器、压油滤器、回油滤器和辅油路滤器等。图 6-5-14 所示为液压系统中滤油器的典型安装位置示意图。

(1)安装在泵吸油口(图 6-5-14 中滤油器 1)

该安装方式滤油器又称为吸油滤器,其主要为了直接防止大颗粒杂质进入液压泵内。要求安装通油能力为液压泵流量的 2 倍以上,压力损失小于 0.010~0.035 MPa,过滤精度较低的滤油器。

(2)安装泵的出口或精密液压元件前(图 6-5-14 中滤油器 2)

该安装形式滤油器称为排油滤器,其对系统和元件有较好的保护作用。可选择过滤精度高、耐冲击性好的滤油器,滤油器承受压力高,它的公称压力应高于系统最大工作压力,公称流量应大于泵的流量,过滤精度应满足系统要求,压力损失一般小于 0.35 MPa。其常用于过滤精度要求高的系统和伺服阀、调速阀之前。为了防止滤油器堵塞引起泵过载或滤芯破坏,在滤油器上一般设置堵塞指示器或并联一个安全阀。如果滤油器设有安全阀,则其可以装在溢流阀之前,同时保护溢流阀,否则应设在溢流阀后。

(3)安装在回油油路(图 6-5-14 中滤油器 3)

该安装方式滤器称为回油滤油,其特点是对滤芯强度要求低,可采用精滤油器,但

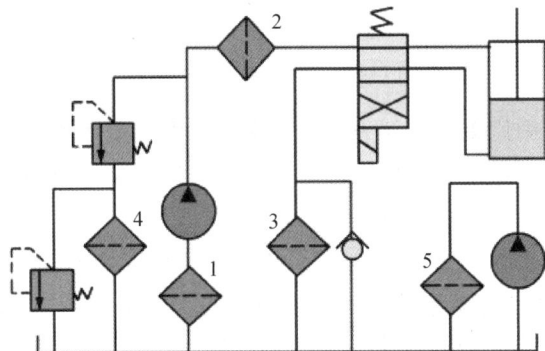

图 6-5-14　滤油器在液压系统中安装位置示意图

不能直接阻止杂质颗粒进入系统,而是通过不断循环,提高油箱中油液的清洁度。为了避免滤油器堵塞引起事故,可与滤油器并联一单向阀作安全阀,起安全作用。

它的优点是仅承受回油背压(一般不超过 1 MPa),公称压力无须太高。其尺寸可取稍大些,以提高纳垢量。初始压降一般为 0.035 ~ 0.050 MPa,允许压降为 0.2 ~ 0.35 MPa。过滤精度应满足系统要求。

(4)安装在泄油回路(图 6-5-14 中滤油器 4)

船用闭式、半闭式液压系统常在辅泵补油、泄油系统中设滤油器,该安装方式滤油器又称为泄油滤器,其公称压力无须太高,流量为主系统的 20% ~ 30%,压降一般为 0.20~0.35 MPa,过滤精度应满足系统要求。但随着泄油滤油的脏堵,滤油器前的溢流阀出口背压将增加,会使其调压精度降低。

(5)安装在单独过滤系统中(图 6-5-14 中滤油器 5)

在液压起货机系统或大型液压系统中,低压泵和滤油器组成独立过滤系统,可以不间断清除油中污染物。其公称压力和流量无须太高,过滤精度应满足系统要求,其优点是滤油效果不受系统压力波动的影响,滤油效果好。

6. 滤油器使用注意事项

(1)按规定液流方向安装滤油器,否则会冲坏滤芯,造成系统污染。

(2)当滤油器的压差指示(发信)装置发出信号时,应及时清洗或更换滤芯;如无滤油器的压差指示(发信)装置,在正常情况下每 500 工作小时应清洁或更换滤芯一次;当系统进行大修后或液压油遭受污染后可视情况缩短滤芯的清洁更新周期。

(3)清洗或更换滤芯时,应对滤壳内部进行仔细的清洁,并防止外界污染物侵入液压系统。

(4)金属编织方孔滤芯可用刷子在汽油中刷洗;烧结类滤芯可用超声波清洗或液流反向冲洗;纸质滤芯及化纤滤芯只能在清洗液中刷洗。

(5)在日常管理中要时常注意滤油器进出口压差,或滤油器上的压差指示器工作状况,检查压差指示器的工作状况一定要在系统正常运行时进行,原则上吸油滤器压力降不大于 0.015 MPa,压力油路上的滤油器的压力降不大于 0.03 MPa。

(6)低温工况下运行时,应旁通滤油器,以防阻力过大损坏滤芯和其他液压元件。

三、液压油箱

油箱是液压系统中用来储存油液、散发系统工作中产生的热量、沉淀油中固体杂质、逸出油中气泡的容器,结构虽然简单,作用却不小,是液压系统中必备元件,也是船员日常维护、保养中需经常关注的液压设备。

油箱在液压系统中的主要功能是:(1)提供足够的储油空间,既能适应油液因温度变化而引起的胀缩,又能容纳系统元件的漏油和便于向系统补油;(2)帮助油散发工作中产生的热量;(3)分离油中的气体,沉淀固体杂质。

按油箱内液面是否与大气相通,可分为开式油箱和闭式油箱(充气式),还可按是否与主机结合为一体,分为整体式油箱和分离式油箱。

1. 开式油箱基本结构形式

图 6-5-15 为船舶液压系统中常用的开式油箱结构图。其主要由钢板焊接而成的箱体 10、隔板 7、吸油管 4、回油管 2,以及便于清洗维修用的两端盖板 12 等组成。

开式油箱一般由钢板焊接而成,形状可依总体布置决定,但要考虑是否有利于散热。在油箱内应设一隔板,把油箱分成吸油区和回油区两部分。隔板高度一般约为油面高度的 3/4。

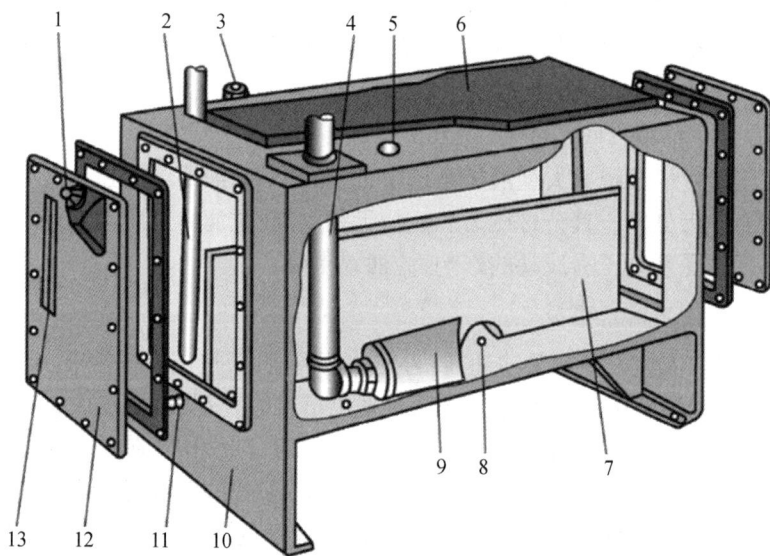

图 6-5-15　开式油箱结构图

1—注油器;2—回油管;3—泄油管;4—吸油管;5—装空气滤清器的接口;6—盖板;7—隔板;8—放油螺塞;
9—吸油滤油器;10—箱体;11—泄油口;12—端盖板;13—液位计

吸油区和回油区的大小可以相等,也可以把回油区做得大一些,以利于杂质的沉淀。油箱底部应有排油口,底面最好向排油口倾斜,以利于清洗和排除污物。在油箱侧壁易见处设置油位指示器。油箱上部设加油口,加油口应带滤网,平时用堵塞或盖子封闭。油箱上部应设通气孔,并装空气滤清器,进气面积要足够大,以便在任何情况下油箱内的压力均保持为大气压(指开式油箱)。必要时油箱还应装温度计以测量油温。油箱还应开设供安装、清洗、维护等用的窗口,平时将其密封堵死。

2. 闭式油箱基本结构形式

闭式油箱的结构示意图如图 6-5-16 所示。当液压泵吸油能力差(例如斜盘式轴向柱塞泵安装位置较高),装设补油泵不合算或不方便时,可以考虑使用闭式油箱。闭式油箱上部通以压缩空气,使油面上经常保持一定的压力,一般为 $(0.5 \sim 1.5) \times 10^5$ Pa。所用压缩空气,可取自制动或控制系统用压缩空气源。如需单独设置压缩空气装置,一般是装设压力为 $(7 \sim 8) \times 10^5$ Pa 的小型空气压缩机,把压缩空气充入储气罐。压缩空气从储气罐中引出,经滤清、干燥(或吸湿)、减压后通入油箱中最高油面之上。减压阀可自动保持油箱内压力在规定范围内。不经滤清和干燥的空气会加速油液的劣化,故一般都需要装设分水滤清装置。对压缩空气的过滤、减压和干燥工作也可以采用一个复合式空气过滤减压阀来完成。

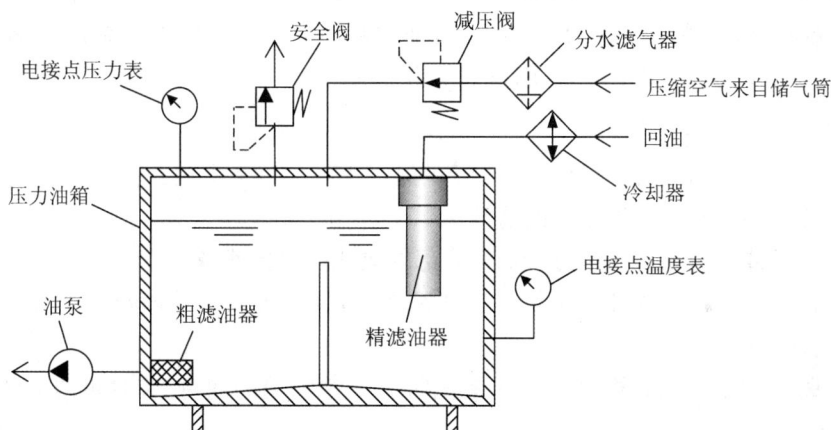

图 6-5-16　闭式油箱结构示意图

3. 对油箱的要求

为保证液压系统的正常工作,油箱必须满足以下要求:

(1)容量足够

油箱容积应根据泵的额定流量和工作压力来选取,额定流量和压力越高,要求油箱容积越大。对低压系统可取泵额定流量(L/min)的 2~4 倍,中压系统取 5~7 倍,高压系统取 10~12 倍,当机械停止工作时,油箱中的油位高度不超过油箱高度的 80%。

(2)便于吸入和泄油

泵吸入管口与箱底距离应大于管径 2 倍,与侧壁距离应大于管径的 3 倍。泵吸入管口装滤油网,通流能力大于泵流量的 2 倍以上。吸油管和回油管管口应在最低油面之下适当深度,否则油会被吸入空气和溅起泡沫;为避免增加液压控制阀的泄油阻力,或为避免安装高度与油箱相同的泵、马达的泄油管产生虹吸现象,泄油管出口常在油面之上。

（3）便于散热

系统回油管口与箱底距离应大于管径的 3 倍,端头切成 45°斜角,斜口面对箱壁,便于散热。

（4）便于纳杂,便于逸气

油箱内部要用隔板将进、回油管隔开,其高度一般为油面高度的 2/3,以使油液能在油箱内平稳地流动,从而有利于积纳污垢和分离气体。油箱底部应距地面 150 mm 以上,以便散热和放油。底面应做成倾斜或凹形,在最低处设置油塞。

（5）防止污染

油箱的通气孔应有空气滤网及孔罩,盖板与管接头要密封良好,加油口应有盖子和滤网,滤网精度与系统过滤精度相同,防止外部污物的侵入。

为防止锈蚀,油箱内壁必须涂有防锈保护层,采用的保护涂料与所用的液压油具有相容性。

（6）便于维护

油箱盖板或入孔导门应便于拆卸,以便于清洁;油箱底面应向系统排出口倾斜,并应设有放液塞或放液阀,以便于放出液体;油箱侧面应设置液位指示器,以指示液面位置;应设置有温度计或测温接口,以指示油箱温度。

4. 油箱使用注意事项

在液压系统的平时运行管理中,油箱的管理需注意以下事项:

（1）注意透气孔处空气滤器的清洁;

（2）定期或在起动系统前打开油箱底部的放残阀放去残液;

（3）注意观察油箱的油位是否保持在正常位置(一般为油箱液位计的 2/3 处),油液不足应补油;

（4）每年彻底清洗油箱一次。在有条件时,清洗油箱的同时,应对箱内油液进行一次外过滤。

四、密封件

在液压元件及其系统中,密封件用来防止工作介质的泄漏及外界灰尘和异物的侵入,以保证系统建立起必要的压力,使其能够正常地工作。液压系统中密封件类型较多,较易损坏,日常维修保养中需经常更换。

1. 密封件的功用及要求

在液压元件及其系统中,某些有耦合关系的零件之间存在着平面间隙或环行间隙,不仅高压区的油液会经此间隙向低压区转移形成外泄漏和内泄漏,而且空气中的灰尘或异物会乘隙侵入系统,从而导致容积损失,油温升高,污染环境及工作介质。密封件是用来防止系统油液的内泄漏、外泄漏,以及外界灰尘和异物的侵入,以保证系统建立所需要的压力。

密封件应能满足以下几点要求:

（1）在一定的压力、温度范围内具有良好的密封性能；

（2）密封件和运动件之间的摩擦力要小，摩擦系数要稳定；

（3）抗腐蚀能力强，不易老化，工作寿命长，耐磨性好，磨损后能在一定程度内自动补偿；

（4）结构简单，使用、维护方便，价格低廉。

2. 密封件的种类

密封按耦合面间有无相对运动，可分为动密封和静密封两大类；按其工作原理可分为非接触式密封和接触式密封。非接触式密封主要指间隙密封（如圆柱滑阀阀芯与阀体孔）；接触式密封指线密封（如锥阀芯与阀座孔）和密封件密封。除存在相对运动的耦合面可以采用间隙密封或线密封外，一般应在耦合面之间增设密封件。液压系统中最常用的密封件有 O 形密封圈、Y 形密封圈、V 形密封圈、防尘圈等（以上统称密封圈）。密封圈既可用于动密封，也可用于静密封。

（1）O 形密封圈

O 形密封圈的截面为圆形，其主要材料为合成橡胶。它既可用于动密封，又可用于静密封，其内外侧和端面都能起密封作用，结构紧凑，摩擦阻力小，装拆方便，成本低。缺点是用作动密封时，起动摩擦阻力大，寿命较 Y 形圈短。O 形密封圈的使用速度范围为 $0.005\sim0.300$ m/s。

（2）Y 形密封圈

Y 形密封圈的截面呈 Y 形，其材料一般为丁腈橡胶，常用于圆柱形间隙的动密封，如图 6-5-17 所示。它既可安装在轴上，也可安装在孔槽内，其密封性、稳定性和耐压性好，摩擦阻力小，工作时不易窜动和翻转，寿命较长。

Y 形密封圈也是利用装在密封槽后的压缩变形产生的反力，将其唇边压紧耦合面，当有油液工作压力时，压力作用在唇面上，唇边更加贴紧耦合面，密封性能更好，并能自动补偿磨损。

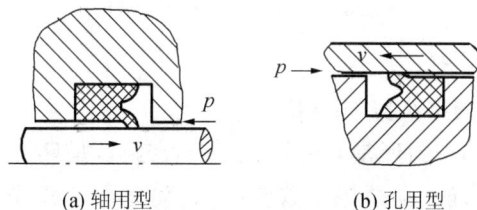

(a) 轴用型　　　(b) 孔用型

图 6-5-17　窄端面 Y 形密封圈

（3）V 形密封圈

V 形密封圈的截面呈 V 形，它主要用于活塞和活塞杆的往复运动密封，其结构形式如图 6-5-18 所示。V 形密封圈的材料可以是橡胶的，也可由多层涂胶织物压制而成。通常它由压环、密封环和支承环组成，当压力小于 10 MPa 时，1 套 3 个圈叠在一起使用，就可保证良好的密封性；当压力更高时，可以增加中间密封环的数量。这种密封圈在安装时要预压紧，因此摩擦阻力较大，用于往复运动速度要求不高的场合。V 形密封

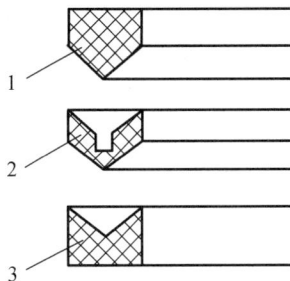

图 6-5-18 V 形密封圈
1—支承环;2—密封环;3—压环

圈适用于工作压力小于 50 MPa、工作温度为−40~80 ℃的场合。

(4)J 形骨架式密封圈

J 形骨架式密封圈一般由耐油橡胶制成,内部有一直角圆铁环做支撑,并用一螺旋弹簧将内唇收紧在轴上进行密封。其一般用于密封回转轴,工作压力不超 0.5 MPa,最大允许速度为 4~8 m/s。安装时唇边朝油侧,靠内侧唇边的过盈量抱紧轴实现密封;须在有润滑的情况下工作,但工作时最大漏油量不大于 1 滴/小时,停机时不允许泄漏。其剖面结构如图 6-5-19 所示。

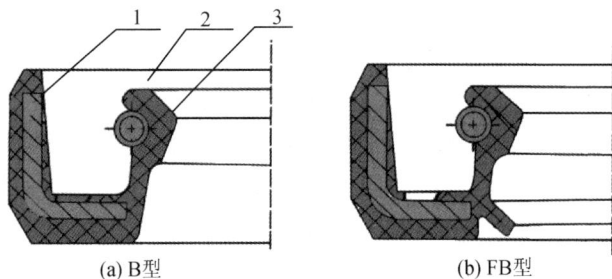

(a) B型   (b) FB型

图 6-5-19 J 形骨架式密封圈剖面结构图
1—骨架;2—紧固弹簧;3—橡胶密封体

3. 密封件使用注意事项

密封件在选用时必须考虑以下因素:

(1)密封的性质是动密封还是静密封;是平面密封还是环行间隙密封。

(2)动密封是否要求静、动摩擦系数要小,运动是否平稳,同时考虑相对运动耦合面之间的运动速度、介质工作压力等因素。

(3)工作介质的种类和温度对密封件材质的要求,同时考虑制造和拆装是否方便。

根据以上选用原则,合理选用密封圈的形式和材质后,为保证可靠密封,使用密封圈时应注意以下几点:

(1)当密封圈用于圆柱环形间隙密封时,若密封圈的安装沟槽开在轴上,则密封圈的公称外径应与轴的外径相等;若密封圈的安装沟槽开在轴的耦合件上,则密封圈的公称内径应与轴的外径相等;密封圈的安装沟槽的形式、尺寸及加工精度可参阅有关手册。

（2）当 V 形圈不能从轴向装入时，可切口（45°）安装，但多个 V 形圈的切口应互相错开，以免影响密封效果。

（3）安装密封圈时，为安装方便不致切坏密封圈，应在所通过的部位，如缸筒和活塞杆的端部，加工 15°~30° 的倒角，倒角应有足够的长度。

（4）为防止 O 形密封圈被挤入间隙而损坏，可在密封圈的低压侧设置由聚四氟乙烯或尼龙制成的挡圈，如图 6-5-20 所示。唇形（Y、V、J 形）密封圈仅起单向密封作用，若需双向密封，则需两个密封圈背对背安装，且唇口对着高压一侧。当压力变化较大、相对速度较高时，为避免翻转，要使用支承环以固定密封圈，如图 6-5-21 所示。

（5）注意密封圈的清洁，防止安装时带入铁屑、尘土、棉纱等杂物。

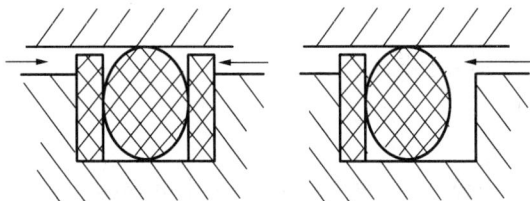

图 6-5-20　O 形密封圈挡圈的设置

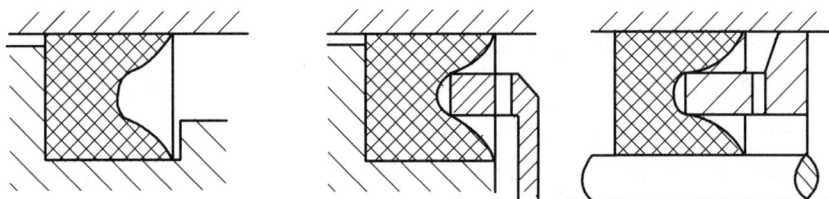

（a）Y 形密封圈的一般安装　　　　（b）Y 形密封圈带支承环安装

图 6-5-21　宽端面 Y 形密封圈的安装

五、热交换器

液压系统液体的工作温度一般在 30~50 ℃ 范围内比较合适，最高不超过 65 ℃。起货机露天作业，环境温度较高，规定最高工作温度不超过 85 ℃。油液温度过低，液压泵起动时吸入困难；温度过高，油液容易变质，同时增加系统的内泄漏。为防止油温过高、过低，常在液压系统中设置热交换器。

油液的加热一般采用蒸汽或电加热（后者布置方便，不易污染油液，故使用较多），在低温工况下，起动液压机械前，应先加热油，加热时应保证油液处于流动状态。对不设加热器的系统可起动辅泵对油液进行循环预热。

油液的冷却通常采用设置冷却器来进行，船用液压油冷却器一般主要采用强制风冷式，冷却器结构为翅片式（与家用分体式空调的室外机的热交换器相类似），当油温高于一定值时，温度控制器即自行起动通风机进行冷却。在日常使用中，要保持通风机的完好和风门联锁机构正常，保持风道的畅通，定期清除冷却器内外部的污染物，提高换热效率。

第六节　液压油

在液压系统中,液压油是传递动力和信号的工作介质。同时,它还起到润滑、冷却和防锈的作用。液压系统能否可靠、有效地工作,在很大程度上取决于系统中所用的液压油,因此液压油的选用和使用管理是液压系统管理的重要内容,对提高液压装置的性能和工作寿命有重要影响。

一、液压油应满足的要求

对液压油的主要性能要求是:

(1)黏度适中,黏度指数较高。要满足船舶工作的区域,当船舶工作区域经常变化且跨越纬度较大时,应选用黏温特性良好的液压油。一般选用运动黏度$(20-30)\times 10^{-6}$ m^2/s(50 ℃时),黏度指数 VI 在 90 以上的液压油。

(2)润滑性好。液压油能形成足够强度的油膜,且不含固体物质。

(3)防锈性好。船舶液压管路不经常拆装,液压元件长期封闭于油路中,防锈性差的液压油易使元件锈蚀,影响系统工作寿命。

(4)抗氧化性。防止经过一段时间工作后,液压油温度升高、氧化变质等原因造成胶泥沉淀。

(5)抗乳化性好。要求液压油中安定性差的物质要少,减少与混入液压油中的水分形成有机酸和皂类,降低液压油的润滑性。

(6)抗泡沫性好。液压油不应含有空气或其他易汽化的混合物,否则工作时会形成泡沫、液压系统爬行、颤动和发出噪声。

(7)与橡胶材料相容性要好,不会使密封件、软管变形、变质,要满足设备安全运行要求。

(8)凝点低。船用液压油的凝固点通常要求比最低环境温度低 $10 \sim 15$ ℃。倾点(在试验条件下能流动的最低温度,比凝固点高 $2 \sim 3$ ℃)至少要比最低油温低 $7 \sim 8$ ℃,要能满足油泵安全输送的要求。

(9)闪点高。船舶的防火要求很高,其闪点至少高于 135 ℃。在某些明火区域工作的液压系统,液压油要求用防火性能高的非燃性或难燃性液压油作为工作介质。

二、液压油的种类及其特性

根据我国国标《液压油》(GB 11118.1—2001),适用于船舶液压机械的国产液压油主要有:

（1）L-HH,无添加剂或加有少量抗氧化剂的精制矿物油,质量比机械油(L-AN)高,抗氧性和防锈性比汽轮机油差,用于低压液压设备。适用环境温度为 0 ℃以上,最高使用温度为 70 ℃。

（2）L-HL 普通液压油(相当于原产品 YA-N),加入抗氧、防锈、抗泡沫等添加剂的精制矿物油,使用寿命比机械油长 1 倍,主要用于低压系统(不适用于叶片泵),适用环境温度为 0 ℃以上,最高使用温度为 80 ℃。

（3）L-HM 抗磨液压油(相当于原产品 YB-N),在 L-HL 油基础上增加了抗磨添加剂,在中、高压条件下能使摩擦面油膜强度提高,降低摩擦和磨损,适用于各种液压泵的中、高压系统。倾点一般为-9～-15 ℃,最高使用温度为 90 ℃。

（4）L-HV 低温液压油(相当于原产品 YC-N),在 L-HM 基础上改善其黏温性,黏度指数(V.I)在 130 以上。其适用于环境温度变化大和工作条件恶劣的低、中、高压液压系统。其倾点一般为-21～-33 ℃,最高使用温度为 95 ℃。

另外,还有 L-HR 液压油,由 L-HL 油加增黏剂混合而成,用于环境温度变化大的低压系统。

每种产品牌号后面附带有数字,如 L-HM 46、L-HR 68 等,其数字的含义为名义黏度(mm^2/s),相当于该种液压油 40 ℃时运动黏度变动范围的中心值。国内外常用液压油品种对照表,见表 6-6-1。

三、液压油的选用

按照产品设备的安装说明书推荐,以及液压系统特点、工作环境和条件、液压油特性等进行液压油品种的选择。选择时必须考虑的是品种和黏度,还要根据工作场合、设备要求、工作条件综合考虑。

液压系统实际工作温度通常比环境温度高出 15～25 ℃(室内工作)、25～35 ℃(温带室外工作)、40～50 ℃(热带室外工作),具体依工作条件和散热好坏而异。若工作压力高、工作时间长、散热差,则油温比环境温度高出较多。一般来说,选用液压油时最先考虑的是它的黏度,因为对黏度的选择对液压系统影响最大。黏度太大,流动压力损失就会加大,油液发热,会使系统效率降低;黏度太小,则泄漏过多,使容积效率降低。因此在实际使用的条件下,应选用使液压系统能正常、高效和长时期运转的黏度的液压油。

选用油品时,首选黏度,再选品种。即首先应该根据液压系统的心脏——液压泵的类型来确定适用的黏度范围(参见表 6-6-2),然后选择合适的品种。

（1）黏度的选择

若黏度太高,则各部件的运动阻力和管路流动阻力增大,液压泵排出压力会增大,从而会使装置的机械效率和泵的自吸能力降低,起动时会吸空。

表 6-6-1　国内外液压油品种对照表

中国		L-HH 32、46、68、100	L-HL 32、46、68、100	L-HM 32、46、68、100	L-HV 32/46、68
美国	加德士 公司	Regal oil 32、46、68、100	Rando oil R&O 32、46、68、100	Rando oil HD 32、46、68、100	Rando oil AZ / Rando oil CZ
	埃索 公司	Nuray 32、46、68、100	Teresso 32、46、68、100	Nuto H 32、46、68、100	Univis 32、46、68
	海湾 公司	Security 32、46、68、100	Gulf Harmony 32、46、68、100	Harmony AW 32、46、68、100	Paramount 32、46、68
	美孚 公司	Ambrex light Ambrex medium Ambrex 30 Ambrex 50	D.T.E. oil light、medium、 Heavy medium、 medium(N80)	D.T.E.24 D.T.E.25 D.T.E.26 D.T.E.27	D.T.E.11 D.T.E.13 D.T.E.15 D.T.E.16
	德士古 公司	Regal oil 32、46、68、100	Regal oil R & O 32、46、68、100	Rando oil HD 32、46、68、100	Rando oil AZ-32 Rando oil CZ-68
英国	英国石油公司	Energol CS 32、46、68、100	Energol HL 32、46、68、100	Energol HLP 32、46、68、100	Energol SHF 32、46、68
	卡斯特 罗公司	Hyspin VG 32、46、68、100	Perfecto T32、46、68、100	Hyspin AWS 32、46、68、100	Hyspin AWH 32、46、68
	壳牌 公司	Vitrea 32、46、68、100	Turbo 32、46、68、100	Tellus 32、46、68、100	Tellus T 32、46、68
日本	日石 公司	FBK oil 32、68、100	FBK Lタービン油 FBK Lタービン油 FBK Lタービン油 FBK Lタービン油	Super Hyrando oil 32、46、68、100 Hyrando S 15 Hyrando S 26 Hyrando 120 Hyrando 140	
	出光 公司	ダフニーメカニ ックオイル 32、46、68、100	ダフニーター ビンオイル 32、46、68、100	Daphne Hydraulic Fluid 32WR、46WR、68、100	Daphne Hydraulic Fluid 32WR、32SV、 68SV
	丸善 公司	ッハソEP90 特タービン油 ッバソEP140 特タービン油	ッバソ EP90、EP140、 EP180、EP200、 特Aタービン油	Swalube HP 150、200、300、 500	Swafluid 150、200、300
	大协公司	パイオルブオルパ 150、215、315、465	パイオタービン A90、A140、A180、 A200	Pio Hydro 150、215、315、 465	Pio-Lube Allpur A 150、215、315
	三菱美司	Diamondlube RO 32、46、68、100	ダイヤモソドター ビン32、46、68、100	Diamond EP 32、46、68、100	Diamond Hydro Fluid TS 32、46、68

若黏度太低,则泄漏量增加,装置的容积效率下降,油更容易发热,执行元件的运动速度也会降低;而且黏度过低则油膜承载能力下降,会导致磨损增加。

为防止泵严重磨损,允许的液压油最低工作黏度为 13~16 mm^2/s;我国有关资料提出的叶片泵、齿轮泵、柱塞泵能够正常运行的最高油黏度分别为 500~700 mm^2/s、2 000 mm^2/s、1 000 mm^2/s。各种资料推荐的不同泵最适宜的液压油工作黏度范围略有差别,在 17~40 mm^2/s 范围内。

液压油的黏度指数(V.I,viscosity index)应在 90 以上。天然矿物油最高黏度指数约为 115,加入专门添加剂甚至可提高到 170 以上。

表 6-6-2 常用液压泵使用黏度范围

液压泵类型	工作压力/MPa	40 ℃运动黏度/(mm²/s)		适用品种和黏度等级
		工作温度 0~40 ℃	工作温度 40~80 ℃	
叶片泵	<7	30~50	40~75	HM 32、46、68
	≥7	50~70	55~90	HM 46、68、100
螺杆泵		30~50	40~80	HL 32、46、68
齿轮泵		30~70	95~160	HL 32、46、68、100、150 中、高压用 HM
径向柱塞泵		30~50	65~240	HL 32、46、68、100、150 高压用 HM
轴向柱塞泵		40	70~150	HL 32、46、68、100、150 高压用 HM
环境温度变化大和工作条件恶劣的低、中、高压液压系统,应选用 HV 液压油				

（2）品种的选择

船用液压机械的液压油的选用:液压舵机采用舵机专用液压油（低凝型）;液压起货机、系泊设备一般采用抗磨型液压油;防摇装置、可调螺距螺旋桨液压系统一般采用高性能的航空液压油。

（3）油品验收

①核对油品的牌号、产生厂家、产地、供油数量,并将上述数据记录在轮机日志中。

②保管好新油的合格证或检验报告、油样及备用油样瓶,以便日后检验。

③散装油注入容器之前,先确认储油容器是洁净的,然后经滤油器将油注入。

④在储油容器（油桶、油柜）上及时标明油品牌号、供油日期、适用机械。

（4）油品贮存

①场所适宜:贮油舱室应用垫板,保持干燥、洁净,昼夜间无大的温升。因此,液压油油桶不能存放在甲板上任其被日晒雨淋。

②分类存放:不同牌号与不同用途的液压油应分开贮存,避免新、旧（废）油混放在一处。

③标牌分明:应保持储油容器（油桶、油柜）上的标牌完好,字迹清晰,项目齐全。

④防污防锈:为防止油桶口受积水、积灰等污染,油液不能储存在敞口容器中,油桶上防尘盖要保持完好;液压油转桶时应经过滤油器过滤;为防止油桶内壁生锈,长期放置的油桶应每隔三个月转动一次。

⑤先进先用:为防止液压油久放后氧化变质,备用油的数量应按实际需要而定,并做到先进先用。

⑥绑扎牢固:防止船舶摇晃时油桶等贮油容器相互撞击,造成漏油污染和设施损失,油桶等贮油容器应绑扎牢固。

四、液压油污染度标准

液压油污染度是指单位体积油中的固体颗粒的含量,目前有两种表示方法。

1. 质量污染度

单位容积油液中所含固体污染颗粒的质量称为质量污染度,一般用 mg/L 作为单位。

NAS1638 是美国航天工业部门在 1964 年提出的油液污染度等级标准,目前在世界各国仍广泛采用。表 6-6-3 所示为美国航天学会 NAS1683 质量污染度等级标准。

表 6-6-3 美国航天学会 NAS1638 油液污染程度等级标准

等级	100	101	102	103	104	105	106	107	108
每 100 mL 油中杂质含量/mg	0.02	0.05	0.10	0.30	0.50	0.70	1.00	2.00	4.00

2. 颗粒污染度

以单位容积液体中所含的尺寸大于某一数值或数值范围的固体污染物的颗粒数称为颗粒污染度。可计量若干尺寸范围的颗粒数,例如 5 ~ 15 μm、15 ~ 25 μm 等,也可以计量大于某尺寸的颗粒数,例如大于 5 μm、大于 15 μm 等。表 6-6-4 所示为 NAS1638 颗粒污染度分级标准(摘录)。此标准将 5 μm 以上的颗粒分为 5 个尺寸范围计数,由于自然污染的颗粒数按尺寸分布通常呈指数曲线(尺寸越大的颗粒数量越少),故将各尺寸范围颗粒数定为同时按等比级数递增。标准分为 00、0、1 ~ 12 共 14 个等级,相邻等级颗粒浓度比为 2。

表 6-6-4 NAS1638 颗粒污染度分级标准(摘录)

污染等级	颗粒尺寸范围/μm					相当于
	5~15	15~25	25~50	50~100	>100	
7	32 000	5 700	1 012	180	32	ISO 16/13
8	64 000	11 400	2 025	360	64	ISO 17/14
9	128 000	22 800	4 050	720	128	ISO 18/15
10	256 000	45 600	8 100	1 440	256	ISO 19/16
11	512 000	91 200	16 200	2 880	512	ISO 20/17
12	1 024 000	182 400	32 400	5 760	1 024	ISO 21/18

根据经验,油液污染度不超过 NAS 9 级基本不发生故障,污染度在 NAS 10 ~ 11 级偶尔发生故障,污染度达 NAS 12 级以上则经常需要维修。通常工作压力在 10 以上的液压系统允许的污染度等级是 NAS 8 ~ 10 级,而在 10 MPa 以下允许的等级是 NAS 9 ~ 11 级。

由于过滤后的油中污染颗粒数的尺寸分布并不呈指数曲线,故测得的各尺寸范围的颗粒数往往不属于同一等级,一般取其中最高一级为油液污染度等级,这样处理不尽合理。因为 5 ~ 15 μm 固体杂质容易引起阀芯卡阻和孔道淤塞,1 525 μm 杂质则容易使泵、马达磨损,这些尺寸范围的杂质更值得重视。为此国际标准化组织于 1987 年提出了 ISO 4406 油液污染度等级标准(见表 6-6-5)。它有 0.9、0、1~24 共 26 个等级,以斜线分隔的两个数码表示油液污染度等级,前、后代码分别表示 100 mL 油中尺寸大于 5 μm 及大于 15 μm 的颗粒数。例如污染度等级 18/13 表示油中大于 5 μm 的颗粒数的等级为 18,每 100 mL 颗粒数在 $130×10^3$~$250×10^3$;大于 15 μm 的颗粒数的等级为 13,即每 100 mL 颗粒数在 $4×10^3$~$8×10^3$。目前 ISO 4406 标准已修订到 2017 版本并被世界各国广泛采用,新标准将等级代码增加到 30 个取消了 0.9 代码,增加了 25~28 和>28 五个代码,相同代码所表示的颗粒浓度范围值与原标准相同。由于采用自动颗粒计数器计数,报告采用的污染颗粒尺寸修改为 4 μm、6 μm 和 14 μm 三种,后两个尺寸等同于原标准采用显微镜测量时的 5 μm 和 15 μm 颗粒尺寸。目前我国采用的国家标准为 GB/T 14039-2002,要求与 ISO 4406—1999 相同。

表 6-6-5　ISO 4406 油液污染度等级标准(摘录)

代码 (颗粒数等级)	每毫升油液固体污染物的数目		代码 (颗粒数等级)	每毫升油液中固体污染物的数目	
	大于	小于等于		大于	小于等于
10	5	10	16	320	650
11	10	20	17	640	1 300
12	20	40	18	1 300	2 500
13	40	80	19	2 500	5 000
14	80	160	20	5 000	10 000
15	160	320	21	10 000	20 000

质量污染度比较容易测定,但不能反映污染物的尺寸分布,而颗粒污染物对元件和系统的危害作用与其颗粒尺寸分布及数量密切相关,因而随着颗粒计数技术的发展,目前已普遍采用颗粒污染度表示法。

五、液压油的管理

液压系统中液压油管理,关键是防止液压油品质的恶化,而氧化和污染是液压油质量恶化的最主要原因。广义上讲,氧化也是油质污染的一种,故也称为新生性污染。

1. 油液氧化的影响因素和危害

影响因素:油液在通常温度范围(≤40 ℃)与空气接触少时,理化性质变化很慢。但温度升高,则氧化速度相应加快。当油温在 55 ℃ 以上时,温度每升高 9 ℃,油液的使用寿命约缩短一半,这时金属(特别是有色金属)、水、机械杂质(磨损物等)和焦炭、沥青等都会起到催化作用。工作油液压力高、大压差节流、摩擦副单位负载大等,都会导致油液发热、氧化过程加速,还会破坏分子结构,降低油液的黏度和润滑性。

危害:油液氧化会产生有机酸和污渣沉淀物,使油液的黏度增加,润滑性和抗蚀性变差,氧化产物可能造成通道堵塞和阀件卡阻,还会使油液进一步氧化变质,起到催化作用,造成恶性循环。

2. 油液污染的影响因素和危害

影响因素:主要包括固体杂质污染、水污染和空气污染。

危害:液压系统的故障约有70%是由液压油的污染引起的。

固体杂质污染的主要危害是:①使阀件卡紧或孔口淤塞,发生故障。阀件的间隙多在 $7\sim20~\mu m$,故 $5\sim15~\mu m$ 大小的杂质最容易使其卡紧。②使泵和液压马达、液压缸运动副和密封件磨损、擦伤,内外泄漏增加,设备性能下降。据研究,使叶片泵、径向柱塞泵、轴向柱塞泵磨损的主要杂质颗粒直径分别是 $20\sim30~\mu m$、$15\sim25~\mu m$、$10\sim15~\mu m$。③堵塞滤器,使压力损失增加,吸入滤器堵塞还会发生"气穴"现象。④会加快油液氧化。铁、铜的催化作用分别会使油的氧化速度提高10倍和20倍。

水在油中的危害是:①使金属元件锈蚀;②油乳化后润滑能力降低,磨损加快;③与添加剂作用产生黏性胶质,还会促进油氧化;④低温下会形成坚硬的冰晶;⑤低压时会产生"气穴"现象。水在液压油中的溶解度很小,仅 200ppm~300ppm,含量稍多便呈微小的水珠悬浮在油中,或沉积在油液底部。

液压系统中空气过多的危害是:①游离态气体会在油中形成直径 $200\sim500~\mu m$ 的气泡,使工作介质可压缩性增大,执行机构动作迟滞,起重能力和速度不足,功率损失增大。②在系统低压处压力低于"空气分离压"时,大量气泡逸出会导致气蚀,并产生噪声和振动,使油压不稳,压力表指针抖动。③气体压缩容易发热,会加快油液氧化速度。空气在液压油中的溶解量最高可达5%~10%。溶解的空气以 $25\sim50~\mu m$ 的尺度均匀分布在油中,当空气含量超过2%时,油开始变浑。

3. 油液温度的控制

液压油工作温度过高、过低对液压装置都不利。油温过高,会使液压油本身加速氧化变质,产生各种生成物,缩短它的使用期限,还会使油液黏度下降,降低容积效率,造成润滑不良、磨损加剧,甚至设备损坏。温度过低,又使黏度过大,液压泵吸油困难,流动损失增大,还可能使泵排出压力过大、电机过载,甚至管路或接头爆裂。液压系统最合适的工作温度是 $30\sim50~℃$。

(1)液压油温度过高的原因

液压装置工作时,液压油的功率损失以流量 Q 与损失的压降 Δp 的乘积计量,转换成的热量大部分被油吸收,再通过油来散热。液压油每经 10 MPa 压差的节流,油温升高约 6 ℃。当油温高于环境温度一定值时,功率损失产生的热量与散热量相平衡,油温便会稳定。油温过高的原因无非是散热不好或功率损失太大。

散热不好的原因有:

①油冷却器效能低,设计太小、换热面脏堵、通风扇或风门未开等。

②开式、半闭式系统油箱设计太小,或油量不足。

③功率损失大的系统采用闭式而未采用半闭式,或采用闭式但换油量少。

属于功率损失大的原因有:

①泵或马达机械摩擦损失大或元件内泄严重。

②液压油黏度选择不合适,或有水、空气产生"气穴"现象,也会使油液发热。

③系统溢流损失大。操作手柄在零位执行机构停止时油泵不能卸荷;系统溢流量大或溢流阀调定值过高。

④系统管路或阀件、辅件压力损失大。管路压力损失一般不大于额定工作压力的5%~6%,小流量、简单管路为0.2~0.5 MPa,大流量、复杂管路为0.5~1.5 MPa,阀控型系统可用检测换向阀中位时液压泵排压的办法检查。

（2）油温控制的措施

冬季防止油温过冷的措施:

①油温不到10 ℃时,应短时间交替起、停油泵,慢慢增加运转时间,让油在系统中空载循环,慢慢使油温升高到10~15 ℃,这种预运转可能要花30~60 min,方能加载工作。

②油温在-10 ℃以下时不允许起动。

③严寒冬季应开启加热器使备用的液压装置的油温保持在10 ℃（最少为-10 ℃以上）。

防止油温过高的措施:

①在油温>40~50 ℃时,应使冷却器投入工作。

②定期维护保养系统,按规定清洗冷却器,保持系统及冷却器处于良好的工作状态。

③液压装置若安装在密闭舱室内,若环境温度较高,运行前需打开舱室的通风设备或门窗。

④防止装置长时间超负荷工作。

⑤按规范操作液压设备,严禁重载高速或野蛮操作设备（急停急刹、快速换向等）。

⑥环境温度较高时,液压甲板机械连续重载工作时应特别注意油温不能超极限温度使用。液压系统油泵的进口温度一般≤60 ℃（环境温度≤30 ℃）。负荷不大的室内液压装置,可将最高工作油温定为65 ℃;舵机通常将最高工作油温定为70 ℃;起货机工作时间长、负荷重,最高工作油温可放宽至85 ℃左右。超过极限温度使用,不仅液压油会很快变质,而且液压设备得不到良好润滑,属于破坏性使用。

液压设备的工作温度分区与使用建议见表6-6-6。

表6-6-6　液压设备的工作温度分区与使用建议

工作油温范围/℃		工作油温分区	使用建议
>85	≤100	危险区	禁用,否则油变质、元件磨损
>65	≤85	极限区	尽量不用,否则油氧化变质快
>50	≤65	警戒区	冷却使用,此时 η_V 偏低
>30	≤50	理想区	最佳状况
>10	≤30	常温区	可以使用,此时 η_m 偏低
>-10	≤10	低温区	空载起动打循环,使油温升至10~15 ℃
≤-10		禁动区	先加热至油温到-10 ℃以上,再空载起动打循环至适当温度

4.油液污染的控制

为了适应液压系统的使用要求,保证液压系统的正常工作,提高工作的可靠性,延长使用寿命,必须采取有效的措施对工作介质进行污染控制。

(1)元件和系统在加工和装配过程中的清洗

①元件在加工制造过程中,每一工序必须采取净化措施,以清除加工过程中残留的污染物。

②元件装配后,必须经过严格的清洗和检验,以保证达到要求的清洁度。

③油箱和管道在去除毛刺、焊渣和表面氧化等污染物后,还需进行酸洗,彻底去除表面氧化物。

④对初装好的液压系统做循环冲洗,在清洗过程中,应每隔一定时间从系统取样液进行污染分析,以评定系统的清洁度,直至系统清洁度达到要求为止。

(2)防止污染物侵入液压系统

在液压系统工作过程中,外界环境中的污染物不断地通过各个渠道侵入液压系统,如通过油箱呼吸孔和液压缸的密封装置及注入新油时带入的污染物等。

防止固体污染物措施:

①油箱要合理密封,防止污垢通过油箱侵入系统。

②为油箱呼吸装设高效能的空气滤清器。

③注入新油必须经过过滤,过滤装置可采用精过滤车或静电滤油机等装置。

④系统漏出的油液,未经过滤不得返回油箱。

⑤采取性能可靠的液压缸密封装置,在活塞杆端装有防尘密封装置。

⑥维修液压系统时,严格执行清洁操作规程,防止污垢侵入系统。

防止水分混入工作油措施:

液压系统主要通过油箱和冷却器混入水。大气中的水分很容易通过油箱呼吸阀混入工作油中(特别是在雨天和风浪大时),故油箱应尽可能置于能关闭严密的室内。现在油冷却器大多采用风冷,若采用海水冷却则要特别注意防止水管锈穿而漏水。另外,加油用的设备和软管不应有水。

防止空气进入系统的主要措施是:

①油箱内油位应保持在要求范围内,泵的吸入管口与系统回油管口必须插入最低油面之下,以免发生吸空和回油冲溅产生气泡。

②有正吸高的泵应防止吸入管泄漏和吸入滤器堵塞,闭式系统应有足够高的补油压力,防止低压管路漏入气体。

③初次充油、换油时应耐心地驱尽系统中的空气。

(3)油液的过滤与净化

滤油器是液压系统中用以控制油液污染度的重要元件,它的作用是在系统工作过程中不断滤除内部产生和外界侵入的污染物,使油液的污染度控制在元件污染耐受度的限度以内。

在选择滤油器时,需要考虑以下几方面的性能要求:

①过滤精度应保证系统油液达到要求的污染度。

②流体阻力引起的压力损失尽可能小。

③具有足够的纳垢容量,避免频繁更换滤芯。

油的过滤是以污粒的最大颗粒度为标准的。一般分为四类:粗的($d<100~\mu m$)、普通的($d<10~\mu m$)、精的($d<5~\mu m$)、特精的($d<1~\mu m$)。

非随动系统要求的油过滤精度与压力的关系:当$p=7$ MPa 时,污粒颗粒度 $d\leqslant25\sim70~\mu m$;$p\geqslant7$ MPa,$d\leqslant25~\mu m$;$p=35$ MPa,$d<10~\mu m$;$p=21$ MPa,$d<10~\mu m$。

（4）定期过滤或换油

液压油长期使用质量会恶化。不及时换油将影响液压系统的性能和使用寿命,使故障发生率显著增加;换油过早又会造成经济上的浪费。船舶液压机械要规定液压油的使用期限是困难的,因为它随工作条件(压力、温度、负载等)、液压设备和系统的类型及所用材料、管理好坏等而变化,其差异甚大,需根据油样检查和化验的结果决定。

5. 液压油的更换

（1）液压油更换前检测

及时准确地掌握船舶液压系统油液污染程度的实际情况,是船舶轮机管理人员的一项重要技能和重要工作。液压油一般每半年至一年应采样、检测、评估一次。

采样程序为:首先备妥干燥、洁净的瓶子和耐油塑料管(可用清洗剂清洗后吹干),并在回油管路的压力表接头上接上一个可与塑料管相连接的螺纹接头,以备取样。采样前应先使设备空转一段时间,待液压油已被搅匀,油温升至正常温度后才可采样。从采样管中最初流出的油液不宜留作油样。供检验用的油样通常约需 1 L,采样时可取 2～3 L。取样后,应将瓶子盖严,贴上标签,并注明采样地点、设备名称及其编号、采样部位、油的品种和牌号、液压油开始工作日期和采样日期等。

油液污染程度的检测评估方法主要有三种:

综合化验法,是通过专门的检测设备和化验仪器对油液的理化性能和污染度等级进行化验检测的方法。该方法最准确,但最复杂,一般要请油公司进行化验。对于要求高、用油量大的液压系统,常用此法。

经验时间法,石油公司或液压装置制造厂或船舶管理机务部门根据液压油的特性和设备的类型、工况等情况以及相应的试验或使用经验,规定油液达到一定的使用时间便达到了应更换的污染程度的方法。该方法最不准确,但船上据此进行管理最简便,在船上仍有一定使用。

现场观测法,是依靠人的感官通过对油液与新油做比较和简易的测试来对油液的污染程度进行定性评估的方法。该方法准确性居中,可在现场进行,简单方便,船上仍广泛使用。现场观测法的实施要点见表 6-6-7。

表 6-6-7　现场观测法的实施要点

现场观测法的组成	操作要点	现象	污染物及污染程度	处理方法
外观法	将新油和被测油分别装入玻璃试管中进行观察对比	颜色透明,无变化;气味正常	很轻	照常使用
		颜色透明,色变淡;气味正常	混有别种油液	检查黏度,如符合要求,可继续使用
		颜色变浑浊;气味正常;静置 2 h,空气上行,底部较清澈	混有空气	分离后使用
		颜色变乳白;气味正常;静置 24 h,水分下行,上部较清澈	混有水	分离除水,换一半或全部油
		颜色变深发黑;气味异常	氧化变质	全部换油
		颜色透明,有小黑点;气味正常	混入杂质	过滤或换油
		颜色透明,闪光;气味正常	混入金属粉末	过滤或换油
滤纸滴油法	用直径 1.8 mm 左右的金属丝将油样蘸起并滴在 240 目的滤纸上,观察滴痕	无明显中心,只见扩散	污染程度小	照常使用
		中心环形区扩展很宽	小粒子多,污染程度大	过滤或换油
		中心部位颜色浓,环形线重	大粒子多,污染程度大	过滤或换油
pH 试纸法	用少量水与油样一起搅拌,静置分层后,再用试纸测水层的酸碱性	pH 值在 7 左右		照常使用
		pH 值大于 8	含水溶性碱	可以使用,查明原因
		pH 值小于 6	说明油质恶化,含水溶性酸	查明原因,当 pH 值小于 4 时应更换
热铁滴油法	滴油于赤热的铁块上	有"咻咻"声	含水	分离除水,换一半或全部油
		无"咻咻"声	含水量很少	正常使用

（2）换油指标

表 6-6-8 是我国 1992 年 11 月颁布的《船舶液压系统液压油更换技术要求》,已于 1993 年 5 月开始执行。在实际工作中,如有 1 项指标超过表 6-6-8 中的规定,可继续使用并加强监督;如有 3 项指标超过规定值,就应立即换新油。

经验表明,油氧化后应全部更换,如保留 10% 的旧油将使新换油寿命缩短一半。此外,液压泵、马达损坏换新后,如不彻底清洗系统和换油,寿命将不超过 6 个月。

（3）换油步骤和注意事项

①换油前彻底清洁系统;空气湿度过大时需进行烘干后再向系统中注油。

清洗方法:a.清洗时可利用系统本身的油箱和液压泵,也可以采用临时的清洗泵对系统进行循环冲洗。b. 清洗液可用系统准备使用的油液,或与它相容的低黏度油液(一般以温度为 30~40 ℃,黏度为 13~25 mm²/s 为宜),切忌用煤油作清洗液。c. 清洗时应尽可能采用大流量,使油液在管路中呈紊流状态。d. 系统中需添设高效能滤油器(经验表明使用绝对精度为 5~10 um 的滤油器可获满意的清洗效果),直至滤油器上再无大量污染物为止。e. 在清洗过程中应使各元件动作,并用钢锤敲打各焊口和连接部位。

表 6-6-8　船舶液压系统换油指标(CB/T 3436—92)

测定项目		理化性能变化极限指标			测定方法
		L-HV 液压油	L-HM 液压油	L-HL 液压油	
40 ℃时运动黏度允差/%		±10	±15	±15	GB/T 265—1988
酸值增加 mgKOH/g		0.3			GB/T 264—1983
水分/%		0.2			GB/T 260—2016
闪点下降(开口) ℃		−8			GB/T 267—1988
污染度等级	伺服系统	18/15(ISO)			计数法
		104(NAS)			质量法
	中、高压系统	20/17(ISO)			计数法
		107(NAS)			质量法
	低压及一般液压系统	21/18(ISO)			计数法
		108(NAS)			质量法

②液压系统加油,要注意核对油的品牌。一般说明书中都有明确规定,管理中应严格遵照执行,绝不能不同品牌的油掺和使用。

③加油时要保持所充注的油液高度纯洁,充入系统的新油必须过滤,过滤精度不得低于系统过滤精度。油液的污染往往是液压系统运转时发生故障的原因。

④在具有手摇泵的液压系统中,可用手摇泵向系统中充油。如果没有手摇泵,也可用主泵或辅泵充油,但应严格避免油泵干转。

⑤系统充油速度不宜过快,过程中应经常监视油箱油位,防止吸油管吸进空气。

⑥系统充油时,系统高处各放气旋塞、压力表接头等均应松开,直至流出整股油流时再关闭。

⑦当油液充满后,瞬时起动油泵(变量泵在小排量位置)即停,然后在各处放气(应有人在阀控型装置控制阀旁,在停电机瞬间将手柄扳向绞起方向,让马达转一下),再在各处放气。重复这种操作,并改换排油方向,直至任何部位都放不出气体为止。千万不要在确认空气放尽前使泵大流量、长时间运转,因为空气与油搅混后便不易除净。

第七章

船舶液压甲板设备

　　甲板机械是指凡装置在机舱以外，与主推进系统无关的动力传动机械。而液压甲板机械是指以液压能作为执行机构驱动能源的一类甲板机械。甲板机械虽然不属于船舶动力系统，却关系着船舶航行和货运安全，是船舶中必备机械系统之一，其一般由甲板部或码头工人操作，轮机部负责维护和保养，所以对其性能的认识和管理，也是船舶轮机人员应具有的基本技能。

第一节　船用起货机

一、船用起货机的主要类型

　　船用起货机是船舶自行装卸货物的主要设备。船舶运载货物的装卸虽然可用港口的起货设备来进行，但并非所有港口都具有足够的吊货机械及装卸能力，同时也需考虑船舶在开阔水面过驳及吊运物料、备件等的需要，因此，一般干货船上仍安装有起货机。

　　对大多数的杂货船、散货船等来说，船上起货机的可靠性和工作效率对缩短港泊时间、加快周转、降低运输成本都具有重要的意义。

　　船用起货机按所用动力分主要有电动起货机和液压起货机，本节主要介绍液压起货机。

　　起货机工作时一般需完成以下几个动作：(1)将货物从某处吊起；(2)在空中将货物从某处移至另一处；(3)将货物从空中放到某另一处。将货物吊起或放下，通常由起重绞车的起货(正转)与落货(倒转)来完成；吊起的货物在空中移动和找位置一般可以通过摆杆绞车与变幅绞车(单吊杆起货机)或者由回转机构与行走机构(克令吊)等来完成。

　　起货机按起货设备分主要有双吊杆起货机、单吊杆起货机和回转起货机(又称为克令吊)。

1. 双吊杆起货机

双吊杆起货机如图7-1-1所示。双吊杆起货机作业时吊杆位置不动,一根吊杆3放在货舱口上方,另一根吊杆4则伸出舷外。两根吊索7、8各由绞车1、2控制,均与吊货钩相连。由两人配合操作两部绞车,相应收、放两根吊货索,即可自船舱与码头之间装卸货物。

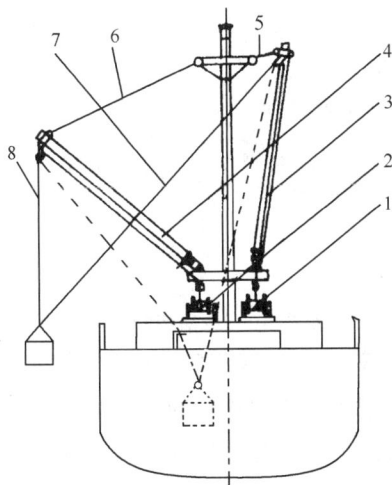

图 7-1-1　双吊杆起货机
1、2—绞车;3、4—吊杆;5、6—顶牵索;7、8—吊索

2. 单吊杆起货机

单吊杆起货机有三部绞车,如图7-1-2所示。回转绞车2装有绕绳方向相反的两个卷筒,分别卷绕着两根支索4,绞车转动时两根支索分别卷起或放出,从而使吊杆5回转。吊杆的俯仰(变幅)则由变幅绞车3控制变幅索6的收、放来实现。吊钩则由另一台起吊绞车1控制。单吊杆起货机只需一人操作;作业前准备工作较简单,且可随时调整作业范围,能两舷轮流装卸;而且在吊杆受力相同的条件下,工作负载大约为前者的2倍。缺点是吊杆在作业中需要回转,每吊周期比双吊杆长;货物在空中易摆动,落点定位不容易准确找到。目前这种吊杆最大负荷可达40 t,回转角度约为65°。如果改变支索边滑轮在舷墙上的安装位置,则吊杆的回转角度还可进一步增加到90°左右。专门设计的重型吊杆最大起重能力已超过600 t,而双吊杆多用于负载小于5 t的场合。

3. 回转式起货机

回转式起货机如图7-1-3所示。操纵室5和起重绞车15、变幅绞车13、回转马达1,以及吊臂2和索具等已被组装在共同的回转座台17上。图中示出的起重绞车15和变幅绞车13分别卷动钢丝绳控制吊货钩7和吊臂2;另一立式布置的回转马达1则控制一个小齿轮在与吊货钩7相连的固定平台的大齿圈(内齿圈)上转动,从而带动整个回转座台360°回转。

与吊杆式相比,克令吊占用甲板面积小,操作灵活,可360°旋转;能为前、后舱服

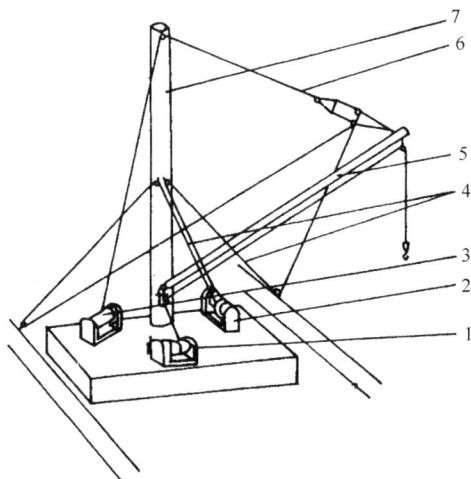

图 7-1-2　单吊杆起货机

1、2、3—起吊、回转、变幅绞车;4—支索;5—吊杆;6—变幅索;7—起货柱

务,装卸效率较高,能准确地把货物放到货舱的指定地点,并能迅速地投入工作等;但它结构复杂,管理要求高,价格比吊杆式起货机高 30%~40%。一般认为当船舶经常到港和起重量超过 5 t 时,采用克令吊是合适的。目前,船用克令吊工作负载多在 25 t 左右,最大的已发展到 60 t。

为了安全起见,克令吊设有多种安全保护装置,管理人员对此必须充分掌握,以便在克令吊因工作(例如某些安全保护装置卡死或移位等)而造成操纵失灵时,能迅速和及时地排除故障。起货机一般有以下安全保护装置:

(1)机械限位保护

吊钩高位保护:吊钩离吊臂前端某段距离时起升吊钩或下放吊臂的操作就无法进行。

吊货索终端保护:吊货索卷满滚筒时吊钩停止提升,在滚筒上只剩 3 圈时停止落钩。

吊臂高位和低位保护:吊臂用油缸控制时无须设高位保护。吊臂低位保护常设在水平线以上仰角 25°处,吊货工作时不允许吊臂仰角低于此限制。工作结束,需要放平吊臂时,必须按下专设按钮。

有些舱位的克令吊(如靠近生活区前壁面的克令吊)在必要时还设有回转限位保护。

(2)设备联锁保护

通风门联锁保护:起动起货机电机之前,必须打开机组的通风门,否则连接通风门的限位开关不能闭合,无法起动电机。

油冷却器联锁保护:起动电机之前,还必须将油冷却器风机的电源打开,以便通过电路中相应的温度继电器加以控制,否则,无法起动主电机。

电机的自动加热:在起货机的电机中设有电加热器,工作时只要将其手动开关闭

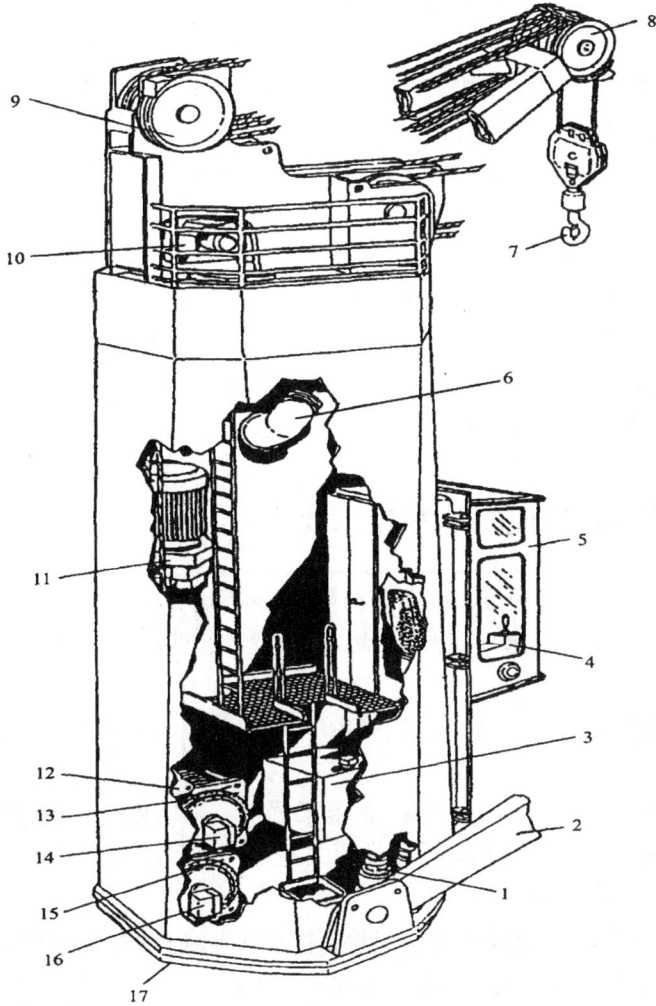

图 7-1-3　回转式起货机

1—回转马达;2—吊臂;3—油箱;4—操纵台;5—操纵室;6—通风扇;7—吊货钩;8—吊臂滑轮组;9—顶滑轮组;10—油冷却器;11—液压泵;12—松绳保护装置;13—变幅绞车;14、16—限位开关;15—起重绞车;17—回转座台

合,就会使电动机在起动以前和暂停工作期间因常闭触头闭合而投入工作,以保护电机不受潮气侵袭。

(3)液压系统工作状况保护

补油低压保护:当补油压力低于系统设定压力时(液压油系统缺少液压油或系统局部脏堵等),压力继电器就会动作,使起升和回转机构无法动作,并在控制手柄一离开中位时就发出报警。

控制油低压保护:当控制油压低于设定值时(此时各类控制动作将会失灵),相应的压力开关就会动作,切断主电机控制电路,同时报警。

起升高油压保护:当起升机构超载致使高压管路中的油压升高到设定值(如

30 MPa)时,相应的压力继电器就会动作,如压力升高持续 3 s,则会使起升动作中断,同时发出报警。

高油温保护:当液压油泵组的油温高于设定值(如 80 ℃)时,电路中的温度继电器就会断电,使主电机断电并报警。

低油位保护:当主油箱油位低于设定值时,油位继电器就会断路,并在持续 3 s 后,使主电机断电并报警。

(4)电气工作状况保护

主电机过电流保护:当主电机电流高于额定值一段时间后,热敏电阻元件就会动作,使主电机断电并报警。

主电机高温保护:当主电机温度上升到一定值(如 155 ℃)时,电机绕组内的热敏元件就会动作,使主电机断电而停机。

二、对船用起货机的基本技术要求

(1)能以额定的起货速度吊起额定负荷,即具有足够的功率。

(2)能依操作者的要求,方便灵敏地起、落货物,即必须具有正、反转换向工作的能力。

(3)能依据起吊货轻重、空钩或货物着地等不同情况,在较广的范围内调节运行速度,即能够调速和限速。

(4)不论在起货或落货的过程中,都能根据需要随时停止,并握持货物,即能可靠地制动。同时起货机都必须相应设置常闭式制动设备和某种机械性的固锁装置,以便有效制动和锁紧,从而确保安全。

根据我国船检局的《起重设备法定检验技术规则》(1999)中的规定,对回转式起货机(克令吊)和吊杆式起货机试验的主要要求如下:

(1)每台克令吊或每根吊杆应按表 7-1-1 规定的试验负荷进行试验,试验程序应经船检部门同意。吊臂应放在设计图纸规定的最大臂幅(吊杆规定仰角)位置。试验应使用具有质量证明的重物,重物吊离甲板后悬挂时间不少于 5 min,液压克令吊如起升全部试验负荷不现实时,可减少试验负荷试验,但应不少于 1.1 倍安全工作负荷。

表 7-1-1 回转式起货机(克令吊)和吊杆式起货机的试验负荷

安全工作负荷/t(KN)	试验负荷/t(KN)
SWL≤20(196)	1.25×SWL
20(196)<SWL≤50(490)	SWL+5(49)
SWL>50(490)	1.1×SWL

(2)克令吊与吊杆式起货机应在试验负荷下慢速进行起升、按设计的工作角度变幅、在最低设计幅度下按设计的极限角度回转(吊杆应向左、右两舷摆动至尽可能大)的试验,同时还应进行相应动作的制动试验(吊杆仅做升降重物绞车的制动试验)。可行走的克令吊还应在试验负荷下进行慢速全程行走试验。

（3）不同臂幅相应有不同安全工作负荷的克令吊，一般应在不同臂幅进行相应的负荷试验。若经验船部门同意，可减少中间臂幅试验负荷的试验。

（4）双吊杆起货机应检查二起货索连接点的净空高度、起货索夹角和保险稳索位置是否合乎图纸要求。

（5）应对超负荷保护装置、超力矩保护装置进行动作试验，应校核负荷指示器。

三、液压起货机系统

液压起货机常规有三个系统：起升系统（吊货系统）、变幅系统和回转系统。根据它们的负荷特点不同，又分为起重机构液压系统和和回转液压系统。根据换向和调速的控制方式又可分为阀控型和泵控型，前者可用开式或闭式系统，后者一般用闭式或半闭式系统。

1. 阀控型开式起重液压系统

图 7-1-4 所示为阀控型开式起货机变幅机构的简化版系统原理图。从图中看出，该系统中油泵 1 从油箱吸油，经过换向阀 3、单向阀 4、单向节流阀 5 进入液压缸 7 的下部空间，使吊杆抬升，液压油缸上部空间的油经换向阀 3 流回油箱，该系统是典型的开式系统。该系统的执行机构为液压油缸，油泵为定量泵，改变其移动速只能通过改变供给其油量大小来获得，该系统中油量大小由换向阀 3 的节流实现，属于节流调速。该系统液压缸 7 始终承受重物向下的作用力，具有单向负载的特点。

根据原理图 7-1-4，阀控型开式液压系统的工作原理和特点分析如下。

（1）换向和调速

换向是指执行机构改变运动方向；调速是指调节执行机构的运行速度。

这种系统采用单向定量泵 1，如要求液压缸 7 的活塞改变运动方向，使重物起升或下降，就必须手动操纵换向阀 3，改变油缸主油管的进油和回油的方向。换向操作切忌过猛，否则，因起重机构惯性较大，在起、停、换向时就会产生较大的液压冲击，虽然系统中设有安全阀，但其开启后有一定滞后，仍可能造成管路、密封和仪表的损坏。

由于阀控型系统通常采用的是定量泵，为使液压甲板机械操作方便，一般都采用既可换向又

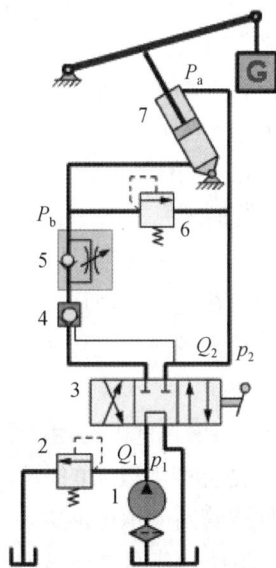

图 7-1-4　阀控型开式起货机变幅机构的简化版系统原理图

1—单向定量泵；2—安全阀；3—手动换向阀；4—液控单向阀；5—单向节流阀；6—制动阀；7—液压缸

可节流的换向节流阀。输入执行元件的油的流量需要由手动换向阀 3 在实现换向的同

时，通过位移大小的变化来完成，对执行元件进行节流调速，而让泵的多余流量通过安全阀 2 返回油箱。有的阀控型系统为限制功率，采用恒功率变量泵或变量油马达。

（2）限速

开式液压系统如果在落货时不设法限制执行元件的回油量，那么执行元件在重力作用下仅需克服较小的摩擦阻力，重物下降时就会做加速运动，而达到危险的程度。因此，系统需采取限速措施。

在图 7-1-4 中，重物降落过程中，从液压缸 7 出来的回油经过所设的单向节流阀 5，此时油流只能经节流阀一侧，由于其流量受到节流阀的限制，因此可起到限速作用。

开式系统无论采用什么方案限制重物下降速度，都是在油马达（油缸）的回油管上进行节流。这会导致节流损失和增加油液发热，称为能耗限速。

起重类机构的开式液压系统，油马达（油缸）下降工况时的进油管路无论在起升、下降或制动、锁紧时都不会承受太高的油压力。而下降工况的回油管路在油马达（油缸）出口到限速阀件之间这一段，在任何工况都承受较高油压。因此，平衡阀和单向节流阀等限速阀件在下降工况回油管上必须尽量装得靠近油马达（油缸），以免两者之间的油管破漏而使重物坠落。

（3）制动

液压装置的制动一般首先利用系统操纵机构停止向执行机构供油，使得执行机构停止动作，然后利用机械制动器（闸）实现可靠制动。开式液压系统一般利用换向阀的回中，停止向执行机构（油缸或油马达）供油，换向阀一般采用 O 形或 M 形机能。由于换向阀存在内漏，不能实现可靠制动，即利用换向阀的回中，只能实现执行机构短暂的"停止转动或移动"。为了实现可靠的制动，在换向阀回中后，经过适当的延时，机械制动器抱闸，利用制动器实现可靠制动。

（4）限压保护

在液压系统的主油路出口附近，一般装有安全阀（如图 7-1-4 中 2 所示），以防起升系统吊起负荷过重时液压泵排压过高，使电机过载或装置损坏，安全阀打开的设定压力就是起升机构的额定工作负荷，即起货机的吊货的最大重量，由主油泵出口处的安全阀设定值决定。

此外，如果起重机构运动部分质量较大，在下降工况突然液压制动时（如换向阀回中太快），则会产生很大的惯性力，使执行元件回油管路的压力急剧升高，有可能超过执行元件或管路的承压能力。为此，系统中设有作为制动阀用的溢流阀（如图 7-1-4 中 6 所示），制动时若回油管路的油压太高，则会被开启。制动阀的调定压力一般高于安全阀 2 的设定值，前者设定值的依据是执行机构或高压管路的承受压力能力，而后者的设定值依据油泵电机的负荷大小而确定。

2. 泵控型（半）闭式液压回转机构

图 7-1-5 所示为起货机回转机构的简化版系统原理图。从图中看出，该系统中主油泵 1 为变量变向泵，转动调节手柄可改变油泵的流量和流向。油马达 9 为定量变向油马达，其转速的大小和转向由供给的油流大小和流向控制，即改变变量泵油量的大小

和方向即可改变油马达的转速和转向,属于容积调速。油马达9的回油直接返回主油泵1的入口,属于闭式系统。为了补充系统漏油,该系统设有补油用辅油泵2,经单向阀16、17向系统补油。为了冷却系统油液,该系统把部分油通过低压选择阀13和背压阀4引出至冷却器14进行冷却,所以该系统属于半闭式系统。该系统油马达左右回转时都要承受装置的摩擦阻力,属于双向负载型。

(1)换向和调速

系统采用变向变量泵作主油泵,它是通过改变油泵的吸排方向(即油马达进、回油方向)改变转向。由于变向变量泵在改变排油方向的过程中,流量总是先逐渐减小为零,然后向反方向逐渐增大,故液压冲击小,工作平稳。泵控型系统调速采用改变主油泵流量的办法(为容积调速法)。如不计容积损失,则可认为闭式系统油泵流量全部通过马达,改变油泵排量,油马达转速随之而变,并实现无级调速。容积调速不产生额外的节流损失,比节流调速经济性好,油液发热少。

特别说明:回转机构系统中无失压保护阀5,其一般设在起重机构系统中用于高压侧失压保护,控制油来自系统高压侧油路。此处仅出于后面说明需要,分析回转机构系统时应忽略失压保护阀5。

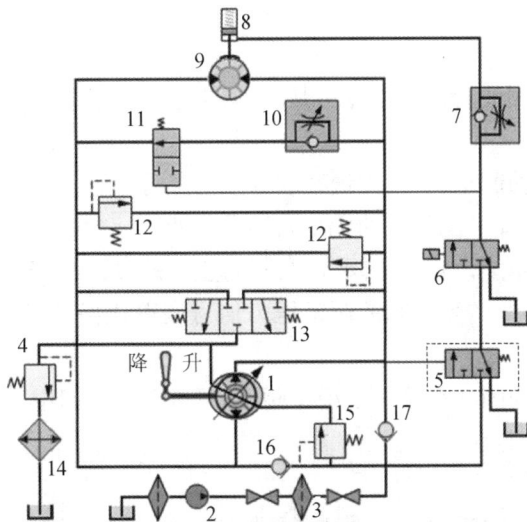

图 7-1-5　起货机回转机构的简化版系统原理图

1—主油泵;2—辅油泵;3—细滤器;4—背压阀;5—失压保护阀;6—二位三通电磁阀;7、10—单向节流阀;8—制动器;9—油马达;11—中位阀;12—安全阀;13—低压选择阀;14—冷却器;15—溢流阀;16、17—单向阀(补油阀)

(2)限速和制动

该系统为回转机构,一般无须限速和制动,但若考虑船舶倾斜对其的影响,则要求双侧油路都要设置限速和制动措施。

在泵控型闭式系统中,其限制速度的方法与开式系统有本质的不同。当机构由于船舶倾斜而有较大的回转趋势时,油马达被倾斜造成的转矩驱动,实际按油泵工况运行,其排油供入油泵(而不是回油箱)驱动泵回转,使油泵进油压力大于其排油压力,工况相当于油马达。这时油泵不仅不消耗电能,反而能从压力油的输入中得到液压能。如果同轴带有其他油泵,则可驱动其回转,不然油泵转速可能超过电动机转速,使电动机呈发电机工况而向电网反馈电能。调节变量泵的排量 q_P,能控制油马达转速。如果起重系统采用这种泵控型闭式液压系统,则在重物下降时能回收重物的位能,称为再生限速,经济性优于能耗限速。

在闭式系统中,当变量油泵回到中位时,泵的排量 q_P 为零,油马达转速也应为零,原则上可实现液压制动。然而,当油泵变量机构采用机械式操纵机构时,各传动杆间难免有间隙,并出现传动误差,以致在操纵手柄回中时变量泵往往不能刚好回到中位,这样油马达就会停不住。为了解决油泵不能可靠回中的问题,在系统中装设一个中位阀 11,并在制动器 8 的控制油路中设有单向节流阀 7,使之成为即时抱闸制动器。每当油泵操纵手柄回到中位时,电磁阀 6 断电,中位阀 11 控制油泄入油箱,在弹簧的作用下中位阀使主油路旁通,主泵卸荷。而当操纵手柄离开中位时,电磁阀 6 通电,控制油通过阀 6 后,一路去推动中位阀 11,使主油路旁通管隔断,另一路经单向节流阀 7 的节流进入制动器油缸。这里的节流作用是减缓进油流量,让中位阀 11 先隔断,待主油路建立起油压后再松闸(即延时松闸),以免重物发生瞬间下坠。

(3)安全保护

①限压保护

双向负载机构两侧油管都有可能承受高压,本系统设了双向安全阀 12 来保护两侧管路不受高压冲击。

若单向负载特性的起重机构,无论在起升或下降时,只有油马达在起升工况的进油管路才承受高压,而下降工况的进油管路始终承受低压。为防止超载导致油压过高,原则上只要求在高压管路上设置安全阀,但为了防止意外,现在许多系统中也设置有双向安全阀,但保护高压油路的安全阀的调定压力值可调得比保护另一侧低压油路的安全阀高。

若采用变量油泵的闭式系统不装中位阀,即可以靠主泵回中来液压制动,这时上述安全阀又可兼作制动阀。

②失压和失电保护

二位三通电磁阀 6 除起中位油泵卸荷的控制功能外,还能在意外失电时动作,使主油路经中位阀旁通而制动器抱闸,以防货物坠落。

回转系统应无坠货危险,一般不设失压保护(如图 7-1-5 中失压保护阀 5 不需要),而在起重系统中,若管路高压侧破裂,则可能造成货物坠落,为此需设有失压保护阀,如图 7-1-5 所示,我们假设该系统为起货机的吊货系统,系统右侧管路始终承受高压,当系统正常工作时,右侧管路的压力油作用于失压保护阀 5 的左端控制口,失压保护阀 5 工作于左位,辅泵油进入制动器油缸,制动器松闸,系统正常工作。当管路破裂等使右侧管路失压时,失压保护阀 5 在弹簧作用下回到右工作位,制动器油缸油泄回油箱,制动器立即抱闸,防止坠货。

（4）补油和散热

为补偿油液外漏，必须向低压侧管路补油，保证低压管路中不致出现真空。此外，油液在闭式系统中循环，发热在所难免，还必须考虑如何散热，以免油温过高。

工作频繁和负载较大的机构，采用闭式系统，油液发热比较严重，故常在工作时使一部分油液连续泄放，经冷却器回到油箱，同时不断地向系统低压管路补油，这种系统称为半闭式系统。系统中装设了低压选择阀 13，工作时，它在两根主管路油压差的作用下推向一端，低压侧管路中的部分油液能经背压阀 4 和冷却器 14 泄回油箱，系统中返回油箱的冷却油量大小由背压阀 4 调定，一般为系统总油量的 1/3。冷却油则由辅油泵 2 经细滤器 3、单向阀 16 和 17 不断补入低压侧。系统的补油压力由辅泵溢流阀 15 调定。

辅泵的供油量一般大于冷却油量，多余的油量一方面向系统的中位阀、制动器等供应控制油，另一方面经溢流阀 15 进入油泵腔壳中润滑和冷却油泵，经冷却器 14 返回油箱。

第二节　液压锚机

一、锚设备的功用和组成

船舶在港口停泊时，为克服作用在船体上的水流力、风力和船舶纵倾、横倾时所产生的惯性力，保持船位不变，就需设置锚设备；此外，锚设备还是操纵船舶的辅助设备，如靠离码头、系离浮筒、狭水道调头或需紧急减刹船速等，都要用到锚设备。

锚设备及其在船首的布置如图 7-2-1 所示。锚设备主要由锚 1、锚链 5、制链器 3 和锚机 6 所组成。锚机是用来收放锚和锚链的机械。

锚机根据所用动力的不同，目前主要分为电动锚机和液压锚机。按链轮轴轴线布置的不同，又可分为卧式锚机和立式锚机。

二、锚机应满足的要求

锚机在起锚过程中拉力是不断变化的。起单锚时的最大拉力通常发生在拔锚破土时。但规范规定抛锚深度不超过 80 m 时，锚机还应在单锚破土后能绞起双锚；在抛锚深度超过 60 m 时，最大负荷可能出现在绞起双锚时。

由于锚机工作时拉力变化很大，因此负荷变化也很大，电动锚机通常采用双速或三速交流异步电动机；而液压锚机常采用有级变量液压马达来限制功率，也可采用恒功率液压泵或液压马达。按《钢质海船入级规范》的规定，锚机应满足以下基本性能要求：

（1）必须由独立的原动机或电动机驱动。对于液压锚机，其液压管路如果与其他

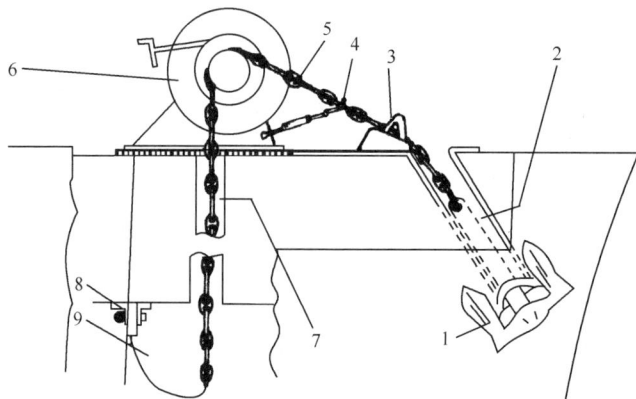

图 7-2-1　锚设备在船首的布置

1—锚;2—锚链筒;3—制链器;4—掣链钩;5—锚链;6—锚机;7—锚链管;8—弃锚器;9—锚链舱

的甲板机械的管路连接,应保证锚机的正常工作不受影响。

(2)在船上试验时,锚机应能以不小于 9 m/min 的平均速度将 1 只锚从水深 82.5 m 处(3 节锚链入水)拉起至 27.5 m 处(1 节锚链入水)。此速度为锚机的公称速度。

(3)锚机额定拉力应不小于 $41.68d^2$(锚链直径≥25 mm),或不小于 $35.8d^2$(单位为 N,锚链直径<25 mm)。

(4)在满足公称速度和额定拉力时,应能连续工作 30 min;应能在过载拉力(不小于工作负载的 1.5 倍)作用下连续工作 2 min,此时不要求速度。

(5)锚链轮与驱动轴之间应装有离合器,离合器应有可靠的锁紧装置;锚链轮或卷筒应装有可靠的制动器,制动器刹紧后应能承受锚链断裂负荷 45% 的静拉力;锚链必须装设有效的止链器。止链器应能承受相当于锚链的试验负荷。

(6)液压锚机的系统和受压部件应进行液压试验。液压泵试验压力为 1.5 倍最大工作压力(不必超过其最大工作压力 6.9 MPa);系统和其他受压部件试验压力为 1.25 倍设计压力(不必超过其设计压力 6.9 MPa)。

(7)所有动力操纵的锚机均应能倒转。

三、液压锚机系统的工作原理

船用液压锚机的类型很多,下面以采用定量叶片泵和二级变量叶片式油马达的阀控型闭式系统的液压锚机为例,其液压锚机系统的组成和工作原理,如图7-2-2 所示。

该系统油泵采用双作用定量叶片泵,最大工作压力为 6.86 MPa。油泵设有安全阀 f。泵吸入侧设有磁性滤器 F。油马达 M 采用双作用叶片式二级变量油马达,结构与双作用叶片泵类似,也是由定子、转子和叶片等组成。在转子上均匀分布的 8 个叶片槽中设置有叶片,为使叶片能紧贴在定子的内表面上,在转子端面的弧形四槽中,每两个叶片之间设有矩形截面的弧形推杆。工作时,叶片在压力油的作用下,带动转子在定子中

液压锚机原理

转动。由于转子是用键与轴相连,所以,当转子转动时,即可直接带动锚链轮回转,从而完成起锚或抛锚任务。

为了结构紧凑和减少管路破裂的危险,系统的两个控制阀组合在液压马达上,其具有两个阀腔:一个是换向阀腔,内装换向阀和单向阀,用以控制油马达的正转、反转或停转;同时,它又是一个开式过渡滑阀,可通过并联节流,对油马达进行节流调速。另一个是换挡阀腔,内装换挡阀,通过换挡阀即可控制油马达的低速或高速工况。

如图7-2-2(b)所示,将换向手柄置于中央位置,则换向阀处于中位,并打开旁通孔,于是来自油泵的压力油经换向阀的下部直接返回油泵,系统不能建立起足够的油压,单向阀处在关闭状态,压力油不能进油马达,则油马达停止不动。

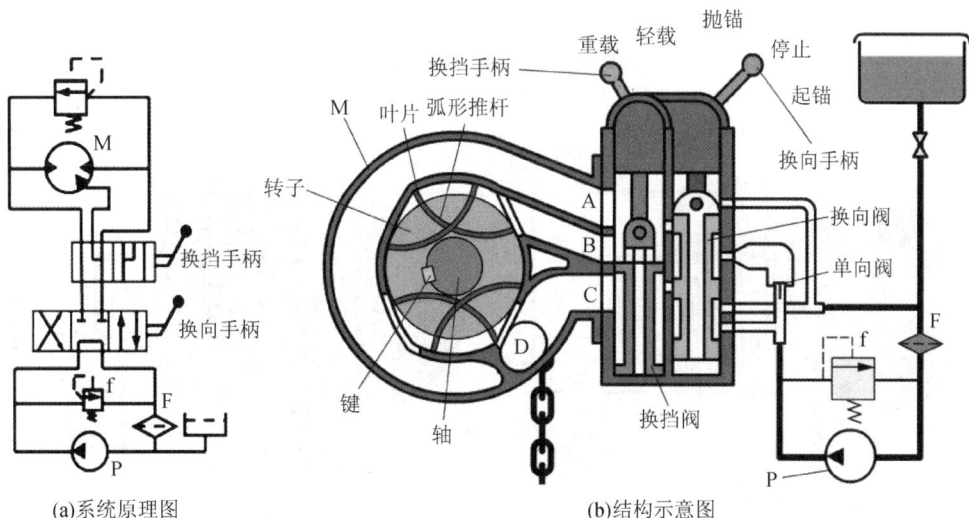

图7-2-2 液压锚机系统的组成和工作原理图

M—油马达;f—安全阀;F—磁性滤器

如图7-2-3(a)所示,将换向手柄向后扳(起锚),这时换向阀上移,逐渐将旁通孔遮蔽,于是油泵的排油压力升高,油就会顶开单向阀,经换向阀腔和换挡阀腔进油马达,进行起锚,这时油马达的A、B两个腔室同时工作,故为重载低速工况。假如扳动换挡阀手柄,使换挡阀关闭油道B,则压力油将仅能从油道A进油马达,油道B则与出油口相通,亦即油马达只有一个腔室工作,此时即为轻载高速工况,如图7-2-3(b)所示。这时,最大输出拉力仅为重载工况的1/2,但速度较前者增加一倍。显然,改变换向手柄的操纵角度,控制压力油进入油马达的流量,即可对油马达进行节流调速。

如图7-2-4(a)所示,将换向手柄向前扳(抛锚),这时换向阀下移,于是,来自油泵的压力油就会经油道C进入油马达,使油马达反向转动,进行抛锚。图7-2-4(a)所示情况为重载低速工况。同理,若通过换挡手柄使换挡阀上移,则油道B与C相通,油马达就会获得轻载高速工况,如图7-2-4(b)所示。同样可通过控制换向手柄的操纵角度而使油马达实现节流调速。

高置油箱中的液压油依靠重力产生的静压保持油泵的吸入压力,并对系统进行补油。这种锚机的限速除闭式系统本身能再生限速(向油泵反馈能量)外,靠控制换向手

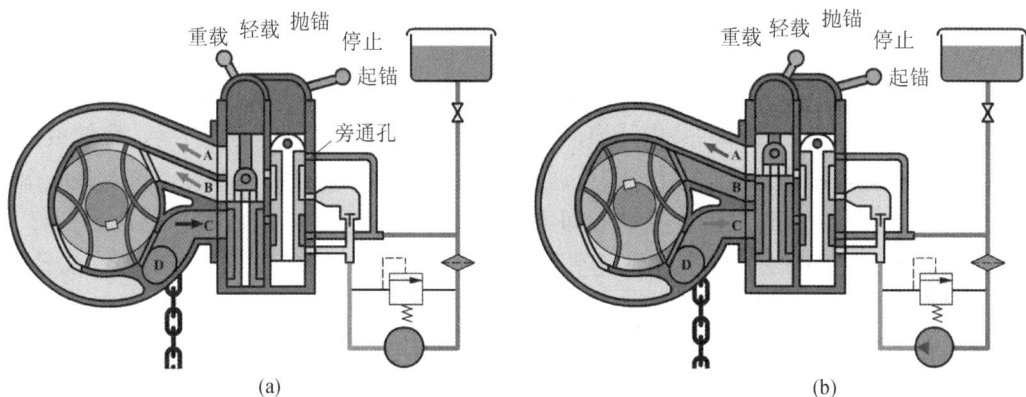

重载 轻载 抛锚 停止 起锚 旁通孔

(a)　　　　　　　　(b)

图 7-2-3　液压锚机起锚工况

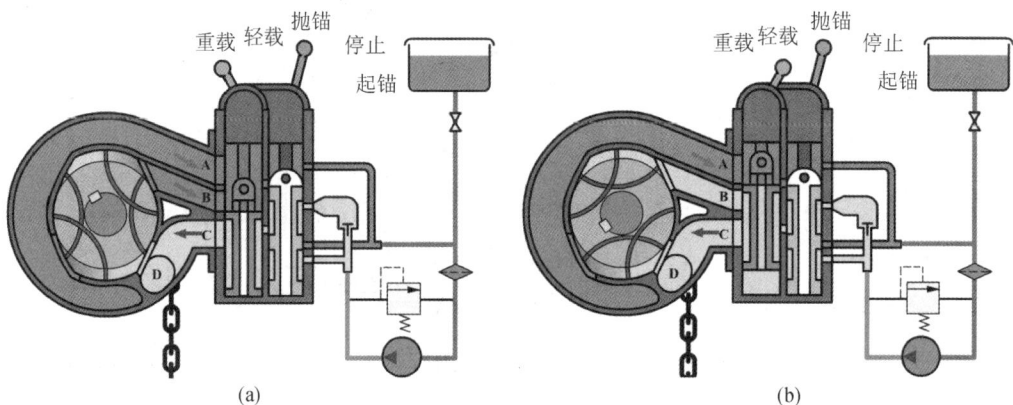

重载 轻载 抛锚 停止 起锚

(a)　　　　　　　　(b)

图 7-2-4　液压锚机抛锚工况

柄节流也可进行能耗限速。起、抛锚过程将手柄回中则可进行液压制动,油马达的安全阀即相当于制动溢流阀。此外,还设有手动的刹车手柄,借以控制锚链轮旁的带式机械制动器。

第三节　绞缆机

一、绞缆设备的功用和组成

系统设备是船舶为停靠码头、系带浮筒、傍靠他船和进出船坞等所使用的机械设备,主要由系缆索、带缆桩、导缆装置(导缆孔、导缆钳或导缆滚轮等)、绞缆机以及绳车、碰垫等组成。利用绞缆机收绞缆索,即可使船舶系靠。在船首,系缆卷筒通常和锚机一起,用同一动力驱动,并可以通过离合器啮合或脱开;有的起货机也同时带有系缆卷筒;在船尾,则大多设置独立的绞缆机。

绞缆机按所用动力的不同可分为电动绞缆机和液压绞缆机。

图 7-3-1 所示为绞缆机的结构简图。电动机 2（或液压马达）通过齿轮减速机构 3 带动主卷筒 4 及副卷筒 6 转动。主卷筒在卷绞的同时还能储绳,它既能绞缆,又能靠手动刹紧带式刹车 5 来系缆,缆绳张力太大时允许刹车打滑松缆,以免拉断。若是自动绞缆机,则系缆时无须刹紧刹车。副卷筒只能卷绞缆绳,收储缆绳需靠另设的人力控制的绳车。

对绞缆机的基本性能要求是:应能保证船舶在受到 6 级风以下作用时(风向垂直于船体中心线)仍能系住船舶。其拉力大小应该根据船舶的尺寸,按《钢质海船入级规范》所推荐的数字选取。额定负荷时的绞缆速度一般为 15～25 m/min,空载绞缆速度多在 30 m/min 以上。

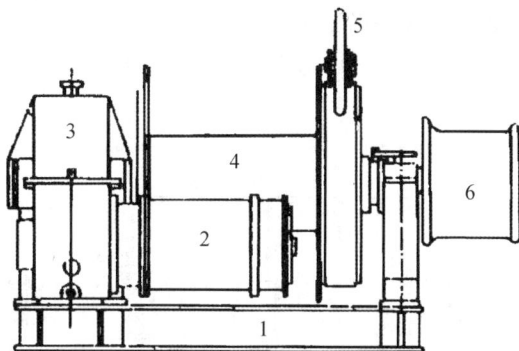

图 7-3-1　绞缆机的结构简图

1—底座;2—电动机(或液压马达);3—减速机构;4—主卷筒;5—手控带式刹车;6—副卷筒

二、自动绞缆机的功用和工作原理

在停泊期间,随着潮汐涨落或船舶吃水变化,普通绞缆机必须采用人工收紧或松开缆绳,避免缆绳过紧而拉断或缆绳松弛失去系缆作用,以保证船舶可靠系泊。然而,由于船舶装卸及潮汐涨落频繁,采用人工操作绞缆机不仅工作量太大,而且操作稍有不当,因受力不均则会导致缆绳拉断;而且大型船舶缆绳粗重,采用人工操作非常困难。因此,目前新建船舶普遍采用自动绞缆机,它能使拉紧缆绳的张力保持在设定范围内,若缆绳所受拉力过大,则自动放松缆绳,而缆绳松弛时又能自动收紧。

对于采用定量油马达上的绞缆机而言,作用在绞缆机上的扭矩与工作油压成正比,因此,作用在绞缆机上的载荷大小也就是系缆张力,就与作用在油马达上的工作油压成正比,只要实现对作用在油马达的工作油压进行控制,就能控制油马达的扭矩,即自动控制系缆张力。目前实现的具体方法主要有用压力调节器控制的定量泵或变量泵式,以及带压力伺服器或压力继电器和蓄能器的定量泵式或变量泵式等几种。

1. 溢流阀控制的定量泵自动绞缆机

如图 7-3-2 所示,溢流阀控制的定量泵自动绞缆机系统主要由定量油泵 1 和 5、溢流阀 2、油马达 3 和卷筒等组成。卷筒由油马达 3 驱动。系统期间由溢流阀 2 控制油马达 3 收缆进油侧的工作油压,溢流阀 2 常开,作定压阀用。①当缆绳张力未达到调定时,油压未到溢流阀 2 的开启值,溢流阀 2 处于关闭状态,油泵 1 的流量 Q 全部经油马达 3、冷却器 4 回油箱 6,绞缆机处于收缆状态。②当缆绳拉紧达到调定张力时,油压升高使溢流阀 2 开启,油泵 1 的流量 Q 除少量 Q_2 经油马达 3 泄漏外,其余的排油($Q-Q_2$)经溢流阀进口油箱;当缆绳张力过大时,马达负荷扭矩超过调定范围,缆绳张力拉动油马达 3 反转,松出缆绳;这时油马达 3 的排油流量 Q_M(图中虚线箭头所示)将和泵的流量 Q 一起经溢流阀 2 溢流。溢流的功率损失转变为热量,会使油温升高,故在回油管上需设油冷却器 4。③由于风浪等影响,当缆绳变松张力突然减小时,工作油压迅速下降,溢流阀 2 关闭,油泵 1 的流量 Q 全部经油马达 3、冷却器 4 回油箱 6,绞缆机又重新收紧缆绳。

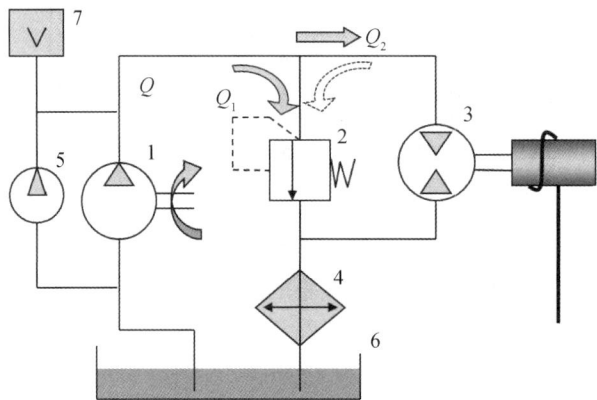

图 7-3-2　溢流阀控制的定量泵自动绞缆机原理图
1、5—油泵;2—溢流阀;3—油马达;4—冷却器;6—油箱;7—压力继电器

自动绞缆机油泵所需的功率一般较小,但油泵的工作时间较长,为了减轻油泵的发热,常设大、小两个液压泵,小流量的油泵 5 专供自动系缆工况用,收揽工况时,大小泵同时工作。

这种自动绞缆机结构简单,但工作时必须使大量的高压油液流经压力调节阀,压力骤减而温度升高,故需要充分冷却。同时,压力调节阀的工作条件不够稳定,工作时也需要给予充分注意。此外,油泵总在大流量下工作时很不经济,因此,只适用于功率较小的场合。

2. 带蓄能器的定量泵式自动绞缆机

如图 7-3-3 所示的带蓄能器的定量泵式自动绞缆机原理图中,1 是蓄能器,用以缓冲系统因负荷变化而引起的冲击,9 是压力继电器,当蓄能器 1 中的油压降低到压力继电器 9 的低压调定值时,油泵 7 起动,向蓄能器补油,直至蓄能器中的油压降低到压力继电器的高压值时,油泵又断电停止,这样利用蓄能器和压力继电器即可实现油泵的间歇工作,从而使自动绞缆机的功耗得以减小。

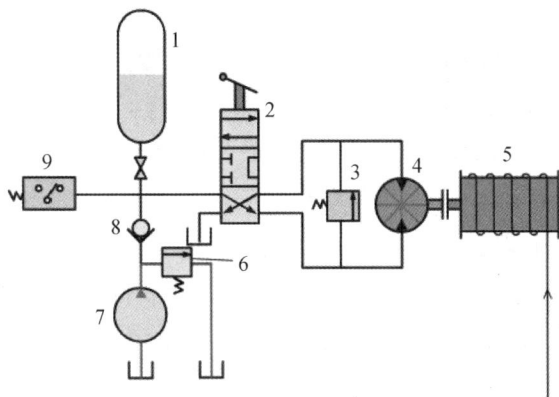

图 7-3-3　带蓄能器的定量泵式自动绞缆机原理图

1—蓄能器;2—换向阀;3—溢流阀;4—油马达;5—卷筒;
6—溢流阀;7—油泵;8—单向阀;9—压力继电器

3.带压力继电器的变量泵式自动绞缆机

如图 7-3-4 所示的带压力继电器的变量泵式自动绞缆机原理图中,变量泵 6 的流量由压力继电器 7 进行双位调节,当缆绳张力小于压力继电器 7 的调定值时,因系统油压较低,压力继电器 7 处于接通状态,电磁阀 4 有电,泵以最大流量工作,快速卷入缆绳。随着缆绳的卷入,张力逐渐增加,当张力增加至调定值时,压力继电器动作,使电磁阀 4 断电,变量机构油缸两侧进排油方向发生改变,泵的流量降至最低,此时,油马达停止转动,处于平衡状态,而从油泵来的油,经溢流阀 8、膨胀油箱 10 返回油箱 3。假如缆绳的张力进一步增加,油马达 2 就会反转,变成油泵工况,这时,系统油压升高,使溢流阀 8

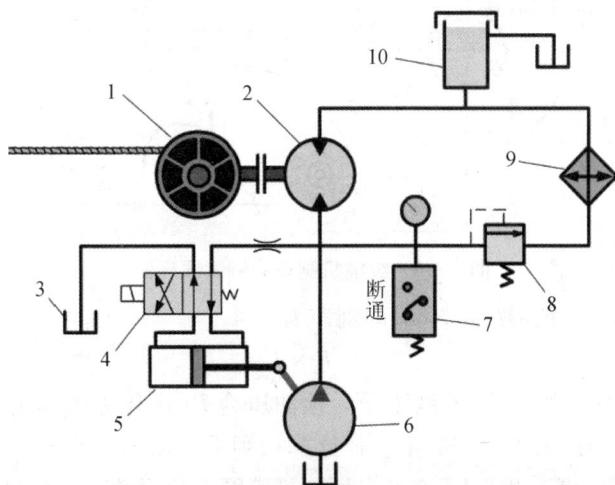

泵控型自动
绞缆机原理

图 7-3-4　带压力继电器的变量泵式自动绞缆机原理图

1—卷筒;2—油马达;3—油箱;4—电磁阀;5—变量机构油缸;6—变量泵;7—压力继电器;8—溢流阀;9—冷却器;10—膨胀油箱

进一步开大,于是,绞缆机自动放出缆绳。

三、绞缆机刹车力测试

目前国际石油论坛、国际航运工会、化学品分类协会等都要求液货船定期测试绞缆机刹车力并记录,而且要求船舶接受它们的检查。

1. 绞缆机刹车力测试要求

(1)每一绞缆机刹车,新船交付使用前以及以后每年都应单独测试刹车力;若更换或修理刹车片或有任何证据显示绞缆机刹车过早打滑或有相关障碍,也都应测试刹车力。

(2)绞缆机刹车应进行测试,时间间隔不超过 12 个月。

(3)船舶各绞缆机都必须有船级社认可的证书。该证书是调整系缆机刹车力的重要依据。

2. 绞缆机刹车力测试原理

绞缆机一般采用环形刹车带型手动刹车,环形刹车带套在刹车轮毂上。是否刹车以及刹车力大小取决于刹车带抱紧刹车轮毂的程度。

绞缆机刹车力测试原理如图 7-3-5 所示,使用的工具有:"人"字形专用工具、液压千斤顶和带压力表的手摇压力泵。

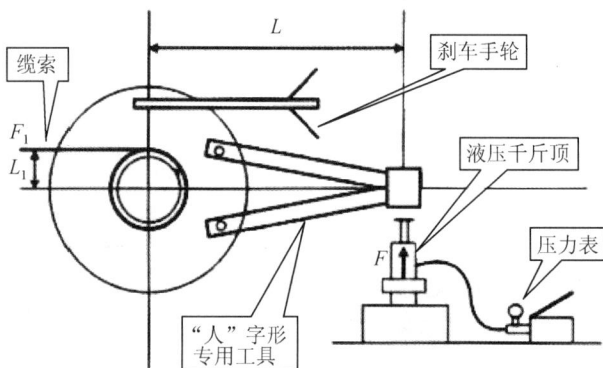

图 7-3-5 绞缆机刹车力测试原理图

由受力分析可知:$F_1 \times L_1 = F \times L$,即刹车力

$$F_1 = F \times L/L_1 \tag{7-3-1}$$

式中:F 是液压千斤顶的顶力;若液压千斤顶油压为 P(由压力表读出),千斤顶柱塞受力面积为 C(查阅千斤顶说明书或由直径计算),则千斤顶的顶力 $F = P \cdot C$。

L 是 F 的作用力臂,即"人"字形专用工具等腰三角形的高,可测量得出。

L_1 是 F_1 的力臂,等于系缆滚筒直径 D 与缆索直径 d 之和的一半,即 $L_1 = (D+d)/2$(缆索在滚筒上只绕一层)。D 可从系缆机说明书查出或实测,d 可据系缆规格从其说明书查出。

刹车力 F_1 可由式(7-3-1)计算得出。

OCIMF 颁布的《系泊设备指南》要求,新缆索应为 80%MBL(系统最大破断力,可据系缆规格从其说明书查出),旧缆索应为 60%MBL,由此可得绞缆机刹车力标准值:

$$F_{1e} = (60\% \sim 80\%) \times MBL \tag{7-3-2}$$

测试所得绞缆机刹车力 F_1 应不小于绞缆机刹车力标准值 F_{1e}。

3. 绞缆机刹车力测试步骤

①短时间运行绞缆机,清除刹车片上水分、牛油等影响刹车力的附着物,绞缆机滚筒上的系缆层数不超过 1 层以获得最大的刹车力。

②正常刹紧刹车,脱开绞缆机离合器。

③"人"字形专用工具的两脚,用螺栓紧固在系缆机滚筒一侧挡板的两个专用螺孔上,转动滚筒使专用工具处于基本水平。

④检查压力表量程确认符合测试需要,摇动手摇泵,千斤顶顶端上升,顶动"人"字形专用工具顶端,迫使滚筒克服刹车力转动。测试期间各受力点必须保持稳定,以策安全。

⑤测量和记录 L、L_1、F_1、系缆滚筒直径 D、系缆的直径 d、滚筒刚开始转动时的油压 P。

⑥计算刹车力。根据测试原理,按照 $F = P \cdot C$,由 P、C 计算出液压千斤顶的顶力 F,再计算刹车力 $F_1 = F \times L/L_1$。

4. 刹车力测试结果的判别

为了简化测试结果符合性判断,船上一般先按式(7-3-2)设定刹车力范围,再由此计算出液压千斤顶的油压范围,然后测试验证液压千斤顶油压是否在设定范围内。

①压力表显示在计算值范围内刹车打滑,表示该刹车的刹车力正常。

②压力表显示在计算范围之前刹车就打滑,表示刹车力过小需提高,调节或修理后重新测试。

③压力表显示超过计算范围刹车还没打滑,则表示刹车力过大需降低,调节后再重新测试。

5. 刹车力的调节和锁定

如果测出的绞缆机刹车力不符合规定值,则需进行调整或更换刹车片,通常通过调整刹车螺杆上的限位螺帽来调节和锁定刹车力。

第八章

舵机

船舶必须装备控制航向的设备,才能具有良好的操纵性能。绝大多数船舶将舵作为控制航向的设备。操舵装置包括使舵动作的动力设备、转舵机构和向舵杆施加转矩的部件(如舵柄及舵扇)。严格地讲,舵机是指使舵动作的动力设备(例如电动液压舵机是指电动机及其所驱动的液压泵和辅助设备),但船上习惯笼统地将整个操舵装置简称为舵机。

船舶舵机按所用动力分为电动舵和液压舵。现在除一些小型船舶上仍用电动舵机外,目前绝大多数船舶采用液压舵机。

第一节　舵机的概述

知行大讲堂
船舶舵机系统

一、舵设备的组成

舵设备主要由:舵、舵机(狭义)及其转舵装置和操舵装置三大部分组成。轮机人员的日常所说的舵设备如图 8-1-1 所示,习惯上指带动舵叶转动的机械和控制设备,一般不包括位于驾驶台的遥控操舵装置。驾驶台的操舵装置实物如图 8-1-1(c)所示。而平时所说的舵机系统则一般指狭义的舵机及其操舵装置,其实物如图 8-1-1(b)所示。

舵叶一般垂直安放在船尾的螺旋桨后,舵叶通过舵杆连接在位于船尾舵机房内的舵机转舵机构上;驾驶人员通过转动驾驶台上操舵装置的操舵手轮发出转舵指令,控制舵机系统使其转舵机构按指令回转,从而带动舵叶回转,实现船舶转向控制。

二、舵的组成和分类

舵垂直安装在螺旋桨的后方。除小船采用平板舵外,为了提高舵效和推进效率,大船大多采用由钢板焊接而成的空心舵,称为复板舵。这种舵由于水平截面呈对称机翼

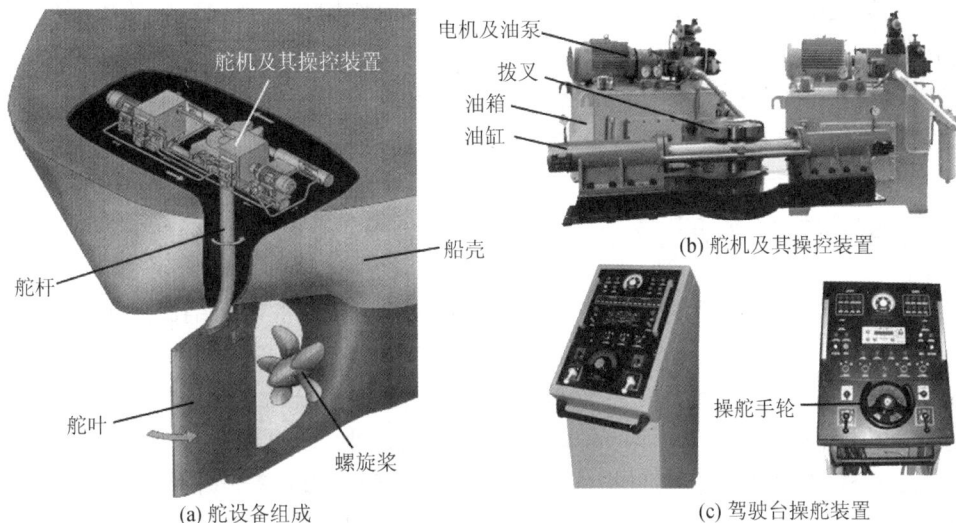

图 8-1-1 舵设备的组成

形,故又称流线型复板舵。

如图 8-1-2 所示,舵机经舵柄 1 将扭矩传递到舵杆 3 上。舵杆 3 由舵承支承,它穿过船体上的舵杆套筒 4 带动舵叶 7 偏转。舵承固定在船体上,由滑动或滚动轴承及密封填料等组成。此外,舵叶 7 经舵销 5 支承在舵托 9 和舵钮 6 上。

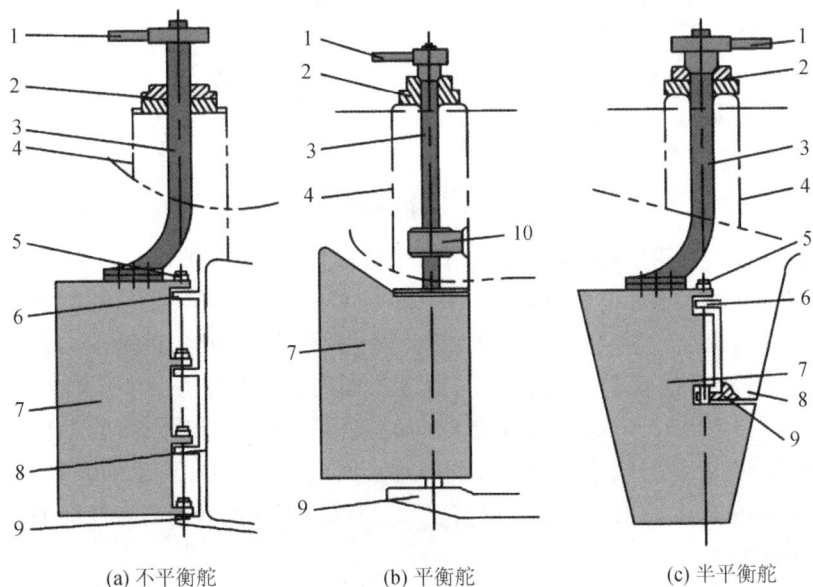

图 8-1-2 舵的几种类型

1—舵柄;2—上舵承;3—舵杆;4—舵杆套筒;5—舵销;6—舵钮;7—舵叶;8—舵柱;9—舵托;10—舵承

舵的类型很多,图 8-1-2 示出了 3 种典型的海船用舵。舵杆轴线紧靠舵叶前缘的舵,称为不平衡舵[图 8-1-2(a)];舵杆轴线位于舵叶前缘后面一定位置的舵称为平衡舵[图 8-1-2(b)];而仅在下半部做成平衡式的舵即称为半平衡舵[图 8-1-2(c)]。后两种舵在舵杆轴线之前有一定的舵叶面积,转舵时水流作用在它上面产生的扭矩可以抵消轴线后一部分舵叶面积上的扭矩,从而减小舵机的转舵扭矩。由于舵叶导边与螺旋桨之间距离在某个值时舵效有个最佳值,与平衡舵和半平衡舵相比,不平衡舵的舵杆与螺旋桨之间的距离较小。

三、舵的转船原理

航行时舵叶处在船的尾流中。如在正舵位置,即舵角(舵叶横剖面的中线与船舶中纵线之间的夹角)α=0 时,水流对舵叶两侧的作用力相同。若舵叶向一舷偏转某舵角α,如图8-1-3 所示,则其两侧的水流状态不再对称,水流绕流舵叶时的流程背水面大于迎水面,流速较大,故背水面上的水压力比迎水面要小,舵叶所受水压力的合力称为舵压力,用 F_N 表示,垂直于舵叶中线,指向背水面。舵压力在舵叶中线的作用点 O 称为舵压力中心,它与舵叶导边的距离用 x 表示。此外,水流还对舵叶产生摩擦力,其合力用 F_F 表示,平行于舵叶中线 。F_N 与 F_F 的合力 F 即水流对舵叶产生的水动力。

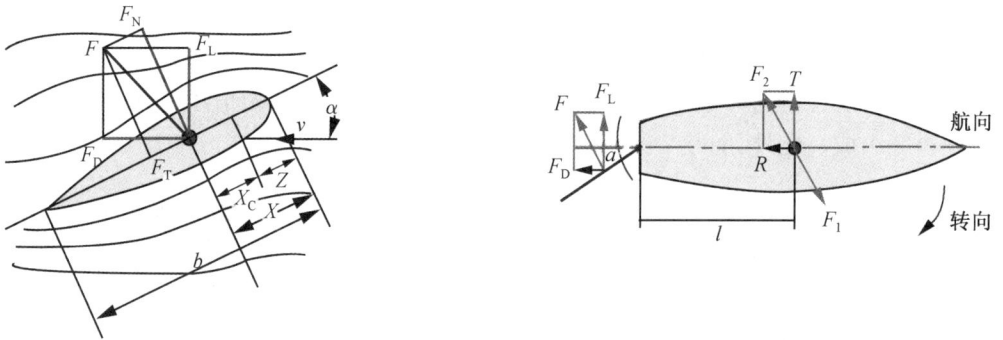

图 8-1-3　舵的转船原理

舵的水动力 F 对船体的作用,可运用力平移原理,在通过船舶重心 G 的垂线与通过舵压力中心 O 的水平面的交点处,加设一对方向相反数值均等于 F 的力 F_1、F_2 来分析。可见,舵的水动力会产生使船体转动的力矩(F 和 F_1 形成),即转船力矩 M_a,使船朝舵偏的一舷转动,这就是操舵转船的原理。同时,水动力还会形成横向分力 $T=F_2\cos\alpha$ 和纵向分力 $R=F_2\sin\alpha$,前者引起船向舵偏相反方向横向漂移;后者会增加航行阻力;由于水动力 F 与船舶重心 G 不在同一水平面上,还将对船产生横倾和纵倾力矩。倒航时,同样舵角产生的水动力的方向与正航时相反,形成的转船力矩使船舶方向与舵偏转的同方向转向。

四、舵机应满足的基本要求

我国《钢质海船入级规范》根据 IMO 的《国际海上人命安全公约》(SOLAS 公约)的规定,对舵机提出了明确的性能要求,其基本精神就是要求舵机必须具有足够的转舵扭矩和转舵速度,并且在某一部分发生故障时,应能迅速采取替代措施,以确保操舵能力。

1. **基本技术要求**

船舶必须具有一套主操舵装置和一套辅操舵装置;或主操舵装置应具有两套以上的动力设备,当其中一套失效时,另一套应能迅速投入工作。

主操舵装置应具有足够的强度,并能在船舶处于最深航海吃水且以最大营运航速前进时将舵自任一舷35°转至另一舷的35°,并且于相同的条件下自一舷的35°转至另一舷的30°所需的时间不超过28 s。此外,在船以最大速度后退时应不致损坏。

辅操舵装置应具有足够的强度和足以在可驾驶航速下操纵船舶,且能在应急情况下迅速投入工作。应能在船舶处于最深航海吃水,并以最大营运航速的一半但不小于7 kn前进时,能在60 s内将舵自任一舷的15°转至另一舷的15°。当舵杆直径大于230 mm(不包括航行冰区加强)时,应由动力操作。

在主操舵装置备有两套以上相同的动力设备并符合下列条件时,也可不设辅操舵装置:

(1)当管系或一台动力设备发生单项故障时应能将缺陷隔离,以使操舵能力能够保持或迅速恢复。

(2)对于客船,当任一套动力设备不工作时,或对于货船,当所有动力设备都工作时,主操舵装置具有前述要求的操舵能力。

主、辅操舵装置的动力设备应能从驾驶室控制使其投入工作,动力设备的动力源发生故障后恢复动力供应时应能自动起动。

2. **操舵控制系统**

主操舵装置和动力驱动的辅操舵装置应在驾驶台和舵机室都设有控制器;当主操舵装置设置两套动力设备时,应设有两套独立的控制系统,且均能在驾驶室进行控制。但如果采用液压遥控系统,除1万总吨(载重吨)以上的油船、化学品船、液化气船外,不必设置第二套独立的控制系统。动力驱动的辅操舵装置应有独立于主操舵装置的控制系统。

主、辅操舵控制系统均应能在驾驶室使其投入工作,在舵机室应能切断驾驶室对正在运转的操舵装置的控制。驾驶室与舵机室之间应有通信设备。

3. **应急动力**

对舵柄处舵杆直径大于230 mm(不包括航行冰区加强)的船应设有能在45 s内向操舵装置提供动力的替代动力源。这种动力源应为应急电源或位于舵机室内的独立动力源,其容量至少应能向符合辅操舵装置要求的一套动力设备及其控制系统和舵角指示器提供足够的能量。此独立动力源只准专用于上述目的。对1万总吨以上的船舶,它应至少可供工作30 min,对其他船舶不小于10 min。

4. **舵角指示和限制**

操舵装置应装设有效的舵角限位器。以动力转舵的操舵装置应装设限位开关或类似设备,使舵在到达舵角限位器时停住。装设的限位开关或类似设备应与转舵机构本身同步而不应与舵机的控制相同步。

舵装置应装设保持舵位不动的制动装置。

应能在舵机室内看到舵角指示；驾驶室应有舵角显示。舵角显示装置应独立于操舵装置的控制系统。

5. 安全阀

液压系统能被隔断的任何部分，及由于动力源或外力作用能产生压力的任何部分均应设置安全阀。安全阀开启压力应不小于 1.25 倍最大工作压力；安全阀的排量应不小于液压泵总流量的 110%，在此情况下，在计及预定外界环境温度下对液压油黏度的影响后，压力的升高不应超过开启压力的 10%，且不应超过设计压力值。

6. 液压系统

液压系统应设有保持液压油清洁的设备；循环油箱应设有低液位报警器；液压系统应设有一个固定贮油柜，固定贮油柜设有液位器，固定贮油柜的容量应足以使一套动力转舵系统（包括循环油箱）再充液。

液压系统必要时应设有放气装置。

非双套设置的液压舵机的油缸体上与各管路连接处应设有隔离阀。

7. 检测和报警

发生以下故障时，应能在主机处所或集控室内明显位置、驾驶室内，给出声光报警信号：

（1）动力设备或控制系统的动力故障。

（2）自动舵装置故障。

（3）电路或电动机断相及过载。

（4）液压油柜油位过低。

（5）液压油油温过高。

（6）液压油滤油器压差大。

（7）由单一故障引起的可能导致操舵失灵的液压阻塞。

8. 附加要求

（1）对于 1 万总吨（载重吨）以上的油船、化学品船、液化气体运输船和 7 万总吨（载重吨）以上其他船，其主操舵装置应设两套或两套以上符合第 1 项要求的动力设备。

（2）对于 1 万总吨（载重吨）以上的油船、化学品船、液化气体运输船，当主操舵装置的一套动力转舵系统的任何部分（舵柄、舵扇损坏或转舵机构卡住除外）发生单项故障而丧失操舵能力时，应能在 45 s 内重新获得操舵能力。因此，操舵装置应由两个均能满足主操舵装置要求的独立于分开的动力转舵系统组成；或至少有两套相同的动力转舵系统，在正常运行时能满足主操舵装置的要求，任一系统中液压油丧失时应能被发现，有缺陷的应能自动隔离，使其他动力转舵系统保持安全运行。

只有一个执行器的舵机（如单式转叶油缸），但在设计时的应力分析（包括疲劳分析和断裂分析）和对所用的材料、密封装置的安装、试验、检查以及有效的维护规定等应予以特别考虑,可用于 1 万总吨(载重吨)以上但小于 10 万总吨(载重吨)油船、化学品船和液化气体运输船。这种操舵装置的管路或一套动力设备的任何部分(舵柄、舵扇损坏或转舵机构卡住除外)发生单项故障而丧失操舵能力时,应能在 45 s 内重新获得操舵能力。

第二节　舵机液压系统和遥控系统

一、舵机液压系统

和其他液压系统一样,液压舵机系统也有阀控型和泵控型两种,性能和特点也略有不同,所以在船舶中各有应用。

图 8-2-1(a)所示为阀控型液压舵机,其采用两组浸没安装在油箱中的定量泵供油,通过三位四通阀控制输送到转叶式油缸中液压油,驱动舵叶旋转。

图 8-2-1(b)所示为泵控型液压舵机,其由变量泵驱动两个液压油缸中柱塞运动,柱塞的运动带动连接在舵杆上的拨叉转动,从而驱动舵叶转动。

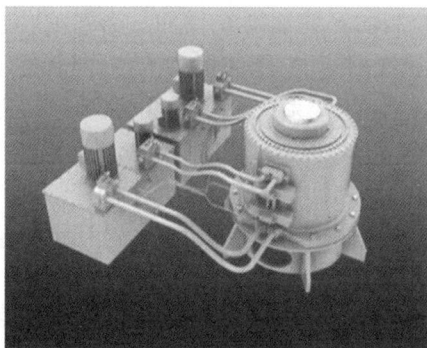

(a) 阀控型液压舵机　　　　　　　　(b) 泵控型液压舵机

图 8-2-1　典型液压舵机系统实物图

液压操舵装置主要是指液压舵机,液压舵机也称电动液压舵机或电液舵机。无论是泵控式还是阀控式液压舵机,其基本工作原理都是相同的,都是利用电动机带动一主油泵运转,当有操舵信号时,主油泵开始吸排油,产生的高压油通过管路系统进入转舵油缸,推动油缸中的柱塞或叶片运动,从而带动舵杆、舵叶转动;当舵转到要求的角度后,通过反馈系统使油泵停止吸排油,舵就停止在所需的舵角上。阀控型和泵控型的区别在于它们的控制油液流动的方式不同,阀控式一般通过三位四通阀控制油液进出转舵油缸的时机和方向,泵控型则直接通过变量泵实现对油液进出转舵油缸时机的控制。其基本工作原理如图 8-2-2 所示。

总之,液压舵机主要由转舵机构、液压系统、操纵(遥控)系统以及反馈机构构成。

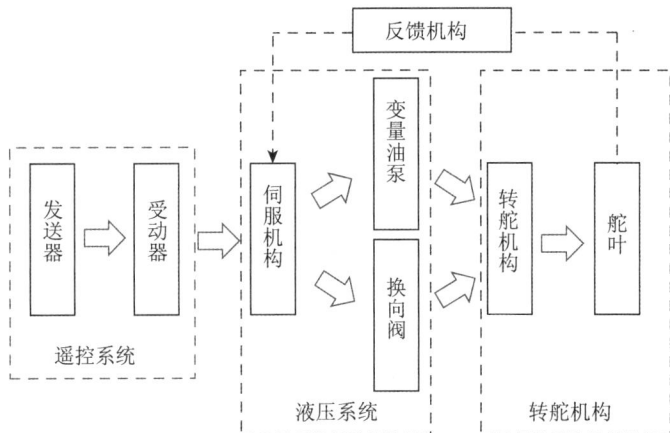

图 8-2-2　液压舵机工作原理图

液压舵机具有噪声小、体积小、重量轻、转矩大、传动平稳,能实现无级调速,易于遥控和管理,操作方便,在操舵次数频繁时仍有较高的可靠性等优点,为现代船舶广泛采用。

1. 阀控型液压舵机工作原理

阀控型液压舵机的工作原理如图 8-2-3 所示。该液压系统工作时,泵连续运转,吸、排油方向不变,由 M 形三位四通换向阀 3 控制向转舵油缸 6 供油。当驾驶台给出与实际舵角不同的指令舵角时,换向阀某侧电磁线圈通电,阀芯偏离中位,向转舵油缸某一油路供油,油缸的另一油路则通向泵的吸入口(闭式系统),推动舵杆和舵叶转动。由舵杆(或舵柄)带动的反馈发信器 7 将实际舵角信号送回电气控制系统,当舵转至实际舵角与指令舵角相同时,换向阀的电信号消失,阀芯回到中位,泵的排油经换向阀卸荷,转舵油缸的油路被封闭,舵叶停转。当指令舵角偏离实际舵角的方向相反时,换向阀的另一侧线圈通电,阀芯偏移的方向和转舵方向相反。

根据《钢质海船入级规范》的要求,阀控型舵机换向阀前后的油路应各设一组安全阀,前者 2 可防止液压泵过载,后者 5 作防浪阀用。油柜 8 可向闭式油路补油或容纳受热膨胀的油液。

阀控型舵机也可以采用开式系统,油流回至油柜,泵从油柜吸油。开式系统油散热好,但油液被污染的机会要多些。

阀控型舵机采用单向定量泵,系统及其控制相对简单,造价较低。缺点是不转舵时泵仍以全流量排油,经济性稍差,油液发热多,适用功率比泵控型小。

2. 泵控型液压系统工作原理

泵控型液压舵机的工作原理如图 8-2-4 所示。泵控型液压系统都采用双向变量液压泵和闭式系统。图中两台并联的双向变量泵 1 工作时由电动机 14 驱动,可单独或同时从某侧的转舵油缸 5 吸油,向另一侧油缸排油,油压差作用于柱塞 6 上,通过滑块 7 来推动端部呈叉形的舵柄 8,使舵柱和舵叶转动。供油方向和流量由控制杆 4 控制泵的变量机构偏离中位的方向和大小来决定,实现对舵叶运动的控制。

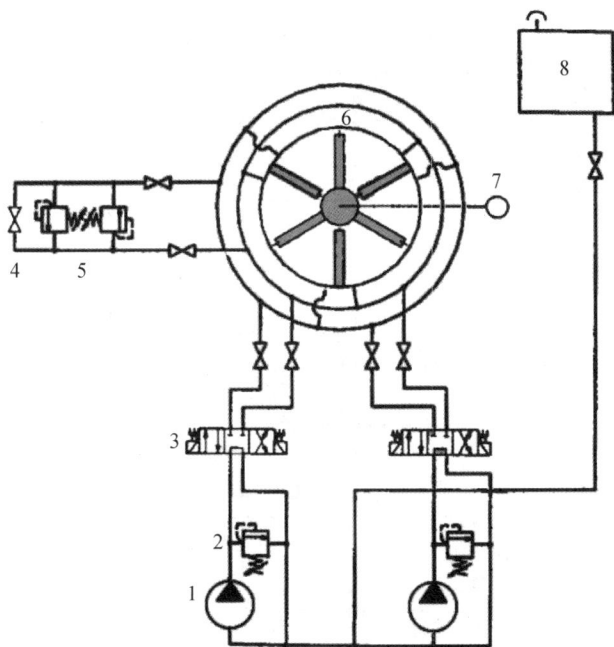

图 8-2-3 阀控型液压舵机工作原理图

1—单向定量泵;2—安全阀;3—三位四通换向阀;4—旁通阀;5—防浪阀;
6—转舵油缸;7—反馈发信器;8—油柜

该系统的反馈系统为浮动杆式机械追随机构,又称三点追随机构。其工作原理如下:

浮动杆 18 的 A 点(操纵点)由舵机的控制系统(本例通过伺服油缸)控制,给出与驾驶台的指令舵角相同的操舵角(有标牌指示);在 C 点(控泵点)与泵的变量机构油泵控制杆 4 铰接;而在 B 点(反馈点)通过储存弹簧 12、舵角反馈杆 13 与舵柄 8 相连,接收舵叶实际舵角的反馈信号。

当操舵角与实际舵角均为 0°时,浮动杆的 A 点处在相应于 0°的中位,使 C 点及泵的变量机构也处于中位,泵空转不排油,封闭了转舵油缸的油路。由于油液基本上不可压缩,若不泄漏,柱塞 6、舵柄 8 就会保持不动,舵叶就停在中位(0°舵角)。

此时,如果驾驶台给出某一左舵的指令舵角,通过控制系统使伺服油缸 2 的活塞右移;反馈发信器 15 向控制系统反馈活塞位移的信号。当活塞行至所给出的操舵角与指令舵角相同的位置时,伺服油缸进排油立即中断,操纵点 A 移到 A₁ 点停住。若舵尚未转动,反馈点仍在 B 点位置,浮动杆绕 B 点转动,控泵点 C 就会从 C 点移动到 C₁ 点,带动泵变量机构油泵控制杆 4 离开中位,泵开始从右侧油缸吸油,排到左侧油缸,推动柱塞 6 右移,通过滑块 7、舵柄 8 左转舵。随着舵叶偏转,舵角反馈杆 13 拉动浮动杆的反馈端左移,此时操纵端保持在 A₁ 不动,浮动杆绕 A₁ 转动。当舵叶转到实际舵角与操舵角相同时,反馈端移到 B₁ 点,控泵点又被带回到中位(C 点),泵再次停止供油,封闭转舵油缸,舵就停住。

回舵时,例如从上述情况返回正舵,浮动杆的操纵端从 A₁ 点返回并保持在 A 点,

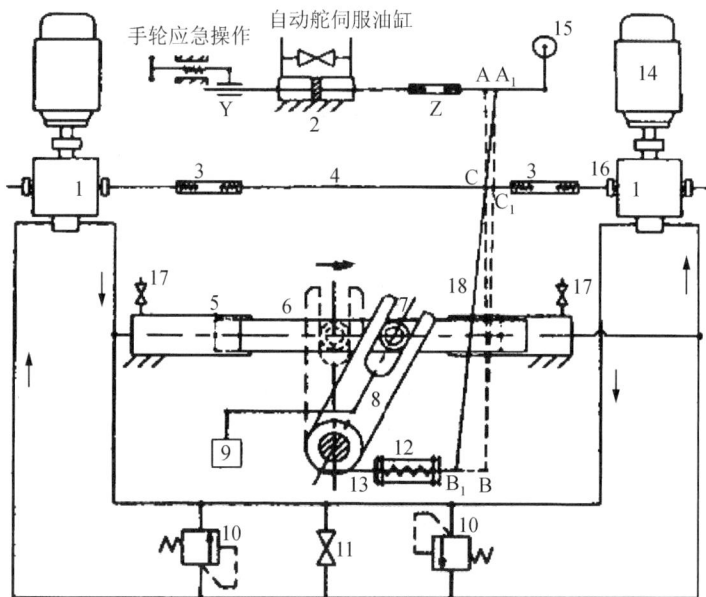

图 8-2-4 泵控型液压舵机工作原理图

1—双向变量泵；2—伺服油缸；3—调节螺套；4—油泵控制杆；5—转舵油缸；6—柱塞；7—滑块；8—舵柄；9—舵角指示器的发送器；10—安全阀；11—旁通阀；12—储存弹簧；13—舵角反馈杆；14—电动机；15—反馈发信器；16—泵变量机构限位器；17—放气阀；18—浮动杆

浮动杆绕 B_1 点转动，它的控泵点及泵变量机构向左离开中位，使泵从左侧油缸吸油，向右侧油缸排油，推动舵叶反向回转。当舵叶回到中位时，在反馈杆的作用下，浮动杆的反馈端重新回到 B 点，控泵点以及泵变量机构又返回中位，泵再次停止供油，舵就停在正舵位置。

向右转舵及回舵时的工作原理与上述类似，不再赘述。

实际工作中 B 点不是在 A 点动作完成后才动作，而是 C、B 点连续追随 A 点动作。浮动杆追随机构可使转舵过程开始和结束时泵的流量逐渐增大和减小，可减轻液压冲击。为加快转舵速度，通常操舵角与实际舵角的偏差不大时泵的变量机构就移到最大排量位置，这时控制杆受泵变量机构限位器 16 的限制不能再前移，于是大舵角操舵时，在舵叶转动使浮动杆 B 端移动前，便会无法连续进行。为解决这一问题，在舵角反馈杆 13 上设了可双向压缩的储存弹簧 12，当浮动杆 A 端的移动使点 C 的位移受限后，B端就能压缩储存弹簧而移动，使浮动杆绕点 C 摆动，以便 A 端能继续移动，大舵角操舵得以连续完成。随后随舵叶偏转，受压缩的储存弹簧逐渐释放，待其恢复原长后，舵的偏转方会拉动浮动杆 B 端，使点 C 以及泵的控制杆返回中位，停止转舵。

可见，加装了储存弹簧后不但大舵角操舵得以连续进行，而且转舵时泵能较长的时间以最大流量供油，从而加快了转舵速度。

显然，储存弹簧 12 的刚度和预紧度必须适当。若其张力过大，浮动杆 A 端的操纵力有限，则反馈杆与刚性杆无异，大舵角操舵则无法一次连续进行；若储存弹簧张力过小，则可能泵控制杆未达最大位移时，B 点即开始压缩储存弹簧而移动，泵即不能以最大流量供油,甚至不能供油,因而不能正常转舵。常见储存弹簧的结构如图 8-2-5 所示,通过调整其调节螺母 11、13 可调节储存弹簧的预紧力。

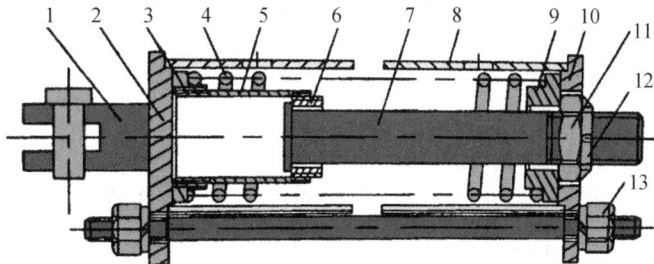

图 8-2-5　储存弹簧结构图

1、7—连接杆;2、10—端盖;3、9—弹簧座;4—弹簧;5—导套端盖;6—滑动轴承;8—外套;11、13—调节螺母;12—锁紧螺母

液压舵机系统中设有安全阀 10。它能在以下两种情况下起作用:

(1)转舵时若转舵力矩过大,管路中油压就会高于安全阀的调定油压使之开启,高压侧油液便会向低压侧旁通,可避免电机过载和管路等承受过高压力。

(2)舵叶停在与操舵角一致的位置时,若受大浪或其他外力冲击,安全阀也会因油压升高而开启,允许舵叶暂时偏离而"跑舵"。

起后一种作用的安全阀亦称"防浪阀"。不难看出,舵叶偏离会同时带动浮动杆反馈点 B 偏离操舵角,于是控泵点 C 离开中位,使泵供油。舵叶上的冲击力减小后,舵会自动转回到与操舵角一致。可见,液压舵机能很好地适应冲击负荷。

放气阀 17 可对系统放气,或者连接压力表监视系统的工作油压。

图示舵柄上连接有发送舵角信号的发送器 9 发送舵角信号给舵角指示器。舵角指示器通常是一对由电路相连的自整角机,两者的指针始终保持同步。安装在驾驶台,集控室,舵机室以及轮机长、船长住舱等处显示舵角,便于舵机的调试和驾驶人员对船舶的操纵和了解。

二、舵机遥控系统

舵机是船舶操纵设备之一,舵机的转动必须严格按照驾驶台的指令执行。

舵机的遥控系统是指从驾驶台对舵机进行控制的系统,包括单动操舵系统、随动操舵系统和自动操舵系统。单动操舵系统是开环控制,转舵命令发出后,舵按指令要求方向转动,当舵转到要求舵角时,操舵者需发出停转信号,舵才停止转动;采用单动操作系统的舵机,当因安全阀开启等原因跑舵后,舵不能自动返回到要求舵角。单动操舵系统主要供应急操舵和检修时用,可在舵机间操纵。随动操舵系统引入了反馈环节,在发出指令舵角信号后,控制舵按要求方向转动,当舵转到要求舵角后能自动停止;万一舵在外力作用下跑舵,舵机能自动工作,使之返回指令舵角。自动操舵系统中常用定航向自动舵。设定航向后,当船因风、水流或螺旋桨的不对称作用等偏航,能根据罗经测知船实际航向与设定航向的偏差,自动向舵机发出相应的操纵信号使之转舵,使船回到设定航向。目前,绝大多数船采用随动操舵和自动操舵。

根据从驾驶台到舵机间传递操舵信号的方法不同,舵机遥控系统可分为机械式、液压式、电气式。机械式仅用于小船,液压式已基本淘汰,电气式是目前舵机遥控系统的主要形式。

1. 力矩马达式舵机遥控系统

图8-2-6所示为一种力矩马达式舵机电气遥控系统的原理图。

当操纵驾驶台的舵轮,带动发信自整角机的转子向某方向转到指令舵角 θ 时,若实际舵角 θ' 与指令舵角 θ 不同, 则发信自整角变压器的单相绕组会感生出一个与舵角偏差 $(\theta-\theta')$ 的方向和大小相对应的信号电压 U_{d1},这一信号电压经相敏整流器整流放大,加在力矩马达的控制绕组上,使马达输出轴产生大小与之成比例、方向与之对应的转矩 M,克服回中弹簧的张力,使双向变量泵的变量机构偏离中位,泵则以相应方向供油转舵。一般不太大的舵角偏差就会使泵达到最大排量。舵转动的同时,转舵机构会通过反馈杆带动舵角反馈自整角机转动。当舵角偏差减小到不太大时,力矩马达的输出转矩已经不大,回中弹簧会推动力矩马达的转子及其所控制的泵变量机构排量减小。至 $\theta'=\theta$ 时,变量泵停止供油,舵便停在指令舵角。

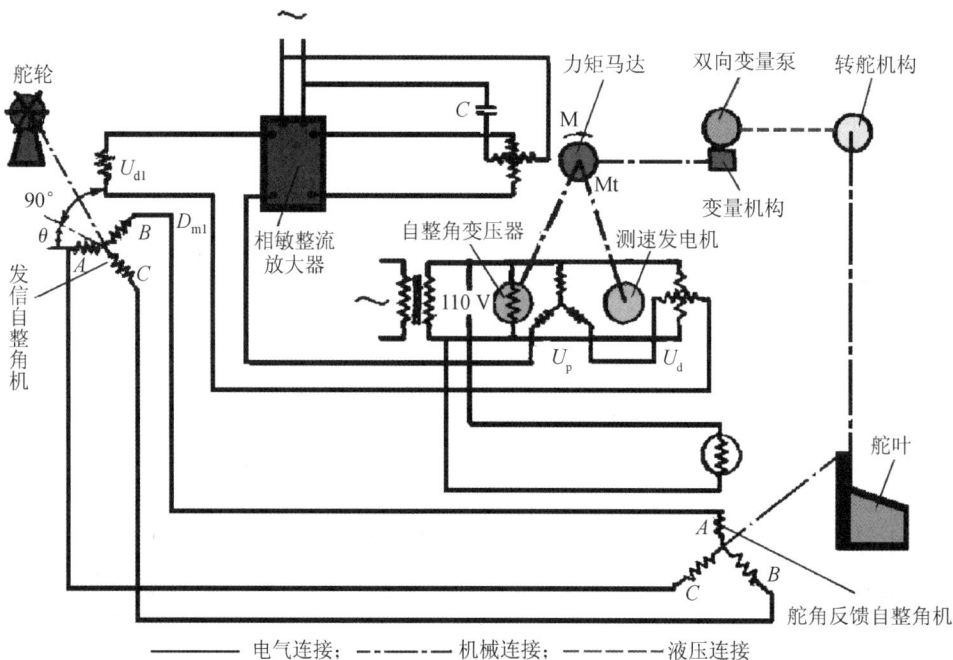

图 8-2-6 力矩马达式舵机电气遥控系统的原理图

为了改善操舵性能,力矩马达偏转时还带动一个自整角变压器和一个测速发电机WTMI。前者产生的负反馈电压 U_p,与力矩马达的偏转角成比例,偏转角大,则偏转力矩减小;后者产生的负反馈电压 U_d 与力矩马达的转动角速度成正比,转速快,则偏转力矩减小,从而可增加系统的稳定性。

2. 伺服油缸式舵机遥控系统

图 8-2-7 所示为伺服油缸式舵机遥控系统原理图。

伺服油缸式舵机遥控系统用于带浮动杆追随机构的泵控型舵机,可使用与前例类似的电气遥控原理来传递驾驶台的操舵指令。将反映舵角偏差的电信号放大后,去控制液压伺服系统中的电磁换向阀,进而控制变量泵转舵。

伺服油缸活塞 8 的活塞杆一端与浮动杆的操纵点(A 点,见图 8-2-4)相接,另一端接电反馈发信器。工作中,如果伺服油缸活塞 8 的位置(即浮动杆操纵点的位置)所对应的操舵角,与驾驶台舵轮带动的发送器给出的指令舵角相同,则换向阀 3 两端的电磁线圈均断电,阀处于中位。此时阀口 P、T 沟通,辅泵 7 的排油经单向阀 6、溢流节流阀 4、电磁换向阀 3 和滤器 10 泄回油箱 11。同时,换向阀阀口 A、B 关闭,伺服油缸活塞 8 将保持不动。

如果操舵者给出的指令舵角与伺服油缸活塞 8 的位置所对应的操舵角出现偏差,则换向阀的某端电磁线圈通电,阀即离开中位,辅泵 7 的排油就会经电磁换向阀 3、油路锁闭阀 2(双联液控单向阀)的一侧供入伺服油缸 1 的某侧油腔,另一侧油腔的油液则从油路锁闭阀和换向阀的另一侧,经滤器 10 返回油箱;这时,伺服油缸活塞 8 就会相应移动,电反馈发信器同步发出反馈信号。当活塞移到相应的操舵角与指令舵角相符时,换向阀即断电回中,使活塞停住。

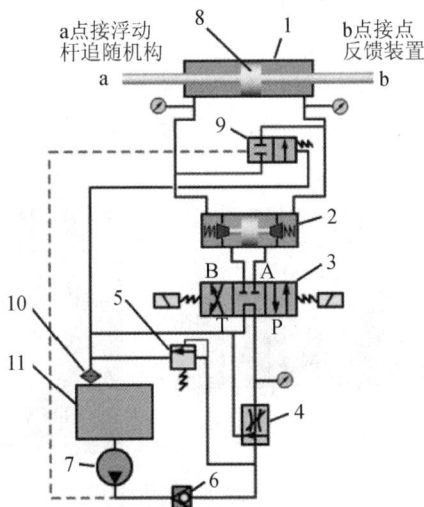

图 8-2-7 伺服油缸式舵机遥控系统原理图

1—伺服油缸;2—锁闭阀;3—电磁换向阀;4—溢流节流阀;5—安全阀;6—单向阀;
7—辅泵;8—伺服油缸活塞;9—液控旁通阀;10—滤器;11—油箱

通过浮动杆追随机构,舵机能使舵的实际舵角与活塞位置所代表的操舵角保持一致。

油路锁闭阀 2 的密封性远比换向阀好,能在电磁换向阀 3 处于中位时锁闭伺服油缸油路,防止浮动杆传来的反力使活塞移动;此外,一般这种控制方式都具有两套互为备用的遥控系统,它们共用一个伺服油缸,所以油路锁闭阀 2 还可用于将备用系统的油路严密隔离,以免影响正在使用系统的工作。溢流节流阀 4 用于调节供入伺服油缸的流量,以使伺服油缸活塞获得合适的移动速度。安全阀 5 可防止系统油压过高,其调定压力决定伺服油缸活塞最大输出力的大小。液控旁通阀 9 在装置起动后,靠辅泵的排压(≥0.8 MPa)推至截断位置,以保证系统正常工作。而当液压伺服系统停用时,则液控旁通阀 9 在弹簧作用下回到旁通位置,使伺服油缸两侧相通,活塞便能随意移动,不会影响应急操纵机构控制浮动杆进行操舵。

结合图 8-2-3 阀控型液压舵机工作原理图的分析,我们可以得知,阀控型液压舵机电气遥控的对象是三位四通电磁换向阀;泵控型舵机电气遥控的对象可以是三位四通电磁换向阀(伺服油缸式,见图 8-2-7),或伺服电机、力矩马达(见图 8-2-6),也可以控制电磁比例泵。自整角机可以无触电地传递角位移信号,可靠性高,电气遥控系统广泛用它作为操舵发信元件和反馈元件。

第三节　液压舵机的转舵机构

转舵机构是直接驱动舵杆,使舵叶转动的机械设备,由力学知识可知,不同驱动角度和驱动形式能产生转矩特性也不同。液压舵机转舵机构按其运动部件的运动方式可分为往复式和回转式两类,前者采用往复式油缸,主要有十字头式、拨叉式、滚轮式和摆缸式;后者主要为转叶式,此外还有弧形柱塞式。

无论是往复式还是回转式转舵机构,其基本原理都是将油泵供给的液压能变为转动舵杆的机械能,以推动舵叶偏转。图 8-3-1 为往复式(以拨叉式为例)和回转式舵机转舵机构实物图。

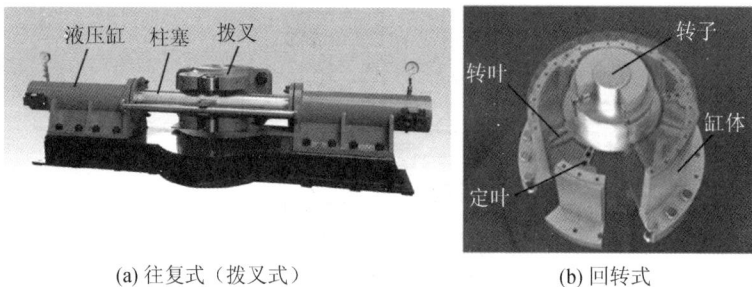

(a) 往复式(拨叉式)　　　　　　　　(b) 回转式

图 8-3-1　舵机转舵机构实物图

一、十字头式转舵机构

十字头式转舵机构主要由转舵油缸、插入油缸中的撞杆以及与舵柄相连接的十字形滑动接头等所组成。当转舵扭矩较小时,常采用双缸单撞杆的形式;而当转舵扭矩较大时,则大多采用四缸、双撞杆的结构,如图 8-3-2(a)所示。为了将撞杆的往复运动转变为舵的转动,在撞杆与舵柄的连接处,设有十字形滑动接头,如图 8-3-2(b)所示。两

撞杆 3 通过自己的叉形端部,用螺栓连在一起,形成上下两个轴承。两轴承环抱着十字头的两个十字头耳轴 7;而舵柄 8 则与耳轴垂直,并横插在十字头的中央轴承中。因此,当撞杆 3 在油压推动下移离中央位置时,十字头就会一面随撞杆移动,一面带动舵柄偏转,继而带动舵杆转动。显然,随着舵角 α 的增加,十字头将在舵柄上向外端滑移,而舵柄的有效工作长度,即舵杆中心到十字头中心的距离 R,也随 α 的增大而增大。

撞杆的极限行程由行程限制器(挡块)11 加以限制,它能在舵角超过最大舵角 $1.5°z \pm 0.5°$ 时限制撞杆继续移动。这时油缸底部的空隙应不小于 10 mm。在导板的一侧还设有机械式舵角指示器 5,用以指示撞杆在不同位置时所对应的舵角,此舵角称为实际舵角。此外,在每个转舵油缸的上部还设有放气阀,以便驱放油缸中的空气。

通过十字头的受力分析可知,在撞杆直径、舵柄最小工作长度和撞杆两侧油压差 p 既定的情况下,十字头式转舵机构所能产生的转舵扭矩 M 将随舵角 α 的增大而增大(如图 8-3-3 所示)。这种扭矩特性恰好与舵的水动力矩的变化趋势相适应。因此,当公称转舵扭矩既定时,滑式转舵机构的尺寸或最大工作油压较其他转舵机构要小。

实际工作中,舵机的工作油压是随转舵机构需要产生的转舵力矩而变。十字头式转舵机构的工作油压,在舵角 α 增大时,尽管因 M_α 的增大而有所增加,但油压不会随舵角 α 增大而急剧增加。

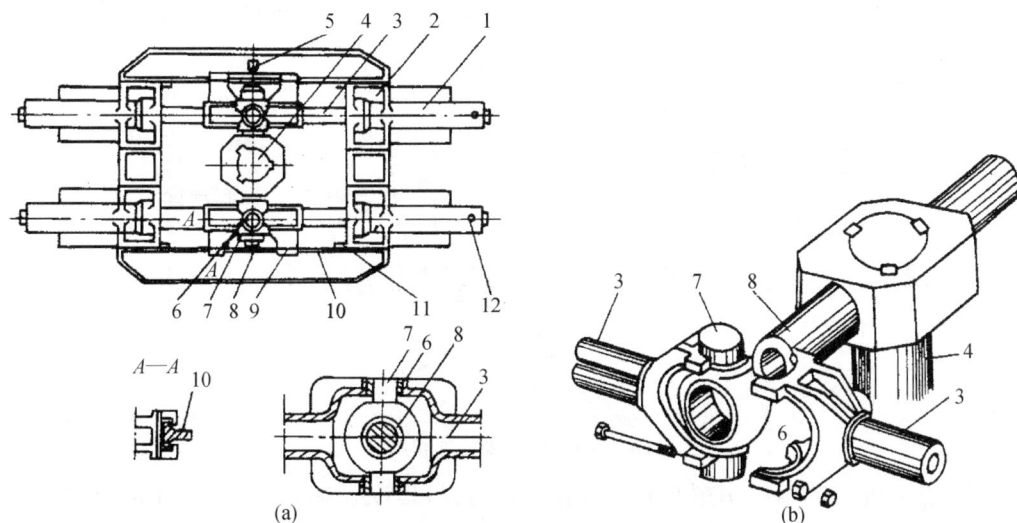

图 8-3-2　十字头式转舵机构

1—油缸;2—底座;3—撞杆;4—舵杆;5—机械式舵角指示器;6—十字头轴承;7—十字头耳轴;8—舵柄;9—滑块;10—导板;11—撞杆行程限制器;12—放气阀

由其运动特性可知,十字头式转舵机构具有以下特点:

(1)十字头式转舵机构的扭矩特性与舵的水动力矩的匹配性好,舵角增大时,工作油压增加平缓,结构尺寸既定时,可适用较大的公称转舵扭矩。

(2)有导板承受侧推力,油缸与柱塞间不承受径向力,密封更可靠,故较适合大转舵扭矩和高工作油压。

(3)油缸为单作用,必须成对工作,故尺寸、重量较大,而且撞杆中心线通常都是按

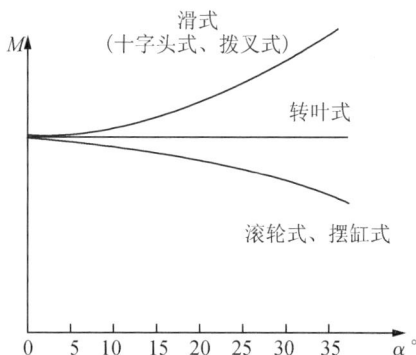

图 8-3-3　转舵机构扭矩变化特性

垂直于船舶首尾线方向布置的,故舵机室需要较大的宽度。

（4）十字头、导板等结构复杂,使重量、尺寸增大,加工、安装、检修也比较麻烦。

二、拨叉式转舵机构

拨叉式转舵机构如图 8-3-4 所示,一对油缸使用整根柱塞,柱塞中部有圆柱销,销外套有方形或圆柱形滑块。柱塞移动时,在滑块绕圆柱销转动的同时在舵柄端部的叉形滑槽内滑动。

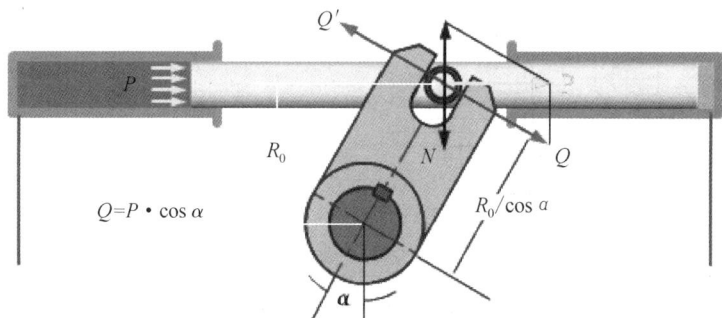

图 8-3-4　拨叉式转舵机构

特点分析:与十字头式转舵机构相比,拨叉式与其转矩特性相同,但使用拨叉式时,侧推力可直接由撞杆本身承受而无需导板,故结构简单,加工及拆装都较方便;此外,当公称扭矩较小时,由于以拨叉代替十字头,撞杆轴线至舵杆轴间的距离 R_0 就可缩减 26%,撞杆的最大行程也因而得以减小,所以,在公称转舵扭矩和最大工作油压相同的情况下,拨叉式的占地面积将比十字头式减少 10% ~ 15%,重量亦相应减轻 10% 左右。现在拨叉式转舵机构在柱塞侧也设有导杆来承受侧推力,公称扭矩大为提高,已达 9 810 kN·m,新建船舶拨叉式转舵机构已经基本取代了十字头式。

通常将十字头式转舵机构与拨叉式转舵机构称为滑式转舵机构。

三、滚轮式转舵机构

如图 8-3-5 所示,滚轮式转舵机构的结构特点是用装在舵柄端部的滚轮代替滑式机构中的十字头或拨叉。工作时受油压推动的撞杆,以其顶部直接顶动滚轮,迫使舵柄转动。

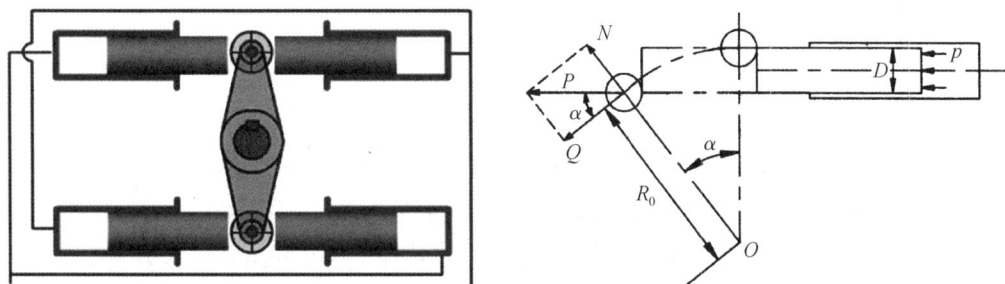

图 8-3-5　滚轮式转舵机构

由受力分析图可见,这种转舵机构不论舵角 α 如何变化,通过撞杆端面与滚轮表面的接触线作用到舵柄上的推力 P,始终垂直于拉杆端面,而不会产生侧推力。

综上所述,滚轮式转舵机构具有如下特点:

(1)撞杆与舵柄之间设有约束性的机械连接,工作时无侧推力,故整个机构结构简单,加工容易,安装、拆修都较方便。

(2)每个油缸均与其撞杆自成一组,故可根据实际需要,分别采用单列式、双列式或上下重叠式等不同的布置形式,从而大大提高了布置上的灵活性。

(3)滚轮与拉杆间的磨损可自动进行补偿,不会像滑式机构那样因接头磨损、间隙增大而产生撞击。

(4)扭矩特性差,要达到同样的转舵扭矩,必须采用比滑式更大的结构尺寸或工作油压,故而限制了它在大扭矩舵机中的应用。

(5)当舵叶在负扭矩作用下转动时,如果液压系统有明显泄漏;或者在稳舵时油路锁闭不严,则滚轮就有可能与某侧撞杆脱开而导致敲击。因此,在某些滚轮式机构中,在滚轮与拉杆的端部之间还增设了板簧拉紧机构。

四、摆缸式转舵机构

摆缸式转舵机构如图 8-3-6 所示。它采用了与支架相铰接的两个摆动式油缸 1 和双作用的活塞 2(也可用单作用)。活塞在油压作用下所产生的往复运动,通过与活塞杆铰接的舵柄,推动舵叶偏转。由于转舵时缸体做相应的摆动,故油缸两端的油管必须采用有挠性的高压软管。

由图可见,摆缸式机构转舵时,油缸摆角 β(油缸中心线与舵柄中心线在同一平面的垂直线间的夹角)将随舵转角 α 的改变而变。中舵时 β 最大,而舵角 α 最大时,β 为

零或接近于零。但不论舵角 α 如何，β 角总是很小的，如将其忽略不计，则摆缸式与滚轮式的扭矩特性基本相同(如图 8-3-3 所示)。

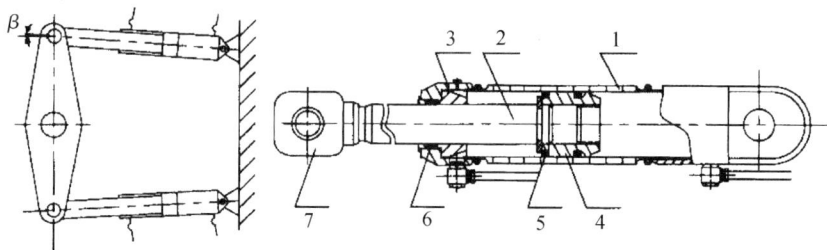

图 8-3-6　摆缸式转舵机构

1—油缸;2—活塞;3—活塞环;4—活塞杆;5—端盖;6—密封环;7—接头

由其运动特性可知,摆缸式转舵机构的主要特点是:

(1)用双作用的活塞代替了单作用的撞杆,故其外形尺寸和重量可大大减小。

(2)各油缸与其活塞均自成一组,而且油缸与支架、活塞杆与舵柄均采用铰接,故结构简单,安装也较方便。

(3)由于采用了双作用活塞,对油缸内表面的加工精度、活塞杆与油缸的同轴度,以及活塞与油缸间的密封等都有较高的要求。

(4)在活塞的密封磨损后,摆缸式转舵机构一旦产生内漏其不易发现,因而其检查和更换密封件不如撞杆式方便。此外,当铰接处磨损较大时,工作中也会出现撞击。

(5)系统工作时,理论排油量和进油量严格来说并不完全相等,如果使用奇数的双作用活塞式油缸(在应急情况下)则相差更为明显,所以在油路中必须采取相应的补油和溢油措施。

(6)扭矩特性不佳,除采用四缸的公称扭矩较大外,一般只见于功率不大的舵机中。

五、转叶式转舵机构

转叶式转舵机构有三转叶式与双转叶式两种。当油缸容积和最大工作油压相同时,三转叶式可提供更大的转舵扭矩,而双转叶式可允许有更大的转舵角度。

图 8-3-7 所示为三转叶式转舵机构的原理图。该机构内部装有三个定叶 5 的缸体 2,通过橡皮缓冲器安装在船体上。而在用键与舵杆上端相固接的转子 3 上,则镶装着三个转叶 4。转叶与缸体内壁及上、下端盖之间,以及定叶与转毂外缘和上、下端盖之间,均设法保持密封,故借转叶和定叶将油缸内部分隔成为六个小室。当油泵如图 8-3-7 中箭头所示那样,经油管 6 分别从三个小室吸油,并把油排入另外三个室,则转叶就会在液压作用下通过轮毂带动舵杆和舵叶偏转。

转叶式转舵机构的主要特点是:

(1)占地面积小,重量轻,安装方便。

(2)无须外部润滑,管理方便;且转舵时舵杆不受侧推力,可减轻舵承磨损。

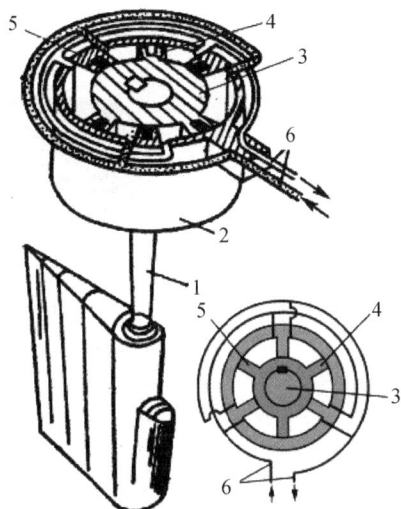

图 8-3-7 三转叶式转舵机构原理图

1—舵杆;2—缸体;3—转子;4—转叶;5—定叶;6—油管

(3)扭矩特性不如滑式转舵机构,但比滚轮式转舵机构和摆缸式转舵机构好(如图 8-3-3)。

(4)内泄漏部位较多,密封不如往复式转舵机构容易实现,故容积效率低,油压较高时这一问题更为突出。

第九章

船舶制冷装置

第一节　概述

一、制冷在船舶上的应用

制冷(Refrigeration),就是用人工方法从低于环境温度的对象(空间或物体)中吸取热量,并将其转移给环境介质的过程。制冷的目的是获得低温,低温是相对于环境温度而言的。制冷技术(Refrigeration technique),是一门研究人工制冷的原理、方法、设备及应用的科学技术。它是为适应人们对低温的需要而产生和发展起来的。制冷工程(Refrigerating engineering),是制冷机及其主要设备与系统的设计、制造、应用及其操作技术的总称。制冷工程已广泛应用于国民经济的各个领域。在船舶上,主要用于以下几个方面:

1. 伙食冷藏

船舶航程越远,需携带的食品越多,储藏时间也越长。一般的船舶为了储存食品,大多设有伙食冷库和相应的制冷装置,用于船员、旅客的伙食冷藏。

2. 空气调节

现代船舶为了能向船员和旅客提供适宜的生活条件和工作环境,一般都装有空气调节装置。制冷装置为空气调节提供了必需的冷源。

3. 冷藏运输

现代船舶在运输过程中为了满足生产和特殊设备的需要,实现其特殊功能,设有专用的制冷装置,如冷藏船、冷藏集装箱。

二、食品贮藏的条件

有四个因素影响食物储存期长短和储存质量:

1. 温度

水果和蔬菜在采收后贮藏时,虽然不再继续生长,但它们仍然是有生命的机体,具有呼吸作用,而呼吸作用能抵抗微生物的入侵。但呼吸作用要消耗体内物质,使活体逐渐衰老和干枯。因此,要长期贮藏植物性食品,必须既能维持它们的活体状态,又要减弱呼吸作用。低温能减弱水果和蔬菜的呼吸作用,延长贮藏期限;但温度过低,会将它们冻死,这就要求有合适的冷藏温度;一般要求库温高于 0 ℃,这种冷库我们也称之为高温库,储存蔬菜和水果的冷库,温度保持在 0~5 ℃为宜,粮库可选择为 15 ℃。

对鱼、肉、禽类等动物性食品应冻结储藏,即使其温度降低到大部分汁液冻结的程度,这样可更有效地抑制微生物的活动。冻结食品的储藏期要比冷藏食品长得多。如果采用快速冻结方式,结成细小的冰晶,对食品品质影响较小。对大多数鱼、肉类食品,若冻结温度为 -23~ -30 ℃,冻结速度为 2~5 cm/h,品质与新鲜度可几乎保持不变。储藏冻结的肉类、鱼类食品的船舶伙食冷库习惯称为低温库。长航线航行的船舶低温库储藏温度以 -18~-20 ℃为宜,肉类能较长时间(半年以上)保存;短航线冷冻食物保存期不超过 2~3 个月,库温控制在 -10~-12 ℃较为经济。

2. 湿度

相对湿度过低会使未包装的食品因水分散失而干缩;而湿度过高又会使霉菌容易繁殖,但对冷冻食物影响不大。因此,高温库适宜的相对湿度为 85%~90%,低温库可保持在 90%~95%。冷库一般在降温过程中能保持适宜的湿度,不需要专门调节。

食品在冷藏期间会发生干缩。这是因为食品在降温过程中的温度比库温高,其表面的水蒸气分压力高于冷库内的水蒸气分压力,因而食品的水分不断散失。食品干缩速度不仅取决于库内空气的含湿量,还与库内空气流速及食品的性质、外形和包装方式有关。侵入库内的热量越多,制冷装置工作的时间越长,则食品的水分转移到蒸发器表面的霜、露就越多。

3. CO_2 和 O_2 浓度

蔬菜和水果在储存期间的呼吸作用将不断消耗 O_2,并使 CO_2 的浓度增高。适当减少 O_2 和增加 CO_2 的浓度,能抑制水果、蔬菜的呼吸作用和微生物的活动,可减少水分的散失,储藏期可比普通冷藏库延长 0.5~1 倍,但如果 CO_2 浓度过高,呼吸作用就会过弱,蔬菜、水果反而更快变质腐烂。蔬菜、水果库一般以把 CO_2 浓度控制在 5%~8%(大气中含量约为 0.4%为宜),把 O_2 浓度控制在 2%~5%为宜。

船舶伙食冷库采用适当的通风换气来保持合适的气体成分。所谓舱室的换气次数是指更换了相当于多少个舱室容积的新鲜空气量。果蔬类冷藏舱或冷藏集装箱的换气次数以每昼夜 2~4 次为宜。船上菜库由于每天开门存取食品,一般无需特意换气。

4. 臭氧浓度

臭氧是分子式为 O_3 的气体。它在一般条件下极易分解,即 $O_2 + (O)$,产生的单原子氧的氧化能力很强,可对冷库进行消毒,杀灭霉菌和各种微生物,减少微生物对食物的污染。

臭氧可由臭氧发生器产生,它是利用两个金属电极间的高压放电,使空气中的氧气转变成臭氧,这和夏季雷雨时天空中的闪电能使大气产生臭氧是一个原理。臭氧发生器宜装设在冷库高处,因为臭氧在空气中相对密度较大,放在高处有利于臭氧散播。

臭氧除了可杀菌外,还可以抑制蔬菜水果的呼吸作用,从而延长保鲜时间。水果、蔬菜和肉类冷库臭氧供给浓度应控制在 $0.3 \sim 0.4 \ mg/m^3$,臭氧供给时间为 15 min;蛋、奶库臭氧供给浓度应控制在 $0.3 \sim 0.4 \ mg/m^3$,臭氧供给时间为 10 min;鱼库和其他有强烈气味的冷库臭氧供给浓度应控制在 $0.4 \sim 0.8 \ mg/m^3$,臭氧供给时间为 20 min。

在上述四个条件中,温度条件是最主要的,其他条件并不是所有冷库都具有的。

三、食品冷藏的原理

食品变质主要是由外部的微生物(细菌、霉菌、酵母菌)和内部的酶引起的。在一定的范围内,利用低温抑制微生物的繁殖和降低酶的活性而使食品能保存较长时间不致变质,这就是食品冷藏的基本原理。

对于植物性食品,腐烂的主要原因是呼吸作用的影响,例如水果和蔬菜在采收后贮藏时,虽然不再继续生长,但它们仍然是有生命的机体,具有呼吸作用,而呼吸作用能抵抗微生物的入侵。如呼吸过程中的氧化作用,能把微生物分泌的水解酶氧化成无害物质,使水果和蔬菜的细胞不受其害,从而阻止微生物的入侵。因此呼吸作用能控制机体内酶的作用,防止外界微生物的入侵而引起食品的发酵和腐败。但是,呼吸作用要消耗体内物质,使活体逐渐衰老和干枯。因此,要长期贮藏植物性食品,必须维持它们的活体状态,又要减弱呼吸作用。低温能减弱水果和蔬菜的呼吸作用,延长贮藏期限;但温度过低,会使它们冻死,这就要求有合适的冷藏温度。

鱼、肉、禽等动物性食品在贮藏时是无生命的,构成物体的细胞都已死亡,所以不能控制引起食品变质的酶的作用,也不能抵抗引起食品腐败的微生物作用。低温可以抑制酶的作用,也能阻止微生物的繁殖和生长,使食品内部的化学变化变慢,在较长的时间内能维持新鲜状态。因此,动物性食品的贮藏温度越低,保存的时间就越长。但是在冻结温度以上是不能取得明显效果的,因此必须在冻结点以下贮藏才有效。

四、食品冷藏的方法

(1)冷却(Cooling)是在大于 0 ℃ 的环境中对食品做降温处理。其特点是食品内部组织变化大,微生物有一定繁殖能力,保存期短。

(2)冻结(Freeze)是在低于 0 ℃ 的环境中对食品做降温处理。其特点是微生物基本停止繁殖,保存期长。其中,速冻是指食品在极短时间内冻结,食品内在质量受影响小;冷冻是指食品在较长时间内冻结,食品内在质量受影响大。

第二节　蒸气压缩式制冷的工作原理

船舶制冷技术广泛采用的是液体汽化吸热的制冷方法,此方法也称蒸气制冷。蒸气制冷分为蒸气压缩式制冷(Vapour-compression-type Refrigeration)、蒸气喷射式制冷(Steamjet-type refrigeration)和吸收式制冷(Absorption-type refrigeration)三种,其中以蒸汽压缩式制冷的应用最为普遍。

一、蒸气压缩式制冷的装置组成

为了实现蒸气压缩制冷,必须配置制冷装置和系统。它必须是具有"变压设备"和"换热设备"的封闭系统,"某种物质"循环在其中。因此,"某种物质"在"变压设备"的作用下,压力产生改变,温度出现变化,通过热量的转移,使得"某种物质"的本身热力状态发生变化,便于"变压设备"作用。这样,过程不断地得以循环,于是出现所要求的低温环境。

"某种物质"就是制冷剂(Refrigerant);

"变压设备"就是增压设备(压缩机)和降压设备(节流阀);

"换热设备"就是放热设备(冷凝器)和吸热设备(蒸发器)。

蒸气压缩式制冷装置就是由压缩机(Compressor)、冷凝器(Condenser)、节流阀(Throttle Valve)和蒸发器(Evaporator)四个基本设备组成的封闭系统,如图9-2-1所示。

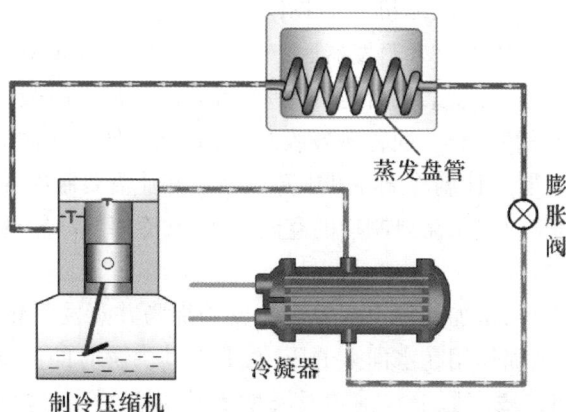

图 9-2-1　蒸气压缩式制冷原理图

二、蒸气压缩式制冷的工作原理

制冷工程中,常用的术语有:

(1)蒸发温度(Evaporating Temperature):在一定压力下,液态制冷剂在蒸发器中吸热汽化的温度。

(2)蒸发压力(Evaporating Pressure):制冷剂液态在蒸发器中汽化时的压力,即蒸发温度下的饱和压力。

(3)吸气过热度(Super-heating Degree):相同压力下,压缩机进口处气态制冷剂的温度与蒸汽温度的差值。

(4)冷凝温度(Condensing Temperature):在一定压力下,气态制冷剂在冷凝器中放热冷凝的温度。

(5)冷凝压力(Condensing Pressure):制冷剂气态在冷凝器中液化时的压力,即冷凝温度下的饱和压力。

(6)供液过冷度(Sub-cooling Degree):相同压力下,冷凝温度与节流阀进口处液态制冷剂的温度的差值。

(7)吸气温度(Suction Temperature):压缩机吸入口处的气体制冷剂的温度。

(8)吸气压力(Suction Pressure):压缩机吸入口处的气体制冷剂的压力,可近似看作蒸发压力。

(9)排气温度(Discharge Temperature):压缩机排出口处的气态制冷剂的温度。

(10)排气压力(Discharge Pressure):压缩机排出口处的气态制冷剂的压力,可近似看作冷凝压力。

下面以制冷剂 R404A 为例,来说明蒸气压缩制冷的原理。

在膨胀阀的节流作用和压缩机的抽吸作用下,蒸发器始终保持较低压力状态(如 0.2 MPa),液态冷剂 R404A 进入蒸发器后,对应于较低压力(如 0.2 MPa)的蒸发温度也较低(如约-30 ℃),由于盘管内外存在温差,液态冷剂流动时吸收管外介质(比如空气)的大量热量,冷剂沸腾汽化,简称蒸发吸热;同时盘管外侧介质的温度降低,从而达到制冷的目的。蒸发器是让制冷剂在其中蒸发吸热并让需要制冷的介质放热冷却的换热器,因此蒸发器盘管应置于需要制冷的空间介质中,冷库或冰箱的蒸发器应放置在冷藏室或冷冻室内。

在一个大气压力下,水加热到 100 ℃ 时会剧烈沸腾并蒸发汽化,但在汽化过程中,温度保持不变;如果增加作用在水面上的压力,那么其沸腾时的温度将提高(例如高压锅),反之亦然(例如青藏高原上水沸腾时温度不足 100 ℃)。这种沸腾时的温度(沸点)和压力一一对应关系,我们称之为饱和温度和饱和压力。同样,制冷剂在蒸发盘管内沸腾汽化时,只要压力不变,那么温度也保持不变,我们称之为蒸发压力 p_0 和蒸发温度 t_0。如果液态冷剂在离开蒸发器前就全部汽化,那边蒸发器尾部吸热后,会使冷剂温度升高,产生过热,其过热程度用过热度来衡量。蒸发器出口或压缩机进口的实际温度

与对应压力下的饱和温度(蒸发温度)的差值即为过热度。

为了能让制冷剂反复使用,需要将蒸发器流出的制冷剂蒸气还原为液体。冷凝器就是让气态制冷剂向环境介质放热、冷凝、液化的换热器。制冷剂蒸气在冷凝器中冷凝液化时压力、温度基本保持不变,相应的温度和压力称之为冷凝温度 t_k 和冷凝压力 p_k。不同的制冷剂在同一冷凝温度下,所对应的冷凝压力并不相同。对 R404A 来说,冷凝温度为 30 ℃时,冷凝压力约为 1.5 MPa。

为了实现冷剂的连续流动,并造成低温蒸发所需的低压和常温冷凝所需的高压,就需要设置压缩机。压缩机将蒸发器流出的低压、低温气态冷剂压缩,使蒸气压力提高到与冷凝温度相对应的冷凝压力,为了确保气态冷剂能被常温海水冷凝液化,冷凝温度一般需比冷却海水水温高 5~10 ℃。冷凝压力越高、冷凝温度越高。压缩机排出的制冷剂处于高温、高压的过热气体状态,经冷凝器冷凝后成为常温、高压的饱和液体或过冷液体。过冷液体的过冷程度用过冷度来衡量,节流阀进口处液体冷剂温度与对应压力下饱和温度(冷凝温度)的差值即为过冷度。

冷凝器冷凝得到的液态冷剂温度和压力要高于蒸发温度和蒸发压力,因此冷剂进入蒸发器前还要对其进行节流。为达到这一目的,可让冷凝器流出的液态冷剂进行节流降压降温,冷剂节流流动时,因存在流阻,制冷剂压力下降,少量液体蒸发汽化,吸收冷剂自身热量,冷剂温度骤降。比如 R404A,冷凝压力为 1.5 MPa,冷凝温度为 30 ℃,经过节流阀后,压力降到蒸发压力 0.2 MPa,蒸发温度降至 -30 ℃,同时有少量液体汽化。

在制冷循环中,从节流阀后至压缩机进口为系统的低压部分,因为吸气管的流动阻力不大,可近似地认为蒸发器中的蒸发压力等于压缩机的吸入压力(可从压缩机吸入压力表读得),即低压系统的压力。从压缩机出口到节流阀前为系统的高压部分,因为排气管的流动阻力不大,可近似地认为冷凝器中的冷凝压力等于压缩机的排出压力(可从压缩机排出压力表读得),即高压系统的压力。

综上所述,让冷剂不断经历蒸发(汽化吸热)、压缩(升压升温)、冷凝(常温液化)、节流(节流降压),再蒸发的循环,就可连续制冷,使冷库或冰箱内部获得所需低温。

第三节　蒸气压缩式制冷的工况

在制冷循环的各个过程中,制冷剂的热力状态是变化的,即描述制冷剂热力状态的参数——温度、压力、焓和比容等数值是变化的。掌握和了解制冷剂在制冷循环中的热力状态及其变化对于制冷装置的管理是非常重要的。

一、制冷剂的压焓图

制冷剂的压焓图(Pressure Enthalpy Chart)是以焓值作为横坐标、以压力的对数值作为纵坐标而绘制的坐标图。纵坐标采用压力的对数值作为度量刻度的原因是便于缩小图形尺寸,并使低压区内的线条交点清晰。不同制冷剂对应着不同的压焓图,但基本形状大同小异,如图9-3-1所示。

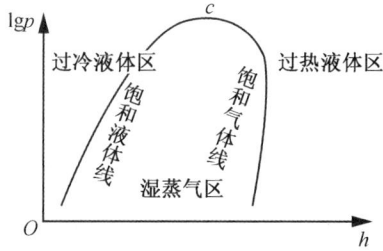

图9-3-1　制冷剂的压焓图

$\lg p-h$ 图中有两条较粗的曲线,左边一条称为饱和液体线,右边一条称为饱和气体线,这两条曲线向上延伸交于 c 点称为临界点。因为一般制冷循环都在远离临界点下进行的,故在一些制冷剂的 $\lg p-h$ 图中,临界点都未表示出。饱和液体线与干饱和蒸气线将 $\lg p-h$ 图分成三个区域:饱和液体线的左边区域为过冷液体区,饱和液体线与饱和气体线之间区域为湿蒸气区,饱和气体线的右边区域为过热气体区。不同线上和不同区域中,对应着不同的制冷剂的热力状态:过冷液体状态、饱和液体状态、湿蒸气状态、饱和气体状态、过热气体状态。因此,可以归纳为:一点二线三区域五状态。

饱和状态下制冷剂液体与气体的混合物称为湿蒸气。在湿蒸气中气态制冷剂所占的质量百分比称为干度,用符号 x 表示。显然,饱和液体的干度 $x=0$,饱和气体的干度 $x=1$,湿蒸气的干度 x 介于 0 和 1 之间。

在 $\lg p-h$ 图中,一些对应的数值组成规律性的曲线,如图9-3-2所示,比较典型的有:等干度线,参数 x 为定值;等压线,参数 p 为定值;等温线,参数 t 为定值;等焓线,参数 h 为定值;等熵线,参数 s 为定值;等容线,参数 v 为定值。

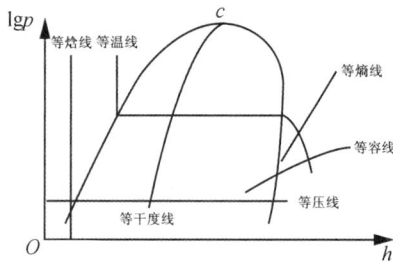

图9-3-2　压焓图中的等参数线示意图

二、制冷循环在压焓图的近似表示

压缩式制冷循环(Compression-type Refrigeration Cycle)的定量分析和计算常借助于制冷剂的压焓图。下面借助压焓图,讨论单级压缩制冷的理论循环。

1. 单级压缩制冷的理论循环

为了使问题简化,研究理论循环是建立在下列假设的基础上:

(1)压缩机的压缩过程不存在换热和流阻等不可逆损失,即假设是等熵过程。

(2)制冷剂在流过热交换器和管路时无阻力损失,即假设是等压过程。故冷凝压力等于排气压力,蒸发压力等于吸气压力,冷凝和蒸发过程相应的冷凝温度和蒸发温度不变。

(3)制冷剂在热交换器(蒸发器、冷凝器等)以外与外界无任何热交换。

(4)制冷剂流过节流阀时未做功,又无热交换,因此假设在节流阀前后的焓值相等。

图 9-3-3 是单级压缩制冷的理论循环在压焓图上的近似表示。

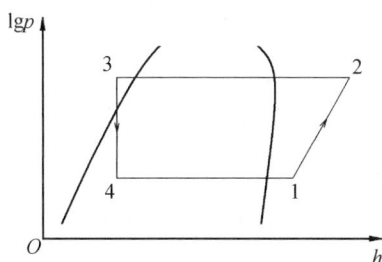

图 9-3-3　单级压缩制冷的理论循环在压焓图上的近似表示

点 1 表示制冷剂离开蒸发器进入压缩机时的低压过热气体状态,是蒸发压力 p_0(相应蒸发温度为 t_0)的等压线与吸气温度 t_1 的等温线的交点。

点 2 表示制冷剂离开压缩机进入冷凝器时的高压过热气体状态,是通过点 1 的等熵线和压力为 p_k 的等压线的交点。过程线 1—2 表示制冷剂蒸气在压缩机中的等熵压缩过程,压力由蒸发压力 p_0 提高到冷凝压力 p_k。压缩过程中外界对制冷剂做功,制冷剂温度提高。

点 3 表示制冷剂离开冷凝器进入节流阀时的高压过冷液体状态,是压力为 p_k 的等压线和制冷剂在冷凝器出口温度 t_3 的等温线的交点。过程线 2—3 表示制冷剂在冷凝器内的冷却、等压冷凝和等压过冷过程。进入冷凝器的过热气体等压冷却成为饱和气体,再等压等温(冷凝温度 t_k 是相应于 p_k 的饱和温度)继续放热而冷凝,然后温度进一步降低而过冷。

点 4 表示制冷剂离开节流阀进入蒸发器时的低压湿蒸汽状态,是通过点 3 的等焓线和压力为 p_0 的等压线的交点。过程线 3—4 表示制冷剂通过节流阀的等焓节流过程。在此过程中,制冷剂的压力由 p_k 降到 p_0,温度由 t_k 降到 t_0,并进入湿蒸汽区。根据热力学可知,节流过程中工质的焓值是变化的,故较严格的画法是将 3—4 过程线用虚线表示。

过程线 4—1 表示制冷剂在蒸发器中等压汽化和等压过热的过程。制冷剂湿蒸汽吸收被冷却物体的热量而不断汽化,干度不断增大(在湿蒸汽区内相应于 p_0 的蒸发温度 t_0 不变),直到变为带有少许过热度的低压过热气体。这样,制冷剂的状态又重新回到进压缩机前的状态点 1,完成了一个理论制冷循环。由制冷剂的压焓图可确定制冷循环中各点的参数。

2. 单级压缩式制冷的实际循环

关于理论循环的假设与实际不符:压缩过程并非等熵过程,而是前期吸热,后期放热,熵值增加的过程;节流过程有吸热,焓值略有增加;制冷剂在管道和热交换器中流动时存在流阻,并有压力损失,在管道流动中多少也有热交换。

图 9-3-4 是单级压缩制冷的实际循环在压焓图上的近似表示。

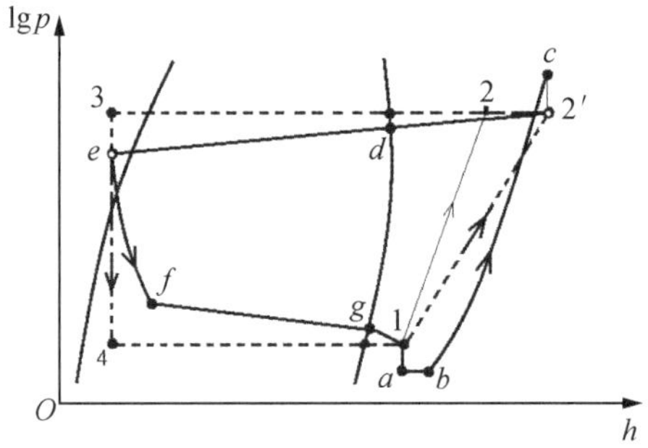

图 9-3-4　单级压缩制冷的实际循环

蒸发器出口至压缩机吸口是有压力损失和温升的流动过程 g—1;蒸气流过压缩机吸气通道和吸气阀时有压力损失的过程 1—a;蒸气在压缩之前受到压缩机吸气通道和缸体加热的过程 a—b;熵值增加的实际压缩过程 b—c;蒸气流过排气阀和排气通道时有压力损失的过程 c—$2'$;在排气管、冷凝器和液管中有压力损失的放热过程 $2'$—e;在节流阀中从外界吸热的节流过程 e—f;在蒸发器和吸气管中有流阻损失的汽化吸热过程 f—g。

工程上常将实际循环简化为 $12'341$。其中 1—$2'$ 是熵值增加的压缩过程(1—2 是等熵压缩过程);$2'$—3 是等压冷却、冷凝和过冷过程;3—4 是等焓节流过程;4—1 是等压汽化吸热和过热过程。用简化的实际循环进行热力计算,结果与实际循环相近。

三、制冷循环的热力计算

制冷循环热力计算的目的是计算出制冷循环过程中制冷装置的性能指标、压缩机容量、功率消耗及热交换器的热负荷,以便为压缩机和热交换器的设计、选择和电动机的选配提供必要的数据。

热力计算可按如下步骤进行,如图 9-3-5 所示。

(1)制冷剂通过压缩机的质量流量

$$G = \lambda V T/v_1 = \lambda \pi D^2 snz/240v_1 \quad (kg/s)$$

式中:λ——输气系数;

D——缸径,mm;

s——行程,mm;

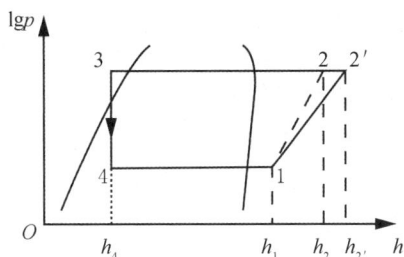

图 9-3-5 单级压缩制冷循环热力计算示意图

z——缸数;

n——转速,r/min。

v_1——制冷剂在吸气点的比容积,m^3/kg。

(2)单位制冷量 $q_0 = h_1 - h_4$ kJ/kg

单位容积制冷量 $q_v = q_0/v_1$ kJ/m^3

装置制冷量 $Q_0 = G \times q_0$ kW

式中:q_0——压缩机每排送 1 kg 制冷剂在蒸发器中的吸热量;

q_v——压缩机每排送 1 m^3 吸气状态的制冷剂在蒸发器中的吸热量。

(3)单位理论功 $w_0 = h_2 - h_1$ kJ/kg

压缩机理论功率 $P_t = G w_0$ kW

式中:h_2 是从吸气点 1 按等熵线压缩至排气压力的状态点 2 的制冷剂焓值。

(4)单位指示功 $w_i = h_2' - h_1 = w_0/\eta_i$ kJ/kg

压缩机指示功率 $P_i = G w_i = P_t/\eta_i$ kW

压缩机轴功率 $P_e = P_i/\eta_m = P_t/\eta_i\eta_m = P_t/\eta_e$ kW

压缩机电功率 $P_{el} = P_e/\eta_{mo} = P_t/\eta_i\eta_m\eta_{mo} = P_t/\eta_{el}$ kW

式中:η_i——指示效率,活塞式制冷压缩机的 η_i 为 0.8 左右;

η_m——机械效率,活塞式制冷压缩机一般为 0.8~0.9;

η_e——轴效率(也称等熵效率),活塞式制冷压缩机一般为 0.65~0.75;

η_{mo}——电动机效率,通常为 0.9 左右;

η_{el}——电效率,适用于封闭式和半封闭式压缩机。

(5)单位排热量 $q_k = q_0 + w_i$ kJ/kg

冷凝器热负荷 $Q_k = G q_k = Q_0 + P_i$ kW

式中:冷凝器热负荷 Q_k 一般为装置制冷量 Q_0 的 1.2~1.3 倍。

(6)理论制冷系数 $\varepsilon = Q_0/P_t$ W/W

指示制冷系数 $\varepsilon_1 = Q_0/P_i = \varepsilon\eta_i$ W/W

性能系数 COP $= Q_0/P_e = \varepsilon\eta_e$ W/W

能效比 EER $= Q_0/P_{el} = \varepsilon\eta_{el}$ W/W

性能系数(Coefficient of Performance, COP)相当于制冷装置的实际制冷系数,是评定制冷装置经济性的重要指标。目前活塞式制冷压缩机的 COP 一般为 2~2.5 W/W

（制冷）和 2.9~3.4 W/W（空调）。

能效比（Energy Efficiency Ratio，EER），适用于封闭式和半封闭式压缩机。

例题：R22 制冷装置的压缩机缸径 $D = 100$ mm，活塞行程 $s = 70$ mm，缸数 $z = 8$，转速 $n = 1\,440$ r/min，输气系数 $\lambda = 0.8$，轴效率 $\eta_e = 0.7$。已知吸气压力 $p_1 = 0.10$ MPa（表压），吸气温度 $t_1 = -15\ ℃$，排气压力 $p_k = 1.3$ MPa（表压），排气温度 $t_2' = 96\ ℃$，过冷度为 $4\ ℃$。假设换热全部在蒸发器和冷凝器中进行。在压焓图上画出理论循环和简化的实际循环，并进行热力计算。

解：按以下步骤在 R22 的压焓图上画出理论循环和简化的实际循环，并查出相关参数：

（1）由蒸发压力 $p_0 \approx p_1 = 0.20$ MPa（绝对），查出 $t_0 = -25\ ℃$。

（2）由 $p_1 = 0.20$ MPa 的等压线与吸气温度 $t_1 = -15\ ℃$ 的等温线的交点得吸气状态点 1，查出 $h_1 = 402$ kJ/kg，$v_1 = 0.119$ m³/kg。求得吸气过热度为 $t_1 - t_0 = (-15) - (-25) = 10\ ℃$。

（3）由冷凝压力 $p_k = 1.4$ MPa（绝对），查出冷凝温度 $t_k = 36\ ℃$。

（4）由通过点 1 的等熵线向上与 $p_k = 1.4$ MPa 的等压线相交，交点 2 为等熵压缩排气状态点。查出 $h_2 = 454$ kJ/kg，等熵压缩排气温度 $t_2 = 80\ ℃$。

（5）由 $p_k = 1.4$ MPa 的等压线和 $t_2' = 96\ ℃$ 的等温线的交点得排气状态点 2′，查出 $h_2' = 467$ kJ/kg。

（6）由过冷度 $4\ ℃$，求出过冷温度 $t_3 = t_k - 4 = 32\ ℃$。由 $t_3 = 32\ ℃$ 的等温线与 $p_k = 1.4$ MPa 的等压线相交得节流阀前状态点 3，查出 $h_3 = 240$ kJ/kg。

（7）由点 3 沿等焓线向下与 $p_0 = 0.20$ MPa 的等压线相交得节流阀后的状态点 4。查出干度 $x = 0.3$，$h_4 = h_3 = 240$ kJ/kg。

所以，在 R22 的压焓图上表示的理论循环是 12341，简化的实际循环是 12′341，如图 9-3-6 所示。

根据以上数据进行热力计算：

（1）压缩机理论容积流量 $V_T = \pi D^2 Snz / 240 = 0.106$ m³/s；

压缩机质量流量 $G = \lambda V_T / v_1 = 0.71$ kg/s。

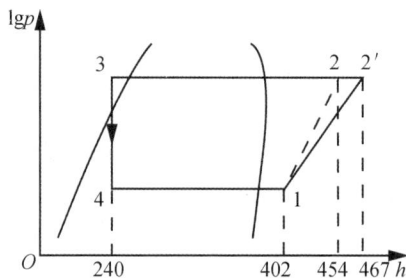

图 9-3-6　R22 单级压缩制冷循环热力计算压焓图

（2）单位制冷量 $q_0 = h_1 - h_4 = 162 \text{ kJ/kg}$；

单位容积制冷量 $q_v = q_0/v_1 = 1361 \text{ kJ/m}^3$；

装置制冷量 $Q_0 = Gq_0 = 115 \text{ kW}$。

（3）单位理论功 $w_0 = h_2 - h_1 = 52 \text{ kJ/kg}$；

压缩机理论功率 $P_t = Gw_0 = 36.9 \text{ kW}$。

（4）单位指示功 $w_i = h_2' - h_1 = 65 \text{ kJ/kg}$；

压缩机指示功率 $P_i = Gw_i = 46.2 \text{ kW}$；

压缩机轴功率 $P_e = P_t/\eta_e = 52.7 \text{ kW}$。

（5）单位排热量 $q_k = q_0 + w_i = 227 \text{ kJ/kg}$；

冷凝器热负荷 $Q_k = Gq_k = 161.2 \text{ kW}$。

（6）理论制冷系数 $\varepsilon = q_0/w_0 = 3.11$；

性能系数 $\text{COP} = Q_0/P_e = 2.18$。

四、制冷循环的工况分析

制冷循环的工况是指制冷剂所参加的制冷循环的主要温度条件:蒸发温度、压缩机的吸气过热度(或吸入温度)、冷凝温度、节流阀的供液过冷度(或过冷温度)。其中对制冷装置性能影响较大的条件是蒸发温度和冷凝温度。

装置性能就是指装置制冷量、压缩机轴功率和理论制冷系数。

装置制冷量 $Q_0 = Gq_0$　　（kW）

压缩机轴功率 $P_e = Gw_0/\eta_e$　　（kW）

理论制冷系数 $\varepsilon = q_0/w_0$

下面分析各温度条件变化对装置性能的影响。在实际工作中,各温度条件的变化是相互影响的,例如冷凝温度(压力)变化可能使通过节流阀的流量变化,从而影响蒸发温度(压力);而蒸发温度(压力)和吸气过热度改变会导致压缩机质量流量的改变,从而影响冷凝温度(压力)。为了在研究温度条件变化对制冷压缩机工作的影响时突出主要矛盾,在下面的分析中假设某温度条件改变时,压缩机的技术状况和其他温度条件不变。

1. 当其他条件不变时,冷凝温度变化的影响

假设其他条件不变,冷凝温度由 t_k 升高到 t_k',如图 9-3-7 所示,制冷循环由 12341 变为 1bcd1。这时,由于冷凝压力升高,节流阀的节流压降增大,节流后制冷剂湿蒸气的干度增大,单位制冷量 q_0 减小;而输气系数 λ 因压力比增加而减小,吸气比容积 v_1 不变,故制冷剂的质量流量 G 会略有减少,所以制冷量 Q_0 减小。同时,由于单位理论功 w_0 增大,影响超过了略有降低的流量,使轴功率 P_e 增大,所以理论制冷系数 ε 减小。

反之,冷凝器的冷却效果越好,则 p_k 越低,一般会使 Q_0 增大,P_e 减小,ε 增大,对工作有利。但如果 p_k 太低,可能会因节流阀前后压差明显下降而导致制冷剂流量不足,蒸发压力降低,如下面要分析的,反而会使 Q_0、ε 减小。

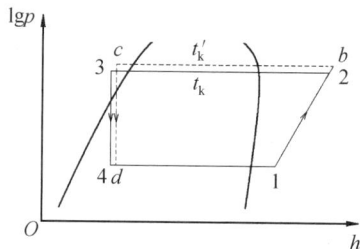

图 9-3-7　冷凝温度升高对制冷循环的影响示意图

2. 当其他条件不变时,蒸发温度变化的影响

假设其他条件不变,蒸发温度从 t_0 降低为 t_0',如图 9-3-8 所示,制冷循环由 12341 变为 ab3da。这时,循环的单位制冷量 q_0 稍有降低;同时因吸气压力降低,吸气比容积 v_1 增大,制冷剂的质量流量 G 减小,所以制冷量 Q_0 减小。同时,由于单位理论功 w_0 增大,制冷系数 ε 显然会减小。至于轴功率的变化难以直观判断,因为单位理论功 w_0 增大,但制冷剂的质量流量 G 却减小,根据分析判断:当 $p_0=0$ 和 $p_0=p_k$ 时,理论功率 P_t 都为零,因此 P_t 必然存在最大值,经过计算,当压力比 $p_k/p_0 = k^{(k-1)/k}$ 时,理论功率 P_t 最大,即轴功率 P_e 最大。常用制冷剂的压力比相近,都约等于 3,大致可说此时轴功率最大。实际工作时压缩机的压力比一般是大于 3,故蒸发温度降低压力比增大时,轴功率是降低的。

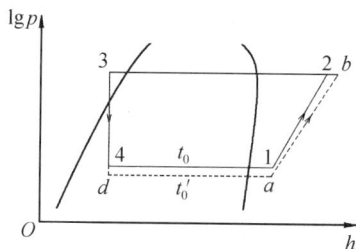

图 9-3-8　蒸发温度降低对制冷循环的影响示意图

反之,蒸发压力和蒸发温度升高,制冷量和制冷系数会增大。

3. 其他条件不变,供液过冷度的影响

假设其他条件不变,节流阀的供液过冷度增加,过冷温度从 t_3 降低为 t_c,如图 9-3-9 所示,制冷循环由 12341 变为 12cd1。这时,制冷量会增加,压缩机轴功率不变,制冷系数提高。据计算,在通常工作范围内,供液过冷度每增加 1 ℃,R22 制冷装置的制冷系数约提高 0.85%。

4. 其他条件不变,吸气过热度的影响

假设其他条件不变,压缩机的吸气过热度增加,吸气温度从 t_1 升高到 t_a,如图 9-3-10 所示,制冷循环由 12341 变为 ab34a。如果过热是在蒸发器内完成,吸气过热度增加,使单位制冷量增加,但吸气比体积也增大,使质量流量减少,对装置制冷量的影响也要看两者哪个影响大。实验资料表明,过热度每提高 1 ℃,R22 的质量流量约减少

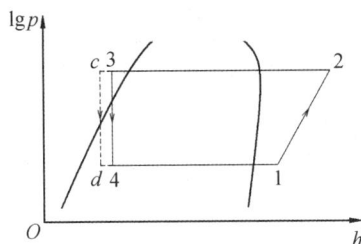

图 9-3-9　供液过冷度增加,对制冷循环的影响示意图

0.4%,而单位制冷量增加 0.4%,所以对 R22 制冷装置的制冷量不变。同时,单位理论功增加,但单位理论功的增加不如质量流量减少得多,轴功率是减少的。过热度对制冷系数的影响取决于制冷剂的性质。采用 R22 的制冷装置的吸气过热度增加时,制冷系数变化不大;而 R134a 制冷装置的制冷系数反而减小。

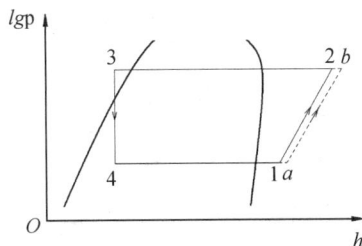

图 9-3-10　吸气过热度增加对制冷循环的影响示意图

　　如果压缩机吸气的过热是制冷剂离开蒸发器后在吸气管中从周围环境吸热造成的,则制冷剂的单位制冷量实际并未提高,故装置的制冷量和制冷系数会下降,这称为"有害过热"。为减小有害过热,回气管外通常都包有隔热材料。

　　吸气过热度太高会使排气温度和滑油温度过高。

五、制冷压缩机的名义工况

　　既然制冷循环时装置性能指标(装置制冷量和压缩机轴功率)都随工况(Condition)的不同而改变,那么,为了对制冷压缩机的性能有一比较的基准,针对不同制冷剂而规定的一组共同温度条件,即是名义工况。国标 GB/T 10079—2018《活塞式单级制冷压缩机(组)》定出了有机制冷剂压缩机的三种名义工况:高温工况(High Temp. Condition)、中温工况(Medium Temp. Condition)和低温工况(Low Temp. Condition),如表9-3-1所示。该标准另外还规定了考察压缩机的强度和电动机工作的"最大压差工况"和"最大负荷工况"。

表 9-3-1　有机制冷剂压缩机的名义工况

类型	吸入压力饱和温度/℃	吸入温度/℃	排出压力饱和温度/℃	环境温度/℃
高温工况	7.2	18.3	54.4(高 p_k)	35
			48.9(低 p_k)	
中温工况	-6.7		48.9	
低温工况	-31.7		40.6	

注:表中工况制冷剂的吸气过冷度为 0 ℃。

制冷机的实际运行工况,是随运行地区的气候条件和使用情况而变的。制冷机的工况必须限定在一定的范围内,以保证运行安全与可靠。GB/T 10079—2018 还规定了有机制冷剂压缩机的使用范围,如下表所示。

表 9-3-2　有机制冷剂压缩机的设计使用范围

类型	吸入压力饱和温度/ ℃	排出压力饱和温度/ ℃		压缩比
		高 p_k	低 p_k	
高温工况	-15～12.5	25～60	25～50	≤6
中温工况	-25～0	25～55	25～50	≤16
低温工况	-40～-12.5	25～50	25～45	≤18

六、影响工况的因素

1.影响冷凝温度和蒸发温度的因素

冷凝压力的大小,主要取决于冷凝器的单位时间冷凝量和压缩机的单位时间排气量的动态平衡。如果冷凝器换热能力差(取决于冷却水量、传热面积、传热温差和传热系数),则冷凝量减少,冷凝压力升高;另一方面压缩机质量流量增大,排气量多,则冷凝压力升高;另外,如果吸气压力太高,导致压缩机质量流量增大,则冷凝压力升高。一般是通过调节冷却水量来调节冷凝温度和冷凝压力。

蒸发压力的大小,主要取决于蒸发器的单位时间蒸发量和压缩机的单位时间吸气量的动态平衡。如果蒸发器换热能力差(取决于制冷剂供液量、传热面积、传热温差和传热系数),则蒸发量减少,蒸发压力降低;另一方面压缩机质量流量增大,吸气量多,则蒸发压力降低;另外,如果冷凝压力太低,可能会因节流阀前后压差明显下降而导致制冷剂流量不足,则蒸发压力降低。一般是通过压缩机的容量调节(低温库)和背压阀(高温库)来调节蒸发温度和蒸发压力。

2.影响供液过冷度和吸气过热度的因素

在实际制冷循环中,提高供液过冷度可以避免闪气,防止制冷量降低。但是,依靠增加冷凝器换热面积来提高过冷度是有限的,一般为 3～5 ℃,这就需要保证冷凝器到节流阀这段液管因流阻及管路上行导致的压降不宜超过 40～70 kPa;同时,压缩机吸入具有一定过热度的制冷剂蒸气,可避免压缩机产生液击冲缸现象。显然,采用过热循环的目的,如上面分析,主要不是为了提高制冷量,而是为了减小有害过热,实现干压避免液击。因此,为了提高供液过冷度和吸气过热度,常需采用专门的措施或配备专门设备。

(1)回热循环

使冷凝器流出的制冷剂液体与刚离开蒸发器的制冷剂蒸气换热,使液体进一步过冷、气体进一步过热,是用来提高制冷剂供液过冷度的常用方法之一,这样的制冷循环称为回热循环(Regeneration Cycle)。回热器是用来实现回热循环的气液换热器。其装置简图及回热循环在压焓图上的近似表示如图9-3-11所示。有的装置采用吸气管穿过贮液器的办法来实现回热循环;更简单的方法是直接使吸气管贴紧液管,外面包以隔热材料。

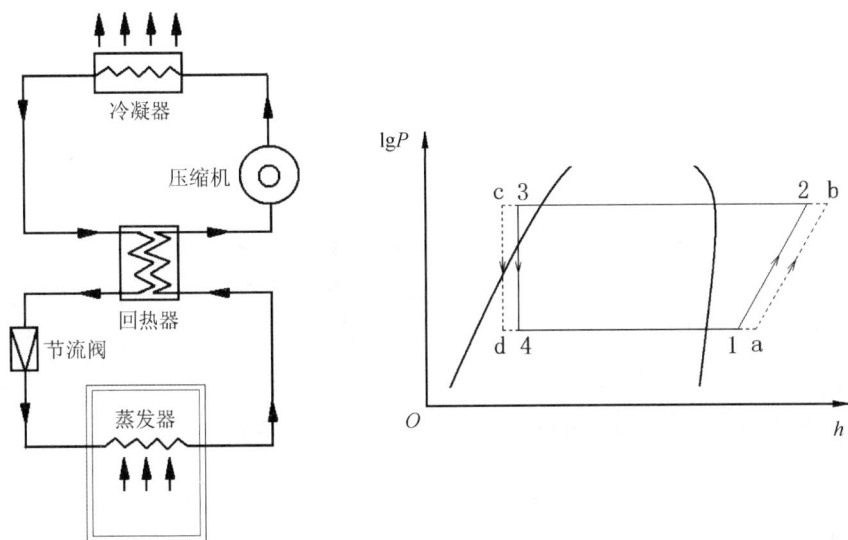

图9-3-11　回热循环装置及回热循环简图

回热循环为abcd。其中1—a是蒸气在回热器中的过热过程,3—c是液体在回热器的过冷过程。若不计回热器与周围环境之间的换热,根据传热是平衡的,而由于液体的比热容比蒸气的大,故液体的温降小于蒸气的温升。例如制冷剂是R134a,液体温降约为蒸气温升的55%。

若制冷装置节流阀前液管的压降较大,为防止"闪气"可采用回热循环;这同时还可以减少吸气管的有害过热和降低压缩机吸入液体的可能性(但这些问题不是主要的,也可以用加强吸气管隔热和设气液分离器的办法解决)。R22制冷装置采用回热循环,对制冷量、制冷系数影响不大,但有的R22制冷装置所用工况的排气温度较高,采用回热循环可能使吸、排气温度和滑油温度偏高,会增加吸气预热损失,并降低滑油密封、润滑性能和使用寿命。为此,在R22制冷装置液管压降较大时需提高液体过冷度,为防止吸排气和滑油温度过高,可采用加设蒸发式过冷器的过冷循环。

(2)采用蒸发式过冷器的过冷循环

其装置简图及过冷循环在压焓图上的表示如图9-3-12所示。

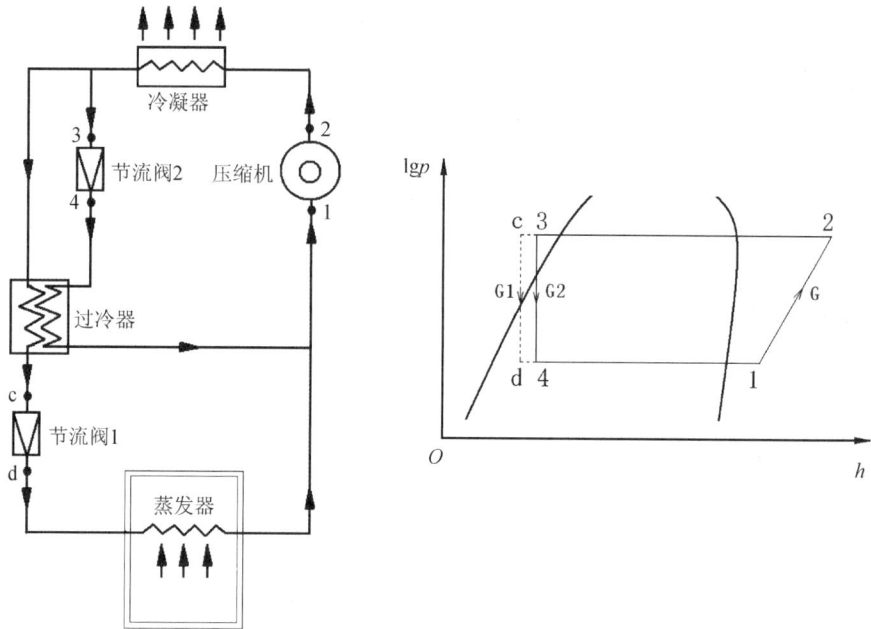

图 9-3-12　采用蒸发式过冷器的装置及过冷循环简图

图 9-3-12 中,质量流量为 G 的制冷剂中的大部分流量 G_1 经节流阀 1 流过蒸发器参与制冷,理论过冷循环为 $12cd1$;少部分流量 G_2 的制冷剂经小型节流阀 2 节流降压后供入过冷器,在其中汽化吸热而使流量为 G_1 的液态制冷剂过冷,其理论循环为 12341。如忽略过冷器的散热损失,根据过冷器的热平衡关系,推算出:

$$G_1(h_3 - h_C) = G_2(h_1 - h_4)$$

因为:$G = G_1 + G_2 = G_1(h_1 - h_d)/(h_1 - h_4)$;

若装置制冷量为 Q_o,则:$G_1 = Q_o/(h_1 - h_d)$;

所以:$G = Q_o/(h_1 - h_4)$;

所以:$q_0 = Q_o/G = h_1 - h_4$。

结论是:采用蒸发式过冷器与不用过冷器的装置相比,单位制冷量不变,单位压缩功不变,制冷系数不变。

第四节　制冷剂和冷冻机油

思政小贴士

制冷剂的发展及对环境的影响

一、制冷剂的要求

制冷剂(Refrigerant)是在封闭的制冷系统中不断循环流动,通过自身热力状态变化与外界发生热量交换的介质。制冷剂在蒸发器和冷凝器内,主要是物态变化;制冷剂在压缩机、节流阀内,主要是热力参数的变化。制冷剂作为制冷装置中完成制冷循环的工

质,应根据所用制冷剂的类型和要求的制冷温度来进行选择。压缩式制冷装置所用制冷剂的热力性质和理化性质应能满足以下要求:

(1)用环境温度的水或空气冷却时,冷凝压力不太高,对设备和管路耐压要求不高。

(2)在标准大气压下的标准沸点比蒸发温度低,从而使蒸发压力高于大气压,空气不易漏入系统。

(3)压缩机的排、吸气压力比不太高,从而输气系数不致过低。

(4)汽化潜热大,气体比体积小,因而单位容积制冷量大,制冷量既定时制冷剂的容积流量较小,可使容积式压缩机和管路的尺寸减小。

(5)压缩终温不太高,以免降低滑油的性能和使用寿命。

(6)热导率较大,可减小换热器尺寸。

(7)黏度较低,管路流动的阻力损失小。

(8)临界温度(一般为标准沸点的 1.4~1.6 倍)适当提高。临界温度太低,则制冷剂节流降压的闪发损失大,制冷系数低,甚至在环境温度下无论压力多高都无法冷凝。临界温度太高,则制冷剂蒸气在既定蒸发压力的比体积较大,单位容积制冷量较低。

(9)化学稳定性和安全性好,与所用材料相容。

(10)对大气臭氧层(Ozone Layer)的损耗作用和温室效应(Greenhouse Effect)轻微。

目前广泛使用的冷剂是饱和烃的卤化物,统称氟利昂(Freon),人们所说的非氟里昂的 R134a、R410A 及 R407C 等其实都是氟里昂。氟里昂能够破坏臭氧层是因为制冷剂中有 Cl 元素的存在,而且随着 Cl 原子数量的增加,对臭氧层破坏能力增加,随着 H 元素含量的增加,其对臭氧层破坏能力降低;造成温室效应主要是因为制冷剂在缓慢氧化分解过程中,生成大量的温室气体,如 CO_2 等。

二、制冷剂的种类和编号

目前使用的制冷剂主要有以下各类:

1. 无机化合物

无机化合物(Inorganic Compound)的编号为 R7××。R 为英文单词 Refrigerant(制冷剂)的字头,其后××表示的数字是化合物的分子量。例如水的编号是 R718,氨是 R717,CO_2 是 R744。

2. 卤化烃

目前卤化烃(Halon)大多是饱和烃的卤化物,其商品名统称氟利昂(Freon)。分子式是 $C_mH_nF_xCl_yBr_z(n+x+y+z=2m+2)$,其编号为 $R(m-1)(n+1)x(a,b\cdots)B_z$,其中异构体依不对称程度不同依次加 a、$b\cdots$区分。z 是溴分子数,z 为 0 时 B 可省略。

不含氢的氯氟烃 CFC_s 在大气中寿命很长,例如 R12 是 120 年,故 ODP 值高(ODP 即臭氧耗减潜能值 Ozone Depletion Potential,ODP 值越大说明其对臭氧层的损耗能力越大),属于禁用制冷剂;含氢氯氟烃 HCFC$_s$ 在大气中的寿命相对较短,例如 R22 是 20年,故 ODP 值较低,目前属于过渡制冷剂;氢氟烃 HFC$_s$ 不含氯,ODP＝0,但其 GWP 值偏高(DWP 表示全球变暖潜能值 Global Warming Potential,GWP 值越大说明其对全球变暖的影响越大),目前属于替代制冷剂。

3. 非共沸混合物

非共沸混合物(Nonazeoropic Mixture)是由两种或两种以上的制冷剂按一定的比例混合而成。在既定压力下蒸发或冷凝时,各组分在气相和液相中的质量分数不同,且一直在变化,相应温度也在改变。

图 9-4-1 所示为二元非共沸混合物的相态图。A 代表沸点较低、饱和蒸汽压力较高的易挥发物质,B 代表沸点较高、饱和蒸汽压力较低的难挥发物质,横坐标表示混合物中组元 B 的质量分数。

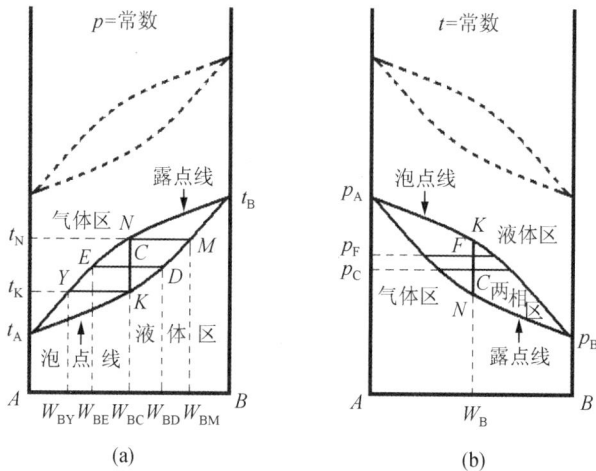

图 9-4-1　二元非共沸混合物的相态图

图 9-4-1(a)所示,质量分数为 W_{BC} 的液态混合物在定压吸热过程中,当温度升至泡点 K 时开始出现气泡;继续吸热温度不断升高,到露点 N 时全部汽化;再吸热升温则成过热蒸气。反之,过热蒸气定压放热温度降至露点温度 t_N 则开始有液滴析出,降至泡点温度 t_K 则全部液化,再降温则成过冷液体。露点和泡点的温度差称为温度漂移。

在相变过程中,混合工质处于两相区内某点 C 时,气相和液相的质量比为 CD/CE;其中气相的质量分数为 W_{BE},含难挥发的组分较少;液相的质量分数为 W_{BD},含难挥发的组分较多。汽化过程中气相的质量组分由 W_{BY} 向 $W_{BN}(=W_{BC})$ 变化,液相的质量组分由 $W_{BK}(=W_{BC})$ 向 W_{BM} 变化,冷凝过程则变化方向相反。

组分的质量分数不同时相应的泡、露点温度不同,可连接成泡点线和露点线。当压力升高时,各组分的沸点 t_A、t_B 和相应的泡、露点线都相应升高,如图 9-4-1(a)中虚线所示。

如图 9-4-1(b)所示,定温条件下装在封闭容器中的共沸混合物若液体多(如图中 F 点与 C 点相比),则压力 $p_F>p_C$,当温度升高时,各组分的饱和压力和泡、露点线相应升高,如图中虚线所示,这时若液、气体的质量比变化不大,容器中的压力也升高。

非共沸混合物制冷剂几乎都是由两或三种氟利昂以既定的质量比混合而成的,它的编号是依开始使用的先后顺序从 R400 起编排,如有组分相同但各组分质量分数不同的制冷剂,则后面加小写字母 a、b、c…区分。

使用非共沸制冷剂的系统如果在只有气体(例如吸、排气管)或只有液体(例如液管)的地方发生泄漏,冷剂的组成不会发生变化。但在停机期间或工作时,在制冷剂两相同时存在的地方(冷凝器、蒸发器),如果发生气体或液体泄漏,则系统中制冷剂组分的质量比就会改变,装置的性能(制冷量和效率等)就会发生某种程度的变化。

如果由沸点相近的物质组成混合物,则露点线和泡点线很接近,在定压相变过程中温度漂移小(<1 ℃),则可称为近共沸混合物,其气、液相中各组分的质量分数相近。试验证明,使用近共沸制冷剂的装置,即使多次泄漏和补充制冷剂,性能几乎不变。

4. 共沸混合物

共沸混合物(Azeotropic Mixture)是由两种或两种以上的制冷剂按一定的比例混合而成。在既定压力下蒸发或冷凝时,各组分在气相和液相中的质量分数始终保持相同,发生相变时对应的温度保持不变。

如图 9-4-2 所示,有些二元混合物以特定的质量比组合时(图中 W_{BA})泡、露点合一,称为共沸点,这时的混合物称为共沸混合物。共沸混合物在相变过程中,液、气相物质组分的质量分数始终不变,饱和蒸汽的压力与温度有既定的相应关系,就和单一物质一样。严格来说,在不同压力(温度)时共沸点会有变化,但所导致的各组分的质量分数变化不大,可以忽略。

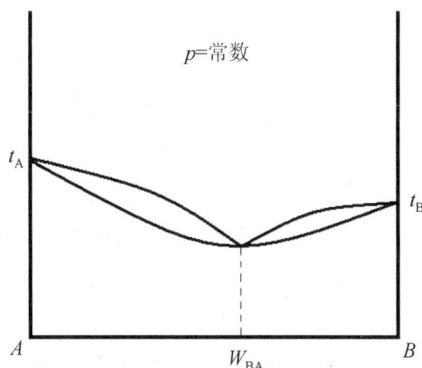

图 9-4-2　二元共沸相态图

许多共沸混合物的标准沸点比其各组分更低,因而适用更低的蒸发温度;同时在既定蒸发温度时其蒸发压力比各组分高,密度更大,因而单位容积制冷量更大。

目前,共沸混合物制冷剂都是由两种氟利昂混合而成的,它的编号是依开始使用的先后顺序从 R500 起编排,用质量分数表示其组成时,各组分按沸点由低至高排列。例如 R502(标准沸点-45.6 ℃),组分是 R22/R115(48.8/51.2),因 R115 属 CFCs,已经禁用;现又开发出由未禁用的 HFCs 组成的共沸混合物制冷剂,如 R507(标准沸点-47 ℃)的组分是 R125/R143a(50/50),与 R502 的性能相近,在欧洲用于超市的冷冻设备。

5. 碳氢化合物

它们是价廉的自然工质,ODP 为零,GWP 也很低,不腐蚀金属,难溶于水,与水不发生作用;主要缺点是易燃,与空气混合后有爆炸危险,但小型制冷装置充剂不多,应无大碍。

碳原子数≤3 的烷烃和烯烃类命名法与氟利昂相同,差别是烯烃类在 R 后要加 1。例如丙烷是 R290,丙烯是 R1270。异丁烷是例外,用 R600a 表示,可用在冰箱中作 R12 的替代制冷剂。

三、常用制冷剂的性质

1. R12

R12 是曾经广泛使用的制冷剂,因其属 CFCs,1996 年起已被禁用。

2. R717

R717 价格低廉,黏度比氟利昂低,热导率比氟利昂大,与大多数材料相容(除铜及磷青铜以外的铜合金)。其主要缺点是有强烈的刺激性气味,在空气中容积含量达 0.5%~0.6%时就会对人的呼吸器官和粘膜产生刺激作用,人在其中停留半小时以上就会中毒,R717 含量达 11%~14%可燃,达 16%~25%易发生爆炸。R717 作为制冷剂目前主要用于陆地冷库和某些水产品加工船。

3. R22(二氟一氯甲烷 $CHClF_2$)

R22 标准沸点为-40.8 ℃,排气压力适中,适合船舶冷库和空调制冷装置使用,是目前船上使用最广泛的制冷剂。R22 属 $HCFC_s$,今后会被新的制冷剂取代,其无毒、不燃、不爆,单独存在时即使温度超过 500 ℃仍然稳定。R22 使用中应注意以下问题:

(1)与火焰(800 ℃以上)接触时会分解产生微量有毒光气($COCl_2$),故应避免接触明火;容易泄漏又不易察觉,而且比空气重得多,不易散发,若在狭窄闭塞空间内装置严重泄漏以致在空气中浓度太大,人停留过久会缺氧窒息;操作中应严防其液体溅到人体上而造成严重冻伤。

(2)微溶于水。水在液态的 R22 中的溶解度是 30 ℃为 1 470 mg/kg,-30 ℃时为 180 mg/kg。R22 含水时会慢慢发生水解反应生成酸,会腐蚀金属、油位镜及封闭式、半封闭式压缩机的电机绕组,并使滑油变质沉淀,为此 R22 允许的含水量应小于 60~80 mg/kg。另外,含水较多时若经过膨胀阀后降温至 0 ℃以下,水的溶解度急剧下降,游离出来的水就会结冰,在流道狭窄处形成"冰塞",严重妨碍制冷系统正常工作。

(3)条件性溶油。在温度高于 8 ℃的场合(如曲轴箱、冷凝器、液管),R22 与冷冻机油互溶性强,温度低于-8 ℃互溶性则急剧降低。因此流过膨胀阀降压降温后,溶有少量 R22 的滑油和溶有微量油的 R22 液体会形成分层。

滑油和制冷剂互溶的好处是可随之渗透到压缩机各摩擦部位,有助于润滑,同时在冷凝器换热面上不会形成妨碍换热的油膜。带来的问题是若长时间停用前未将曲轴箱抽空并关排气阀，则高压侧制冷剂漏入曲轴箱会溶入滑油中较多，下次起动时曲轴箱压力迅速降低，油中就会因逸出许多氟利昂泡沫而涌起，俗称"奔油"（Oil Foaming），会使油泵建立不起油压，甚至油被吸入气缸产生液击（Liquid Impact）。制冷剂溶入滑油还会使油的黏度降低，故氟利昂制冷装置应选用黏度较高的滑油。

冷凝器中的氟利昂液体若溶解滑油太多，进入蒸发器后多少会妨碍蒸发，使蒸发压力降低，制冷量减少；而且在膨胀阀后滑油和制冷剂会分层，因此在设计、安装蒸发器和吸气管时，应特别考虑保证足够高的流速及吸气管适当向压缩机倾斜，以利于随制冷剂进入系统的滑油返回压缩机。

（4）R22 会使天然橡胶浸润膨胀，需要时应选用丁基橡胶或氯丁橡胶。此外，还会腐蚀镁和含镁超过 2% 的合金。

（5）电绝缘性较差，而且会使聚乙烯纤维变软，引起绝缘电阻下降。使用 R22 的封闭、半封闭式压缩机的电机绝缘需用丙烯腈树脂。

（6）渗漏性很强，对装置的气密性要求高。

4. R134a（四氟乙烷 CH_2FCF_3）

属于 HFC_s，ODP＝0，是 R12 的代用品。其单位容积制冷量与 R12 相近，制冷量相同时压缩机的容积流量比用 R22 大 50% 以上，较适用于螺杆式和离心式压缩机。它的排气温度较低，标准沸点为 -26.5 ℃，用于船舶伙食冷库制冷装置不够低，可用于空调制冷装置。它在应用方面有以下特点：

（1）分子较小，渗漏性很强，因不含氯而不能用检漏灯检漏，可使用电子检漏仪。

（2）溶解水的能力是 R12 的 20 倍多，但比 R22 低。所用干燥剂为避免吸附 R134a 分子，要求孔隙更小，不宜用硅胶，应采用分子筛 XH—7、XH—9 等。

（3）会使普通橡胶浸润膨胀，应选用氢化丁腈橡胶或氯丁橡胶。

（4）与矿物油不相溶，应采用脂类油 POE（Polyot Esters），某些场合也有用聚二醇类油 PAG（Polyalkylene Glycols），这些滑油价格都比较高。前者吸水性约为矿物油的 10 倍，后者为 100 倍，使用和保管时应特别注意防潮。

四、冷冻机油

合理选用制冷压缩机的润滑油（冷冻机油）是保证压缩机安全、高效运转和延长其使用寿命的重要条件。冷冻机油的作用是：润滑、密封（渗入运动部件密封间隙，阻碍制冷剂泄漏）、冷却（带走摩擦热，降低排气温度），有的还用来控制卸载和容量调节机构。

1. 主要要求

压缩机的制冷工况和所用制冷剂不同，则选用的冷冻机油也不同。冷冻机油应满足的主要要求如下：

（1）倾点（油能流动的最低温度，比凝固点高 2～3 ℃）应低于最低蒸发温度。冷冻机油会被制冷剂带入蒸发器,为了能被制冷剂带回压缩机,在低温下保持良好的流动性很重要。

(2)闪点应比最高排气温度高 15~30 ℃,以免引起滑油结焦变质。

(3)应根据蒸发温度和排气温度选用适当的黏度。制冷压缩机轴承负荷不高,黏度容易满足润滑的要求,而主要应满足密封要求。黏度过低,则活塞环与缸壁间的油膜容易被气体冲掉。氟利昂在较高温度时大多易溶于油,溶入 5% 就会使油的黏度降低一半,所以氟利昂压缩机所用冷冻机油黏度应适当高些。黏度高的油分子链较长,倾点和闪点相对也会高些。

(4)含水量要低。这是为了避免在低温通道处引起"冰塞"(Freeze Up)和防止腐蚀金属。含水的润滑油与氟利昂的混合物还会溶解铜,而与钢铁部件接触时,铜又会析出形成铜膜,称为"镀铜"(Bronze Plated)现象,会妨碍压缩机正常运行。

(5)化学稳定性和与所用材料(如橡胶、分子筛等)的相容性要好。如果油在高温下受金属材料催化而分解,会产生积炭和酸性腐蚀物质。

(6)用于封闭式和半封闭式压缩机时电绝缘性要好。电击穿强度一般要求在 10 kV/cm 以上。油中有杂质会降低电绝缘性能。

其他要求还包括酸值和腐蚀性低,氧化安定性好,机械杂质和灰分少等。

2. 冷冻机油的品种

根据 ISO 6743—3:2003 标准,国标 GB/T 16630—2012 根据制冷剂类型与制冷剂的相容性和应用领域将冷冻机油分为 L-DRA、L-DRB、L-DRD、L-DRE 和 L-DRG 五个品种。其中 L-DRA 和 L-DRB 适用于氨;L-DRD 适用于 HFC$_S$,与制冷剂相溶;L-DRE 适用于 HCFC$_S$,与制冷剂相溶;L-DRG 适用于 HC$_S$,与制冷剂相溶。冷冻机油的标记形式为品种代号后面加上黏度等级(40 ℃时的运动黏度),例如 L-DRD 68 表示黏度等级为 68 的 L-DRD 冷冻机油。

第五节　船舶制冷系统

实际应用的压缩式制冷装置,应包括制冷系统、电气系统和冷库(或是冷媒箱)。其中,制冷系统除压缩机、冷凝器、蒸发器、节流阀等基本设备外,还包括许多辅助设备、自动控制设备。图 9-5-1 所示为典型的伙食冷库制冷系统。

一、基本设备

(1)压缩机,抽吸制冷剂带走热量,维持蒸发器低压;压缩制冷剂提高压力,促进制冷剂循环。

(2)冷凝器,高压高温气态制冷剂放热冷凝成液态。

(3)节流阀,节流降压制冷剂,制造蒸发器低温。

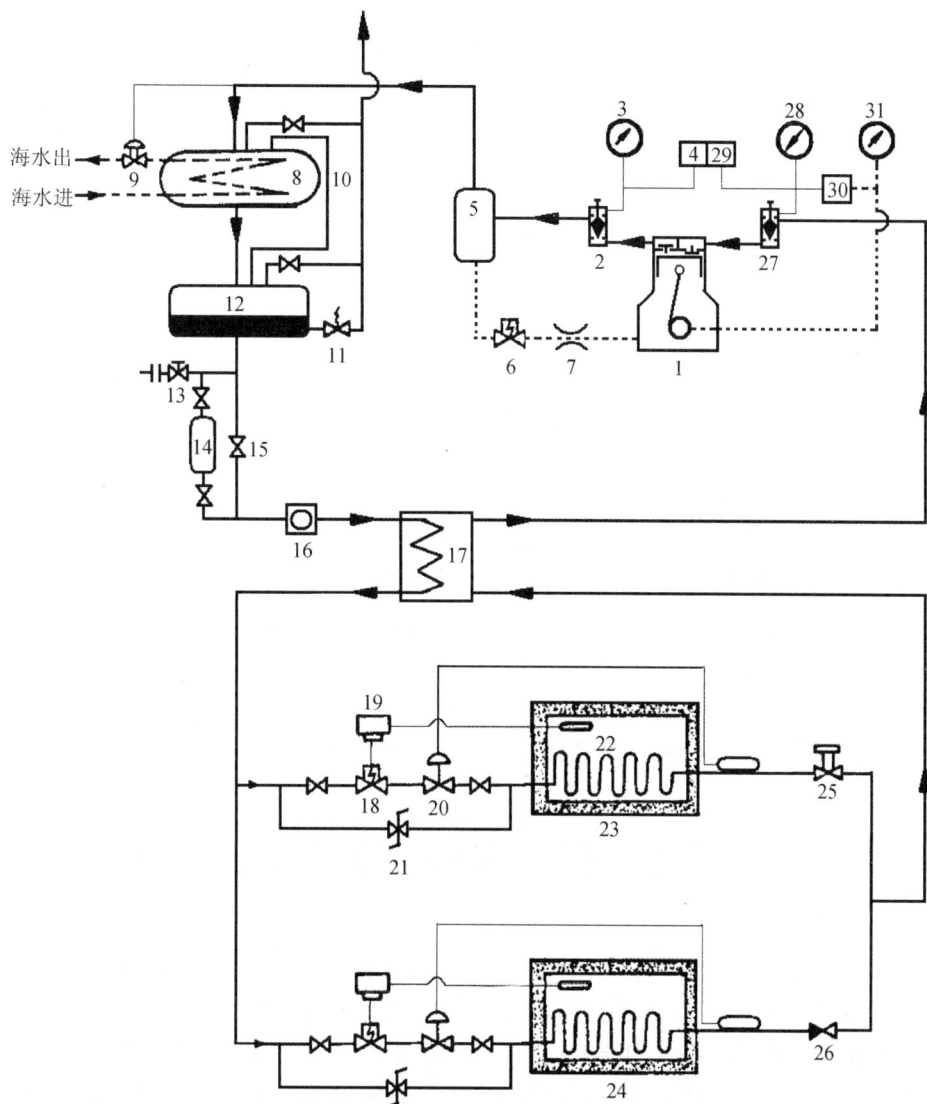

图 9-5-1 典型的伙食冷库制冷系统

1—制冷压缩机;2—排出截止阀;3—排出压力表;4—高压控制器;5—滑油分离器;6—电磁阀;7—节流孔板;8—冷凝器;9—冷却水量调节阀;10—平衡管;11—安全阀;12—贮液器;13—充注阀;14—过滤干燥器;15—旁通阀;16—液流指示器;17—回热器;18—供液电磁阀;19—温度控制器;20—热力膨胀阀;21—手动膨胀阀;22—蒸发器;23—高温库;24—低温库;25—蒸发压力调节阀;26—止回阀;27—吸入截止阀;28—低压压力表;29—低压控制器;30—油压差控制器;31—油压表

（4）蒸发器,使低压低温液态制冷剂吸热汽化成气态。

二、辅助设备

（1）分离型设备——滑油分离器(分离制冷剂蒸气中的微小油粒);气液分离器(防止压缩机吸入的制冷剂蒸气中含有过多的液滴)。

（2）储存型设备——贮液器（贮存制冷剂、液封与污物沉淀）。

（3）防护型设备——过滤干燥器（过滤杂质、去除水分）和安全阀（保证制冷设备在规定压力下安全工作）。

（4）冷却型设备——回热器（使低温气态制冷剂过热，防止液击；使高温液态制冷剂过冷，防止闪气）。

（5）指示型设备——液面指示器、液流指示器、温度计、压力表。

（6）动力型设备——水泵、风机、油泵。

三、自控设备

（1）油压差控制器，当油压差小于调定值时延时后停车。

（2）低压控制器，以吸入压力为信号启停压缩机。

（3）高压控制器，当排压过高时实现保护性停车。

（4）冷却水量调节阀，控制冷却水量保证冷凝压力在合适范围内。

（5）供液电磁阀，配合温度继电器控制对蒸发器的供液。

（6）温度控制器，根据库温上下限启闭供液电磁阀。

（7）蒸发压力调节阀，保证高温库的蒸发压力在合适范围内。

（8）止回阀，防止低温库蒸发器制冷剂发生倒冲现象。

第六节　制冷压缩机

制冷压缩机是制冷装置中最关键的"主机"，对装置的制冷量、性能系数和使用寿命有决定性的影响。制冷压缩机有活塞式、螺杆式、离心式、涡旋式等类型。

活塞式压缩机（Reciprocating Compressor）使用量广泛，其制造、管理和维修的经验比较成熟。因其流量受转速限制，一般适用制冷量 Q_0 的范围是 ≤200 kW，是船舶制冷装置采用的主要机型。

螺杆式压缩机（Screw Compressor）转速高，输气量较大，但需要装设大容量油分离器，一般适用制冷量 Q_0 的范围是 150~1 500 kW，在船上主要用于冷藏舱制冷装置。目前经不断改进，在某些大型船舶的空调装置中已取代活塞式压缩机。

离心式压缩机（Centrifugal Compressor）转速高，输气量很大，但需要配置工艺要求高的增速齿轮箱、复杂的润滑油系统和密封系统等。一般适用制冷量 Q_0 不小于 350 kW（尤其是 >1 500 kW），主要用于大型客船空调制冷装置。

涡旋式压缩机（Scroll Compressor）一般适用制冷量 Q_0 ≤11 kW 的条件，在船上主要用于冷藏集装箱。

本节主要介绍活塞式和螺杆式制冷压缩机。

一、活塞式制冷压缩机

船用活塞式制冷压缩机多为单级多缸(2、3、4、6、8),按气缸中心线布置方式可分为立式、V形、W形、S(扇)形,按壳体结构又可分为开启式、半闭式和全封闭式三种。

开启式活塞制冷压缩机:压缩机曲轴通过轴封伸出机体之外,再由原动机驱动,如图9-6-1(a)所示。较大的压缩机采用开启式。它的特点是容易拆卸、维修,但密封性较差,工质容易泄漏,因此曲轴外伸端有轴封装置。

(a)开启式

(b)半闭式

(c)全封闭式

图9-6-1 活塞制冷压缩机实物图

半闭式活塞制冷压缩机:电动机和压缩机共用一根主轴,装在同一机体内,没有轴封和联轴器,如图9-6-1(b)所示;它比开启式压缩机结构更加紧凑,密封性好,噪声低,有可拆卸的缸盖、端盖,可换修气阀、油泵等易损件,采用垫片静密封,使制冷剂泄漏机会显著减少。由于半闭式压缩机无法从机外观察到压缩机的转向,因此要求采用可逆转的自带滑油泵供油。电动机可由回气制冷剂冷却,所用绝缘材料等必须耐油、耐制冷剂。

全封闭式活塞制冷压缩机:采用同一主轴的电动机和压缩机装在一个焊死的薄壁机壳内,没有任何可拆卸的部件,如图9-6-1(c)所示。这种压缩机要求可靠性高、使用寿命长,同时也要求系统清洁、密封好,在使用期内一般可免维修。全封闭压缩机主要用于冰箱、小型空调装置等。

1. 开启式活塞制冷压缩机的结构特点

图9-6-2所示为810F70G制冷压缩机,缸数为8,缸径100 mm,行程70 mm,转速

1 440 r/min。F 表示制冷剂为氟利昂（A 表示氨），G 表示高冷凝压力（低冷凝压力不用文字表示）。气缸从轴向看成扇形布置，相邻气缸中心线夹角 45°，轴向每两缸成一列。采用 R22 时，标准制冷量为 156.3 kW，属中型压缩机。

（1）机体

该机机体结构如图 9-6-3 所示，它由高强度铸铁整体浇铸而成，上有缸盖，下有底板前后轴承盖，构成一个封闭的空间。机体内空间被上下隔板分成上、中、下三个部分，隔板上镗有 8 个气缸孔，装有 8 个气缸套 8（见图 9-6-2）。上隔板以上空间为排气腔，缸套组件用螺栓固定在上隔板，缸套上部凸缘和上隔板间设有垫片，以防隔板上下空间（吸排气腔）漏气。该垫片厚度影响气缸余隙容积，不可随意变动。余隙高度一般为 0.5~1.5 mm。下隔板上部是吸气腔，下部是曲轴箱腔，下隔板上开有均压孔，使吸气腔与曲轴箱相通。

均压孔的作用是：

a. 使经活塞环漏入曲轴箱的冷剂能经吸气腔抽走。

b. 让吸气从系统中带回的滑油流回曲轴箱。

c. 必要时能用压缩机本身抽空曲轴箱，回收其中冷剂或抽除其中空气。

（2）气缸套和气阀组件

气缸套和气阀组件如图 9-6-4 所示。在气缸套 6 的上端面上有两圈阀座线，阀座线间钻有 24 个吸气孔，6 个顶杆孔，吸气孔使气缸与气缸套外围的吸气腔相通。吸气阀片（环阀）位于两圈阀座线上，阀片上是吸气阀片限位器 18，限位器上吸气阀弹簧将吸气阀片紧压在气缸套端面的吸气阀座上。排气阀（环阀）位于气缸顶部，排气阀片 15 的排气阀座芯 13 分为内、外两部分，并且均与假盖密贴，排气阀也是环阀，用 6 只小弹簧压住，排气阀的限位器称作假盖，假盖上有通道与排气腔相通，假盖上有弹簧。假盖导圈 17、吸气阀片限位器 18，由内六角螺钉 14 固定在气缸套 6 上，当气缸内排气时，排气环阀顶开，冷剂蒸气经过排气阀及假盖通道进入排气腔，当缸内吸入过多液态制冷剂或滑油时，活塞在排出行程接近上止点时要将液体从升程很小的排气阀排出困难，这时缸内压力迅速超过排气腔压力，克服弹簧的张力，将排气阀连同其内阀座和升程限位器一同顶起，以免连杆轴承和主轴承受过大的冲击负荷。国内习惯将这种可被顶起的排气阀升程限位器称为"假盖"。这时假盖导圈 17 起导向和定位作用，在缸内压力降低时帮助假盖落回原来位置，恢复正常工作状态。

（3）传动机构

如图 9-6-2 所示，压缩机曲轴 19 是两个互成 180° 的双拐曲轴，用球墨铸铁制造。前后主轴承均为钢套，内浇巴氏合金，并在其中开有油孔和油槽。曲轴伸出曲轴箱处设有摩擦环式机械轴封装置，防止曲轴箱冷剂和滑油外漏，并防止空气漏入曲轴箱，我国国标规定轴封处油渗漏应不超过 0.5 mL/h；曲轴另一端设有一个小型滑油泵（内啮合的齿轮泵），以作为滑油系统的动力件。

每个曲柄销上配有 4 套连杆活塞，连杆 22 由可锻铸铁制成，断面为工字形，大端采用锡基合金薄壁瓦，小端采用磷青铜衬套。

(a)

(b)

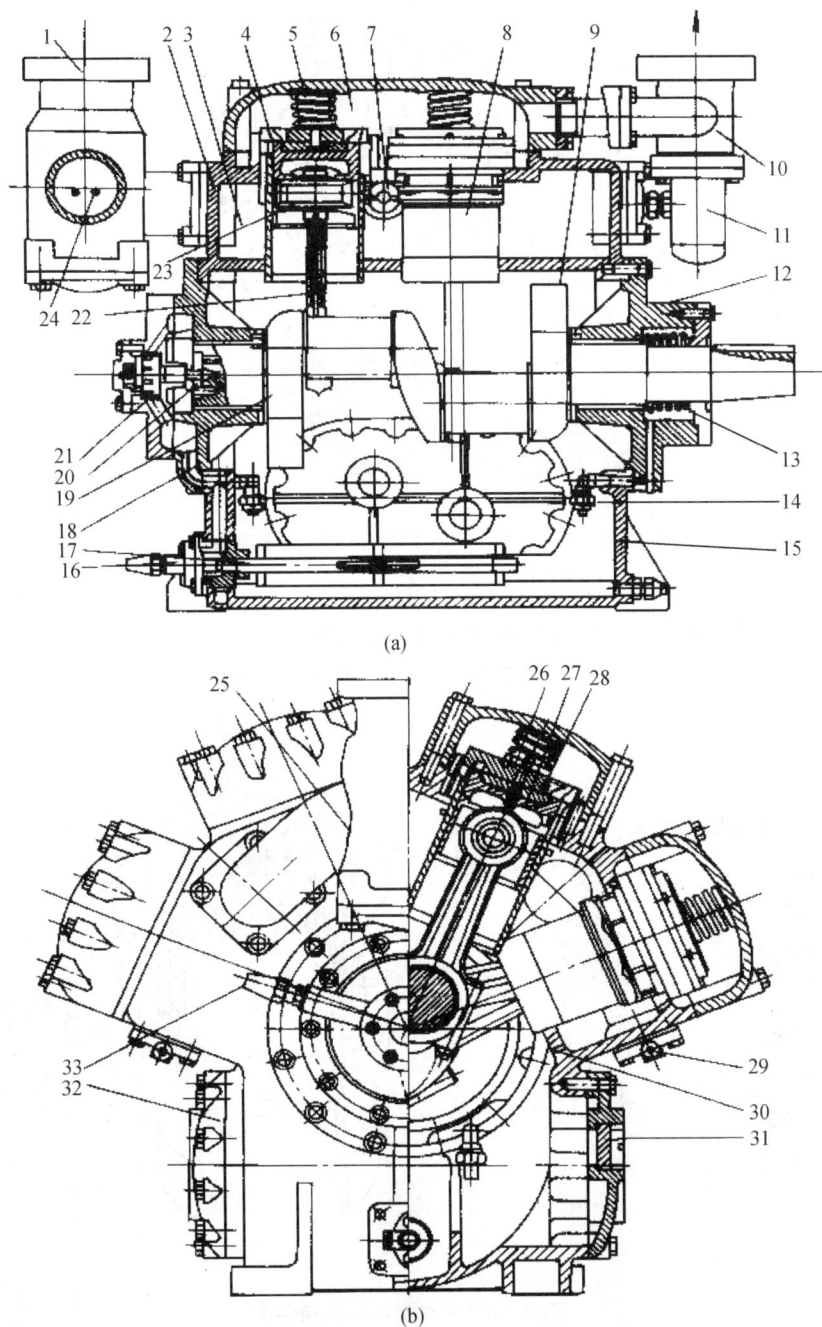

图 9-6-2　810F70G 制冷压缩机

1—吸气接管；2—气缸体；3—吸气腔；4—缸头气阀组件；5—气缸盖；6—排气腔；7—能量调节机构；8—气缸套；9—下隔板；10—排气集管；11—安全阀；12—轴承座；13—轴封；14—滑油管；15—曲轴箱；16—滑油三通阀；17—吸入滤油器；18—轴承座；19—曲轴；20—油泵传动机构；21—油泵；22—连杆；23—活塞销；24—吸气滤网；25—吸气集管；26—假盖弹簧；27—活塞；28—假盖；29—缸载油缸；30—回油均压孔；31—视油镜；32—曲轴箱侧盖；33—油压调压阀

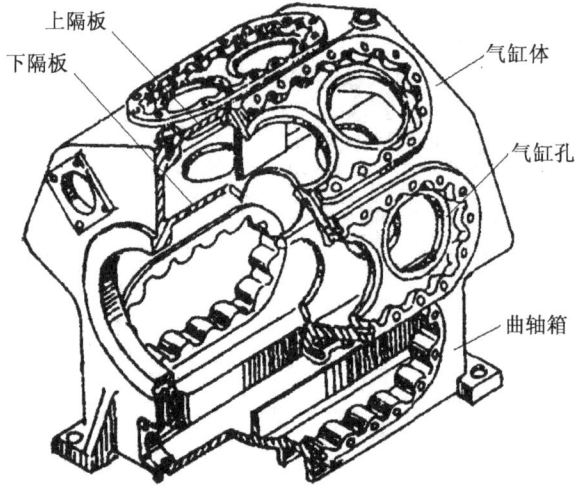

图 9-6-3　810F70G 制冷压缩机机体结构图

筒状活塞 27 上装有三道密封环和一道刮油环。为减轻重量,高速制冷压缩机活塞常由铝合金制成,由于铝合金活塞的热胀系数比钢制的活塞稍大,故冷态时二者是过盈配合。拆装活塞销时应先将活塞在热油中或铁板上加热至 70 ℃左右。

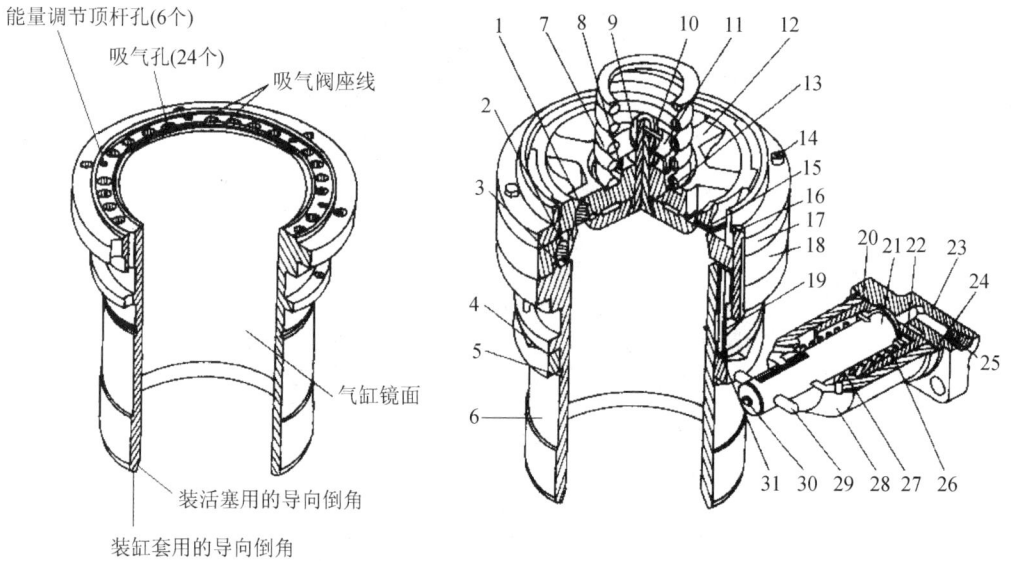

图 9-6-4　气缸套和气阀组件图

1—排气阀弹簧;2—吸气阀弹簧;3—吸气阀片;4—转环;5—卡环;6—气缸套;7—假盖弹簧;8、24—垫片;9—阀座螺栓;10—开口销;11—铁皮套圈;12—假盖(排气阀片限位器);13—排气阀座芯;14—内六角螺钉;15—排气阀片;16—螺栓;17—假盖导圈;18—吸气阀片限位器;19—顶杆弹簧;20—挡圈;21—卸载活塞杆;22—调整垫片;23—卸载油缸盖;25—油管接孔;26—卸载活塞;27—弹簧;28—卸载油缸;29—横销;30—制动螺钉;31—启阀顶杆

（4）滑油系统

制冷压缩机滑油系统如图9-6-5所示，810F70G型压缩机采用压力润滑。曲轴箱中的滑油经过网式滤油器1和装放油阀2被滑油泵3吸入，油泵排出的压力油一路经手动能量调节阀4，分别送到卸载油缸6，同时通油压表5和油压差继电器；另一路由设在曲轴内的油管送到机械轴封的油腔8中，再由曲轴9中的油孔将滑油送到主轴承和连杆大端轴承，并经连杆上的油孔送至连杆小端轴承。滑油从各轴承间隙溢回曲轴箱。为调节滑油工作压力在油泵端还设有压力调节阀10，最大工作压力由此阀调定，有效润滑压力由油压差控制器限定，油压差定为0.15~0.30 MPa。

装放油阀2实际上是一只二通阀，其手柄置于"工作"位置，则使曲轴箱与油泵吸口相通；置于"放油"位置，则使曲轴箱与通机处的外接管相通；置于"加油"位置，则使外接管与油泵吸口相通。

功率小于5 kW的压缩机常采用更简单的飞溅润滑或离心式润滑。后者是用曲轴自由端所设的甩油盘将油甩入曲轴端部的油槽，再经曲轴中心的钻孔，由轴旋转产生的离心力吸入，供至各摩擦面。

氟利昂易溶于油，压力愈高、温度愈低，溶解量就越大，当压缩机起动时，可能产生"奔油"，通常可采用关闭吸入阀后进行"点"起动，来使油中氟利昂析出，也可在起动前开启曲轴箱内的电加热器，将油加热到30 ℃左右，使氟利昂析出，润滑油正常工作温度为30~50 ℃，最高不应高于76 ℃。

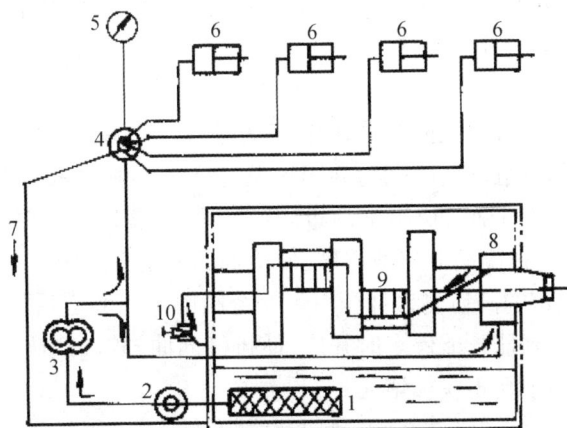

图9-6-5　制冷压缩机滑油系统图

1—网式滤油器；2—装放油阀；3—滑油泵；4—手动能量调节阀；5—油压表；6—卸载油缸；7—回油管；8—轴封油腔；9—曲轴；10—压力调节阀

（5）双阀座截止阀

吸气管和排气管上分别装有吸气截止阀和排气阀，一般采用双阀座结构，即双阀座截止阀（Double Seat Stop Valve），如图9-6-6所示。双阀座截止阀设有常接通道（接压力表、压力继电器）和多用通道（用于充、抽冷剂，添加滑油，充气、排气）。当阀杆朝里旋进，阀处于关闭位置，压缩机与系统截止，与多用通道相通；若将阀杆退足，主阀全开，压缩机与系统相通，与多用通道截止；若阀杆退足又反过来旋进一圈，则压缩机与多用通道稍微相通,与系统几乎全通。常接通道不受主阀位置的影响,与压缩机常通。

接进、排气管道

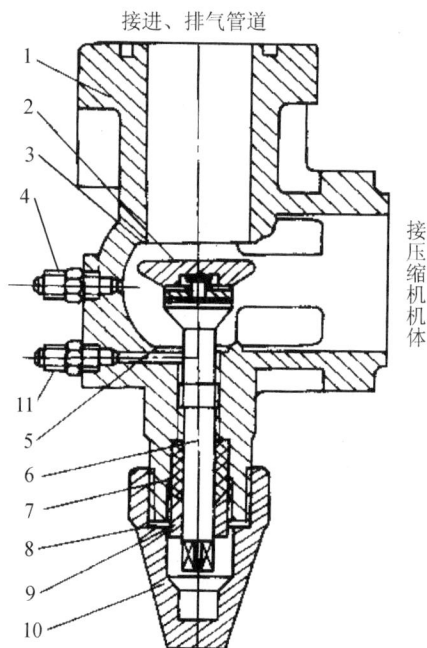

图 9-6-6　双阀座截止阀结构图

1—阀罩;2—填料压盖;3—垫片;4—填料;5—阀杆;6—阀座;7—多用通道;8—常接通道;9—主阀座;10—阀盘;11—阀体

(6)安全阀

机体上的气缸体与缸盖之间为共用排气腔,并经排气集管与排气截止阀连接。机体上的气缸孔装有的气缸套的外围为共用的吸气腔,并经吸气接管与吸入截止阀连接。吸排气接管之间装有安全阀(功率不超过 10 kW 可不设)。《钢质海船入级规范》规定,安全阀在冷剂压力过高时开启或爆破,使冷剂回流至吸入侧。其开启或爆破压力应不大于表 9-6-1 中规定的高压侧设计压力。安全阀由工厂调定后加以铅封。万一压缩机排压升高而高压控制器未能停车时开启,使排气向曲轴箱(通吸气腔)回流。安全阀外面壳体上通大气的小孔不应被堵死。

表 9-6-1　制冷压缩机设计压力

制冷剂	低压侧设计压力/MPa	高压侧设计压力/MPa
R22	1.7	2.2
R134a	1.1	1.4

其他制冷剂高、低压侧设计压力应分别不低于制冷剂 56 ℃和 46 ℃时的饱和蒸气压力。若热气融霜等操作可能使低压侧处于高压,则应按高压侧同样要求。

2.半封闭式活塞制冷压缩机的结构特点

图 9-6-7 所示为日本三菱 MR 型半封闭式活塞制冷压缩机,缸径 70 mm,有 4 缸 V 形及 6 缸 W 形两种;行程有 56、63、70 mm 三种;转速根据交流电频率不同,分别为

1 450 r/min 或 1 730 r/min。

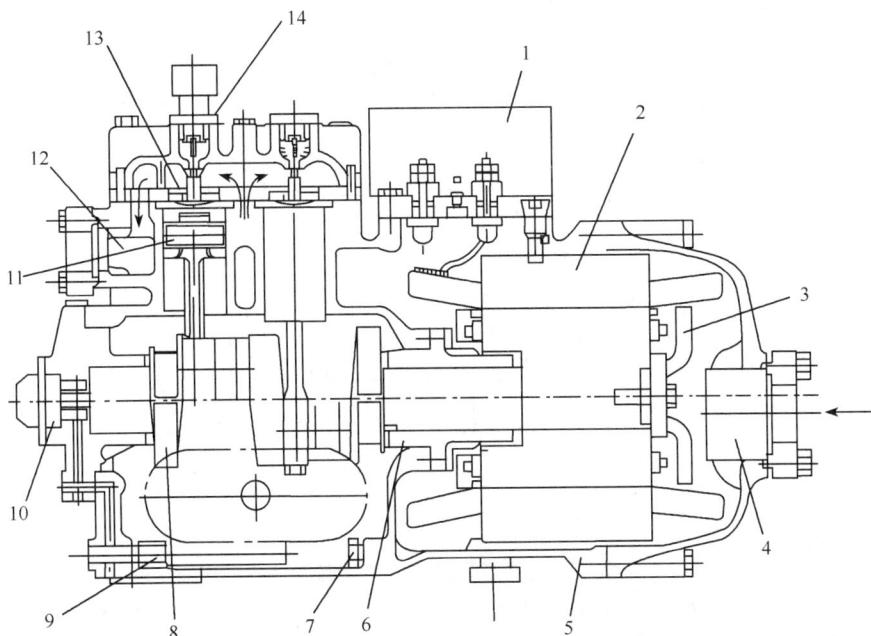

图 9-6-7　MR 型半封闭式活塞制冷压缩机结构图

1—接线箱;2—电动机;3—定位器;4—吸气滤网;5—机体;6—主轴承;7—单向阀;8—曲轴;
9—吸油滤网;10—滑油泵;11—活塞连杆组件;12—排气管;13—气阀组件;14—卸载机构

　　来自蒸发器的低温制冷剂蒸气经吸气滤网 4 吸入,流经并冷却内置电动机 2。内有 L 形隔板的缸盖安装在阀板上,在轴向的大部分按轴线左右将缸头空间分隔成吸、排气腔,而在靠排气端的小部分全被排气腔所占。有两块圆形的气阀组件 13 安装在阀板的两缸顶部处,阀组件的上面靠近排气侧和下面靠近吸气侧,分别设有排气和吸气簧片阀。簧片阀的阀片用弹性薄钢片制成,一端固定在阀座上,另一端是自由的。工作中阀片像乐器的簧片那样启闭,使制冷剂气体吸入和排出气缸。气体经排气管 12 排出。

　　前述开启式活塞压缩机实例所用的环片阀简单可靠、应用广泛,但质量较大,且与导向面有摩擦,启闭不够迅速及时,在高转速时尤为突出。簧片阀很轻,余隙空间小,缺点是通道面积小,适合小型高速压缩机。实际使用中还有其他的气阀形式,如条状阀、塞状阀、网状阀等。

　　曲轴带动的滑油泵 10 经吸油滤网 9 吸油,对各摩擦副提供压力润滑。有平衡管通过曲轴中的钻孔使机体 5 的曲轴箱和电机室相通,使两者压力保持平衡,以便吸气带回的滑油能迅速经单向阀 7 返回曲轴箱。曲轴箱内另设有 180 W 的滑油电加热器。

　　本机型设有电磁阀控制的吸气回流式气动卸载机构 14,其工作原理如图 9-6-8 所示。

　　同列相邻两缸共用一个气缸盖 3,上面设有一个三通电磁阀 1,当其电磁线圈 12 通电时,衔铁被吸上,缸盖的排气腔 5 内的高压气体顶开电磁阀的球阀进入卸载活塞 4 的下方,克服弹簧 2 的张力将卸载活塞顶起,于是抬起叉杆 10,使气阀组件 7 的吸气阀片

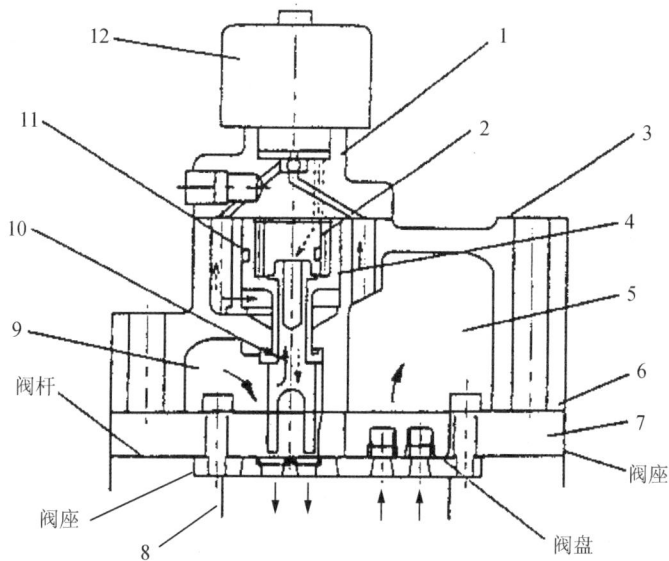

图 9-6-8　MR 型压缩机的吸气回流式气动卸载机构工作原理图

1—三通电磁阀;2—弹簧;3—气缸盖;4—卸载活塞;5—排气腔;6—垫片;7—气阀组
件;8—机体;9—吸气腔;10—叉杆;11—活塞环;12—电磁线圈

能自由工作,这一对缸即可加载。反之,当电磁线圈断电,其衔铁在弹簧作用下落下,压球阀关闭通排气腔的通道,同时开启连通卸载活塞上、下方的通道,于是该活塞被弹簧 2 压下,叉杆 10 将吸气阀片强开,使这一对缸卸载。

　　半封闭式制冷压缩机用于蒸发温度较高的工况(例如空调)时,虽然制冷量和电动机工作时的功率较大,但所吸入的制冷剂比体积小、质量流量大、冷却效果好,故所配电动机的名义功率可比开启式小 1/3～1/2。而当用于蒸发温度较低的工况(例如伙食冷库)时,电动机工作时的功率较小,例如 $t_0 = -40$ ℃与 $t_0 = 0$ ℃相比电功率约小一半,但是夏季因冷凝温度高而压力比大,尤其在低负荷工作时(例如部分库温达下限而停止供液)制冷剂质量流量小,质量流量减少了 90% 以上,吸气流过电机后过热度必然增加较多,可能导致排气温度和油温过高。在环境温度高达 43 ℃或冷却水温达到 33 ℃时,滑油温度≤70 ℃(开启式)或≤80 ℃(半封闭式)。为此,可用喷注液态制冷剂的方法冷却,常称为"喷液冷却"——从冷凝器后面的液管上引出了喷液管,其上装设了喷液电磁阀,在压缩机运转时开启。当包扎在排气管上的感温包感受的排气温度过高时,温包的压力控制着小型热力膨胀阀开启,向半封闭压缩机的吸气腔喷入液态制冷剂(节流降压后成湿蒸气),使排气温度降低(一般使排气温度≤140 ℃);感温包也可设在压缩机的曲轴箱内,用喷液来控制滑油温度。一般使油温低于 80 ℃(2.2～3.7 kW)或 70 ℃(4.5～7.5 kW)。采用喷液冷却可使半封闭式压缩机适用的压力比范围扩大,能适用较低的蒸发温度。

　　有的用于低蒸发温度的半封闭式压缩机吸气不流经电机而直接进吸气腔,这样可提高输气系数,降低排气温度。为了能适用于高、低蒸发温度的不同工况,有的半封闭式压缩机设有两个可改接换用的吸气口。

3. 活塞制冷压缩机的卸载起动和容量调节

压缩机起动时需要克服运动部件的惯性力,如果同时还要压送气体,则起动功率会比正常运转功率大得多。较大的压缩机带负荷起动对电网冲击大,而且需选配价格较高的大功率电动机,正常运转后电机又会因低负荷工作而效率降低。

另外,制冷压缩机的制冷量是根据装置设计时所确定的最大热负荷选配的,而空调和伙食冷库制冷装置的热负荷都可能变化较大,压缩机的制冷量最好也能相应调节。否则当热负荷较低时,压缩机的制冷量(输气量)如不能相应减小,吸入压力和蒸发温度就会太低,不仅影响运行的经济性,压缩机还可能因低压控制器断电而停车,以致起停频繁。

国标规定缸径≥70 mm、缸数≥4的活塞式制冷压缩机气缸应设制冷量调节机构和卸载起动机构,它们通常是同一套机构。压缩机的制冷量调节就是输气量调节,即容量调节(Capacity adjusting),过去习惯称能量调节。

容量调节一般都以吸入压力为被调参数,它测取方便,反应较快。吸入压力增高表明压缩机的制冷量(输气量)不能满足热负荷的要求,应该增大;反之,吸入压力降低,则需要减小压缩机的输气量。容量自动调节机构的动力可采用滑油泵的排出压力或压缩机的排气压力或直接用电磁力。

活塞式制冷压缩机容量调节的方法主要有以下几类:

(1)吸气节流法——控制顶杆升程以限制吸气阀的开度,或另设吸气节流阀。吸气阻力增大,则输气系数降低,输气量减小。这种方法比较简单,但会使压缩机的指示效率降低,经济性变差,仅用于不宜停用其中一缸的双缸压缩机。

(2)排气回流法——使压缩机排气侧的高压气体通过容量调节阀,有控制地节流回到低压侧,降低压缩机的有效输气量。为了不因热气回流而使压缩机吸、排气温度过高,有的改从冷凝器后的贮液器顶部引入高压饱和蒸汽回流,或在排气温度过高时将冷凝器(或贮液器)的液态制冷剂经喷液阀节流喷至吸气管。但是,这两种办法都不能解决低负荷时蒸发器制冷剂流量太低所导致的回油困难,更好的办法是将排气引回至蒸发器的中部或进口。排气回流法不要求压缩机本身有容量调节机构,但比吸气节流法显然更不经济。

(3)变速调节法——改变压缩机的转速来改变输气量。这种方法经济性最好,但交流电动机所用变频调速器价格较贵,而且活塞压缩机低速运转还要考虑能否保证良好润滑。目前变频调速除用于家用空调器外,船上已用于冷藏集装箱的涡旋式压缩机。

(4)吸气回流法——通常是将调节缸的吸气阀片强行全开。

(5)截断吸气法——将调节缸的吸气通道关闭。

上述后两种方法被调节缸空转而不输气,耗功很低,故经济性较好,是目前多缸活塞式制冷压缩机应用最普遍的容量调节方法。

二、螺杆式制冷压缩机

双螺杆式压缩机(螺杆式)和单螺杆式压缩机(蜗杆式)是在 20 世纪 50 年代和 70 年代相继推出的,目前应用越来越广泛。在此只介绍已用于船舶制冷装置的双螺杆压缩机,如图 9-6-9 所示为德国 BITZER 生产的 CS 系列双螺杆半封闭式压缩机结构剖面图。

BITZER 整体式双螺杆压缩机,使用最新开发的型线(齿数比 5∶6)设计和专利高精度加工工艺。电机侧与螺杆侧机体为整体铸造,采用双层铸造壳体结构,极大地降低了噪声;取消法兰连接,避免了泄漏,也避免了电机与螺杆连接的人为安装误差。

采用长效大面积内置 10 μm 精过滤器。主要部件阳转子和阴转子靠两端的滚动轴承来精确定位,轴承与大尺寸的供油腔相连,提供安全可靠的运行条件。

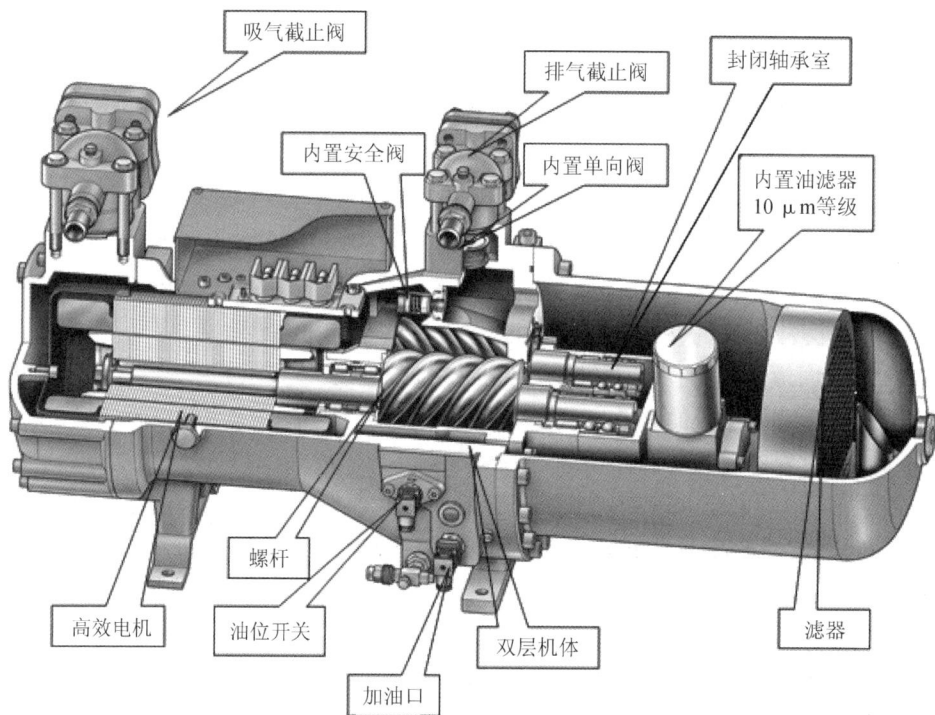

图 9-6-9　BITZER 生产的 CS 系列双螺杆半封闭式压缩机结构剖面图

螺杆式压缩机的主要运动部件是设在机体气缸内的一对互相啮合的螺旋式转子,如图 9-6-10 所示。其中齿凸起的称阳转子(Male Rotor),齿槽凹进的称阴转子(Female Rotor),齿数比 5∶6。一般阳转子是主动转子,工作时阴转子是被所压缩的气体驱动反向旋转,而不是靠阳转子机械接触所驱动。两转子的每一对相通的齿槽和与转子贴合的缸壁圆柱面及两头端盖之间形成的容积称为基元容积,其容积和位置随转子转动而变化。

在吸气端盖上有占据大部分圆弧的轴向吸气口;同时缸壁内侧上部有凹进形成的

图 9-6-10　阴阳转子及滑阀结构图

三角形径向吸气口。转子另一头排气端盖的斜下方有较小的轴向排气口;在设有容量调节滑阀时,其代替部分缸壁处常开有径向排气口。

在左侧吸气端,两转子的齿分别从对方的齿槽中逐渐退出,刚形成的基元容积与轴向和径向的吸气口相通,随转子转动而容积不断增大,吸入气体。

当基元容积与吸气口脱离,吸气结束;转子继续转动,则阴、阳转子另外的齿开始挤进彼此的齿槽,使该基元容积不断缩小,其中气体被压缩。当该基元容积和排气口相通时,压缩结束,排气开始,直至排尽。

在工作中,相继形成的每个基元容积都要相继经历吸气、压缩、排气三个过程,只是在同一时刻,各基元容积处于不同的阶段而已。

为了适应制冷量变化的需要,BITZER 生产的 CS 系列半封闭式螺杆压缩机采用滑阀容量调节机构,它同时能使压缩机卸载起动。

滑阀装在转子啮合部位的下方,与两螺杆的外圆柱面贴合,如图 9-6-10 所示。若滑阀向排气口方向移动,打开回气口,则基元容积刚开始减小时其中气体从回气口回流,则开始压缩的位置后移,螺杆的有效工作长度缩短,输气量减少。

根据控制滑阀的方法不同,可使输气量在 25%～100% 范围内无级调节,也可以实现 100%、75%、50%、25% 的有级调节。图 9-6-11 所示为滑阀式容量调节机构的原理图。滑阀由一个液压活塞控制,如果电磁阀 CR4 通电开启,压力液压腔中的油压提高,滑阀向吸气侧移动,制冷量加大。有级容量调节时,电磁阀 CR4 间断通电,通电 10 s,断电 10 s,向液压活塞提供控制油;如果电磁阀 CR1、CR2、CR3 通电开启,液压活塞的压力降低,排气将滑阀压向排气侧,制冷量依次减小为 75%、50%、25%。

停车期间,电磁阀 CR3 要求处于开启状态(通电),压力腔的压力释放,弹簧将滑阀推向排气侧,使压缩机实现卸载起动。起动后,根据需要,CR4 通电,使滑阀向吸气侧移动,通过控制 CR1、CR2 使压缩机制冷量增加到需要值。

对系统的控制精度要求较高的地方,可以实现无级容量调节。但监控值(比如压缩机吸气压力)在设定控制范围内变化时,对制冷量的要求保持不变,滑阀无需移动。当监控值超过设定值上限,要求增大制冷量,则电磁阀 CR4 脉冲通电动作,直到监控值

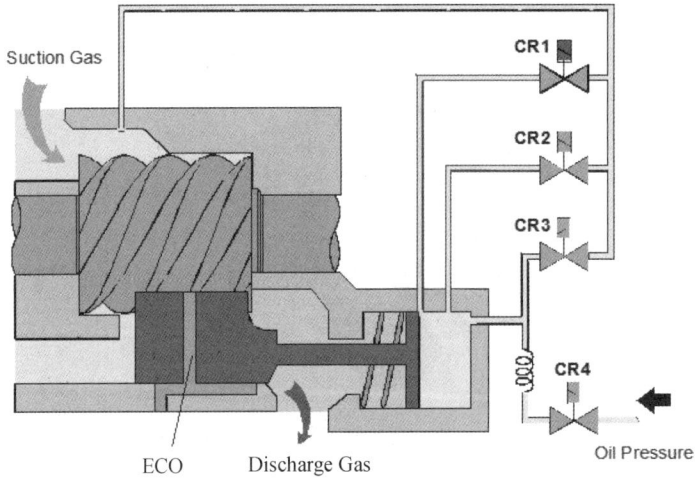

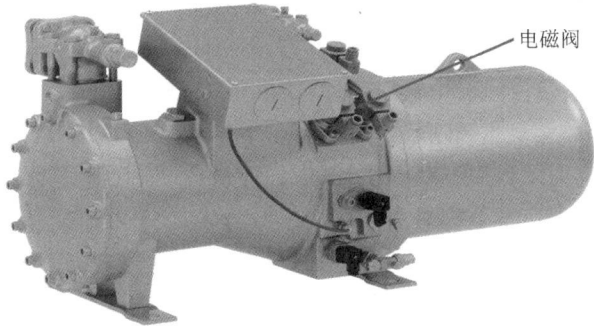

图 9-6-11　滑阀式容量调节机构原理图

在设定范围内为止,压缩机在增大的制冷量下运行。如果监控值低于设定值下限,要求制冷量减小,电磁阀 CR3 脉冲动作,直到监控值又回到设定范围之内,压缩机在减小的制冷量下运行。通过电磁阀 CR3 和 CR4,制冷量控制在 25% ~ 100%;通过电磁阀 CR2 和 CR4,制冷量控制在 50% ~ 100%。

小型螺杆压缩机为了缩短轴向尺寸,可采用更简单的柱塞阀进行有级容量调节,在转子座上,沿螺杆轴向开设有旁通通道。在轴向特定位置,径向地设有两对前端面呈圆柱面的柱塞,每对分别对应于阴阳转子,前端面与螺杆紧密配合,形成气缸壁面的一部分。当一对柱塞阀开启后,基元容积内部分气体即旁通到吸气口,输气量减为 75%;另一对柱塞阀开启,则输气量进一步减为 50%。柱塞阀的启闭是靠滑油泵的油压驱动,由电磁阀控制。

螺杆式压缩机的几何尺寸既定,则压缩开始及压缩终了时的基元容积 V_1、V_2 和内容积比 $V_i = V_1/V_2$ 也即确定。若制冷剂既定,则基元容积在压缩终了时的压力 p_2 由压缩开始时的压力 p_1($\approx$ 吸入压力 p_s)和内容积比 V_i 决定;而排出压力 $p_d \approx$ 冷凝压力 p_k。$p_2 < p_d$,称为欠压缩,$p_2 > p_d$,称为过压缩,欠压缩或过压缩分别会在基元容积接通排气口时发生气体倒灌或膨胀,都会增加功率损失。为了使内压力比 p_2/p_1 接近外压力比 p_d/p_s,最好能根据不同的工况相应改变压缩机的内容积比。

调节内容积比是靠改变排气口的大小来改变压缩终了时的基元容积 v_2，这可以通过采用更换排气口大小不同的容量调节滑阀或排气端盖的方法来解决。但若工况经常改变，则采用有内容积比调节机构的压缩机更方便。常见的内容积比调节机构有两种：①无级调节：有容量调节滑阀的使其轴向移动，改变径向排气口的大小（改变 V_2），如图 9-6-12 所示；回气口前面部分（称"内容积比调节滑阀"）做成可同步移动，保持回气口的启闭或开度不变（V_1 不变）。②也可通过控制滑阀的极限位置，实现内容积比的两级调节（属于有级调节）。

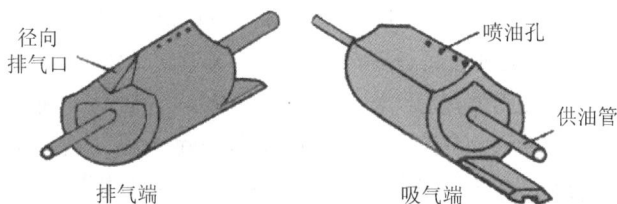

图 9-6-12　滑阀径向排气口和喷油孔结构示意图

螺杆式压缩机的转子之间及转子与气缸壁之间都有微小间隙，运转时不会直接摩擦，但会发生气体泄漏。螺杆压缩机对气体中含有液体的湿行程不敏感，故工作时通常向转子啮合部位喷油以形成油膜。喷油可以保证良好的润滑和气密；同时可冷却被压缩的气体，降低排气温度和防止机件变形，并可减轻噪声。但喷油式压缩机喷油量较大，以容积计通常占输气量的 0.8%～1%，系统需增设体积较大的油分离器和油冷却器，使机组变得笨重庞大。

目前开发的喷液式螺杆压缩机，工作中排气温度过高时，将制冷剂液体在压缩机的适当部位喷入啮合的转子（与滑油混合或分别喷入），吸收压缩热并冷却滑油。喷液或螺杆压缩机的润滑和密封效果不如喷油，故不能完全代替喷油；但冷却效果好，可将以容积计的喷油量显著减少至输气量的 0.03%。喷液不影响螺杆压缩机的吸气量，制冷量降低不足 5%，轴功率增加也不会超过 5%～7%，但可以减小油分离器的体积，并取消油冷却器，使系统显著简化。

与活塞式相比，螺杆式制冷压缩机有以下特点：

（1）无往复运动惯性力，工作平稳，又没有气阀，因而可采用较高转速（常用 3 000～4 400 r/min），所以单位制冷量尺寸小、重量轻。

（2）没有气阀、活塞环等易损件，磨损轻微，故运行可靠，检修周期可长达 30 000～50 000 h。

（3）无余隙容积，吸气阻力和预热损失小，且对气态工质带液体的湿行程不敏感，可喷油或喷液冷却以改善密封性，故高压力比时仍可采用单级压缩，输气系数仍较高，排气温度不超过 100 ℃。

（4）性能系数不及往复式，尤其是在高压力比及发生欠压缩或过压缩时。

（5）螺杆式压缩机的转子加工难度大，价格较高。另外，开启式机型的噪声较大，耗油量也大，油路和辅助系统较复杂，但是这些在采用半封闭式机型后可以得到改善。

第七节　其他制冷设备

一、滑油分离器

　　滑油分离器装在压缩机排出端,用来分离排气带出的滑油,使之返回压缩机曲轴箱(或吸气管),能避免压缩机排气将过多的滑油带入系统。虽然制冷系统设计上要求能让滑油随制冷剂一起返回压缩机,但太多滑油进蒸发器会使制冷量降低。油分离器并不能将油全部分离出来,仍会有少量滑油随制冷剂一起循环,因此,有些小型伙食冷库制冷装置或空调制冷装置由于系统管路不长,一般省去油分离器。

　　滑油分离器按分离原理分主要有:撞击式、过滤式(氟利昂)、洗涤式(氨)。

　　如图 9-7-1 所示为氟利昂系统所用的滑油分离器,是利用油滴和气体的比重不同来进行分离。由于进气流道面积突然扩大,流速降低并且流向转折向下,较大油滴直接落下,较小的被滤网拦截,积聚成大油滴后落至筒体的底部。气体经滤网折回向上,由侧面出气管流出到冷凝器。

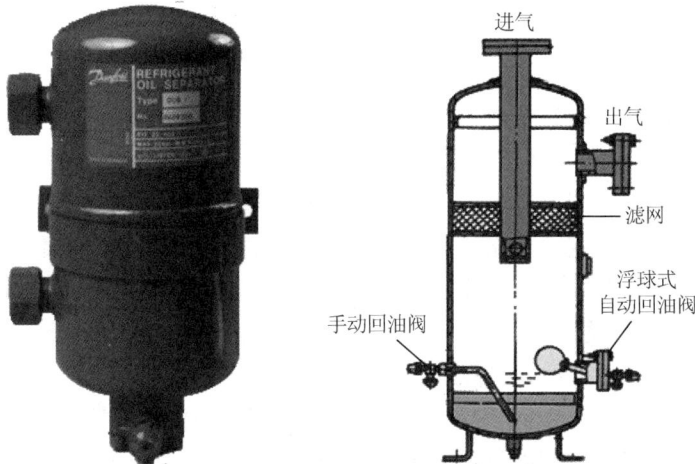

图 9-7-1　氟利昂系统滑油分离器实物和结构原理图

　　筒底积油油位达到一定高度时,将使浮球升起,打开与浮球杆连在一起的自动回油阀回油,为避免其失灵时,筒内积油过多,被气体大量带入系统,还设有备用的手动回油阀,可定期开启。回油管中设有电磁阀和节流孔板。电磁阀靠延时继电器控制,在压缩机起动 20~30 min 后开启,以免刚起动时分出的油不多,气态制冷剂向压缩机回流;而压缩机停车时电磁阀关闭。节流孔板的作用是控制回油速度,防止回油过快,使部分排气冲入曲轴箱,同时可防止回油过快对浮球阀造成冲蚀。常用机型选用的孔径是 0.6 mm。自动回油管路如图 9-7-2 所示。

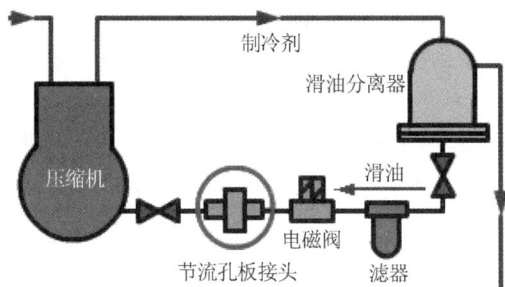

图 9-7-2　自动回油管路图

正常工作时,自动回油是间隔进行(至少 1 h 以上),对应的自动回油管应是时热时温。因此:(1)回油阀卡死在关闭位置,此时回油管始终不发热,同时曲轴箱滑油位有不断下降的现象,大量滑油被带入系统;(2)回油阀不能关闭或关闭不严,会造成高压排气窜回曲轴箱和吸气腔,使压缩机排气量下降,排气温度升高,并使压缩机频繁起停或运转不停。此时回油管始终是热的。

二、冷凝器

冷凝器就是让气态制冷剂向环境介质放热冷凝液化的换热器。制冷剂蒸气在冷凝器中冷凝液化时压力、温度基本保持不变,相应的温度和压力称之为冷凝温度和冷凝压力。对 R404a 来说,冷凝温度为 30 ℃时,冷凝压力绝对值约为 1.5 MPa。不同的制冷剂所对应的冷凝压力不同。根据冷却介质的不同,冷凝器分为水冷和风冷。如图 9-7-3所示冷凝器为水冷壳管式冷凝器。

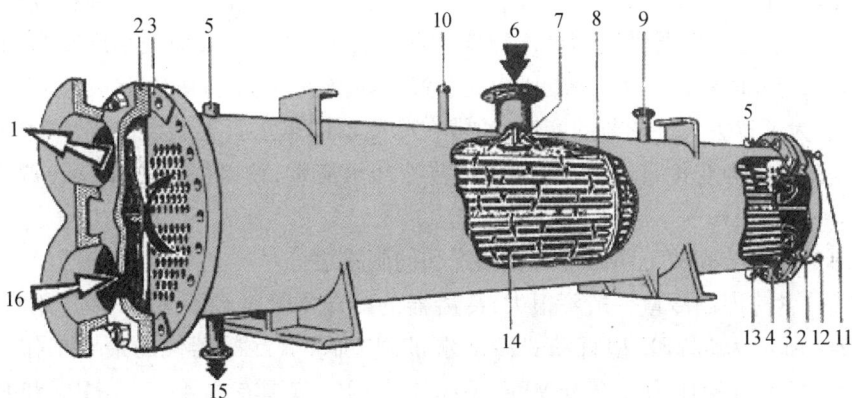

图 9-7-3　水冷壳管式冷凝器结构示意图

1—冷却水出口;2—端盖;3—垫片;4—管板;5—放气阀接头;6—气态制冷剂进口;7—挡气板;8—管架;9—平衡管接头;10—安全阀接头;11—水室放气旋塞;12—水室泄水旋塞;13—泄放阀接头;14—冷凝管;15—液态制冷剂出口;16—冷却水进口

壳管式冷凝器中,制冷剂在管外冷凝,冷却水在管内流动而将热量带走,壳体一般采用锅炉钢板卷制焊接而成。壳体两端板之间排列着许多无缝钢管,以电焊固定在端板上,两端盖内侧铸有限水筋条,以增加冷却水流程和流速,冷却水进出口设在端盖上,从下面流进,从上面流出。两侧的端盖 2 内装有防蚀锌棒,或内表面涂有防蚀涂层。冷凝器上通常装有:

(1)安全阀。它装在冷凝器顶部(与接头 10 相接)。《钢质海船入级规范》规定制冷系统的所有压力容器均应装设串联安装的安全膜片和安全阀,其爆破或开启压力应不大于规定的设计压力(但应比设在压缩机排出侧的安全阀高),压力意外升高时可将排出物引至甲板安全地点排往大气。氟利昂制冷系统中上述容器的容量在 100 L 以下者,可用熔点为 65 ℃的易熔塞来代替安全阀或安全膜。

(2)放气阀。它装在冷凝器顶部两端处(与接头 5 相接),用来泄放不凝性气体。

(3)平衡管。它从冷凝器的顶部(接头 9 处)引出,与后面的贮液器相通,使彼此压力平衡,便于冷凝器中的液体流入贮液器。如连接两者的管路短而粗,也可省去平衡管。

(4)水室放气旋塞和放水旋塞。它们装在无外接水管的端盖的最高处及最低处,前者用来泄放水腔的空气,防止形成气囊,妨碍传热;后者用来在检修前放空存水,或冬季停用时放水防冻。

此外,冷凝器兼作贮液器使用时在下部还装有液位镜或液位计。

在船舶上,一般将压缩机、冷凝器等放置在冰机间,而膨胀阀安装在各自的冷库外,蒸发器布置在冷库里面。

三、冷却水量调节阀

制冷装置的冷却水温较低时,若不及时关小冷却水量调节阀来调低流量,冷凝压力就会太低,可能使蒸发器供液不足,蒸发压力过低,制冷量减小;而关小冷却水阀后,若水温升高未能及时将阀开大,冷凝压力又会过高而停车。远洋船舶航区变化较快,水温经常变化,为了省去人工调节的麻烦,通常在冷凝器的出水管上装设冷却水量调节阀。它能根据冷凝压力变化自动改变开度,调节冷却水流量,使冷凝压力保持在调定的范围内。

冷却水量调节阀按工作原理有直动式和伺服式之分。

船舶伙食冷库制冷量一般不很大,冷凝器的冷却水管直径不大,大多选用直动式。如图 9-7-4 所示为 WVFX 型直动式冷却水量调节阀,其冷凝器侧的最大工作压力是 2.64 MPa,最大试验压力是 2.9 MPa,关闭压力调定范围有 0.4~2.3 MPa 和 0.35~1.6 MPa 两种。阀座和阀体是用不锈钢制成的。阀盘 8 由青铜制成,带有由特种橡胶碱化而成的密封层。工作时,冷凝压力信号被引至波纹管 10 外,通过推力块 9、导杆 3 和阀杆、下弹簧座 4 等,克服弹簧的张力,使阀盘向上开启。当冷凝压力低于调定值时,阀在弹簧作用下关闭。上下的橡皮膜片 7 起水密作用,可防止调节部件和波纹管被海水腐蚀。上、下导杆 3 可在导套 6 中滑动,以保持阀盘启、闭时不致偏移。导杆上装有 O 形密封圈 5。铝制的弹簧罩壳 2 开有导向槽,上弹簧座 11 从导向槽延伸出部分作为指针,罩壳上铆有指示牌。转动调节手轮 1,则上弹簧座上下移动,可改变弹簧的张力,调节冷凝压力。若阀被污物堵塞,可用螺丝刀插入下弹簧座 4 的下面用力使之抬起,迫使阀全开被水冲洗。

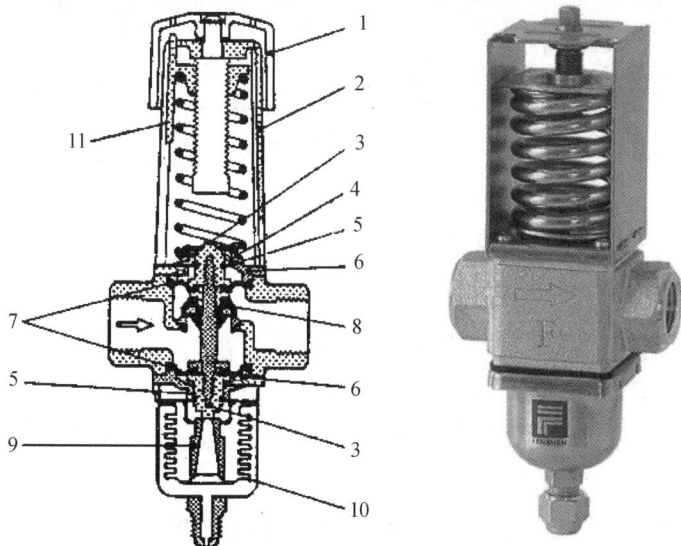

图 9-7-4　WVFX 型直动式冷却水量调节阀实物及结构原理图
1—调节手轮;2—弹簧罩壳;3—导杆;4—下弹簧座;5—O 形密封圈;6—导套;7—膜片;8—阀盘;9—推力块;10—波纹管;11—上弹簧座

有的制冷装置冷凝器的冷却水进水管上还装有水压控制器,它是靠水压进行控制的压力继电器。当冷却水中断时电开关断开,压缩机无法起动,起安全保护作用。

四、贮液器

贮液器是装在冷凝器后用来储存液态制冷剂的容器。其作用是:

(1)在制冷系统中储备制冷剂。当热负荷减小,蒸发压力降低时,蒸发器等低压管路中制冷剂量减少,可防止冷凝器中液位太高而妨碍气体冷凝,以致排气压力过高;而当系统中制冷剂有所损失,或热负荷增大,蒸发压力升高,低压管路中制冷剂量增加时,可防止膨胀阀供液不足。

(2)装置检修或长期停用时收存系统中的制冷剂,减少漏失。

(3)对供液管起"液封"作用。小型装置可不设贮液器而以冷凝器兼之。

如图 9-7-5 所示,贮液器的进液管 5 不长,不设平衡管。船用贮液器底部做成"存液井",让出液管 2 插入其中,以便船摇晃时能更好地保持"液封",同时进行污物沉淀。壳体上、下设有观察镜 4,用手电筒从下镜照射可从上镜观察液位。在壳体下侧装有易熔塞 9。

贮液器应有足够的容积。贮液器内正常的液位控制在 1/3～1/2 处,装置中全部制冷剂贮入后不超过容积的 80%。贮液器不允许完全充满液体,否则当温度升高时会有

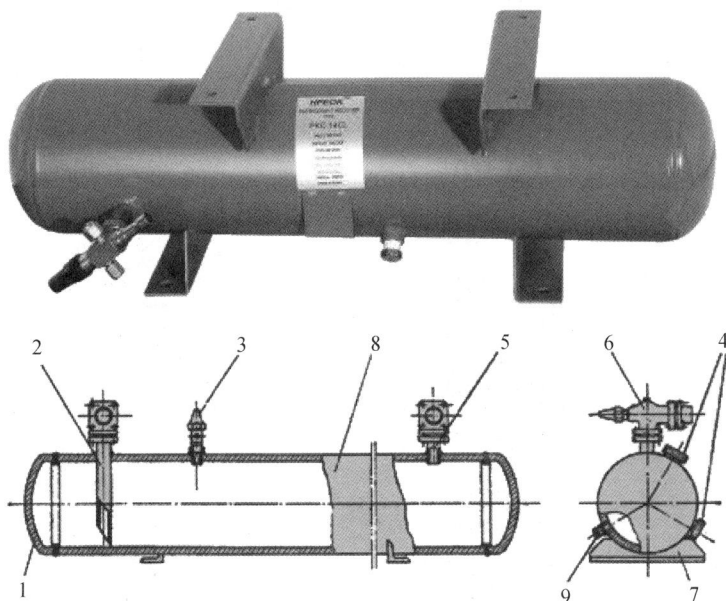

图 9-7-5　贮液器实物及结构原理图

1—封头；2—出液管；3—压力表阀；4—观察镜；5—进液管；6—出液阀；7—支座；8—壳体；9—易熔塞

压力过高的危险。

五、过滤干燥器

过滤器用以阻挡铁屑、焊渣和污物等固体物质，以免堵塞通道；干燥器内存干燥剂，用来吸收制冷剂中混入的水分，防止造成节流阀和通道狭窄处发生"冰塞"，阻碍甚至完全停止冷剂的流通。因此，《钢质海船入级规范》规定氟利昂制冷系统中均应装设干燥器，其布置应使其能旁通并关断，以便在拆开时不妨碍系统的运行。同时还规定在压缩机的吸入管路（常设在压缩机吸入口）和节流阀的制冷剂管路上设过滤器。现在通常将过滤器和干燥器做成一体装在液管上，构成过滤干燥器。

图 9-7-6 所示是其一种常见的过滤干燥器（Filter Drier）的结构形式。它设有 100~120 目的金属滤网，滤网内装满干燥剂（Desiccant）。

常用的干燥剂可分为吸收性和吸附性两类。前者如无水氧化钙、氧化钙等，能将水吸收成结晶水或与水发生化学反应。它们价格低、吸水能力较强，但吸水后易溶解成糨糊状，只宜短时间临时使用。例如无水氧化钙接入系统时间不宜超过 6~8 h。

氟利昂制冷装置一般使用吸附性干燥剂，靠内部的许多细孔吸附水分子。最常用的是硅胶，其通常呈 3~7 mm 大小的块状树脂，内部有许多 2~3 nm 的细孔，能吸附制冷剂中的水分子（直径约 3.2 nm），而不能吸附分子较大的滑油和氟利昂。硅胶常加有染色剂，吸足水分后会变色（根据所加染色剂而不同），硅胶吸水前后的颜色变化为：白色变黄色，棕色变蓝色，绿色变无色，红色变淡粉色，深蓝黑变桃红色等。硅胶在温度高

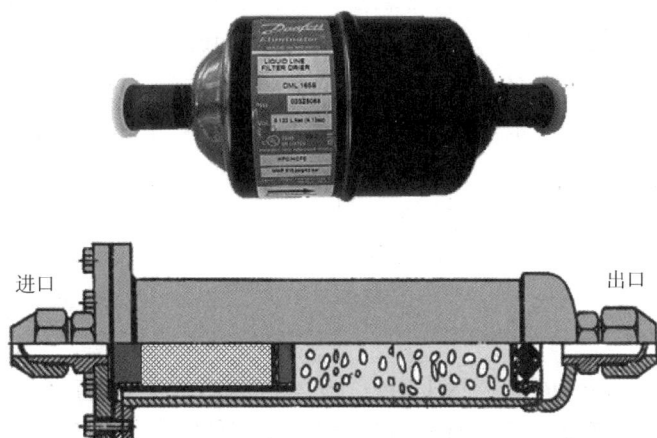

图 9-7-6 过滤干燥器结构形式图

于 30 ℃后吸水性变差。将吸足水的硅胶加热到 140~160 ℃并保持 3~4 h,就能使其吸附的水分蒸发,从而可再生使用。含水的硅胶加热太快,易碎裂,再用时应过筛。用久了硅胶的细孔会被油和杂质堵塞,不宜再生使用。

分子筛是一种理想的吸附性干燥剂,其吸水能力比硅胶、无水氯化钙都强,特别在水分浓度低时仍有很高的吸水能力,但价格较贵。R134a 的分子较小,容易被硅胶吸附,只能用分子筛作干燥剂。

分子筛初用前要经过活化处理,如 A 型(Ca 型)活化温度为 450~550 ℃,活化时间视用量而定。分子筛使用一段时间后会逐渐失效,需再生脱附水分后才能重复使用(可再生上千次)。再生温度与活化温度相同,一般要加热 6 h,再冷却 2 h。

为避免干燥剂颗粒在液体冷剂的冲击下,互相摩擦而产生粉末被带出,填充干燥剂时,应墩压结实,安装时应使液流方向与干燥过滤器上箭头的方向一致,以保证让出口端的毡垫阻止干燥剂的粉末进入系统。

六、液流指示镜

液流指示镜(Liquid Flow Indicator)是用来指示液管中液体流动的情况,如图 9-7-7 所示。工作正常时应看到稳定的液流;若见到许多气泡,则表明系统中制冷剂在液管中的压降太大,出现"闪气",或是制冷剂不足。

图 9-7-7 液流指示镜

氟利昂制冷装置用的液流指示镜还常兼作水分指示器,其中装有浸透金属盐指示剂的纸芯,当制冷剂含水量不同时,金属盐生成的水化物能显示不同颜色。例如 Danfoss 公司的 SGI 水分指示器在温度 20~40 ℃时,金属盐对 R22 液体含水质量分数的颜色反应是:<60ppm 呈绿色;60ppm~125ppm 呈无色;>125ppm 呈黄色。R22 允许含水的质量分数 60ppm,故水分指示器纸芯呈无色时应及时更换干燥剂。在有回热器的系统中,这种指示器应装在回热器之前,因为制冷剂液体温度较高,金属盐对水的反应更迅速。

七、回热器

回热器(liquid-suction Heat Exchanger)结构中,来自贮液器的温度较高的液态冷剂在管内流动,管外是来自蒸发器温度相对较低的气态制冷剂,两者通过管壁进行热交换,同时获得过冷过热,如图 9-7-8 所示。某些小型制冷装置不设专门回热器,只将液管与吸气管紧匝在一起,外扎隔热材料。

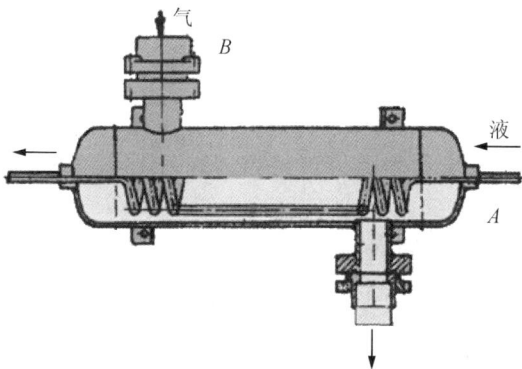

图 9-7-8 回热器结构示意图

八、供液电磁阀

电磁阀是由电磁力控制启闭的阀。在制冷装置中,它常装在热力膨胀阀前的液管上,由冷库的温度控制器控制,作为决定是否向蒸发器供给制冷剂液体,如图 9-7-9 所示。电磁阀按工作原理不同分为直动式与伺服式(亦称先导式)。

直动式常闭型电磁阀的工作原理:当电磁线圈断电时,衔铁在重力、弹簧力和工质进出口压力差作用下使阀盘落在阀座上,阀关闭;线圈通电,则产生电磁力,克服上述诸力将衔铁吸起,直接提起阀盘开阀。

伺服式常闭型电磁阀的工作原理如图 9-7-10 所示。主阀为膜片阀(更大型的可以是活塞阀),其中央开有导阀口,边上开有小平衡孔。导阀装在衔铁的底部。当电磁线圈通电时,电磁力克服重力、弹簧力和工质进出口压差将衔铁吸起,开启导阀;这时主阀上方经导阀口与主阀的出口端相通,压力迅速下降,于是主阀膜片在下方和上方的工质压差的作用下被顶开,如图 9-7-10(b)所示。当电磁线圈断电时,衔铁落下将导阀关

图 9-7-9　供液电磁阀

闭,主阀上方的压力因平衡孔的沟通又逐渐升高到阀进口端的压力,这时主阀上方承压面积比下方大,在上下工质压力差的作用下,主阀关闭在阀座上。由此可见伺服式主阀只有在进出口工质具有一定压差时才能开启,膜片式最小压差是 0.005 MPa,活塞式最小压差是 0.02 MPa。

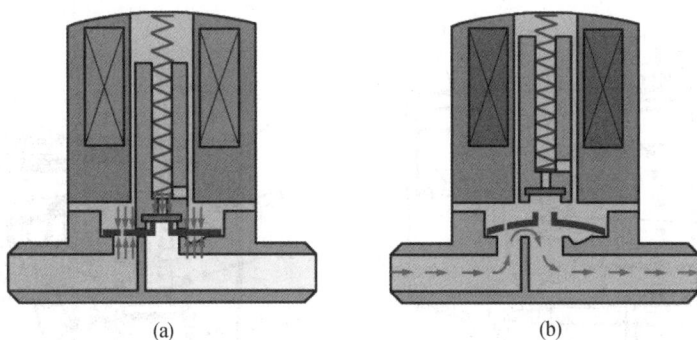

(a)　　　　　　　　　　(b)

图 9-7-10　伺服式常闭型电磁阀工作原理图

电磁阀损坏主要有线圈烧断、阀芯卡阻和芯铁剩磁三种形式。线圈通电时可用锯条感知磁力。可用手动开关检查阀芯有无动作声响判断其开关是否正常。剩磁过大可取出芯铁加热或摔打。

九、温度控制器

温度控制器是以温度为控制信号的电开关,即温度继电器,亦称温度开关,如图9-7-11 所示。它常被用来控制供液电磁阀通电与否,以使冷库的库温得以保持在给定范围内;也有用温度控制器直接控制压缩机起停的。

图 9-7-12 所示为 KP 型温度控制器结构原理图。当用来控制库温时,感温包 14 置于冷库内,其中压力通过毛细管作用在波纹管 6 内。当库温升高至调定上限时,温包压

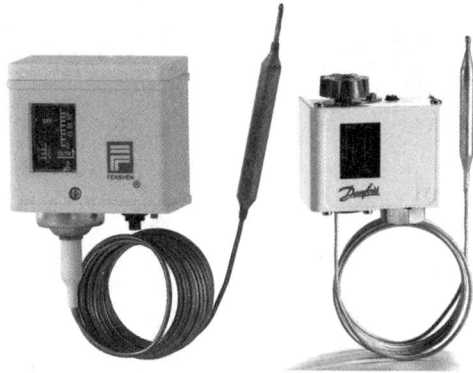

图 9-7-11　温度控制器

力升高到能克服主弹簧 4 的张力,使主杠杆 3 绕支点顺时针偏转,拨动翻转元件 13,并使静触头 9 在与动触头 8 断开的同时与动触头 7 接通,使供液电磁阀通电开启。蒸发器制冷后,温包压力随库温下降而降低,主杠杆在弹簧张力作用下逆时针偏转,至调定下限时,克服幅差弹簧 5 的拉力,拨动翻转元件 13,并使静触头 9 与动触头 7 断开,与动触头 8 接通,这时供液电磁阀断电关闭。接线柱 10 之 A、B 和 C 分别与静触头 9 和动触头 8、7 相连,显然,供液电磁阀的控制电路应与接线柱 A、C 相接。

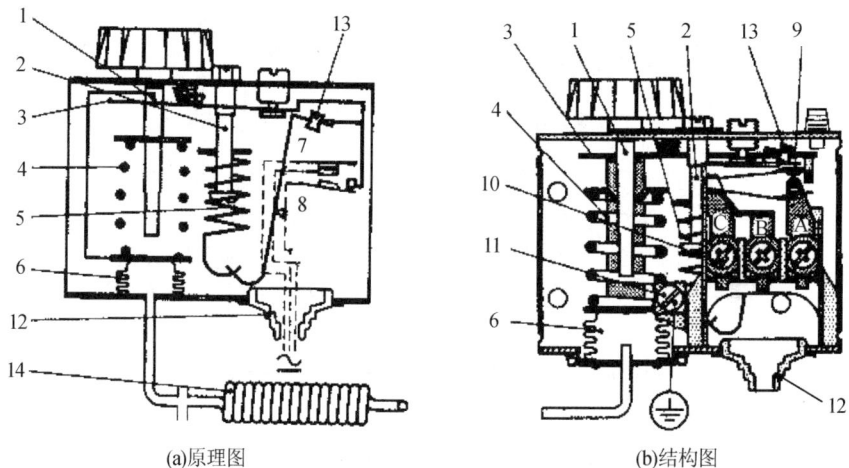

(a)原理图　　　　　　　　　　　(b)结构图

图 9-7-12　KP 型温度控制器结构原理图

1—主调螺杆;2—幅差调节螺杆;3—主杠杆;4—主弹簧;5—幅差弹簧;6—波纹管;7、8—动触头;9—静触头;10—接线柱;11—接地柱;12—进液孔;13—翻转元件;14—感温包

　　转动主调螺杆 1 可调节温度上限和下限,不受幅差弹簧 5 影响;转动幅差调节螺杆 2 则只改变温度下限,即改变温度上下限之差(称幅差或差动值)。通常温度可控为设计库温±1.5 ℃,即幅差为 3 ℃左右。

　　KP 型温度控制器的温包的充注方式有蒸气式和吸附式两种。蒸气式温包必须放在比温度控制器主体和毛细管温度低的地方,这样可防止温包中"液面迁移",导致温包压力不由温包温度所决定。吸附式温包里面有固体吸附剂和能被吸附的气体,温度越低,吸附剂的吸附能力越强,则气体压力越低,其温包置放处的温度不受前述限制,广泛用于融霜保护。

温度控制器用来控制库温时的使用注意事项如下:(1)温包应放在空气流通和能代表库温的地方。如蒸发器是冷风机式,温包应放在回风区,而不宜放在直接被出风所吹到的地方或太靠近库门。(2)采用蒸气式温包的控制器本体不能放在环境温度比温包所控温度更低处,毛细管也不应接触比被控库温更低的温度。(3)由于温包感温迟滞等因素,实际控制的库温可能和控制器标示的不一样,调定时应以实际库温为准。(4)更换温度控制器时应注意其适用温度范围,不要搞错接线方式。

温度继电器的常见故障:(1)温包内充剂泄漏,使触点无法闭合,应更换。(2)触点烧毛或烧毁,使触点接触不良或接不通,可用细砂纸擦平或更换。

十、自动膨胀阀

制冷装置所采用的节流元件有毛细管、手动膨胀阀和自动膨胀阀(如热力膨胀阀、电子膨胀阀)等。膨胀阀的主要功用是节流降压,并根据冷库热负荷变化调节进入蒸发器冷剂流量,保持蒸发器出口过热度一定,防止压缩机液击。

1. 热力膨胀阀

热力膨胀阀可分为外平衡式和内平衡式两类。图 9-7-13 所示为内平衡式热力膨胀阀实物及其结构原理图。

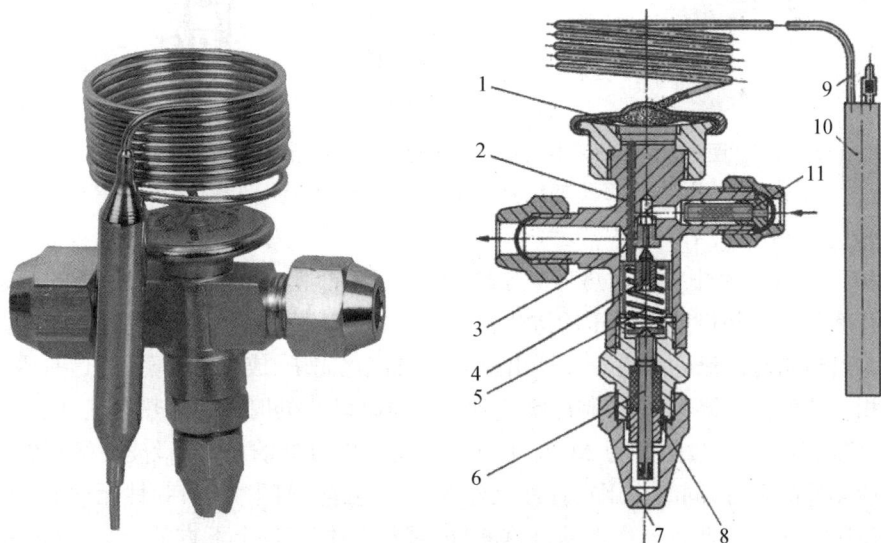

图 9-7-13　内平衡式热力膨胀阀实物及其结构原理图

1—动力头;2—顶杆;3—阀座;4—阀芯;5—调节弹簧;6—调节螺杆;7—阀帽;8—填料压盖;9—毛细管;10—感温包;11—进口滤器

热力膨胀阀的主要组成部件有感温包 10、动力头 1、阀芯 4 和阀座 3、过热度调节弹簧等。热力膨胀阀的感温包(简称温包)常用的是蒸气式,其内部充有一部分易挥发的液体,其蒸气压力随温度升高而升高。温包由导热良好的黄铜制成,外面有一面成凹形,安装时紧贴在蒸发器的进口管壁上。温包的蒸气压力通过内径 0.1~0.2 mm 的紫铜毛细管传递到动力头,本实例动力头的弹性元件是用 0.1~0.2 mm 厚的特种不锈钢片制成的膜片。较大的阀可采用由不锈钢或磷青铜制成的波纹管,以得到更大的行程。动力头弹性元件在蒸汽压力作用下克服调节机构的弹簧张力,产生向下的位移。阀体上开有制冷剂的进口和出口,进口内设有可拆洗的小滤网。拆开进口滤网可更换节流组件。每种阀体可换用节流孔口径不同的节流组件,以改变阀的容量(制冷量)。节流组件的阀座和阀芯由抗蚀耐磨的金属制成。

外平衡式膨胀阀实物及其结构原理图如图 9-7-14 所示。内平衡式和外平衡式膨胀阀的主要区别是:前者动力头的下方承受的是蒸发器进口处的压力;后者动力头的下方通过平衡管与蒸发器的出口相通,承受的是蒸发器出口处的压力。

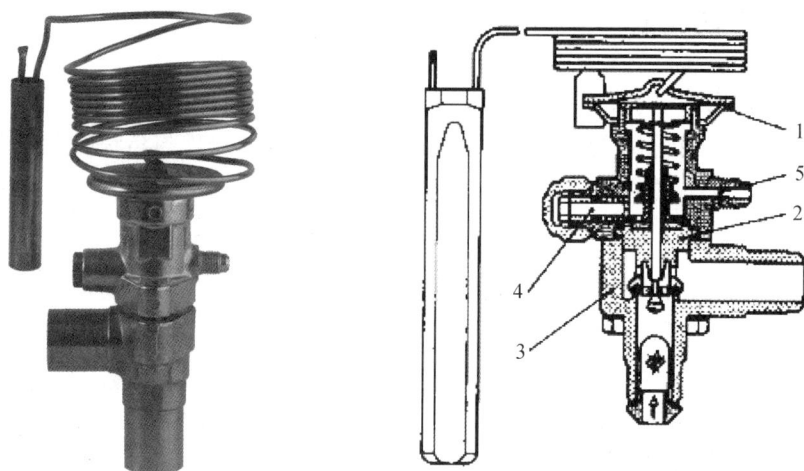

图 9-7-14 外平衡式热力膨胀阀实物及其结构原理图
1—动力头;2—节流组件;3—阀体;4—过热度调节机构;5—平衡管接头

(1)热力膨胀阀工作原理

图 9-7-15 所示为外平衡式热力膨胀阀及其工作原理。供入热力膨胀阀的液态制冷剂经开度可变的阀口节流降压后进入蒸发器,在进口 A 处蒸发压力为 p_0(相应蒸发温度为 t_0);当制冷剂流到接近蒸发器出口 B 处时汽化完毕,成为饱和蒸气,这时压力降为 p_0'(相应蒸发温度降为 t_0');制冷剂流到蒸发器出口 C 处时成为过热蒸气,压力仍近似为 p_0',温度升为 t_1,过热度为 $\Delta t(t_1-t_0')$。蒸发器出口处的压力 p_0' 被平衡管引至动力头弹性元件的下方,同时作用在弹性元件下方的还有弹簧张力 p_s;弹性元件上方作用的是温包压力 p_1。当蒸发器出口的过热度 Δt 越大,弹性元件上下方的压力差(p_1-p_0')越大,直至与单位面积的弹簧张力 p_s 相平衡,阀的开度才保持稳定。即:阀的开度对应于弹性元件上下气体压力差(p_1-p_0'),对应于蒸发器出口过热度 $\Delta t(t_1-t_0')$。因此,热力膨胀阀能根据过热度变化自动开大或关小阀口,控制供液量,保持过热度稳定。注意,热力膨胀阀接受的信息(或者说输入热力膨胀阀的信息)是过热度,不是温度,热负荷的变化是通过蒸发器出口的过热度来反映的,热负荷增大,蒸发器管路的蒸发段变短,过热段变长,过热度增加;热负荷减小,蒸发段变长,过热段变短,过热度减小。

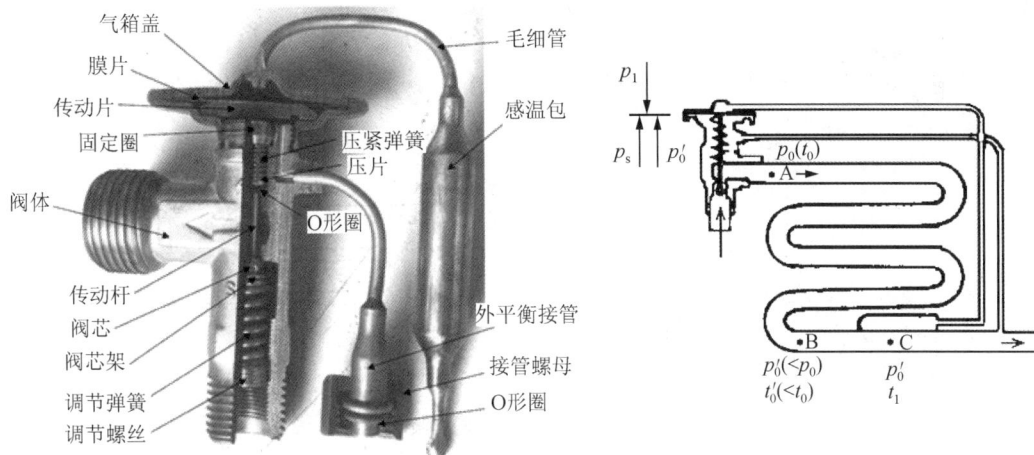

图 9-7-15　外平衡式热力膨胀阀及其工作原理图

如图 9-7-16 所示,曲线 B 表示蒸发器中制冷剂未过热前的饱和压力与饱和温度的关系;而曲线 1 表示温包压力 p_1(开阀力)随温包温度变化的关系。曲线 2 表示关阀力 (p_s+p_0') 随温包温度变化的关系。

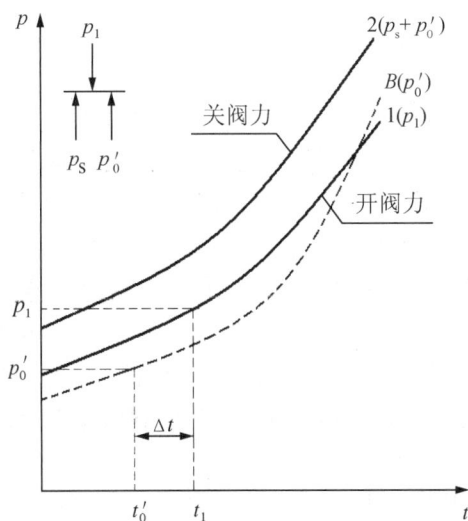

图 9-7-16　热力膨胀阀压力与温度的关系

由图可见,蒸发器出口过热度 Δt(即 t_1-t_0')越大,弹性膜片上下的气体压力差(p_1-p_0')越大,从而使热力膨胀阀的开度越大,使进入蒸发器的冷剂越多,抑制过热度进一步增大。

若蒸发器进出口的压降较小,相应的蒸发温度降(t_0-t_0')<1 ℃左右,可选用内平衡式热力膨胀阀,省去平衡管(当然,结构略有差别)。这时弹性元件下方作用的是蒸发器进口压力 p_0,阀的开度与压差(p_1-p_0)成正比,而此压差只能反映(t_1-t_0),不能反映蒸发器出口过热度(t_1-t_0'),但误差不大。内平衡式热力膨胀阀及其工作原理如图

9-7-17 所示。

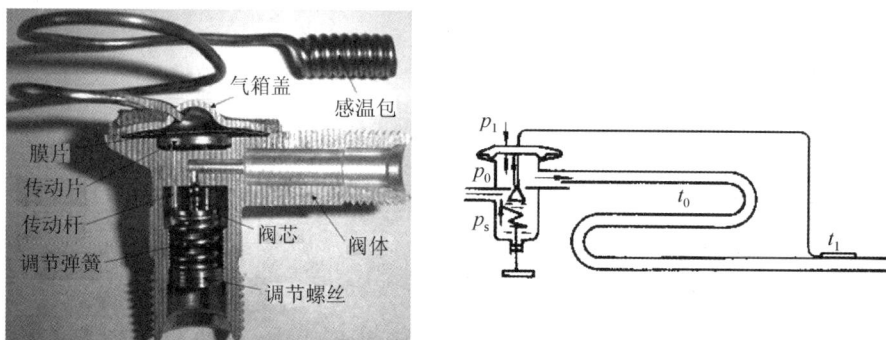

图 9-7-17　内平衡式热力膨胀阀及其工作原理图

由于在内平衡式膨胀阀中起关阀作用的蒸发器入口处的压力 p_0 比采用外平衡式膨胀阀时起关阀作用的蒸发器出口处的压力 p_0' 大,故在同一制冷系统中,采用内平衡式膨胀阀时蒸发器出口过热度将大于采用外平衡式膨胀阀时的过热度,蒸发器流阻越大,误差越大。R22 制冷装置采用内平衡阀时蒸发器压降 Δp 应不超过表 9-7-1 所列数值。

表 9-7-1　R22 制冷装置采用内平衡膨胀阀时蒸发器所允许的最大压降 Δp

蒸发温度/℃	10	0	−10	−20	−30	−40	−50	−60
允许压降/kPa	25	20	15	10	7	5	3	2

由图 9-7-16 曲线 B 可见,制冷剂饱和压力与饱和温度的关系曲线的斜率随温度的升高而增大,故蒸发温度越低,同样压降对应的蒸发温度降越大。因此,同样的蒸发器,用于高温库可配用内平衡式膨胀阀,而用于低温库时则需配用外平衡式。所以,内平衡式热力膨胀阀只适用于蒸发温度不太低、容量不大和制冷剂流阻不大的盘管式蒸发器。小型冷库采用盘管式蒸发器的一般阻力不大,常可采用内平衡式膨胀阀。而使用冷风机为蒸发器时,其分液器和分液管的压降都比较大,一般多选用外平衡式膨胀阀。外平衡式若用内平衡式代替,必然使阀的开度变小,蒸发器出口过热度太大,过热度的提高会造成蒸发器的过热段过长,换热面积利用率降低,制冷能力下降,供液量不足,装置运行的经济性变差。

（2）热力膨胀阀的安装注意事项

①阀体直立安装在蒸发器进口的水平管上,尽量靠近蒸发器,进出口不要接错。如离蒸发器较远,二者间管路应适当加粗,冷库外面的管路应包隔热材料。

②蒸发器出口的管路若上行,通常设有集油弯。温包应装在集油弯上游的水平段,不应靠近质量较大的阀或其他金属件,以便能灵敏地感受制冷剂的温度。

③外平衡式热力膨胀阀的温包(Sensing Bulb)应置于平衡管的接点之前,以免万一有少量液态制冷剂漏入平衡管时影响温包感受的过热度。平衡管应从蒸发器出口管的顶部引出,以免管底部有液体或积油时影响引出的压力。

④管径<21 mm 时,温包放在水平管的顶部;管径>21 mm 时,考虑到管顶部蒸气可能已过热而下部仍含液滴,而管底部又可能积油,温包应放在管子的侧面或侧下方,管

径越大越向下放,但不宜低到离管底45°以下。温包处的毛细管应向上,以免液体从温包中流出。

⑤应清除放温包处的管壁外部的油漆和铁锈,并涂以银粉漆。温包应与管壁贴紧,用薄钢片夹箍固定,外面妥善地包以隔热材料,使其两端超出温包的适当长度。

⑥应防止以下情况:毛细管(Capillary Tube)被压扁不能正常工作;温包或毛细管泄漏使阀无法开启;温包脱开蒸发器出口管使阀开度过大。外平衡式平衡管结霜,则表明阀内密封不良,有制冷剂从阀后漏入平衡管,绕过蒸发器直接流到出口,这会导致压缩机吸入液体。

(3)热力膨胀阀的调试

热力膨胀阀配合干式蒸发器工作时,蒸发器出口过热度的调节应适当。过热度太大,则蒸发器后部过热段太长,制冷量会降低;过热度太小,则压缩机可能会吸入湿蒸气,吸入管和缸头会结霜,可能使滑油温度太低,严重时会发生液击。实践证明,使用热力膨胀阀时蒸发器出口应保持某最小稳定过热度,如过热度低于该值,装置起动时或热负荷变化较快时,由于阀调节的滞后,压缩机就可能吸入液体。一般认为膨胀阀以调到蒸发器出口过热度3~6 ℃为宜。当装置有回热器时,最小稳定过热度可稍许减小。

当蒸发器出口装有温度表和压力表时,温度表读数与压力所对应的饱和温度(蒸发温度)之差即为过热度,但一般装置只在压缩机吸口有温度表和压力表。如果吸气管上没有温度表,便只能按管壁结霜或结露的情况来粗略估计过热温度:

①有回热器的低温库的吸气管、空调制冷装置的吸气管、高温库的蒸发器表面应发凉并结露;

②无回热器的低温库的吸气管、低温库的蒸发器表面应冰冷粘手或均匀结薄霜。

调试热力膨胀阀时应注意:

①热力膨胀阀的调试应在装置运转且工况基本稳定时进行。

调试前应检查验证:制冷剂应充足,冷凝压力应在合适范围,阀状况良好并安装正确,阀及管路没有堵塞,蒸发器结霜不太厚,蒸发器若为冷风机,则应通风良好。

②热力膨胀阀每次调节量不宜过大,以转动调节螺杆1/4~1/2圈为宜。调后反应较慢,要等15~30 min才能看出效果,故每次调节应间隔30 min以上。

2. 电子膨胀阀

电子膨胀阀是一种新型的控制元件,它是制冷系统智能化的重要环节,已经被应用在越来越多的制冷空调领域中。电子膨胀阀由控制器、执行器和传感器三部分组成,如图9-7-18所示为Danfoss电子膨胀阀控制系统,其中AKS为温度和压力传感器,EKC/EVD为控制器,图中左侧为电子膨胀阀,ETS即执行器和阀体。温度传感器负责检测压缩机吸气温度,将温度信号转换成电阻值送到控制器;压力传感器负责检测蒸发压力,并将蒸发压力值转变成4~20 mA的电流信号送到控制器。控制器是该系统的核心器件,作用类似于人体大脑。控制器接受压力传感器送来的4~20 mA电流信号和温度传感器的电阻值信号,并根据这些信号,通过内部的计算发出脉冲信号来控制电子膨胀阀的开度,保证向蒸发器提供合适供液量,使蒸发器出口保持过热度。正常运转时,控制器显示系统的实际过热度。

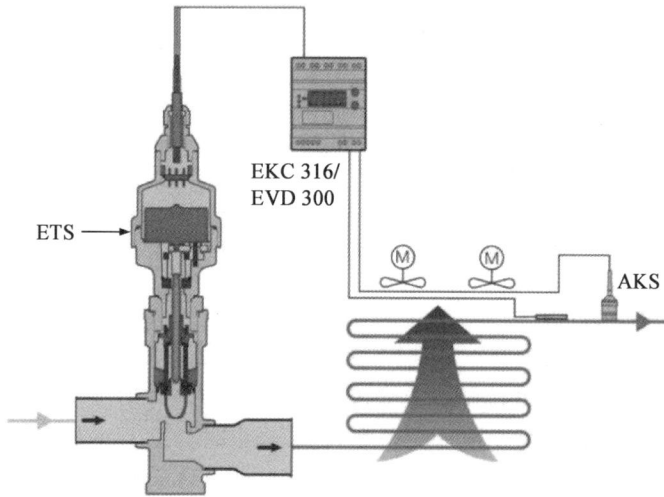

图 9-7-18　Danfoss 电子膨胀阀控制系统图

电子膨胀阀主要有电磁比例膨胀阀和电动式膨胀阀。电磁比例膨胀阀在电磁阀通电前,针阀处于打开位置;通过改变线圈上施加电压的大小,控制针阀开度,从而调节膨胀阀流量。该阀动作响应快,但在制冷系统工作时一直需要供电。

电动式膨胀阀即步进电机驱动电子膨胀阀,它通过给电机驱动施加一定逻辑关系的数字信号,使步进电机通过螺纹驱动阀芯向上或向下运动,从而改变膨胀阀开度,调节冷剂流量。电动式膨胀阀又有直动型和减速型两种。直动型是步进电机直接带动阀芯动作,减速型是步进电机通过减速齿轮组带动阀芯动作,可产生较大推力,是常用的一种驱动方式。

图 9-7-19 是上海 Goldair 公司 SEV-250/400 电子膨胀阀的结构组成图及其控制器。SEV 电子膨胀阀由步进电机驱动,而步进电机接受驱动模块的脉冲电流。当线圈中没有脉冲电流时电机将保持原位。工作时:

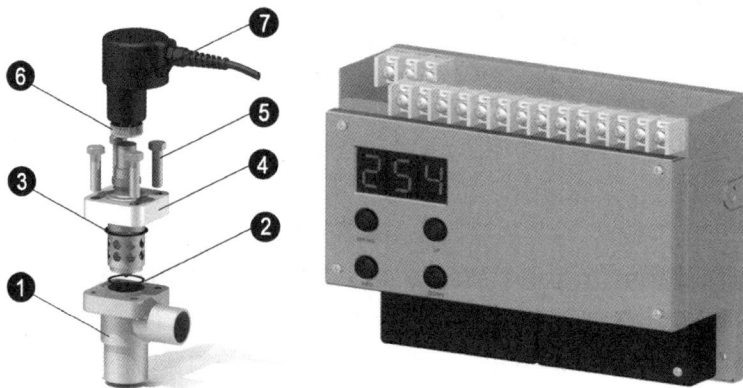

图 9-7-19　SEV-250/400 电子膨胀阀的结构和 MVC 控制器图
1—阀体;2、3—密封圈;4—阀芯组件;5—锁紧螺钉;6—锁紧环;7—动力头组件

（1）旋转方向取决于电脉冲的相位；

（2）旋转角度的大小（即阀的开度）取决于脉冲的数量。

十一、蒸发器

蒸发器（Evaporator）是使液体制冷剂汽化吸热，被冷物体或冷媒放热降温，实现热量传递的热交换器。

1. 结构和特点

安装在冷库内的换热器，通入低温液态冷剂，吸收冷库热量而蒸发成气态冷剂，故称之为蒸发器。蒸发器有两种结构类型，即盘管式和冷风机式，如图 9-7-20 所示为冷风机式蒸发器。空气冷却器式蒸发器由多路并列蛇行盘管集合成多层盘管簇，周围用外罩围起一方形箱并配有风机，强制空气对流，故也称为冷风机。冷风机位于冷库内一处，库内空气以一定风速强制通过管簇循环，被管内制冷剂吸热而冷却。其特点为采用空气强迫对流传热，传热效果比盘管式大 4～6 倍；库温均匀；除湿效果好，但食品易脱水。

图 9-7-20　冷风机式蒸发器

如图 9-7-21 所示为盘管式蒸发器，一般布置于冷库四壁和顶部，靠库内空气自然对流使空气和贮藏物被冷却。这种传热形式的特点是：传热效果差、管径粗、长度大、充剂量多、库温不均匀。

2. 传热分析

（1）制冷剂液体沸腾放热程度

①沸腾状态的影响：根据沸腾的状态不同，可分为泡状沸腾和膜状沸腾。在泡状沸腾阶段，随着热负荷的增加，放热系数将增加，沸腾换热加强。但在膜状沸腾阶段，如热负荷增加，放热系数将迅速下降，使换热情况恶化。

因此，在制冷系统运转过程中，蒸发器的沸腾放热应控制在泡状沸腾范围内，不能允许膜状换热的出现。实际上，蒸发器的热流密度远低于临界热负荷值，所以一般均为泡状沸腾。

②制冷剂液体物理性质的影响：导热系数较大的液体制冷剂，垂直于传热表面的热

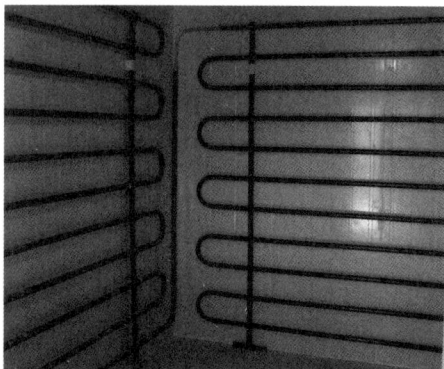

图 9-7-21 盘管式蒸发器

阻就较小,其传热系数就较大;密度和黏度较小的制冷剂液体,在沸腾过程中,受气泡扰动较强,其对流放热系数就较大;制冷剂液体的密度和表面张力越大,汽化过程中气泡的直径就越大,气泡离开传热壁面的时间就越长,放热系数也就越小。

氨的导热系数比氟利昂大,而密度、黏度和表面张力比氟利昂小,所以氨的放热系数比氟利昂大。

③沸腾液体的润湿性的影响:如果沸腾的液体润湿加热面时,则所形成的气泡体积不大,基部细小,很容易脱离传热面。如果液体不能润湿传热面时,则所形成的气泡基部很大,减少了汽化核心的数目,甚至形成气膜,致使放热系数大大降低。

常用的几种制冷剂均为润滑性的液体,但氨的润湿性能要比氟利昂好。

④制冷剂沸腾温度的影响:制冷剂的放热强度随着沸腾温度的变化而变化。在制冷剂液体沸腾过程中,沸腾温度越高,饱和温度下液体的密度越小,而饱和蒸汽的密度越小,两者之差就越小,汽化过程就更迅速,放热系数就越大。

⑤蒸发器构造的影响:蒸发器的结构必须保证制冷剂蒸气能很快地脱离传热表面。为有效地利用传热面,应将液体制冷剂节流后产生的蒸气在其进入蒸发器前就从液体中分离出来。此外,在运行中,蒸发器内必须保证合理的制冷剂液面高度,否则就会降低蒸发器的传热效果。

(2)被冷却介质的放热强度

制冷装置中常用的被冷却介质有空气、水和盐水,其放热强度除了取决于其物理性质以外,还与其流速、管束的几何形状等因素有关。

(3)传热面的污脏程度

传热面被润滑油、铁锈、沉积的盐层、水垢及冰霜等脏污时,增加了传热的热阻。在运行管理中需要经常地清除污物,以便更好地发挥蒸发器的传热效果。

3. 工作正常的标志

(1)蒸发温度比库温低 5~15 ℃。

(2)蒸发器的设计制冷量为装置制冷量的 1.1~1.2 倍。

十二、蒸发压力调节阀

蒸发压力调节阀亦称背压阀,装在高温库蒸发器出口管路上,能在阀前的蒸发压力变动时自动调节阀的开度,使蒸发压力大致限定于调定值。船舶伙食冷库制冷装置常常是由一台压缩机控制几个库温要求不同的冷库,若不设蒸发压力调节阀,则各库蒸发压力会相同,高温库的蒸发压力(温度)就可能太低;还会使高温库蒸发器结霜加重,库内湿度降低,增加食品干耗;而在高温库制冷时低温库不易达到足够低的蒸发温度,使低温库库温难以下降。因此,通常在高温库蒸发器出口管上设蒸发压力调节阀,使之保持适当高的蒸发压力和蒸发温度。

蒸发压力调节阀按工作原理可分为直动式和伺服式。

图 9-7-22 所示为在船舶冷库普遍使用的 KVP 型直动式蒸发压力调节阀实物及其结构示意图。由蒸发器来的制冷剂蒸气从阀的进口流入,克服主弹簧 4 的张力,推动阀盘 7 上移。蒸发压力 p_0 稍有增大,则阀盘开大,可避免 p_0 明显升高;而当 p_0 降到调定值,阀盘就关闭。平衡波纹管 6 既能防止制冷剂泄漏,又能产生与阀盘出口侧制冷剂作用在阀盘背面压力相等而方向相反的平衡力,避免出口压力对阀盘的开度产生影响。阻尼器 9 可减轻阀盘在调节过程中产生振荡。

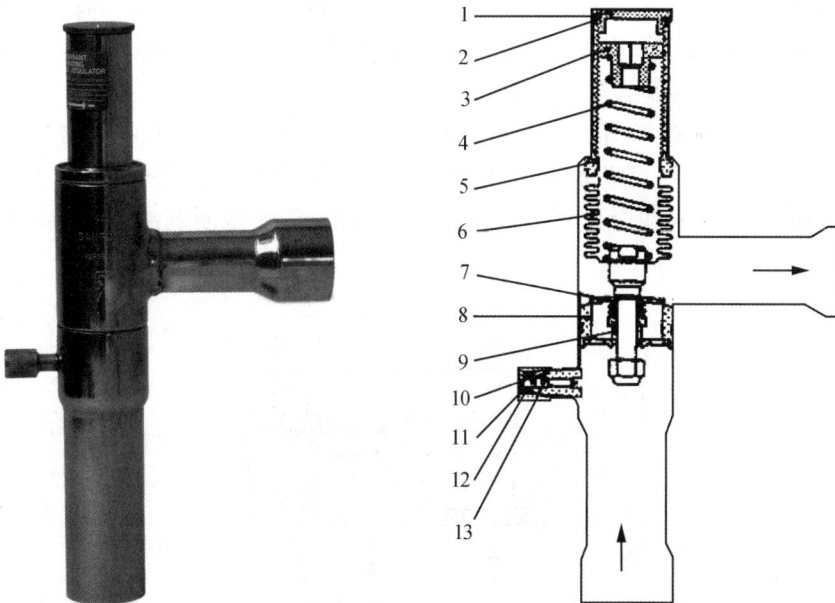

图 9-7-22 KVP 型直动式蒸发压力调节阀实物及其结构示意图

1、11—保护罩;2、12—垫片;3—调节螺钉;4—主弹簧;5—阀体;6—平衡波纹管;7—阀盘;8—阀座;9—阻尼器;10—压力表接头;13—单向阀

直动式蒸发压力调节阀是比例调节元件,不能使蒸发压力(温度)完全恒定,只是将其控制在一定范围内。KVP 型阀从全开到关闭的压力变化量是 0.17 MPa 和

0.28 MPa。由于阀在所要求的工作压力(温度)下工作时开度一般未达到最大,故调压偏差(工作压力与最低工作压力之差)比上述压力变化量低。蒸发器管路口径较大(≥28~35 mm)的可选用带先导阀的伺服式,其调压偏差很小,亦称恒压阀。

蒸发压力的调整是通过调节螺钉 3 改变主弹簧 4 的张力来实现的。调节步骤如下:

(1)按要求保持的库温减去设计传热温差(一般 5~10 ℃)确定蒸发温度,再求其对应的饱和压力即为要求的蒸发压力。

(2)拆下压力表接头 10 的保护罩 11,接入压力表(自动顶开单向阀 13)。

(3)拆下保护罩 1,在所调库电磁阀开启、蒸发器在制冷时,慢慢地转动调节螺钉 3,调节后让蒸发压力有一个稳定过程,直至压力表指示到所选定的蒸发压力为止。

蒸发压力调节阀也可装在单机单库装置(例如冷藏集装箱)的蒸发器回气管上,维持要求的蒸发压力(温度),这时它可起到吸气节流、调节压缩机制冷量的作用。

十三、止回阀

止回阀(Check Valve)装在低温库蒸发器出口管路上,是使制冷剂气体正向通过,反向截断的自动控制元件。船舶伙食冷库制冷装置常常是由一台压缩机控制几个要求不同库温的冷库,若在低温库蒸发器出口不设止回阀,则高温库热负荷较大时压缩机吸入压力较高,当高于低温库库温所对应的制冷剂饱和压力时,则高温库产生的制冷剂蒸气就会倒流进入低温库蒸发器冷凝放热。

止回阀(如图 9-7-23 所示)主要由阀体、阀芯和复位弹簧等组成。当制冷剂气体正向通过止回阀时,只需克服弹簧力,阻力很小,而当制冷剂气体企图反向流动时,阀芯在气体压力与弹簧力的联合作用下被紧压在阀座上,从而截断制冷剂反向流动的气体通道。

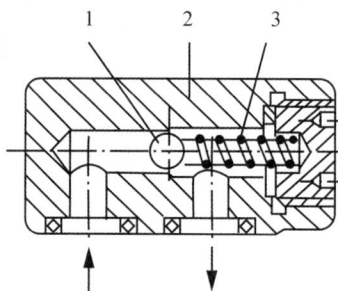

图 9-7-23　止回阀
1—阀芯;2—阀体;3—复位弹簧

止回阀的弹簧的刚度一般较小,以尽量减小气体正向通过时的压力损失,正向最小开启压力为 0.03~0.05 MPa。

十四、压力控制器

压力控制器是以压力为控制信号的电开关,即压力继电器,亦称压力开关,如图 9-7-24 所示。制冷装置一般都设有高压控制器和低压控制器。高压控制器感受压缩机排出压力,当其高于调定值时,即切断压缩机控制电路,实现保护性停车。低压控制器以压缩机吸入压力为信号,控制压缩机起停,既可使压缩机根据制冷的需要自动间断地工作,又可当吸入压力过低时实现保护性停车,防止空气漏入系统。多库共用一台压缩机的伙食冷库制冷装置,当各库库温先后到达调定下限而温度控制器陆续断电后,供液电磁阀全部关闭,吸入压力很快降到调定下限,低压控制器即断电,使压缩机停车;当某库库温回升到上限,温度控制器通电使供液电磁阀开启,制冷剂进入蒸发器,吸入压力回升到调定上限值时,低压控制器又通电,使压缩机重新起动。有时只剩个别冷库还在制冷,如果该库热负荷设计时就很低,或蒸发器不能充分发挥效能(例如结霜太厚、制冷剂流量不足等),吸入压力有可能会低于调定下限,压缩机也会保护性停车。当然,这种情况不太合适,因为仍有供液电磁阀开启,吸入压力不久就会回升,压缩机可能起停过于频繁,故热负荷变动大的伙食制冷装置宜采用有容量调节的压缩机。

图 9-7-24　压力控制器

有的伙食制冷装置采用的自动控制方案是当各库库温均达下限,各温度控制器都断电时,直接使压缩机断电停车;只要有一个库的温度控制器接通,压缩机便通电起动。这样低压控制器仅在吸气压力过低时断电停车起保护作用。这种方案压缩机不会因气阀等泄漏使吸入压力回升较快而起停频繁,但停车时不能将吸入侧(包括曲轴箱)压力尽量抽低,因而停车期间制冷剂溶入滑油中的量可能会多(可设油加热器来防止)。

图 9-7-25 所示为较常用的组合式 KP 型高低压控制器结构原理图。图中左半部为低压控制器,低压接头 10 直接通压缩机吸入口感受吸气压力。当吸入压力达到上限时,A、C 通电,控制压缩机起动;而吸入压力降至下限时,A、C 断电,压缩机停车。图示右半部为高压控制器,高压接头 11 通压缩机排出口。

当排出压力达到调定上限时,克服高压主弹簧的张力,通过摇臂 19 等传动件使 A、C 所控制的触头断电,压缩机停车。制冷装置使用的高压控制器通常有自锁机构,一旦断开后需按动复位按钮(图中未示出)解除自锁,才能在排出压力降低后重新起动压

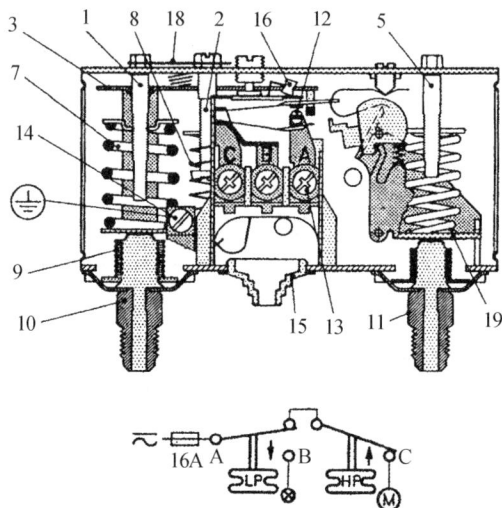

图 9-7-25　KP 型高低压控制器结构原理图

1—低压主调螺杆;2—低压幅差调节螺杆;3—主杠杆;5—高压幅差调节螺杆;7—低压主弹簧;8—低压幅差弹簧;9—低压波纹管;10—低压接头;11—高压接头;12—电开关接头;13—接线柱;14—接地柱;15—进线孔;16—翻转元件;18—锁定板;19—摇臂

缩机。

取下锁定板 18,转动低压主调螺杆 1 可调节低压上限,低压下限同时改变。转动低压幅差调节螺杆 2 则只改变低压下限,即改变低压下限与上限之幅差。高、低压控制器的调定值可按制冷装置说明书提供的数据进行。缺少数据时可参考以下方法选定:

高压断电压力(上限):一般 R22 制冷装置表压多选为 1.7~1.9 MPa(相当于 t_k = 46~51 ℃);R134a 可选为 1.2 MPa(相当于 t_k =50 ℃)。

高压通电压力(下限):高压控制器一般采用手动复位,通常做成固定幅差。若幅差是可调的,取为 0.2~0.3 MPa 即可。

低压断电压力(下限):可取设计蒸发温度减去 5 ℃后所对应的制冷剂饱和压力,但一般应不低于表压 0.01 MPa。设计的蒸发温度由被冷却介质(空气、水或其他载冷剂)所要求的制冷温度减去设计传热温差(5~10 ℃)而得。实际上,采用直接冷却方式的伙食冷库制冷装置以低压侧不致漏入空气为原则,可适当取低些。这样,既可起到防止出现真空的保护作用,而且对以低压控制器控制压缩机起停的装置来说,还可以减少个别库仍在进液而停车的可能性,可降低压缩机起停频率。空调制冷装置的低压控制器应能防止蒸发温度过低而使管壁结霜,以免空气冷却器通风不畅,一般取蒸发温度−3 ℃对应的冷剂饱和压力为低压控制器的断电压力,也有建议取更低的(肋片不结霜即可)。

低压通电压力(上限):适当提高低压通电压力(增大幅差),可降低压缩机起停频率。但低压通电压力所对应的制冷剂饱和温度应适当低于库温上限,否则库温升至上限,供液电磁阀开启后,吸入压力仍不能迅速达到闭合压力,要等到库温升至高于低压开关调定的上限所对应的制冷剂饱和温度,压缩机方可能起动。低压开关的调节幅差对 R22 来说一般为 0.1~0.2 MPa。

压力控制器调定值的标示刻度不太精确,实际动作值应以调试测得值为准。测试低压控制器时应慢慢关小压缩机吸入截止阀,注意吸入压力表的指示值,压缩机停车和重新起动时的指示值即为低压控制器的下限和上限。试验高压控制器可慢慢关小压缩机排出截止阀,读出排出压力表在压缩机停车时的读数,即为高压断开压力。试验前要证实压力表可靠;排出阀不应全关,以保安全。

十五、油压差控制器

油压差控制器是以制冷压缩机滑油泵的排油压力与吸气压力之差为控制信号的电开关,又称油压差继电器,亦称油压开关,如图 9-7-26 所示。当上述油压差低于调定值时,经过一段时间的延时即自动切断压缩机电路,实现保护性停车。

图 9-7-26　油压差控制器

图 9-7-27 所示为 M55 型油压差控制器的结构原理图和接线示意图。压缩机起动后,控制电路由相线 R 通过过电流保护开关 A、压力开关 V 接到接线柱 L,再经过延时开关 K、接线柱 M,使接触器线圈 N 通电,主电路开关合上,压缩机起动。在起动期间,分别通到波纹管 1、2 外的滑油泵排油压力与吸气压力(即曲轴箱压力)之差低于调定值,在主弹簧张力的作用下,油压差开关 T_1、T_2 闭合,延时开关的电加热器 e 通电。在既定的延时时间(有螺钉可调节)内,若油压升高超过了调定压力和固定幅差(不超过 0.02 MPa)之和,则主杠杆克服主弹簧张力偏转,使 T_1、T_2 断开,于是电加热器 e 断电,压缩机正常工作;若在延时时间内油压达不到足够高,或正常工作中油压因故障降到调定值以下的时间超过了既定的延时时间,则电加热器 e 会使一金属片弯曲,导致延时开关 K 开启,接触器线圈 N 断电,压缩机停车,同时油压故障灯 S 亮。压缩机停车的同时曲轴箱电加热器 H 接通,以免油温降低而溶入更多的制冷剂,造成再起动时"奔油"。

延时开关 K 一旦断电停车即被自锁,必须扳动复位按钮 4 解除自锁才能使之重新闭合,否则无法再起动压缩机。在停车后应等 2 min 左右,让金属片冷却复原后,才能按复位按钮使延时开关闭合,以备重新起动。

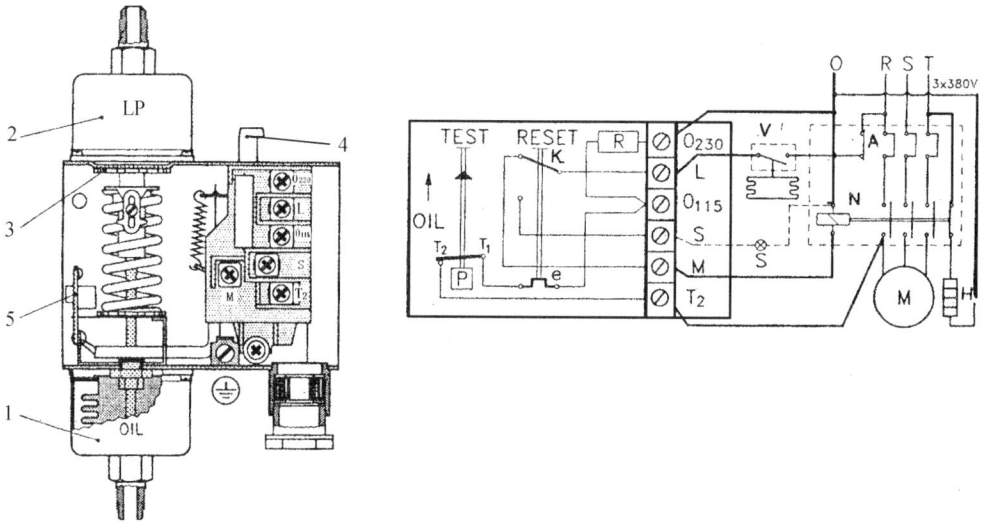

图 9-7-27 M55 型油压差控制器和结构原理图和接线示意图

1—油压波纹管;2—低压波纹管;3—调节轮;4—复位按钮;5—试验扳手;A—过电流保护开关;R—降压电阻;K—延时开关;V—压力开关;T_1、T_2—油压差开关;N—接触器线圈;e—延时开关电加热器;S—油压故障灯;H—曲轴箱电加热器;L、M—接线柱

拆开前盖板,用螺丝刀拨动调节轮 3 可转动调节螺套,使弹簧座上下移动,改变弹簧张力,可在 0.03~0.45 MPa 范围内改变油压差调定值。不同的机型要求的调定值不同,开启式压缩机一般最低为 0.1~0.15 MPa,设有油压卸载机构的压缩机的调定值应取高些。

为了检验油压差控制器能否正常工作,可按动试验扳手 5 强行使油压差开关 T_1、T_2 闭合,观察压缩机是否经过延时时间后停车。

十六、气液分离器

在不采用回热器的制冷系统中,为了防止未蒸发完的液态制冷剂或滑油大量返回压缩机发生液击,在压缩机吸气管上设有气液分离器。

气液分离器采用重力分离法,进口管开口向下,与开口向上的 U 形出口管错开,其实物和结构示意图如图 9-7-28 所示。如果吸气中有未蒸发完的制冷剂液体,或者有滑油返回吸气管,由于液体的密度较大,会落到分离器的底部。液态制冷剂会因环境温度较高而蒸发,细微的雾状制冷剂和过多的滑油可经 U 形管上的许多小孔被吸走。因为小孔的总面积不到吸气管流通面积的 10%,故不会过多吸入液体。

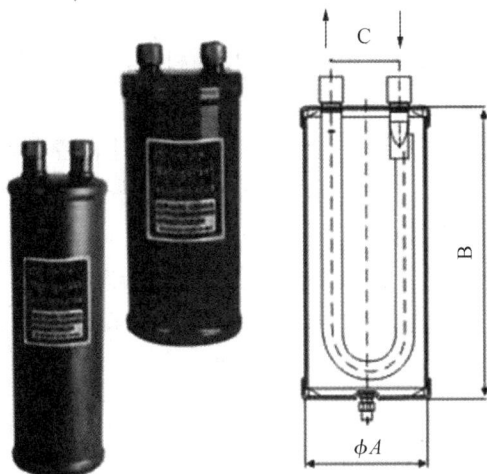

图 9-7-28 气液分离器实物和结构示意图

第八节 船舶制冷装置的管理

一、制冷装置的操作

船舶制冷装置均配有自动控制系统,在经过验收后,正常工作情况下装置的起动、运转、调节与停车是自动控制的,但是当装置经过较长时间停用后需起动或当检修前需停用时,仍需人工进行起停,以及运行管理中仍有一些检查和调节工作是必须由人工进行的。起停和运转管理时应注意以下要点:

1.起动

(1)油。油位应正常,压缩机曲柄箱的润滑油油位应在示液镜的 1/3~2/3 处。

(2)水。检查冷却水系统,应在压缩机之前开启,并使之正常运转;对于间接冷却系统应开启盐水循环泵。

(3)气。检查直接吹风冷却的系统,应在压缩机之前开启,并使之正常运转。

(4)汽。略。

(5)电。检查电器设备状况、电流、电压和绝缘等参数,并使之保持正常。

(6)阀。压缩机吸入截止阀和贮液器出口阀暂不开,排气阀及高低压系统有关截止阀开足(若排出截止阀多用通道接有压力表或压力继电器,则要开足后回旋 1/2~1 圈),能量调节阀扳到能量最低的位置。

(7)机。检查机器及四周有无妨碍运转的因素或障碍物,确认机器处于适合起动的状态。

(8)盘。新安装或检修后首次起动的压缩机,应在卸载情况下手动盘车,进一步确

制冷装置的
起停管理

认机器正常。

(9)冲。瞬时起停(点动)压缩机,观察压缩机、电机起动状态和转向,如有异常,可反复2~3次,确认正常。

(10)启。起动压缩机,缓慢开大吸入截止阀,一旦声音异常(液击声),立即关闭,等声音正常后再缓慢开大,如此反复调节吸入截止阀的开度,直到完全开足且声音正常(若吸入截止阀多用通道上接有压力表或压力继电器,则需开足后回旋1/2~1圈)。控制吸入阀开度的目的是防止可能积聚在蒸发器中的液态冷剂大量进入压缩机造成液击损坏。确认正常后,开足贮液器出口阀便可投入正常运转。

2. 运转

(1)压。检查工作压力,并保持正常。正常值一般为:排出压力,R22是1.0~1.5 MPa,最高不超过1.6 MPa。吸入压力,具体值与需保持的库温有关,但最低不得低于表压力0.01 MPa。未设油压控制的卸载与能量调节机构的压缩机是0.1 MPa以上,设有油压控制的卸载与能量调节机构的压缩机的油压差是0.15~0.30 MPa。

(2)温。检查工作温度,并保持正常。正常值一般为:冷凝温度,水冷冷凝器是25~30 ℃;风冷冷凝器不超过40 ℃。国家对活塞式制冷压缩机排气温度的规定为不超过150 ℃(R22)。滑油温度,开启式压缩机为不超过70 ℃,封闭式压缩机不超过80 ℃。库温应符合要求。

(3)荷。检查电流、电压和功率,发现超负荷应立即找出原因,并加以解决。

(4)转。略。

(5)声。注意机器运转声音,发现异常及时找出原因并加以解决。

3. 停车

(1)短期停车:在停车前先关闭贮液界(或冷凝器)出液阀,当吸气压力表达到0.02 MPa时,切断压缩机电源,关闭吸、排阀,以将冷剂收入贮液器。

(2)长期停车:与短期停车相似,不同点是需将低压继电器触点常闭,逐次将吸气表压力抽吸到0(或略高于大气压力)时停车。其目的是将冷剂更彻底地收入贮液器。

二、制冷装置的维护

1. 制冷剂的充注

(1)制冷剂不足的判断

①贮液器液位偏低(低于1/3)。

②热力膨胀阀夹带较多气体时会发出较明显的"丝丝"声。

③液流指示器中见到液流夹有大量气泡。

④开启膨胀阀旁通阀后吸气压力无明显回升。

(2)充注方法

制冷剂的充注可从系统的专用充剂阀处或低压吸气阀多用通道口处充注。前者属

高压侧充注,后者属低压侧充注。

图 9-8-1 所示为由专设的充剂阀充剂的操作示意图。

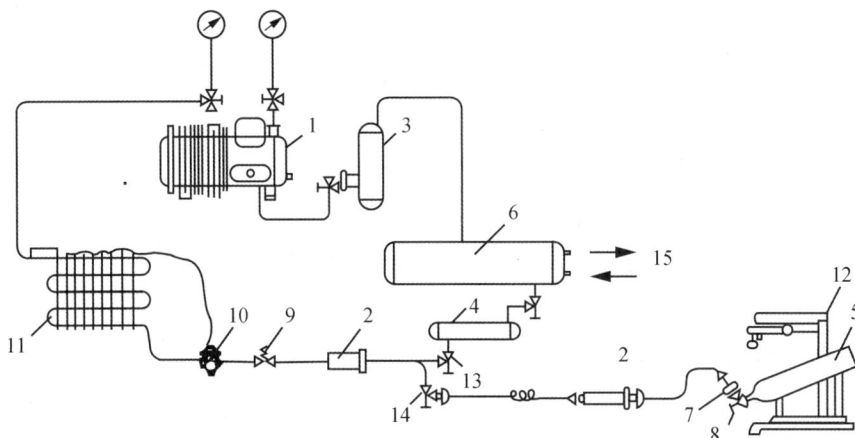

图 9-8-1　专设的充剂阀充剂操作示意图

1—压缩机;2—干燥过滤器;3—滑油分离器;4—贮液器;5—氟利昂液罐;6—冷凝器;7—钢瓶
接头;8—钢瓶阀;9—供液电磁阀;10—热力膨胀阀;11—蒸发器;12—磅秤;13—出液阀;14—
充剂阀;15—冷却水

①识别并确认所充冷剂的种类。

②借助充液铜管将氟利昂液罐和系统充注阀连接,拧紧接口螺母前,稍微松开液罐
阀门,驱赶管内空气。

③制冷剂必须经干燥过滤器进入系统。

④氟利昂液罐罐口朝下,倾斜放置并称重,微开阀门检查配管系统有无泄漏。

⑤关贮液器的出液阀,逐渐开启液罐钢瓶阀、充剂阀,起动压缩机向系统充剂。

⑥由磅秤确定算好的充剂量,即可切断充剂阀,开出液阀,系统正常运转。观察贮
液器液位变化情况,若充剂量不够,则再次充剂。

图 9-8-2 所示为由压缩机吸入截止阀多用通道充剂的操作示意图。

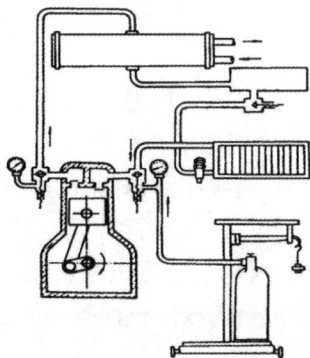

图 9-8-2　由压缩机吸入截止阀多用通道充剂操作示意图

制冷剂充注需借助吸气三通阀将充剂铜管接钢瓶阀上,与以上操作不同的是:
①钢瓶直立放置。

②充剂中随时调整钢瓶阀,控制吸入压力不超 0.2 MPa(表压)。

③如需加速充剂,可用温水淋浇或浸泡钢瓶。

2. 制冷剂的取出

如果系统中制冷剂过多,液态制冷剂可能过多地浸没冷凝器冷却水管,会使冷凝压力升高,这就需要取出部分制冷剂。有时因装置需要大修或准备长期停用,可能需要取出全部制冷剂。制冷剂的取出方法如图 9-8-3 所示:

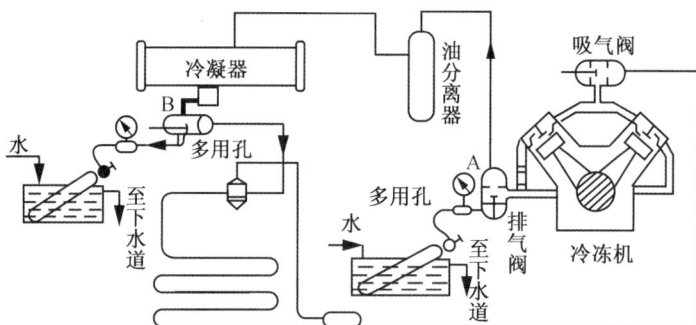

图 9-8-3　制冷剂取出操作示意图

①用 T 形管接高压表、紫铜接管和钢瓶接头,并赶气。

②钢瓶淹没水中,接冷却水降低瓶内压力。

③开钢瓶阀,压力差使制冷剂进入钢瓶。

④起动压缩机以最小容量抽气,并调低油压控制器断电值,关小冷凝器冷却水(提高冷凝压力)。

⑤缓缓关小压缩机的排出截止阀,密切注视压力表,防止排出压力过高。

⑥系统内制冷剂减少,B 处取冷剂困难,可换 A 处,当系统压力为 0.098 MPa 时,制冷剂已基本抽取完。

⑦停车后,压力表值回升,再开机继续抽取,直至压力表值不回升。

3. 冷冻机油的添加

(1)冷冻机油不足的判断

氟利昂制冷装置运转正常情况下,压缩机滑油消耗量很小,不会产生缺油现象,如系统短时间内缺油过多(曲轴箱冷冻机油的油位低于 1/3 示液镜),应先检查,确定情况后再进行处理。特别要注意的是:查明原因,避免盲目加入。冷冻机油消耗过快的原因可能有:发生奔油;分离器工作不正常;吸气管布置不当(水平吸气管向下倾 3°～5°;上行吸气管按装置最小制冷量选取内径);冷冻机油选用不当;系统泄漏严重使冷冻机油损失太多;新加制冷剂会溶解一定量的冷冻机油等。

(2)添加方法

压缩机添加冷冻机油时应注意不要混入不同牌号的油和防止空气进入系统。补油方法因压缩机结构而异,常用方法有:

①油泵吸入端有油三通阀,必须在运行中补油:用软管一端接在油三通阀的外接

口,另一端插入油桶内;先将三通阀转至放油位驱除接管内空气,再将三通阀转至加油位,油泵即自行吸油;至油位镜油位达 1/2 时,将三通阀转至工作位即改由曲轴箱吸油。

②曲轴箱有带阀加油接头,在运行中或停机后补油:关小压缩机吸入阀,先将曲轴箱抽成真空(短接低压继电器和油压差继电器),然后再开加油接头的阀吸入要加的冷冻机油。

③曲轴箱只有加油旋塞,必须在停机后补油:在开机时关小吸入截止阀,使曲轴箱内压力下降到零(短接低压继电器和油压差继电器);然后停机并关吸、排气阀;再拆下加油旋塞用漏斗加油;至油位镜油位达 4/5 后重新堵上加油旋塞,排气,恢复工作。

④无加油接头和旋塞的小型压缩机,必须在停机后补油:关压缩机吸入多用通道,装 T 形接头,接好加油管和真空表,稍开多用通道即关,用机内制冷剂驱除接管内空气,立即用拇指封住接管口;关闭压缩机吸入截止阀,隔断压缩机与回气管通路;把转换开关置于"手动"位置或短接低压继电器和油压差继电器,点式起动压缩机 2~3 次,防止制冷剂将冷冻机油带进气缸液击,直至达稳定真空后停机;松开拇指,冷冻机油即经接管、多用通道和回油孔被吸入曲轴箱。若油的吸入量不足,可用拇指封住管口,重复以上操作。

4. 冷冻机油的更换

冷冻机油连续使用一段时间后,当黏度下降15%或发现因污浊而颜色变深,应换新油。新组装和解体大修后,压缩机运转 3~4 h,也应更换。方法如下:

(1)关闭吸入截止阀,瞬时起动压缩机抽空曲轴箱后关闭排出截止阀。

(2)打开放油旋塞和加油塞,放尽脏油。

(3)打开曲轴箱清洗干净(清洗油的黏度比冷冻机油低或用冷冻机油清洗)。

(4)装复后从注油孔注入新冷冻机油至示油镜 4/5 高度(运行中油位约保持 1/2 高)。

(5)加完油,打开排出截止阀上的多用通道,开启压缩机,抽除曲轴箱内的空气,开启吸排截止阀后即可正常运行。

5. 干燥剂的更换

船用制冷装置须定期更换干燥剂,以防制冷剂含水冰塞,方法如下:

(1)将贮液器出口的出液阀关上。

(2)起动压缩机,将制冷剂回收入贮液器。

(3)关闭干燥器两端的截止阀。

(4)拆除干燥器后,用挥发性好的洗涤剂清洗。

(5)填充新的干燥剂,加装时必须充满压实。

(6)更换过程要防止空气进入系统。

6. 空气的排放

系统中的空气一般是在操作不当时从外界进入的。空气的存在会妨碍传热,使排气的压力和温度升高,增加压缩机功耗,降低制冷量,缩短滑油使用寿命,必须设法排除。

如果冷凝器位置比压缩机高,可通过冷凝器的放气阀放气;若冷凝器位置比压缩机低,则可从排出阀多用接头(或排出压力表接头)放气。压缩机运行中不应放空气,否则制冷剂损耗很大。方法如下:

(1)关闭贮液器的出液阀。

(2)开机把系统中的制冷剂连同不凝性气体一起排入冷凝器中,然后停机。

(3)继续向冷凝器供冷却水,使制冷剂充分冷凝,直至冷凝器压力不再下降(需1~2 h)。这时空气比制冷剂轻,聚集在高处。

(4)开放气阀,让气体排出几秒钟即关,稍停再重复。分次操作可减轻扰动,减少制冷剂损失。每次放气后注意排出压力表,放至冷凝器中的压力接近水温所对应的制冷剂饱和压力即应结束放气。如果压力降得太低,降后又渐渐回升,则表明放掉的是制冷剂。

7. 检漏

氟利昂无色无味、渗透性强,接头连接处因振动而松动,阀杆处因填料未压紧,轴封等处均有可能泄漏,检漏是经常性的维护工作。方法如下:

(1)油迹示漏:氟利昂与滑油互溶,只要常使装置各部分保持清洁,一旦出现油迹,则表明该处有泄漏。

(2)皂液检漏:皂液(加几滴甘油,使泡沫不易破裂)在 0 ℃以上环境涂于0.35~0.4 MPa 以上系统管路处。其缺点是微小渗漏查不出。

(3)卤素灯检漏:

卤素灯(Halide Lamp)检漏的工作原理是:空气不含氟利昂时,检漏灯的火焰呈淡蓝色;而当空气中含氯元素的氟利昂超过 5%~10% 并与炽热的铜接触时,氟利昂就会分解产生氯元素,并与铜发生化学反应,生成的化合物而使火焰变绿。随着空气中会分解产生氯元素的氟利昂浓度的增大,火焰的颜色将由浅绿变为深绿以至亮蓝色,甚至熄灭。

检漏灯可用酒精、丁烷或丙烷作燃料。图 9-8-4 所示为一种丙烷检漏灯的实物及结构示意图。检漏灯下部装有盛丙烷的一次性丙烷筒(或铁罐)1,用完后另换。筒的上部(在调节阀之前)装有止回阀,在丙烷筒拧紧在检漏灯上之后能自动顶开,这时只要打开调节阀,就可在点火孔 8 处将其点燃。火焰的高度可用调节阀 2 调节,以恰好在铜片 10 之下为宜。操作时是用吸气软管在可能泄漏处移动。

操作时应注意:

①检漏前舱室应通风,不抽烟。因为大量氟利昂遇火会产生有毒气体,若被人吸入,易造成中毒事故。

②检漏灯喷嘴上方的铜片在工作时会参与反应,所以必须事先擦净,并且火焰高度应调到正好在铜片之下;为验证效能可先人为地从钢瓶中放出微量制冷剂。

③当发现火焰变绿时,说明附近存在泄漏点,应仔细寻找。如果火焰变成紫绿色和亮蓝色,说明泄漏严重,此时应关掉检漏灯,换用皂液法等检漏,以免中毒。

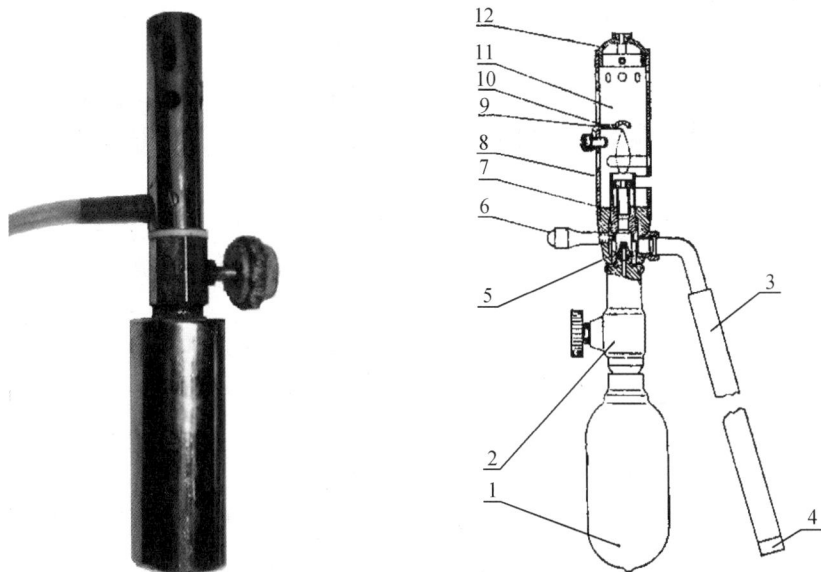

图 9-8-4　丙烷检漏灯实物及结构示意图

1—丙烷筒；2—调节阀；3—吸气软管；4—滤网；5—喷嘴；6—止动螺钉；7—火口；8—点火孔；9—火焰；10—铜片；11—燃烧筒；12—顶罩

④检漏后，熄火关调节阀 2，不要关得太紧，以免冷却后卡死。

⑤卤素检漏灯对不含氯离子的制冷剂（如 R134a 等环保型无氯制冷剂）无效。

（4）电子仪检漏：是利用使气体电离后测其导电性的原理工作的。对卤素的检漏灵敏度极高，能检出 0.3～0.5 克/年的微漏；对不含氯的制冷剂（R134a 等）灵敏度较低，但可以使用。

三、制冷装置的常见故障

1. 冰塞（Freeze Up）

制冷系统中氟利昂含水较多时，若节流降压后温度降到 0 ℃以下，即会结冰，在流道狭窄处形成冰塞。热力膨胀阀是节流降压元件，阀孔通道狭窄，最容易发生冰塞。有时液管上滤器脏堵，或膨胀阀前后的阀开度不足等，也可能导致节流而形成冰塞。当冰塞尚未完全堵死通道时，蒸发器的制冷剂流量减少，出口过热度增加，压缩机吸入压力下降，直至低压控制器使压缩机停车；停车后冰塞处的冰部分融化，压缩机吸入压力回升而重新起动；反复起停冰塞会继续加重，停车时间会加长，再次起动的时间将更短，完全不能正常工作。

用下述方法可判断冰塞的部位：关热力膨胀阀前的截止阀；清除该阀后可能冰塞的管道和阀件外面的霜层；突然开启上述截止阀，冰塞处流道狭窄产生节流降压，其后面管道必然结霜。

冰塞以预防为主。应及时更换失效的干燥剂；日常操作时要防止湿气和水分进入

系统。但是如果发生冰塞,消除办法有:

(1)拆下冰塞元件(膨胀阀、滤器等)用纯酒精清洗,再用压缩空气吹干后装复。

(2)热水化冰。换新干燥剂后,在不便拆卸的冰塞处外敷毛巾,浇热水使冰融化,然后起动压缩机,让水分随着制冷剂流动并被干燥剂吸收。采用这种方法往往需要耐心地反复化冰。

(3)用解冻剂除冰塞。用类似充制冷剂的方法向系统中充入一定数量解冻剂,使其随制冷剂在系统中循环,它能溶解冰,并和水一起被干燥剂吸收。解冻剂不允许含甲醇之类对金属有害的物质。

(4)用干燥气体吹除水分。当系统大量进水上述方法都不适用时只能将系统中的制冷剂收入钢瓶,以备送岸处理。然后用表压 0.6~0.8 MPa 的氮气或二氧化碳气吹扫系统,最后用抽空除水法使系统干燥。千万不能直接用压缩空气瓶中的空气直接吹扫温度较低的冷库管路,因为气瓶中的压缩空气含水较多,遇冷会结露。

热力膨胀阀和液管上的滤器有时会发生脏堵,其症状与冰塞相似,也会引起制冷剂流量不足、吸入压力降低、吸气过热度增加和压缩机起停频繁等现象。但如果脏堵的症状比较稳定,停机较长时间情况无改善,用毛巾热敷也不解决问题时,应拆下清洗。若采用的滑油倾点太高还可能发生油堵,其现象与冰塞类似,可用加热堵塞处的方法暂时解除,彻底解决的办法是换成倾点合适的冷冻机油。

2. 排气压力过高

排气压力过高会使压缩机的输气系数减小,装置的制冷量和制冷系数降低;还会使排气和滑油温度升高;严重时高压控制器动作停车。通常 R22 制冷压缩机排气温度应不高于 120 ℃,冷冻机油温度不高于 70 ℃(开启式)或 80 ℃(半封闭式)。若冷却水全开时,(t_k-t_{w1}) 远大于设计值(差值不超过 10 ℃),即表明排气压力过高。

原因可能是:

(1)冷却水进水温度增高。

(2)冷凝器冷凝能力不足——如果冷却水进出口温差超出设计值(3~5 ℃),则表明冷却水水量不足;若冷却水进出温差在设计范围内,则说明冷却水尚有吸热能力而是换热不良。

(3)压缩机吸入压力增高。

(4)其他——排气截止阀没开足等。

3. 排气温度过高

排气温度过高会导致冷冻机油温度过高,使其密封性、润滑性能变差,使用寿命缩短。若工作 1 h 左右排气温度超过相应值 10 ℃以上,即表明排气温度过高。

原因可能是:

(1)排气压力高。

(2)吸气过热度高。

(3)吸、排气压差太大。

(4)排气阀或压缩机高、低压分隔处(缸头垫片、安全阀等)漏气。

4. 吸气压力过低

既定制冷装置的吸气压力过低会使制冷量和制冷系数降低,严重时还会使冷库温度未达下限、电磁阀未关而低压控制器即停车。若蒸发器传热温差(t_r-t_0)远大于设计值$(5\sim10\ ℃)$时,即表明吸气压力(蒸发压力)太低。

吸气压力过低,几乎都是蒸发器性能差所致。

第一种情况是吸气过热度不大的情况下,其可能原因是:

(1)蒸发器结霜过厚。

(2)冷风机叶轮装反、反转、停转或转速下降。

(3)蒸发器设计制冷量不足,部分并联蒸发器被停用。

(4)蒸发压力调节阀调得太紧,使蒸发温度过高。

第二种情况是吸气过热度大的情况下,其可能原因是:

(1)系统中制冷剂不足。

(2)冷凝压力过低。寒冷水域冷却水流量太大,R22 制冷装置一般要求大于$0.7\sim0.8$ MPa。

(3)低压管路冰塞、脏堵、油堵,电磁阀未开或液管上的阀门未开足。

(4)膨胀阀安装不当、调节过紧或温包充剂漏失。

(5)进入系统的滑油过多,使流经膨胀阀的制冷剂流量减少,蒸发量减少。

5. 压缩机起停频繁

不设容量调节的伙食冰机,一般以每小时起停不超过 4 次为宜。频繁起停会影响设备和电路的可靠性,可能使油压差控制器的加热元件或电路过载热保护元件过热而停车,造成压缩机不能自动起动。如果库温未达要求而频繁起停,势必影响制冷效果。

压缩机频繁起停,因目前高压控制器都带停机自锁机构,所以几乎是低压控制器动作导致的。

第一种情况是供液电磁阀启闭频繁,主要是由于温度控制器启闭频繁。原因可能是:

(1)冷库隔热差。

(2)温度控制器温包安装不当。

第二种情况是供液电磁阀一直开启,表明库温未达下限,压缩机吸入压力过早达到低压控制器下限,停车后仍有制冷剂进入蒸发器,吸入压力势必不久又升到上限。原因可能是:

(1)压缩机输气量太大——选型太大、转速太高或容量调节未能卸载。

(2)低压控制器下限调得太高或幅差太小。

(3)工作时吸入压力太低,情况比较严重,见"吸气压力过低"的分析。

第三种情况是供液电磁阀全部关闭。可能原因是:高、低压端之间存在较严重的内部泄漏。

6. 压缩机运转不停

第一种情况是装置热负荷太大。可能原因是:冷库隔热性能太差。

第二种情况是制冷量不足。可能原因是：

（1）蒸发器性能差：见"吸气压力过低"的分析。

（2）压缩机在使用中性能降低：

a. 压缩机容量调节机构有故障，部分气缸不能加载；

b. 气缸余隙太大，缸头垫片不适当地被加厚或活塞副因轴承磨损而下沉；

c. 压缩机转速下降；

d. 排气压力太高，输气系数减小，使输气量有所降低，原因见"排气压力过低"的分析。

7. 压缩机起动不久就停止或无法起动

第一种情况是高压控制器断电（未手动复位则无法起动），其原因可能是：

（1）压缩机排出截止阀未开。

（2）冷凝器冷却水中断或充剂太满（无贮液器）。

（3）高压控制器上限调得太低。

第二种情况是低压控制器断电，其原因可能是：

（1）低压控制器下限调得太高。

（2）液管或低压管路中制冷剂数量甚少或中断。例如制冷剂严重缺少，出液阀或某处截止阀未开，电磁阀断电，膨胀阀温包充剂泄漏以及管路严重堵塞等。

第三种情况是油压差控制器断电（未手动复位则无法起动），其原因可能是：

（1）曲轴箱缺油或"奔油"。

（2）吸油滤器堵塞。

（3）油压调节阀过松或严重泄漏。

（4）油泵磨损严重或运动件、传动件损坏。

（5）轴承间隙过大或油路中某处严重泄漏。

（6）压缩机频繁起动以致油压差控制器中双金属片弯曲使触头断开。

第四种情况是过电流继电器断电（未手动复位则无法起动），其原因可能是：

（1）压缩机因咬缸、轴承烧毁或安装间隙过紧等原因而盘车过重。

（2）起动过于频繁。

（3）电路电压过低。

其他情况及其原因可能是：

（1）融霜定时器正在融霜期间。

（2）有的装置有电机过热保护继电器，若过热保护继电器起作用能使电机停电。

（3）有的电路冷却水泵、风机未能正常工作时，有联锁开关使压缩机不能通电。

（4）电动机或电路发生故障。

第十章

船舶空调装置

第一节　船舶空调的概述

船舶航行于各海域,气象条件复杂,气候多变,为了使船员、旅客拥有一个舒适的生活、工作环境,就需要船舶空气调节装置,简称空调装置,创造一个适宜的人工气候环境;船舶空调大多是为满足人们对工作、生活环境舒适和卫生的要求,属于舒适性空调。它与某些生产场所为满足工艺或精密仪器的要求所用的恒温恒湿空调(工艺性空调)不同,对温、湿度等空气条件的要求并不十分严格,允许空气参数在稍大的范围内变动。

一、船舶空调的基本要求

对远洋船舶,冬季舱外的设计温度常取 $-18 \sim -20$ ℃,相对湿度为 $80\% \sim 100\%$;夏季分别为 35 ℃和 70%。船舶空调装置应在舱外空气条件不超过上述规定值时,室内空气符合以下几方面的要求:

(1)合适的空气温度:冬季为 $19 \sim 22$ ℃,夏季为 $24 \sim 28$ ℃。室内外温差不超过 $6 \sim 10$ ℃,以免人进出舱室时因骤冷骤热而不适,室内垂向温差不超过 $3 \sim 5$ ℃。

(2)合适的空气湿度:在夏季,若空气比较潮湿,不利于人体出汗和呼吸散热,人就会感觉闷热;相反,在冬季空气越潮湿,人越感到寒冷。但空气过于干燥,人体散发的水份会增多,人会感到口干舌燥,因此不管是冬夏季,都要保持合适的湿度。一般来说,空调舱室湿度控制范围为:冬季相对湿度 $30\% \sim 40\%$,夏季相对湿度 $40\% \sim 50\%$ 。

(3)合适的空气流动速度:气流速度一般是 $0.15 \sim 0.2$ m/s 为宜,最大不超过 0.35 m/s。

(4)合适的空气清新度:空气清新是指空气清洁(含粉尘和有害气体少)和新鲜(有足够的含氧量)的程度。如果只为满足人呼吸对氧气的需要,新鲜空气供给量每人 2.4 m³/h 即可,要使二氧化碳、烟气等有害气体降到允许值以下,新风量要求每人 30~50 m³/h。

船舶空调舱室的排风可从房门下部的格栅流入走廊,一部分回风被空调器的风机吸入,以减少舱外新风的吸入量,节省空调能耗,回风比例不宜过大,以保证舱室内空气的清新度。

(5)尽量低的噪声:空调噪声会使人感到不适,必须限制在 60~65 dB。

二、空调舱室的热湿平衡

显热负荷(sensible heat load)是指单位时间内渗入舱室并引起室温变化的热量,用 Q_x 表示,单位是 kJ/h。它主要包括:渗入热、太阳辐射热、人体散热量、照明及其他电气设备散热等。夏季,太阳辐射产生的热量及室内外环境温差所产生的渗入热量从外向里传递,显热负荷是正值。冬季,室内外的温差却使热量自里向外散发,虽然太阳的辐射、人体及设备发出的热其传递方向不变,但与前项相比,其值很小,总体上,冬季舱室是从内向外传递热量,其显热负荷为负值。

潜热负荷(latent heat load)是指单位时间内舱室增加的含湿量导致所增加的空气热负荷,用 Q_q 表示,单位是 kJ/h。它是伴随着湿交换而产生。一般情况下,Q_q 的数值约等于 2.5×W。

全热负荷(total heat load)是单位时间内加入舱室使空气焓值变化的全部热量。它是显热负荷与潜热负荷之和,用 Q 表示,单位是 kJ/h。

湿负荷(moisture load)是指单位时间内舱室所增加的水蒸气量,用 W 表示,单位是 g/h。它主要包括:人体散发的水蒸气、食物和水以及空气侵入而带来的湿量等。人体和食物总是不断散发水蒸气使舱内含湿量增加,所以无论冬夏舱内湿负荷总为正值。

要做到空调舱室的热湿平衡,就要求在空调舱室的空气状况达到稳定时,送风量和从室内排出的空气流量是相等的,换气所带走的热量和湿量应分别与房间的热负荷和湿负荷相等。空调舱室的热、湿平衡示意图如图 10-1-1 所示。

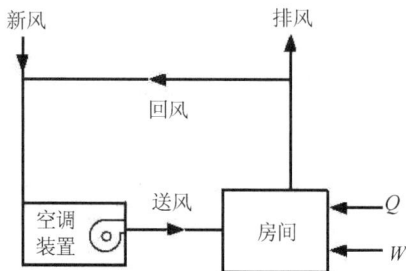

图 10-1-1　空调舱室的热、湿平衡示意图

三、空调舱室的分区

空调装置的中央空调器的送风量不宜过大,比较合适的送风量在 3 000~7 500 m³/h 范围内。这是因为每根主风管的流量通常都限制在 1 500 m³/h 之内,以免其尺寸过大,若一个中央空调器送风量太大,就会因主风管数目太多而难以布置。故空调舱室较多的船舶都分为若干空调区,每区各自设置独立的空调器和送风系统。

划分空调分区时最好将热湿比相近的舱室划在同一区内,因为舱室的热湿比相差较大时若采用同样参数的送风,单靠调节风量难以使各舱室内的空气参数同时保持在适宜范围之内。

货船空调舱室不多,可将热负荷差别较大的左、右舷分为两个空调区。现在船上船员数量减少,为了减少设备和管理工作,不少新船只设一个中央空调器,主要靠调节送风量使室内达到合适的温度,而对空气湿度的控制比较宽松。空调舱室较多的客船则空调分区要多得多。客船空调分区除考虑热湿比的差异外,还应避免风管穿过船上的防火隔墙或水密隔墙。如果确实需要穿过,则须加设防火风闸或水密风闸,一旦发生火灾或船体破损进水时能及时将其关闭,防止火势或海水扩散。

四、空调装置系统的分类

1. 按照设备集中程度分类

(1)分散式系统

每个房间的空气处理分别由各自的整体式空调器来承担,也称之为单元式空调装置;广泛应用于现代船舶机舱集控室、驾驶台和厨房。如图 10-1-2 所示为三菱 CB 系列水冷式空调,其采用封闭式压缩机,蒸发器采用高效能波浪形翅片的壳管式冷凝器。这种类型的空调装置也广泛应用于家庭,冷却方式采用风冷。

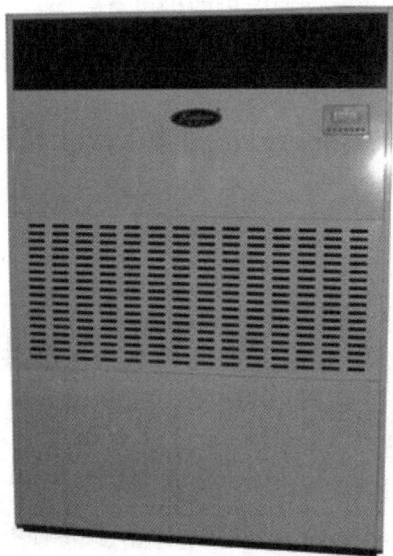

图 10-1-2 三菱 CB 系列水冷式空调

(2)集中式系统

这种系统的所有空气处理设备如风机、加热器、冷却器、加湿器、过滤器等都安装在一个箱体内,通常称之为中央空调器,也称之为组合式空调器,如图 10-1-3 所示,中央空调器放置在空调机房,空调机房内还可能包括两套空调制冷系统,为中央空调器提供冷源,而热源则来自锅炉蒸汽系统。

集中式单风管空调系统

中央空调器设有新风吸口、回风吸口和送风出口。经过集中处理的空气从送风口排出到供风总管,最后送达各个空调舱室的布风器。非空调舱室如厕所、浴室、配餐室等和走廊设有抽风口,由抽风口抽出,从高处排入大气;这样,由于非空调舱室中形成一定负压,空调舱室中的空气会自动流入,使之达到一定的空调效果,并避免不良气味散发到其他舱室。

图 10-1-3 中央空调器

集中式系统各空调舱室的送风参数相同,又分为单风管系统和双风管系统两种类型。

所谓单风管系统即从中央空调器引出的供风总管为一根,所以送往各舱室的空气参数是一样的,对各舱室空气参数的个别调节就只能靠改变布风器风门的开度,即改变送风量来实现,通常称之为变量调节。

这种系统的特点是:结构简单,尺寸小,造价低;所有舱室供风条件相同,只能进行变量调节,变量调节时相邻舱室相互影响,所以这种系统适合于航行于温热带海域,取暖工况时间不多的船舶。

一般货船上多采用单风管系统,但在豪华邮轮上则多装配有双风管空调系统。双风管空调系统的中央空调器由前、后两部分组成,进风一部分经空调器前部预处理(冬季经预热器加热,夏季即自然风)后,再通过中间分配室送至舱室布风器,称为一级送风;另一部分进风则经空调器后部再处理(冬季经再热器再加热、加湿器加湿,夏季经冷却器冷却除湿)后,再通过后分配室送至舱室布风器,称为二级送风。

这种系统能向舱室同时供送温度不同的两种空气,通过调节布风器两个风门的开度,改变两种送风的混合比,即可调节舱室温度,冬、夏季都可变质调节。

完全集中式双风管空调系统虽然空调器和风管的重量和尺寸较大,总体施工复杂,造价高,但调节灵敏,在不影响新风送风量和室内风速和温度均匀性的情况下可采用直布式布风器,以降低造价和噪声。

(3)半集中系统

半集中式中央空调系统有区域再热空调系统和末端再处理式空调系统两种类型。

在区域再热(District Reheat)单风管空调系统中,中央空调器统一处理后的空气由设在分配室内的各隔离室或主风管内的再加热器再加热。这种系统的特点是取暖工况和降温工况都只能进行变量调节,适用于无限航区。

在末端再处理式空调系统中,集中式空调器只对空气参数做预处理,取暖工况 15~25 ℃,降温工况 12~16 ℃。每个舱室的诱导式布风器内设换热水管,冬季通热水,夏季通冷水。这种系统的特点是冬夏均采用变质调节,调节质量好,但造价高,管理复杂,常用于对空调要求较高的船舶上。

2. 按照风管内空气流速高低分类

(1)高速系统:风管内风速在 20~30 m/s 的空调系统称为高速系统。在高速系统中,由于管内风速高,相同风量时,风管尺寸小,故空气在风管内的流阻大,风机风压高,噪声大。

(2)低速系统:主风管风速在 10~12 m/s 以下的空调系统称为低速系统。

(3)中速系统:主风管风速介于以上二者之间的空调系统称之为中速系统。

五、船舶中央空调系统的组成

船舶中央空调系统一般由四个主要系统组成,即冷热源系统、空气处理系统、空气输送和分配系统以及自动控制系统。

(1)冷热源系统:冷源系统是指用于对空气进行降温除湿的制冷系统,它包括制冷压缩机、冷凝器、膨胀阀等制冷元件。热源系统是指对空气进行加温的加热系统,船上一般使用锅炉蒸汽作为加热热源;必要时,也使用蒸汽对空气进行加湿。

(2)空气处理系统:即中央空调器完成对新风、回风的混合、过滤净化、加热、加湿、冷却、减湿以及消音等任务。通常这些功能由中央空调器中的各个装置来实现。

(3)空气输送和分配系统:将中央空调器处理过的空气输送和分配到各个空调舱室,通过空调舱室内的布风器,实现预定的气流组织,使舱室气温均匀,舒适宜人。它包括通风机、风管和布风器,通风机安装在中央空调器内。

(4)自动控制系统:用于控制空调舱室的空气温度、湿度以及所需冷源的供给。它是空调舱室得到舒适环境,同时又将轮机人员从烦琐的管理工作中解放出来所必不可少的设备。

第二节　船舶空调装置的主要设备

一、中央空调器

中央空调器是集中式和半集中式空调装置对空气进行集中处理的设备。下面以典型的集中式(吸入式)单风管空调系统的中央空调器为例,说明中央空调器的各组成部分及其工作情况。为了便于根据需要进行功能组合,空调器采用分段式结构,如图

10-2-1 所示。

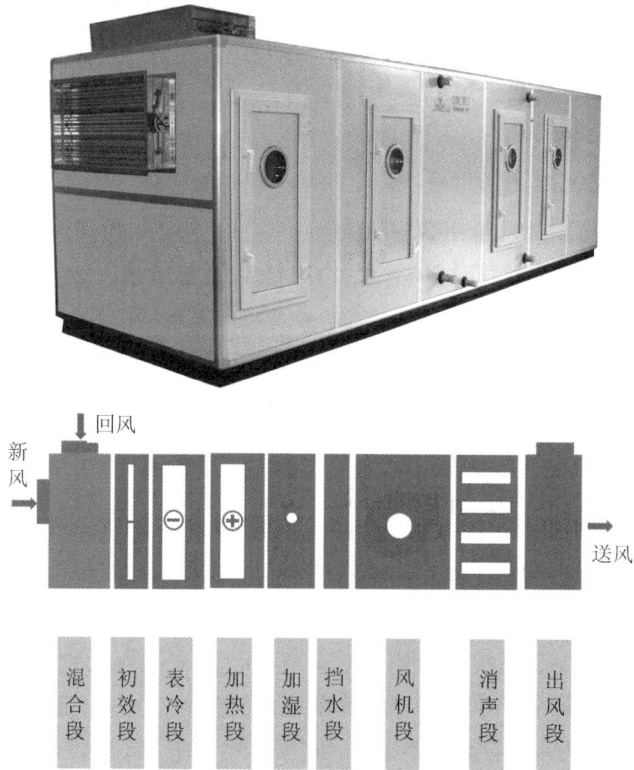

图 10-2-1　中央空调器结构示意图

1. 空气的吸入、过滤和消音

这类工作情况适用于降温工况、取暖工况、通风工况。

外界新风和空调舱室的回风分别经新风进口和回风进口被通风机吸入。在新风进口处装有铁丝网或百叶窗,以防吸入较大的异物。新风量和回风量的比例可用手动或电动调节风门调节,如图 10-2-2 所示。新风流量和总风量之比称为新风比,设计时已经确定,一般在 30%~60% 的范围内变动。

空调通风机的静压应能克服空调器和送风系统的阻力。低速空调系统,主风管的设计风速大多在 12~16 m/s,全风压一般≤2.5 kPa,大多采用效率较高、噪声较低的后弯叶片离心式通风机,如图 10-2-3 所示,风机常布置在空气冷却器之后,这样空气能比较均匀地流过各换热器,换热效果更好,称之为吸入式空调器;高速空调系统,风速在 20~30 m/s,常用前弯叶片离心式风机,把风机布置在空气冷却器之前,在降温工况时有利于降低送风温度,并提高空气冷却器的传热温差和制冷剂蒸发温度,称为压出式空调器。有的空调器风机设有低速挡,供自然通风工况采用全新风时(送风量较低)使用。归纳为:"低(速)后(弯)吸(入),高(速)前(弯)压(出)。"

空调器中的滤器用于滤除空气中的灰尘,以净化舱室的送风,并保持空气换热器表面的清洁,避免降低换热效果。过滤元件有不同形式,简单的可采用板式;为了增大空

图 10-2-2　调节风门

图 10-2-3　空调离心式通风机

气流通面积,降低阻力和增加集尘量,常采用袋式或抽屉式,如图 10-2-4 所示。前者由装在框架上的若干并列直立的滤袋组成,滤袋常用无纺布做成,框架可在轨道上移出。后者是由斜插在滤器架上的可抽出的滤板构成,过滤材料常采用粗孔泡沫塑料或尼龙纤维等,滤层厚度一般为 10~15 mm。无论哪种形式都应该便于取出清洗。

空调器工作时噪声较大,必须采取消音措施来降低经风管传至空调舱室的噪声。为此,风机出口有消音室,利用其造成风道截面积突然增大,可使气流的低频噪声得以消减;风机所产生的高频噪声,则被空调器内壁贴多孔吸声材料或直接采用多孔板吸收。

2. 空气的冷却和除湿

这类工作情况适用于降温工况。一般当外界气温高于 23~25 ℃时,起动空调装置的空气冷却器和挡水器对送风进行冷却和除湿。

空气冷却器按管中流过的是制冷剂还是载冷剂而分为直接蒸发式和间接冷却式。如图 10-2-5 所示为直接蒸发式空调冷却器。

直接蒸发式空调冷却器一般由带铝制肋片的蛇形铜管组成,装在镀锌钢板制的框

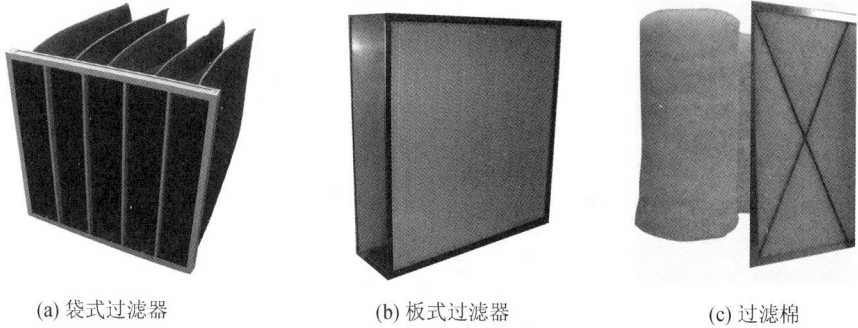

(a) 袋式过滤器　　　　　(b) 板式过滤器　　　　　(c) 过滤棉

图 10-2-4　空调器中的空气滤器

图 10-2-5　直接蒸发式空调冷却器

架中。设计成冷却介质与气流呈逆流,风速多为 3.5 m/s 左右。空气冷却器的管壁温度一般都低于空气露点,在冷却空气的同时也能除湿。管壁温度越低,对空气的除湿能力就越大。空调装置制冷剂的蒸发温度一般多设计为 5~10 ℃,空气冷却器管壁温度通常比管内介质高 2~4 ℃。空调压缩机的低压控制器常调节成最低蒸发温度不低于 -3 ℃左右,使管壁温度不至低于 0 ℃而结霜。有些船的空调装置考虑只要空气冷却器肋片不结霜,就不至堵塞风道影响送风,允许低压控制器控制的最低蒸发温度低至 -6 ℃(R22 表压 0.3 MPa),甚至更低的。当采用间接冷却方式时,如载冷剂用淡水,则温度一般保持 4~7 ℃,最低不低于 2~4 ℃,以防淡水冻结。

　　为了防止凝水被气流携入空调器后部和风管中引起金属锈蚀,空气冷却器后面常设有挡水器,如图 10-2-6 所示。挡水器通常由许多薄钢板做成的曲板组成,当空气流过曲板间的曲折缝隙时,气流方向不断改变,携带的水滴就会碰撞到曲板上,然后向下流到承水盘中泄走。曲板的出口端常弯成挡水沟。通过挡水器的风速不宜过大,否则可能会失去挡水作用。

　　空气冷却器和挡水器外壁所流下的凝水,汇集在底部的承水盘中,必须用泄水管排

图 10-2-6　挡水器

走。为了保证吸入式空调器的承水盘在最大负压 1 600 Pa(160 mmH$_2$O)和与泄水口反向倾斜 3°时凝水能顺利泄出,安装时必须保证承水盘的泄水口相对泄水管有适当的高度,以便当承水盘中水位达到一定高度时,所产生的静压既能将存水器的塑料球阀顶起而泄放凝水,又不至于使承水盘中凝水放空,致使外界空气绕过空气冷却器通过泄水管被吸入系统。在进风特别干燥的天气或非降温工况时,承水盘中凝水过少或没有水,塑料球阀还可以防止泄水管中可能有怪味的气体被吸入空调器。为了避免泄水阻力太大,泄水管不能太细,靠近空调器处应设有放气漏斗。也有的承水盘为了避免凝水被泄空,采用在泄水管上设有足够高度的水封管的办法。

3. 空气的加热和加湿

空气的加热和加湿适用于取暖工况。一般当外界气温低于 15~20 ℃时,起动空调装置的空气加热器和加湿器对送风进行加热和加湿。

空气的加热可采用电加热、蒸汽加热或热水加热等方式。除间接冷却式空调系统在取暖工况利用同一换热器以热水加热外,船用集中式空调器多使用蒸汽加热。蒸汽加热器由带铝肋的蛇形铜管或不锈钢管组成,装在镀锌钢板做的框架中,如图 10-2-7 所示。加热蒸汽常用表压≤0.7 MPa 的饱和蒸汽,蒸汽调节阀在开度降至 10% 以下时调节不灵敏,必要时可降低蒸汽温度,以保持较大的流量。加热器的凝水经出口处的阻汽器流回热水井。阻汽器只允许凝水流过,若蒸汽尚未凝结,阻汽器会自动关闭。

冬季外界空气的相对湿度虽然很高(常高达 90% 以上),但因温度低,所以实际含湿量并不高。例如,要保持舱内温度 22 ℃、相对湿度 40%,空气的含湿量应为 6.5 g/kg 左右;而如果外界气温为-18 ℃、相对湿度为 95%,则空气的含湿量仅为 0.9 g/kg。显然,将这样的空气加热后直接送入舱内,不可能保持室内湿度适宜。故冬季在空调器中除对空气加热外,往往还需要加湿。

船用集中式空调器采用蒸汽加湿的较多,少数也有喷水加湿的。加湿器一般放在

图 10-2-7　蒸汽加热器

加热器后,此处空气温度较高、相对湿度较小,喷入的蒸汽(或水)容易被空气吸收;同时还可防止加湿器在进风温度太低时冻结。虽然气温高吸湿能力强,但应防止加湿过多而造成舱内温度较低的壁面结露。图 10-2-8 为带喷嘴的蒸汽加湿器。

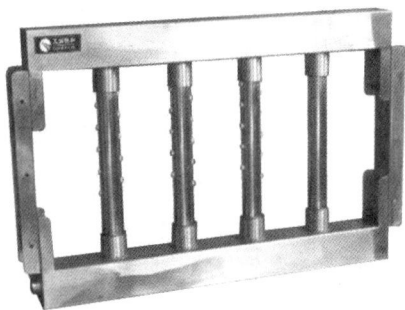

图 10-2-8　带喷嘴的蒸汽加湿器

二、供风设备

1. 供风管

供风管由 0.5~2 mm 厚镀锌铁皮制成,设于天花板中,表面有隔热层,以防散热与结露。风管的截面有矩形和圆形两种:矩形管,占据空间的高度小,管路与支路交接方便,常用于中、低速空调系统;圆形管,当流通截面积相同时其圆周最小,摩擦阻力小,制造、安装和维修均方便,常用于高速空调系统。

2. 布风器

布风器(Air Distributor)是空调系统最末端的设施,装于空调舱室内,其任务是把加工处理后的空气以一定的流速和方向供入舱室,使供风与室内空气混合良好,温度分布均匀,能保持房间内风速适宜;并能对舱室环境进行个别调节,阻力噪声较小,结构紧凑,外形美观,价格低廉。

布风器分为直布式和诱导式两类,现代船舶大多采用直布式布风器。

直布式布风器出口风速较低,一般为 2~4 m/s,流阻小、噪声低,供风温差不宜过大,一般在 10 ℃以下,常用于低压空调系统。按安装位置不同,布风器又分壁式和顶式两类。船舶空调系统普遍采用顶式,它装在天花板上,不占用舱室地面。顶式布风器如图 10-2-9 所示。

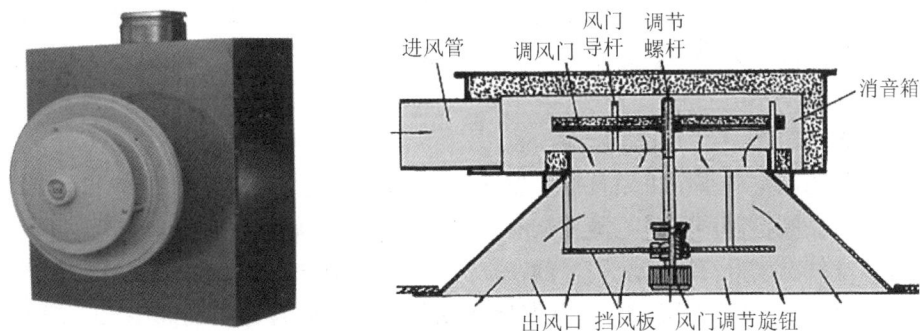

图 10-2-9　顶式布风器

这种布风器属锥形扩散式,进风管通入处设有容积较大的、内贴吸声材料的消音箱,然后从锥形的散流器均匀地向四周喷射,形成贴近天花板的射流,而不致直接吹到人身上使人感到不舒适。由于射流不断扩散并卷吸室内空气与之混合,其速度不断降低,以至最终消失。可见射流的流程越长,混合的效果就越好,所以射流最好能达到对面的舱壁;而射流较短(例如在减小送风量时)则会使死区(滞流区)扩大。死区通常出现在房间角落里,该处的空气不大流动,造成温度偏低(冬季)或温、湿度偏高(夏季)。而室内气流流向回风口的回流区和受射流诱导而产生的回旋风区的风速适宜,温、湿度也较均匀。所以在选用和布置布风器与回风口时,应使回流区和回旋区发生于人经常活动区域,尽量缩小死区。布风器的风量调节靠风量限位挡板和风量调节机构来完成。前者设在布风器前的风管中,由船厂调试人员调节,按设计图纸的要求分配风量,平衡各送风管阻力;后者靠调节旋钮,可使风门升降以调节风量,由室内人员按自己的需要调节风量。当装有末端换热器时,还设有调温旋钮。这种布风器的颈部风速可从 2 m/s 升至 10 m/s,对室内空气具有一定的诱导作用,故送风温差可提高到 10 ℃,而其阻力在直布式布风器中也属稍大,为 150~300 Pa。

三、船舶空调自动控制系统

空调装置的自动调节主要是对降温工况(Cooling Condition)的空气温度进行自动调节;对取暖工况(Heating Condition)的空气温度、空气湿度进行自动调节。

1.降温工况的自动控制

降温工况用空气冷却器对空调送风进行冷却、除湿,当送风进入舱室后,按舱室的热湿比升温增湿,吸收热负荷和湿负荷,使室内保持合适的空气参数。

降温工况时空调装置的热负荷受外界气候条件的影响较大,为了保持空调舱室合适的温度,必须进行相应的自动调节。这种调节根据空气冷却器是采用直接蒸发式还是间接冷却式而不同。前者是将制冷剂的蒸发温度控制在一定范围内;后者则是控制流经空气冷却器的载冷剂的流量。显然,这样并不能完全阻止送风温度随外界空气温、湿度的增减而升降,故舱室内的温度也会因送风温度和显热负荷的增减而升降,然而降温工况这种室温的浮动是合乎要求的。因为舒适性空调并不要求室温恒定,相反却希望它随外界气温的升降而在一定的范围内浮动,使室内外温差不超过 6~10 ℃,以免在进出舱室时感觉不适。

(1)降温工况温度的自动控制

大多数船舶空调系统采用直接蒸发式空气冷却器进行夏季空气冷却和除湿处理。通过热力膨胀阀控制调节供入蒸发器的冷剂流量。当负荷增大时(外界气温升高),冷却器进口空气温度升高,因此,制冷剂在空气冷却器中吸热量增加。热力膨胀阀感受空冷器出口处制冷剂的过热度增加,膨胀阀自动开大,增加供液量,提高空气冷却器的制冷能力。这种控制方式的本质是利用膨胀阀自身特性,调节送风温度,当室外气温变化较大时,控制效果并不理想。

空调冷却器热负荷变化范围较大的情况下,可设有大小两个不同容量的膨胀阀,压缩机采用有级容量调节机构。当空冷器负荷变化时,压缩机感受吸气压力变化,由压力继电器控制压缩机增减缸,同时自动开关相应大小热力膨胀阀前的电磁阀,以使供风温度维持合适范围,这样可以保证压缩机输气量与需要量相一致。一般地,两个电磁阀都打开,大小膨胀阀都有冷剂流过时,压缩机六缸运行;只有大容量膨胀阀前的电磁阀打开时,压缩机四缸运行;只有小容量膨胀阀前的电磁阀打开时,压缩机二缸运行;两个电磁阀都关闭时,压缩机自动停车。制冷压缩装置制冷量调节简图如图 10-2-10 所示。这种方式的本质是通过压缩机容量调节与膨胀阀流量控制来共同控制供风温度。

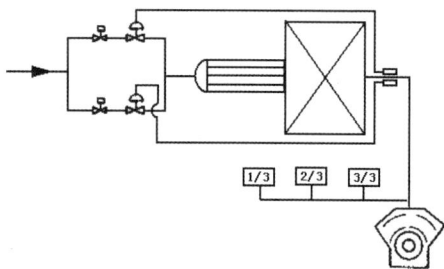

图 10-2-10　制冷压缩装置制冷量调节简图

空调装置还可以通过控制回风(或典型舱室)温度的温度控制器和供液电磁阀对制冷装置进行双位调节,如图 10-2-11 所示。当代表舱室平均温度的回风(或典型舱室)温度太低时,温度控制器 4 就自动关闭供液电磁阀 2,于是制冷装置停止工作。为了防止供液电磁阀频繁动作和压缩机频繁起停,温度控制器设定的上下限差值不能太小,但这也会导致空调舱室温差加大,舒适感下降。

间接冷却式(Indirect Cooling)系统则需要调节载冷剂(冷媒)流量,也常以回风温度作为自控信号,自动增减供入空冷器冷媒流量。以回风温度作自控信号代表性强,但

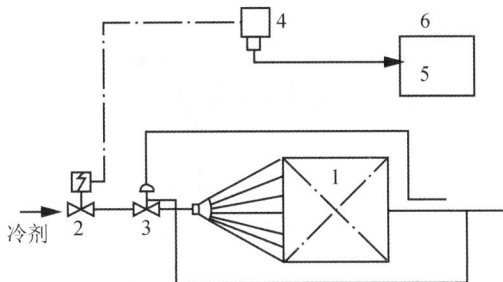

图 10-2-11　降温工况舱室温度的自动调节系简图
1—空气冷却;2—供液电磁阀;3—热力膨胀阀;4—温度控制器;5—温度控制器温包;6—回风管

动态偏差较大。控制方式可采用比例调节、双位调节、双位与比例调节相结合。

（2）降温工况湿度的自动控制

降温工况只要能保持空气冷却器中足够低的制冷剂蒸发温度或载冷剂温度,即可保持足够低的空气冷却器壁面温度,以便有较好的除湿效果,能使一般舱室的相对湿度保持在合适的范围内,故降温工况通常都不对送风湿度再做专门调节。

2. 取暖工况的自动控制

（1）取暖工况温度的自动调节

方案一:控制供风温度

控制供风温度(Supply Air Temp.)是常用的调节方案,其特点是调节滞后时间短,测温点离调节阀近,可采用比较简单的直接作用式温度调节器控制的空调系统。

图 10-2-12 所示是单脉冲供风温度调节系统。

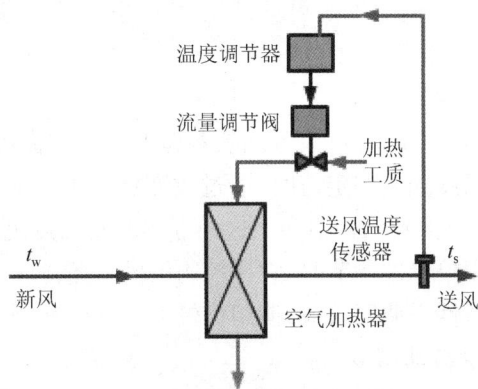

图 10-2-12　单脉冲供风温度调节系统图

感温元件放在空调器的出口分配室内,感受供风温度,将信号送到调节器。当室外新风温度变化时,供风温度也会随之变化,在供风温度与调节器调定值发生偏差时,调节器发出信号,改变加热工质流量调节阀的开度,使供风温度大致稳定。但是,外界温度变化还使舱室热负荷变化,因此,仅控制供风温度不变是不够的,在对室温要求较高的场合,则使用双脉冲温度调节系统。

图 10-2-13 所示是双脉冲温度调节系统。

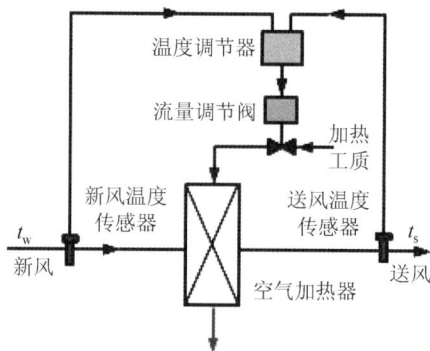

图 10-2-13　双脉冲温度调节系统图

双脉冲温度调节系统具有两个感温件:一个位于新风口感受新风温度,另一个位于舱室内感受送风温度。调节器同时接收两个信号,综合后再产生信号,操纵流量调节阀,这种系统能够补偿外界气温的变化,使室温变动减小,甚至保持室温不变。供风温度变化量 Δt_s 和室外气温变化量 Δt_w 之比,称为温度补偿率,用 K_T 表示。它表示新风温度变化 1 ℃时供风温度的改变量,即: $K_T = \Delta t_s / \Delta t_w$。

双脉冲温度调节器常采用充注甘油之类的液体温包。它利用液体受热膨胀的特性,将温包感受的温度信号转变为压力信号。液体温包的容积都做得较大,这样,毛细管和调节器本体中的液体相对就少得多,从而可减少输出压力受温包以外温度的影响。两个温包有多种规格,温度补偿率的大小与两个温包的容积比有关。若容积相同,则气温每下降 1 ℃,送风温度约升高 1 ℃;若送风温包比新风温包大 1 倍,则气温每下降 2 ℃时大约能使送风温度升高 1 ℃。可见,温度补偿率 K_T 约为新风温包与送风温包容积之比。

方案二:控制回风温度

回风温度(Return Air Temp.)可大致反映各舱室的平均温度,因此,将感温元件放在回风总管中,当回风温度偏离调定值时,通过改变加热工质流量来改变供风温度,使回风温度(舱室平均温度)大致保持不变。这种方法的测温点也不远,仍可采用直接作用式温度调节器;在采用单脉冲调节时,它比控制供风温度合理,但调节滞后时间较长,动态偏差较大,但因舒适性空调要求低,使用仍较多。

(2)取暖工况湿度的自动调节

取暖工况多用蒸汽加湿,只要控制喷入的蒸汽流量就可保持室内空气的湿度适宜,通常加湿蒸汽流量调节阀由湿度调节器控制。

方案一:控制供风湿度。

控制供风湿度图如图 10-2-14 所示。感湿元件放置在空调器出口的分配室内,用以感受送风的相对湿度,然后将信号送至比例式湿度调节器。当送风的相对湿度偏离整定值时,调节器会使加湿蒸汽调节阀的开度与送风湿度的偏差值成比例地变化,将送风的相对湿度控制在一定的范围内。这种调节滞后,时间短,不宜采用双位调节。

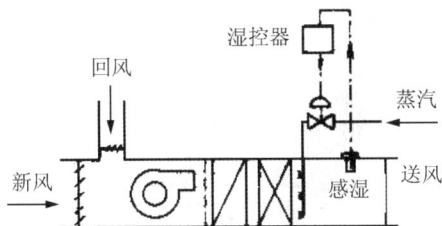

图 10-2-14　控制供风湿度图

方案二:控制回风或典型舱室湿度。

控制回风或典型舱室湿度图如图 10-2-15 所示。感湿元件放在回风口或典型舱室内,当湿度降至下限值时,调节器使加湿电磁阀开启加湿,使舱内湿度增加,当湿度达上限值时,调节器使电磁阀关闭,加湿停止。这种调节滞后,时间长,如果布风器诱导作用不强,送风与室内空气混合不良,室内空气湿度的不均匀性会增大。如果改用比例调节,则可得到改善。

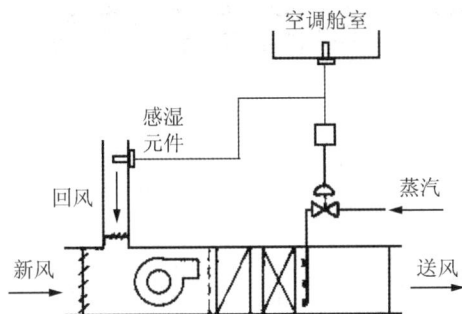

图 10-2-15　控制回风或典型舱室湿度图

常用的湿度调节器(Humidity Controller)有气动式、电动式和电子式。按照湿度传感器类型,又可分为干湿球式、毛发式、电子式等。船上选用的毛发式气动湿度调节器,是利用脱脂毛发在不同湿度下的伸缩率不同,以其长度的变化量作为湿度控制信号。

常见的电子式湿敏元件主要有电阻式、电容式两类。湿敏电阻是在基片上覆盖一层用感湿材料制成的膜,当空气中的水蒸气吸附在感湿膜上时,元件的电阻率和电阻值都发生变化,利用这一特性即可测量湿度。湿敏电阻的种类很多,例如金属氧化物湿敏电阻、硅湿敏电阻、陶瓷湿敏电阻、氯化锂湿敏电阻等。湿敏电阻的优点是灵敏度高,主要缺点是线性度和产品的互换性差。如图 10-2-16(a)所示为 JCJ100E 风道式温湿度变送器,湿度传感器采用 JUCSAN 湿敏电阻元件,温度检测采用进口铂电阻 Pt100 作为感温元件。

湿敏电容一般是用高分子薄膜电容制成的,常用的高分子材料有聚苯乙烯、聚酰亚胺、醋酸纤维等。当环境湿度发生改变时,湿敏电容的介电常数发生变化,使其电容量也发生变化,其电容变化量与相对湿度成正比。湿敏电容的主要优点是灵敏度高、产品互换性好、响应速度快、湿度的滞后量小、便于制造、容易实现小型化和集成化,其精度一般比湿敏电阻要低一些。如图 10-2-16(b)所示为内置 SHT1x 湿度传感器芯片[见图

10-2-16（c）]的防护型电容式温湿度传感器,传感器探头前装有铜烧结防护帽。

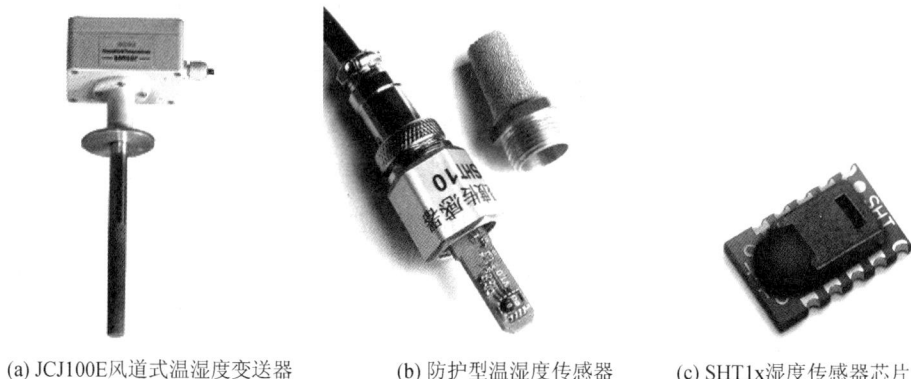

(a) JCJ100E风道式温湿度变送器　　(b) 防护型温湿度传感器　　(c) SHT1x湿度传感器芯片

图 10-2-16　电子式湿度传感器

第三节　船舶空调装置的管理

一、操作程序

1. 降温工况

当外界气温高于 25 ℃时,空调可按降温工况运行。

（1）起动:先开风机,后开制冷压缩机,以免空冷器吸热量不足,液态冷剂进入压缩机发生液击;压缩机刚刚起动时,热力膨胀阀感温包感受的温度较高,膨胀阀处于全开状态,为了防止压缩机液击,压缩机吸入截止阀宜逐步开大。

（2）停止:短期停用,先停制冷压缩机,后停风机,以免压缩机液击;长期停用,先回收制冷剂至储液器,再停制冷压缩机,最后停风机。

（3）运行管理:

①舱内与外界的温差以不超过 6~10 ℃为宜,以免温差过大,人员进出舱室容易感冒。

②空调运行期间,关闭空调舱室的门窗和其他有关门窗,以降低空调装置的热负荷。

③根据系统所用冷剂,检查压缩机吸气压力、排气压力是否正常;压缩机滑油油位应处在 MIN 和 MAX 刻度线之间,有效润滑油压应高于 0.15~0.3 MPa,贮液器液位在 1/2~2/3 范围内,液流指示镜中无气泡,指示镜中心的纸芯颜色正常。

④空调装置运行期间,泄水管应一直有凝水流出,泄水管应保持畅通;集水盘应定期清扫;空调器箱体外侧不应有凝水水珠,否则表明保温层损坏。

⑤注意观察布风器出风量大小,出风量减小,往往表明空气过滤器需要清洗或更

换,也有可能是蒸发器蒸发温度过低,表面结霜堵塞风道;反之,则有可能是空气过滤器破损、挡水板损坏或空调箱漏气等。注意观察风机电流大小,电流减小,往往表明风机皮带磨损变松,需要调整皮带张力或更换皮带,皮带一般每 3 个月检查一次,可同时向电机和风机轴承加注牛油。

⑥保持合适的回风比,非空调舱室的抽风机要开启运行。

⑦检查自动控制元件,尤其是温度传感器和湿度传感器,需根据说明书做好清洁和保养工作。

2. 取暖工况

当气温在 15 ℃以下时,空调可按取暖工况运行;当气温低于 5 ℃时,空气加热的同时,还应加湿。

(1)起动:先开加热器(要逐步开大供汽阀),再开风机,最后开加湿阀。

(2)停止:先关加湿器,半分钟后停风机,再关加热器。

(3)运行管理:

①经常泄放蒸汽管中的残水,加热蒸汽压力控制在 0.2～0.4 MPa。

②供风温度维持在 30～40 ℃,舱室相对湿度 $\varphi = 30\%$ 左右,供风相对湿度 φ 在 10%～15%。

③严格控制加湿量。待热平衡后按需(气温低于 0 ℃)开启加湿阀,当气温高于 5 ℃以上时一般不用加湿。手动调整加湿阀开度时,一定要谨慎微调。

3. 通风工况:开/停通风机

通风的目的是向空调舱室输送清新的空气,因此空调器的回风门应完全关闭,新风门完全开启,风机宜在低速运行(如果采用变速风机),以减少功耗。

二、常见故障处理

空调装置运行中,可能由于管理不善、操作不当或设备故障,使得其功能不能充分发挥。由于集中式空调装置系统复杂,涉及的设备较多,我们可以将其分成三个组成部分:一是空调系统本身;二是为空调降温工况提供冷源的制冷系统;三是为空调取暖工况提供热源和湿源的蒸汽系统。空调制冷系统与船舶伙食制冷系统类似,蒸汽系统相对简单,因此我们在此仅仅关心空调系统本身的一些故障。

1. 送风量过小

(1)新风门、回风门总开度偏小;

(2)送风管系密封不良,存在漏气;

(3)风机皮带打滑,转速下降;

(4)空气过滤器脏堵;

(5)风机电机接线错误,风机反转;

(6)降温工况下,冷却器(蒸发器)结霜严重;

(7)冷却器、加热器空气侧脏堵。

综上所述,可以发现,分析风量过小的故障原因,只要沿着空气的流经通路,分析可能的原因即可。

2. 降温工况送风温度过高

(1)制冷量下降:可能是冷剂不足、压缩机无法增缸运行、制冷系统中的过滤干燥器堵塞、膨胀阀冰塞等;

(2)环境温度过高,回风比太小:可以增大回风比,使得制冷量与热负荷相匹配;

(3)空气冷却器空气侧积灰或污垢;

(4)空调舱室和生活区门窗忘关;

(5)加热蒸汽阀漏气:可打开空调器侧门,用手触摸空气加热器,不应有热感。

3. 取暖工况送风温度过低

(1)加热蒸汽流量不足:可能是供风温度传感器故障、蒸汽减压阀整定压力过低、蒸汽管路阻汽器或止回阀故障、回水阀没有开足等;

(2)环境温度太低,回风比太小;

(3)空气加热器空气侧积灰或污垢;

(4)空调舱室和生活区门窗忘关。

4. 空调系统噪声大

(1)风机转子静、动平衡被破坏、风机轴承磨损严重、地脚螺栓松动等;

(2)吸入式空调器箱体漏气、泄水管漏气;

(3)送风量不稳定;

(4)空调器内或风管中的消音装置设计不良、材料选用不合理;

(5)风机及其电机底座的减振垫损坏。

第十一章

船用活塞式空气压缩机

第一节　活塞式空气压缩机工作原理

一、空气压缩机概述

空气压缩机是用于压缩空气的机械,一般简称为"空压机"。空压机是将机械能转化成空气压力能的机械,必须靠原动机(电动机、内燃机)拖动。大中型以柴油机为主推进动力装置的船舶,通常配备2~3台主空压机、1台应急空压机和1台甲板空压机。空压机按工作原理分有活塞式(PISTON TYPE)、离心式(CENTRIFUGAL TYPE)和回转式(ROTARY TYPE),主空压机和应急空压机一般采用活塞式,甲板空压机一般采用回转式。本章只讨论目前船上普遍采用的活塞式空压机。

活塞式空压机按额定排气压力分为低压(0.2~1.0 MPa)、中压(1~10 MPa)、高压(10~100 MPa);按排气量可分为微型(小于 1 m³/min)、小型(1~10 m³/min)、中型(10~100 m³/min)和大型(大于 100 m³/min)空压机。

压缩后的空气称为压缩空气,储存于空气瓶中。压缩空气在船舶上主要用于以下几个方面:

(1)压力在 2.5~3.0 MPa 的压缩空气用来起动主机;

(2)压力在 1.0 MPa 左右的压缩空气用作大、中型柴油机操纵和换向机构的动力;

(3)压力在 0.4 MPa 左右的压缩空气用作操纵离合器、刹车、填充压力水柜、鸣放汽笛、吹洗机件和海底阀等。

知行大讲堂
船舶空压机检修

空压机循环图

二、空压机的理想工作循环

1. 空压机的理想循环

所谓空压机理想工作循环,是指假设空压机在工作循环过程中无能量损失和容积损失。具体而言,即假设:

(1)气缸没有余隙容积,即活塞到达上止点时气体全部排出气缸;

(2)吸、排气过程没有压力损失和压力脉动;

(3)吸气过程气体与缸壁无热交换;

(4)工作过程无气体泄漏;

(5)被压缩气体是理想气体,压缩过程状态方程指数不变。

2. 空压机理想工作循环的 $p\text{-}V$ 图

如图 11-1-1 所示,当活塞 2 在气缸 1 中从止点 a 向右移动时,活塞 2 左边的气缸容积增大,缸内形成真空,大气中压力为 p_1 的空气就压开吸气阀 3,等压进入气缸,一直到活塞移到右止点 b 为止。这是吸气过程,在 $p\text{-}V$ 图上如直线 ab 所示。

当活塞 2 改变运动方向从右止点向左移动时,吸气阀 3 关闭,活塞 2 左边的气缸容积减小,气体受到压缩,压力升高,直到活塞左移至点 c,缸内压力上升至 p_2 为止,这是等温压缩过程,如曲线 bc 所示。当活

图 11-1-1　空压机理想工作循环的 $p\text{-}V$ 图
1—气缸;2—活塞;3—吸气阀;4—排气阀

塞由点 c 继续左移时,排气阀 4 开启,空气等压排出气缸,直至活塞左移至止点 d 为止,这是等压排气过程,如直线 cd 所示。至此,空压机已完成一个工作循环,即吸气→压缩→排气三个过程。只要活塞不断在缸内作往复运动,空气就不断被吸入、压缩和排出。

根据热力学知识,在 $p\text{-}V$ 图上由过程线所围成的面积 $abcd$ 表示空压机一个理想循环所消耗的压缩功,它是等温压缩,等温压缩耗功最小而排气量却最大。

空压机采用了冷却措施,但气缸中的空气得不到充分的冷却(特别是高速大缸径的空压机),所以实际压缩过程是介于等温和绝热之间的多变压缩过程。冷却情况越好,越接近于等温压缩;冷却情况越差,越接近于绝热压缩。图 11-1-2 示出了三种不同压缩过程的示功图。显然,多变压缩过程比等温压缩耗功更大。用水或空气冷却气缸的目的之一,就是使压缩过程尽量趋近于等温,以减小压缩耗功,提高空压机的效率。

三、空压机的实际工作循环

空压机实际工作循环与理想工作循环的主要差别在于:

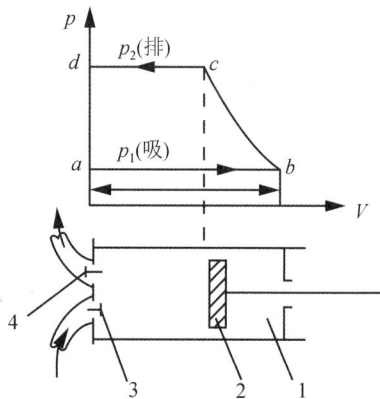

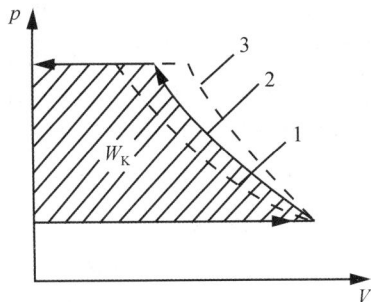

图 11-1-2 三种不同压缩过程示功图

1—等温压缩；2—多变压缩；3—绝热压缩

1. 余隙容积

所谓余隙容积指的是活塞排气冲程结束时,缸内的剩余容积。其包括:(1)活塞顶至第一道活塞环的环形空间;(2)活塞处于上止点时与气缸盖底的空间;(3)气阀阀窝空间。其中以第(2)项为最大。

活塞式空压机必须有余隙容积,以免曲柄连杆机构受热膨胀或连杆轴承松动等,引起活塞撞击气缸盖,或空气中的水蒸气被压缩时会凝结成水,产生液击而造成机损事故。由于余隙容积的存在,排气过程结束时,缸内就会残留一部分压缩空气。如图 11-1-3 所示,当活塞从左止点右移时,残存在余隙 V_0 中的压缩空气就沿曲线 4—1 膨胀,直至活塞右移至点 1,缸内压力低于大气压时,新鲜空气才压开吸气阀进入气缸。因此,空压机实际工作循环由膨胀、吸气、压缩、排气四个过程组成。由于在吸气冲程中多了一个膨胀过程,吸气过程由 a—b 缩短到 1—b,吸气容积相应地由 V_h 缩减小到 V_s,显然,余隙容积 V_0 越大,膨胀过程越长,吸气容积越小。为了提高空压机的排气量,应尽量减小余隙容积。余隙容积的影响用容积系数 λ_V 表示。

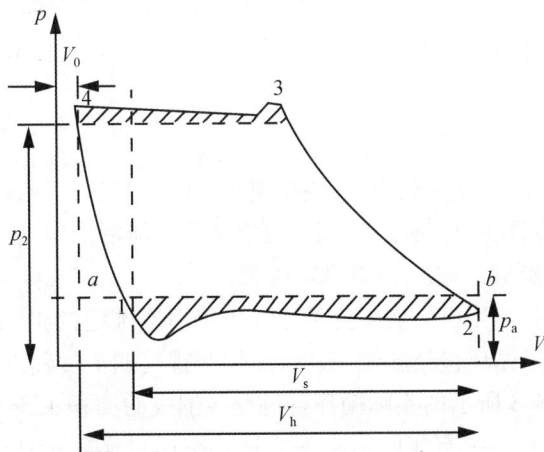

图 11-1-3 活塞式空压机的实际示功图

在衡量空压机性能时常用相对余隙容积。相对余隙容积是余隙容积与活塞行程容

积之比 V_0/V_h。一般低压级为 0.07~0.12;中压级为 0.09~0.14,高压级为 0.11~0.16;容积系数 $\lambda_V = 0.65~0.9$。余隙容积 V_0 和压力比 $\varepsilon = p_2/p_1$ 越大,容积系数 λ_V 越小。

在使用中,空压机的余隙容积会因轴承的磨损、连杆弯曲变形或更换较厚的气缸垫床而变大。为了便于检测,余隙容积大致可用余隙容积高度来衡量。余隙容积高度是指活塞位于气缸上止点位置时,活塞顶与缸盖底之间的距离,其高度一般为 0.4~2.5 mm。对同一台空压机而言,一般高压级气缸的余隙容积值要比低压级取大些。

检修时,余隙容积高度一般采用压铅法进行测量,并可通过调节气缸体与气缸盖或曲轴箱之间的垫片厚度来进行调整,对各种不同型号船用空压机的余隙容积高度取值范围,一般范围如表 11-1-1 所示。

表 11-1-1　船用空压机气缸余隙容积高度的一般范围

气缸直径(mm)	余隙容积高度(mm)	气缸直径(mm)	余隙容积高度(mm)
55~90	0.40~0.55	120~150	0.60~0.75
90~120	0.5~0.55	150~200	0.70~1.00

2. 吸排阻力

空气流经吸入滤器,吸、排气阀和管路时均有阻力损失,且与气流速度的平方成正比。吸入端的阻力损失,使吸气阀开启延迟,膨胀过程延长,吸气压力降低,气缸的吸气量将由于吸气行程的缩短和吸气比容的增大而减小;排出端的阻力损失势必使排气压力升高,不但会使膨胀过程延长,而且压缩耗功将随之增大。在点 1 处出现波谷,在点 3 处出现波峰,这是启阀时需克服气阀弹簧力和阀片惯性力之故。图 11-1-2 中,1—2 为实际吸气过程线,3—4 为实际排气过程线。这部分影响常用压力系数 λ_P 来表示,空压机第一级 $\lambda_P = 0.95~0.98$,第二级 $\lambda_P = 0.98~1.00$。

3. 吸气预热

由于空气与缸内存在着温差,进入气缸的新鲜空气因吸热而膨胀,比容增大,吸气量减小,使排气量降低,这部分损失称为预热损失,用温度系数 λ_t 来表示,$\lambda_t = 0.95~0.98$。

4. 泄漏

由于气阀和活塞环等处密封不严,空压机工作时,空气总会通过活塞环和气阀等不严密处泄漏,这些泄漏只能尽量减小,而不可能消除。泄漏使空压机排气量减少的程度可用气密系数 λ_L 来衡量,一般 $\lambda_L = 0.90~0.98$。

从以上讨论可知,空压机的实际排量总是小于理论排量,实际压缩耗功总是大于理论耗功;空压机的实际循环包括膨胀、吸气、压缩和排气四个过程,在活塞一个往复冲程内完成。由于图 11-1-3 所示的实际循环各过程线围成的面积 1234,表示一个工作循环的压缩耗功,所以图 11-1-3 有实际示功图之称。空压机实际示功图可用示功器测出。空压机的实际体积流量 Q 与理论体积流量 Q_T(单位时间活塞扫过的容积)之比,称为输气系数,用 λ 来表示,即:

$$\lambda = Q/Q_T = \lambda_V \cdot \lambda_P \cdot \lambda_t \cdot \lambda_L \tag{11-1-1}$$

空压机排气压力(p_2)与吸气压力(p_1)之比,称为压缩比,用 ε 来表示,即:

$$\varepsilon = p_2/p_1 \qquad (11\text{-}1\text{-}2)$$

在条件相同的情况下,ε 愈大,λ 愈小,一般 $\lambda = 0.8$ 左右。

四、空压机的热力性能参数

1. 排气压力

空压机排气压力由排气管处压力表测出。空压机的排气压力是变化的,铭牌上标出的排气压力指的是额定排气压力。一般来说,空压机宜在低于额定排气压力下运行。运行中,空压机的排气压力不取决于其本身,而是决定于空气瓶的压力和排气管路阻力(两者之和称为排气背压)。空压机排气压力随排气背压的增大而增大,排气量随排气背压的增大而减少。

2. 排气量或流量

空压机的理论排气量由下式决定:

$$V_{\mathrm{T}} = \pi D^2 \cdot S \cdot n \cdot i/240 \ \mathrm{m^3/s} \qquad (11\text{-}1\text{-}3)$$

实际排气量可用末级排出空气容积换算成第一级进口状态(压力、温度、湿度等)下的容积值,可按下式计算:

$$V_1 = V_2 \cdot T_1 \cdot p_2/T_2 \cdot p_1 \qquad (11\text{-}1\text{-}4)$$

式中:T_2——第一级进口处和末级排出空气热力学温度,K;

p_1、p_2——第一级进口处和末级排出的空气压力,Pa;

V_2——末级排出空气容积,$\mathrm{m^3/min}$。

3. 排气温度

排气温度指的是各级排气管处或排气阀室内测得的温度,其值低于缸内压缩完成空气的温度。排气温度随压力比的增大而升高。

4. 功率和效率

空压机所消耗的功率,一部分用于压缩空气,另一部分用于克服机械摩擦,前者称为指示功率(P_i),后者称为摩擦功率,两者之和称为轴功率(P)。一般空压机铭牌上标注的或说明书给出的为轴功率。

空压机的效率分为机械效率和热效率两类。

机械效率,指示功率与轴功率之比,用 η_{m} 表示,即

$$\eta_{\mathrm{m}} = P_i / P \qquad (11\text{-}1\text{-}5)$$

η_{m} 一般为 0.82~0.90(微型),0.85~0.92(小型),0.90~0.96(大、中型)。

空压机的理论循环计算所需功率称为理论功率,理论功率小于指示功率,它与指示功率之比称为指示效率,用 η_i 表示。理论功率可按等温理论循环或绝热理论循环计算,分别称为等温理论功率(P_{T})和绝热理论功率(P_{S})。相应求出的指示效率称为等温指示效率(P_{iT})和绝热指示效率(P_{is}),即

$$\eta_{iT} = P_T/P_i \qquad \eta_{iS} = P_S/P_i \tag{11-1-6}$$

指示效率反映了实际气体在工作过程中由吸、排气阻力及气体的摩擦、旋涡等造成的总能量损失的大小。其中等温指示效率除了反映上述损失外,还反映冷却达不到理想的等温压缩而附加的能量损失,故比绝热指示效率更低。

空压机的总效率为理论功率与轴功率之比。由于等温理论功率(P_T)和绝热理论功率(P_S)不同,故有等温总效率(η_T)和绝热总效率(η_S)之分。根据式(11-1-5)、式(11-1-6)可得

$$\eta_T = P_T/P = \eta_{iT}\eta_m \qquad \eta_S = P_S/P = \eta_{iS}\eta_m \tag{11-1-7}$$

一般空压机 η_T 为 0.6~0.75,η_S 为 0.65~0.85,风冷式空压机经济性常以绝热总效率为评价标准,水冷式空压机的经济性常以等温总效率为评价标准。

五、多级压缩和中间冷却

活塞式空压机排出压力较高时多采用多级压缩和中间冷却。船用水冷空压机多采用两级压缩,风冷空压机有采用三级压缩的。两级压缩按气缸布置可分为并列气缸式与级差活塞式两类,如图 11-1-4 所示。并列气缸式的一级缸与二级缸并列布置,由双拐曲轴带动,如德国的 SAUER WP 系列;级差活塞式由直径较大的活塞上部与气缸和缸盖间形成低压级工作空间;直径较小的活塞下部与气缸之间的环形空间为高压级工作空间,如日本的 TANABE H 系列。外界空气经吸入滤器 A 由低压级吸入,压缩后经中间冷却器 E 进入高压级,排出后通过后冷却器 H 进入气瓶。

采用多级压缩和中间冷却的好处如下:

(1)降低排气温度和改善润滑条件

空压机压缩过程不可能是等温的,排气温度必然随排气压力的升高而升高。当排气压力达一定值时,排气温度就会接近或超过润滑油的闪点(215~240 ℃),使润滑条件恶化,润滑油变质、裂化和结焦,不但加剧了气缸和活塞的磨损,而且还会使吸、排气阀发生故障,严重时还可能引起爆炸事故。为了保证空压机安全可靠地工作,一般规定固定式排气温度不超过 160 ℃,移动式不超过 180 ℃。降低排气温度的最有效措施是采用多级压缩和中间冷却,它既可使每级压缩比不超过 6~7,又降低了次级吸气温度,还改善了气缸的润滑条件。

(2)提高输气系数

由于余隙容积的存在,单级压缩时,随压缩比(或排气压力)的升高,膨胀过程就增长,吸气容积减小,输气系数迅速下降。采用多级压缩,使单级压缩比降低,余隙容积的影响减小,从而使输气系数提高。如图 11-1-5 所示,由单级压缩改成两级压缩后,吸气容积由 pa 增大为 oa,这就明显地提高了排气量(即输气系数)。

(3)节省压缩机耗功

由于采用中间冷却,使实际压缩过程更有效地接近等温过程,因此减少了压缩耗功。由图 11-1-5 可见,单级改成两级压缩加中间冷却后,理论上省功为面积 $cbde$ 与面

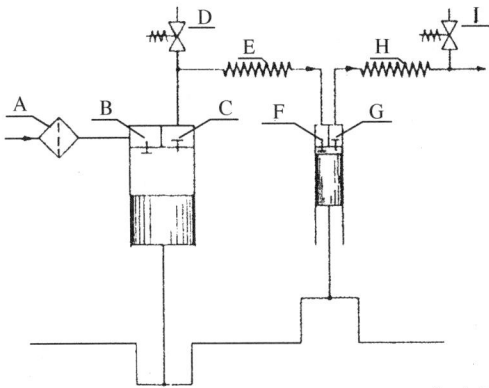

(a) 并列式

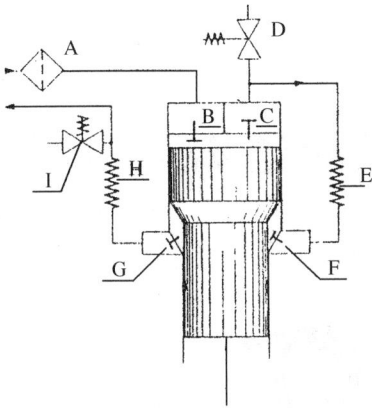

(b) 级差式

图 11-1-4　两级压缩空压机的气流流程图

A—吸入滤器；B——级吸入阀；C——级排出阀；D——级安全阀；E—中间冷却器；F—二级吸入阀；G—二级
排出阀；H—后冷却器；I—二级安全阀

积 *opmn* 之差。多级压缩之所以省功，主要在于中间冷却。理论分析表明，冷却不完善，空气冷却后的温度比原始温度每降低 3 ℃，下一级的压缩耗功约减少 1%。

（4）减小活塞上的作用力

采用多级压缩，只有尺寸较小的高压级活塞承受高压，这就减小了有关机件的重量和尺寸。

空压机多级压缩时，理论上各级压缩比按均匀分配原则，级数越多，再加上良好的中间冷却，则压缩机耗功越省。但在商船多级空压机的实际设计时，额定排气压力多为 3 MPa，为使空压机体积小、重量轻，装置简洁，一般不以省功为主要依据，而以控制排温为主要依据。在排气温度允许的范围内，尽量采用较少的级数。一般商船空压机多为水冷，多用二级（每级压力比最高可达 6~7），风冷可用三级，并且各级的压缩比设计成逐级略降的。这是因为：后级空气密度大，后级冷却比前级相对差些；后级进气温度比前级高，若采用相同压力比，后级的耗功会较大，排气温度会较高；后级的相对余隙容

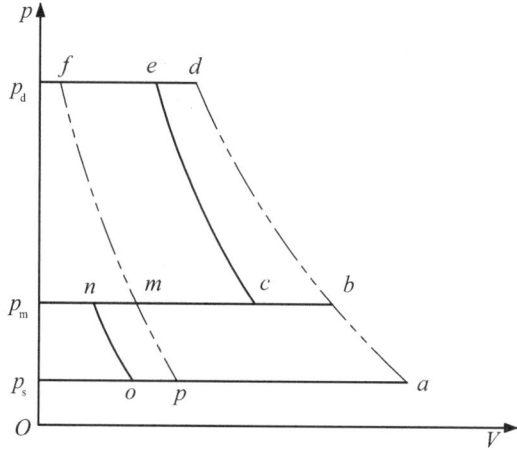

图 11-1-5　单级与两级压缩理论工作循环 p–V 图

积要大一些,若采用相同的压力比,余隙容积也会较大。

第二节　活塞式空压机的结构及实例

活塞式空压机的基本结构,大致可分为三部分,如图 11-2-1 所示。

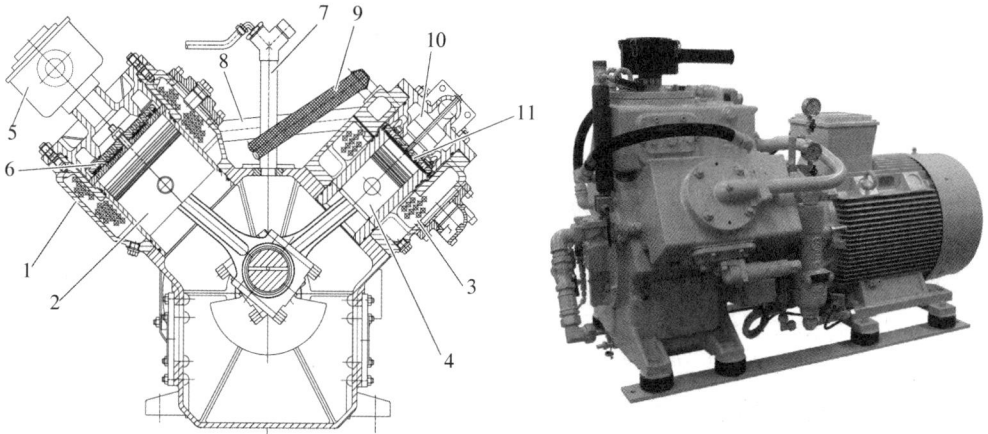

图 11-2-1　SAUER WP240 型空压机

1—第一级气缸组件(带缸头和阀组);2—第一级活塞;3—第二级气缸组件(带缸头和阀组);4—第二级活塞;
5—空气滤清器及第一级气阀阀套;6—气阀;7—曲轴箱透气管;8—空气管;9—冷却水管;10—第二级气阀阀套;
11—气阀

(1)基本部分:机身、曲轴、连杆部件。其作用是传递动力,连接气缸和基础部分。

(2)气缸部分:气缸、气阀、活塞等组成。其作用是构成工作容积和防止气体泄漏。

(3)辅助部分:冷却器、气液分离器、滤清器、安全阀、油泵、注油器及管路系统。这些是保证压缩机正常运转的必要条件。下面重点介绍气阀、空气滤清器、安全阀、活塞环、联轴节和皮带、防腐锌块、气液分离器等。

一、气阀

气阀是压缩机中的最重要易损件,其工作状况直接影响压缩机的输气系数和效率。气阀的工作寿命是决定压缩机检修周期的主要因素。SAUER WP240 型空压机气阀检修周期为 1 000 h。实际工作中,滑油在缸内氧化,产生结炭污染气阀,可能引起气阀密封效果变差,压缩机输气量下降,此时也需对气阀进行检修保养。

图 11-2-2 所示为第一级气阀套及气阀组件,第二级气阀结构与第一级气阀类似。对气阀阀片需要根据磨损情况决定是否研磨或更换阀片。

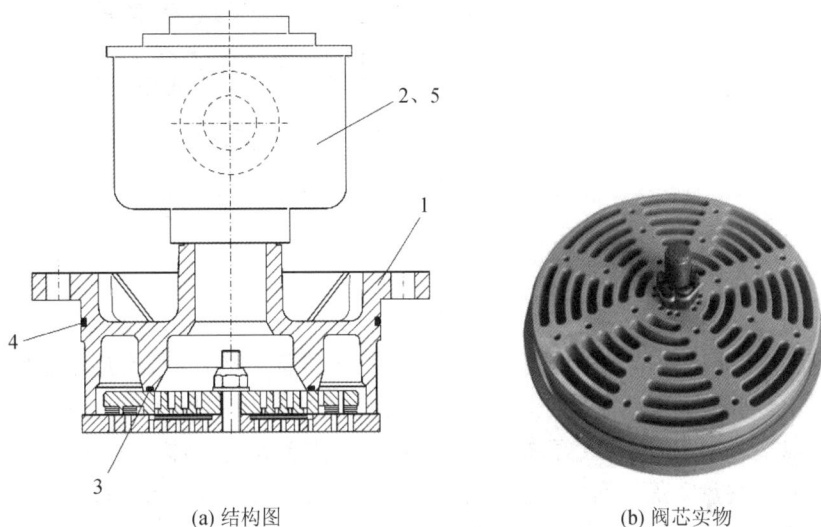

空压机的拆装

(a) 结构图　　　　　　　　(b) 阀芯实物

图 11-2-2　第一级气阀套及气阀组件

1—阀套本体;2、5—空气滤清器组件;3、4—O 形密封圈

装配气阀组件时需要更换所有密封垫片和 O 形密封圈,并使用原厂备件。气阀装入阀室前,应用螺丝刀拨动阀片,检查阀片是否在导向面内滑动,有无卡阻现象。吸、排阀不可互相装错。气阀装入阀室后,气阀的定位螺栓或螺套应旋到位,然后用锁紧螺母并紧,以保证气阀工作时不会在阀室内跳动。经验表明,气阀正常保养后,空压机的输气量有所提高,将气瓶压力提高同等幅度所需时间变短;否则保养工作存在缺陷,需要重新进行检修。

气阀是易损坏部件。气阀损坏的原因主要是受高温影响和阀片与阀座的撞击。拆检时应注意阀片和阀座的磨损情况,并根据磨损和变形的程度决定研磨还是换新。

若阀片和阀座的密封面出现的沟痕不深,可先用粗金刚砂,后用细金刚砂在平板上按"8"字形轨迹研磨,直至沟痕消失表面光洁为止;若阀片的密封面出现较深的沟痕,在阀片的强度满足要求的情况下,可调一个面使用,但新的工作面需研磨后才能使用;若发现阀片翘曲变形,则应换新。阀片、阀座经研磨组装后,应进行气密性、灵活性和牢固性检查后才能使用。气密性检查即用洁净的煤油注入气阀的气流通道应无明显渗漏

（小于 20 滴/分）；灵活性检查即从气流通道顶动阀片，阀片应能自由起落；牢固性检查即连接件应紧固，开口销应锁好。

二、空气滤清器

空气滤清器滤芯（如图 11-2-3 所示）每累计运行时间达到 1 000 h 更换一次；如果一年内累计运行时间少于 1 000 h，那么满一年也需要更换一次滤芯。

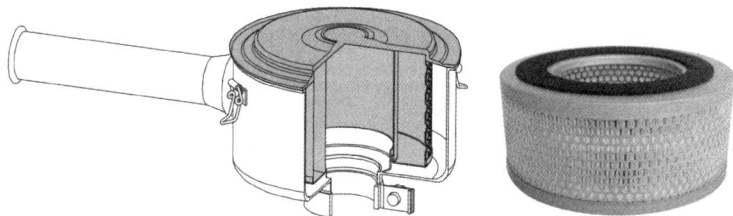

图 11-2-3　空气滤清器和滤芯

三、安全阀

为了防止空压机的排气压力超过容许值而发生机损事故，一般空压机各级均设置安全阀。安全阀的实物及结构如图 11-2-4 所示。当空压机的排气压力超过阀的开启压力时，阀盘 2 升起，高压空气经阀体 9 上的排气口排至大气；当排气压力降低后，在弹簧 8 的作用下，阀盘 2 落下而关闭。调整螺钉 4 下旋，阀的开启压力升高；反之，开启压力降低。调整环 10 上旋，阀启闭压差增大；反之，压差减小。

国标规定当排气截止阀关闭后，空压机的排气压力升至额定排气压力的 110% 时，最后一级安全阀开启则排气压力不再上升；级间安全阀的起跳压力不应超过该级额定排气压力的 120%。安全阀开启压力出厂时已调好，并已铅封，只要校验一下即可，不可随意更改。修理后的安全阀，必须进行压力试验，以确保安全。

四、活塞环

活塞环分为气密环和刮油环，是保证空压机容积效率、防止滑油消耗过大、产生结焦、爆燃的重要部件。并列式空压机，每个活塞都必须装气密环和刮油环。串缸式空压机，上部气缸的活塞只装气密环，下部气缸的活塞需装气密环和刮油环。安装刮油环时，刃口必须朝下。

SAUER WP240 型空压机每运行 8 000 h 或大修时，需要检修活塞环。当第一级活塞气密环和刮油环搭口间隙达到 1.80 mm 时，需要更换活塞环；当第二级活塞气密环搭口间隙达到 0.75 mm 和刮油环搭口间隙达到 0.65 mm 时需要更换。

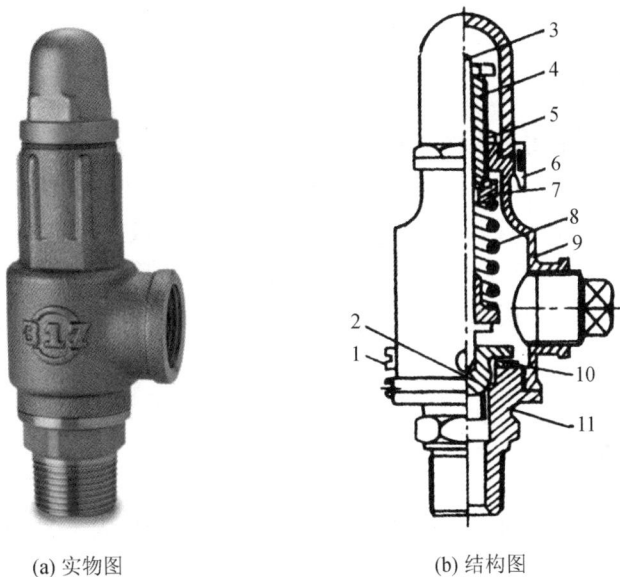

(a) 实物图　　　　　　　　(b) 结构图

图 11-2-4　安全阀的实物及结构图

1—止动螺钉；2—阀盘；3—顶杆；4—调整螺钉；5—锁紧螺母；6—铅封；7—弹簧座；8—弹簧；9—阀体；10—调整环；11—阀座

五、联轴节和皮带

装复时应注意电动机接线相序，不要搞错，否则会导致兼作风扇的飞轮改变风向，影响电机散热；对于强力润滑系统，油泵将无法供油。

安装完毕后，用手转动飞轮一周，应转动灵活，既无卡阻也不松动。手动盘车时应特别注意安全，避免发生手指被三角皮带压伤的事故。盘动皮带轮的正确方法是：手在大皮带轮的外侧，严禁手抓皮带盘车。传动皮带的松紧度应合适，一般用手或直尺压在皮带中间，皮带的下沉量为 10~15 mm 较为合适。

SAUER WP240 型空压机每运行 8 000 h 或大修时，需要检查联轴节。松开检查旋塞，观察其传动齿有无损坏。如有损坏，需吊离电机，予以更换。SAUER WP240 型空压机联轴节如图 11-2-5 所示。

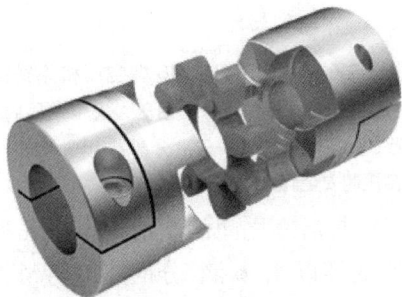

图 11-2-5　SAUER WP240 型空压机联轴节

六、防腐锌块

现代船舶一般采用中央冷却系统,温度恒定的低温淡水进入空压机的中间冷却器、后冷却器和缸套缸头。由于淡水不易在冷却器中产生水垢,因此中间冷却器和后冷却器不存在传统海水冷却所带来的脏堵问题,冷却效果比较稳定。

SAUER WP240 型空压机为了防止中间冷却器发生腐蚀,在中间冷却器端盖上装有防腐锌块。空压机运行周期达到 1 000 h 左右,需要检查防腐蚀锌块,同时拆卸清洁冷却水滤器。

七、润滑系统

空压机润滑的目的在于减小运动部件相对运动的摩擦阻力,带走部分摩擦热,增强气缸与活塞环的气密性,从而减小机件的磨损和压缩耗功,提高排气量。

空压机通常采用飞溅润滑或压力润滑。压力润滑需设专门的润滑系统,油量可调节,送入润滑部位的滑油经过滤器过滤,杂质较少,润滑效果好;飞溅润滑结构简单,但润滑效果较差。

SAUER WP240 型空压机采用压力润滑,其系统图如图 11-2-6 所示。由曲轴自带滑油泵,油压通常为 0.4~1.8 MPa,通过曲轴内钻孔润滑主轴承和连杆大、小端轴承。

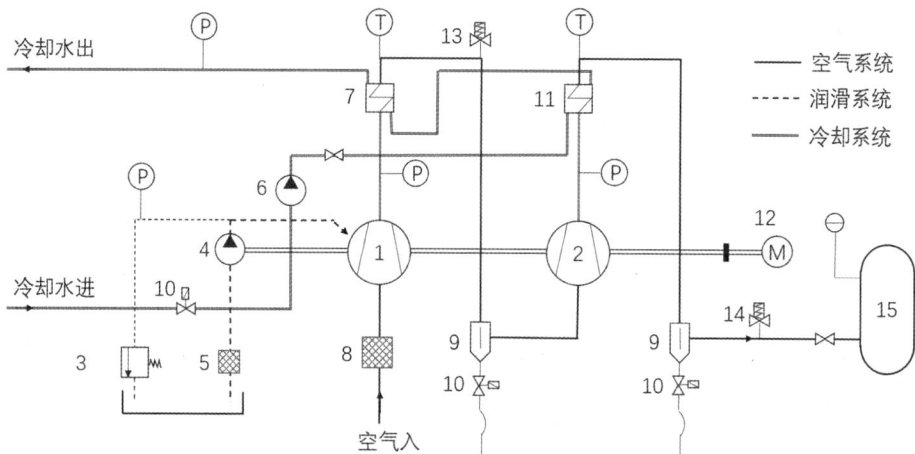

图 11-2-6　SAUER WP240 型空压机系统图

1—空压机第一级压缩;2—空压机第二级压缩;3—滑油压力安全调压阀;4—滑油泵;5—滑油滤器;6—冷却水泵;7—级间冷却器;8—空气滤器;9—气液分离器;10—电磁阀;11—后冷却器;12—电动机;13—低压侧安全阀;14—高压侧安全阀;15—空气瓶

级差式压缩机的一级气缸与活塞之间的润滑有以下几种方式:(1)滴油杯式滴油润滑。由设在吸气口处的滴油杯以 4~6 滴/分的速度将滑油滴入,由吸气带入气缸。此方式耗油量较大,大部分滑油以油雾的形式被排气带走,在气液分离器中分离出来。

（2）吸入曲轴箱油雾润滑。通过一路与曲轴箱相通的细管吸入部分油雾润滑一级气缸。（3）气缸注油器注油润滑。将滑油均匀送到缸壁的注油点，能得到满意的润滑效果，并可减少滑油消耗。

八、冷却系统

空压机的冷却系统（参见图11-2-6）包括：

1. 级间冷却

级间冷却的主要目的是降低下一级的吸气温度、减少压缩耗功和减小下一级气缸的缸径。级间冷却效果越好，降低排气温度和减少功耗的效果越显著，故总是让冷却水（或风）最先通过级间冷却器。

2. 压后冷却

压后冷却的主要目的是缩小压缩空气的容积，减轻其在空气瓶中因冷却而造成的气压降低程度，提高储气瓶的储气量；并使排气中的油和水蒸气冷凝而便于通过气液分离器把油和水从压缩空气中分离出来，从而提高压缩空气的质量。

3. 气缸冷却

气缸冷却的主要目的在于移出压缩过程中空气传给缸壁及摩擦产生的热量，使压缩过程趋于等温，以利于减少压缩，同时降低排气温度及避免滑油温度过高，改善气缸的润滑条件。气缸和缸盖都需要冷却，但过度冷却会使缸壁温度过低，湿空气会在缸壁结露，可能造成液击。通常气缸冷却水温不宜低于 30 ℃，多串联于级间冷却器和后冷却器之后。

4. 滑油冷却

滑油冷却的主要目的是使滑油保持良好的润滑和气密作用，这有助于带走摩擦面产生的热量，并能减缓滑油氧化变质的速度。

九、气液分离器

空压机气缸中排出的压缩空气含有油和水蒸气，经冷却后就会凝结成液滴。油滴和水滴若随空气进入下一级气缸，就会黏附在气阀上，使气阀工作失常，寿命缩短；水滴黏附于缸壁上，会使润滑恶化；管路中油滴的大量积聚，则有引起爆炸的危险。若冷却后的压缩空气直接充入储气瓶，则会降低压缩空气的品质。为此，在最后一级冷却器之后，一般都设气液分离器，以分离压缩空气中的油和水。

图11-2-7中实线箭头为正常气液分离路线，虚线为滤器反冲洗路线所示为一种过滤式气液分离器。当被冷却后的压缩空气从进口 1 进入滤芯 3，将大多数液体拦截。从滤芯 3 流出后，进入壳体空间 4，由于容积突然增大，流速也就突然降低，滤芯未能拦截的小的油滴和水滴在自身的重量作用下落下，更小的油滴和水滴黏附于壁面上，并在

重力作用下下流而积聚于液体收集室 5;分离后的压缩空气则通过出口 7 进入储气瓶。为了提高气液分离器分离油和水的效果,空压机运行中,应定期开启泄放口 6 上面的泄放阀排污。

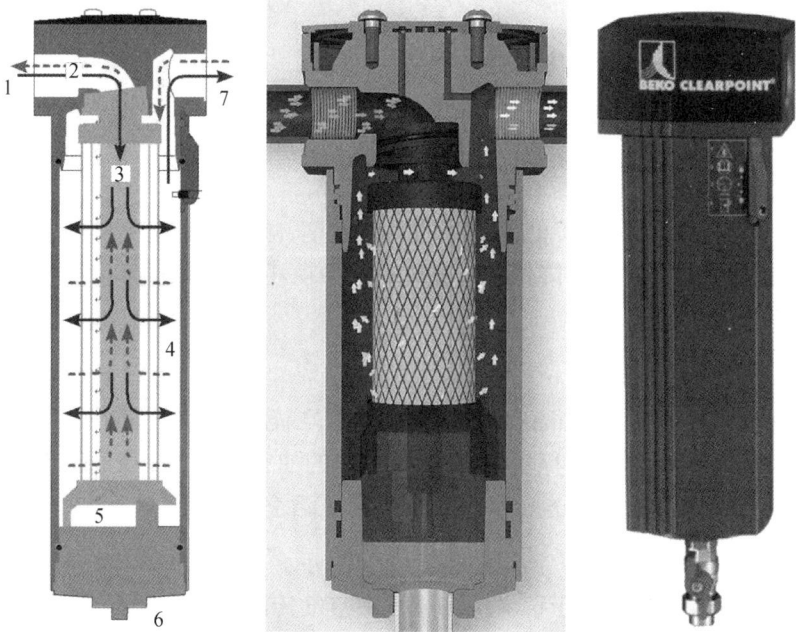

图 11-2-7　过滤式气液分离器

1—压缩空气进口;2—滤芯入口;3—滤芯;4—壳体空间;5—液体收集室;6—泄放口;7—压缩空气出口

十、卸载电磁阀

如图 11-2-8 所示,在各级冷却器或气液分离器上都装有卸载电磁阀。起动期间,各级电磁阀延迟关闭,待压缩机转速上升到额定转速后,该电磁阀才关闭,从而实现卸载起动。因此,该电磁阀也称为卸载电磁阀。在压缩机运行期间,卸载电磁阀及时开启,以便泄放冷却器在冷却压缩空气过程中产生的含油凝水。

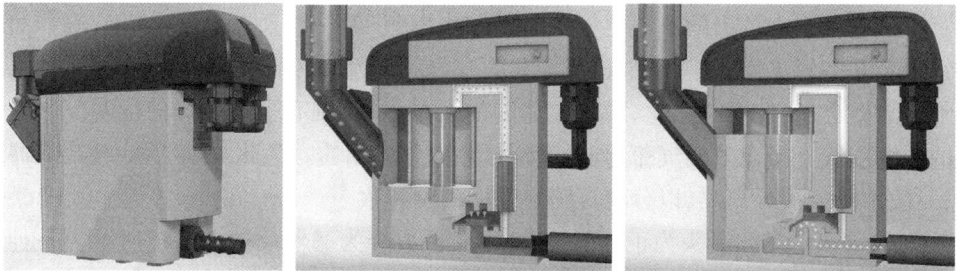

（a）卸载装置　　　　（b）电磁阀关闭状态　　　　（c）电磁阀开启状态

图 11-2-8　卸载电磁阀

第三节 空压机的自动控制

船舶进出港口、锚地、窄水道时，主机起停、换向频繁，消耗压缩空气量较大，而停泊和在开阔水面航行时，压缩空气量消耗较少，因此需要根据实际耗气量变化来调节空压机排量。目前船舶空压机一般都采用自动控制，只有在应急和检修试车时才改为手动控制。自动控制时通常设置为两台空压机分主、次工作，一台为主用，另一台为次用。全自动控制的空压机具有以下全部或部分功能。

一、自动起动和停机

对用电动机作动力源的空压机来说，利用装在空气瓶上的压力继电器即可实现自动起停。当储气瓶压力达上限值，继电器触头跳开，使空压机停转；当储气瓶压力降至下限值，继电器触头闭合，电路接通，使空压机转向储气瓶充气。两台空压机并联自动工作时，每台空压机各由一个压力继电器控制，但主用和次用空压机的接通值和切断值都相差一定值。主用空压机 2.45 MPa 起动，2.94 MPa 停车；次用空压机则 2.35 MPa 起动，2.84 MPa 停车。当主用空压机单独工作不足以维持储气瓶压力，气压降至 2.35 MPa 时次用空压机起动加入工作。在船上，一般应定期（每月）将压力继电器与其所控制的空压机的主、次关系转换，以保证两台空压机的工作负荷和寿命基本一致。

二、自动卸载和泄放

停车时，由控制电路首先打开各级冷却器泄放管路的泄放电磁阀，并保持开启。起动时将各级冷却器的泄放电磁阀延迟关闭，同时用卸载电磁阀控制压缩空气使第一级吸气阀常开，从而实现卸载起动。运行中泄放电磁阀通常还能定时（例如每 2 h）开启一小段时间，泄放从空气中分离出来的油和水。同时，电动机起动时线路按星形-三角形转换，可使起动电流减少 2/3，能减轻对电站的负荷冲击。

三、自动保护和报警

空压机通常设有下列自动保护，其中有的有显示故障的报警指示灯：①滑油低压保护。压力润滑的空压机当滑油压力低于调定值时，油压继电器即断电停机。由于起动时滑油泵建立油压需一定时间，故有时间继电器使低油压保护延时动作。②排气高温保护。国标规定空压机后冷却器出口应备有小型易熔塞或设报警装置，当空气温度超过 121 ℃时应发出报警（应急空压机除外）。有的机型以冷却水高温保护来代替排气高温保护，当冷却水温超过设定值时，温度继电器动作使压缩机停机。③电机过载保护。常用热继电器实现,同时还兼有电源缺相保护作用。④过电流保护。常用空气开关或过电流继电器实现。

四、冷却水自动供给与停止

在冷却水供水管路上设电磁阀与压缩机起、停同步接通和切断。也可在供水管路上设气动薄膜阀,起动后靠第一级排气阀使之开启,停车时排气泄放,则气动阀自动关闭切断供水,还可利用排气压力升高时对阀开度做比例调节。

五、滴油润滑自动供给与停止

当低压缸吸气管设有滴油润滑时,可设供油电磁阀和压缩机同步起、停。

第四节　空压机的维护管理

本节以 SAUER WP240 型空压机为例,介绍船用活塞式空压机的操作要点。尽管不同型号的空压机,操作要求不尽相同,但通过本实例的介绍,可以了解空压机操作管理的常规做法和理念。

一、空压机起动、运行和停车

1. 初次起动

初次起动前的检查,是指空压机刚刚交付使用和大修之后的初次使用。主要检查和准备项目包括:

(1)盘车确认没有卡阻。

(2)将控制模式转为手动。

(3)检查曲轴箱油位,必要时可向曲轴箱补充滑油,但油位不得超过曲轴箱油位观察镜"MAX"位置。

(4)点动起动冷却水泵,检查泵转向,注意打开冷却水管系中相关的阀件。

(5)起动冷却水泵,打开放气旋塞放气,完全排除冷却水管系及水腔的空气。

(6)点动起动空压机,检查转向。如果自带滑油泵(齿轮泵)的空压机反转,会导致滑油压力无法建立。

准备工作完成后,再对 SAUER WP240 型空压机进行运行试验,检查以下功能是否正常:

(1)起动后,放残阀延时 15 s 关闭。

(2)压缩机运转 15 min 后,自动打开放残阀,开启时间约为 15 s,在这期间压力表

指示压力下降。

（3）试运行调整冷却水流量，将冷却水出口温度控制在 40~50 ℃。

运行试验通过后，将控制模式转为"自动"控制，压缩机在压力继电器的控制下进入自动启停工作状态。

2. 运行管理

自动控制运行中的 SAUER WP240 型空压机，轮机人员需要注意以下事项，但不局限于此：

（1）检查曲轴箱油位油质，必要时添加滑油或更换滑油。油位不得超过曲轴箱油位观察镜"MAX"位置。

（2）检查油压，油压应在 1.8~4.0 bar。

（3）检查中间压力排压和最后一级排压，空气瓶压力在 2.5~3.0 MPa 的情况下，中间压力表指示的压力应在 0.42~0.53 MPa。

（4）观察空压机运行电流，电流表指示值应在正常范围之内。

（5）倾听运行声音是否正常。

（6）经常打开空气瓶底部的放残阀和气路上的泄放阀，泄放油、水和杂质。

国标规定各级排气温度应≤200 ℃（包括风冷空压机）；进气瓶的空气温度水冷空压机应不大于进水温度 30 ℃，风冷空压机应不大于环境温度 40 ℃。曲轴箱内滑油温度应≤70 ℃。油泵排压不低于 0.1 MPa。

3. 停车

短时停车，只需将转换开关达到"停止"位。如需拆卸保养，还需要切断电源，挂上"请勿合闸"的警示牌，以免检修期间发生危险。

二、检修与保养要点

国标规定空压机的气缸、气缸盖、冷却器、液气分离器等的气腔和活塞等承受气压的部件应以等于 1.5 倍的额定工作压力进行水压试验；冷却水系统的水压试验压力为 0.5 MPa，各种水压试验应历时 30 min，不许渗漏。空压机中修期（1 000 h）内，主要零件不应发生影响正常运转的损坏或损伤，各主要间隙值不超过允许的极限值。

空压机的管理应注意以下方面：

1. 转向与连接

检修时应注意电动机接线不要接错，否则，兼作风扇的飞轮将改变风向，当然飞轮方向也不能装反；对于强力润滑系统，油泵供油将相反。泵和电动机应保持良好对中，联轴器不同心度应在 0.1 mm 以内。

2. 重要部件

重要部件包括气阀、活塞环、连杆大端轴承、中间冷却器空压机的重要部件。现分述如下：

（1）气阀

视阀片的磨损情况决定是否研磨或更换阀片。研磨要领:研磨砂应先粗后细,研磨手法应用"8"字形。

吸排阀弹簧不要换错或漏装,自由状态弹簧高度允许误差 + 2 ~ 0.5（高度 ≤ 20 mm）、+ 2.5 ~ 0.5（高度为 21 ~ 40 mm）、+ 3 ~ −1.0（高度为 41 ~ 70 mm）,连压三次弹簧至各圈互相接触,其自由高度残余变形应 < 0.5 %,不合格者换新。

气阀研磨修复组装后,应用煤油试漏,滴漏不得超过 20 滴/分。

固定螺栓与螺母之间应穿上开口销,以免由于振动而使螺母松出使气阀不能正常工作,甚至导致气阀零件掉入气缸,造成重大事故。

气阀装入阀室前,应用螺丝刀拨动阀片,检查阀片是否在导向面内滑动,有无卡阻现象。吸、排阀不可互相装错。检查阀片升程,应符合说明书要求。

应保证气阀室与阀座的接触面清洁与平整,它们之间有垫片的不要遗漏,以保证气阀的气密性,紫铜垫圈在安装前应加热退火。无垫片者,不要加装垫片,以免增大余隙容积。

气阀装入阀室后,气阀的定位螺栓或螺套应旋到位,然后用锁紧螺母并紧,以保证气阀工作时不会在阀室内跳动。

（2）活塞环

安装活塞环时,气密环和刮油环的搭口应互相错开,一般互成 120°,对于有倒角的刮油环,有刮油刃口的一面应朝下安装,各运动件的摩擦面都应抹一些润滑油。

拆装小直径的高压缸的活塞环时,应特别小心,不能采用一般拆装活塞环的方法。一般采用 3 ~ 4 片 3 ~ 4 mm 宽的白铁皮（或铜片）,一片一片地从搭口处套入环内,并慢慢移动,使白铁皮沿活塞的外圆柱面均匀分布,这样就可以把活塞环一道一道地拆出,而不易折断。安装时,可先把活塞环轻轻地装入第一道环槽内,然后按拆卸时的方法把活塞环装在相应的环槽内。

（3）连杆大端轴承

拆连杆大端轴承盖时,应注意其上的垫片不要失落,两边的垫片也不要搞混,连杆装好后,用螺丝刀拨动大头,其轴向位移不超过 1 mm,即认为松紧合适。

（4）中间冷却器

中间冷却器对于空压机的正常高效地工作非常重要,但中间冷却器常会被海水中的泥沙、生物堵塞,故需定期清通。它也会因腐蚀而泄漏,故在清通时需检漏。清通时要用专用通条,否则会损伤冷却铜管;清通并冲洗干净后,要检漏,对破漏要及时修复;对防腐锌块要检查清洁,对小于原始体积 1/3 的要换新。安装时密封面上的密封槽要清洁,密封面要涂油脂后上垫片。

3. 重要间隙

检查各配合间隙。气缸余隙和轴承间隙是空压机最重要的间隙。用压铅法测量气缸余隙容积时,铅丝应放在避开气阀的位置,铅丝直径以略大于余隙为佳,一般为标准余隙的 1.5 倍。气缸上下端面垫片厚度会影响余隙,因此必须采用符合说明书要求的垫片,最好用厂供备件。

检查泵轴与轴承的间隙。轴与轴承的径向间隙一般为 0.03~0.08 mm,间隙超过磨损极限时,应换新。

检修装复后,用手转动飞轮一周,应转动灵活,既无卡阻也不松动。手动盘车时应特别注意安全,避免手指被三角皮带压断的事故发生。盘动皮带盘的正确手法是:手在大皮带轮的外侧。严禁手抓皮带盘车。传动皮带的松紧度应合适。一般用手或直尺压在皮带中间,皮带的下沉量为 10~15 mm 较为合适。最后千万不要忘记加油,曲轴箱内的油位严格保持在油尺的两刻线间。

4. 润滑油

空压机润滑油必须选择专用的空压机油,其主要要求如下:

(1)有适当高的闪点。国标规定闪点应比气缸内的最高压缩温度高 20 ℃ 以上。空压机油闪点并非越高越安全,一般以高于压缩终了气温 20~40 ℃ 为宜。因为油的闪点越高,其碳氢化合物的分子链也越长,热稳定性能越差,容易产生结炭。积炭会加剧运动件磨损,影响活塞环和气阀的密封性能,甚至造成活塞拉缸、气道中炭沉积物自燃等严重事故。

(2)高温下应保持适当的黏度。足够的黏度才能保证足够的承载强度和密闭性能,但黏度太高不仅摩擦功增加,而且积炭会更多。

(3)有良好的抗氧化积炭能力。空压机中空气温度高,氧气分压力大,并有冷凝水和铜管起催化作用,润滑油比在大气中更容易氧化变质,导致积炭。故要求空压机油有良好的抗氧化能力,在高温下积炭的倾向小,生成的积炭松软易脱落。

(4)有良好的抗乳化性。空压机工作期间及停转后,气缸及曲轴箱内易凝结水分,如果油发生乳化,会降低润滑能力,且在金属表面失去油膜容易生锈。

应定期检查曲轴箱内的滑油,当发现脏污变质时,应予全部更换。

5. 防火与防爆

压缩机着火爆炸的原因是油在高温下分解形成的积炭沉淀物发生自燃。油渗入积炭、铁锈就会滞留在排气通道中。若排气温度高到一定程度,吸收了油的积炭沉淀物氧化加剧,而氧化是放热反应,促使油积炭沉淀物的局部温度进一步升高,就可能发生自燃。自燃并不一定要空气温度达到油的闪点,有时可能在气温为 180~200 ℃ 或更低时发生。自燃加剧了油的蒸发,空气中油的浓度达到一定程度就可能爆炸。

防止着火与爆炸的措施是:

(1)选用抗氧化安定性好、黏度和闪点适当的滑油。

(2)防止排气温度过高,压缩机必须保证工作温度低于滑油闪点 20 ℃ 以上。

(3)完全避免油的氧化和分解是不可能的,因此,应及时清除气道中的积油积炭。积炭厚度不超过 3 mm 被认为是安全的。

(4)消除其他触发自燃的因素。例如压缩机应接地,避免静电积聚引起电火花;不允许运动部件异常摩擦和咬死;不允许容器和管道零部件松动产生撞击;不应采用可燃性密封材料;不允许气阀严重漏气;不允许活塞环严重漏气导致曲轴箱高温,这时若曲箱内运动部件局部过热,可能引起曲轴箱爆炸。

(5)防止空气中油分达到爆炸浓度。因此,压缩机空转的时间不可过长,因为这时油气集聚浓度增长较快。

三、常见故障及排除方法

1. 机械故障(见表11-4-1)

表11-4-1　空压机的常见机械故障的原因及排除方法

故障	原因	排除方法
1. 气缸与缸盖发热	(1)冷却水供应不足; (2)冷却水管路堵塞,使供水中断,或飞轮装反,风向不对; (3)气阀的工作不正常,造成各缸的负荷重新分配。负荷增大或排气阀漏气的缸,气缸和缸盖的温度升高	(1)适当加大冷却水的供应量; (2)检查并疏通,或改变飞轮的安装方向; (3)检查并排除气阀工作不正常的原因
2. 突然冲击	(1)气缸中积聚水分,产生液击; (2)阀片折断或吸气阀并紧螺母松脱	(1)检查原因并排除,修复损伤部分; (2)取出掉入物,并修复损伤部分,注意装上气阀并紧螺母的开口销
3. 吸、排气阀的敲击声	(1)气阀定位螺钉未到位,气阀受到气流的冲击上、下跳动; (2)阀片折断; (3)弹簧松软或失去作用; (4)阀座深入气缸与活塞相碰	(1)松开并紧螺母,旋紧气阀定位螺钉; (2)更换阀片; (3)更换弹簧; (4)用加垫的方法使阀座升高

2. 排气量降低(见表11-4-2)

表11-4-2　空压机排气量降低故障的原因及排除方法

故障	原因	排除方法
1. 空气滤清器的故障	空气滤清器因部分被污垢堵塞、阻力增大、降低了进气压力,进入气缸的空气比容增大,影响排气量	吹扫和清洗滤清器
2. 气阀的故障	(1)阀片变形或阀片与阀座磨损,或阀片和阀座接触面有污物,造成阀关闭不严而漏气; (2)阀座与阀孔结合面不严密或忘记垫垫片而造成漏气; (3)气阀的弹簧刚性不当,过强则气阀开启迟缓;过弱则关闭不及时,均会影响排气量; (4)气阀的通道被炭渣部分堵塞	(1)清除污物,研磨阀片和阀座或更换阀片; (2)研磨阀座与阀孔的接触面或把垫片垫上; (3)更换弹力适当的弹簧; (4)清除炭渣

续表

故障	原因	排除方法
3. 气缸和活塞的故障	(1)气缸或活塞、活塞环磨损,间隙过大,漏气严重; (2)气缸盖与气缸体贴合不严,造成漏气; (3)气缸冷却不良,新鲜空气进入时,形成预热,空气比容增大影响排量; (4)活塞环因装配间隙过小或润滑不良而咬死或折断,这不但影响排气量,还可能引起压力在各级中重新分配; (5)活塞环的搭口转到一条线上去了,漏气严重; (6)传动皮带过松,皮带打滑,空压机达不到额定转速; (7)余隙容积过大	(1)更换缸套或活塞、活塞环; (2)刮研接合面或更换垫床; (3)改善冷却条件; (4)拆出活塞,清洁活塞环和环槽,调整装配间隙,消除润滑不良的因素; (5)拆下活塞,使搭口错开(一般错开120°); (6)调整皮带的松紧度; (7)检查并调整余隙容积
4. 中间冷却器故障	(1)冷却水量过小,一级排压和次级进气温度升高; (2)热交换面沾有油污或结水垢,同上	(1)加大冷却水量; (2)清洁中间冷却器热交换面

3. 排气压力和温度不正常及其他故障(见表11-4-3)

表11-4-3　空压机排气压力和温度不正常及其他故障的原因及排除方法

故障	原因	排除方法
1. 高压级排出压力高于额定值	安全阀失灵	检查安全阀
2. 低压级排出压力偏高	高压缸的进气阀或排气阀漏气或中间冷却器冷却效果差	研磨气阀或更换阀片或改善中间冷却器的冷却条件
3. 低压排出压力偏低	低压缸的进气阀或排气阀漏气	研磨气阀或更换阀片
4. 高压排气温度过高	高压缸的排气阀漏气或中间冷却不良	研磨或更换阀片或排除中间冷却器不良的因素
5. 低压缸的排气温度过高	低压缸的排气阀漏气	研磨或更换阀片
6. 滑油消耗量过大,储气瓶中有过量的润滑油	(1)曲轴箱的油面过高; (2)活塞环磨损、咬死、折断或搭口转到一边去了,或刮油环装反	(1)放去多余的油; (2)更换活塞环或错开活塞环的搭口,刮油环的倒角面应朝上

第十二章

船用海水淡化装置

第一节　船用海水淡化装置的工作原理

　　船员生活离不开淡水，船舶运行离不开淡水。船舶一旦缺少淡水将严重威胁人员生活和船舶的正常营运。古代海船上的淡水主要依靠携带。现代海船上的淡水以制造为主、携带为辅。

　　从海水中提取淡水的机器及系统称为海水淡化装置，船员常称为造水机(fresh water generator，FWG)。海水淡化的方法很多，目前主要有蒸馏法、电渗析法、反渗透法和冷冻法四种。其中，为了便于回收利用主柴油机的气缸冷却水的废热，真空蒸馏法在船上应用最为广泛。管理好船舶海水淡化装置，使船舶始终保持足够的淡水，对船员和船舶都很重要。

　　船舶启航后，当船舶进入定速航行、离岸至少20 n mile以上的开阔清洁海域时，一般需由造水机的主管轮机员(一般为二管轮)起动造水机并调整其到正常运行状态，各值班轮机员和机工负责每1 h巡检一次、每2 h记录一次运行参数，确认其工作状态正常。平时由机工长和机工协助主管轮机员开展检修保养工作。船舶驶往离岸20 n mile海域前，主管轮机员或值班轮机员须停用造水机。

一、船舶对淡水含盐量和水量的要求

　　海水是一种溶有80多种盐类的水溶液。海水淡化的目的是除去各种盐类及有害杂质。当水的含盐量低于1 000ppm时，可称之为淡水。在船上，据使用场合不同，对淡水的质量及数量要求亦不相同，见表12-1-1。其中船用锅炉对含盐量的要求最高，锅炉的工作压力越高，对含盐量的要求越高。对柴油机动力船舶，辅助锅炉对给水含盐量的要求是低于10ppm即可。故对船用造水机造水含盐量的性能指标上限设置为10ppm。

表 12-1-1　对船用淡水的质量和数量要求

用　途	质　量			数　量
	S mg/L	Cl⁻ mg/L	H mg/L	
柴油机	冷却用水			0.2~0.38(kg/kW·d)
汽轮机	取决于锅炉用水			0.5~1.4(kg/kW·d)
蒸汽机	取决于锅炉用水			4~8(kg/kW·d)
火管式辅助锅炉	<150	<60	<0.7	蒸发量的1%~5%
水管式辅助锅炉	<30~38	<30	<0.15~0.5	蒸发量的1%~5%
中、高压锅炉	<5~20	<1~10	<0.01~0.05	蒸发量的1%~5%
饮用水	要符合国家卫生标准			150~250 L/24 h·人
洗涤水		<200	<7	
蓄电池和医疗用水	水质要求高、用量少、由岸埠供应			

注:①S——总含盐量,即 1 L 水中总固溶物的毫克数,mg/L;②Cl⁻——氯离子浓度,即 1 L 水中氯离子的毫克数,mg Cl⁻/L;③H——硬度,即 1 L 水中钙镁离子毫克数,mg/L。

二、海水淡化方法

1. 蒸馏法

蒸馏法是最早应用的海水淡化方法。它根据溶液(盐水)生成蒸汽时,蒸汽中重组分(盐)含量很低的原理,将海水加热蒸发成蒸汽(称为二次蒸汽),再将蒸汽引入冷凝器中冷凝,以获得淡水(蒸馏水)。

用蒸馏法淡化海水必然伴随相态变化,而水的汽化潜热较大,所以耗能较多,而且处理热海水还须注意防止装置内部的结垢和腐蚀,这是其缺点。但蒸馏法可直接利用热水或废气等加热,便于废热利用;同时所产淡水的纯度较高,一次脱盐即可获得含盐量为 5~10 mg/L 甚至低于 1 mg/L 的淡水,从而满足各种用途的水质要求;此外,蒸馏装置工作稳定,适用于各种规模的生产。目前,为了回收利用船舶柴油机缸套冷却水的废热,船舶主要采用真空蒸馏法。真空蒸馏法又可分为真空沸腾式和真空闪发式两种。前者海水加热和蒸发都在同一个高真空的蒸发器内进行,是目前船上的主流机种;后者海水先在加热器内被加热,再经喷雾器减压喷洒到具有一定真空度的蒸发器内,部分海水迅速闪发汽化,产生蒸汽。真空闪发式海水淡化装置虽能显著减轻加热面结垢,但造价高、效率低,船上已基本不再使用了。

2. 电渗析法

电渗析法是使海水中的阴、阳离子在外加直流电场的作用下,作定向迁移,通过相间排列的有选择性的阴、阳离子渗透膜(或称离子交换膜),使一部分海水中的离子转移到另一部分海水中去,从而实现海水淡化。

电渗析法因为不需要液体发生相变,所以耗能比蒸馏法少,但却必须耗用电能,且耗电量随原水浓度的增加而增多。在常温下,电渗析淡化海水的电耗为 15 ~ 25 kW·h/m³,淡水的含盐量约为 500 mg/L。如欲进一步提高水质,不仅设备复杂,而且耗电量也将增加,因此对有大量废热可供利用的船舶来说,其经济性反而不如蒸馏法。此外,为了防止结垢和膜的污染与老化,还必须对海水进行预处理,并定期进行酸洗和倒换电极,操作管理也较复杂。因此,电渗析淡化装置,很难被商船采用。

3. 反渗透法

反渗透法是将海水加压到水的渗透压以上,以使其通过半渗透膜,利用反渗透原理使海水中的溶剂(淡水)反渗透出来,从而使海水淡化的一种方法。

图 12-1-1 为渗透和反渗透示意图。反渗透是渗透的逆过程。当淡水和海水(或其他两种不同浓度的溶液)被半透膜隔开时,稀溶液中的溶剂就会通过半透膜自发地向浓溶液一侧扩散,见图 12-1-1(a),这种现象称渗透。由于渗透的结果,浓溶液一侧的液面就会逐渐升高,直到因此所产生的静压差达到一个定值 $\Delta p = \rho g h$ 时,扩散即行停止,渗透也就达到了静态平衡,见图 12-1-1(b),这个静压差值 Δp 就称作渗透压。渗透压的大小与溶液的绝对温度成正比,并与浓度近似成正比。然而,如果在浓溶液的一侧加压,并使其超过渗透压力,就可迫使渗透逆转,亦即使浓溶液中的溶剂反而向稀溶液中渗透,从而实现所谓的反渗透过程,见图 12-1-1(c)。反渗透淡化装置就是利用这一原理设计而成的。

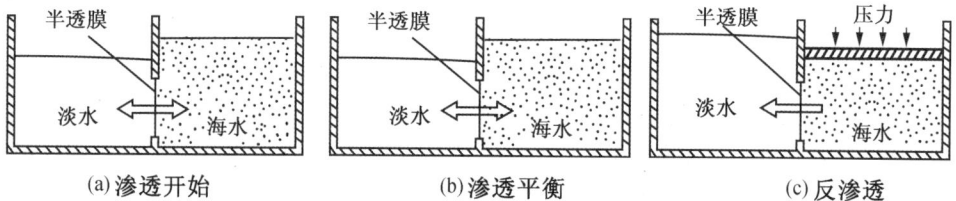

图 12-1-1　渗透和反渗透示意图

反渗透法是 20 世纪 60 年代迅速发展起来的一项新型的膜分离技术。其特点是液体在工作过程中无相态变化,耗能较少,对设备的腐蚀及结垢较轻,能分离机械杂质,设备简单,易于操作,适用于海水和苦咸水的淡化,而且成本较低,故在无废热可用的场合已开始与蒸馏法竞争,并在船上开始应用。但这种方法操作压力高,受半透膜寿命的限制。

4. 冷冻法

冷冻法是根据一定浓度范围的盐溶液,在其降至冰点时,就会析出冰晶来实现海水淡化。因此,只要取出冰晶,用淡水洗去晶体表面及其间隙之间的残留海水,然后将其融化,即可获得淡水。

由于冰的融化热较小,约为水的汽化潜热的 1/7,所以冷冻法的能耗比蒸馏法低。且因其操作温度低,结垢和腐蚀亦轻。然而,冷冻法操作技术要求较高,冰晶的洗涤也较困难,且需消耗部分淡水,所以在工业上还处于中间实验阶段,尚未能获得大规模的应用。

三、真空蒸馏式海水淡化装置的结构与原理

1. 本体结构

目前,船舶真空蒸馏式海水淡化装置主要有管式换热器式和板式换热器式两种。由于板式换热器优于管式换热器,在新造船上大多数采用板式换热器真空蒸馏式海水淡化装置(简称板式造水机)。如图 12-1-2 和图 12-1-3 所示为板式造水机的剖面图和结构图。真空蒸馏式海水淡化装置的本体被称为蒸馏器。壳体由左、右两部分构成,左侧青铜材质的壳体带有各工作系统和附件接口,右侧为不锈钢材料制作的半球面壳体,

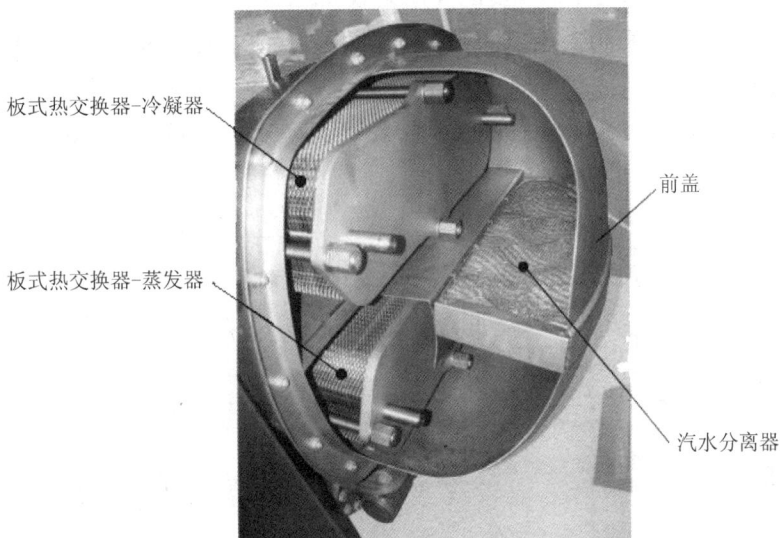

图 12-1-2　板式造水机剖面图

二者之间设有橡胶垫片,并用螺栓紧固在一起。本体内部被水平隔板分隔成上、下两个空间,两个空间分别设有板式换热器的冷凝器和蒸发器。为了使盐水和水蒸气能够从蒸发器的上方流出,在蒸发器换热板海水一侧的上部不设密封垫。换热板上的载荷由板上的许多相间的金属触点来支承。最下方为盐水空间,盐水水位附近设有观察镜。盐水空间上方为蒸发器,蒸发器上方是隔板,隔板上方为冷凝器。蒸发器和冷凝器均为钛合金板式换热器。隔板右侧与不锈钢壳体之间设置有汽水分离器。汽水分离器由不锈钢丝填充而成,透汽阻水。

2. 真空蒸馏式海水淡化装置的基本工作原理

如图 12-1-4 所示为板式造水机的工作原理图。工作时,造水机壳体内保持较高的真空度,海水从冷却海水进口 4 首先进入冷凝器 9,在吸收热量后一部分经冷却海水出口 5 排出,先作为喷射泵的工作水,然后排出舷外;一部分进入蒸发器 10,海水受加热

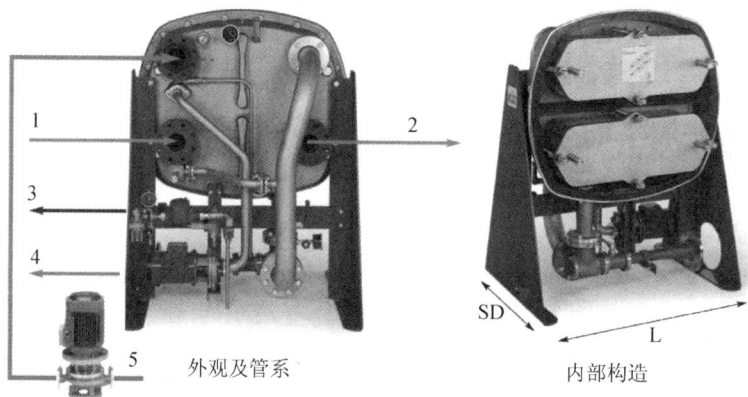

图 12-1-3　板式造水机的结构图

1—加热工质进口;2—加热工质出口;3—淡水出口;4—盐水出口;5—给水进口

工质缸套水的加热而沸腾汽化,所产的水蒸气 7 经汽水分离器 8 进入冷凝器 9,与冷却海水相间隔的空间被持续冷凝成淡水,经淡水出口排往淡水舱柜。水蒸气中含有的细小水珠被汽水分离器分离聚集后形成大水滴,落到造水机下部与盐水混合,从盐水出口 11 处排出。

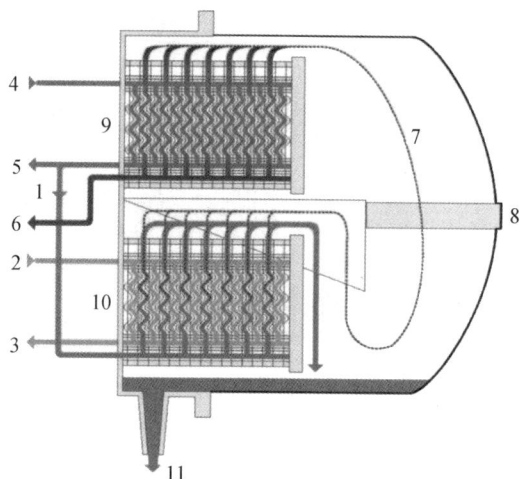

图 12-1-4　板式造水机的工作原理图

1—海水(给水);2—加热工质进口;3—加热工质出口;4—冷却海水进口;5—冷却海水出口;6—淡水出口;7—水蒸气;8—汽水分离器;9—冷凝器;10—蒸发器;11—盐水出口

3. 真空蒸馏式海水淡化装置的系统工作流程

图 12-1-5 所示为采用板式换热器的真空蒸馏式海水淡化装置系统图。装置的系统由海水子系统、加热子系统、抽真空和排盐子系统、淡水子系统、海水投药子系统和盐度控制子系统等六个子系统组成。

以图 12-1-5 所示采用板式换热器的真空蒸馏式海水淡化装置系统为例,说明其工作流程如下:

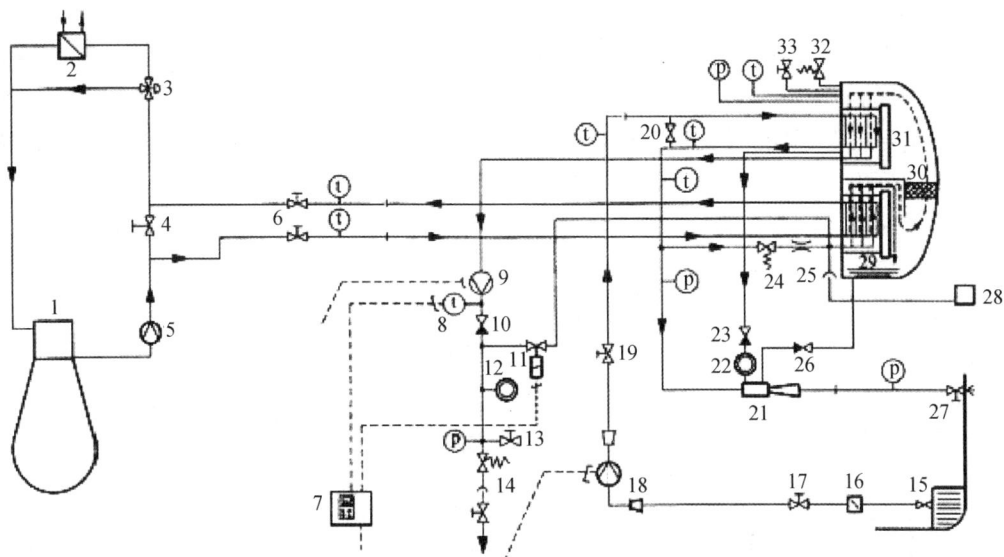

图 12-1-5　采用板式换热器的真空蒸馏式海水淡化装置系统图

1—主柴油机；2—缸套水冷却器；3—缸套水调节阀；4—加热水旁通阀；5—主机缸套水泵；6—加热水进、出阀；7—盐度计；8—盐度传感器；9—凝水泵；10、23、26—止回阀；11—回流电磁阀；12—流量计；13—凝水泄放阀；14、24—弹簧加载阀；15—海底门；16—造水机海水泵吸入滤器；17—海水进口阀；18—海水泵；19—海水泵出口阀；20—冷却海水旁通阀；21—喷射泵；22—观察镜；25—节流孔板；27—出海阀；28—加药柜；29—蒸发器；30—汽水分离器；31—冷凝器；32—安全阀；33—真空破坏阀

（1）海水系统

海水泵 18 提供的海水首先进入冷凝器 31，冷却与海水相间隔的水蒸气，海水流经冷凝器 31 后分为两路。一路经弹簧加载阀 24 和节流孔板 25 后进入蒸发器 29，海水吸热后沸腾，部分水转变为水蒸气，剩下的海水因盐度升高被称为盐水。另一路供给到喷射泵 21 作为其工作水，引射盐水和不凝性气体后一起排至舷外。

（2）加热系统

通过调节加热水旁通阀 4，可人工调节主机缸套水流经蒸发器的水量，缸套水流经蒸发器的过程中对海水放热降温，然后到达缸套水调节阀 3。由缸套水调节阀 3 控制主机缸套水流经缸套水冷却器 2 的流量。正常航行时，如海水淡化装置停用，加热水旁通阀 4 全开，主机水不进入海水淡化装置的蒸发器。如要运行海水淡化装置，则先将加热水进、出阀 6 打开，关小或关闭加热水旁通阀 4。加热水旁通阀 4 的开度越小，进入蒸发器的热水流量越大，产水量越大。

加热水旁通阀 4 只能手动调节进入造水机蒸发器的流量，当主机缸套冷却水温度较高时减小其开度，以增加流过蒸发器的热水流量，对主柴油机而言，蒸发器相当于主机冷却水系统的附加冷却器。

目前在柴油机船上，海水淡化装置的加热工质一般为主机缸套冷却水，只有在主机停车而又需淡化装置工作时，才采用辅锅炉的减压蒸汽来加热。对某些淡水耗量较大的船舶，当其动力装置的余热不足以满足装置的需要时，则可使用低压蒸汽作为补充热源。

新型造水机加热系统中,不但装有传统的针对缸套水冷却器的温控旁通阀(又称温控三通阀),而且针对造水机蒸发器(相当于主机的外加的一个缸套水冷却器)也增设了一套温控旁通阀。如图 12-1-6 所示双重温控型加热水系统。温控旁通阀 12、13 随缸套水温度上升,会逐渐关小旁通开度,增大直通开度。当缸套水温度升高到高于各自的设定值时将关闭旁通开度,全开直通开度,从而使缸套水温度稳定在设定值附近。由于两只温控旁通阀同时以缸套水出口温度为控制温度,所以只要两只阀的设定温度值不一致,肯定只有那个设定温度高的阀会全开旁通开度,关闭直通开度(相当于旁通阀开,直通阀关)。由此可见,在主柴油机工作期间,若要停止向造水机供热水,只要在控制台将造水机蒸发器温控阀的设定温度调得比主机缸套水冷却器的温控旁通阀高即可。反之,则可向造水机供热,而自动停止主机缸套水冷却器工作。

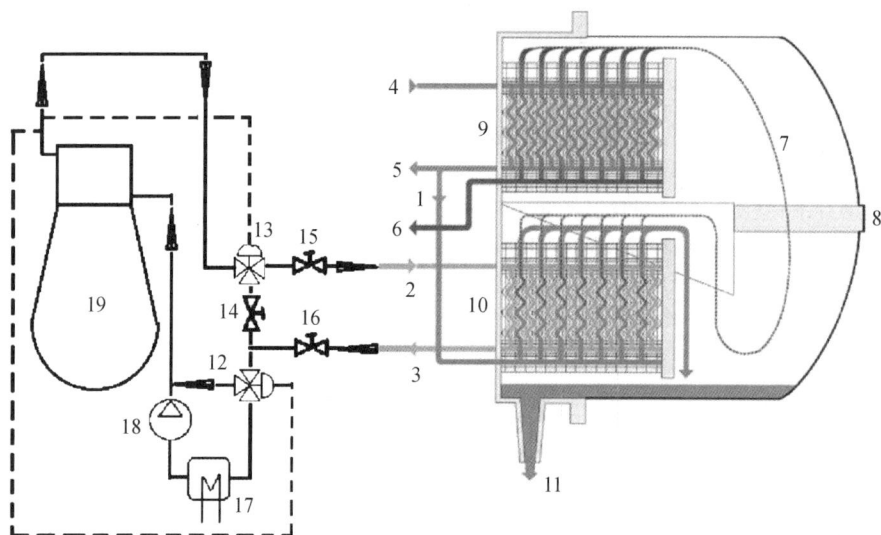

图 12-1-6　双重温控型加热水系统图

1—海水(给水);2—加热工质进口;3—加热工质出口;4—冷却海水进口;5—冷却海水出口;6—淡水出口;7—水蒸气;8—汽水分离器;9—冷凝器;10—蒸发器;11—盐水出口;12—缸套冷却器温控旁通阀;13—造水机蒸发器温控旁通阀;14—造水机蒸发器手动旁通阀;15、16—蒸发器加热水进出口阀;17—缸套水冷却器;18—缸套水泵;19—主柴油机

(3)抽真空和排盐水系统

抽真空和排盐水系统为真空蒸馏式海水淡化装置系统的一部分,如图 12-1-5 所示,在抽真空和排盐水系统中,喷射泵 21 兼作真空泵和排盐泵,所以设两个吸入口。排盐吸入口将造水机壳体底部的盐水及时排走,防止盐水水位、盐水浓度过高。抽真空吸入口通过冷凝器 31 将造水机壳体内的空气排走。在抽真空管路上设置液流观察镜 22,造水机正常工作期间观察镜 22 内应无液体流动。此外,喷射泵两个吸入口管路上均设置止回阀 23、26,以防止喷射泵故障无法产生真空时海水倒灌进入造水机壳体。造水机起动期间,真空度是靠喷射泵抽除壳体内的空气建立的。在工作期间,真空度是靠冷凝器、盐水泵、凝水泵和真空泵共同维持的。冷凝器负责及时地将蒸汽冷凝为淡

水,保持内部绝对压力不升高,即真空度稳定;喷射泵负责抽除海水中逸出的不凝性气体以及经壳体等处漏入的空气。

(4)淡水系统

如图 12-1-5 所示,淡水系统由凝水泵 9、流量计 12 等组成。凝水泵 9 将冷凝器 31 内凝结的淡水排出。凝水泵出口设置盐度传感器 8 来检测淡水含盐量,该信号送至盐度计 7。流量计 12 用于计量累积淡水体积(m^3)。流量计之后的管路上还设有压力表和凝水泄放阀 13 等。凝水泄放阀既可用于泄放凝水,也可用于取水样。

(5)海水投药系统

为了减轻蒸发器加热表面结垢,延长造水机解体清洗周期,设置海水投药系统。化学药品有两个作用:

①使海水中的难溶物质不形成水垢,而形成易于被喷射泵排走的细小松散晶体;

②消泡剂成分能消散小气泡,防止海水沸腾过于剧烈,减少淡水含盐量。通过流量指示计上的调节阀控制化学药品溶液的流量。

(6)盐度控制系统

图 12-1-5 所示,盐度控制系统主要由盐度传感器 8、盐度计 7 和回流电磁阀 11 组成。盐度传感器 8 实际上是一对测量水溶液导电性的电极,设在淡水泵的排出管内,利用水的导电率随盐度增大而增大的特性,测出水的电阻值,转换成淡水的含盐量,并由盐度计显示。可在盐度计上设定盐度的报警值,如果淡水盐度值超标,盐度计就会报警,同时输出信号控制回流电磁阀 11 开启,淡水返回蒸发器重新沸腾汽化,或人工打开凝水泄放阀 13 泄放到舱底水舱;如果盐度符合要求,则回流电磁阀关闭,淡水流经流量计后顶开弹簧加载阀 14,此时打开截止阀即可将淡水送至淡水柜。

第二节　海水淡化装置的管理

一、起动板式换热器真空蒸馏式海水淡化装置

以图 12-1-5 所示采用板式换热器的真空蒸馏式海水淡化装置系统图为例。

(1)隔离壳体查密封

关闭真空破坏阀 33、海水泵出口阀 19。凝水泵出口阀、弹簧加载阀 14 处于自动关闭状态。

(2)操作泵阀抽真空

除海水泵出口阀 19 暂时不开外,开启海水系统各阀,如海底门 15、海水泵进口阀 17、旁通阀 20、出海阀 27。起动海水泵 18,打开出口阀 19,用喷射泵 21 抽真空。工作水压力不低于 0.35~0.4 MPa,以保持足够的抽真空能力。

造水机的起动

（3）给水比率细细控

按说明书要求调节弹簧加载阀 24 的设定压力，以保持说明书要求的供水量。初次使用调节后，平时一般不用调。管式造水机是需要根据流量计指示值来调节给水阀开度来调节给水流量的。

（4）驱气供热防波动

当真空度达到 93% 时，打开加热水进、出阀 6（初次使用热水空间需通过放气阀放气，直至有水流出再关阀，图中未示出），关小主机淡水冷却水管路上的加热水旁通阀 4，对蒸发器海水进行加热（此时主机缸套水冷却器的缸套水调节阀 3 会自动增加开度，以保持主机缸套冷却水温度基本稳定，防止水温波动）。调节加热水旁通阀 4 的开度大小，可以调节造水机的加热量，加热量不宜过大，也不宜过小。加热量过大可能会使海水沸腾过于剧烈，使产水含盐量过高；加热量过小可能会使产水量过小。

（5）驱气供冷维真空

此型板式造水机在结构上能自动驱除海水空间可能存在的气体，不需人工驱气。但管式的在起动时需人工驱气，故在此仍保留驱气的要求。产气后关小冷却海水旁通阀 20，加大冷凝器冷却水量，维持合适的真空度。

（6）产水至半需泵送

产水后，当凝水达到水位计一半时，起动凝水泵 9，升压后开启通往淡水舱（柜）的阀门，将淡水送出贮存。

（7）盐度检控打自动

淡水泵开始送水时，要接通盐度计电源，回流电磁阀等自控系统将处于自控状态。一旦淡水含盐量超标，回流电磁阀将自动打开，产水将回流造水机（或泄入舱底水舱）。对于设有水位自动调节器的装置，这时可将按制按钮转换至自动位置。

二、停用

当船舶离岸小于 20 n mile 时或造水机淡水舱已满或备车航行前，应停止造水工作，具体步骤如下：

（1）逐渐减少进蒸发器的主机缸套水。

对配有造水机供热温度自动调节的系统，应逐步调高集控室控制台"制淡系统温控器"的设定温度，一般高于缸套水冷却器温控器的设定温度即可。这样就能自动地逐渐减小进入造水机蒸发器的主机套水量，即逐渐增大造水机加热工作水的旁通量，直至将旁通量开至最大。对于手动系统而言，应逐渐开大热水旁通阀，直至全开，防止缸套水温度波动。

（2）停止进蒸发器的主机缸套水，关闭进出口阀。

（3）停止淡水泵。

（4）关闭盐度计。

（5）停止造水机海水泵，关闭进出口阀。

（6）打开真空破坏阀。

（7）关闭喷射泵通舷外阀。

（8）关闭进蒸馏水舱截止阀。

三、运行管理

（1）真空度调节

真空度一般控制在 90%～94%，对应的蒸发温度为 45～35 ℃。装置的真空度可通过调节冷凝器的冷却水流量来控制。一般冷却海水流量控制在使冷却海水温升为 5～6 ℃时的水平。真空度太低，海水沸点升高，会使结垢加剧，产水量减少；而真空度太高，则沸腾过于剧烈，又会使产水的含盐量增加。

夏季工况冷却水温度较高，冷凝能力不足，可加大冷却水量，但冷却水流量一般不宜超过额定流量的 130%，冷却水流经冷凝器的温升一般不宜小于 4 ℃，否则冷却水管的刷蚀会过于严重。不得已时只能适当减少加热量，降低一些产水量，以使真空度维持在允许范围内。

冬季工况冷却水温低，冷凝能力强，可适当减少冷却水量，当产水量达设计值时，真空度仍很高，可稍开真空破坏阀，使真空度降低。

（2）盐水水位调节

装置工作时，盐水水位一般控制在盐水水位计 1/2 处，过高会使淡水质量变差，过低影响产水量，盐水水位可通过调节弹簧加载阀 24 的弹簧硬度和调节排盐止回阀 26 来控制（参见图 12-1-5），调节水位时要注意给水倍率 μ（沸腾式 $\mu=3\sim4$，闪发式 $\mu=8$）。

（3）凝水水位的控制

冷凝器凝水水位一般维持在水位计 1/3～1/2 处，水位太高，冷凝能力下降，水位过低，泵会抽空，而凝水水位取决于冷凝器单位时间的凝水量和凝水泵流量，二者相等水位就稳定。装置运行中凝水水位不合适，可通过调节凝水泵出口阀开度来调节。

（4）产水量控制

装置的产水量由进入蒸发器的加热量和冷凝器冷凝量所决定。加热量可通过加热水进出口阀开度来调节，这是控制产水量的主要方式。冷凝量可通过改变冷却水进出口阀开度来调节，两者要保持平衡，加热水进出口温降为 6～9 ℃ 。

综上所述，海水淡化蒸馏装置运行中的管理，主要是保持适当的给水量，维持蒸发器水位适合；调节凝水泵流量，维持适当的凝水水位；控制冷却海水流量，维持适当的真空度；控制加热水流量，保持适当的产水量。其中真空度又是管理中的关键，只要真空度稳定，其他参数也就容易稳定。

四、盐度计的使用与调试

盐度计是通过测量水的导电性并将之转换成对应的盐度工作的。在一定温度下，

水的导电性与含盐量是相互对应的。因此,只要通过传感器测出水的实际电阻值,并经温度修正,就可直接读出淡水的含盐量。根据测量检测溶液导电能力的方式不同,盐度计分为三类:(1)测定通过电极的电流;(2)测定电极两端的电位差;(3)通过测量电桥的一臂来测定水的电阻。根据上述原理,检测仪表反映的是水中含盐量的大小,但检测仪表的刻度一般常用标准氯化钠溶液来标定,单位是 mg/L(NaCl)。

盐度传感器实际上就是一对测量用的电极。电极的表面镀有铂或铑,它装在淡化装置的凝水管路中,当凝水不断流过时,在两根电极间就会不断地有电流通过。盐度计控制器不断接收、测量、处理来自盐度传感器的测量值并以含盐量显示在屏幕上。

造水机对产水的含盐量要求是小于 10ppm(NaCl),故这也是盐度计的通常的设定值。盐度计能检测的含盐质量分数范围通常为 0.5ppm~20ppm。数字式盐度计测量和读数范围更大。水温会影响电阻值,因此盐度计的电路有温度补偿功能,能在水温为 5~85 ℃范围内自动修正读数。

盐度计的种类很多,图 12-2-1 为某常见板式造水机控制面板,以此为例,说明盐度计的使用与调试。

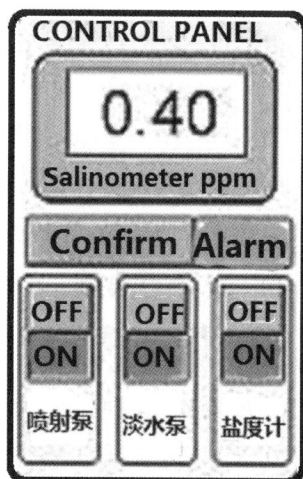

图 12-2-1　板式造水机控制面板图

(1)启用盐度计

使用时,按下造水机控制面板上盐度计(Salinometer)接通按钮(ON),盐度计即投入工作,可直接显示淡水的盐度值。含盐量报警值出厂时已设定,一般为 10ppm,不要擅自乱调。此时需按下报警器按钮,报警器投入工作。当盐度达到设定值时,将发出声光报警,并将使回流电磁阀打开,使超标淡水回流蒸发器,并使淡水出口管路上的弹簧加载阀因启阀压力降低而自动关闭,停止向淡水舱供水。关闭报警开关,即可关闭报警蜂鸣器。不论报警器是否接通电源,不影响盐度计对回流电磁阀的控制。

(2)确认报警器和电磁阀工作

按下试验按钮,显示 10ppm,报警器发出声光报警,电磁阀动作。再按一次,恢复常态。

（3）清洁盐度计传感器电极

电极的尺度、间距和表面状态，对被测参数都有一定的影响，因此，使用时对电极应定期（约 1 个月）进行清洁。清洁时，应在热淡水中浸泡，勿用硬物刮刷，防止铂铑镀层受到损伤。

五、给水投药处理

为减轻和防止造水机结垢，除了正确调节参数外，还需利用防垢药剂对给水进行化学处理。某常见的造水机给水投药系统如图 12-2-2 所示。

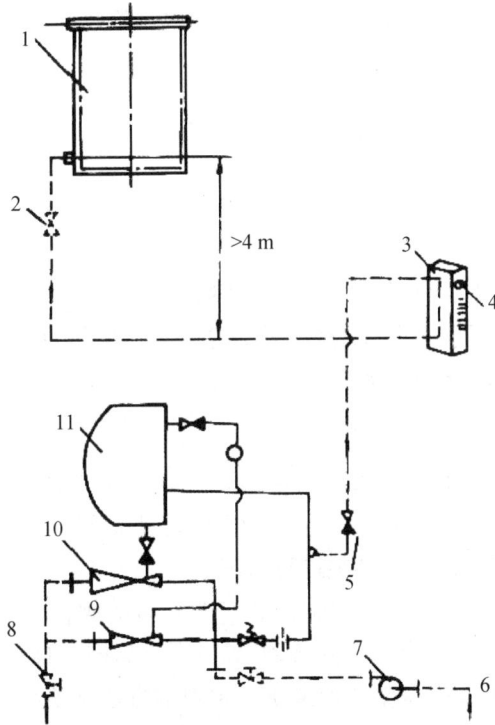

图 12-2-2　某常见的造水机给水投药系统简图

1—储液桶；2—药液出口阀；3—流量指示计；4—流量调节阀；5—流量指示计出口阀；6—海水进口；7—造水机海水泵；8—舷外阀；9—真空泵；10—排盐泵；11—蒸馏器

造水机给水投药系统的功能主要是能调节并计量给药流量，从而按说明书确定每天投药量，连续 24 h 均匀不断地加入给水。每天投药量是与每天产水量相匹配的，避免像一般锅炉水处理那样向热水井投药造成的药剂浓度波动的问题。

1. 投药防护

药剂大多对眼睛、皮肤有刺激性，必须密封储存，操作时应戴手套和护目镜，万一接触皮肤或溅入眼睛要及时用清水冲洗。

2. 投药操作

（1）先按药剂说明书查出每天应投的药剂量 D 千克。

（2）用流量指示计 3 的流量调节阀 4 调定一个流量,例如将投药流量调节为 100 mL/min。（注:流量计刻度单位是 mL/min）

（3）按调定的流量,计算每日 24 h 将流过投药流量计的液体容积:

100 mL/min×60 min/h×24 h/d = 144 000 mL/d = 144 L/d

（4）将步骤 1 查出的 D 千克的药剂倒入容量约为 200 L 的储液桶 1,用水稀释至步骤（3）算出的容积（如 144 L）。

（5）造水机开始工作时,打开药液出口阀 2 和流量指示计出口阀 5,流量指示计调节到预选的 100 mL 处,桶中药液即靠重力补入造水机给水,实现 24 h 连续地处理。每天往储液桶内补充按上述方法配好的药剂溶液一次。

六、维护与保养

1. 漏水检查与预防

检验冷凝器是否漏水,可停用造水机,关闭凝水泵出水阀,继续供给冷凝器冷却水。如果凝水水位逐渐升高,则表明冷凝器泄漏。这一点可短时间关闭通往淡水柜的截止阀,起动凝水泵,检验盐度予以证实。

2. 漏气检查与防止

检查装置的密封性可用真空保持法来检查。方法是先将蒸馏器通外界的各阀关闭,然后启用真空泵抽空,直至真空度达到 93% 时停止抽气,如在 1 h 内真空度下降超过 10%,则表明密封不符合要求,必须进行检漏。

通常最易漏气的地方是淡水泵的轴封和有关各阀的阀杆填料箱处。运行中,可采用线香法检漏,持线香沿各接合面慢慢移动,如发现香烟向内移动,即表明该处有漏点。

对填料函的渗漏,可通过调整紧度或更换填料的方法来解决;对固定部件接合处的泄漏,可采用涂布密封或油漆的办法来解决;至于漏缝或漏孔,则可先充塞适当的填充物,再在表面涂敷油漆、沥青或环氧树脂。

3. 板式换热器的清洁

长时间使用,淡水产量减少时,应及时对换热器进行清洗除垢。可打开壳体,测量并记录换热器的拆卸前的厚度,拆下蒸发器或冷凝器的换热板,按序放入足够大的容器内,不可乱放。用专用的化学药剂与淡水按一定的比例混合成的溶液（含抑制剂的酸溶液）浸泡。最里边和最外边的换热板应放好,以免装错。浸泡过的换热板上的水垢很容易清除,用软刷和不高于 50 ℃ 的温水刷洗即可。刷洗过程中注意防止密封垫片的脱落,若换热板的密封垫片脱落,应该用专用胶粘好。因换热板成对配合使用,所以如果个别换热板损坏而无备件,可以暂时将与其相邻的换热板一起拆除。清洁好换热板后,按原来的顺序装复。盖板上紧不能偏压,应分次、交叉、轮流、对称上紧螺母。上紧后,换热器厚度应符合要求或与拆前厚度一样。若拆除个别换热板,尺寸相应减少。工作 8 000 h 后的汽水分离器也须用含抑制剂的酸溶液浸洗。

　　蒸发器和冷凝器装复后,分别打开加热热水和冷却海水的自进、出口阀,起动主机缸套水泵和造水机海水泵,检验是否泄漏,确信不漏后再装好前盖。在换热器保养的同时,应检查防腐锌板的腐蚀情况,耗蚀过半应予换新。一般要求工作 2 000 h 至少要检查一次蒸馏器底部的防蚀锌块。造水机停用后易受海水腐蚀,若计划停用两周以上,则在停用时要用淡水将内部清洗干净。

　　4. 保持造水机的真空度

　　真空度是海水在常温下快速沸腾蒸发的必要条件。当真空度为 94% 时,蒸发温度约为 35 ℃。当真空度为 93% 时,海水的蒸发温度约为 39 ℃;当真空度为 90% 时,蒸发温度约为 45 ℃;当真空度为 80% 时,蒸发温度升高到 60 ℃。从这些具体的现象人们发现了一般的规律,即在一定范围内,液体的饱和压力与饱和温度是一一对应的,且饱和压力越高对应的饱和温度越高。船舶为了利用温度为 60～65 ℃ 的主柴油机气缸冷却水的废热,一般要求真空度必须维持在 90%～94%,以 93% 为最宜(少数也有将真空度设计为 80%～90% 的,这时相应蒸发温度为 60～45 ℃)。当真空度降低时,海水将减慢或停止蒸发,造水机产量会降低或停产。

　　怎样保持既定的真空度呢? 假设有一个具有一定真空度的封闭的空间,如果在单位时间内进入空间的蒸汽容积与被凝结成水的蒸汽容积相等,则该空间将维持原有的真空度。因此,要保持造水机的真空度,一要保证造水机的工作空间是封闭的(即不漏气);二要保证真空泵有足够的抽真空能力,能形成初始的 93% 的真空度,并能不断地将不凝性气体抽除;三要保证冷凝速率与蒸发速率相匹配。从这三个基本点出发,可以分析出一系列影响真空度的因素。

　　5. 保持造水机的产量

　　单位时间内造水机的产水量取决于海水的蒸发量,海水的蒸发量取决于获取的热量和所处的真空环境。

　　单位时间内海水获取热量的多少取决于传热温差和传热系数大小,适当的真空度是海水在既定温度下蒸发的基本条件。

　　从管理角度看,造成淡水产量低的原因有:

　　(1)换热面脏污结垢,使蒸发器的传热系数减小,应及时进行清洗。

　　(2)加热侧发生"气塞",里面的气体会影响加热介质流动而妨碍换热,可通过放气旋塞把气放掉。

　　(3)蒸发器水位太低,使加热水与被加热海水间的实际换热面积减少。蒸发器内最适当的水位是正好到达上管板的位置。

　　(4)真空度不足,这会导致海水的沸点提高。

　　(5)加热水流量不足或温度太低,以致加热水平均温度降低,应适时增大加热水的流量。

　　(6)给水量(给水倍率)增大或给水温度降低,更多的热量被预热消耗或被盐水带走,使蒸发量降低。

（7）凝水回流电磁阀关闭不严,使一部分淡水漏回蒸馏器。

造水机能否造出淡水,以及产水量多少,对其影响最大的是能否建立和保持合适的真空度;而造水机工作日久后产水量逐渐减少,主要原因往往是加热面脏污和结垢。

6. 保持造水机的产水质量

造水机的产水质量主要是指所产淡水的含盐量。有时含盐量会超出 10ppm 的规定要求。盐水生成的蒸汽几乎是不含盐分的,那么产水中盐分从何而来呢?

水汽不含盐,水珠却含盐。水珠的含盐量就是盐水的含盐量 S_B。盐水蒸发越剧烈,蒸汽中含有的水珠就越多。蒸汽含水珠称为湿蒸汽,含水程度用湿度 ω 表示。可见,造水机所产淡水的含盐量 S 取决于进入冷凝器的蒸汽(常称为二次蒸汽,如热源用蒸汽,称为一次蒸汽)的湿度 ω 和蒸发器内的盐水含盐量 S_B。即

$$S = \omega S_B \quad \text{mg/L}$$

从管理角度来讲,淡水含盐量过高的主要原因是:

（1）装置的负荷(蒸发量)过大,沸腾过于剧烈,导致二次蒸汽湿度过高。

可能原因是加热介质流量过大或温度过高,真空度过高。应采取的措施是减小冷却水流量或稍开真空破坏阀。

（2）蒸发器水位太高。

对竖管式蒸发器而言,蒸发器内水位以达到上管板为宜。如设有水位计,则水位指示应在半高处。水位过高应减小给水量。

（3）盐水含盐量太大。

盐水的浓度是靠调节给水倍率 μ(给水量与产水量之比)来控制的,给水倍率 μ 大,盐水浓度就低,这不仅有利于保证淡化质量,而且有助于防止生成硬垢。但是,过分增加给水倍率 μ,不仅会使装置的耗电量和耗热量增加,而且还可能使总的结垢量增加。因此,一般认为,船用真空沸腾式淡化装置最适宜的给水倍率 μ 为 3~4,盐水浓度与海水浓度之比 ξ 控制为 1.5~1.3 倍。所以应保证足够的排盐量,维持合适的给水倍率。

（4）冷凝器泄漏,使冷却海水漏入凝水侧。

在日常管理中,应注意做好冷凝器防漏、检漏和堵漏工作。

7. 减轻造水机结垢

海水蒸馏装置中水垢的主要成分是碳酸钙 $CaCO_3$、氢氧化镁 $Mg(OH)_2$、硫酸钙 $CaSO_4$,其中含 $CaSO_4$ 水垢导热差,坚硬难除;$Mg(OH)_2$ 水垢也难以清除,故希望生成的水垢中尽量少含这两种成分。下面讨论影响水垢成分和生成速度的因素:

（1）盐水沸点

盐水沸点不但对水垢生成的速度有影响,而且对生成水垢的成分也有一定的影响。实践证明,盐水沸点越高,水垢生成的速度则越快。当盐水沸点低于 70~75 ℃时,水垢的主要成分是 $CaCO_3$;超过 75 ℃后,$Mg(OH)_2$ 的成分显著增多;超过 80 ℃后,水垢的主要成分已是 $Mg(OH)_2$,因此,造水机工作时不允许沸腾温度超过 75 ℃。

（2）盐水浓度

盐水浓度越大，水垢生成速度越快，当盐水含盐量为海水的 1.5 倍时，$CaSO_4$ 便会生成，含盐量为海水 3 倍时，则大量生成 $CaSO_4$，所以装置工作中将盐水浓度与海水浓度之比 ξ 控制在的 1.5~1.3，即给水倍率 μ 为 3~4。ξ 称为盐水浓缩率。盐水浓缩率 ξ 与给水倍率 μ 的关系为：$\xi = \mu / (\mu - 1)$。

（3）传热温差

加热温差大，加热面附近盐水汽化浓缩速度较快，使结垢数量增加，而且容易生成 $Mg(OH)_2$ 和 $CaSO_4$ 硬垢。鉴于此，当装置采用蒸汽加热时，通常都是先用蒸汽加热淡水，然后再用淡水来作为造水机的加热工质。

为了更有效地防止水垢生成及清除水垢，可采用投放化学防垢剂和除垢剂。目前此类药剂较多，例如德鲁（Drew）船用化学品公司 的 AME ROYAL 蒸发器处理剂、碧浪灵（Perolin）船用化学品公司的 FORMET 343、马力达（Magnus）船用化学品公司的 HI-LO-VAP、加美仑（Gamlen）化工产品公司的 GAMAVAP 等。

第十三章

船舶辅助锅炉

第一节　船用锅炉的概述

　　锅炉是通过加热锅炉内的水使之变成水蒸气或加热锅炉内的热油来传递热量给其它工质或对外做功的设备。我们的生活中离不开锅与炉,如图 13-1-1 所示为锅炉的基本构造图。普通的锅与炉通常只能在常压下工作。为了提高锅的工作压力,就要提高锅的抗压能力和安全防护能力,例如家中的高压锅。普通的锅与炉是分离的,为了提高热效率,就要在结构上将锅与炉结合到一体进行整体设计,例如将烟火管做成管簇穿过水空间或将水管穿过烟火空间。随着设计的深入,产生了各种各样构造的锅炉。对于众多的锅炉,按主要结构形式可分为火管锅炉和水管锅炉两种;按所产蒸汽在船上是否作为推进船舶的动力可分为主锅炉和辅助锅炉;按所产蒸汽压力高低可分为高、中高、中、低压锅炉,所对应的蒸汽压力分别为>6 MPa、4~6 MPa、2~4 MPa、<2 MPa;按水循环方式分可分为自然水循环和强制水循环两种;按加热工质可分为燃油锅炉和废气锅炉;按被加热工质可分为锅炉(被加热工质为水)和热油锅炉。

一、锅炉在船上的作用

　　船舶营运离不开锅炉,在以柴油机为主机的船上,锅炉产生的饱和蒸汽用于加热燃油、滑油及满足日常生活的需要,驱动蒸汽辅机。一般柴油机干货船装一台压力为 0.5~1.0 MPa、蒸发量为 0.4~2.5 t/h 的小型燃油辅锅炉。在油船和客船上,特别是大型油船,因用蒸汽量较大,通常装两台压力不超过 2 MPa、蒸发量较大(20 t/h 以上)的燃油辅锅炉。

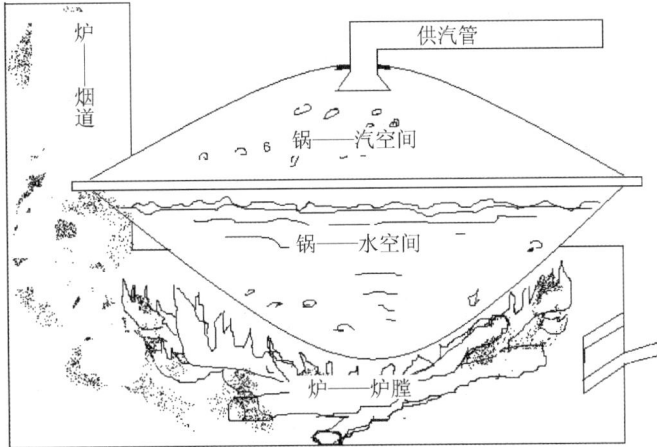

图 13-1-1 锅炉的基本构造图

二、锅炉的主要性能指标

(1)蒸发量(产汽量、容量)

蒸发量是指锅炉在设计状态下每小时生产的蒸汽量,用 D 表示,单位是 t/h 或 kg/h。通常标注的是设计工况下的额定蒸发量。

(2)蒸汽参数

蒸汽参数是指锅炉产生的蒸汽质量。当锅炉供应饱和蒸汽时,蒸汽参数用蒸汽的工作压力表示,单位是 MPa,锅炉一般标注名义工作压力,使用的工作压力范围上限可稍超过它,但不应超过锅炉最大许用工作压力(设计压力)。当锅炉供应过热蒸汽时,还应同时标注蒸汽温度。

(3)锅炉效率

锅炉效率是指锅炉内工质(水和蒸汽)得到的有效热量与消耗燃料的发热量之比,用符号 η 表示。

(4)受热面积

受热面积包括蒸发受热面积(炉水被加热产生饱和蒸汽的受热面积)和附加受热面积(过热器、空气预热器和加热给水的经济器等附加设备的受热面积),单位是 m^2。当辅锅炉不装备上述附加设备时,受热面积即为蒸发受热面积。该指标能表示废气锅炉的容量大小。

(5)蒸发率(产汽率)

蒸发率是指单位蒸发受热面积的蒸发量,单位是 $kg/m^2 \cdot h$,用来评价锅炉蒸发受热面和平均传热强度。蒸发率越高,锅炉结构越紧凑。

(6)炉膛容积热负荷

炉膛容积热负荷是指每单位炉膛容积在单位时间内燃料燃烧放出的热量,单位是 kW/m^3,用符号 q_v 表示。燃油锅炉在燃油耗量和热值一定的条件下,q_v 值越大则炉膛的相对容积越小,燃油在炉膛内燃烧停留时间越短,炉膛内的烟气平均温度也越高。q_v 是影响燃烧质量、锅炉效率、工作可靠性以及锅炉尺寸和重量的一个重要参数。

选择燃油锅炉的依据主要是蒸发量和蒸汽参数;选择废气锅炉的依据则是受热面积和蒸汽工作压力。当废气锅炉为双压力锅炉时,也需蒸汽温度。

(7)锅炉的各种热损失

在锅炉稳定工作过程中,送入炉膛的热量与锅炉支出的热量应该达到平衡。燃料燃烧放出的热量,除了被锅炉里水和蒸汽吸收以外,其他以各种损失消耗掉。对于每千克燃料来讲,它所发出的热量应用于下列方面:

$$Q_H = Q_1 + Q_2 + Q_3 + Q_4 + Q_5 \tag{13-1-1}$$

式中:Q_1——有效利用的热量,即被水和蒸汽所吸收的热量,kJ/kg;

Q_2——排烟热损失,kJ/kg;

Q_3——化学不完全燃烧损失,kJ/kg;

Q_4——机械不完全燃烧损失,kJ/kg;

Q_5——锅炉散热损失,kJ/kg。

排烟热损失 Q_2:烟气带走的热量为排烟损失。由于锅炉排烟温度一般在 150 ~ 300 ℃,温度较高,包含热量较多,排烟损失成为锅炉最大的热损失。

化学不完全燃烧损失 Q_3:在燃烧过程中产生的一氧化碳、甲烷和氢气等可燃物质,未能得到充分的完全燃烧,而使一部分热量没有机会在炉膛里产生出来,这部分热量称为化学不完全燃烧损失。引起的原因主要是过量空气系数太小、空气和燃料的混合不良、炉膛温度太低等。一般燃油锅炉的化学不完全燃烧损失为1%左右。

机械不完全燃烧损失 Q_4:由于一部分燃料没有参加燃烧而造成。例如燃油雾化不良时,较大的油滴未能燃尽就随烟气一起排出。

散热损失 Q_5:由于锅炉外壳、汽水筒等锅炉部件的外表温度比机舱环境高得多,造成一部分热量散失到周围的空气中,造成了散热损失。一般锅炉的散热损失为2%~5%。

第二节　锅炉的结构与性能特点

一、D形水管锅炉

D形锅炉以其本体形状类似英文字母"D"而得名。它的结构简单、操纵容易、效率高,且适宜于高温高压蒸汽。图 13-2-1 示出了 D 形水管锅炉的结构简图。其本体由汽包、水筒、联箱、炉膛、水冷壁(Screen tube)、沸水管束(Generating tubes)、过热器、经济器及空气预热器(位于经济器后面的烟道中,图中未示出)等部件组成。现将其主要部分的结构和功能介绍如下:

1. 水和蒸汽空间

汽包和水筒前后横置,前端均有圆形人孔。垂直布置在炉膛四周,以焊接方法连接汽包、上联箱和水筒、下联箱的密集管排称为水冷壁。水冷壁是锅炉的辐射受热面,吸热约占全部受热面传递热量的 1/3 ,同时还保护炉墙不致过热烧坏。为了防止水冷壁管子中发生汽水分层现象,水冷壁管子水平倾角应大于 $30°$,最小不得小于 $15°$。

沸水管也称蒸发管,布置在水冷壁后面的炉膛出口侧,管子两端与汽包和水筒用胀管法固定,管子中段焊有增强热交换的钢棒。它与烟气的换热方式主要是对流。烟气横向冲刷管束,设计上应避免出现烟气冲刷不到的滞流区。前三排的管距应不小于 250 mm,以防结渣堵塞烟道。沸水管束受热面积所占比例虽然较大,但平均蒸发率较低,为 $15 \sim 20 \ kg/(m^2 \cdot h)$。

汽包、上联箱和水筒、下联箱之间还连有设在炉墙外不受热的供水管,其中的水比水冷壁和沸水管中的汽水混合物的密度要大,成为水自然循环的下降管。

2. 燃烧和烟气空间

炉膛是燃油燃烧的场所,顶部装有燃烧器,底部和烟气出口侧设置 2 个泄放孔,用于水洗时泄水。锅炉前部安装两套专门给蒸发管束吹灰的手动操作蒸汽吹灰器。

烟气在炉膛内的理论燃烧温度可达到 1 700 ℃ 左右。水冷壁的下部分前后排成较疏的管束,烟气从下部离开炉膛后,从隔板分隔的流道扫过蒸发管束。炉膛出口烟气温度不宜太高,以免高于烟气中灰分的熔点温度,会使灰分熔解,黏附在蒸发管束的管壁上形成积渣;同时又不能太低,以免燃烧过程进行得不充分。D 形锅炉炉膛出口烟气温度为 1 100 ℃ 左右。烟气在上部离开蒸发管束进入烟道处的温度约为 420 ℃。

炉墙是炉膛和高温烟道处的锅炉外壳,要求其能耐高温和抗灰渣侵蚀,并有很好的隔热性能;为了防止外界空气漏入炉膛或烟气漏至炉舱,应保持气密。炉墙由耐火层、隔热层和气密层叠加而成。与火焰接触的耐火层通常采用耐火砖。隔热层可用硅藻土砖或石棉板做成。在新式锅炉中,只设一层兼有耐火和隔热性能的矿物玻璃纤维成型板,其主要成分为氧化铝和氧化硅,这样不但重量减轻,且施工简单。最外面的密封层是薄钢板或镀锌铁板。风口等不规则造型部位可用耐火塑料或异形耐火砖砌成,前者抗灰渣侵蚀能力不及耐火砖。炉底的耐火层受灰渣侵蚀严重,一般均由耐火砖砌成,厚度可以减半。

低温烟道处的锅炉外壳称为炉衣,仅由隔热层和密封层组成。密封层由 3 mm 厚的薄钢板制成,内设耐热纤维板或矿渣棉的隔热材料。

我国《钢质海船入级规范》规定,炉墙和炉衣外表面温度不应大于 60 ℃ ,以免烫伤工作人员,同时也可避免散热损失过大。

新式的水管锅炉在耐火隔热层外面采用了双层罩壳的炉墙结构,它的两层壳板中间通以去燃烧器助燃的空气。由于风机送来的助燃空气比炉膛烟气压力高,从而消除了烟气漏至炉外的可能,而且在提高助燃空气温度的同时,可减少锅炉散热损失,故隔热层可以减薄。

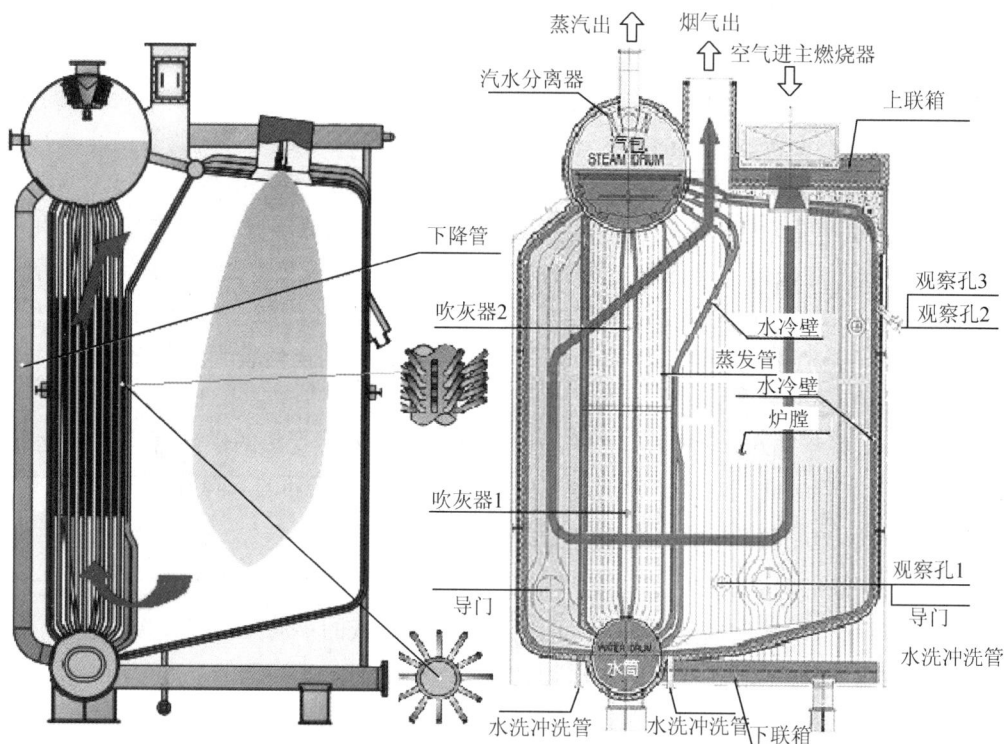

图 13-2-1　D 形水管锅炉的结构简图

3.尾部受热面

在 D 形水管锅炉烟道的后部,有的在蒸发受热面之后安装有经济器(加热给水)和空气预热器。由于它们能回收锅炉排烟的余热,减少排烟所带走的热量,因而使锅炉效率得以提高。研究表明锅炉效率随着排烟温度的降低而提高。

由于尾部受热面使锅炉装置的尺寸、造价增加,管理工作量(吹灰、防低温腐蚀等)也增加,所以一般只用于蒸发量较大、蒸汽参数较高的大、中型锅炉。

二、立式直水管锅炉

立式燃油直水管锅炉体积小、产汽快、蒸发率高、锅炉循环水强劲有力、循环效率高、管内水积垢稀微,除定期检验外,平时无须特别保养与维护。图 13-2-2 所示为立式直水管锅炉,蒸发量为 1.8 t/h,蒸汽压力为 0.7 MPa,效率为 80%。

锅炉的整个锅壳分为上、下两个锅筒 1、2,中间连接着直立沸水管束 3 和下降水管 7,水管中充满炉水,烟气在各管之间横向流过,传热效果较好。炉膛 4 位于下锅筒中,前方加装一个没有受热面的小容积预燃室 5,供入的燃油和空气先在此处混合燃烧,再进入炉膛,使炉膛中的燃烧过程进行得更为完善,整个炉膛的热负荷更趋均匀,不会产生局部过热现象;由于预燃室中工作温度很高,在燃用劣质重油或渣油时,也能获得良好的燃烧,并且在低负荷时,也能保证较好的燃烧。此外,水管受热面的周围外壁上设

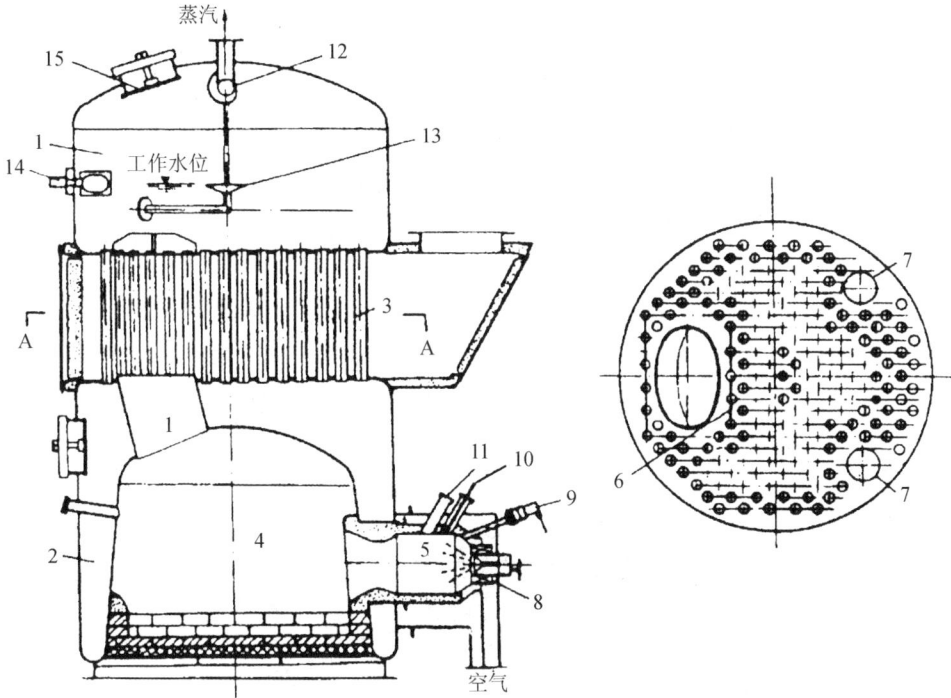

图 13-2-2　立式直水管锅炉

1—上锅筒；2—下锅筒；3—直立沸水管束；4—炉膛；5—预燃室；6—挡烟墙；7—下降水管；8—喷油调风装置；
9—点火器；10—点火喷油器；11—火焰感受器；12—汽水分离器(Steam Separator)；13—上排污漏斗；14—自动
水位调节；15—人孔门

有清理门，清垢方便。

三、立式横烟管锅炉

图 13-2-3 所示是一种较典型的立式横烟管锅炉。它的不同型号的蒸发量范围为
1~4.5 t/h，最大工作蒸汽压力为 1.0~1.7 MPa。锅炉整体结构为一个直立的圆筒形锅
壳 1，由 20G 或 15G 卷制焊接而成。为能较好地承受内部蒸汽压力，其顶部和底部均为
椭圆形封头 2。在锅壳中的下部设有一由钢板压成的球形炉胆 3，炉胆顶部靠后有一圆
形出烟口 4，与上面的方形燃烧室 5 相通。在燃烧室 5 与烟箱 12 之间，设有管板 6 和
7，两管板之间装有数百根水平烟管 8。烟管与管板采用扩接或焊接相连。炉胆和烟管
将整个锅壳内部分成两个互相隔绝的空间，里面是烟气，而外面则充满着水。燃油和空
气分别由喷油嘴和鼓风机送入炉膛。油被点着后，在炉胆内燃烧，未燃完的油和烟气经
出烟口向上流至燃烧室继续燃烧，然后顺烟管流至烟箱，最后从烟囱排入大气。烟管锅
炉中的炉胆、燃烧室和烟管都是蒸发受热面，只是烟管部分虽占锅炉总受热面积的
90%，但其传热效果较差，传热量不到总量的一半，一般蒸发率仅为 25~40 kg/m² · h，
而炉胆和燃烧室仅占整个锅炉受热面的 10% 左右，但其传给炉水的热量却占总吸热量
的一半以上。这是因为该处烟气温度约为 1 300~1 400 ℃，炉胆受火焰直接辐射，传热

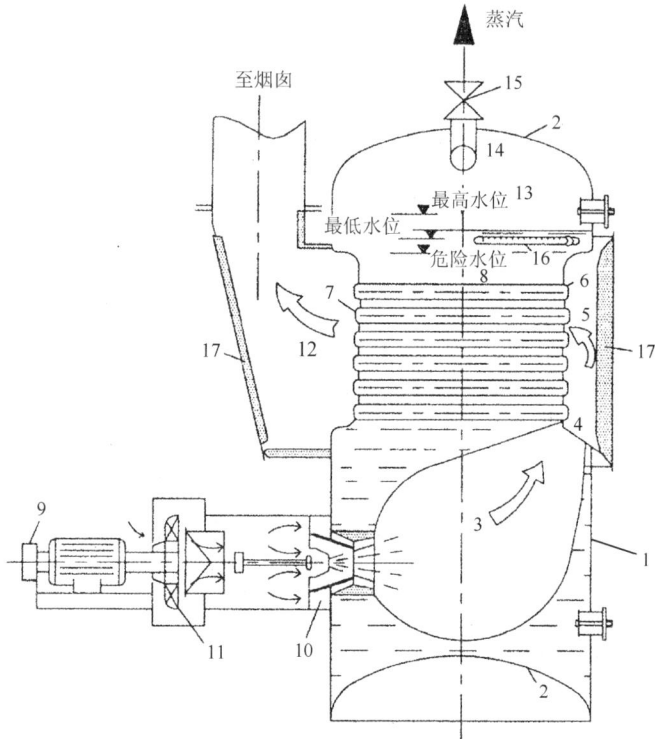

图 13-2-3　立式横烟管锅炉

1—锅壳;2—封头;3—炉胆;4—出烟口;5—燃烧室;6—后管板;7—前管板;8—烟管;9—电动油泵;10—燃烧器;11—鼓风机;12—烟箱;13—汽空间;14—集汽管;15—停汽阀;16—内给水管;17—检查门;18—人孔门

十分强烈,炉壁温度较高,所以是火管锅炉最易损坏的部位。而烟气管的传热方式以对流为主,属于对流受热面。烟气在烟管中流动时,其温度在进口处为 $600\sim700$ ℃,流入烟箱时已降为 300 ℃左右,以致烟气与炉水之间的温度差不是很大,又由于烟气在烟管内沿纵向流动,流速也小,因此,烟气对烟管的对流换热效果不佳。

锅炉在工作时,锅壳中的水面只需比蒸发受热面高一些即可,在水面上部为汽空间 13。炉水吸热沸腾而汽化,在水中产生大量蒸汽汽包。蒸汽自水面逸出后,聚集在锅壳上部的汽空间 13 中,经顶部的集汽管 14 和停汽阀 15 输出,由蒸汽管道送至各处使用。

由于炉内的水不断蒸发成汽,水量便会减少,致使水位下降。当水位下降至最低工作水位(至少应高出受热面 100 mm 以上)时,调节器发生作用,起动给水泵。当水位上升到最高工作水位时,调节器又发生作用,停止给水泵。

为便于清除锅炉烟管中的烟垢和进行内部维修,除了在燃烧室背后和烟箱前面都有可开启的检查门 17 外,还在锅壳上部设有人孔门 18,在锅壳下部设有手孔门。

四、针形管锅炉

针形管船用燃油辅锅炉是一种兼有火管和水管锅炉特点的新型船用锅炉。其基本构造如图 13-2-4 所示。锅炉的炉膛 4 呈圆筒形,炉膛上面是汽包 2 ,下部有一个环形联箱 7(水筒),两者间通过围绕在炉膛周围的水冷壁 8 和若干根不受热的下降管 6 连接,形成良好的自然水循环。拱形的炉膛顶部可防止炉水中的杂质存积在汽包底部而引起局部过热。辐射热由炉膛周围的水冷壁吸收,对流换热通过汽包内一圈特殊的针形管 3 实现。

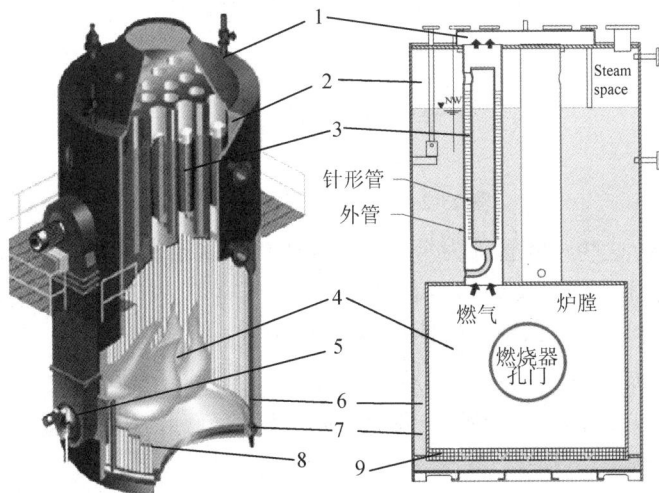

图 13-2-4　针形管燃油锅炉基本构造

1—烟箱;2—汽包;3—针形管;4—炉膛;5—燃烧器;6—下降管;7—环形联箱;8—水冷壁;9—耐火砖

针形管是一种高蒸发率的元件,外管相当于立式烟管,套装在其中的内管(针形管)下端和汽包的水空间相通,上端和汽包的汽空间相通。内管外壁上焊接大量钢棒,在烟气温度较高的下部钢棒长度较短,上部的钢棒长度较长。工作时来自炉膛的烟气经内、外管的夹层向上流入烟箱 1,烟气既直接加热汽包中的水,又冲刷钢棒将热量传给内管中的水。内管中的炉水吸热产生蒸汽,并经上侧管进入汽包,形成良好的汽、水自然循环回路。

这种锅炉上部虽然有一些立式烟管,但其主要的蒸发受热面(水冷壁和针形内管)具备水管锅炉的特征。锅炉的效率较高,有资料表明:一个蒸发量为 1 500 kg/h、工作压力 0.7 MPa 的针形管锅炉,在满负荷时的效率可达 82%。

五、废气锅炉

废气锅炉利用柴油机排气热产生蒸汽供船舶生产和生活使用,有的还能驱动涡轮发电机发电。废气锅炉可分为烟管式和水管式,废气锅炉与燃油锅炉有三种组合方式。

1. 立式烟管式废气锅炉

图 13-2-5 示出立式烟管式废气锅炉的结构简图,它是我国海船上普遍使用的一种废气锅炉。

由图可见,在圆筒形锅壳中贯穿着数百根烟管,锅筒两端的封头兼作管板。为了使封头不致凸起变形和减少烟管所承受的拉力,在管群中用少量管壁增厚 1 mm 的管子

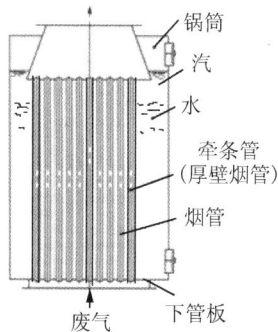

图 13-2-5　立式烟管式废气锅炉

与封头强固连接,这些厚壁管称为牵条管。烟管往往采用麻花管,可增加烟气的扰动和传热。锅炉的上下两端还装有出口和进口联箱。柴油机排气从下烟箱流经烟管,然后从上烟箱排出,将一部分热量传给炉水,并产生蒸汽。

它与辅助锅炉一样,也装有压力表、水位表、安全阀、停汽阀和给水阀等附件。这种废气锅炉的优点是结构简单,制造方便;缺点是蒸发率低,体积和重量比较大,水垢也不容易清除。

2. 强制循环废气锅炉

强制循环水管废气锅炉有盘管式废气锅炉与翅片管式废气锅炉。盘管式废气锅炉的结构如图 13-2-6 所示。

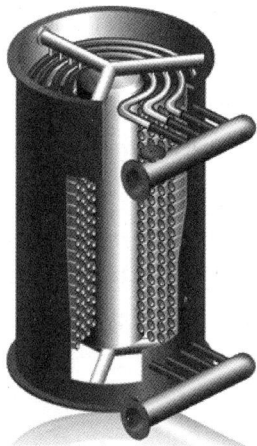

图 13-2-6　盘管式废气锅炉结构图

如图 13-2-7 所示为翅片管式废气锅炉的结构图。在废气锅炉本体 4 内,布置有多组垂直并列的翅片管 3,各组翅片管的进、出口分别与水平布置的进口联箱和出口联箱相连(图中示出)。两个联箱分别与进、出口管相连。

在有联箱的一侧,各水管都被焊接到废气锅炉本体上,而水管的另一端是浮动的,以便各管有热胀冷缩的余地。各组翅片管紧贴在一起,构成了废气锅炉的主体。每上、下两层水管之间由弯管相连。废气锅炉本体上覆盖有隔热层,并包有铁皮外罩 2。整

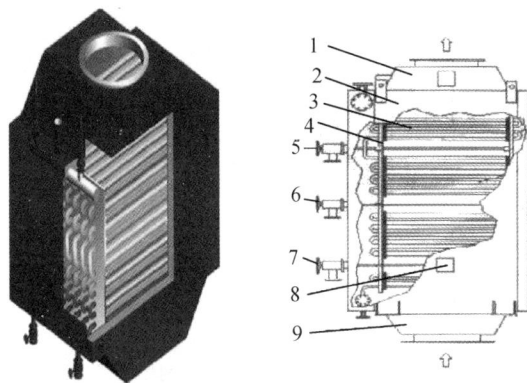

图 13-2-7 翅片管式废气锅炉结构图

1—上烟箱;2—外罩;3—翅片管;4—本体;5、6、7—吹灰器;8—道门;9—下烟箱

个废气锅炉坐落在钢架上,而上、下烟箱 1 和 9 则分别焊接于本体上、下两端的法兰上。本体的侧面分布有上、中、下三个检修道门 8,而正面则分布有三个蒸汽吹灰器 5、6、7,各检修道门与吹灰器位于同一高度,以方便检修和清洁。

在工作过程中,柴油机排气在翅片管的外侧流过,而水则由专门的循环水泵从燃油锅炉水腔吸入,压送到废气锅炉进口联箱,再进入各翅片管内部被加热,然后以汽水混合物的形式由出口联箱汇集,并送回燃油锅炉进行汽水分离。

翅片管式废气锅炉与盘管式废气锅炉相比,由于翅片的作用,较大幅度地增加了单位工质的换热面积,具有更高的效率,因而应用较多。

3. 废气锅炉与燃油锅炉的组合

燃油锅炉与废气锅炉之间的组合方式大致有三种。

(1)二者独立

燃油锅炉与废气锅炉有各自的给水管路,由给水泵分别从热水井供水,所产生的蒸汽由各自的蒸汽管道输出,至总蒸汽分配阀箱处才汇集一处。其系统由图 13-2-8 示出。这种方式运行管理比较方便,所以应用较多。不过当废气锅炉水位调节系统失灵时,因其位置较高,运行时的管理就比较麻烦。

(2)废气锅炉作为燃油锅炉的一个附加受热面

在这种情况下给水仅送至燃油锅炉,由强制循环水泵将燃油锅炉的炉水抽送至废气锅炉使之加热蒸发,并将汽水混合物压回燃油锅炉。经汽水分离后,蒸汽由燃油锅炉的蒸汽管输出。这种废气锅炉是强制循环式,其系统如图 13-2-9 所示。当废气锅炉的蒸发量满足不了航行用汽需求时,可与燃油锅炉合作向外供汽,油船即采用此方式。这种废气锅炉的水位不需调节,但须多设至少两台热水循环泵。

(3)组合式锅炉

组合式锅炉是将燃油锅炉与废气锅炉合为一体,只能安放在机舱顶部,因此要求有可靠的远距离水位指示和完善的自动调节设备。这种方式目前船舶上应用最多,其典型结构见图 13-2-10。废气锅炉侧采用光烟管,燃油锅炉侧是采用光管或针形管作为对

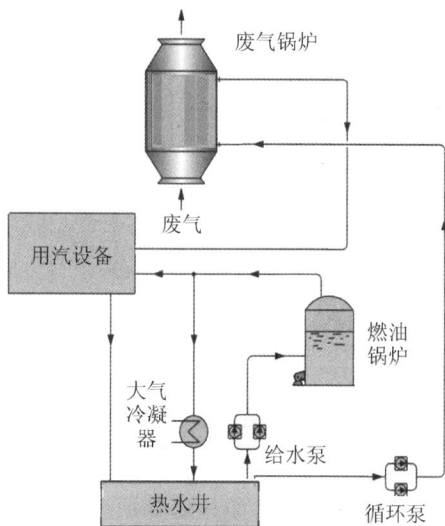

图 13-2-8　燃油锅炉与废气锅炉相互独立

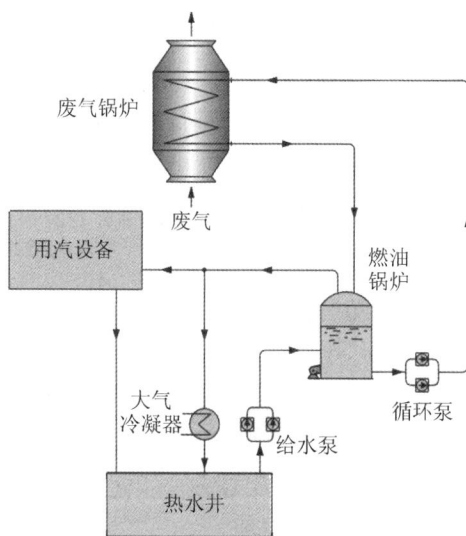

图 13-2-9　废气锅炉作为燃油锅炉
的附加受热面的组合方式

流换热面。航行时所需蒸汽由废气锅炉产生,若废气锅炉的产汽量不能满足需要,则燃油锅炉自动点火升汽补充。

六、热油锅炉

热油锅炉也称有机热载体锅炉,是一种新型的热能转换设备。它的基本结构和工作原理是具有较高热容量和较低黏度的矿物油在锅炉内的受热面管子中流动,被燃油或柴油机废气加热后,输送到用热设备释放热量,再由热油循环泵泵入锅炉中重新被加

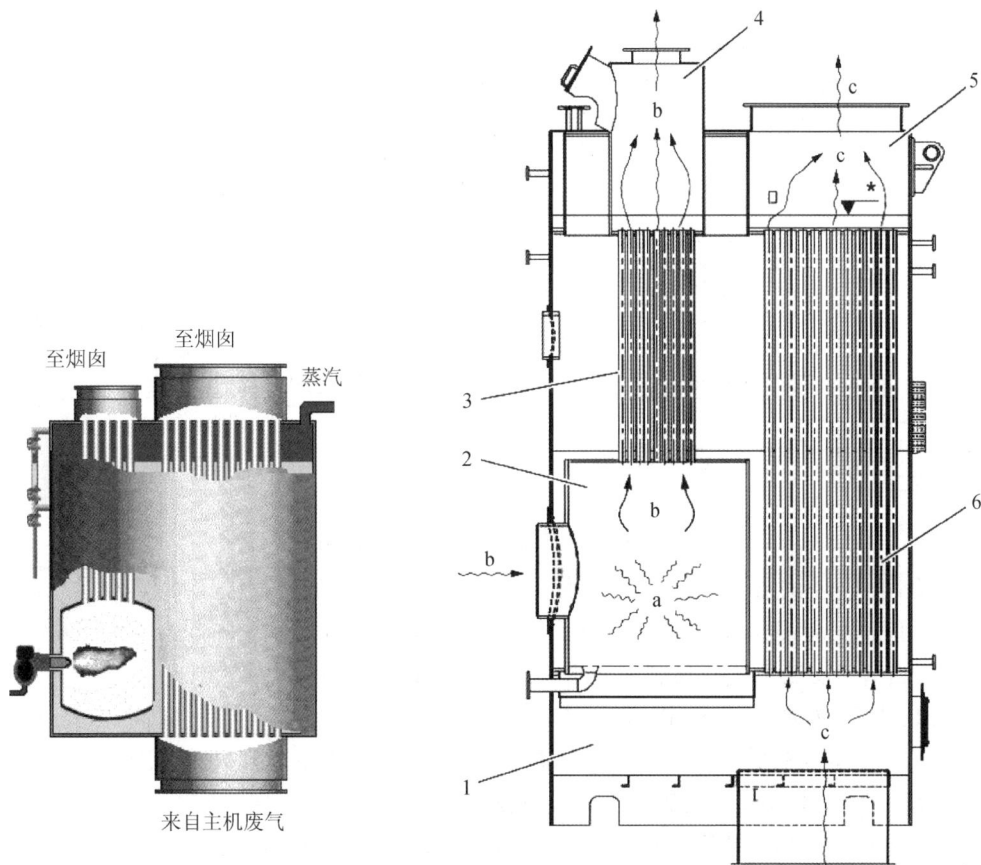

图 13-2-10　废气锅炉与燃油锅炉一体化的组合方式

1—废气进入腔;2—火室炉膛;3—燃油锅炉部分烟管;4—燃油锅炉部分排烟腔;5—废气锅炉部分排气腔;
6—废气烟管;a—辐射热;b—燃烧器处来的气流;c—从主机来的气流

热。热油在锅炉、用热设备之间通过泵及管系形成闭式循环,不断向外供热。

　　热油锅炉可以设计成燃油辅锅炉和废气锅炉,其供热系统如图 13-2-11 所示,主要由热油锅炉、循环泵、膨胀器、储存器、过滤器、氮气器、紧急冷却器、管系和用热设备等组成。

　　热油废气锅炉和热油燃油锅炉平行安装,形式与组合锅炉相似。热油首先吸收主机废气的热量,如果废热不能满足船舶加热所需时,热油燃油辅锅炉自动点燃。系统中油液随温度变化而发生的体积变化由膨胀器调节,膨胀器的调节容积应不小于热油容积变化量的 1.3 倍,膨胀器内油温不得超过 70 ℃,膨胀器为闭式时,膨胀气体由氮气器提供,氮气可防止油液氧化变质;需放净系统油液时,可由储存器接纳存储;为避免油过热设有紧急冷却器。热油循环泵的工作条件恶劣(温度高),其运行状态需要连续监测,并使备用泵随时可用,热油泵起动阶段的温升以 50 ℃/h 为宜。油泵的吸口设有过滤器,滤去高温下形成的聚合物和残渣。热油锅炉在起动过程中,随着油温升高,可能存在的其他气体、少量水汽和油气会逐渐析出,这些气体会产生热阻和流阻,设油气分离器加以分离。在起动时应通过反复打开排气阀排除这些气体。突然停电时或其他原

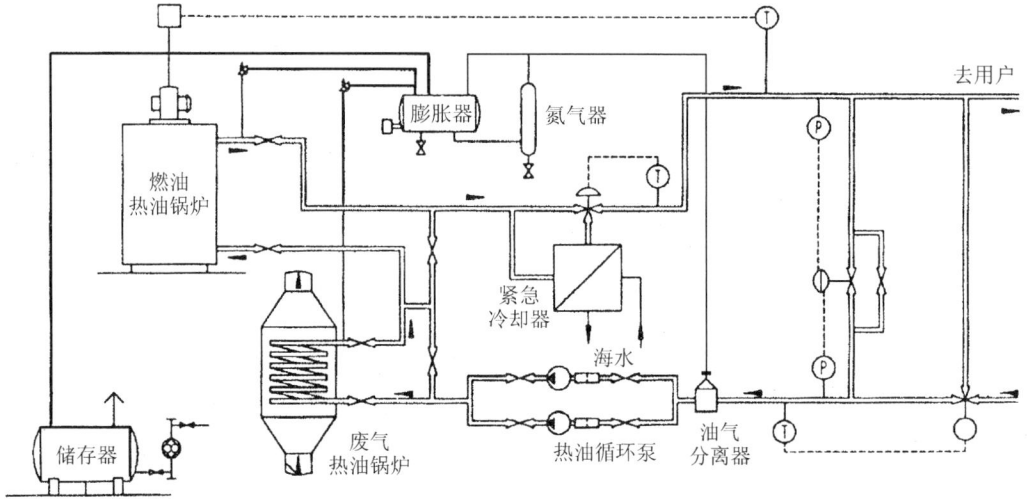

图 13-2-11　热油锅炉供热系统原理图

因油液不能循环供热时,为防止热油停留在锅炉中高温裂解与氧化,应将热油紧急冷却到 150 ℃以下,再送入储存器中储存。

热油锅炉供热系统与强制循环水管锅炉相比具有以下特点:

(1)以矿物油代替了水,油在常压下的初馏点比水的蒸发温度高得多,可达 320 ℃,可以实现在低压下始终以液态循环对外供热,无相态变换损失。因此工作压力低(一般不高于 1 MPa),供热系统热效率较高。

(2)油传热均匀,导热系数较高(100 ℃时约为水蒸气的 3.8 倍)。

(3)油的热稳定性好,基本上无腐蚀作用,化验和处理工作很少。

七、水管锅炉与烟管锅炉的性能特点比较

烟管锅炉(火管锅炉)烟气在受热面管子里流动,管外是水;水管锅炉则相反。烟管锅炉与水管锅炉的性能比较如表 13-2-1 所示。

表 13-2-1 烟管锅炉和水管锅炉的性能比较

比较项目	烟管锅炉	水管锅炉
1. 受热面的蒸发率和热效率	较低。 因为:(1)烟管的传热方式以对流为主,属于对流受热面。烟气在烟管内纵向流动,流速小,故对流换热效果不佳;烟气在烟管中流动时,其温度在进口处为 600~700 ℃,流入烟箱时已降为 300 ℃ 左右,以致烟气与炉水之间的温差不是很大。排烟热损失较大,热效率只能达到 72 % 左右。(2)烟管受热面占总受热面的 90%,但传热量却不到 50%,致使整个锅炉的受热面蒸发率不高,一般烟管锅炉蒸发率仅为 25 kg/(m²·h) 左右。某些锅炉虽使用了悬空式球形炉胆,并在烟管中嵌入螺旋条,但蒸发率也不过 40 kg/(m²·h) 左右。(3)虽然炉胆和燃烧室受热面受中心处温度为 1 300~1 400 ℃ 的火焰直接照射,属于辐射受热面,传热十分强烈,蒸发率甚大,但有效传面积太小,仅占整个锅炉受热面的 10 % 左右,其传给水的热量占总传热量的一半以上	较高。 因为由于水冷壁构成的辐射受热面所占比例大,而且烟气在沸水管束中是横向流动,流速较大,对流放热系数较大。故蒸发率较高,一般为 30 ~ 50 kg/(m²·h),设计紧凑的辅锅炉可超过 70 kg/(m²·h),而强制循环的水管锅炉可达 90 ~ 120 kg/(m²·h)。水管锅炉的效率较高,一般辅锅炉可达 80%~85%,有些带尾部受热面的可高达 92%以上
2. 锅炉蒸发量	较小,≤10 t/h。 因为增加受热面时,锅壳直径和壁厚亦将增大,限制了蒸发量和工作压力	较大,最大可达 100 t/h。 因为需提高锅炉蒸发量时,增置受热面管子无任何困难
3. 锅炉工作压力	较小,≤2 MPa。 因锅筒要包围所有炉水和烟管,承压面积大大。虽增加壁厚可以提高工作压力,但不能太厚,否则太笨重,构造成本太大	较大,可高达 10 MPa。 因为锅筒小承压面积小,水管工作压力的增加易于达到
4. 锅炉相对体积重量(单位蒸发量的重量)	较大。约为 8 t/h。 因为烟管锅炉受热面管子的蒸发率低,所以蒸发量既定时需要较大的受热面;同时又必须有厚壁的锅壳包围全部受热面,重量(包括水量)往往达蒸发量的 6~8 倍。因受热面管子均需为炉水所包围,锅炉的蓄水量多,约为蒸发量的 3~4 倍,所以比较笨重	较小。仅为 3 t/h。 因为没有又厚又大的锅壳,蓄水量小,单位蒸发量的相对体积、重量较小
5. 点火升汽时间	较长。约需 5~10 h,以免热应力太大损坏锅炉。 因锅炉蓄水量较大,水循环微弱,锅炉本身结构的弹性欠佳	较短。小于 2~3 h,一般为 1 h 以内。 因为水管锅炉炉水有一定的循环路线,加之蓄水量少,结构刚性又弱,故点火升汽时间较短
6. 锅炉负荷变化引起的蒸汽压力波动及给水过程扰动引起的水位波动	较小。 因蓄水量大,故炉水蓄热量亦大,当负荷变化、蒸汽压力波动较小。同时因蓄水量大,故允许有较长时间不给水,管理较方便	较大。 因为蓄水量小,蓄热量也小。对水位和蒸汽压力自动调节系统的要求较高,管理要求也较高

续表

比较项目	烟管锅炉	水管锅炉
7. 给水品质的要求	较低。 因为虽然炉胆部分传热强度高,但其外壁的水垢容易清除;烟管间的水垢虽难以清除,但该处烟气温度低,传热差,故运行时管壁温度不高,不易结硬垢	较高。 因为管子传热强度高,管内水垢难清除
8. 在船舶上的应用	在老旧船上,多用。 因为自动化程度不高的情况下,烟管锅炉管理方便	在新造船上,多用。 因为目前采用自动调节技术,解决了蒸汽压力、水位波动快的问题;同时以海水淡化装置所产蒸馏水作锅炉补给水,加之化学除垢法已普遍使用,故水管锅炉对水质和除垢要求高的问题也不难解决。因此,性能参数比较先进的水管锅炉已成为船舶锅炉的主要形式

第三节　锅炉附件

为了保证锅炉操作管理更加方便、运行安全可靠,一般装有以下外部附件:两只水位计、两只安全阀、两只压力表和压力表阀、两个给水阀(蒸发量小于 1 t/h 的辅锅炉可仅装一个)以及停汽阀、表面排污阀、底部排污阀,取水样阀、空气阀(设在最高处通大气用,通径一般为 10~15 mm)等。其中水位计和安全阀是我们学习的重点。其他附件虽然也很重要,但结构和操作都相对简单,可自学掌握,水位计和安全阀一旦不能正常工作,锅炉将有重大事故隐患,因此轮机值班人员每个 4 h 至少要冲洗水位计一次,检查判断水位计的工作状态,记录水位计的读数。当水位计损坏时,要能安全可靠地进行维修(主要是玻璃板的更换)。

安全阀的调试校验是由专业验船师进行的,调校完成后用铅封锁定,船员不得擅自调节。但轮机员需每班巡查一次安全阀的工作状态,查看是否漏气,需定期强开安全阀和确认启阀压力正常。

一、水位计

船用锅炉的水位计主要有玻璃管、玻璃板式两种。玻璃板式水位计更耐压,常用于蒸汽压力较高的锅炉。每台船用锅炉上至少装有两只水位计,分别布置在左、右两侧。在船舶摇摆和倾斜时,可通过比较两只水位计中的水位来判断锅炉内的水位情况。若两只水位计均已损坏,锅炉应立即熄火。

玻璃管式水位计如图 13-3-1 所示,适用于低压锅炉。玻璃管与连通管的连接处由

填料函保证密封。在水连通管与玻璃管连接处装有靠重力开启的止回阀3,当玻璃管破裂时,在内外压差的作用下关闭,防止炉水大量漏出。

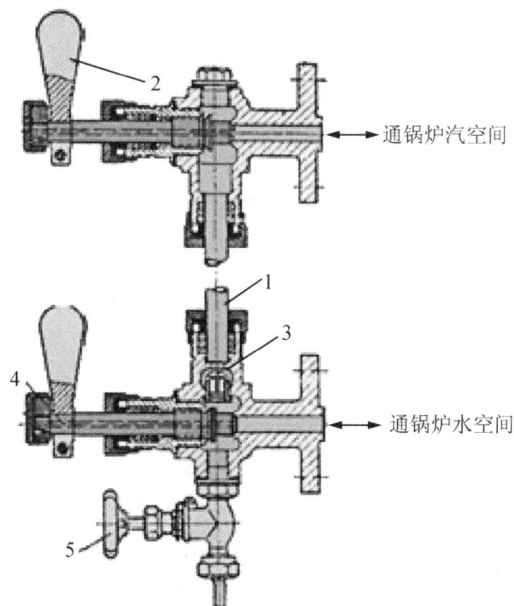

图 13-3-1　玻璃管式水位计图
1—玻璃管;2—通汽阀;3—止回阀;4—通水阀;5—冲洗阀

　　玻璃板式水位计如图 13-3-2 所示。它是把一块平板玻璃装在一个金属匣里,在玻璃板与汽水接触的一面刻有纵向的锯齿形槽,在水位计的背面一般设有电灯,在灯光的照射下,水位显示更加明显。

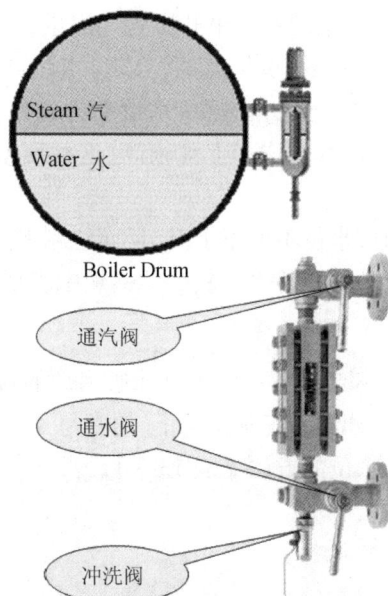

图 13-3-2　玻璃板式水位计图

对于水位采用双位控制的锅炉,允许水位在最高工作水位与最低工作水位之间波动。当水位到达最低工作水位时,水位自动调节装置将起动给水泵向锅炉供水;当到达最高水位时,给水泵自动停止。如果因给水系统失灵或锅炉大量失水等故障,造成水位继续降至危险水位时,则锅炉水位控制系统将发出声光警报,并通过锅炉燃烧系统停止向炉内喷油,使锅炉熄火。

1. 水位计的最低显示水位和锅炉的最低工作水位

每台锅炉都规定有最高工作水位、最低工作水位和最低危险水位。水位计的计程和安装位置应能显示最高工作水位和最低工作水位,正常水位处于水位计中间。锅炉危险水位位于锅炉最低工作水位与锅炉最高受热面之间。锅炉隔热层外表面在与水位计相邻处设置有最高受热面标志。

根据《钢质海船入级规范》锅炉最低工作水位一般应符合如下规定:水管锅炉应高出最高受热面不少于 100 mm;横烟管锅炉应高出燃烧室或烟管顶部不少于 75 mm,多回程的可适当减少;混合式锅炉应高出热水管不少于 50 mm;竖烟管锅炉应不低于 1/2 烟管高度。当船舶横倾 4°时,最低水位仍应符合上述要求。

水位计的最低显示水位一般比最低工作水位略低,对水管锅炉,由于水位随负荷变化波动较大,要求水位计的最低显示水位在锅炉的最低工作水位以下 50 mm 处。

2. 锅炉的满水和失水

锅炉工作水位高于锅炉最高工作水位称为满水,满水会造成供出的蒸汽中大量含水,造成蒸汽管路和蒸汽设备的水击损害。

3. 水位计显示水位与锅炉内的真实水位

水位计所显示的水位往往比锅炉内的真实水位要低一些。锅炉工作时炉水中含有大量气泡,锅炉中的水位是由其中的蓄水量和所含气泡量合成的。在相同水量下,工作负荷高(即燃烧强烈),水中气泡多,水位就高;反之,水位就低,所以往往看到水位很高,但只要燃烧减弱或熄火,使气泡大量减少,水位立刻就低得不见了。又如原来水位正常,当燃烧加强时,虽没有供水,水位却上涨很高,这种现象称为假水位,是由于炉水中气泡增多的缘故。

此外,有时向锅炉供水时,水位不但不上升,反而急剧下降,这是因为大量低温水进入炉内,使水中气泡凝结所致,这在蓄水量较少的锅炉中表现得尤为明显。

4. 水位计的冲洗

由于水位计中汽、水的流动甚弱,一旦水位计通锅炉的接管被炉水中的污物堵塞,则不能显示真实水位,应及时冲洗。正常情况下,通常每 4 h 至少冲洗一次水位计。冲洗水位计的操作步骤和判断水位的方法见表 13-3-1。

表 13-3-1 冲洗水位计的操作步骤和判断水位的方法

操作目的	操作顺序	结果	处理意见
通水路	1. 关通汽阀,开冲洗阀,冲洗后关闭通水阀	听见水流声甚大,表明水路畅通	如不通畅,可连续开、关通汽阀或通水阀数次,利用汽水冲击力将污物冲走
通汽路	2. 开通汽阀,冲洗后关闭冲洗阀,关闭通汽阀	听见气流声甚大,表明汽路通畅	
叫水	3. 紧接着缓慢开大通水阀,进行"叫水"	因此时通汽阀关闭,所以如水位高于水连通管,则水位一直升到水位计顶部	可继续进行第 4 步操作
		如无水出现,则炉水已位于水连通管以下,锅炉已处于失水危险状态	如明确知道数分钟前水位仍处于正常位置,则可加大给水量,迅速恢复水位;如失水时间不清楚,应立即熄火,停止供汽
开通汽阀,恢复到通水、通汽阀全开、冲洗阀全关状态	4. 开通汽阀	水位下降至水位计中段表明情况正常	可投入工作
		如水位下降至水位计玻璃以下表明炉水少,但水位仍在水连通管以上	加大给水量,迅速恢复正常水位
		如水位仍在顶部不降下来,表明锅炉已处于满水状态	首先停止供汽,并开启上排污阀放水,于满水状态水位恢复正常

5. 水位计玻璃板(管)的安装

玻璃板式水位计安装时,玻璃板与金属框架之间的接触面应研磨得很平,保证充分贴合。在上紧框架螺钉时,要交叉均匀拧紧,否则受热后玻璃板容易碎裂。

玻璃管式水位计安装时,应注意不要将插入玻璃管处的填料压盖拧得过紧,否则玻璃管容易被挤碎。玻璃管的两端端面要留有少许间隙,即不要紧顶住金属构件,以免受热膨胀后碎裂。为防止玻璃骤然变热而破裂,水位计冲洗时应特别注意通水阀和通汽阀同时关闭的时间要尽量短。另外在换新玻璃管(板)后,也应先稍开一点通汽阀,让玻璃预暖一下,再开大通水阀和通汽阀。

二、安全阀

安全阀的结构有直接作用式和先导式两种。辅锅炉使用的一般都是直接作用式安全阀,如图 13-3-3 所示,它的阀体由两只安全阀组成。弹簧 1 压紧阀盘 2,转动调节螺丝 3 即可调节弹簧压板 4 的位置,从而改变弹簧的张力以调整安全阀的开启压力。安全阀阀盘 2 的外缘直径加大形成唇边 5,它的作用是使阀能急速开启,并且维持升程的

锅炉安全阀

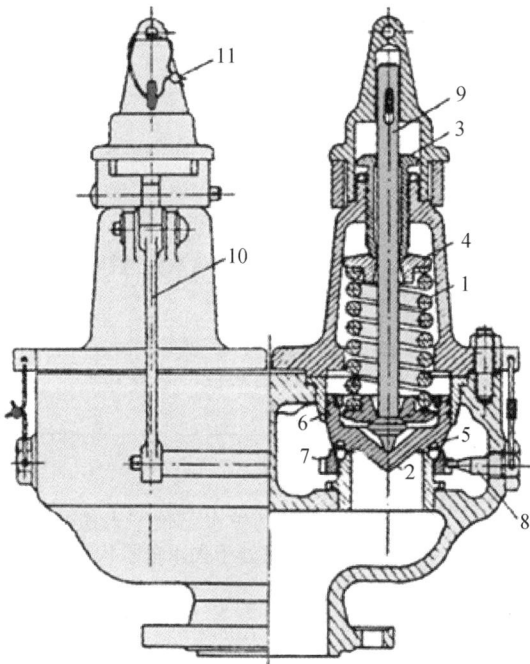

图 13-3-3　直接作用式安全阀

1—弹簧;2—阀盘;3—调节螺丝;4—弹簧压板;5—唇边;
6—套筒;7—调节圈;8—螺钉;9—阀杆;10—手动强开杠
杆;11—铅封

稳定。阀盘上方设有带密封圈的套筒 6,阀开启后阀上方不会受蒸汽压力作用。安全阀必须装有手动强开杠杆 10,在锅炉顶部用钢丝绳分别通至机舱底层和上甲板,以便必要时强开安全阀,将危险减至最低。安全阀的排出口与逸汽管的连接应设膨胀装置和泄水口。

当蒸汽压力达到开启压力后,蒸汽作用在阀盘上将阀抬起,蒸汽从阀盘周围溢出,如果没有唇边,蒸汽压力稍微降低,阀盘很快又关闭,然后由于蒸汽压力回升阀又开启,这样阀盘将上下不停地跳动。

当阀盘有一圈唇边后,就可使阀盘在开启后得到一个附加的上顶力,从而增加了阀盘的升程,阀也不会很快关闭。

上述方法虽然保证了安全阀开启稳定,但由于开启后阀盘的蒸汽作用面积已大于开启前的面积,所以即使当锅炉蒸汽压力从高往低恢复至启阀时的额定蒸汽压力,阀盘也不能立即关闭,只有当蒸汽压力继续下降,直到作用在阀盘和唇边上的蒸汽上顶力小于弹簧向下的作用力时,安全阀才能自动关闭。

1. 对安全阀的要求

根据《钢质海船入级规范》,对锅炉安全阀的要求主要有:

(1)每台锅炉本体应设两个安全阀,通常组装在一个阀体内。蒸发量小于 1 t/h 的辅锅炉可仅装一只。装有过热器的锅炉,过热器上亦应至少装一只安全阀。

（2）锅炉安全阀的开启压力可大于实际允许工作压力的 5%，但不应超过锅炉设计压力。过热器安全阀的开启压力应低于锅炉安全阀的开启压力。

（3）安全阀开启后应能通畅地排出蒸汽，以保证在停汽阀关闭和炉内充分燃烧的情况下，烟管锅炉在 15 min 内，水管锅炉在 7 min 内蒸汽压力的升高值应不超过锅炉设计压力的 10%。所以安全阀不但应有足够大的直径，而且开启后应该稳定且具有较大的提升量。安全阀排气管的通流面积对升程在安全阀直径的 1/4 以上者，应不小于安全阀总面积的 2 倍，对其他安全阀应不小于 1.1 倍。

（4）安全阀要动作准确，并保持严密不漏。

（5）任何安全阀的直径应不大于 100 mm 亦应不小于 25 mm。安全阀都是经过船级社调定后铅封的，除非经过船级社特许，船员不能随意重调。

2. 锅炉安全阀的启闭压差

锅炉安全阀的关闭压力会低于开启压力，这一压力差值称为启闭压差，也称为关阀压力降低量。可根据锅炉开启压力选定，如表 13-3-2 所示。

表 13-3-2　锅炉安全阀的启闭压差（MPa）

安全阀开启压力	0.1~0.2	0.2~0.4	0.4~0.7	0.7~1.1	>1.1
启闭压差	0.025	0.03	0.04	0.05	<7%开启压力

外界对蒸汽的需要量突然减少或炉内燃烧过于强烈时，锅炉蒸汽压力会上升，若燃烧调节不及时，蒸汽压力可能会超过额定工作蒸汽压力较多。为了防止压力过高造成损伤甚至发生爆炸，锅炉一定要装设安全阀。

阀座上装有调节圈 7，调节圈升高时，阀开启后唇边外沿蒸汽通流面积缩小，作用在唇边上的附加上顶力就大，从而使阀的升程和关阀压力降低量加大；反之，调节圈下移时，唇边外沿蒸汽流通面积加大，则阀开启的升程和关阀压力降低量减小。因此，通过转动调节圈，改变其位置，可获得开启时蒸汽压力既稳定、降低量又不太大的工况。

安全阀的启阀压力和启闭压差都是经过船舶检验局调定后铅封的，除非经过船检局特许，船员不能随意重调。

平时一般每月手动强开一次安全阀，以防止长期不起跳而咬死。一般每月和每次起动锅炉时须强开一次安全阀，以防安全阀动作不灵活。每年升高锅炉压力做一次启阀压力确认。

三、其他设备

1. 压力表

每台锅炉至少应装两只压力表，以指示工作压力。压力表的传压细管由装在锅炉顶部的压力表阀引出，自动控制系统中所需的传压细管也从该阀引出。安装时压力表下面细管要弯一圈，使管中充满冷凝水，造成水封，防止热蒸气直接进入压力表，影响压力指示的正确性。

2. 阀件

阀是专门用来接通或切断汽、水流路的,有的还能调节它们的流量。在一台辅助锅炉上装有许多不同用途的阀,其结构也各有不同,这里我们对几种主要的阀作一般的介绍。

(1)截止阀

辅助锅炉上的截止阀有蒸汽截止阀、给水截止阀、排污阀等,用来接通或切断有关的汽水管路。

在锅炉的蒸汽引出管上装有蒸汽截止阀,其一般直接安装在锅炉汽筒的顶部,蒸汽由此引出,供至各用汽处。小型锅炉大多用球形截止阀。

(2)止回阀

止回阀只允许工质做单方向流动,而不能反向流动。工质来自阀盘下方,其压力超过阀盘上面的弹簧压力及本身重量时,将阀盘自动顶开。当工质有倒流趋向时,工质的压力将阀盘紧压在阀座上,使通路切断。

止回阀又有截止止回阀和强开截止止回阀两种。截止止回阀的外貌与球形截止阀没有区别,但其阀杆与阀盘只是活动地套在一起,当提取阀杆时,阀盘并不随着升起,阀杆仅起阀盘导向杆与限制升程的作用,以达到调节流量的目的,其动作与一般止回阀无异。当阀杆下降至底部时,可将阀盘压紧在阀座上,以截断液流或气流,起着截止阀的作用。强开截止止回阀的构造与截止止回阀差不多,只是阀杆仅在一定的提升高度内不限制阀盘的活动,此时能起止回作用。当阀杆再提高一些时,便连阀盘一起提起,使它失去止回作用,即强行开启。

锅炉的给水管路上必须装有止回阀,当给水泵停止工作时,使炉水不产生倒流。

当船上装有两台以上的辅助锅炉及废气锅炉时,锅炉的蒸汽截止阀应采用截止止回阀或强开截止止回阀。这样,当一个锅炉的压力低于并联蒸汽管路的压力时,它可以自行关闭,防止蒸汽的倒流。

(3)空气阀

为了在锅炉升汽时排出锅炉内的空气,以及在停炉后放进空气和放出炉水,在锅炉汽筒的最高处应装有空气阀或空气旋塞。

汽筒上的空气阀一般用通径为 $10 \sim 15$ mm 的截止阀,装在联箱上的空气阀一般采用 8 mm 通径。

(4)取样阀

取样阀采用通径为 $8 \sim 10$ mm 的截止阀或旋塞,装在锅炉的水空间部位,以采取水样,取样阀的出口一般与取样冷却器相接,以防止取样时的炉水蒸发而影响炉水分析的结果。

(5)排污阀

排污阀有表面排污阀和底部排污阀。表面排污阀与内外排污管路相连;底部排污阀装水筒或联箱的底部,外部与排污管相通。它们都是截止阀,一般两个串联使用,一个专起截止作用,一个专起调节作用。截止作用的阀应全开或全关,注意使它免遭水流冲蚀而失去水密性。

(6)压力表阀

压力表阀装在汽筒或联箱上,一般为截止阀,通径不要小于 8 mm,以免堵塞。压力表与锅炉相连的细管一定要构成水封,使管中充满凝水,以防止蒸汽进入压力表面影响读数的正确性。另外,在此管路上应装有三通旋塞,以备供标准压力表来检验压力表的读数。

第四节 锅炉燃油系统

一、燃烧机理及影响因素

1. 燃油的燃烧机理

在燃油锅炉中,经雾化后喷入炉膛的燃油油滴先被加热而蒸发成油蒸气,再和空气混合直到被点燃。油燃烧实际上是油蒸气的燃烧。在燃烧过程中,油蒸发和扩散的速度远小于燃烧的速度,若能增加蒸发和扩散速度,就可以提高燃烧速度。试验证明,油滴完全燃烧所需的时间与其直径的平方成正比。例如,最大油滴的直径为平均油滴直径的 5 倍,它的燃尽时间是平均直径油滴的 25 倍,可见雾化质量对燃烧有重要影响。燃料在炉膛内停留的时间一般为 1~2 s,因此油滴过大是不适宜的。目前一般倾向于尽量改善雾化质量,将平均油滴直径减小到 100 μm 以下。

锅炉内实际油雾的燃烧情况要比实验室内单个油滴复杂得多,主要在于:

(1)炉膛内气流速度比较高,油滴的质量比较大,不能完全随气体分子一起脉动,和气体之间产生了相对运动,使火焰向油滴的传热加强,油滴的蒸发加快,从而加快了燃烧。气流速度越高,油滴燃烧速度也越快。实践证明,在雾化质量相同的条件下,如果燃烧器出口风速过低,在火焰尾部可以发现大量火星,这是有未烧完的大油滴在继续燃烧的表现;但是,如果风速较高,这种火星就可能不出现,从而表明风速高可以使燃烧加快。

(2)炉膛内的温度和氧气浓度是不均匀的。炉膛温度高则油蒸发得快,可使燃烧加快;炉膛温度太低则不能保证稳定燃烧,甚至可能熄火。所以要求锅炉在低负荷时炉膛出口烟气温度不低于 1 000 ℃。而氧气浓度低则将使燃烧速度减慢,为了实现低氧燃烧,油雾和空气必须混合得很均匀。

烧重油与烧轻质油不同的是,重油蒸发速度慢,火焰内部的油滴在缺氧的条件下,会热分解产生油焦;焦壳阻碍了内部重油的蒸发,使它的温度升高,更促进了焦壳的生成。焦壳内部产生的气体最终使焦壳破裂,喷出的气体和油液很快烧完,剩余的固态焦壳和煤粉相似,燃烧速度慢,为使它能完全燃烧,应当保证火焰尾部有足够高的温度,并供给足够的氧气。

2. 燃油在炉膛中的燃烧过程

燃油在炉膛中的燃烧是以火炬的方式进行的。燃油通过喷油器以雾化状态喷入炉膛,空气通过配风器进入炉膛,沿挡风罩内侧经喷油器根部进入的少量空气(一次风)供点火用,沿挡风罩外侧经固定的斜向叶片进入的大量旋转空气(二次风)供混合油雾和燃烧用。

炉膛中的燃烧过程可分为两个阶段:

(1)准备阶段。雾化的油滴被迅速加热、汽化、与空气相混合,同时进行热分解。

(2)燃烧阶段。油气与空气的混合气体的浓度达到一定数值,并被加热到一定温度,遇明火着火燃烧。

油气和空气混合形成的可燃气被点燃后形成的燃烧带称为着火前沿。它一方面要向喷油器方向扩展,另一方面又随吹入的气流向炉膛内流动,当两者速度相等时,着火前沿便稳定在一定位置。可见,喷油器前的火炬可分为两个区域:准备区和燃烧区。在准备区内进行油雾与空气混合物的加热、汽化和分解,在燃烧区燃烧。

3. 对燃烧器的性能要求

(1)雾化良好

油雾中油滴大小是不均匀的。从有利于燃烧出发,希望直径为 $50\ \mu m$ 的油滴能占 85% 以上,并且不要出现 $200\ \mu m$ 以上的大油滴。

(2)喷射角度适当

油雾离开喷油器后,燃油一方面向前喷射,有轴向速度;同时还旋转,有切向速度。所以油雾离开喷油器后立即扩张,形成空心的圆锥形,其圆锥的顶角叫作雾化角。雾化角应稍大于经配风器出口空气流的扩张角,使供入的油雾能与空气均匀混合;同时雾化角也应与喷火口配合恰当,雾化角过大,油雾会喷在喷火口上产生结炭,过小则从油雾锥体外鼓入的空气不能与油雾很好地混合。

(3)油雾流的流量密度分布要合适

流量密度沿着圆周方向的分布应当均匀,并避免在油雾流中心部分有较大的流量密度,因为中心部分是回流区,过多的油喷入回流区对燃烧不利。

(4)油量调节比(即最大喷油量与最小喷油量之比)要大,以适应不同蒸发量的需要。

(5)点火容易;功耗低;不漏油不滴点;保养检查容易。

4. 空气过剩系数

空气过剩系数 α 是保持锅炉经济运行的重要指标。空气过剩系数 α 是保持锅炉经济运行的重要指标。α 越大,则风机的耗能越多,锅炉的排烟损失也越大;但 α 太小,则锅炉的不完全燃烧损失又可能太大。燃油锅炉合适的空气过剩系数一般为 $1.05\sim1.2$。

5. 影响燃烧质量的主要因素

(1)油的雾化质量良好。油液雾化得越细,分布均匀性越好,则油滴的蒸发速度越快,与空气混合也越好。

（2）要有适量的一次风和二次风。一次风量以占总风量的 10%～30%、风速 10～40 m/s 为宜。风量太小，则油雾在着火前就会在高温缺氧条件下裂解，产生大量炭黑，烟囱冒黑烟；太多又会因火炬根部风速过高而着火困难，甚至将火炬吹灭。二次风量的大小关系到过剩空气系数合适与否，直接影响不完全燃烧损失和排烟损失。

（3）油雾和空气应该混合均匀，着火前沿的位置和火焰长度应合适。着火前沿如离燃烧器太近，则可能使喷火口和燃烧器过热烧坏；太远又会因气流速度衰减，与油气混合的强烈程度减弱，以致火炬拖长，燃烧不良。

（4）炉膛容积热负荷要合适。太高会使油在炉膛停留时间太短来不及完全燃烧；太低又不能保证足够高的炉膛烟气温度，也不利于完全燃烧。

二、燃烧器

燃烧器是将燃油喷射雾化并与空气良好混合燃烧的装置，主要由喷油器、配风器和点火器等组成，一般装在锅炉前墙或顶部，正对着炉墙上的喷火口。如图 13-4-1 所示为现代船舶采用的整装式锅炉燃烧器，它将油泵、燃油加热器、喷油器、风机及配风器、点火装置、光焰感受器等组装成一体，十分紧凑。

图 13-4-1　整装式锅炉燃烧器结构

1. 喷油器

喷油器（俗称油枪或油头）有两个作用：一是控制喷入炉内燃油的数量；二是将燃油雾化，保证在炉膛内的燃烧质量。

喷油器将油雾化成细小油滴，并使油雾以一定的旋转速度从喷油嘴的喷孔中喷入炉内，形成有一定锥角的空心圆锥。油雾在前进中不断与空气掺混，离喷嘴越远，油雾层厚度越大，而浓度越小。

喷油器的类型很多，常用的有以下几类：

（1）压力式喷油器

压力式喷油器的结构如图 13-4-2 所示。喷油器的后端有一个管接头 5 与输油管相连，其中装有滤网 6。管接头用螺纹连接于空心的喷油器筒体 4 上。后者前端以螺纹连接喷嘴体 3，雾化片 2 被喷嘴帽 1 用螺纹拧紧在喷嘴体上。

喷油器头部的喷嘴（包括喷嘴体、雾化片和喷嘴帽）对喷油量的大小和雾化质量的好坏起着决定性的作用。其结构如图 13-4-3 所示。一台锅炉常配备有不同规格的雾化片，如图 13-4-4 所示，雾化片大多由合金钢制成，喷孔直径从 0.5~1.2 mm 分为几档，可根据所采用的燃油品种和锅炉蒸发量选用。但孔径越大，雾化质量越低，孔径越小，喷油量越小，故孔径应适当。雾化片的基本特性用标在其上的型号来表示。例如 25-60 号雾化片表示其喷油量为 25 kg/h，雾化角为 60°。

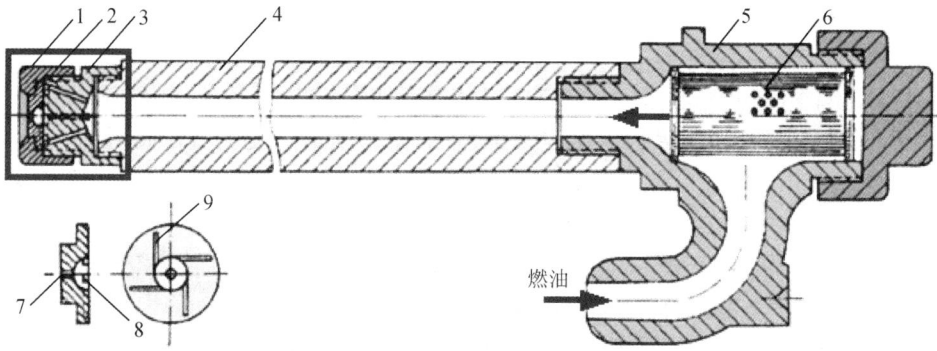

图 13-4-2 压力式喷油器

1—喷嘴帽；2—雾化片；3—喷嘴体；4—筒体；5—管接头；6—滤网；7—喷孔；8—旋涡室；9—切向槽

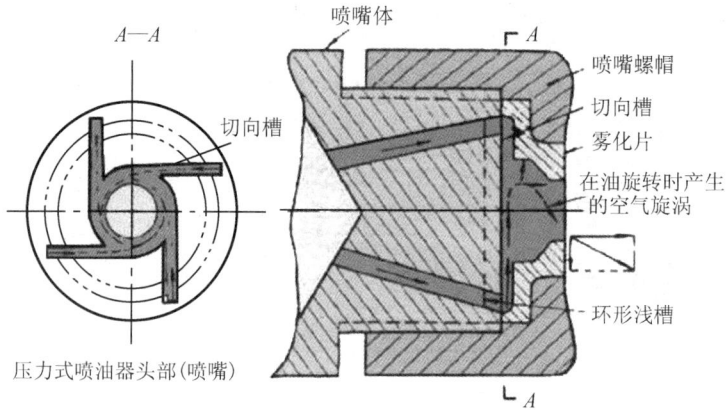

图 13-4-3 喷嘴

使用燃油泵把燃油升压后送入喷油器，使油经喷嘴体上 6~8 个通孔到达前端面的环形浅槽，然后进入雾化片的切向槽 9 和旋涡室 8，形成强烈的旋转运动，再经细小的喷孔 7 雾化后喷出。旋转越强烈，则雾化角越大。

压力式喷油器的喷油量依油压调整，喷油量与油压的平方根和喷孔的截面积成正比。因喷油压力的调节比不可能很大，故压力式喷油器的喷油量调节比很少能超过 2。

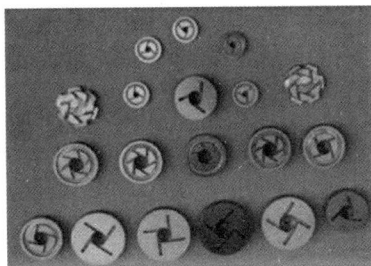

图 13-4-4　压力式喷油器雾化片

调节比指最大喷油量与最小喷油量之比。

压力式喷油器喷油量的调节有三种方法:改变喷油压力;变换使用喷孔直径不同的喷嘴(或喷油器);改变投入工作的喷嘴(或喷油器)数目。

压力式喷油器雾化质量主要取决于四个因素:①油压越高,雾化越好,但超过 2 MPa 后不明显。喷油油压低于 0.7 MPa 将雾化不良。②喷孔直径越小,雾化越好,故增大孔径虽能增大喷油量,但会降低雾化质量。③油旋转的速度越快,雾化越好。④油的黏度越小,雾化越好,最佳黏度为 R. W. No. 1 (38 ℃) 60 s 左右 (约相当于 13 mm²/s)。

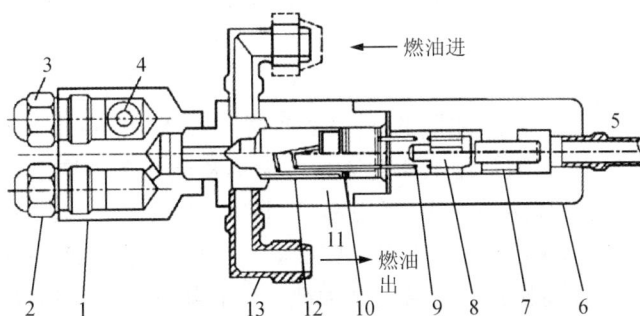

图 13-4-5　带喷油阀的双喷嘴压力式喷油器

1—喷嘴接头;2—1 号喷嘴;3—2 号喷嘴;4—2 号喷嘴供油管接口;5—泄油管;6—喷油器盖;7—调节螺丝;8—弹簧座;9—弹簧;10—O 形密封圈;11—喷油器体;12—喷油阀;13—循环油管接头

为了防止在油压不足时喷油和漏油滴油,新式的压力式喷油器带有喷油阀,可带 1~3 个喷嘴,如图 13-4-5 所示。

锅炉燃油泵所排出的燃油经过加热器后,传至喷油器的进口管接头。在喷油器的出口管上装有电磁阀,该阀开启时燃油压力较低,不能顶开喷油阀 12,燃油从出口管接头 13,回至燃油泵进口或油柜,燃油空载循环,使喷油器始终保持合适的温度。当出口电磁阀关闭时,油压迅速升高,作用在喷油阀 12 上,克服弹簧 9 的张力将阀顶开,油即经 1 号喷嘴 2 喷出。其内部装有旋流器(雾化片),进口端有的还装有过滤元件。O 形密封圈 10 后的漏油可通过喷油器尾部的漏油管引回油泵进口。

(2)回油式喷油器

回油式喷油器的结构如图 13-4-6 所示。它主要是由雾化片 2 和旋流片 3、分油嘴 4 和喷嘴座 5、外周进油管 6 和中间回油管 7 所组成的。工作时,燃油进入喷油器之后,除喷入炉膛之外,部分燃油经回油管路流回油泵进口或油箱,再循环使用。回油式喷油器是在压力式喷油器的基础进行衍生创新而来的。它与压力式喷油器的主要不同点是:①结构上,它将压力式的雾化片分开制造成雾化片和旋流片,回流式的雾化片上设有旋涡室,旋流片上设有切向槽;增加了分油嘴,分油嘴上开有回油孔,回油孔开在中心的称为集中回油孔式,开在偏离中心的圆周上且设多个孔的称为分散回油孔式。②在喷油量调节方法上,调节回油量而不是进油量。③性能上,在不影响喷油压力的情况下,将喷油量调节比从压力式的不超过 2 升高到回油式的 3~5。

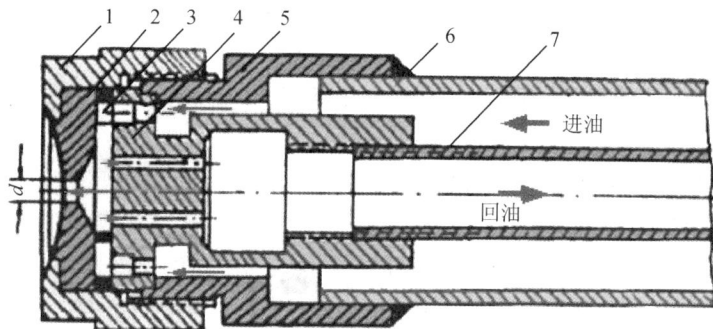

图 13-4-6　回油式喷油器

1—喷嘴帽;2—雾化片;3—旋流片;4—分油嘴;5—喷嘴座;6—进油管;7—回油管

(3)蒸汽式喷油器

图 13-4-7 所示为蒸汽式喷油器的 Y 形喷油嘴,工作时 0.6~1 MPa 的蒸汽(或空气)从气孔 8 中高速喷出,被加压至 0.5 MPa 的燃油从油孔 7 中流出时被"吹"碎。单个喷油器最大喷油量可高达 10 t/h,船用锅炉通常所用的为 1~1.5 t/h,油压一般为 0.5~2.0 MPa,一般每 1 kg 油耗汽 0.01~0.03 kg。冷炉点火时可用压缩空气代替蒸汽帮助雾化。在清洗时要特别注意保持每个油孔和气孔畅通。这种喷油器结构简单,雾化质量较好,平均雾化粒度可达 50 μm;喷油量改变时,不影响雾化质量和雾化角,调节比可达 20;缺点是要耗汽,工作时噪声较大,不能用于小容量锅炉。

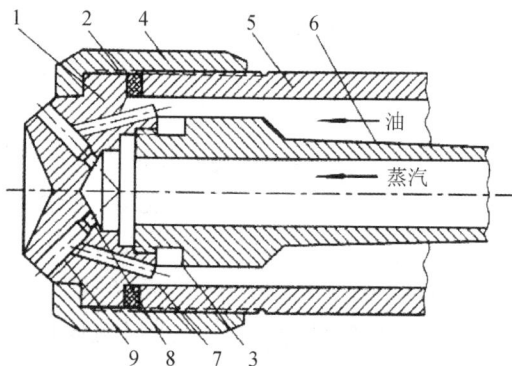

图 13-4-7　蒸汽式喷油器的 Y 形喷嘴

1—喷嘴体;2、3—垫圈;4—喷嘴帽;5—外管;6—内管;7—油孔;8—气孔;9—混合孔

（4）旋杯式喷油器

图 13-4-8 所示为旋杯式喷油器工作原理图,它使用高速旋转的内壁呈扩张圆锥形的杯形体(称旋杯或油杯),将燃油依靠离心力向外呈放射状飞出,在旋杯的周围,由雾化风机(也称一次风风机)提供高速的一次风,使飞出的燃油雾化,一次风约占全部风量的 15%～20%。一次风量由风门开度调节。二次风另有风机提供。该喷油器的主要部分是旋杯和雾化风机。旋杯和离心式风机由电动机带动同轴旋转,转速为 3 000～8 000 r/min 或更高。油从供油软管进入,经空心轴流入旋杯,油压为 0.07～0.15 MPa。流入的燃油量即为喷油量。旋杯式喷油器调节方便(只需改变进油量),调节比大(可达 10 以上)。在对油的过滤要求不高、燃油品种品质要求不高、对油温油压要求不高的情况下可获得良好的雾化效果(即:三不高一良好)。其缺点是结构比较复杂,价格较高。

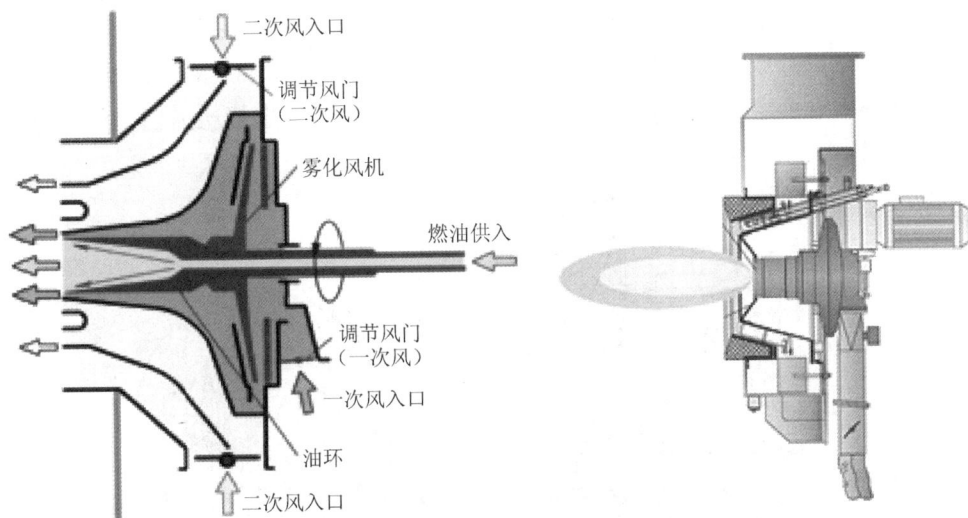

图 13-4-8　旋杯式喷油器工作原理图

（5）几种喷油器的性能比较

几种喷油器的性能比较如表 13-4-1 所示:

表 13-4-1　几种锅炉喷油器的性能比较

喷油器种类	喷油量调节比	喷油量调节方法	影响雾化的主要因素	对油品油压油温要求	主要用途
压力式	<2	调节进油量	油压、油温、油黏度	高	点火喷油器
回油式	3～5	调节回油量	油压、油温、油黏度	高	点火喷油器兼主喷油器
蒸汽式	20 左右	调节进油量	蒸汽流速	不高	主喷油器
旋杯式	10 左右	调节进油量	旋杯转速与一次风流速	不高	主喷油器,可用于废油焚烧

2. 配风器

为了保证燃油良好燃烧,送入炉膛的实际空气量 V_k 要多于让燃油完全氧化反应所算出的理论空气量 $V_0(m^3/kg)$,两者相比称为空气过剩系数 α(即 $\alpha = V_k / V_0$)。

空气过剩系数 α 是保持锅炉经济运行的重要指标。α 越大,则风机的耗能越多,锅炉的排烟损失也越大;但 α 太小,则锅炉的不完全燃烧损失又可能太大。最适合的空气过剩系数主要取决于喷油器和配风器的技术状态。燃油锅炉合适的空气过剩系数一般为 $1.05 \sim 1.2$。

图 13-4-9 为叶片固定型旋流式配风器。空气经配风器进入炉膛,被挡风罩或挡风板分为两部分。一部分经挡风罩 3 上的风孔供入,紧贴着喷油器吹出,称为一次风(根部风),这部分空气占总空气量的 $10\% \sim 30\%$,可用拉杆 7 调节。一次风的作用是保证油雾一离开喷油器就有一定量的空气与之混合,以减少产生炭黑的可能性,并使喷油器得到冷却。如果一次风量太小,则油雾在着火前就会在高温缺氧条件下裂解,产生大量炭黑,烟囱冒黑烟;太多又会因火炬根部风速过高而着火困难,甚至将火炬吹灭。另一部分风从外围沿炉墙喷火口进入炉膛,与油雾良好混合,供给燃烧所需的大部分空气,称为二次风。

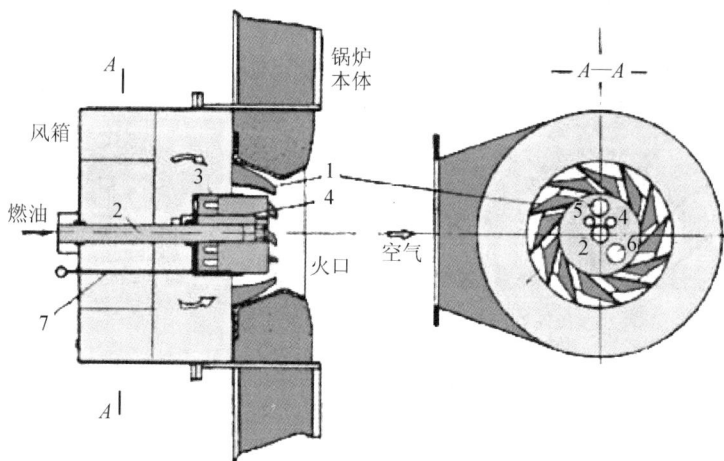

图 13-4-9　叶片固定型旋流式配风器
1—斜向叶片;2—喷油器管架;3—挡风罩;4—电点火器;5—火焰感受器;6—看火孔;7—拉杆

二次风可经挡风罩 3 的斜向叶片 1 形成与油雾反向旋转的气流,其旋转的作用有三点:

(1)有利于油的蒸发和与空气的混合。

(2)有利于气流中心形成低压回流区,吸引炉膛内高温烟气回流。旋转气流在离心力作用下向外扩张,形成一定的扩张角,从而使中心压力降低。气流旋转越强烈,扩张角越大。为回流区内高温烟气加速了油雾的升温、蒸发、分解和与空气混合,进而着火燃烧。

(3)将旋转气流的扩张角设计得比油雾扩张角略小,有利于风油充分混合。空气过剩系数可用二次风风门的开度来调节。为了方便调节二次风的旋转强度和气流扩张角,也有叶片可调型旋流式配风器。

此外,炉膛较大的船用锅炉,为利用二次风将燃烧火焰带吹得更远一些,将采用直流式配风器(也称平流式配风器)。对于小型锅炉,可采用小型直流式配风器。小型直流配风器的特点是一次风和二次风都不旋转。一次风从挡风板上中央的圆孔(有的也开有径向小缝或小孔)紧贴喷油器根部进入,与油雾及时混合。二次风不旋转,从挡风板的边缘直流吹进入炉膛,在挡风板后形成低压回流区。

对于大中型锅炉,由于风量较大,常为直流式配风器安装稳焰器。稳焰器安装在靠近喷嘴出口处,它是一个固定的轴向叶轮,使一次风旋转进入油雾根部,可改善风油的早期混合,同时产生一个大小和位置合适的回流区,以保持着火前沿稳定。这种带旋流稳焰器的直流式配风器,一次风旋转,二次风不旋转,实质上是旋流与平流的结合。配风器是以二次风转不转来命名旋流式和平流式配风器的。

3. 点火器

点火器多为电火花发生器。它是由两根耐热铬镁金属丝电极组成的,两极端部离开一定距离(3.5~4 mm),当通入 5 000~10 000 V 的高压电时,间隙处便产生电火花。电压越高或铬镁丝直径越细,则两极间的距离可越大。在开始喷油的同时,使电点火器通电,电火花即能将油点燃。电点火器所用高压电由点火变压器供给。电点火器顶端发火部分伸至喷油器前方稍偏一些(约2~4 mm),并注意防止油雾喷到点火电极上,同时也应防止电火花跳到喷油器和挡风罩上。

为了监视锅炉火焰,燃烧器上还设有火焰感受器(光电元件)5(见图3-4-9),在锅炉点火过程或正常燃烧过程中,一旦出现点火失败或中途熄火,立即停止向锅炉喷油并发出声光报警。光敏电阻是锅炉上最常使用的火焰感受原件。光敏电阻是由涂在透明底板上的光敏层,经金属电极引出线构成的,如图13-4-10所示。光敏层是由铊、镉、铅等硫化物或硒化物制成的,光敏电阻在接受光照时阻值减小,在光敏电阻两端所加电

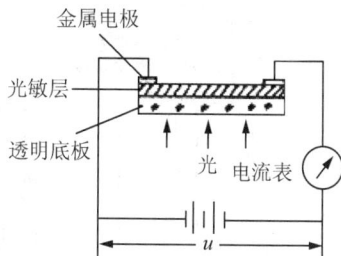

图 13-4-10　光敏电阻结构图

压不变的情况下,流过光敏电阻的电流加大。光敏电阻不能承受高温,否则会影响使用寿命,因此光敏电阻火焰感受器装有散热片并用空气进行冷却。为观察炉膛火焰通常还设有看火孔。

4. 燃烧器使用管理要点

(1)安装燃烧器时应使喷油器中心线与喷火口轴线一致。

(2)防止喷油器漏油。漏油可以从炉膛底部积油量来判断。压力式喷油器漏油可能是因为喷油阀关闭不严,也可能是雾化片平面精度不够或喷嘴帽未拧紧,工作时部分燃油未经过雾化片而直接流出;回油式喷油器漏油还可能因为是停用时回油阀漏油。

(3)防止喷孔结焦。喷孔结焦可从燃烧火炬不对称或其中有黑色条纹来发现,这时应将喷油器取下,拆出雾化片浸在轻柴油内,待结焦泡软后用硬木片或竹片刮去,但不能用刮刀、锯条、钢丝刷等工具清除雾化片上的结焦。

（4）修复或更换磨损的雾化片。喷油器使用一段时间后（一般 500 h 以上），应拆下在专门的试验台上检查其喷油量、雾化角和喷出的油雾圆锥是否变形。喷油量超过额定值约 10% 时，应将雾化片更换或研磨减薄，减少其切向槽的深度，使喷油量减少。若各槽磨损不均匀会使喷出的油雾圆锥形状歪斜。雾化片磨损严重时应予更换。

（5）雾化片备件应充足。雾化片大多用耐高温耐磨的合金钢做成，加工要求很高。加工既费时间，费用又高。若喷孔直径相差 0.01 mm，会使每小时喷油量改变若干千克。喷孔表面粗糙度应不大于 1.6 μm，而贴合面粗糙度应不大于 0.4 μm。此外，切向槽进入旋涡室处要求平滑相切，加工不佳往往在接合处形成台阶，会使雾化质量变差。

（6）在装备多个燃烧器时，为了使不工作的配风器导向叶片不致被炉内火焰烤坏变形，风门关闭时应留有一定的间隙（0.5~2 mm），以便漏入少量空气起冷却作用。

三、燃油系统的组成与工作原理

1. 典型燃油系统

图 13-4-11 所示为辅助锅炉典型燃油系统。锅炉燃油系统由从锅炉日用油柜至锅炉燃烧器的管系、控制阀件、加热器、燃烧器和控制器等组成，其任务是供应燃油和控制燃烧的质与量。

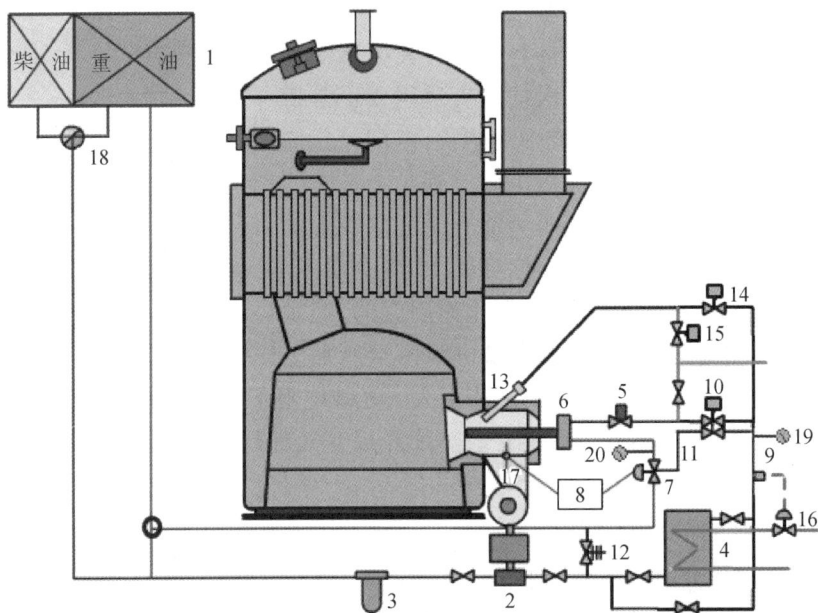

图 13-4-11　辅助锅炉典型燃油系统

1—锅炉日用油柜；2—燃油泵；3—油滤器；4—燃油加热器；5—手动速闭阀；6—主喷油器；7—回油调节阀；8—比例调节阀；9—燃油感温包；10—主电磁阀；11—旁通管路；12—安全阀；13—点火喷油器；14—辅电磁阀；15—压缩空气电磁阀；16—温度调节器；17—风道挡板；18—三通阀；19—燃油压力表；20—回油压力表

燃油由燃油泵 2（常用齿轮泵）从锅炉日用油柜 1 经油滤器 3 吸出后送至燃油加热

器 4,加热温度由直接作用式温度调节器 16 控制加热蒸汽流量来予以调节(用柴油时可不加热)。燃油从预热后再经手动速闭阀 5 送往回油式主喷油器 6 喷入炉膛点火燃烧。部分油液经回油调节阀 7 流回日用油柜。加热后的燃油如温度不符合要求,主电磁三通阀断电,燃油从该电磁阀经旁通管路 11 返回油泵进口(或日用油柜)或循环加热。在紧急情况下可用速闭阀迅速切断供油,该阀也可用钢丝绳在甲板走廊远距离切断燃油。另外,当燃油系统由于某种原因造成油压过高时,燃油即能顶开安全阀 12 溢流至油柜。

为满足冷炉点火需要,应转换三通阀 18,使锅炉燃油泵与柴油柜接通。当长时间停炉之前也需改烧柴油,以防停炉后重油在燃油系统管道内凝结,造成下次起动困难。另外,燃油管系中尚设有吹扫喷油嘴的压缩空气管,用来在停止喷油时自动吹扫,防止喷油嘴因有残油而结焦堵塞。

回油式喷油器的喷油量可通过回油调节阀 7 的开度调节。该阀由比例调节阀 8 根据蒸汽压力自动控制。当蒸汽压力超过额定工作压力时,自动使回油调节阀 7 开大,回油压力(由回油压力表 20 显示)降低,喷油量即可减小;同时联动操作使风道挡板 17 关小,以保证过剩空气系数合适。

燃油系统的性能主要取决于五个方面:

(1)燃烧器是核心部件,它决定了燃烧质量和调节性能。

(2)控制阀件是执行部件,它决定了系统的可靠性。

(3)控制器是指挥部件,它决定了系统自动控制的程度。

(4)油泵是动力部件,它决定了系统的燃油供应,对于压力式和回油式喷油器决定不了喷油压力的高低。

(5)加热器是服务部件,它决定了燃油喷油前的黏度高低,也直接影响喷油质量。

锅炉燃油系统会因喷油器不同而略有不同,不同品牌的产品也会略有不同,为了提高识图能力,请学生根据已学内容按图 13-4-12 所示,说出图中各部件在系统中的作用。

2. 双喷嘴压力式喷油器的锅炉燃油系统

图 13-4-13 所示为使用双喷嘴压力式喷油器的燃油系统原理图。现在船用辅锅炉日常工作时多使用与主柴油机相同的重油(燃料油),只有冷炉起动或准备停炉前才使用柴油。油柜底部有泄放口和承接漏斗,以便检查油柜中的水和杂质,将其泄放至污油柜。重油日用油柜 2 有预热燃油的蒸汽加热管。冷炉起动时,电动机带动燃油泵 6 和同轴的通风机运转。经柴油日用柜 1 来的油经粗滤器 3、空气分离器 5 进入油泵,再经燃油电加热器 8 和细滤器 12、循环油管 15 进入双喷嘴喷油器 16。这时常开电磁阀 14 未通电处于开启状态,油压不足以顶开 1 号喷油器的喷油阀,燃油经常开电磁阀 14 回到空气分离器 5;而常闭电磁阀 11 关闭,油管 17 不向 2 号喷油器供油。此时风机靠本身的抽力将燃烧器的手调小风门开启,进行预扫风。

预扫风结束后,电点火器通电点火;然后常开电磁阀 14 通电关闭,1 号喷油嘴前油压升高,顶开喷油阀后喷入炉内被点着;继而风门伺服器将大风门打开,常闭电磁阀 11

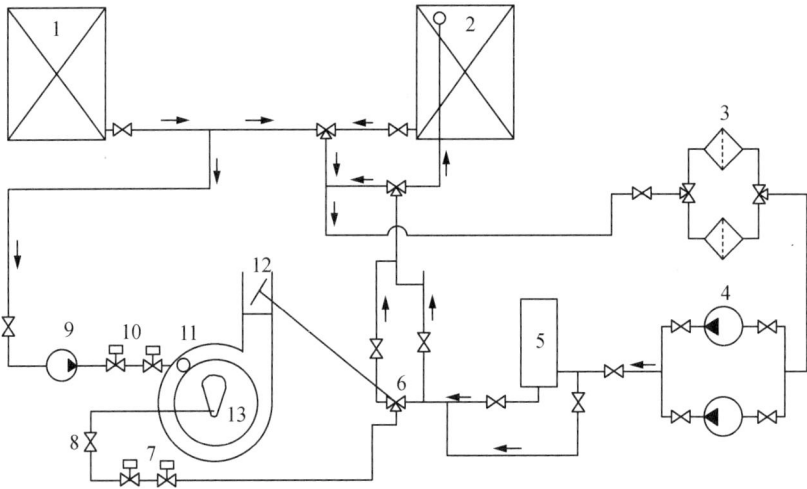

图 13-4-12　转杯式喷油器的锅炉燃油系统图

1—柴油日用柜;2—重油日用柜;3—油滤器;4—燃油泵;5—燃油加热器;6—燃油调节阀;7—主电磁阀;8—速闭阀;9—点火油泵;10—辅电磁阀;11—点火喷油器;12—风道挡板;13—主喷油器

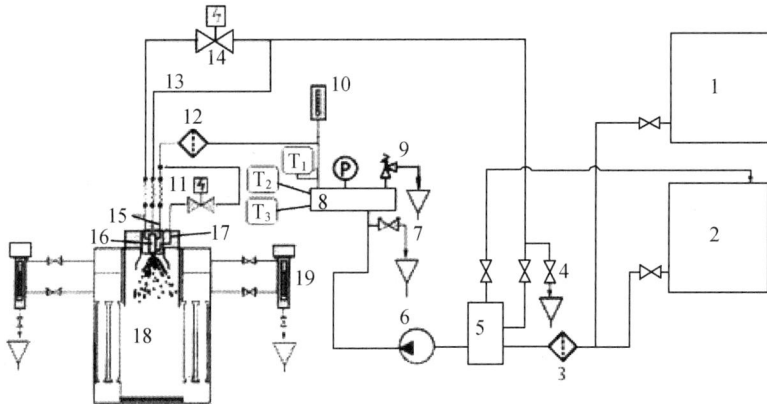

图 13-4-13　采用双喷嘴压力式喷油器的燃油系统原理图

1—柴油日用柜;2—重油日用柜;3—粗滤器;4—放气阀;5—空气分离器;6—燃油泵;7—泄放阀;8—燃油电加热器;9—安全阀;10—温度计;11—常闭电磁阀;12—细滤器;13—泄油管;14—常开电磁阀;15—循环油管;16—双喷嘴喷油器;17—油管;18—燃烧器顶置锅炉;19—水位计;T_1—电加热器温度继电器;T_2、T_3—高、低温继电器

通电开启,2 号喷油器也投入工作。当升汽后将重油日用柜中重油预热到要求温度时,可改烧重油。在停炉前应改烧一段时间柴油,让整个系统包括空气分离器内都充满柴油时再停炉。

　　锅炉工作时自动调节系统随蒸汽压力变化(例如 0.5~0.7 MPa),通过开、关常闭电磁阀 11 使 2 号喷油器投入或停止喷油来调节锅炉的喷油量。如停用 2 号喷油器仍嫌喷油量太多,蒸汽压力上升到上限(例如 0.75 MPa)时常开电磁阀断电,1 号喷油器也停止喷油,整个燃烧器停止工作,此时两扇风门皆自动关闭,防止冷空气进入炉内。待蒸汽压力下降到下限(0.5 MPa)后,喷油器再重新点火工作。T_1 为电加热器的温度继电器。T_2、T_3分别为高油温继电器和低油温继电器,在油温过高或过低时会发出警报,并使燃油电磁阀断电停止喷油,经后扫风后整个燃烧器停止工作。

四、燃烧方面常见故障

1. 运行中突然熄火(蒸汽压力未到上限)

原因可能是:①供油中断(如电磁阀、油泵、油路、油箱等故障);②燃油系统进水;③滤器堵塞;④自动保护起作用(如危险水位,低油压、低风压或火焰感受器失灵等)。

2. 点不着火

点不着火除上述原因外,还可能是:①风量过大;②油温太低;③电点火器发生故障。点火不着又可分为点火器不点火、点火喷油器不着火、主喷油器不着火三种类型。

3. 燃烧不稳定

由于燃油雾化不良、油温低、油压低、风门调节不当、风压波动、油中有汽或水、燃烧控制系统工作不良、配风器位置不当等引起燃烧不稳定。这时可采取调整风压、风门开度或者燃烧器位置,减小燃油压力后再慢慢增加压力等措施使燃烧恢复正常。

4. 回火及爆炸

锅炉在点火或热炉熄火后再点火时,由于炉膛内积存有可燃气体,一旦被点燃,突然急剧燃烧,使火焰从燃烧器或检查孔向外喷出,称为回火;严重时,烟气挡板飞出或把锅炉外壳炸开,称为爆炸。无论回火或爆炸都可能危及人身安全及引起火灾。

回火及爆炸的原因主要是:①点火前预扫风和熄火后扫风不充分。②点火失败后重复点火前没有充分预扫风。③停炉后燃油系统的阀件关闭不严,使燃油漏入炉膛后又被余热点着,或积存在底部,再次点火时预扫风不足以吹除大量积油和油气。

为了防止锅炉发生燃气爆炸事故,对锅炉的燃烧器及燃油系统应采取下列措施:

(1)预扫风要充分,点火失败后要重新预扫风再点火。

(2)紧急停用时需先关速闭阀,后扫风结束后再停风机。

(3)万一需要人工用火把点火,操作要正确,即燃油系统准备好后,先稍开风门供小量风;然后将火把(可用铁棍缠油棉纱)点着,侧身从燃烧器点火孔伸至喷油器前,开速闭阀,点着火后再将风门开大到适合的位置。

(4)除操作不当外,停炉期间会有少量燃油漏入炉膛,其主要原因是系统油阀尤其是主电磁阀关闭不严,除主电磁阀本身原因外,还可能是密封处积渣所致。因此应加强对燃油系统及燃烧自动控制装置的检查,发现漏油或其他问题及时修理。

5. 锅炉喘振(炉吼)

炉膛或烟道中发生连续的振动,发出类似机枪或飞机起飞时的轰叫声,称为炉吼。这主要是因为燃烧不稳定,导致炉膛内压力波动。

主要原因有:①供油压力波动,或燃油雾化不良,大油滴滞燃;②风量不足或风压波动。

第五节　锅炉汽、水系统操作与管理

一、汽水系统的概述

锅炉汽、水系统包括给水、蒸汽、凝水、排污等系统。本节的主要任务是：能读懂系统图，识别系统各组成部分和作用，能进行相应的操作和管理。

一个完整的锅炉装置，除具有锅炉机组本身以及有关的附属设备外，还需要有给水系统、蒸汽系统、凝水系统、排污系统等，才能正常工作。现代船舶在给水系统中还有盐分检测子系统和投药子系统。在凝水系统中还有油分检测子系统。船舶辅锅炉的汽、水系统根据产生厂家不同会有所不同，但基本组成是相同的。

轮机值班人员要熟悉这些系统的组成、作用和在实船上的具体位置。在值班和管理时要进行巡回检查、投药、炉水盐分检测、炉水化验和常见故障处理。锅炉的系统主要由给水系统、蒸汽系统、凝水系统和排污系统等组成。通过以下两个例子，可了解锅炉汽、水系统的基本组成。

1. 燃油锅炉与废气锅炉相互独立式的汽、水系统

燃油锅炉与废气锅炉相互独立式的汽、水系统如图 13-5-1 所示，此系统中辅助锅炉和废气锅炉既可分别单独工作，也可同时工作。由此可见废气锅炉直接向总蒸汽分配联箱供汽，所以在这种系统中废气锅炉必须有自己的蒸汽分离空间。

2. 组合锅炉汽水系统

组合锅炉汽水系统如图 13-5-2 所示，此系统的最大特点是燃油锅炉和废气锅炉组成一体，必须安装于烟囱处，位于机舱的上层空间，为了便于管理，需要水位远程监控，对自动控制水平要求较高。

辅锅炉和废气锅炉所产生的蒸汽，通过管道输送至各用汽处。绝大部分蒸汽在工作之后变成凝水，由凝水系统流回热水井，再由给水泵经给水系统送回锅炉。炉水蒸发浓缩后要通过排污系统及时进行上排污和下排污。下面以图 13-5-2 为例，分别说明各系统的工作过程。

二、某典型锅炉汽水系统的工作过程

1. 蒸汽系统

蒸汽系统的任务是将锅炉产生的蒸汽按不同压力的需要，送至各用汽设备。燃油辅锅炉和废气锅炉所产生的蒸汽，通过锅炉顶部的主停汽阀 1 沿蒸汽管送至蒸汽总分配联箱。经此总联箱，一部分蒸汽送至油舱加热蒸汽分配联箱，然后分送至各油舱、油

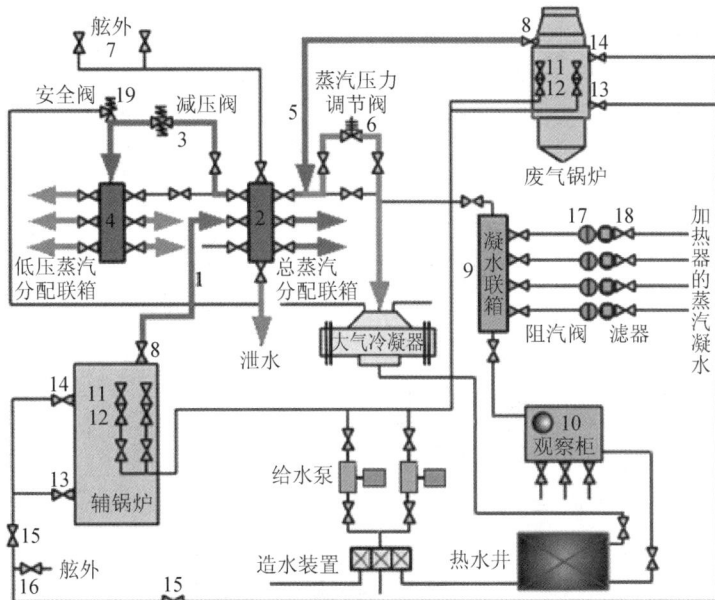

图 13-5-1　燃油辅助锅炉汽、水系统图

1—燃油锅炉主蒸汽管;2—蒸汽总分配联箱;3—减压阀;4—低压蒸汽分配联箱;5—废气锅炉蒸汽管;6—蒸汽压力调节阀;7—接岸供汽管;8—停汽阀;9—凝水回流联箱;10—凝水观察柜;11—给水截止阀;12—给水止回阀;13—底部排污阀;14—表面排污阀;15—排污调节阀;16—舷旁排污阀;17—阻汽器;18—滤器;19—安全阀

柜供加热用。另一部分蒸汽则经减压阀减压后送至低压蒸汽分配联箱,然后送至空调装置、热水柜或供厨房和其他生活杂用。总蒸汽分配联箱上应有接岸供汽管,与位于上甲板左右舷的标准接头相通,以备修船时锅炉停汽,可由岸上或其他船舶供汽。蒸汽分配联箱底部装有泄水管,用以在刚开始供汽暖管时泄放凝结水,以免通汽时管道发生水击。

如果燃油辅锅炉和废气锅炉是各自独立并联供汽的,则蒸汽分配联箱通各自的蒸汽管路应设单向阀(可以是停汽阀),以免蒸汽倒流。在通废气锅炉的蒸汽管路上应设蒸汽压力调节阀 2 ,当废气锅炉产汽量供大于求时,向大气冷凝器泄放多余蒸汽。

2. 凝水系统

凝水系统的任务是回收各处的蒸汽凝水,并防止油污混入水中被带入锅炉。加热油、水和空气的蒸汽,在加热管中放出热量后凝结成水,并经各加热设备回水管上的阻汽器(见图 13-5-3)流回。阻汽器又称疏水器,是利用蒸汽和水的温度差异作为信号的一个开关,遇水打开,遇蒸汽关闭,但仍可能会有一些蒸汽漏过阻汽器,并且当凝水流出阻汽器时,因压力降低,也可能产生二次蒸汽。所以,一般冷凝水在经阻汽器流出后先经大气冷凝器冷凝后再流入热水井。

在加热油的蒸汽凝水中,万一因加热管或接头不严而有油漏入,可能会把油带进锅炉中。炉水中有油对锅炉是很危险的,因为导热性很差的油会黏附在锅炉受热面上或渗入水垢中,妨碍炉水对受热面的有效冷却,致使受热面管子变形或爆裂。为了尽量减少油污进入锅炉的可能性,应使加热油舱(柜)的蒸汽凝水首先进入凝水柜。通过凝水

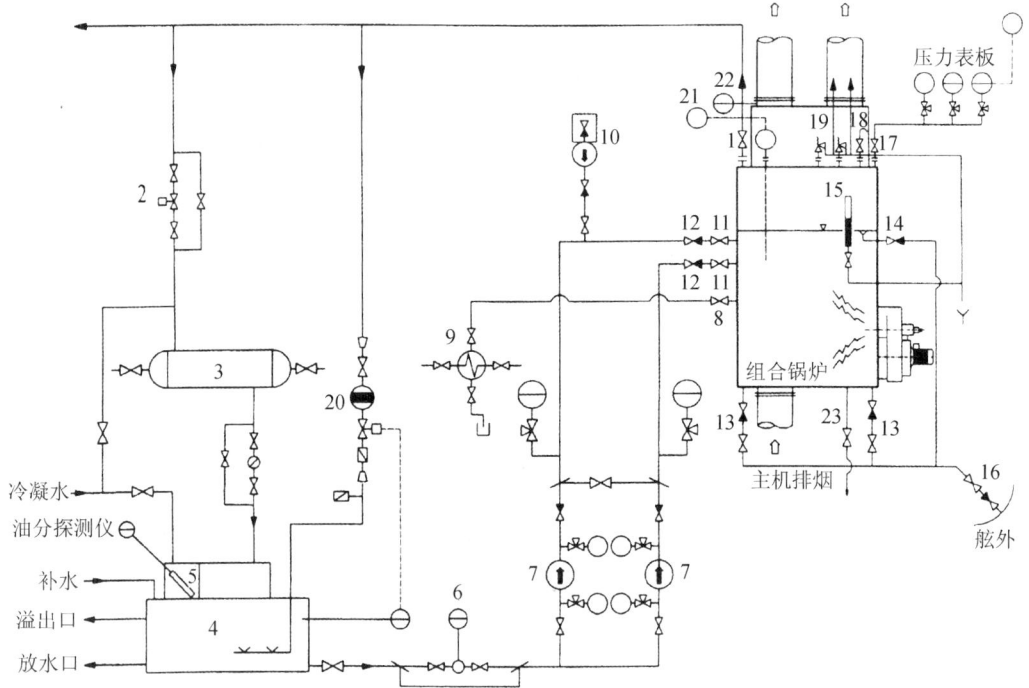

图 13-5-2 组合锅炉汽、水系统图

1—主停汽阀；2—蒸汽压力调节阀；3—大气冷凝器；4—热水井；5—油分探测仪；6—盐度计；7—给水泵；8—取样阀；9—水样冷却器；10—给水投药泵；11—截止阀；12—截止止回阀；13—下排污阀组；14—上排污截止止回阀；15—水位计；16—舷旁通海阀；17—压力表显示板截止阀；18—空气阀；19—安全阀；20—热水井温度控制器；21—远程水位指示器；22—排烟温度报警器；23—泄放阀

柜的观察窗若发现观察柜中水面有油，则需将回水放入舱底，待查明原因予以消除之后，重新清洗凝水柜，才允许新的干净凝水进入热水井。本系统安装有油分探测仪5，它随时监测凝水中的含油量。

3. 给水系统

给水系统的任务是向锅炉供给符合要求的足够数量和品质的给水。为了可靠起见，每台锅炉都要有两条给水管，其中一条作为备用。每条给水管紧靠锅炉处装有一

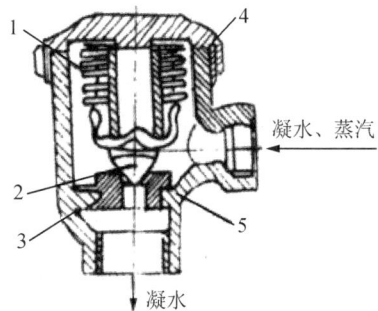

图 13-5-3 阻汽器

1—波纹管；2—阀；3—阀座；4—调节压盖螺母；5—阀体

个截止阀11和一个截止止回阀12。截止阀11必须装在锅炉与截止止回阀12之间，以便在修理给水管路和设备时将锅炉隔断。其安装方向应注意能在必要时将其关闭更换阀杆填料，而炉水不至溢出，即将阀盘下侧空间与锅炉相通。不允许用截止阀11对给水量进行节流调节，且此阀在正常情况下应保持全开，以免阀盘遭水流冲蚀而关闭不严。装设截止止回阀12的目的是防止给水泵不工作时，炉水沿给水管向炉外回流。

锅炉给水泵7从热水井4吸水，通过给水管路向燃油辅锅炉或废气锅炉供水。至

少设有两台给水泵,以供备用。蒸发量较小的辅锅炉多采用电动旋涡泵间断供水;蒸发量大的锅炉可选用多级离心泵节流调节,连续供水。

不论采用哪种供水方式,每小时供入锅炉内的给水量和从各处流回的凝水量也常是不平衡的,所以凝水管路和给水管之间要有热水井 4 作为缓冲的存水容器。

热水井除作为缓冲的存水容器外,还有过滤水中固体杂质和油污、加入补充水和投放炉水处理药剂等用途。本系统对炉水的投药处理是在给水管路进入锅炉前,设置专门的给水投药泵 10 ,按照一定流量连续进行。在给水泵吸入口,还设置盐度计 6 ,它随时监测给水的含盐量,以防万一大气冷凝器的海水管路泄漏海水进入锅炉,以及炉水浓缩造成盐分过高。

热水井的基本结构见图 13-5-4 所示。有过滤闸 1(内装丝瓜筋)、过滤篮 2(内装丝瓜筋或焦炭)和裹以毛巾布的过滤筒 3 等三道过滤吸附设备。在各分隔空间,水均是从底部流入,使油污容易漂在水面上不被带到后面去。焦炭、丝瓜筋和毛巾布对油污的黏附能力有限,当黏附至一定量时即失去过滤吸附作用,需定期清洗和更换。

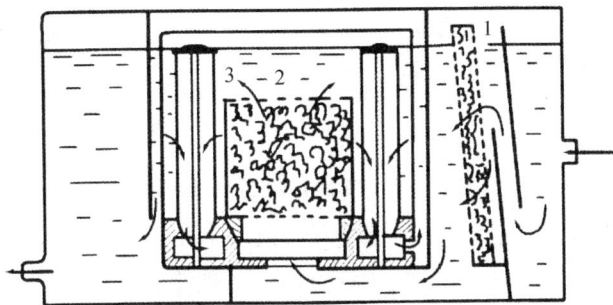

图 13-5-4 热水井基本结构图
1—过滤闸;2—过滤篮;3—过滤筒

现代船舶常把热水井做成一个组合模块,它将热水井、凝水柜、大气冷凝器、锅炉给水泵及连接这些设备的管路、阀件及附件组合在一个公共底座上,出厂前对组件进行密封性试验和运转试验,装船后只要将外部接口与蒸汽凝水系统相应部分接通,便可工作。图 13-5-5 是热水井模块管系原理图。

来自大气冷凝器或油舱等的凝水首先进入凝水柜,凝水柜设有观察镜和油分探测仪,可观察和监测凝水情况,如有油污混入,可打开排油泄放阀,将有油的凝水泄放。凝水从凝水柜底部引入过滤室,过滤室中填充聚氨酯过滤材料,过滤精度为 40~60 目。热水井设有液位计、温度计,水位降低后,可向箱内自动补水,必要时可开启手动补水阀补水。

给水温度一般应保持在 60~90 ℃。给水的温度若较低,进入锅炉后聚集在某处或直接与受热面接触,会使该处产生较大热应力。通常采取的措施是:一方面要保持热水井水温,另一方面供入锅炉的水流要均匀分散。本例中,热水井的水温保持在 80~85 ℃,当水温低于 80 ℃时,加热控制器将打开蒸汽喷射器的控制阀,将减压蒸汽喷入热水井;当水温到达 85 ℃时,加热控制阀将自动关闭。另外,锅筒设有内给水管,它是

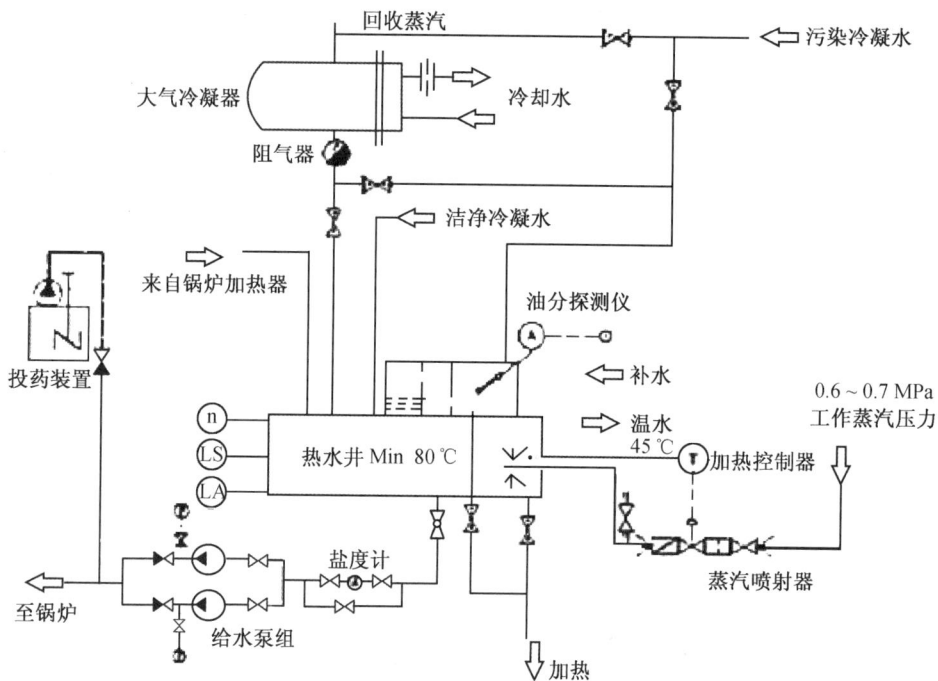

图 13-5-5　热水井模块管系原理图

一根位于锅炉工作水面之下,在下半圆处开有很多小孔的水平管,通过它补水可使给水分布均匀。本系统在热水井上设置水温控制器,它通过蒸汽加热,使热水井的水温基本保持不变,这样可以减少水的含氧量,并使给水温度不至过低。

4.排污系统

锅炉工作一段时间之后底部可能聚集泥渣,投放除垢药物后也会产生沉淀物,因此锅炉底部设有底部排污阀13(参见图13-5-1)。

此外,若发现炉水含盐量或碱度过高,发生汽水共腾,或者大修后初次使用,漂浮在水面上的泡沫和悬浮物太多,或者炉水进油,则可通过锅筒上部的表面排污阀14(参见图13-5-1)进行上排污。

上排污漏斗(又叫集渣盘)设在高于锅筒最低水位 25 mm 处,水经上排污漏斗沿内部接管和上排污阀泄出。漏斗的数目和安装位置应便于将全部液面上的污物排除。

下排污阀一般装两只紧靠着的阀,靠近锅炉的是截止止回阀,接着是截止阀,以防止炉水泄漏造成缺水事故。排污时要先开截止止回阀和通海阀,再开截止阀,此截止阀可调节流量。

三.锅炉的水质管理

锅炉汽水系统中,水是基础性工质,水质的好坏直接影响到锅炉的腐蚀和水垢的产生,影响到锅炉的安全高效运行和使用寿命。如13-5-6所示为水管锅炉结垢情况。

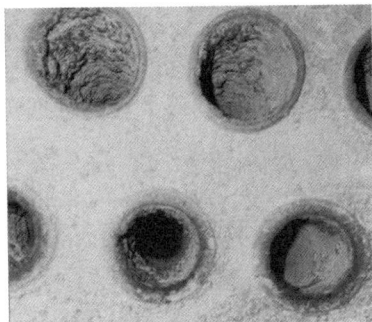

图 13-5-6　水管锅炉管板水垢

1. 水质指标

锅炉水质控制得好可显著减缓水垢的生成,防止发生腐蚀和汽水共腾,有利于锅炉安全高效运行和延长使用年限。

（1）硬度

水的硬度是指水中 Ca^{2+} 和 Mg^{2+} 离子的浓度,单位是毫克当量/升(记作 $N \cdot 10^{-3}$),或德国度°H,1 °H = 10 mg/L(CaO) = 0.36 $N \cdot 10^{-3}$。它表示水在锅炉中的结垢能力。

Ca^{2+}、Mg^{2+} 形成的碳酸盐、硫酸盐、硅酸盐等极易在锅炉受热面上生成水垢。水垢的导热系数很小,一般为钢板的 1/50~1/30,受热面结垢后烟侧壁温会急剧上升,水侧热系数降低,会产生以下损害:

①受热面金属过热烧坏,特别是蒸发管管壁最易烧裂。

②上升管水侧受热量减少,破坏了锅炉正常的水循环。

③锅炉排烟温度升高,效率降低,燃料耗量增加。有资料表明锅炉受热面内侧 1 mm 水垢,会使燃料耗量增加 2%~3%。

④结垢后垢下炉水浓缩,会促使电化学腐蚀作用加强,引起所谓"垢下腐蚀",加速受热面管子的损坏。

为了减少水垢的生成,低压锅炉一般要求将硬度控制在 0.25 °H 以下。常用的方法是在炉水中加入磷酸钠($Na_3PO_4 \cdot 12H_2O$,也称磷酸三钠)或磷酸二钠($Na_2PO_4 \cdot 12H_2O$),它们在水中离解后生成的磷酸根与 Ca^{2+}、Mg^{2+} 离子结合生成分散的胶状沉淀,当炉水 pH 值为 10~12,过剩 PO_4^{3-} 在要求范围内时,能生成松软而无附着性的泥渣,可通过底部排污而除去。因此现在有的炉水处理方法只测量和控制水中过剩 PO_4^{3-} 的浓度,而不再直接控制硬度。

（2）碱度

水的碱度是使水带碱性的 OH^-、CO_3^{2-}、HCO_3^-、PO_4^{3-} 离子的浓度(毫克当量/升)。将炉水控制在适当的碱度范围内(相当于 pH 值为 10~12)。有利于抑制电化学腐蚀。如果炉水碱性不足,且溶有较多 O_2、CO_2 及盐和 Cl^-,会促进锅炉受热面发生电化学腐蚀;但碱性太强会破坏金属表面氧化层保护膜,反而加剧腐蚀。在高碱度溶液和高应力的作用下,若炉水中缺少硝酸盐、磷酸盐这些保护性盐类,锅炉金属结晶之间会产生细微裂纹,称为苛性脆化。苛性脆化通常发生在铆接处,当锅炉改用焊接后,苛性脆化已很少见,偶尔在管口扩接处尚有发生。

锅炉水处理常用磷酸钠降低炉水硬度,同时提高炉水碱度。有时为了迅速提高碱度,也使用 Na_2CO_3,1 kg Na_2CO_3 提高碱度的效果大约可抵 4 kg Na_3PO_4。万一投药不当使碱度太大,则须上排污并补充淡水,使碱度下降。

（3）含盐量

含盐量太大会引起汽水共腾,恶化蒸汽品质,加剧管路设备腐蚀。通常通过化验氯离子浓度来反映含盐量的多少,单位用 mg/L（NaCl）或 mg/L（Cl^-）,1 mg/L（NaCl）= 0.606 mg/L（Cl^-）。但如果加入太多某些水处理药,如磷酸钠、硝酸钠（用于除 O_2）,氯离子浓度虽不增加,含盐量却会增大。当含盐量太多时,应该用上排污和加强补水的办法来降低。因此,限制补给水的含盐量也是非常重要的。

因为水中只要有足够的过剩 PO_4^{3-} 就可以保证炉水的硬度和碱度合适,故现在有的炉水处理方法以测量和控制水中过剩 PO_4^{3-} 的浓度来代替硬度和碱度的测量和控制,必要时也要化验港口或水舱的补给水。

2. 水质标准

2010 年实施的《船用辅锅炉水质要求》（GB/T 24947—2010）中规定的给水和炉水水质标准如表 13-5-1 所示。可供在船舶水质控制中参考,准确指标应参照锅炉生产厂家及船舶公司的要求与规定。

表 13-5-1 蒸汽锅炉的给水和炉水水质标准（GB/T 24947—2010）

项目	给水			炉水		
额定压力/MPa	≤1.0	>1.0~1.6	>1.6~2.5	≤1.0	>1.0~1.6	>1.6~2.5
总硬度（以 Ca^{2+}、Mg^{2+} 计）/（mg/L）	<1	<1	<1	—	—	—
总碱度（以 OH^-、CO_3^{2-} 计）/（mg/L）	—	—	—	≤450	≤350	≤350
盐度（Cl^-）/（mg/L）	≤10	≤10	≤10	<600	<500	<400
pH（25 ℃）	7~9	7~9	7~9	10~12	10~12	10~12
悬浮物（mg/L）	≤5	≤5	≤5	—	—	—
溶解氧（mg/L）	≤0.1	≤0.1	≤0.05	—	—	—
溶解固形物（mg/L）	—	—	—	<4 000	<3 000	<2500
含油量（mg/L）	≤2	≤2	≤2	<20	<15	<15
含铁量（mg/L）	≤0.3	≤0.3	≤0.3	—	—	—
亚硫酸盐（SO_3^{2-}）（mg/L）	—	—	—	10~30	10~30	10~30
磷酸盐（PO_4^{3-}）（mg/L）	—	—	—	10~30	10~30	10~30

3. 给水管理

水质及给水系统的维护管理建议如下,但不限于此,更具体的措施要结合水处理药剂厂商的建议制订。

（1）每日工作

给水和炉水化验与处理。

对于蒸发量较大、工作压力较高的锅炉应每天化验一次炉水。对于蒸发量小、工作压力较低的辅助锅炉,也可 2~3 天化验一次。目前,船舶辅锅炉炉水化验的实际做法是,大多数船舶采用化学药剂公司提供的简易方法进行,即每天取水样,待样品冷却后立即按照药剂公司提供的化验说明书(test kit)的方法进行化验,并将结果记录在药剂公司提供的记录表上,然后按照结果进行相应的投药作业。这种药剂一般都具有控制锅炉水的碱度、硬度和泥渣等综合性能,因此,具体操作时十分简便。在实际操作中,请仔细阅读药剂公司提供的说明书,并按照其方法进行。

锅炉水处理药剂的商品名较多,但主要成分多为磷酸钠,根据酚酞碱度决定投放量,可同时起到提高碱度、降低硬度、增加泥渣流动性、防止生成二次水垢等作用。我国各船公司采用磷酸三钠或磷酸二钠为主要药剂,掺配栲胶使用。栲胶外观呈黄棕色,是粉状或块状的酸性天然有机物,可溶,毒性很低,其主要成分是单宁(占 65% ~ 70%)。单宁可吸附和凝聚炉水中 Ca^{2+}、Mg^{2+} 离子,阻止炉水中 Ca^{2+}、Mg^{2+} 离子以水垢的形式沉析出来,使它们变成流动性好的泥渣而随下排污排出炉外。同时单宁在碱性介质中能吸附水中氧气以及与过剩 PO_4^{3-} 一起组成中性保护膜,防止金属表面的腐蚀。栲胶用量按下列要求投放:初次投放量为每吨水 80 g;日常补给水投放量为每吨水 100 g。

磷酸三钠的用量计算:凡新装炉水按锅炉水容量吨数,每吨投药 0.5 kg,投药后运行 4 h 以后,取水样化验碱度,并按下列公式进行调整:

$$G = V(A - B) \cdot K$$

式中:G——磷酸三钠用量,g;

V——锅炉工作水位的水容量,t;

A——总碱度控制值,10 mg 当量/L;

B——总碱度的实测值,10 mg 当量/L;

K——磷酸三钠的当量系数,为 127。

（2）每周工作

①盐度计电极清洁

盐度计的精确度取决于电极的清洁程度,每周至少清洁一次。清洁时只能用柔软的湿抹布擦拭。只可用清水,不可碰到任何化学清洁剂或各种油类,否则立即报废。镀金层一旦受损,也将报废。图 13-5-7 所示为某型锅炉盐度计。该盐度计出厂后除了设定报警值外不需要任何调整。每次供电时,它将进行自检,历时约 5 s。在通电的情况下,报警值通过旋动报警设定螺丝进行,设定值由 0~100 ppm 指示灯中的某一个灯闪光指示。实际盐度值超过报警设定值就报警,报警灯闪光,并提供声光报警信号输出。

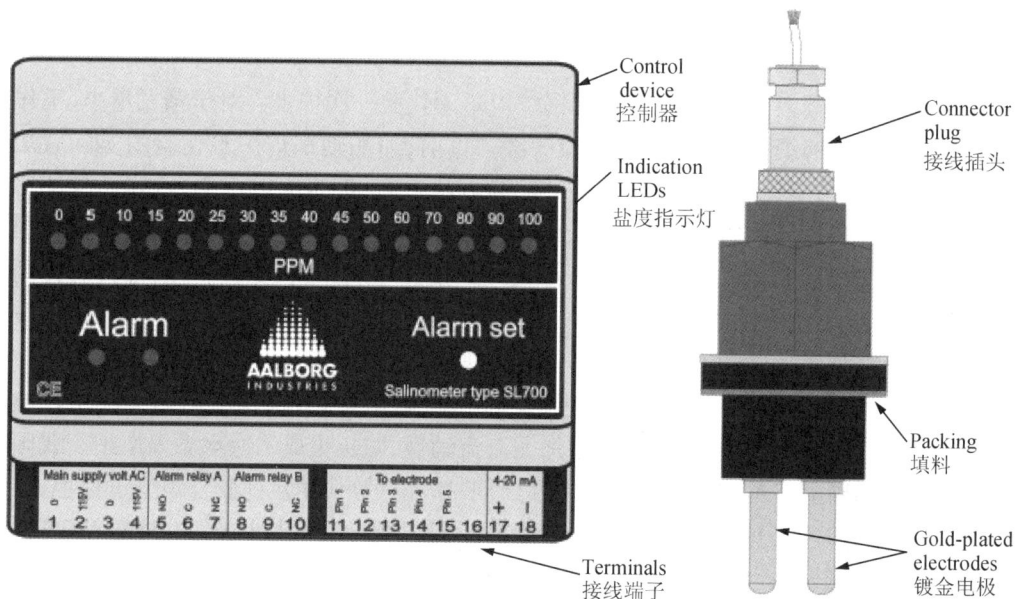

图 13-5-7　锅炉盐度计

②上排污

锅炉上排污也称表面排污,作用是清除锅水中油污和表面漂浮物,减少炉水的含盐量。上排污的排水量和排污次数视炉水化验结果而定,可在需要时随时进行,一般可每天排污 1～2 次,每次排污时间为 30～60 s。但至少每周一次,每次全流量排污累计 2 min。

上排污操作要领是:对于人工定期投药的给水系统,上排污一般应在投药前,以免药物在起作用前损失;对于自动投药的给水系统,不受此限。上排污前应先将炉水加至接近最高水位,排污时注意水位变化,水位降至浮渣盘即停。如果认为一次排水量不够,可重复上述操作。若含盐量太高,靠上排污难以降到符合要求,应停炉换水。废气锅炉也要进行排污(强制循环水管锅炉除外)。

③下排污

下排污次数由炉水化验结果确定,但至少每周一次,每次左右舷阀都要排。在低负荷下进行,每个下排污阀累计排污 1 min。

下排污操作要领是:对于人工定期投药的给水系统,下排污可定期在投放除垢药物后过一段时间进行;对于自动投药的给水系统,不受此限。通常要求在熄火半小时后或锅炉负荷较低、压力降至 0.4～0.5 MPa ,水位补至高工作水位时进行,因为此时炉水比较平静,有更多的泥渣沉积在底部。水管锅炉为防止从底部放走大量炉水,破坏正常的水循环,所以不允许在锅炉正常工作时进行下排污。每次排污时间不能过长,一般阀全开时间不超过 30 s, 每次排污量为 1/3～1/2 水位表高度。实际工作中可通过即开即关下排污阀次数来控制排污量。排污时操作阀门的顺序也很重要,应先打开舷旁通海阀(以防开启排污阀时管内发生水击),再全开排污阀(靠近锅炉本体的截止止回阀),最后开位于排污阀之后的排污调节阀;停止排污时,先关调节阀,再关排污阀和通海阀。

排污时操作阀门的要点是:一是要弄清阀门位置,排污阀紧靠锅炉,通海阀紧靠舷旁,排污调节阀处在中间;二是要记清操作顺序,开阀先开两端阀,关阀先关中间阀。

(3)每月工作

①检查盐度计的效能

关闭盐度计的电源,然后再供电即可完成盐度的自检,历时约 5 s。

试调低报警设定值,至报警,到集中报警控制面板处应答后,再恢复至原设定值。

②检查油分检测器的效能

可将线路自检滑动开关从右端推到左端,开始自动自检,若线路有问题,则黄灯亮并发出声光报警。油分探测仪的是利用超声波在清水和油水中传播衰减程度不同的特性来工作的,基本工作原理如图 13-5-8 所示。

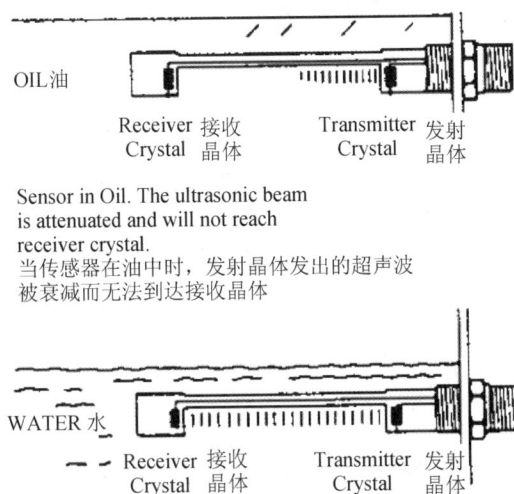

图 13-5-8　油分检测器工作原理图

(4)每半年工作

①锅炉水侧仔细检查,每年至少两次;

②检查投药泵组件。

投药泵为一种隔膜式容积泵,如图 13-5-9 所示。该泵行程可调,速率可调,可现场手动控制和外接遥控,投药精确、连续。投药量按药剂说明书确定。为保证投药泵的安全可靠工作,一般 3~6 个月要检查、保养一次。具体检查、保养周期要根据投药泵的工作频率和累计时间做相应缩短。具体检查工作如下:

①投入工作后的短时间内要进行投药量的准确性检查;

②吸排出管路连接牢固性检查;

③吸排阀安装可靠性检查;

④与液体接触部件的密封性检查,特别要注意泵的驱动壳体与吸入阀之间的泄漏检查口的情况;

⑤隔膜是否受损检查;

⑥泵的泵室端的螺丝牢固性检查(紧固力应为 4.5~5 N·m);

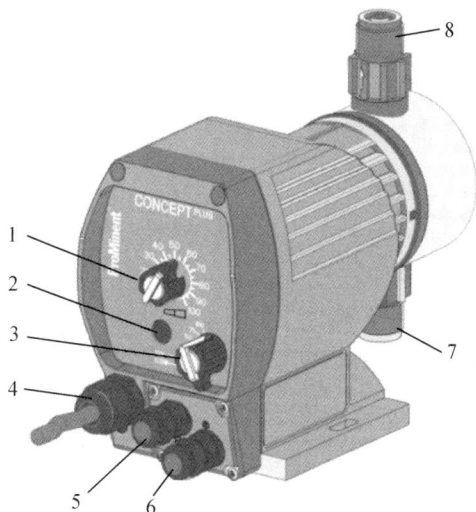

图 13-5-9　投药泵

1—行程调节旋钮；2—指示灯（故障—红；运行—绿）；3—多功能旋钮（速率百分比，全速为 180 次/分）；4—电源线接头；5、6—外控接头；7—吸入阀；8—排出阀

⑦投药阀安装可靠性检查；

⑧投药效能检查；

⑨电气连接可靠性检查。

（5）每年工作

检查锅炉水侧和热水井（脱氧器）的腐蚀和结垢情况。

四、给水系统的常见故障分析与处理

1. 失水

锅炉水位低于最低工作水位时称为失水。失水对锅炉而言是一种严重事故，可能使上部受热面失去炉水冷却而烧坏。发现失水时要冷静处理，如关闭水位计上通汽阀但仍能"叫水"进入水位计，则表明水位仍在水位计通水接管之上，可迅速加大给水；如"叫水"不来，则千万不能向炉内补水，以防赤热的受热面突遇冷水而爆裂，甚至导致锅炉爆炸。这时应立即停炉，待冷却后进一步检查受热面损坏程度，并查明和排除给水不足的原因。

2. 满水

水位高过最高工作水位称为满水。满水会使所供蒸汽大量携水，导致水击、腐蚀管路设备等危害。发现满水应立即停止送汽，进行上排污，直到水位恢复正常；同时开启蒸汽管路和设备上的泄水阀泄水；然后查明水位自动控制系统故障，予以排除。

3.船用锅炉汽水共腾及其防止

锅炉运行时,锅筒上部蒸发面会产生泡沫,泡沫层会因积累而不断加厚,当泡沫层达到某一高度时,锅炉内呈现出汽水界面不分、水中带汽、汽中带水的状态,这种蒸汽携带大量水滴而使蒸汽品质显著恶化的现象称为汽水共腾。汽水共腾发生时一般会产生以下现象:水位计内的水面剧烈波动;上锅筒输出的饱和蒸汽的湿度与蒸汽含盐量均明显升高;可能引发蒸汽管道的水击事故,发出很大的敲击声。

(1)汽水共腾的原因

汽水共腾的原因一是水质不良,即炉水中碱性物质、油污、盐分过高导致炉水起沫;二是供气量突增,使气压下降过快,引起水位瞬间上升;三是水位过高;四是燃烧过强。

在沸腾状态下,纯净水的水面不会形成泡沫。水中起泡物质的浓度较高时,水面上会形成泡沫层。容易引起水面起泡的物质为有机物、微小粒径的渣和悬浮物、溶解固形物与碱性物质等。一般情况下,炉水水面的起泡大多是由于溶解固形物或碱性物质的浓度过高所致,而其他起泡物质的浓度不容易达到起泡的浓度。溶解固形物浓度升高,炉水的黏度就升高,炉水的表面张力增大,气泡不容易破裂,即气泡的“寿命”较长,导致气泡层变厚,从而使气泡破裂时飞溅出的水滴总量增多,且水滴群中能随蒸汽一起流动的最大直径的水滴的份额也增大,最终导致蒸汽携带水滴的总质量增大,从而引发汽水共腾。

当锅炉超负荷运行时,锅筒内蒸汽湿度会呈高次方曲线的规律急剧增加,从而导致锅筒输出的饱和蒸汽湿度及饱和蒸汽含盐量的急剧增加。

当汽水共腾发生时,水位计中显示的水位高度实际是锅内水面与气泡层折合成液体水高度的总高度。由于气泡的产生与消亡是动态的,所以水位计中显示的水位高度会剧烈变化,造成水位计内的水位面剧烈波动。当汽水共腾事故发生时,由于水面上泡沫层增厚,致使锅内的蒸汽空间高度降低,也导致锅内饱和蒸汽湿度急剧增高。

(2)汽水共腾事故的处理

当发生了汽水共腾,但未引发蒸汽管道水击事故时,应按以下的操作进行处理。

①减弱燃烧,降低锅炉的蒸发量。当锅炉蒸发量降低时,上升管内产生的气泡数量减少,则上锅筒内的气泡量减少。锅炉蒸发量降低后,减少了由于气泡破裂而飞溅出的水滴的量,可以降低锅内饱和蒸汽的湿度。锅炉蒸发量降低后,锅内蒸汽上升速度降低,则水滴的飞升直径变大,即蒸汽携带的水滴的量减少,由此也可以降低饱和蒸汽的湿度。

②停止向锅内加药。锅炉化学药剂多含有 Na^+、K^+ 或有机物,这些物质会使炉水表面泡沫的产生量增多。故当汽水共腾事故发生时,应暂停向锅内加药,以减少水面泡沫的生成量。但对于消泡剂类的药剂,因其有助于减少炉水表面泡沫的生成量,仍需继续加入锅内。

③全开蒸汽管道上的手动疏水阀。此项操作的目的是将汇集于蒸汽管道内的水及时排出,防止由于管道内积水过多而引发蒸汽管道水击事故。

④全开表面排污阀。此项操作是为了将上锅筒水面下能引起发泡的高浓度的物

质,如溶解固形物、碱性物质等,以最快速度排出,使炉水水质迅速好转,以减少由于炉水水质差而导致的泡沫,消除发生汽水共腾事故的根源。

⑤缩短炉水水质监测的间隔时间。在锅炉正常运行时,炉水水质一般较稳定,炉水水质监测的时间间隔通常为 1~2 天。当锅炉发生汽水共腾时,由于完全开启了表面排污阀,炉水水质处于不稳定状态,此时应及时判断炉水的水质是否达到合格标准。

⑥应冲洗水位表并校对锅筒上的两只水位表的水位是否相同。由于在汽水共腾时,水面泡沫层内黏附了大量的水渣、铁锈等固体杂质,这些固体杂质随泡沫流入水位表,沉积于水位表的连通管内,容易造成水位表的假水位。

4. 受热面管子破裂

因结垢严重、水循环不良等导致管壁过热或腐蚀严重,都可能引起受热面管子破裂。它会使水位、蒸汽压力迅速降低,烟囱冒"白烟"(水雾),有时能听到异常声音(往往被舱内噪声掩盖)。有的锅炉结构可从烟箱的泄放阀中放出水来。

如裂缝不太严重,仅为微小渗水,可暂时监视使用,谨防裂缝扩大。如水位下降较快,应立即停炉。但除已严重失水者外,在受热面温度降低前应继续给水,保持锅炉的正常水位,以防受热面因大量失水而被烧坏。停炉待锅炉冷却后,即可将其中的水放尽,进入炉内堵管。水管锅炉管子破裂多发生在靠近炉膛热负荷高的水管,比较容易被发觉。如破裂管在中间,则较难寻找。应在锅炉尚有蒸汽压力时先观察漏水破管的大致部位,待停炉放水后,再用木塞堵住管子下端,从上端灌水寻找。

受热面管破裂如暂时不能换管,可临时堵管使用。堵塞水管锅炉的水管钢塞应具有一定锥度,涂上白铅油后,塞在破管的两端,然后用手槌敲紧,再借助于工作蒸汽的压力,即可保证一定的严密性。

如果发现针形管泄漏,应按照下面的方法进行临时性修理:首先停炉,使锅炉自然冷却并降至常压,放空炉水。然后进入锅炉烟箱在相关的针形管外管侧面切割一个透气孔,如图 13-5-10 所示。用钢丝刷清洁针形管外管内侧,选用和烟管等厚度的钢板,切割一块直径和针形管外管一样的圆形钢板,并把上边缘倒角,按图示位置焊接上密封板。然后进入炉膛,采用上述同样的方法,钻孔、焊接下密封板。这种临时性修理方法只允许密封泄漏针形管的数量在 10% 以下,否则必须进船厂进行永久性修理,而且相应的蒸发量也要减少。

烟管锅炉内可用两端带螺纹和盖板的堵棒将破裂管堵死。堵管时,在堵棒的盖板和管板之间垫上石棉垫,收紧螺帽即可。堵管的数目不宜过多,以免影响加热的均匀性。堵管后应进行水压试验,证实不漏后才能再点火升汽。

5. 炉水异常减少

在正常的给水条件下,产生异常低的水位,原因是水位计通水阀和通汽阀开关有误;吹灰器、安全阀及锅炉受热面管子泄漏;给水泵、阀及自动给水装置发生故障。

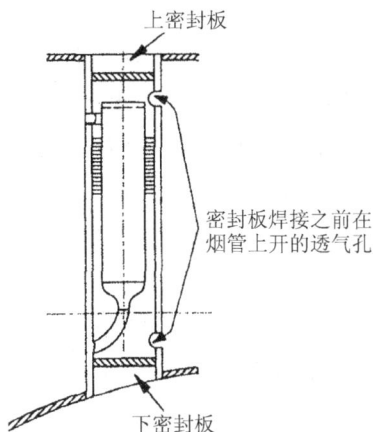

图 13-5-10　针形管的临时修理

第六节　船用辅助锅炉的运行和维护管理

锅炉的运行和维护管理包括锅炉使用周期中的各种操作和管理,可分为手动操作管理和自动操作管理。本节主要内容是:熟悉锅炉操作控制面板,综合运用已学知识和技能,对锅炉进行管理和操作,掌握相应的技能和要领。操作管理锅炉,首先要熟悉被操作管理的对象。之前我们已经熟悉了锅炉的本体、附件和各个系统,现在我们要熟悉锅炉的操作控制面板、操作和维护管理基本要领,要知道每扳动一个开关、每做一项操作,将对锅炉及系统产生什么影响和产生什么结果。对轮机人员的基本职业素质要求是:不知者不动,不懂者勤学。

一、船用锅炉的冷态点火

1.冷态点火前的准备

锅炉点火分冷态点火和热态点火。冷态点火是指长时间停炉或大修后锅炉完全冷却时点火。冷态点火又分新炉或经开放检查修理后的锅炉的点火和正常停炉冷却后的点火。

冷态点火通常由人工控制点火。冷态点火步骤较全面,其他类型的点火准备和操作大同小异,可酌情简化。冷态点火的准备工作如下:

(1)油。检查油及油系统,以确保锅炉工作时使用油温、油质、油量适合的燃油。轻、重油柜的油位、油温应合适,并放残以保持油质;燃油管路的阀门开关应正确;滤器应清洁;若管路中有空气应设法放气;冷态点火应尽量用轻油;燃烧器安装应正确;火焰感受器玻璃应清洁。

(2)水。检查水及水系统,以确保向锅炉加入水温、水质和水量适当的锅水,即正

确上水。

检查热水井:确认水位、水温、水质合适,滤网清洁。一般要求上水温度与锅炉本体温度相差不超过 30 ℃。如果热水井水温与炉内水空间壁温相差超过 50 ℃,上水应缓慢进行,以免突然加入大量冷水,产生过大的热应力,引起管子松动。

检查给水泵:上水时应先后使用两套给水系统上水,确认互为备用给水泵均工作正常。对于可以自动切换的供水系统,两条供水管线的阀门均应处于开启状态。

适当上水:烟管锅炉应上水至最高工作水位,升汽后数次下排污,将锅炉底部温度较低的炉水放掉,促使整个锅炉温度均匀。水管锅炉应上水至最低工作水位,因为炉水产生气泡后会膨胀,使锅筒内水位上涨。当水位低于危险水位时,水位联锁保护继电器使点火操作不能进行。

看清水位:上水时查看水位计中水位是否清晰。船无横倾时两只水位计的水位应一致。

严防漏水:上水时注意检查锅炉各处有无泄漏,上水结束后要观察半小时,只有水位不变方表明不漏。如果水位下降要及时查明原因,消除故障。

定期验水:根据化验的结果决定是否需要投药和排污。投放水处理剂时应注意保护皮肤和眼睛,防止中毒。

(3)气。保证炉外通风与炉内送风及系统良好。开启锅炉间通风孔和通风机;检查锅炉送风机叶片及风道是否清洁,风机转向是否正确;风门调节装置的注油点应注油润滑,以保持其动作灵活。

(4)汽。保证蒸汽系统良好。

(5)电。检查各电气控制箱、电气线路、电气设备等有无修理工作,确认无安全隐患。检查配电板上锅炉送电开关无禁用牌,并送电。

(6)阀。使各系统所有的阀门都处于正确的开关状态。空气阀、给水阀、压力表和水位表阀应开启;排污阀应关闭;蒸汽阀关闭后再开启 1/4 圈,防止受热后咬死。阀门杆填料泄漏应及时更换,关不严的阀门应及时研磨或换新。

(7)机。确认锅炉本体、附件、管系和环境处于适应工作状态。锅炉外保持整洁,锅炉内没有异物遗留。所有附件、检查孔盖、阀件皆已装复,螺栓已上紧。蒸汽管路的隔热材料脱落应及时修补;漏气的蒸汽管路应拆下焊补,如果暂时无法焊补可用铁皮和隔热材料临时扎紧。锅炉周围保持清洁,锅炉间通风良好,通风孔或者通风机开启。

(8)盘。对于刚安装或检修过的运动机械,如给水泵、燃油泵、风门和传动装置等在初次起动前最好应手动盘车,确认动作灵活、状态良好。

(9)冲。对于刚安装或检修过的运动机械,如给水泵、燃油泵等在初次起动前应冲车(即瞬时通电点动),以确认转向正确、状态良好,在万一有差错时,可避免事故扩大。

(10)启。点火升汽操作。

2. 手动点火升汽

(1)点火升汽须手动,前后扫风 5 min

冷炉点火升汽必须手动操作(锅炉停用时也须手动),待锅炉蒸汽压力升至比工作

锅炉点火升汽

压力低 0.05 MPa 时,再改用自动操作。因为自动操作是按热炉点火设计的,如果冷炉时采用自动点火,将会造成点火升汽过快,锅炉热应力过大,从而造成锅炉的隐性和显性损坏。对于新炉或耐火层修理后的锅炉,点火过程更要慢一点,因为耐火层较湿,加热太快可能因水分迅速蒸发和膨胀而使耐火层产生裂纹。

冷炉点火前后扫风时间要比正常扫风时间长,一般取 3~5 min,宁长不短,以便将锅炉内可能积存的油气彻底吹除,防止积存的油气遇明火产生爆炸的危险。自动化锅炉正常运行时的预扫风时间至少在 35 s 以上,规范要求扫风时间至少应保证炉膛 4 次换气。冷态点火时由于炉膛内的温度较低,有可能点火失败,如果点火失败,再次点火时仍需进行预扫风并延长预扫风的时间。当出现多次点火失败时,应查明原因并排除故障后再点火。万一点火时发生爆炸回火,应立即关闭油泵和燃油速闭阀,以免酿成火灾。

(2)循序渐进把热加,烧二停十均温差

在点火开始阶段,水循环差,此时燃烧强度不能过大,当炉水沸腾产生气泡后,水循环会加强,锅炉各部分的温度也渐趋均匀,这时方可提高燃烧强度。因此,点火升汽的开始阶段应尽量慢,蓄水量越大的锅炉此阶段应越长。蒸汽压力开始上升后燃烧可以适当加强。为了限制锅炉在点火升汽阶段炉水温度及蒸汽压力的上升速度,锅炉操作说明书一般都规定了点火升汽的时间表,应遵照执行。若无时间表,点火可以参照以下程序进行:首次点火成功后保持燃烧 1~2 min 即停,8~10 min 后再点火,以后每次可以适当延长燃烧时间和减少熄火时间,直至锅炉压力达到 0.1 MPa 后方可连续小火燃烧。

(3)升压阶段勤检查,火水气渣和松卡

①点火成功阶段

火——火色、烟色细观察。当点火成功后,应立即检查火焰的颜色、形状、稳定性。正常的火焰呈现亮橙色,轮廓清晰,火焰稳定无闪烁,排烟呈浅灰色。刚点完火开始工作时,由于炉膛内温度低而影响燃油蒸发,可能造成燃烧不良,烟囱冒黑烟,但随着炉膛内的温度升高,燃烧会趋于正常。

②蒸汽压力升至 0.1 MPa 阶段

水——水表冲洗水位查。刚升压时,冲洗水位计一次。冲洗水位计时,要戴防护手套并侧对水位计,然后缓慢开大各阀开度,以便让热水或蒸汽缓慢进入温度仍较低的水位计,对水位计进行预热,防止冷热变化过快、过大造成玻璃碎裂伤人。此阶段冲洗水位计的目的有两个,一是防止假水位,二是给水位计预热。在此后的阶段可酌情冲洗水位计,但在达到额定压力时,必须冲洗一次,以达到逐渐升温和确认水位之目的。点火升汽过程应注意水位的变化,防止因底部排污阀或给水阀泄漏而失水。

气——气体驱尽防氧化。空气在锅炉中会有很强的氧化和腐蚀作用,需驱除。在升汽过程中,顶部的空气阀就会有气体冒出,等到有大量的蒸汽冒出时,说明空气已驱净,应关闭空气阀。

松——松动螺丝逐个检查。螺丝受热会松动,故应检查人孔、手孔、水位计、排污阀、法兰、阀门等接头是否受热松动和渗漏。对于新炉或新修炉的人孔和手孔,无论是否渗漏,均需再适当拧紧螺母。如有松动和渗漏,应及时处理,不能处理则应停止运行。涉及锅炉本体的修理必须在停炉熄火并泄压泄气泄液进行。其他部件必须在与系统可靠隔离且部件被泄压泄气泄液后进行。脱落的蒸汽管路绝热包扎应及时修补,盘根泄漏的阀门应及时更换盘根,关闭不严密的阀门及时进行研磨或者换新。漏气的蒸汽管路应拆下焊补。如果暂时无法焊补,可以用铅皮及隔热材料进行临时包扎。

③蒸汽压力升至 0.1~0.2 MPa 阶段

松——松动螺丝逐个检查。再次检查各连接处有无松动和渗漏现象。再拧紧一次人孔、手孔螺母。操作时应侧身,用力不宜过猛,禁止使用长度超过螺栓直径 15~20 倍以上的扳手去操作,以免将螺栓拧断,产生人身和机械事故。在蒸汽压力继续升高后,禁止再次拧紧螺栓。

④蒸汽压力升至 0.2~0.3 MPa 阶段

渣——渣浮水面排净它。对锅炉进行上排污可以清除锅筒表面的杂质和油脂等浮渣。在排污前应向锅内上水,排污时要注意观察水位,不得低于水位计的最低安全水位线。排污完毕,应严密关闭每一排污处的两个排污阀(紧靠锅炉的截止止回阀和紧接着的截止阀),并检查有无漏水现象。

⑤蒸汽压力升至锅炉额定工作压力阶段

卡——安全阀件不能卡。应强开安全阀一次,防止安全阀因长期不动而被卡住。通常,锅炉的安全阀应每个月进行一次手动强开试验。对新装锅炉还要进行逐步升压,以校验安全阀是否在规定压力下灵敏可靠地开启。再冲洗一次水位计,防止水位计的阀孔被受热聚集的浮渣等杂物卡堵。

(4)暖管疏水防液击,保质保量供蒸汽

供汽前应对蒸汽管路进行暖管和疏水工作。其方法是将蒸汽阀稍开,供汽加热蒸汽管路,同时开启蒸汽系统中各泄水阀进行泄水。暖管的时间不宜过短,不得少于 15~20 min,否则管壁和管路上法兰及螺栓会产生较大的热应力;另外管路中存在凝水,当开大蒸汽阀正式供汽时,管路中会出现"水击"现象,可能损坏阀门、管路和设备。有些锅炉规定在升汽的同时就进行主蒸汽管的暖管工作,锅炉压力升至工作压力时,暖管工作已经结束,可立即投入使用。

如果要求两台锅炉并联工作,应先使两者蒸汽压力相同后再并汽。如果升汽后的锅炉要与工作中的锅炉并汽,后投入工作的锅炉的蒸汽压力应比主蒸汽管路中的蒸汽压力高出 0.05 MPa 再并汽。

3. **手动点火操作步骤(参见图 13-6-1 锅炉控制箱)**

(1)选择手动控制方式。将控制面板上的"自动—停—手动"转换开关扳至"手动"位置,手动控制电路通电工作。

(2)起动风机、油泵,进行预扫风和油液打循环。将"风机油泵"开关扳至"手开"位置,预扫风持续 3~5 min。

(3)点火。将控制面板上的"点火"开关扳至"手开"位置,点火变压器和点火油泵获电工作,进行点火。点着后,火焰监视继电器获电保持监视。

（4）喷油燃烧。紧接上一步，将燃油电磁阀开关扳至手动位置，燃油阀打开，大、小油头同时喷油进行交叉点火。

（5）停止点火，保持燃烧。大油头点燃后，将"点火"开关扳至"自动"位置，点火变压器和点火油泵失电停止工作。风门控制继电器获电，开大风门进入正常燃烧状态。

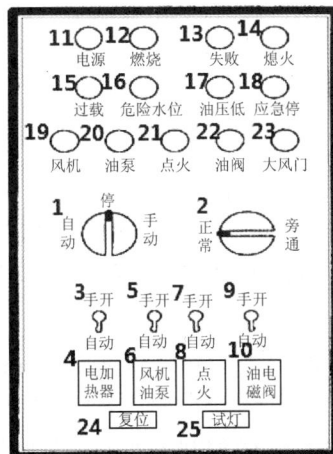

图 13-6-1　自动化锅炉控制箱

1—多功能旋钮；2—多功能旋钮；3—电加热器开关；4、6、8、10、11～23—指示灯；5—风机油泵开关；7—点火开关；9—燃油电磁阀开关

4. 手动熄火操作步骤

（1）选择手动控制方式。将控制面板上的"自动—停—手动"转换开关扳至"手动"位置，手动控制电路通电工作。如原来就处在手动控制方式，此步可省。

（2）停止喷油。将"油电磁阀"开关扳至"自动"位置，使燃油电磁阀关闭，锅炉停止燃烧；风门在控制继电器的作用下，自动变小进行后扫风。后扫风时间不得低于 50 s 左右，宁长不短，但风量不可大，以免炉内骤热骤冷，引起热应力裂纹或变形。

（3）停风机、油泵。后扫风完成后，将"风机油泵"开关扳至"自动"位置，油泵、风机停，手动熄火完毕。

通过手动点火和手动熄火操作，可调节锅炉热负荷，使炉体逐渐均匀升温，直至正常工作状态。

二、锅炉的自动化点火

1. 自动化锅炉的自动点火操作

对于自动化锅炉，在手动点火升汽后，工作状态一切正常时，就可将锅炉从手动方式切换为自动方式工作，以减轻轮机值班人员的工作量。自动化锅炉的控制器形式很多，有程序马达式的、PLC 控制式的。控制器形式虽多，但是都属于程序控制，即控制器通过执行机构使锅炉按照预先设定的程序步骤工作。下面以某轮国产自动化锅炉为例,介绍如何进行手动-自动转换操作,以及锅炉如何在自动控制方式下进行点火、正常熄火、故障熄火等项目,参见图13-6-1自动化锅炉控制箱。

(1)自动起动条件及初次起动前的准备操作

自动起动条件:锅炉水位在正常水位;蒸汽压力低于蒸汽工作压力上限。

初次自动起动的准备操作:

①接通电源并将"自动—停—手动"开关扳至"自动"位置。

②将"风机油泵"开关扳至"自动"位置。

③将"点火"开关扳至"自动"位置。

④将"油电磁阀"开关扳至"自动"位置。

⑤将"电加热器"开关扳至"自动"位置,自动对燃油进行加热和温度调节。

⑥复位(初次起动指令):在控制电路初次通电或故障停炉后再次起动时,应按下"复位"按钮。

在条件满足并经上述操作后,锅炉将进入自动点火过程。

(2)自动点火过程

自动点火过程是在程序马达 M 的控制下按一定的时间顺序完成的。在每次自动或故障停炉后,程序马达总是复位至 O 位(触点的闭合顺序图的 O 处,原因后述),下面从 O 位(第 0 s)开始按时间顺序说明电路的动作过程。

①第 0~3 s,程序马达 M 通电运行,预扫风开始。油泵和风机运行,对炉膛进行预扫风(在第 49 s 前均为预扫风时间)。

②第 3~49 s,开大风门继续预扫风。油泵运行使燃油自循环,风机运行,开大风门预扫风。

③第 49~59 s,小风门点火。风门控制继电器失电将风门关小,以利点火。这时,点火变压器和点火油泵获电,对小油头进行点火。

④第 50~55 s,火焰监视器对点火检查无误后,在小风门下,大、小油头交叉点火。

⑤第 55~59 s,在大风门下,大小油头交叉点火。

⑥第 59 s 后,关闭点火变压器和点火油头电磁阀,大油头继续供油燃烧。

⑦第 60~66 s,检查点火是否成功。

如果燃烧正常,则不发送点火失败信号而进入正常燃烧状态;如果炉膛内无火焰,点火失败继电器则发出点火失败信号并进入点火失败停炉状态。

⑧第 66~71 s,点火成功正常燃烧。

如果点火成功,则燃烧继电器获电,进入正常燃烧阶段。同时程序马达失电,暂停运行而使其触点停在 71 s 位置不动。

(3)正常自动熄火过程

正常停炉是指当锅炉蒸汽压力升至蒸汽压力设定上限停炉压力时,压力继电器发出信号,引起的自动停炉过程。

当锅炉蒸汽压力升至停炉压力时,压力继电器触点断开,使燃油电磁阀关闭;风门失电关小;程序马达 M 再次获电,从第 71 s 位置开始运行,停炉过程开始。

此时,油泵和风机接触器仍获电吸合,风机和油泵继续运行,电泵不供电,风机后扫风。

第118 s以后,油泵和风机失电停止运行,后扫风阶段结束。程序马达继续运行,直至程序马达 M 运行至 O 位时,整个电路复原。自动停炉过程结束。

(4)点火失败熄火过程

自动起动过程进行至第60~66 s,如果在此期间炉膛内无火,点火失败后继电器一方面发出点火失败故障熄火报警信号,另一方面维持程序马达继续运行至第71 s后,再进行如前面所述的自动熄火过程。

(5)故障熄火过程

故障熄火是指锅炉正常燃烧后,程序马达停在第71 s处时,由异常熄火、水位过低、燃油压力过低、燃油温度过低、风压过低等不正常情况和手动紧急熄火所导致的熄火。故障熄火时均引起相应的故障继电器动作,发出故障报警信号。

①意外燃烧中断故障熄火

如果炉膛熄火,则火焰监测器发出信号,总条件继电器失电,进入自动熄火过程。

②危险水位熄火

如果锅炉水位降至最低危险水位,则水位监视系统的危险水位继电器失电,总条件继电器失电,进入自动熄火过程。出现危险水位故障熄火后,首先应使水位恢复正常,然后按下复位按钮,才能重新起动锅炉。

③燃油低压熄火

如果出现燃油低压故障,则燃油压力监视继电器失电,总条件继电器失电,进入自动熄火过程。

④燃油温度过低熄火

如果烧重油时燃油温度过低,则燃油温度继电器发出信号,总条件继电器失电,进入自动熄火过程。

⑤风压过低熄火

如果风机风压过低,则总条件继电器失电,进入自动熄火过程。

⑥手动应急熄火

若锅炉在正常燃烧期间出现意外事故需应急熄火,可手动按下应急熄火按钮(设置在远离锅炉现场),使总条件继电器失电,进入自动熄火过程。

2.手动控制方式下的故障熄火

(1)当锅炉水位低于危险水位时,危险水位监视继电器触点断开,整个手动控制电路失电,燃油电磁阀、风机、油泵同时失电,锅炉停止工作。

(2)若炉火因故熄灭,则火焰监视继电器失电,使燃油电磁阀失电,停止进油,以免发生危险。

(3)若风机过载,则风机接触器失电,风机停,切断燃油电磁阀供电,停止供油,熄火。

值得注意的是:出现危险水位熄火后,应在锅炉水位恢复正常后,按下复位按钮,才能再次进行手动或自动点火操作。手动控制方式时,若因故障熄火,未进行后扫风,所以再次起动时应加强预扫风。

图 13-6-2 所示为某锅炉控制箱,锅炉及系统的起动、运行监测、停止的主要操作都由该控制箱控制。现介绍如下:

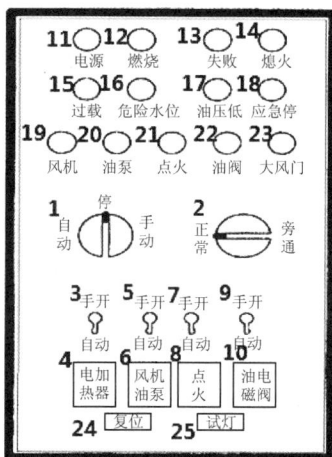

图 13-6-2　手动锅炉控制箱

1—多功能旋钮;2—多功能旋钮;3—电加热器开关;4、6、8、10、11～23—指示
灯;5—风机油泵开关;7—点火开关;9—燃油电磁阀开关

①多功能旋钮 1:有三个位置,当置于停车位时,控制线路不供电,电源指示灯 11 不亮,其他指示灯也不亮。当旋到自动位时,自动控制线路处于工作状态。当旋到手动位时,手动控制线路处于工作状态。根据其作用,也称为手动-自动转换旋钮。

②多功能旋钮 2:当油船等船舶设置两台锅炉时,可通过此旋钮选择该台锅炉是正常工作,还是旁通工作。只有一台锅炉时常置于正常位。

③电加热器开关 3:当手动-自动转换旋钮置于停车位时,电加热器不起作用。当手动-自动转换旋钮置于手动位时,电加热器开关 3 置于自动位时,电加热器不工作;置于手开位时则投入工作。当手动-自动转换旋钮置于自动位时,电加热器开关 3 置于自动位时,电加热器投入自动控制工作状态;电加热器开关 3 置于手开位时,电加热器投入手动控制工作状态。

④风机油泵开关 5:与电加热器开关类似。

⑤点火开关 7:与电加热器开关类似。

⑥燃油电磁阀开关 9:与电加热器开关类似。

⑦指示灯 4、6、8、10、11～23:指示相应设备的工作状态或有关参数状态。正常时绿灯亮,停止或故障时红灯亮。

3. 锅炉自动控制的内容

自动控制是以手动控制为基础的,是对手动控制流程的科学化和系统化,是对手动控制的抽象和升华。

辅助锅炉自动控制装置能保持锅炉蒸汽的压力、温度及水位稳定不变,从而提高辅锅炉运行的安全性和可靠性。如果锅炉负荷改变,自动控制装置通过测量单元能立即感知并经比较和控制单元向执行单元发出控制信号,借压缩空气、油压、电力或联动机构,迅速有效地改变锅炉燃油供应量、助燃空气量、给水量,以维持原设定的参数。自动控制装置在发现受控设备动作或参数有任何不正常现象时,能及时发出警报及做出自动改正或熄火保护动作,避免人为的延迟或错误。

锅炉的种类很多,各种锅炉的要求也不同,所以自动控制的型式与目的也各有不同。一般船用辅助锅炉常用的自动控制,包括自动调节、程序控制、安全保护和自动联锁等内容。

（1）自动调节

自动调节是指当被控对象的状态参数偏离设定值时,自动控制系统能采取相应纠偏措施,使参数保持在设定值附近一定范围内,范围越小,调节精度越高。例如,锅炉给水自动调节系统能自动控制给水,使锅炉水位保持在设定值左右。又如,锅炉蒸汽压力调节系统能自动控制蒸汽压力基本稳定在设值定,当外界用汽量增大、蒸汽压力下降时,能自动增加喷油量和风量,从而使蒸汽压力逐渐基本回到设定值。一般船舶辅锅炉对蒸汽压力的要求不是十分严格,水位和燃烧大多采用双位控制系统,而油船上的辅锅炉等大容量锅炉的水位及蒸汽压力有的采用比例控制系统。

（2）程序控制

能按照预定操作程序自动完成锅炉点火起动系列动作和自动熄火系列动作。《钢质海船入级规范》对船舶锅炉自动控制的程序提出以下要求:

①喷油器开始点火前应进行预扫风,扫风时调节风门应全开,扫风时间应足以保证炉膛 4 次换气。

②点火应在预扫风后方可进行。喷油器进油阀应在点火火花出现之后方可打开。如果点不着火,点火装置和喷油器进油阀应自动关闭。进油阀从开启到关闭的时间不得大于 15 s。

③应设有火焰监测器,当故障熄火时能自动关闭喷油器的进油阀,关闭时间应不迟于熄火后 6 s。

（3）安全保护和自动联锁

安全保护是指当检测到被控对象的状态参数偏离设定的安全边界时而采取的安全保护措施。在锅炉自动控制过程中,如自动控制系统检测到水位低至危险水位、油压过低、风压过低（有的锅炉包括油温过低）以及运行时突然熄火或点火时未能将油点燃等危险情况时,能完成自动熄火过程或阻止后续的喷油点火等动作,同时发出相应的声光报警。自动联锁是指被控对象的动作偏差了设定的安全顺序时采取的锁定动作进行的安全措施,避免因误操作而发生事故。例如锅炉风机没起动时,燃烧器就无法起动。又如燃烧器铰链没有合到位时,就无法起动风机等。自动化锅炉安全保护项目及保护动作如表 13-6-1 所示。

锅炉是一个高温高压的容器,轮机值班人员要充分认识到锅炉及系统的高压性和高温性。操作管理和维护保养方面如果不重视锅炉的高压性和高温性,往往会造成严重的事故。因此,轮机人员应有高度的责任感,严格按照锅炉的操作程序及维护保养方面的规定及要求行事,决不疏忽大意。

表 13-6-1　锅炉自动控制项目

项　　目	指示或报警	安全系统动作类别
1. 燃油辅锅炉		
应急熄火开关	Y	
燃烧器运行指示	0	
控制电源	0	
锅炉水位	0	
锅炉汽压指示	0	
给水盐度指示	0	
1 号给水泵运行指示	0	
1 号给水泵运行过载	Y	
2 号给水泵运行指示	0	
2 号给水泵运行过载	Y	
1 号燃油泵运行指示	0	
1 号燃油泵运行过载 .	Y	
2 号燃油泵运行指示	0	
2 号燃油泵运行过载	Y	
燃烧风机运行指示	0	
燃烧风机运行过载	Y	
锅炉蒸汽压力指示、压力低、压力高	0、Y、Y	
燃油锅炉排气温度高	Y	
燃油锅炉水位指示、低位报警、低位熄火	0、Y、	a
燃烧器火焰故障	Y	a
一次风压低	Y	a
燃烧器铰链未合	Y	a
转杯雾化器运行、过载	0、Y	
点火油泵运行指示、过载	0、Y	
烟道着火	Y	
燃油压力低备用泵切换	Y	c
给水泵出口压力低备用泵切换	Y	c
燃油温度指示,油温低、油温过低	0、Y 、Y	a

续表

项　　　目	指示或报警	安全系统动作类别
2. 废气锅炉		
给水泵出口压力或流量低	Y	c
1 号炉水循环泵运行、过载	0、Y	
2 号炉水循环泵运行、过载	0、Y	
炉水循环泵流量低备用泵切换	Y	c
废气锅炉进口主机排烟温度指示	0	
废气锅炉出口主机排烟温度指示	0	
废气管道内起火	Y	
蒸汽压力高	Y	
3. 热水井模块		
热水井水位低	Y	
热水井油分高	Y	

注：a—a 类保护动作，如紧急停车熄火切断电源等；c—c 类保护动作，如备用泵备用设备起动并投入运行；Y——一般故障的组合报警；0——本地或远程指示

三、锅炉运行中的管理

（1）压。油、水、气、汽的压力要正常。燃油喷油压力和回油压力要保持在正常范围内，否则会影响喷油质量和数量。燃油滤器的压差要定时检查，压差大时要及时清洗；及时清洁和维护喷油器，使之雾化良好。检查喷油器的位置和雾化角是否合适，以免在喷火口、稳焰器和喷油器顶端结炭；水压力要正常，若给水泵在运转而排出水压不足，应能自动切换。不正常的给水泵应及时修理。

风压要正常，风机及风道应及时清洁，风门调节机构定期注油活络，风门位置要正常。

蒸汽压力要正常，如果蒸汽压力超过上限，应能自动停止燃烧，否则应关速闭阀手动熄火，并查明原因予以纠正。如果蒸汽压力超过安全阀的开启压力而安全阀未开，则必须手动强开；如果安全阀虽自动开启，但蒸汽压力长久降不下来则应立即熄火，重新检查、调试安全阀。安全阀应每月进行一次手动强开试验。检查蒸汽分配箱上减压阀后的蒸汽压力，防止减压阀失效而损坏低压蒸汽设备。

锅炉在燃烧时，如果蒸汽压力始终低于工作压力下限，很长时间达不到上限，可根据锅炉补水情况大致判断是否是锅炉漏水或用汽量过大。否则，可能是水侧得不到足够的热量。原因可能是燃烧器喷油量不足或雾化不良或火侧积灰严重或水侧结垢严重。

（2）温。燃油温度应保持在规定的范围内，加热器应及时清洁；热水井的水温应适

当,一般保持在 80~85 ℃,与炉水温差应不大于 30 ℃。锅炉本体外表温度不应大于 60 ℃。

（3）位。水位、油位勤检查。锅炉水位控制十分重要,锅炉水位的变化会使蒸汽压力和蒸汽温度发生波动,甚至发生满水和缺水事故。燃油锅炉绝不允许干烧,废气锅炉也应尽量避免干烧。给水泵应保持良好的工作状态,给水管路的阀门特别是止回阀门必要时应研磨,使其关阀严密。给水管路止回阀是否泄漏可以通过触摸给水管路的方法进行判断,如果给水管路的温度很高,并且越接近锅炉温度越高,则说明止回阀泄漏。水位计应经常冲洗,一般每 4 h 冲洗一次。对于周期性无人值班船舶至少每天冲洗水位计一次。通过冲洗水位计判断锅炉是"轻微缺水"还是"严重缺水",如果锅炉属于"严重缺水",应立即停止锅炉,严禁向锅炉补水。如果强行补水,由于温差过大会产生巨大的热应力。如果锅筒或炉胆被烧红,大量的水会突然蒸发变成蒸汽,体积剧增,压力突然升高,会造成水冷壁爆管或汽包破裂,引起锅炉爆炸事故。注意保持控制水泵的浮子或电极棒清洁,必要时应对浮子或电极棒进行清洗。两套供水设备应轮换使用,轮换的时间不宜过长,以免备用的设备因长时间不用而损坏。锅炉燃油日用柜油位要保持正常,达到补油油位时要及时补油。每班要放一次残油水,检查和保持油质符合要求。

（4）烟。烟色火色常观察,烟灰吹除按时做。燃烧良好时,火焰中心在炉膛中部,火焰均匀地充满炉膛但不触及四壁;火焰高低合适,不冲刷炉底,也不延伸到炉膛出口处;着火点距燃烧器出口处适中,以免烧化喷油嘴和炉膛出口。一般火焰中心呈麦黄色或亮橙色,火焰尾部无黑烟,整个火焰轮廓清晰,外圈无雪片状火星,火焰以外烟气透明。如果炉内火焰发白,炉膛内极透明,烟色淡得几乎看不见,则表明空气量太多。如发现火焰呈暗红色,火焰伸长跳动并带有火星,炉内模糊不清,烟色加深以至浓黑,则表明空气量太少或燃油雾化不良,与空气混合不好。如果发现锅炉冒白烟,很可能是锅炉换热面泄漏所致。经常检查锅炉的排烟颜色,因其和燃烧的好坏密切相关。在港口时尤其应引起轮机人员的重视,如果锅炉冒黑烟,则可能会引起有关部门的处罚。

对燃烧设备和系统实施定期维护:注意保持燃油柜的油位和油温正常,定时开启油柜泄放阀,泄放沉淀的水和污渣;保持燃油系统的油压和油温在规定的范围内,加热器应及时清洁;检查燃油滤器的压差,必要时及时清洗;及时清洁和维护喷油器,使之雾化良好,检查喷油器的位置和雾化角是否合适,以免在喷火口、稳焰器和喷油器顶端结炭;风机及风道应及时清洁,风门调节机构定期注油,保持活络。

燃油锅炉运行一段时间后,受热面会结灰渣,必须定期用吹灰器除灰,还应定期打开人孔门人工除灰。吹灰的间隔时间需根据受热面积灰情况确定,而烟灰积存速度与燃油的灰分多少、锅炉负荷及燃烧器质量有关,故除灰周期无法硬性规定,一般排烟温度比刚除灰时高 10~20 ℃或风压损失明显增加(小型锅炉增加 10~20 mmHg),则应该除灰。航行时废气锅炉一般由三管轮每天除灰一次,燃油辅锅炉连续工作 3~4 周吹灰一次。(参见本章第七节废气锅炉管理之"四、废气锅炉的除灰"。)

（5）声。油、水系统各运动机械运行平稳,声音正常,不发生炉吼和水击现象。

四、停炉及其保养

根据停炉的程度不同,停炉操作可分为三类:一是减压留汽停炉;二是保压满水停炉;三是泄压泄水停炉。锅炉停炉不光要考虑停用锅炉,还应考虑锅炉防腐,所以不同的停炉方法也是相应的保养方法。轮机管理人员可根据船舶营运需求的不同,选择不同类型的停炉操作并保养锅炉。

(1)减压留汽停炉(减压保养法)

当锅炉暂时不需使用但需要保持备用时,可以改自动控制为手动控制,然后熄火留汽。若燃油系统能保持重油循环,则停火前无须改用柴油;否则需更换柴油并在停炉前使用一段时间,以确保整个锅炉燃油器及管系充满洁净柴油为止。设有压缩空气吹扫系统的应将喷油嘴吹扫干净。

停炉前,关住停汽阀,手动熄火,加水至水位计最高水位,锅炉内水冷却收缩后水位会下降,同时为下排污做准备。停火后半小时,待水中悬浮杂质和泥渣沉淀后,进行下排污。排污后化验炉水,视需要加入水处理药剂。停火留汽期间应间断地手动点火,用微火保持炉内适当的蒸汽压力,一般为 0.01~0.10 MPa,最多至工作蒸汽压力下限即熄火,若升压过高,则熄火后蒸汽压力可能因炉膛散热而继续升高,以致顶开安全阀。此种停炉方法,由于锅炉内压力大于大气压力,可防止空气渗入;炉水温度也稍高于100 ℃,炉水中不含氧气,能有效防止腐蚀,所以减压留汽停炉操作方法也称为减压保养法。这种方法需经常手动点火,故停炉时间不宜长,一般为 1~2 天,最多不超过1 周。

(2)保压满水停炉(满水保养法)

当锅炉较长时间不需使用且不需要进行炉内检查时,可选择使用保压满水停炉。操作要点是,先打开锅炉上的空气阀,向锅炉泵送加了碱性药物的蒸馏水或凝结水。水加满前点燃一个燃烧器,将炉水加热至沸腾,使水中的药剂混合均匀,并且尽量减少溶解的氧气,同时利用产生的蒸汽将锅炉中的空气从空气阀驱除。待空气阀连续冒出蒸汽时熄火,用给水泵将水加满,然后关闭空气阀,在锅炉中建立 0.3~0.5 MPa 的压力。炉水冷却后,压力可降低至 0.18~0.35 MPa,能保证空气不漏入锅筒内。

碱性药物可采用氢氧化钠和碳酸钠,保持碱度为 300 mg/L(NaOH),相当于7.5 mmol/L。水垢已经清除时也可用磷酸钠,炉水中磷酸根的含量应保持 100~200 mg/L。水垢没有清除时,不宜用磷酸钠。因为磷酸钠将与水垢反应,使磷酸根的含量下降,并使炉水中充满悬浮的泥渣,会对锅炉产生不利影响。

保压满水停炉法也称为满水保养法,此法的关键是保压驱气满水和保持合适碱度,pH 值为 9.5~10.5。此法因不需放空炉水,也不需频繁手动点火,只需要加药满水,适合中短期停炉,一般以不超过 1 个月为宜。如果满水保养已超过 1 个月,但仍需继续保养,必须放掉部分水再加热驱氧,然后化验碱度和磷酸根的含量,决定补水时是否需要加药。

（3）泄压泄水停炉（干燥保养法）

如果锅炉停用时间较长或需要内部检修，或环境温度可能降至冰点以下，则应采用泄压泄水停炉。操作要点是在锅炉蒸汽压力降至 0.3~0.5 MPa（温度 140~160 ℃）时放空炉水；保持炉膛严密，防止冷空气进入使炉膛散热太快；然后打开锅筒上的人孔盖和联箱上的手孔盖，用余热（废气锅炉可用柴油机的排气）使锅炉内水分蒸干（相对湿度小于 30%），在关闭人孔盖和手孔盖之前，可以在锅筒内放置一盘燃烧的木炭，以耗尽封闭在锅炉内部的氧气。停用时间长应在锅炉的锅筒和联箱内放置干燥剂（如无水氯化钙按 1 kg/m³ 投放）。有的干燥剂吸湿后对钢板有腐蚀作用，应盛在开口容器内，不得与锅炉钢板直接接触。也有使锅炉内部充满氮气或专用腐蚀抑制剂来保养停用的锅炉，具体操作方法可以参考相关的说明书。

泄压泄水停炉法也称为干燥保养法。干燥保养法的要点是余热烘干、造成缺氧、保持干燥、密封隔潮。干燥保养法适用于中、长期停炉，对停炉一年以内的锅炉能有效防腐。

五、锅炉低温腐蚀及其预防

锅炉的低温腐蚀是指在烟气温度较低区域（约 500 ℃ 以下）的受热面烟气侧的一种腐蚀。

低温腐蚀是因为受热面的壁温低于烟气中硫酸蒸气的露点，管壁上结有酸露而引起的。它经常发生在空气预热器的冷端（空气进口端）和给水温度低的经济器中，或出现在蒸发受热面的末端。

酸露的形成是由于燃油中含有硫，燃烧后形成 SO_2，其中一部分进一步氧化成 SO_3，SO_3 和烟气中的水蒸气结合成为硫酸蒸气。烟气中硫酸蒸气的露点称为酸露点，它远高于烟气中水蒸气的露点。烟气中硫酸蒸气含量高，酸露点就高。这样，当受热面壁温低于酸露点时，硫酸蒸气就会在管壁上凝结，使管壁腐蚀。

据分析，当壁温比酸露点低 20~40 ℃ 时，酸的凝结最快，腐蚀性最强；之后随壁温下降，腐蚀速度放慢；到壁温达到烟气中水蒸气的露点时（大约 60 ℃），由于大量水蒸气的凝结，硫酸浓度达到腐蚀性最强的 40%~50% 范围时，烟气中大量 SO_2 直接溶解在水膜中形成亚硫酸溶液，腐蚀速度再次急剧加快。

根据产生低温腐蚀的原因，可以采取以下预防措施：

（1）提高空气预热器进口温度或低负荷时旁通烟气

对装有空气预热器的锅炉，可以采用装设空气再循环管道的方法来提高空气入口温度，即让一部分热空气与冷空气混合后，再送入空气预热器，以提高管壁温度，使之不低于水蒸气露点温度。也可以采用旁通烟道或旁通空气道的方法，当锅炉点火升汽或处于低负荷运行时，将烟气或空气旁通，不经过空气预热器。

（2）改善燃烧

采用低过量空气的燃烧方式，能减少 SO_2 的进一步氧化，从而减少硫酸的生成，有效地降低酸露点。如：当 $\alpha = 1.15 \sim 1.20$ 时，烟气中 SO_2 的浓度为 15ppm～25ppm，酸露点为 $150 \sim 180 \ ℃$；当 $\alpha = 1.10$ 时，酸露点约为 $130 \ ℃$；当 $\alpha = 1.01 \sim 1.02$ 时，烟气中 SO_2 的浓度为 4ppm～8ppm，酸露点约为 $60 \ ℃$。良好的燃烧还能使生成的 SO_3 在离开炉膛前尽量分解。

（3）及时吹灰

经常保持受热面的清洁，尽量减少其对生成硫酸的催化作用。在停炉检修时，要清除受热面上的铁锈和积灰。

（4）选用含硫量低的燃油

国际公约和世界上部分排放控制区域，对船用燃油含硫量都提出越来越严格的要求，到 2020 年，公约要求燃油含硫量不高于 0.5%，而排放控制区域规定到 2015 年硫含量不高于 0.1%。随着低硫燃油的使用，必将减少低温腐蚀。

六、锅炉的检验

1. 锅炉检验的项目和周期

锅炉的检验主要包括内部检验和外部检验，既包括锅炉的本体，也包括锅炉附件等外部设备设施。检验的目的不仅是找出可能存在的腐蚀、变形、裂纹等损坏处，确定是否要修理和修理的范围，而且研究其产生的原因和以后如何改善管理。对于不同种类、不同用途和不同工作压力的锅炉的检验周期等要求也有所不同。

中国船级社《钢质海船入级规范》(2018 年 7 月 1 日生效)的锅炉检验规定，重要用途辅助锅炉、过热器、热油加热器，以及工作压力超过 0.35 MPa 且受热面积超过 4.5 m^2 的非重要用途锅炉，应在每 5 年船舶的特别检验期内至少进行 2 次内部检查。任何情况下任何 2 次检验间隔期最大不超过 36 个月。每次船舶年度检验应对锅炉进行外部总体检查。检验由专职的验船师进行，轮机人员也要熟悉。

锅炉的内部检验应包括：锅炉、过热器、经济器和空气加热器及其相关的下列项目。

（1）鼓、板、管、牵条管，必要时可要求对其厚度进行测量，以确定其安全工作压力。

（2）必要时，可要求对压力元件进行液压试验。

（3）锅炉、过热器和经济器的附件应拆开进行检验。

（4）安全阀在蒸汽压力下进行整定，其整定压力应不大于设计压力，但废气锅炉安全阀可由轮机长在海上进行整定，并将结果报告 CCS。

（5）为强制循环锅炉或经济器服务的泵应拆开进行检验。

燃油燃烧系统在工作情况下进行总体检验，燃油柜的阀和管及甲板控制机构和燃油泵到燃烧器间的油管，应进行总体检验。

（6）对于那些因结构原因而不能直接对锅炉壳板、汽水鼓和联箱进行内部目视检验的情况，验船师在安全工作压力下凭借遥控、目视仪器、超声波等检验或用 1.25 倍工作压力的液压试验替代。

（7）仪表和自动化设备应进行检验和试验。

锅炉的外部检验应包括下列项目：

（1）锅炉底座、绝缘、附件、防撞防摇装置、管系、燃烧装置、安全保护装置包括应急切断装置等，确认其处于良好工作状态。

（2）安全阀在工作压力下进行校核。

2. 锅炉本体的内部检查和检验的准备工作

内部检验由验船师主导进行，轮机员配合。内部检查通常以轮机长为主导进行，轮机员配合。

进入锅炉内部应按船舶安全管理体系中有关进入密闭空间的程序进行。具体准备工作要求如下：

（1）必须按程序要求获得船长或轮机长的批准。

（2）做好个人安全防护工作，如工作服、工作鞋、工作手套、安全帽、安全绳、防爆电筒和电压不准超过 24 V 的防爆安全灯等。

（3）做好油、水、汽、电的隔离工作。如必须将通往该锅炉的一切有压管路（如并联锅炉的给水管路、蒸汽管路等）上的阀门关闭，并设法锁死，能泄压的都要泄压。将锅炉电源关闭。

（4）在关键部位挂告示牌。如在上述关键的阀门和开关上挂"正在检修，严禁使用"的告示牌，以防他人误操作。告示牌必须谁挂谁撤，他人不得擅动。

（5）充分通风。锅内必须有足够的空气，无积油和油气。经测氧测爆符合规定要求。

（6）物品控制。必须带进炉内使用的物品和工具必须用可靠容器存放，进出锅炉前后要登记核对，严防炉内遗留物品。易燃易爆和无关物品不准带入。

（7）至少双人作业。作业时，锅炉外必须留人照应。

进行锅筒内部检查时，内部附件，例如汽水分离设备、给水管、排污管等，若有碍检查的可暂时拆卸。

3. 锅炉本体的内部检验检查的主要内容

（1）水垢和水处理状况

如炉水处理良好，则金属表面仅附有薄而稀松的水垢，用钢丝刷就可刷掉。如果水垢呈结晶状，厚度超过 2 mm，牢固地附在金属表面，则说明炉水硬度太高，过剩磷酸根不足，钙、镁离子没有完全转变为泥渣。如果水垢厚而不紧密，是略带半透明的大晶粒，放在淡水中 2~3 h 后极易破碎，则说明由易溶盐构成，是炉水含盐量过大所致，可能是排污不够或有海水漏入给水系统。如果水垢坚硬光滑呈薄瓷片状，则说明炉水含有硅盐，这种水垢的导热性很差，因而最危险。如果锅筒水位线附近壁上黏附有油污，则由油污区的宽度和油污层的厚度可以判断出进入锅炉的油污量，应予以清洗，并查明原因予以解决。如果在锅筒水位线以上壁面黏附有泥渣，则说明炉水可能发生了汽水共腾，应加强上排污，降低炉水的含盐量。若底部堆积泥渣很多，可能是下排污不足或下排污管布置不合理。

（2）腐蚀与管子变形

检查锅炉内部的腐蚀和裂纹,应在清除水垢之前进行,因为有些腐蚀裂纹能在水垢表面显示,除垢后反而不易觉察。对检查的结果应做记号并记录。细微的裂纹会使该处水垢的颜色呈现深红色或深褐色,其余地方则为均匀的淡黄色。如果是局部腐蚀,那么腐蚀区域的水垢会因含有氧化铁成分而颜色局部变深。如果腐蚀处于活化阶段,则水垢呈褐色,轻轻一敲即掉下来,水垢下层有黑色氧化铁;如果水垢牢固地贴附在麻点上,颜色也较淡,则是已停止腐蚀的老麻点。

检查从锅筒的蒸汽空间开始,首先检查安装附件的孔口边缘和人孔边缘的内侧,因为这些地方最容易出现裂纹。然后检查人孔盖及其横梁上的孔有无变形,如果有则系由于过度地上紧螺母所致。蒸汽空间筒壁的腐蚀比较少见,但应检查水位波动的地方,这个区域容易遭到腐蚀。应特别注意腐蚀的深度和范围的大小,如发现深度较大,应测量其深度。对进行补焊的地方必须用手锤敲击检查,因为该处容易出现强烈的腐蚀和裂纹。应注意检查锅筒封头弯角处以及给水管与锅筒连接处是否有裂纹。对于管端,可通过电灯照射和放大镜观察来确定有无腐蚀和裂纹。如果发现有裂纹的管子应更换。

受热面管子要检查是否有鼓包、变形和腐蚀麻点。管子的鼓包和变形可以从管外检查。腐蚀麻点则可能发生在管子的内部和外部,所以除了从表面观察外,还应从锅筒管口处的腐蚀情况,间接地判断管子内部的腐蚀。如果腐蚀麻点的深度达到管壁厚度的一半,就要考虑是否需要将这些管子切割一部分进行检查,以确定是否需要换管。受热面管子最容易损坏的是靠近炉膛的几排管子和水冷壁管子,这些管子的外部损坏可以在炉膛中观察到。管子变形的允许值为管子下垂量不超过管径的 2 倍,管距变化不超过 25%~35%。还应检查管端扩接处有无泄漏,这可从烟气侧有无盐渍来判断。如发现有泄漏,可以再次扩管。如果泄漏严重或再扩管仍无效,则需换管。

常用的测量局部腐蚀麻点深度的方法有两种:①压铅法:将软铅合金压入麻点内,用手锤敲平,然后取出测量其厚度;②金属浇铸法:将低熔点的金属(如焊锡)熔化后注入麻点中,凝固后取出,并测量其厚度。大面积的均匀腐蚀可用测厚仪测定受热面现存的壁厚。

锅筒、联箱等厚度普遍减薄超过原厚度 10% 以上时,应重新验算强度,必要时降压使用。如因腐蚀而导致的减薄量不超过原厚度的 30%(弯边处不超过 20%),可堆焊修补,但面积不允许超过 2 500 cm²。个别腐蚀凹坑最大直径不超过 3 倍厚度,相邻凹坑距离不少于 120 mm。减薄量超过上述规定也可焊补。所有焊补应采取相应的工艺预热工件或焊后保温,以防骤冷硬化,增加应力。

（3）裂纹

除了腐蚀,也要特别仔细地检查裂纹,因为裂纹的位置不易发现,而且出现裂纹后会造成严重的后果。在应力集中、冷热变形较剧烈的地方以及管端扩管处容易出现裂纹。裂纹有表面裂纹和穿透裂纹两种。

是否有裂纹的判别方法:①观察法。可从水垢的颜色间接地显示裂纹。②煤油白粉法。先用14%的硫酸溶液浸蚀需要检查处,然后用煤油浸湿,待 25 min 后擦干,再涂上白粉,如有裂纹,则煤油会透过白粉显示出裂纹的轮廓。③超声波探伤法。超声波探伤仪用来发现平行于锅筒表面的内在裂纹。因为裂纹对应力特别敏感,因此原则上不允许有裂纹存在。如发现仅少数几处有裂纹且未穿透筒壁,征得验船师同意后可用补焊方法修理,焊补前应将原裂缝处铲除。若多处出现裂纹且深度很大,或裂纹发生在管板管孔间,则应考虑予以更换。

4. 锅炉检验时的水压试验

检验时验船师认为有必要时,需进行水压试验。水压试验的目的是检查锅炉本体的结合缝是否完好、焊缝有无缺陷、管子和管板的扩接是否完好等。水压试验通常在锅炉新装船但不便进内部检验时、重大修理后仅进行了部分内部检验时和锅炉长期停用后重新起用时进行。

水压试验压力通常为1.25倍锅炉设计压力,损坏后经过重大修理的锅炉为1.5倍锅炉设计压力。

水压试验前,验船师根据内部检验情况和修理情况决定是否全部或部分拆除炉衣、炉墙,以便观察。试验环境温度一般应高于5 ℃,否则应考虑防冻措施。水压试验用水的温度应高于周围环境的露点温度,以免锅炉表面结露而干扰检查,一般以30~70 ℃为宜。水压试验的压力表至少有两个是经过检验且处于工作之中的压力表,以免试验压力超压。

水压试验的一般程序如下:

(1)关闭主蒸汽阀和所有的排污阀和泄放阀,安全阀要用专用夹具(不能靠压紧安全阀弹簧)锁紧,取下所有不能承受试验压力的零件和仪表。将相关的出口阀锁紧和闷堵,确认没有工具和物料遗留在炉内。

(2)打开空气阀,向锅筒内充水,确认排污阀和泄放阀无泄漏。空气阀溢水后关闭。

(3)开启压水泵缓慢升压,压力升高速度不超过0.25 MPa/min,达到工作压力后,进行各项检查。必须有专人监视压力表读数,防止超压。

(4)确认在工作压力下各项目正常、无渗漏后,继续升压至1%(1.5)倍的工作压力,维持至少20 min,然后降压并保持在工作压力下进行全面检查,试验完毕后缓慢降压。

(5)试验中发现炉内有异常响声时,立即停止试验,查明原因并消除故障后再试验。

(6)在试验中没有发现裂纹、永久变形或者泄漏,则认为水压试验合格。

5. 船用锅炉工作蒸汽压力下的检验

工作蒸汽压力下的检验的目的是确定蒸汽、水是否泄漏以及安全装置是否可靠运行。

(1)锅炉本体的焊缝、附件、人孔盖、手孔盖等与锅炉连接处不得有漏汽现象。

(2)锅炉给水阀、主蒸汽阀等所有阀件或旋塞的启闭应灵活可靠。

(3)燃油、调风装置工作正常,燃油总管的速闭阀能可靠地快速关闭。

（4）水位表、排污装置工作正常。

（5）炉衣绝热完好，炉衣外表温度不应超过 60 ℃。

（6）压力表、水位表工作正常，压力表应按规定定期校验，验船师应确认其有效性。

（7）锅炉安全装置的效用试验：极限低水位、点火故障、风压低等能自动停炉并发出声光报警。

（8）报警装置的效用试验：高水位（若有）、低水位、燃油低温、燃油压力低、高温（若有）、低压（若有）、高压等报警。

6. 船用锅炉的临时检验

船用锅炉在下列情况下应申请临时检验：

（1）船用锅炉停用一年以上，需恢复使用时。

（2）船用锅炉在使用中发生重大事故，如缺水、过热、变形、裂纹等。

（3）锅炉舱失火，船用锅炉移装、移位、重装或船舶失事后船用锅炉浸水等。

（4）船用锅炉增加或减少重要设备或改变船用锅炉性能。

（5）船用锅炉改变燃烧方法。

（6）船用锅炉原缺陷有明显发展时。

7. 锅炉水垢的清洗

锅炉经较长时间的运行后由于水质差生成较厚的水垢，或因操作不当导致炉内进油等现象，必须及时洗炉。洗炉的方法很多，有橡碗榜胶法、机械清洗法、碱洗法、酸洗法等四种。在洗炉时，按设备条件和水垢的状况选择合适的洗炉方法。下面介绍后三种洗炉法。

（1）机械清洗法

当水垢较薄时，可采用机械法清除。必须注意，一定要在锅炉刚冷时马上清洗，否则水垢将会变硬，增加清除的困难。最原始的机械清除法是用钢丝刷与铲刀等手工工具，将水侧的水垢和火侧的油垢结灰以及氧化腐蚀斑点等刷铲干净，或在钢丝刷两端穿上钢丝绳后放入管子内来回拉刷，这种方法不但劳动强度大，且不易清洗干净。对于水管锅炉的水管，现在多采用洗炉铣刀来刮除管壁上的水垢。铣刀可由压缩空气或通过软轴由电动机来传动。在刮除水垢时，应同时用水流冲洗该管，一面冲去刮下的水垢，一面还能冷却铣刀。清洗完毕后，最好用高压水流将水垢彻底冲净。

清洗工作结束后，可用灯光照射，查看一次清洗效果。

（2）碱洗法

碱洗法通过加大炉水的碱性，使水垢松软而自行脱落。碱洗以前，为防止碱对铜的腐蚀，应将水空间的全部铜阀取下，换成旧阀或将该法兰座封死。

碱洗时所用的药剂是苛性钠、碳酸钠和磷酸三钠，其投放量视水垢厚度而定。操作步骤如下：

①提高煮炉效果，减少药品消耗，煮炉前用压力水冲洗除去泥渣、腐蚀产物和松软的水垢。

②将配制的碱溶液充入锅炉至最高水位和中间水位之间。

411

③点炉升压,额定气压低于 0.78 MPa 的锅炉维持 0.3 ~ 0.4 MPa 压力,压力更高的锅炉维持 50% 额定气压。

④煮炉 10 h(垢后大于 3 mm 可延至 16 h),期间每隔 2 h 用各下排污阀排污 1 min,排出脱落的垢渣。当水位低至接近最低水位时,熄火泄压,补充药液恢复水位。降压与再点火升压的温度变化,可加快垢层脱落。煮炉期间应每 2 h 采水样化验溶液碱度和磷酸根浓度,控制碱度不小于 50 mmol/L,磷酸根不小于 200 mg/L。

⑤煮炉结束时熄火降压,大量下排污,当压力消失后放尽碱液。

(3)酸洗法

酸洗锅炉的水垢是一种既能减轻劳动强度又能彻底清除水垢的好方法,对于强制循环锅炉尤为重要。酸洗工艺分为静态浸泡清洗、氮气鼓泡清洗和循环清洗,对于火管锅炉可用氮气压入锅炉进行氮气鼓泡清洗,不需要循环,而强制循环锅炉要用酸洗泵将酸洗液打循环,水管锅炉两者皆可。从酸洗效果来讲,用酸洗泵打循环效果好。然后,分析水垢的成分,确定酸洗液的成分与浓度。酸洗时间是根据水垢厚度确定的,一般用滴定法每半小时滴定一次。一开始酸洗液浓度降低很快,后来逐步减慢,最后趋于稳定,说明酸洗结束。酸洗步骤如下:

①点火升温至 90 ℃以上碱煮 8 h 以上,除油,并使不溶入一般酸的硅酸盐和硫酸钙转型,以碳酸盐为主的低压小容量锅炉此项可免。

②酸洗 4~6 h,水垢较厚的接触酸液时间一般至多 12 h。此阶段严禁点火加热酸液,以防过热和爆炸。

③用碱液(药量与新炉碱煮相同,水温 90~95 ℃)钝化处理 8 h 以上。酸洗后未被钝化的钢铁表面 1 h 内可能会出现锈迹。

上述每道工序后均须用水清洗。水管切不可被脱落的水垢堵塞,否则适得其反,造成烧坏水管等后果,故必须仔细检查。酸洗必须切实掌握操作方法,配制恰当酸洗液和控制酸洗时间,操作需具备相关资质。

第七节 废气锅炉管理

废气锅炉是船舶使用较早且成功利用主机排烟废热进行能量回收的设备。柴油机船的大型低速二冲程柴油主机的排气温度一般为 200~300 ℃,四冲程中速柴油主机的排气温度可达 400 ℃左右。而水蒸气在压力为 0.5 MPa 时,其饱和蒸汽温度为 165 ℃;压力为 1.3 MPa 时也仅为 194 ℃。所以装设用柴油机排气余热来产生水蒸气的废气锅炉,不仅能节约燃油,还可起到柴油机排气消声器的作用。废气锅炉产生的蒸汽量在满足加热和日常生活用之外,有的船还将多余蒸汽用于驱动一台辅汽轮发电机。船舶柴油机排气废热能量的回收利用如图 13-7-1 所示。图中废热利用比例仅是以案例得出的粗略数据。目前,为顺应低碳环绿色环保潮流,各造船造机企业都十分重视船舶柴油机的废热利用回收装置的研发和升级,有的装置的总效率已达 75% 左右。

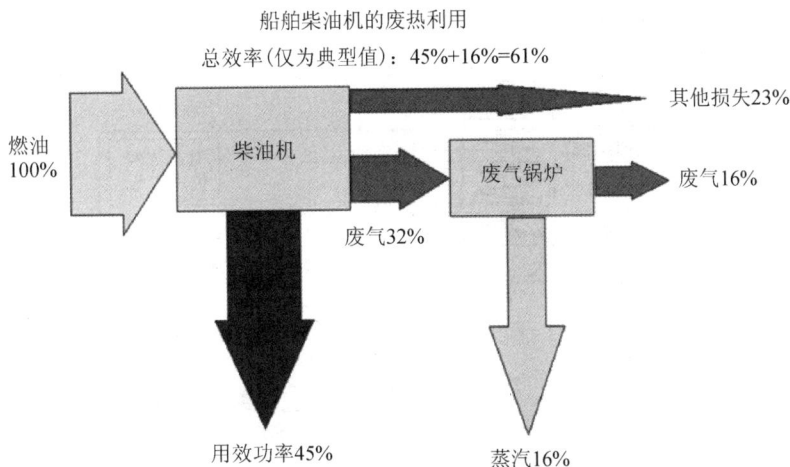

船舶柴油机的废热利用
总效率(仅为典型值)：45%+16%=61%

图 13-7-1　船舶柴油机排气废热能量回收利用图

一、典型的废气锅炉系统

二冲程超长行程柴油机热效率高达 55%,使排烟温度下降。目前大型低速机在额定负荷下透平后的排气温度为 240～270 ℃,降低负荷运转时将会更低些,因此可利用的排气余热减少,在废气锅炉产生的饱和蒸汽不能满足船舶加热系统的需要时,燃油辅助锅炉可作为补充,现代船舶的蒸汽系统一般设计为燃油辅助锅炉系统和废气锅炉系统组合形式。

废气锅炉系统可设计成许多不同的形式,有单供汽压力和双供汽压力;有带给水预热器和不带给水预热器;有单一的废气锅炉和与燃油锅炉组成混合式锅炉等。

某国际著名公司推出了两种典型的废气锅炉系统。

其一为标准型的废气锅炉系统,废气锅炉与燃油辅锅炉互相独立,各设有单独汽鼓(见图 13-2-8),或废气锅炉与燃油辅锅炉共用一个汽鼓,废气锅炉作为燃油辅锅炉的附加受热面(参见图 13-2-9),一个锅炉故障时另一个锅炉仍可正常工作,是简单的单压蒸汽系统。该系统具有明显的简单性和低投资成本,又完全满足船舶加热所需蒸汽量的要求,因而得到广泛应用。

其二为带透平发电机的废气锅炉系统,如图 13-7-2 所示,它是带有经济器(给水预热器)、蒸发器和过热器的单压蒸汽系统。废气锅炉可独立工作,也可与燃油锅炉同时工作。燃油锅炉不管是否工作,其汽水空间始终供废气锅炉使用。给水经热交换器供入燃油锅炉,再由经济器循环泵供入废气锅炉经济器,与废气逆流换热后回到燃油锅炉水空间,再由蒸发器循环泵供入废气锅炉蒸发器,与废气顺流换热后回到燃油锅炉汽空间进行汽水分离后产生饱和蒸汽。此饱和蒸汽一部分供用汽设备使用后回到热水井;另一部分供入过热器,与废气逆流换热后产生压力更高的过热蒸汽,用来驱动透平发电机,然后经冷凝器冷凝后回到热水井。该系统能产生两种不同压力的蒸汽,故也称为双压力系统。该废气锅炉系统更为先进,柴油机的废热利用率更高,符合低碳绿色世界潮流,在新造远洋船上应用越来越多。

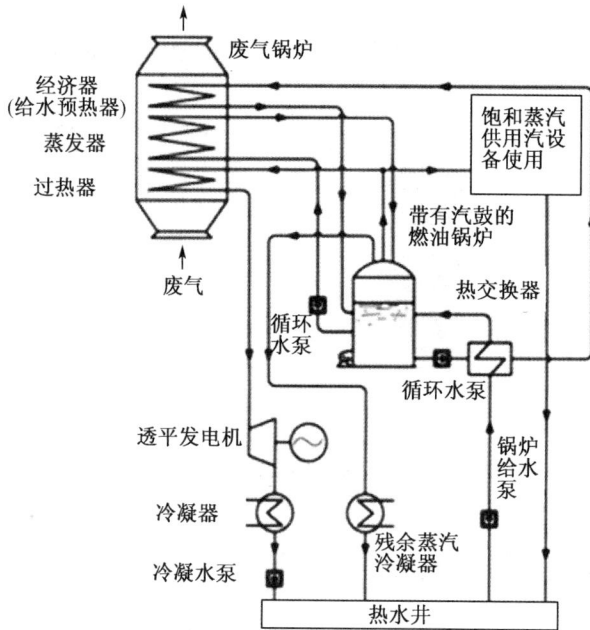

图 13-7-2　带透平发电机的废气锅炉系统

二、废气锅炉蒸发量的调节方法

废气锅炉的蒸发量取决于主机的排气量和排气温度,亦即主机的功率。在正常航行时,主机功率是稳定的,而船舶对蒸汽的需要量随航区、季节的变化及设备、人员生活、时间的不同需求而变化,蒸汽供需平衡的变化直接导致蒸汽压力迅速变化。为了使锅炉压力能够稳定在一定范围,当蒸发量和用汽量平衡变化导致蒸汽压力变化时,需对废气锅炉的蒸发量或工作压力进行调节。

1. 烟气旁通法

船舶早期普遍应用的烟气旁通调节法如图 13-7-3 所示。在废气锅炉进出口间加设一个旁通烟道,并在废气锅炉入口和旁通烟道入口处安装开、闭相互联动的两个调节挡板。当蒸汽压力升高时,手动或用伺服电机转动挡板使排气经旁通烟道的流量增加,限制蒸汽压力上升;反之,当蒸汽压力降低时,改变挡板开度使通过废气锅炉的排气流量增加,限制蒸汽压力下降。在使用烟气旁通法调节蒸发量时,废气锅炉内烟气流速降低,容易引起积灰增加,所以近些年所造船舶已很少采用烟气旁通法调节蒸发量。

2. 改变有效受热面积法

立式烟管式废气锅炉(参见图 13-2-5)的蒸发量与水位高度有直接关系,为了适应不同蒸发量的需要,采用自动控制的立式烟管式废气锅炉可以选择不同的工作水位以改变有效受热面积。水位有冬季水位和夏季水位之分。夏季水位低,使实际受热面减少,蒸发量也相应减少;冬季水位较高,使实际受热面增加,蒸发量也相应增加。对于可上、下分组的盘管式或翅片管式废气锅炉(参见图 13-2-6 和图 13-2-7),需减小蒸发量时可停止上面 1—2 组的供水,只让下面的盘管或翅片管工作。

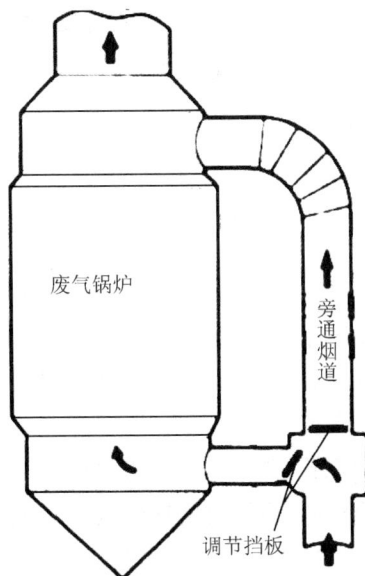

图 13-7-3　废气锅炉蒸发量调节之烟气旁通法

废气锅炉一般也不宜完全无水"空炉"工作,以防万一烟管受热面上积存的烟灰着火而烧坏管子。如果给水系统故障不得已"空炉"工作,应注意以下事项:

①开启废气锅炉的泄放阀和空气阀。

②用吹灰器将烟管表面积灰吹除干净。

③烟气温度必须低于 350 ℃。

④重新通水时应避免"热冲击",即先降低主机负荷以减小传热温差,循环水必须逐渐引入,并检查阀和接头的连接有否松动。

3. 蒸汽冷凝法

蒸汽冷凝法并不是对废气锅炉蒸发量进行调节,而是当产汽量超过蒸汽耗量使锅炉压力升高时,蒸汽压力调节阀在蒸汽压力控制器的控制下会自动开启,将多余蒸汽向大气冷凝器泄放,锅炉蒸汽压力不再升高。当耗汽量增加造成蒸汽压力下降到设定值下限时,蒸汽压力调节阀将关闭,使蒸汽压力始终稳定在一定范围之内。

三、影响废气锅炉性能的因素分析

1. 废气锅炉进口温度对余热利用的影响

废气锅炉的废气进口温度越高,可回收的废气热量就越多。但废气锅炉的进气温度越高,就意味着柴油机的排气损失越大。在低碳绿色环保理念的指导下,现代柴油机都尽一切努力提高柴油机的效率,从而使柴油机的排气温度呈下降趋势。在四冲程柴油机动力装置中,废气锅炉进口温度一般为 400 ℃ 左右,而二冲程柴油机动力装置中排烟温度一般为 200 ~ 300 ℃,船舶在经济航速下运行和高效增压器的选用,又会使主机排烟温度进一步降低,目前废气锅炉一般需按进气温度 250 ℃ 左右设计。

2. 废气锅炉出口温度对余热利用的影响

在废气锅炉进口烟气温度基本稳定的情况下,废气锅炉出口烟气温度越低,则说明被废气锅炉回收的热量越多。但废气锅炉的排气温度并非越低越好,通常规定废气锅炉排气温度不低于 160 ~ 170 ℃。其原因有三点。

(1)废气锅炉排烟温度降低,往往是以增大废气锅炉传热面积和流动阻力为代价的,这就会造成柴油机背压升高,从而使柴油机排温升高,降低了柴油机的有效热效率,得不偿失。因此废气锅炉必须在保证柴油机正常高效运转的前提下工作,以达到提高整体热效率的目的。因此,各厂家均规定了柴油机的排气背压。一般二冲程柴油机排气背压不超过 0.003 5 MPa。考虑到排烟道结灰等阻力增加的因素,设计上以不超过 0.003 MPa 为宜,而废气锅炉部分一般不应超过 0.001 0 ~ 0.001 5 MPa。

(2)废气锅炉排烟温度的降低,往往会增加烟气中硫氧化物的凝结,增加了烟气接触设备的低温腐蚀。因此,规定废气锅炉的排烟温度应高于烟气中硫氧化物的露点温度至少 25 ℃。

(3)废气锅炉排烟温度的降低,会使烟气与钢板一侧的水汽的温差变小,低到一定程度就不能正常传热了,因此规定受热面上排烟温度应高于饱和蒸汽温度 40~60 ℃。

由上可见,废气锅炉的排烟温度要适中,并非越低越好,或越高越好。

3. 蒸汽压力对蒸发量的影响

蒸汽压力取决于船舶用汽设备对蒸汽压力的要求,一般海船上的用汽设备对蒸发压力的要求为 0.5~0.7 MPa,对于大型油船,由于油舱加热管线长,对蒸汽压力的要求要高一些。河船可取 0.3 MPa。具体值因船舶用汽设备不同而有所不同。在满足船舶用汽设备对蒸汽压力要求的前提下,蒸汽压力设定得低一些,有利于提高蒸发量(单位时间产生的蒸汽量,简称产汽量)。原因是:第一,液体有这样的特性,液体所处空间的压力越低,蒸发越快。第二,液体的饱和蒸发压力总是与饱和蒸发温度相对应,炉水的蒸发压力降低,对应的蒸发温度也降低,例如水在 1 个大气压时的蒸发温度是 100 ℃,在 93% 真空度时的蒸发温度约为 39 ℃。炉水温度低,烟气与炉水的传热温差就大,单位时间传递的热量就大,蒸发量就大。由此可知,蒸发压力既不要低于用汽设备最低工作压力,但也没必要过高,应比用汽设备的最低工作压力略高一定值为宜。无论是废气锅炉,还是燃油锅炉,蒸汽压力对蒸发量的影响是类似的。

4. 积灰对废气锅炉正常工作的影响

(1)降低产汽量,增加柴油机排汽背压。这是因为积灰的传热系数小(热阻大),积灰附着在换热面上会影响换热效果。燃油锅炉也会积灰,但没有废气锅炉严重,因为燃油锅炉烟气排温高、流速快,对积灰的自清力比废气锅炉强。

（2）积灰严重时会引起积灰着火。

（3）积灰遇水汽会加速酸腐蚀。

5. 废气锅炉的换热温差窄点

废气锅炉的换热温差窄点是废气与饱和蒸汽之间的最小温度差，此最小温差发生在废气离开蒸发器时。因为蒸发器中的蒸汽不论加热量大小，其温度始终是恒定的饱和温度（就像在大气压下水在烧干之前总是保持 100 ℃ 一样），而烟气离开废气锅炉蒸发器时的温度最低，故此时温差最小。窄点是用来表示废气锅炉利用效率的一个参数。窄点越小，说明废气离开蒸发器的温度越低，废气在流经蒸发器时传给蒸发器的热量越多，蒸发量就越大。但要让废气离开蒸发器时多传热量给蒸发器，就需要增加换热面积。例如，当废气锅炉窄点由 15 ℃ 变为 10 ℃ 和 5 ℃ 时，蒸汽量分别分别增加 5% 和 10%，而废气锅炉的换热面积分别增加 41% 和 130%。同时，换热面积增加，会使烟气流阻增加，流速减小，积灰增加，柴油机的背压增加。所以窄点要适中，要兼顾多方面因素。

四、废气锅炉的除灰

废气锅炉中的燃油不完全燃烧会生成炭粒，这些炭粒极易附着在受热面上，燃油燃烧不良时产生的炭粒可能占积灰的 80%~90%。此外，燃油含有 0.3% 左右的灰分，其中包括硫、钒、钠，它的化合物熔点很低，会在高温受热面的烟气侧形成积灰；当燃油灰分含钙时，燃烧后生成的氧化钙与 SO_3 作用成为硫酸钙，形成的灰渣很牢固。受热面有酸露时，管壁湿润更易沾灰。

1. 废气锅炉的积灰与着火

废气锅炉管理不良，有发生积灰着火的危险，积灰着火通常发生于停车后一段时间或主机长时间低负荷运行时或主机严重燃烧不良时。积灰着火大多发生在水管式废气锅炉中。烟管中积灰虽也有可能着火，但烟管处包围大量的水，很快就将热量吸走了，所以发生明显着火的量较少。

废气锅炉积灰着火燃烧的三要素是：可燃物——燃油燃烧不完全形成的积灰；助燃物——含氧烟气；足够高的温度。下面就从这三个方面加以分析。

（1）可燃物烟气积灰的形成

烟气积灰的形成主要与下述三点原因有关：烟气流速、烟气温度、烟气成分。

烟气流速。为防止排气背压过高，一般取烟气流速不大于 35 m/s，为增加换热量，近些年水管式废气锅炉均采用肋片管、针形管增加换热面积，但同时也增加了积灰的可能。由于锅炉排气速度低时，自清洁能力差，积灰比较容易沉积在换热面上。实践证明，所有排烟速度小于 10 m/s 的废气锅炉均有积灰着火的危险，而流速大于 20 m/s 废气锅炉积灰着火的可能大大减小。

烟气温度。烟气中的灰分能否沉积到换热面上，除与速度有关外，还与黏性有关，如排气温度较低，特别是达到酸露点时，烟灰比较黏，容易沉积。相反，当温度较高时，烟灰处于较干的状态,不太容易黏结在一起,所以相同排烟速度时比较容易被吹出炉体。

烟气成分。烟气成分与积灰的形成有很大关系,如柴油机燃烧优质柴油,且燃烧充分,则烟气中能够产生沉积的灰分就很少;反之,现代船舶柴油机燃烧劣质燃油,使烟气中含有相对较多的硫、钒、钠等灰分,加之机动航行时由于燃烧不充分,部分未完全燃烧的燃油、气缸油随排烟排走。在燃烧不充分的低负荷情况下,排气速度也较低、排气温度低,因而更加加剧积灰的形成。

(2)助燃物含氧烟气的形成

现代柴油机往往采用高增压来提高过量空气系数,以增加功率,这就使柴油机排烟中含有相当比例的氧气,足够积灰着火所需。典型柴油机的排放气体中的氧气含量高达14%。

(3)着火温度的形成

锅炉积灰着火可能分2~3个阶段,第一阶段是积灰点燃;第二阶段是积灰轻微着火;第三阶段是高温着火。通常仅发生轻微着火后就将可燃烟灰或有限氧气耗尽或热量被循环水带走,发展不到第三阶段。除非积灰很严重或柴油机燃烧严重燃烧不良,炉水不足,排气中含大量未燃烧的燃油,又有足够的氧气。

积灰的引燃需要有足够的氧气,可燃积灰暴露在足够高的温度下并产生可燃蒸汽,可能高温自燃或被火花、火焰点燃。积灰点燃温度可能在300~400℃,当积灰中存在未完全燃烧的燃油时,点燃温度可能降低到150℃,甚至低至120℃,甚至在主机停车以后,因为废气锅炉中有燃烧的颗粒,都有可能发生着火。

积灰的轻微着火基本发生在低负荷下的机动航行阶段,着火产生的热量可被循环的炉水或蒸汽带走,一般不会发生重大损害,但应密切注意,及早准备好蒸汽灭火,一旦着火有从轻微着火向高温着火发展趋势,应及时喷入蒸汽灭火。

高温着火会在某些条件下,由轻微着火发展成为高温着火。一旦积灰烧起来,废气锅炉不能将燃烧热量及时排除,当温度达到650℃时,大量积灰燃烧;当温度达到1 000℃时,漏入的蒸汽可能分解为氢气和氧气,并产生"氢燃",在此情况下,局部温度会进一步升高到1 100℃,而使换热面中的铁发生燃烧,称为"金属燃",直至全部受热面烧毁。对高温着火要及早用蒸汽灭火。

2.避免废气锅炉积灰着火的措施

(1)尽量提高主机燃烧质量

主机燃烧质量的好坏直接关系到排烟的成分,尤其是在换气质量差、燃烧室密封不好、燃油雾化质量不佳时,将直接导致烟气中不完全燃烧产物增多。管理上应注意柴油机扫气压力、温度在合适范围,定期测试各缸的压缩压力与爆发压力。维护增压器、空气冷却器处于最佳工作状态,保证气口、气阀清洁,保证燃油雾化质量,确保形成良好的燃烧。尽量减少烟气中的碳粒及未完全燃烧的燃油与气缸油。对于燃油辅锅炉同样应注意燃油雾化质量和风油配比,以保持较好的燃烧质量。

（2）按要求进行锅炉吹灰

燃油锅炉和废气设计时为保证蒸发管束间有较高的烟气流速,因而设计有自清洗能力。但长期工作,尤其是燃用劣质燃油或燃烧不良,积灰是难免的。废气锅炉定期吹灰能够减少可燃积灰的堆积,从根本上防止积灰着火。同时废气锅炉吹灰还能减少柴油机排气背压,改善燃烧质量。在设计时可尽量采用压缩空气吹灰,因为压缩空气压力较蒸汽压力高,吹洗效果较好。

对锅炉使用吹灰器除灰时的操作要点:

①熟悉吹灰器构造

吹灰器是若干根以压缩空气或锅炉蒸汽为工作介质的带喷嘴的吹灰管,用来吹除受热管烟气侧表面的积灰。吹灰器有控制进气的阀门和泄放凝水的泄放阀,在炉外有手轮可使吹灰管在既定范围内转动或移动,也有吹灰器是电动的。使用前要仔细阅读说明书和操作程序。

多喷嘴吹灰器多用在烟气温度较低的蒸发受热面烟道中,通常固定在烟道中的受热面管束间,喷嘴沿管束宽度均匀分布,喷出的蒸汽可以吹扫整个管束,并能用炉外的手轮控制 360° 旋转。吹灰器的数量和在管束中的布置可由锅炉的大小及受热面管子数目的多少而定。单喷嘴吹灰器用于吹扫水冷壁等烟气温度较高的受热面,它不需要360° 旋转,但可用手轮控制做轴向移动,依次吹扫受热管束;并能够在不工作时将喷嘴缩回炉外,以防喷嘴长期受到高温烟气的烧烤而损坏。

②吹灰频度选择

主管轮机员应该定期检查受热面的积灰情况和吹灰效果,同时观察被吹扫的加热管的表面状况,相应调整吹灰气压和频率。吹灰过于频繁或气压和流速过高、气体中有水都可能引起管子表面刷蚀或腐蚀。对于燃油锅炉,一般是在排烟温度比烟灰已清除时高 10 ~20 ℃时,或风压损失明显增大(小型锅炉增加 10 ~ 20 mmHg)时应该除灰;对于废气锅炉,应观察主机定速航行时锅炉烟气进出口压差,一般应每天吹灰。

③吹灰风向与时机选择

吹灰尽量选择甲板上的风向和风速适宜时进行,避免吹出的烟灰掉落在甲板上。每次开航后,经过低速的机动航行到定速航行,应及时吹灰。吹灰不可在港口等限制区域内进行。

④吹灰时的负荷选择

吹灰器耗汽量很大,故吹灰前应改为手动燃烧,加强通风和燃烧,保持较高的蒸汽压力,以免开吹灰器后蒸汽压力突降,影响正常的水循环;同时避免引起炉膛温度下降,燃烧恶化,以致大量未燃尽的可燃物沉积在受热面管壁,或堆积在烟道的某些烟气滞留区。

⑤吹灰时的管系准备

开始吹灰作业时,先要开启停汽阀暖管并泄水,因为带水的蒸汽吹扫受热面可能引起损坏。

⑥吹灰时的顺序选择

使用吹灰器吹除受热面积灰时,应力求吹扫全面,应按烟气流动方向逐个地开启吹灰器蒸汽阀,每个吹灰器吹扫一个来回约 1 min,必要时重复一个周期。避免局部地区未被吹扫而造成受热面各管束传热不均,引起水循环不良。

⑦吹灰的结束工作

吹灰完成后,关闭停汽阀,开启泄放阀,吹灰器的蒸汽阀要关严,避免蒸汽漏入烟道。

在停炉后检查所有吹过灰的管子的吹灰效果和表面状况。吹灰不当也可能引起管子腐蚀或刷蚀,这是因为吹灰蒸汽压力和流速过高、气体中有凝水或吹灰过于频繁。

(3)定期对锅炉进行水洗

尽管锅炉平时通过吹灰会减少积灰形成,但时间久了,换热面上还是会有部分积灰形成,而且会越积越多,以致部分换热面过热,增加积灰着火的危险性。同时,废气锅炉蒸发量会大幅下降,柴油机排气背压明显上升,燃烧效果变差,排烟温度上升,直至产生恶性事故。锅炉水洗可较为彻底地清除换热面上的积灰,水洗时应注意清洁吹灰时不易吹到的部位,水洗时应尽量彻底,防止湿积灰没有清除干净而干燥后更加坚硬,下次更不容易被清除。水洗后应及时使锅炉干燥,以防产生腐蚀。

对锅炉进行水洗时应注意以下几点:

①在燃油锅炉熄火、废气锅炉停炉,柴油机温度降至低于 110 ℃后再进行。

②水洗时要开启炉膛底部的泄水阀,及时将污水泄放。从进水冲灰到污水泄出有滞后,注意别进水太快,以防泄放口堵塞。水洗时热的金属表面会产生蒸汽,应留心别被烫伤。

③冲洗可用淡水或海水,用海水冲过后必须再用淡水彻底清洗,以免金属表面沉积盐分。可用压力水柜的压力水冲洗或用增压泵适当提高水压效果会更好。

④污水对钢材有腐蚀作用,故水洗不宜持续时间太长;也不要中途停止,否则湿润的灰渣干燥后会变得更硬,以后更难清除。

⑤应防止弄湿附近的电气设备;炉膛的耐火砖应罩以帆布,以防吸水过多。

⑥洗完后炉膛底部需用碱水清洁;所有污水和脱落的积灰必须从炉内清除,然后可每隔 15 min 交替点火和缓慢烘干耐火砖墙,否则残留的烟灰和水会产生腐蚀性的硫酸。

(4)手工除灰

手工除灰包括用小锤、凿子、刮刀等工具除灰,也可以用压缩空气喷枪吹除吹灰器吹扫不到区域的浮灰。坚硬的灰渣不宜用工具用力敲击。手工清除的积灰不应随意丢弃,应收集起来以备有关部门检查。老锅炉的钢材有脆化倾向,不宜手工除灰。

(5)除灰剂除灰

除灰剂分为硝酸盐和铵盐两大类。硝酸盐除灰机理是:①在高温下它会分解析出氧气,并能降低可燃性烟灰的着火点,促使大量烟灰氧化烧掉;②硝酸盐和灰分中的金属盐类生成低熔点共晶体,使硬质灰垢变得疏松干燥,易于脱落,使其能随废气通过烟道或由烟灰吹出过程将其消除；③硝酸盐在高温下分解出来的亚硝酸盐对钢材有一定的钝化作用，减缓锅炉的腐蚀。铵盐除灰的机理是它在高温时会放出 NH_3，使烟气中的有害物质氧化成 N_2 和 H_2O。除灰剂中的碱金属盐类在高温下产生的碱金属阳离子，附在灰粒表面上使灰粒不凝聚，扩大烟灰氧化表面，使其完全燃烧。

　　锅炉除灰剂操作简便：对炉膛呈负压的锅炉，可将棒状除灰剂从点火孔或前检查孔直接投入正在燃烧的炉膛内；对炉膛呈正压的锅炉或因结构因素不便投放时，可采用喷枪，利用压缩空气使粉状药剂呈雾状喷入正在燃烧的火焰中。投药时炉膛温度要高于 1 000 ℃，投药后应保证燃烧 20~30 min，否则达不到应有的效果。除灰剂用量为每天燃油耗量的 1/10 000，初次投药可为常用量的 2~3 倍。废气锅炉吹灰剂的投放应在每天吹灰前 0.5 h 进行，其烟气侧除灰可用低温烟灰清除剂，通常经由一套添加设备缓慢地加入废气管路中，它的低温（200 ℃）催化作用能有效地消除废气锅炉烟气侧表面上的沉积物。

附录1 常用液压元件图形符号(节选)

（据 GB/T 786.1—2009/ISO 1219-1:2006 整理）

表1 控制机构

图形符号	描述	图形符号	描述
	带有分离把手和定位销的控制机构		具有可调行程限制装置的顶杆
	带有定位装置的推或拉控制机构		手动锁定控制机构
	用作单方向行程操纵的滚轮杠杆		使用步进电机的控制机构
	单作用电磁铁,动作指向阀芯		单作用电磁铁,动作背离阀芯
	双作用电气控制机构,动作指向或背离阀芯		单作用电磁铁,动作指向阀芯,连续控制
	单作用电磁铁,动作背离阀芯,连续控制		双作用电气控制机构,动作指向或背离阀芯,连续控制
	电气操纵的气动先导控制机构		电气操纵的带外部供油的液压先导控制机构

表2 方向控制阀

图形符号	描述	图形符号	描述
	二位二通方向控制阀,两通,两位,推压控制机构,弹簧复位,常闭		二位二通方向控制阀,两通,两位,电磁铁操纵,弹簧复位,常开
	二位四通方向控制阀,电磁铁操纵,弹簧复位		二位三通锁定阀
	二位三通方向控制阀,滚轮杠杆控制,弹簧复位		二位三通方向控制阀,单电磁铁操纵,弹簧复位,定位销式手动定位

续表

图形符号	描述	图形符号	描述
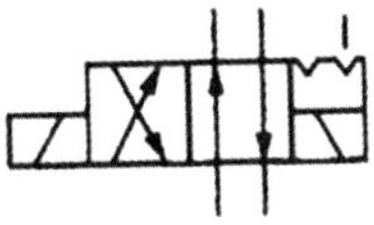	二位四通方向控制阀,双电磁铁操纵,定位销式(脉冲阀)	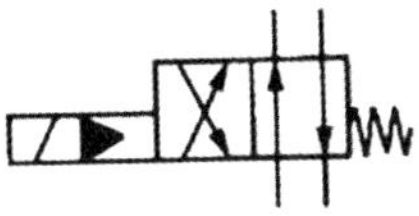	二位四通方向控制阀,电磁铁操纵液压先导控制,弹簧复位
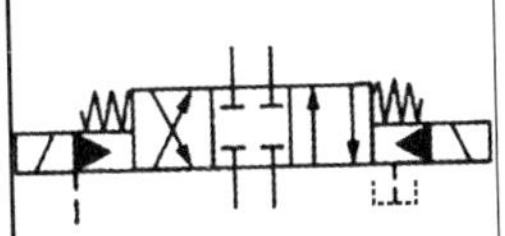	三位四通方向控制阀,电磁铁操纵先导级和液压操作主阀,主阀及先导级弹簧对中,外部先导供油和先导回油	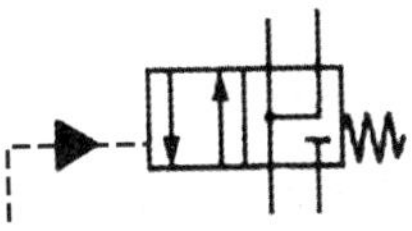	二位四通方向控制阀,液压控制,弹簧复位
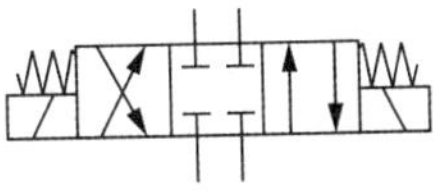	三位四通方向控制阀,弹簧对中,双电磁铁直接操纵,不同中位机能的类别	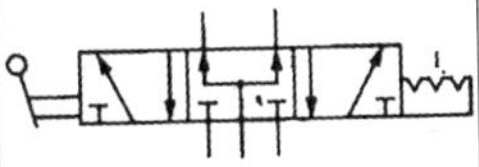	三位五通方向控制阀,定位销式各位置杠杆控制
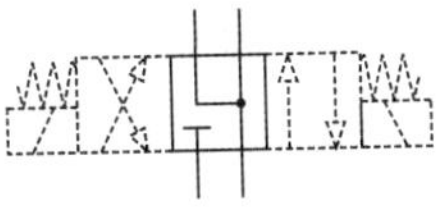		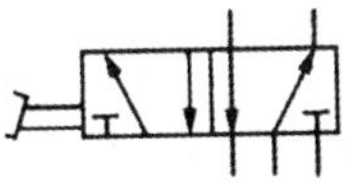	二位五通方向控制阀,踏板控制
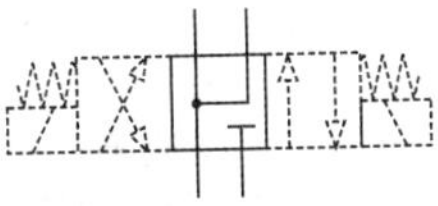		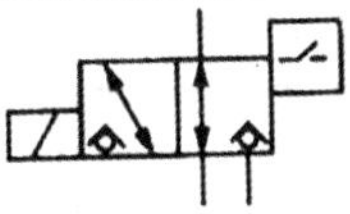	二位三通液压电磁换向座阀,带行程开关
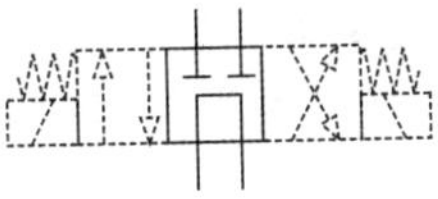		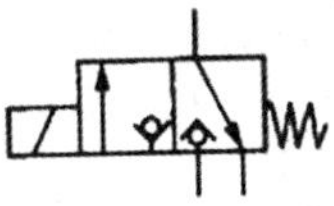	二位三通液压电磁换向座阀

表3　压力控制阀

图形符号	描述	图形符号	描述
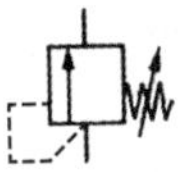	溢流阀,直动式,开启压力由弹簧调节	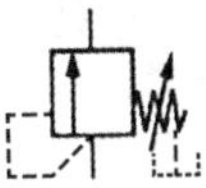	顺序阀,手动调节设定值
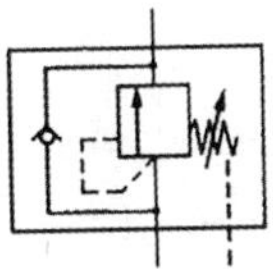	顺序阀,带有旁通阀	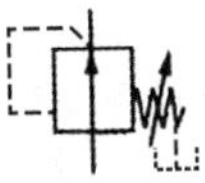	二通减压阀,直动式,外泄型
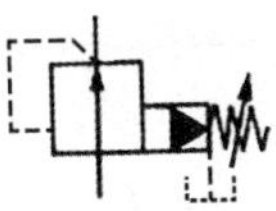	二通减压阀,先导式,外泄型	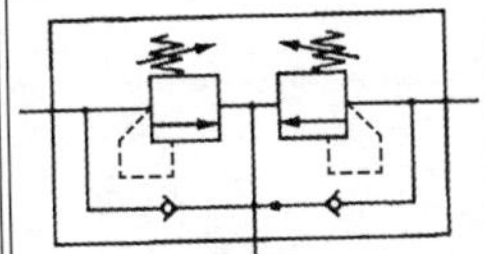	防气蚀溢流阀,用来保护两条供给管道

续表

图形符号	描述	图形符号	描述
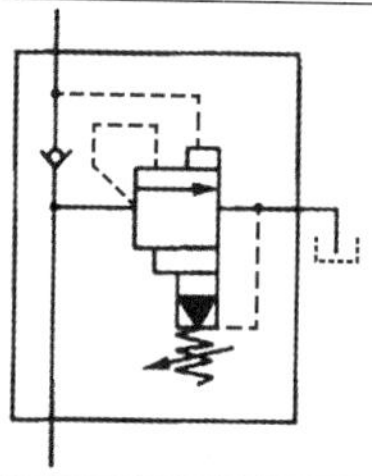	蓄能器充液阀,带有固定开关压差	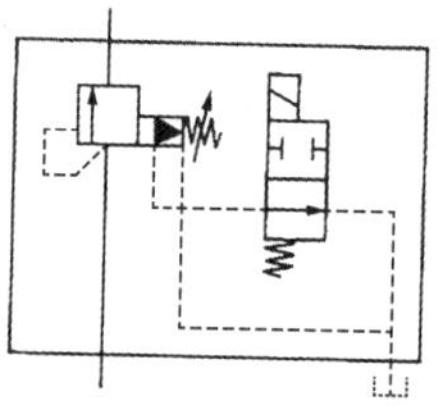	电磁溢流阀,先导式,电气操纵预设定压力
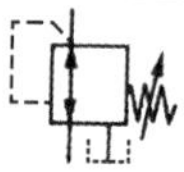	三通减压阀(液压)		

表4　流量控制阀

图形符号	描述	图形符号	描述
	可调节流量控制阀	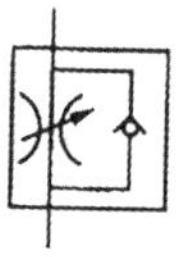	可调节流量控制阀,单向自由流动
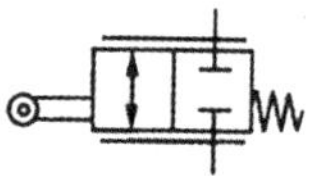	流量控制阀,滚轮杠杆操纵,弹簧复位	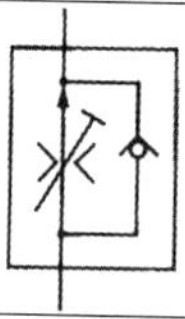	二通流量控制阀,可调节,带旁通阀,固定设置,单向流动,基本与黏度和压力差无关
	三通流量控制阀,可调节,将输入流量分成固定流量和剩余流量	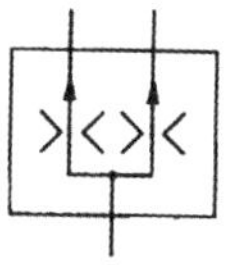	分流器,将输入流量分成两路输出
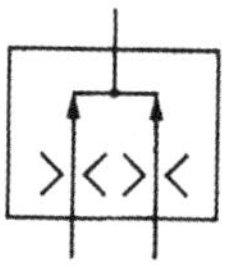	集流阀,保持两路输入流量相互恒定		

表5　单项阀和梭阀

图形符号	描述	图形符号	描述
	单向阀,只能在一个方向自由流动		单向阀,带有复位弹簧,只能在一个方向流动,常闭
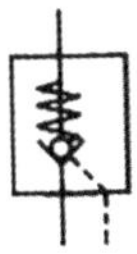	先导式液控单向阀,带有复位弹簧,先导压力允许在两个方向自由流动	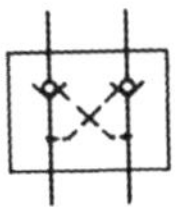	双单向阀,先导式
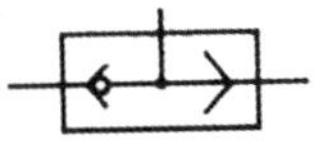	梭阀("或"逻辑),压力高的入口自动与出口接通		

表6　二通盖板式插装阀

图形符号	描述	图形符号	描述
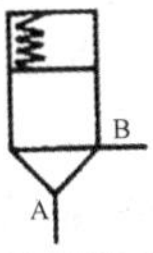	压力控制和方向控制插装阀插件,座阀结构,面积1:1	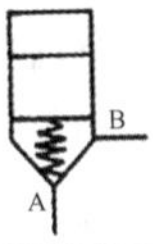	压力控制和方向控制插装阀插件,座阀结构,常开,面积比1:1
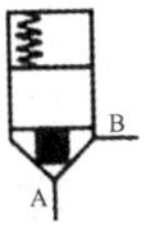	方向控制插装阀插件,带节流端的座阀结构,面积比例≤0.7	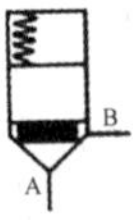	方向控制插装阀插件,带节流端的座阀结构,面积比例>0.7
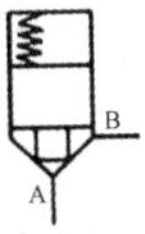	方向控制插装阀插件,座阀结构,面积比例≤0.7	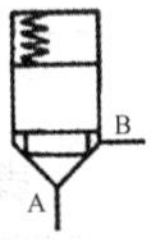	方向控制插装阀插件,座阀结构,面积比例>0.7
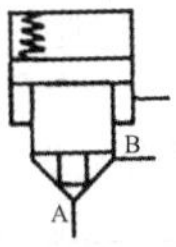	主动控制的方向控制插装阀插件,座阀结构,由先导压力打开	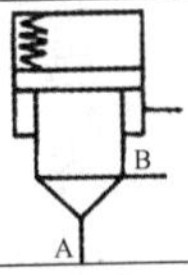	主动控制插件,B端无面积差
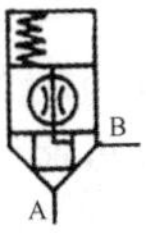	方向控制阀插件,单向流动,座阀结构,内部先导供油,带可替换的节流孔(节流器)	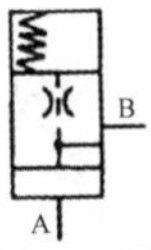	带溢流和限制保护功能的阀芯插件,滑阀结构,常闭
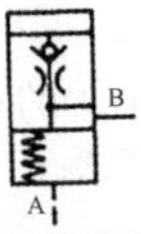	减压插装阀插件,滑阀结构,常闭,带集成的单向阀	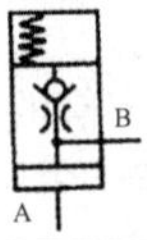	减压阀插件,滑阀结构,常开,带集成的单向阀

表 7　泵、马达和缸

图形符号	描述	图形符号	描述
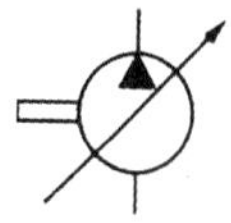	变量泵	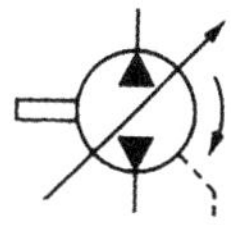	双向流动,带外泄油路单向旋转的变量泵
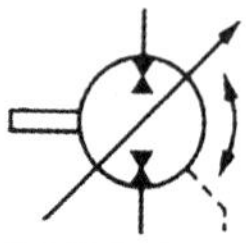	双向变量泵或马达单元,双向流动,带外泄油路,双向旋转	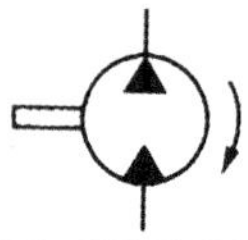	单向旋转的定量泵或马达
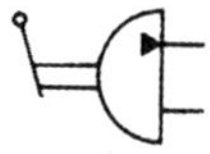	操纵杆控制,限制转盘角度的泵	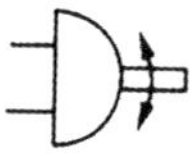	限制摆动角度,双向流动的摆动执行器或旋转驱动
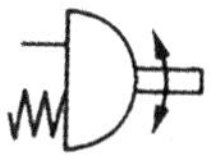	单作用的半摆动执行器或旋转驱动	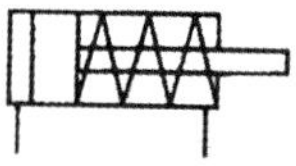	单作用单杆缸,靠弹簧力返回行程,弹簧腔带连接油口
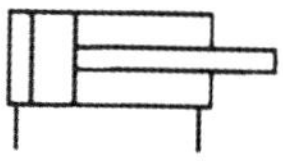	双作用单杆缸	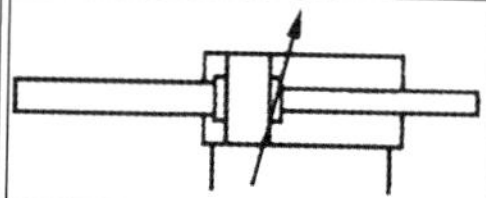	双作用双杆缸,活塞杆直径不同,双侧缓冲,右侧带调节
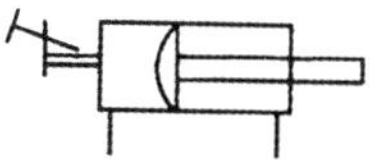	带行程限制器的双作用膜片缸	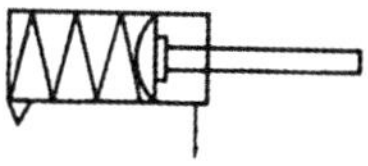	活塞杆终端带缓冲的单作用膜片缸,排气口不连接
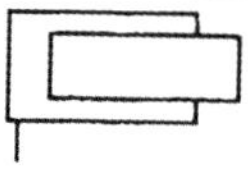	单作用缸,柱塞缸	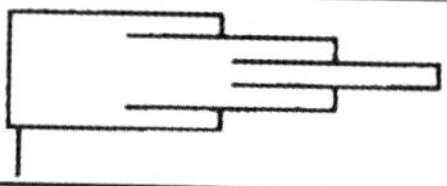	单作用伸缩缸

表 8　连接和管接头

图形符号	描述	图形符号	描述
	软管总成		三通旋转接头
	不带单向阀的快换接头,断开状态		带单向阀的快换接头,断开状态
	不带单向阀的快换接头,连接状态		带单向阀的快换接头,连接状态
	带2个单向阀的快换接头,断开状态		带2个单向阀的快换接头,连接状态

表 9　测量仪表和指示器

图形符号	描述	图形符号	描述
	光学指示器		数字式指示器
	声音指示器		压力测量单元(压力表)
	压差计	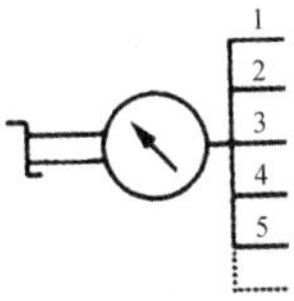	带选择功能的压力表
	温度计	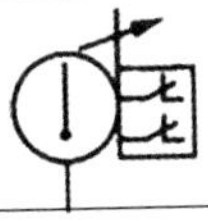	可调电气常闭触点温度计(接点温度计)
	液位指示器(液位计)	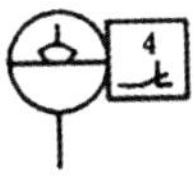	四常闭触点液位开关
	流量指示器		流量计
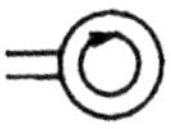	转速仪		转矩仪

表 10　过滤器、分离器、热交换器与蓄能器

图形符号	描述	图形符号	描述
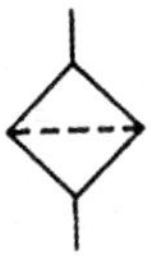	过滤器	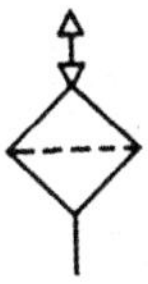	油箱通气过滤器
	带附属磁性滤芯的过滤器	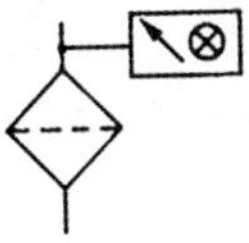	带光学阻塞指示器的过滤器
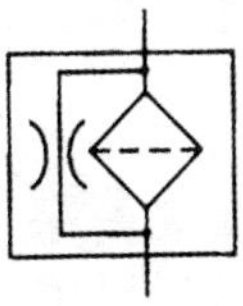	带旁通节流的过滤器	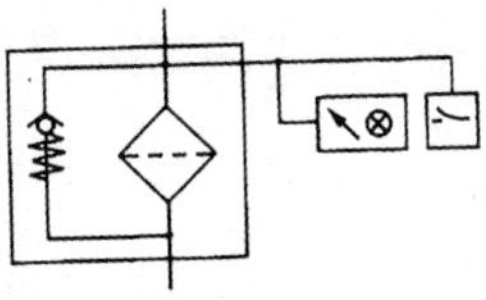	带旁路单向阀、光学阻塞指示器与电触点的过滤器

续表

图形符号	描述	图形符号	描述
	离心式分离器		带手动切换功能的双过滤器
	不带冷却液流道指示的冷却器		液体冷却的冷却器
	加热器		温度调节器
	隔膜式充气蓄能器（隔膜式蓄能器）		囊隔式充气蓄能器（囊式蓄能器）
	活塞式充气蓄能器（活塞式蓄能器）		气瓶

附录 2　船用制冷剂的饱和温度与饱和压力

温度/℃	压力（绝对）/MPa		温度/℃	压力（绝对）/MPa		温度/℃	压力（绝对）/MPa	
	R22	R134a		R22	R134a		R22	R134a
−40	0.105	0.052	−5	0.421	0.243	30	1.192	0.770
−39	0.110	0.054	−4	0.436	0.253	31	1.223	0.792
−38	0.115	0.057	−3	0.451	0.262	32	1.255	0.815
−37	0.120	0.060	−2	0.466	0.272	33	1.288	0.839
−36	0.126	0.063	−1	0.482	0.282	34	1.321	0.862
−35	0.132	0.067	0	0.498	0.293	35	1.355	0.887
−34	0.138	0.070	1	0.514	0.304	36	1.389	0.912
−33	0.144	0.073	2	0.531	0.315	37	1.424	0.937
−32	0.150	0.077	3	0.548	0.326	38	1.460	0.963
−31	0.157	0.081	4	0.566	0.338	39	1.497	0.989
−30	0.163	0.085	5	0.584	0.350	40	1.534	1.016
−29	0.171	0.089	6	0.602	0.362	41	1.571	1.044
−28	0.178	0.093	7	0.621	0.375	42	1.610	1.072
−27	0.185	0.097	8	0.641	0.388	43	1.649	1.101
−26	0.193	0.102	9	0.660	0.401	44	1.689	1.130
−25	0.201	0.107	10	0.681	0.415	45	1.729	1.160
−24	0.209	0.112	11	0.701	0.429	46	1.770	1.190
−23	0.218	0.117	12	0.723	0.443	47	1.812	1.221
−22	0.226	0.122	13	0.744	0.458	48	1.855	1.253
−21	0.236	0.127	14	0.767	0.473	49	1.898	1.285
−20	0.245	0.133	15	0.789	0.488	50	1.942	1.318
−19	0.254	0.139	16	0.812	0.504	51	1.987	1.351
−18	0.264	0.145	17	0.836	0.520	52	2.033	1.385
−17	0.274	0.151	18	0.860	0.537	53	2.079	1.420
−16	0.285	0.157	19	0.885	0.554	54	2.127	1.456
−15	0.296	0.164	20	0.910	0.572	55	2.174	1.491
−14	0.307	0.171	21	0.936	0.589	56	2.223	1.528
−13	0.318	0.178	22	0.962	0.608	57	2.273	1.566
−12	0.330	0.185	23	0.989	0.627	58	2.323	1.604
−11	0.342	0.193	24	1.016	0.646	59	2.375	1.642
−10	0.354	0.201	25	1.044	0.665	60	2.427	1.682
−9	0.367	0.209	26	1.072	0.685	61		1.722
−8	0.380	0.217	27	1.101	0.706	62		1.762
−7	0.393	0.226	28	1.131	0.727	63		1.804
−6	0.407	0.234	29	1.161	0.748	64		1.846

参考文献

［1］陈立军. 船舶辅机. 北京:人民交通出版社,2002.

［2］陈立军. 船舶辅机. 大连:大连海事大学出版社,2007.

［3］陈立军,王涛. 船舶甲板机械. 北京:人民交通出版社,2014.

［4］陈立军,王涛. 船舶辅机. 大连:大连海事大学出版社,2015.

［5］陈海泉. 船舶辅机. 大连:大连海事大学出版社,2016.

［6］韩厚德. 船舶辅机. 北京:人民交通出版社,2009.

［7］中国海事服务中心. 船舶辅机. 大连:大连海事大学出版社,2012.

［8］陆惠明. 船舶机舱辅助设备. 上海:上海浦江教育出版社,2014.

［9］陈立军. 船舶甲板机械. 北京:人民交通出版社,2014.

［10］张心宇. 船舶辅机. 北京:人民交通出版社,2014.

［11］刘晓晨. 船舶辅机. 大连:大连海事大学出版社,2013.